ÖSTERREICHISCHE TEXTE ZUR GESELLSCHAFTSKRITIK
BAND 9

KEIN EINIG VOLK VON BRÜDERN

Studien zum Mehrheiten-/Minderheitenproblem am Beispiel Kärntens

Herausgegeben von der „Arbeitsgemeinschaft Volksgruppenfragen" an der Universität Klagenfurt

Mit Beiträgen von Franz Dotter, Peter Heintel, Willibald I. Holzer, Wolfgang Holzinger, Jakob Huber (†), Ewald E. Krainz, Otto Kronsteiner, Manfred Moser, Dietmar Pickl, Heinz Dieter Pohl, Michael Polemis, Robert Saxer, Valentin Sima, Gerhard Steingress

Gedruckt mit Unterstützung des Bundesministeriums für Wissenschaft und Forschung

ARBEITSGEMEINSCHAFT VOLKSGRUPPENFRAGE an der Universität Klagenfurt:

Franz Dotter (Institut für Sprachwissenschaft, Koordination), Peter Heintel (Institut für Philosophie), Willibald I. Holzer (Institut für Zeitgeschichte, Redaktion), Wolfgang Holzinger (Institut für Bildungsökonomie und Bildungssoziologie), Ewald E. Krainz (Psychologische Beratungsstelle für Studierende), Otto Kronsteiner (Institut für Sprachwissenschaft), Manfred Moser (Institut für Lehrplantheorie und Schulpädagogik), Dietmar Pickl (Institut für Philosophie), Heinz Dieter Pohl (Institut für Sprachwissenschaft), Michael Polemis (Institut für Philosophie), Robert Saxer (Institut für Germanistik), Valentin Sima (Institut für Zeitgeschichte), Gerhard Steingress (Institut für Bildungsökonomie und Bildungssoziologie).

Anschrift aller Mitarbeiter, deren jeder seinen Beitrag auch im Sinne des Pressegesetzes verantwortet:
Universität für Bildungswissenschaften
Universitätsstraße 65 - 67
A-9020 Klagenfurt

ISBN 3-900351-09-0

© 1982. Verlag für Gesellschaftskritik Wien
Alle Rechte vorbehalten
Umschlagentwurf: Hubert Ch. Ehalt
Druck: rema print, 1080 Wien, Langegasse 42

Arbeitsgemeinschaft
Volksgruppenfrage

Kein einig Volk von Brüdern
Studien zum
Mehrheiten-/Minderheitenproblem
am Beispiel Kärntens

Verlag für
Gesellschaftskritik

INHALT

Statt einer Jubiläumsschrift 5

Namesto jubilejnega zbornika 11

ZUR EINFÜHRUNG

Manfred Moser
Sprachliche und soziale Identität der Slowenen in Kärnten 16

Heinz Dieter Pohl
Linguistische Aspekte der Zweisprachigkeit in Kärnten 35

Otto Kronsteiner
Der Ortstafelstreit und seine soziolinguistischen Hintergründe 54

Jakob Huber
Identität und Widerspruch. Zur möglichen Rolle von Wissenschaft und
Politik im Minderheitenkonflikt 63

MEDIEN, POLITIK UND KULTURARBEIT

Willibald I. Holzer
"Wir wollen sein ein einig Volk von Brüdern!" Völkische Ordnungspräferenzen und antiliberale Zielvorstellungen im 'Ruf der Heimat' 73

Robert Saxer
Aufbau von Berichtstraditionen: Am Beispiel Oktoberarena 160

Franz Dotter
Der Beginn des "Ortstafelstreits" in den Kärntner Tageszeitungen 182

Dietmar Pickl
Aspekte des Deutschnationalismus in der Volkstums- und Heimatpflege.
Dargestellt an der 'Kärntner Landsmannschaft' 234

Valentin Sima
Der 10. Oktober 1980 - ein Fest der "Versöhnung" und der "Begegnung
in Kärnten"? 259

SOZIAL- UND TIEFENPSYCHOLOGISCHE ASPEKTE

Peter Heintel
Zur Sozialpsychologie des Mehrheiten- /Minderheitenproblems 301

Ewald E. Krainz
Die Angst vor dem Fremden. Tiefenpsychologische Aspekte der Volksgruppenfrage in Kärnten 329

GESELLSCHAFTSTHEORETISCH - POLITOLOGISCHE BEITRÄGE

Wolfgang Holzinger
Klassen, Nationalstaat und Ethnien: Elemente einer Theorie der
Ethnizität in der "Staatstheorie" von Nicos Poulantzas 354

Gerhard Steingress
Die Kärntner Volksabstimmung und das Selbstbestimmungsrecht der
Nationen. Kritische Anmerkungen zu einem problematischen Faktum 399

Michael Polemis
Identität und Nationalismus. Anmerkungen zur Minderheitenfrage 436

KURZVITA

Ich wurde
Als Slovene geboren

Ich bin
Als Windischer
Zur Volksschule
Gegangen

Ich habe
In der Hauptschule
Die Muttersprache
Verlernt

Und mich am Arbeitsplatz
Schließlich mit dem
Kärntner Heimatdienst
Solidarisiert

Wir Slovenen
Sind nämlich
Immer schon
Deutsche gewesen

    Del Vedernjak

(Aus: Kärntner Herbst, Klagenfurt 1978, S. 66)

STATT EINER JUBILÄUMSSCHRIFT

Der Plan zu diesem Buch entstand aus der Einsicht in die Notwendigkeit, aber auch aus dem Wunsch vieler Angehöriger der Klagenfurter Universität, sich mit der Region, in der sie als Wissenschaftler arbeiten und leben, näher zu beschäftigen. Aufgrund dieser gemeinsamen Erkenntnis erhielt unser Vorhaben inneruniversitär viel Unterstützung, wofür an dieser Stelle insbesondere dem Rektor der Universität für Bildungswissenschaften, Günther Hödl, gedankt sei.

Die Motivation der Autoren, sich mit einem solchen Thema abzuarbeiten, wird verständlich, wenn wir uns die gegebene Situation vor Augen halten: dieses Kärntner Problem, dem wir das Buch widmen, begegnet uns selbst ständig; es wird uns oft bewußt. Für den Normalösterreicher ist es ja schon ungewohnt, Landsleute zu treffen, deren Sprache er nicht versteht. Dazu kommt aber noch die Betroffenheit über die Behandlung der Volksgruppenfrage auf allen Ebenen der Öffentlichkeit und auch im privaten Bereich. Für die Kärntner nicht nur unter den Autoren ist dieser Konflikt eine immer wieder akut werdende emotionale Belastung. Nach Kärnten "Einwandernde" geraten in eine spezielle Lage: bei ihrem Versuch, durch Fragen etwas hinter die Emotionalität versteinerter "Rollen" (wie "Deutschkärntner", "gute" und "böse" Slowenen, "schweigende Mehrheit", "Deutschnationale", "(Tito-) Kommunisten") zu blicken und damit ihre zuerst wohl häufig vorhandene Verständnislosigkeit abzubauen, wird ihnen ständig ein Satz vorgehalten: "Das können Nichtkärntner nicht verstehen und sie haben sich da auch gar nicht einzumischen!"

Hat man nun - als Angehöriger der Kärntner Universität - die Perspektive zumindest eines mittelfristigen Aufenthaltes in diesem Land, so täte es einem als Österreicher für die eigene Identität gut, wenn man zu diesem Kärnten als mindest zweiter Heimat in "Beziehung" treten könnte. Die Form der Austragung des zu unserem Thema gemachten Konflikts und die Art, wie wir mit ihm "zusammenstoßen", macht solche Identifikation mit Kärnten bisweilen recht schwer. Wir und wohl viele unserer Mitbürger möchten in einem friedlichen Land leben, in dem Meinungsunterschiede möglichst rational und demokratisch offen ausgetragen werden. Nun begegnen wir aber z. B. in der ständigen Zustellung des Organs des 'Kärntner Heimatdienstes' ('Ruf der Heimat'), aber auch in Texten anderer Kärntner Medien Erscheinungen, die diesem Wunsch diametral entgegenstehen. Wir begegnen Phänomenen, die uns - zumindest in der Öffentlichkeit - schon lange als überholt, vielleicht sogar ausgestorben erschienen sind. Tendenzen von Antidemokratismus und Nationalismus sind - wenn auch z. T. in neuen, die bekannte Gestalt aber schlecht verdeckenden Kleidern - offensichtlich.

Nun, eine Erkenntnis unseres wissenschaftlichen Lernens ist, daß wir uns mit dem Ausleben unserer Enttäuschung, unserer Betroffenheit auf die Ebene fruchtlosen Einander-Grundsätze-um-die-Ohren-Schlagens begeben würden, auf der der Konflikt sich momentan zum Großteil immer noch befindet. Aus diesem Grund haben wir - Nichtkärntner, deutsch- und slowenischsprachige Kärntner - versucht, diese starke Betroffenheit als Motivation, aber auch als Material in unsere vorliegenden Arbeiten einzubringen.

Die gemeinsame Betroffenheit und das Gefühl der Notwendigkeit einer Auseinandersetzung mit der Volksgruppenfrage haben wahrscheinlich auch zur Zusammenarbeit der Autoren beigetragen. Die einzelnen Arbeiten wurden als Rohfassungen von mindestens drei bis fünf anderen Autoren kritisch gelesen, mögliche Einwände mit den Verfassern diskutiert und von diesen bei der Erstellung des endgültigen Manuskripts nach Möglichkeit berücksichtigt. Diese gemeinsame Arbeit hat uns erlaubt, einmal aus der oft demotivierenden Isolierung als Einzelspezialist, "Fachidiot" herauszutreten und dadurch sowohl eigene Erkenntnis zu erweitern, als auch die Substanz der vorgelegten Arbeiten zu vermehren. Diese erfreuliche Tatsache sei von uns und für uns hervorgehoben.

Eine Gegebenheit, die sicher auch zur Intensität der Befassung mit der Volksgruppenfrage beigetragen hat, sei noch erwähnt: die Universität Klagenfurt wurde zu Anfang ihres Bestehens in ihrer Umgebung sehr stark als Fremdkörper identifiziert, ihre Angehörigen als Unruhestifter, gerade auch in der Volksgruppenfrage, mithin mit einigen für die Wahrnehmung der sozialen Rollen von Minderheiten typischen Eigenschaften öffentlich belegt. Die meisten von uns hatten sich damit auch im privaten Bereich herumzuschlagen. Weil wir es am eigenen Leib verspürt haben, wissen wir, was es heißt, "Minderheit" zu sein, nicht "dazuzugehören", aus der Negativität leben zu müssen. In unseren Beiträgen versuchen wir also auch, unsere eigene Kärntner "Nichtexistenz" zu überwinden, Identität in diesem Land zu gewinnen. Freilich nicht mit den Mitteln des "normalen" Kärntner Betroffenen, d. h. durch einfaches "Aufgehen" in einer Konfliktpartei, sondern mit den Mitteln unserer Wissenschaften, indem wir z. B. versuchen, den Konflikt besprech- und bearbeitbar zu machen, das Zustandekommen von Gesprächssituationen vorzubereiten.

Bedenken wir unsere Ausgangslage, so erhebt sich - vielleicht gerade deswegen - auch die Frage der Kompetenz von Wissenschaft. Klar ist nach dem bisher Gesagten, daß wir uns nicht völlig ausschalten lassen wollen, etwa durch eine ausschließliche Zuweisung von Kompetenz in der Volksgruppenfrage an die Ebene der politischen Handlung ("nur Politiker sind kompetent") oder der regionalen Herkunft ("nur Kärntner sind kompetent"). Klar ist auch, daß wir keinen Allzuständigkeitsanspruch, d. h. einen solchen auf "die einzig richtige Erklärung und Lösung" der vorliegenden Frage erheben. Außerdem ist zu vermeiden, daß unsere Arbeiten entweder als solche einer traditionell auf jeder Ebene "neutralen", auf die Handlungsebene nicht hinausreichenden und daher auch nicht anwendbaren, dafür potentiell beliebig "ausnützbaren" Hilfswissenschaft gelten, oder als z. T. bloß irrational begründ- und vortragbare Propaganda mit dem Bestreben, wissenschaftliches Prestige zu erreichen.

Unsere eigene (hoffentlich produktive) Unsicherheit verspüren wir und wollen sie auch den Lesern weitergeben. Freilich, ohne dabei in eine völlig relativistische Position abzugleiten. Unsere Fixpunkte sind: das gegenseitige Abwägen von Fakten, Argumenten und Interpretationen entsprechend dem Standard der jeweiligen Fachdisziplin und das Bewußtsein, mitverantwortlich und zur Mitwirkung verpflichtet zu sein (nur daraus können wir Identität als Wissenschaftler gewinnen). Entsprechend dieser Fixpunkte gilt: Wissenschaft hat mit den Betroffenen zu arbeiten, nicht über sie. Eine praktische Folgerung ist dann, daß wir uns - vor allem in weiteren Aktivitäten nach Fertigstellung dieses Buchs - mit der Weltinterpretation, den Wahrnehmungen, den Emotionen der Bevölkerung intensiver auseinandersetzen (sie also nicht als mögliche "negative Beeinflussung" oder "Störfaktoren" für eine wissenschaftliche Theorie meiden, sondern in Wissenschaft einbringen und bearbeiten) müssen. Diese Auffassung von Wissenschaft ist nicht ganz neu, sie muß aber offensichtlich erst verwirklicht werden.

Unser Vorhaben kann auch so beschrieben werden: wir wollen eine wichtige Frage aktualisieren, "mehr Hintergrund" für Entscheidungen bieten. Diese Frage lautet, was wir mit Minderheiten im allgemeinen und ethnischen im besonderen tun, unter der Voraussetzung, daß die bestehende Demokratie akzeptiert, gewollt wird.

Kein Mensch würde sich, abgesehen von einem etwas romantischen Gefühl der "Verarmung" der Realität, wirklich aufregen, wenn eine ethnische oder andere Minderheit oder eine Sprache sich in einem historischen Prozeß verändert oder verschwindet, sich trotz aller Förderung ohne zu sehr bedrückende strukturelle Zwänge "auflöst". Was uns im Fall der slowenischen Volksgruppe in Kärnten bekümmert, ist, daß die Identitätsbildung, und d. h. das subjektive Wohlbefinden ihrer Angehörigen, offensichtlich gestört ist (diese individuelle Formulierung soll nicht den Eindruck erwecken, es gebe keine sozialen und ähnliche Mechanismen, welche Einfluß auf solche Prozesse ausüben; die Frage, wie weit diese Dinge bewußt vor sich gehen, bzw. bewußt in Gang gesetzt werden, soll hier aber offen bleiben). Hierher gehört auch die Anmerkung, daß der Titel unseres Buches nicht zufällig nur "Brüder" erwähnt. Volkstumskampf ist eben "Männersache".

Es bekümmert uns auch, wenn wir sehen müssen, in welche fast auswegslosen Situationen die "politischen Macher" kommen, weil sie versuchen müssen, ihre

Identität im bloßen "Machen" nach innen und außen hin zu beweisen. Aus dieser Situation auf politischer Ebene entsteht unserer Meinung nach die unerwünschte Oberflächlichkeit im Reden über dieses Problem (Entscheidendes kann nicht gesagt werden, weil dadurch u. U. Wählergruppen, die man für die Aufrechterhaltung oder das Erreichen der Mehrheit braucht, "abgeschreckt" werden könnten), die Verdünnung der Substanz politischer Aussagen und das Beiseiteschieben von Ansätzen zur Bearbeitung von Konflikten (welche immer auch "Unruhe", "Bewegung" mit sich bringen würde), gerade weil das Thema den meisten Kärntnern sehr nahe geht.

Die im vorliegenden Buch zusammengefaßten Arbeiten ergänzen einander in vielfältiger Weise, sie zeigen, wie interdisziplinäre Forschung fruchtbar werden kann (weil unter den Arbeiten viele Querverbindungen bestehen bzw. vom Leser hergestellt werden können, wird - mit ganz wenigen Ausnahmen - auf Verweise verzichtet).

Der Aufbau des Buchs folgt diesem Konzept: Artikel, welche überblicksweise historische, sprachliche, psychische, soziale und ökonomische Grundinformationen bieten, werden "zur Einführung" vorangestellt. Recht "direkte" Befunde zur heutigen Wirklichkeit der Volksgruppenfrage liefern die Arbeiten aus dem Bereich "Medien, Politik und Kulturarbeit". Diesen schließen sich "abstraktere", die Realität stärker interpretierende Artikel an, die einerseits eher psychologisch, andererseits eher gesellschaftstheoretisch orientiert sind. Mit dieser Anordnung soll ein möglicher, quasi vom Befund zu dessen Behandlung in Theorien verschiedenen Abstraktionsgrades, vom "Konkreten" zum "Abstrakten" verlaufender Leseweg angedeutet werden.

Zu den einzelnen Arbeiten:

Von den einführenden Artikeln sind die von <u>Moser</u> und <u>Huber</u> stärker sozialwissenschaftlich bis ökonomisch ausgerichtet, während diejenigen von <u>Pohl</u> und <u>Kronsteiner</u> eher historisch-sprachwissenschaftliche Informationen bieten. <u>Holzer</u> ging vor allem von dem Interesse aus, ob und wie extrem "rechtes" Gedankengut in Publikationen der siebziger Jahre des 20. Jahrhunderts gesichert nachzuweisen sei. Eine solche Fragestellung erscheint wichtig, gerade weil unsere jüngere Vergangenheit oft nach dem Motto: "Der Hitler hat schon recht gehabt, nur die Juden hätte er nicht umbringen sollen und den Krieg nicht anfangen!" bewältigt wird, die heutigen Strategien rechter oder national(-liberal)er Organisationen auf einem solchen Bewußtsein aufbauen, ja sogar verschiedene Publikationsorgane (z. B. 'Kärntner Nachrichten', Regionalblätter der Freiheitlichen Partei Österreichs im Gailtal) ähnliche Eindrücke entstehen lassen. Damit soll offenbar die Meinung erzeugt werden, als gäbe es den Rechtsextremismus (oft unscharf mit Faschismus gleichgesetzt) nicht mehr. An Textbeispielen aus dem Mitteilungsblatt des 'Kärntner Heimatdienstes' werden mit "Völkischem" und "Antiliberalem" zwei schon für untergegangene Erscheinungsformen des Rechtsextremen zentral gewesene Ideologeme dokumentiert, in ihren Ausprägungen im Detail vorgeführt und im Hinblick auf ihre möglichen Einwirkungschancen auf das politische System in Kärnten zur Diskussion gestellt.

Saxer versucht, "Langzeitwirkungen" der Berichterstattungsstrategien von Zeitungen inhaltsanalytisch zu identifizieren: vor allem auf der Basis des Verschweigens von Sachverhalten sollen "Traditionen" aufgebaut werden, in denen die Sichtweisen von Journalisten bzw. Zeitungen als Faktizität erscheinen können. Dotter analysiert eine Zeit intensiven Einsatzes der Kärntner Zeitungen in der Ortstafelfrage und kommt u. a. zu dem Schluß, daß viele der Aktivitäten der Massenmedien auch heute noch von tiefsitzenden Faktoren eines Volkstumskampfes beeinflußt werden.

Pickl beleuchtet die tatsächliche Praxis der Kärntner Heimatkultur, wobei Interviews mit dort Verantwortlichen im Zentrum der Betrachtung stehen. Volks- und Brauchtum (und damit "Volks- und Heimatpflege") hatten und haben sehr starke Mobilisierungs- und Emotionalisierungsfunktionen, welche besonders in öffentlichen Feiern, Umzügen u. ä. zum Tragen kommen. Der 'Kärntner Landsmannschaft' als Verwalter und Organisator von Volks- und Brauchtum bei den offiziellen Landesfeiern zum 10. Oktober kommt in diesem Zusammenhang ein hoher politischer Stellenwert zu. Über seit den dreißiger und vierziger Jahren des 20. Jahrhunderts gleich oder ähnlich gebliebene Formen der Darbietung von Volkstum bei offiziellen Anlässen werden bei teilweiser personeller Kontinuität der Funktionäre Grundhaltungen und Einstellungen tradiert, welche eine kritische Reflexion der Geschichte Kärntens und seiner Historiographie erschweren bzw. unmöglich machen.

Sima setzt sich mit den politischen Hintergründen der Organisierung der Feiern zum 10. Oktober im Jahr 1980 auseinander, insbesondere mit den Verhandlungen und Aktivitäten um eine mögliche Teilnahme der Slowenen an den Feierlichkeiten. Die Politik des offiziellen Kärnten wird auf ihre Bereitschaft hin untersucht, die Minderheit als gleichberechtigten Partner zu akzeptieren.

Heintel macht deutlich, was allein schon die Existenz einer Minderheit für die Mehrheit und umgekehrt bedeutet, welche Mechanismen sich im Zusammenleben solcher Gruppen ergeben (z. B. daß beide einander im Volkstumskampf "brauchen", um ihre jeweils eigene Identität aufrechtzuerhalten). Er zeigt auch, wie schwer Lernen in einer solchen Situation ist, weil das hieße, eine u. U. zwar unsichere, aber immerhin erreichte Identität aufzugeben.

Krainz verfolgt die tiefenpsychologischen Aspekte der Volksgruppenfrage und untersucht, aus welchen individuellen lebensgeschichtlichen Quellen die Angst vor Andersartigem abzuleiten ist. In der brüchigen Identität, die sich auf das Bedürfnis nach Feindbildern gründet, zeigt sich das irrationale Fundament der Beziehungsdynamik der Volksgruppen.

Holzinger zeigt, daß auch Gesellschafts- und Staatstheorie nötig sind, um die historischen und sozialen Bezüge eines Mehrheits-Minderheitskonflikts aufzuarbeiten. Gegen einen oftmals festzustellenden (latenten) Ökonomismus vertritt der Autor eine Deutung des Problems, welche die Diskriminierung der österreichischen ethnischen Minderheiten weniger auf spezifisch und ausschließlich gegen sie gerichtete ökonomische Praktiken, als vielmehr auf politisch-rechtlich-ideologische Motive im Zusammenhang des österreichischen Staatsbildungsprozesses zurückführt.

Steingress geht es um die Kritik der Haltungen und Handlungen der deutschsprachigen österreichischen Sozialdemokratie in Minderheiten- bzw. Nationalitätenfragen. Im historischen Rückblick und in Anerkennung der objektiven Gegebenheiten und Schwierigkeiten dieser Bewegung um die Jahrhundertwende sucht er deren theoretisch-ideologische Positionen in der nationalen Frage vor allem unter dem Gesichtspunkt ihrer Kohärenz zu denen des bürgerlichen und deutschnationalen Lagers aufzuzeigen. Unter Berücksichtigung materieller Kriterien der Volkszugehörigkeit (Ökonomie, Territorium, Sprache) und gleichzeitiger Hervorhebung des Selbstbestimmungsrechtes der Nationen entfaltet er die Kritik vor allem im Hinblick auf die s. E. diesbezüglich festzustellende theoretisch-ideologische Insuffizienz der führenden Vertreter des Austromarxismus, wobei er eine deutliche, bis in die Gegenwart reichende historische Kontinuität gerade in nationalitätspolitischen Belangen sieht.

Auch Polemis behandelt die Frage, wann jemand (wissenschaftlich) zu einer bestimmten Volksgruppe gerechnet werden kann. Er hebt vor allem die "subjektive Seite" des Nationsbegriffs und ihren spezifischen Stellenwert angesichts der Situation nationaler Minderheiten hervor. Diese subjektive Seite, die nicht "subjektividealistisch" und auch nicht nach den vermeintlichen Kategorien des "Bekenntnisprinzips" zu interpretieren ist, dient als Basis für seine Konzeption, die die Lösung der Minderheitenfrage allein in der autonomen Selbstbestimmung der Minderheit sieht.

Franz Dotter
(unter Mitwirkung der Autoren)

NAMESTO JUBILEJNEGA ZBORNIKA

Načrt za to knjigo izvira iz spoznanja o nujnosti, toda tudi iz želje mnogih univerzitetnih delavcev celovške univerze, da se bliže bavijo z regijo, ki v njej delajo in živijo kot znanstveniki. Na podlagi tega skupnega spoznanja je dobil naš načrt znotraj univerze mnogo podpore, za kar se na tem mestu zahvaljujemo predvsem rektorju Hödlu.

Motivacija avtorjev, da garajo s tako temo, postane razumljiva, če si predočimo dano situacijo: s tem koroškim problemom, ki mu knjigo posvečamo, se stalno srečavamo; pogosto nam stopa v zavest. Za povprečnega Avstrijca je že dokaj nenavadno, da srečava sodeželane, katerih jezika ne razume. Temu se pridružuje še prizadetost zaradi obravnavanja narodnostnega vprašanja na vseh ravneh javnosti in tudi v privatnem življenju. Za Korošce ne samo med avtorji pomeni ta konflikt emocionalno obremenitev, ki postaja vedno spet akutna. "Privandrovci" na Koroško pa se znajdejo v posebnem položaju: pri svojem poskusu, da bi z vpraševanjem nekoliko pogledali za hrbet emocionalnosti okamenelih "vlog" (kot so "nemški Korošci", "dobri" in "hudobni" Slovenci, "molčeča večina", "nemškonacionalci", "(tito)komunisti") in tako odložili svoje sprva pač pogosto obstoječe nerazumevanje, so soočeni s stavkom: "Tega Nekorošci ne morejo razumeti in se tudi nimajo kaj vmešavati!"

Če torej človek - kot koroški univerzitetni delavec - misliš, da boš vsaj srednjeročno bival v tej deželi, bi ti kot Avstrijcu za lastno identiteto dobro delo, če bi lahko do te Koroške kot neke druge domovine dobil neko "zvezo". Oblika razreševanja konflikta, ki smo si ga postavili za temo, in način, kako ob njega "zadevamo", pa včasih precej otežkoča tako identifikacijo s Koroško. Mi in gotovo številni naši sodržavljani bi radi živeli v mirni deželi, kjer se različnost nazorov izravnava kar se da racionalno in demokratično odkrito. Toda npr. ob stalnem dostavljanju glasila koroške domovinske zveze ("Ruf der Heimat"), pa tudi v tekstih drugih koroških občil se srečavamo s pojavi, ki tej želji diametralno nasprotujejo. Srečavamo se s fenomeni, o katerih se nam je zdelo, da so - vsaj v javnosti - že zdavnaj preživeti in da so morda celo izumrli. Tendence antidemokratizma in nacionalizma so očitne - čeprav deloma v novi, toda poznano podobo slabo prikrivajoči preobleki.

No, eno od spoznanj našega znanstvenega učenja je, da bi se z izživetjem svojega razočaranja, svoje prizadetosti podali na raven neplodnega medsebojnega obmetavanja z načeli, na kateri se konflikt večidel trenutno vedno še nahaja. Zato smo mi, Nekorošci, nemško-in slovenskogovoreči Korošci skušali privzeti to močno prizadetost v pričujoče prispevke kot motivacijo, pa tudi kot gradivo.

Skupna prizadetost in občutek potrebe, da se spopademo z narodnostnim vprašanjem, sta najbrž prispevala tudi k sodelovanju avtorjev. Najmanj tri do pet drugih avtorjev je kritično prebralo posamezne spise v osnutku, morebitne pomisleke smo diskutirali s pisci in ti so jih po možnosti upoštevali pri končni formulaciji rokopisa. To skupno delo nam je omogočilo, da smo v tem primeru stopili iz pogosto nespodbudne izolacije kot posamični specialisti, "fahidioti" in smo s tem tako razširili lastno spoznanje kot tudi obogatili substanco predloženih spisov. To razveseljivo dejstvo naj tu - tudi za nas same - še enkrat podčrtamo.

Eno stvar, ki je gotovo prispevala k intenzivnosti ukvarjanja z narodnostnim vprašanjem, pa naj le še omenimo: celovško univerzo so v začetku obstoja v njenem okolju zelo močno enačili s tujkom, univerzitetne delavce pa so javno označili kot rogovileže, in to prav tudi glede narodnostnega vprašanja, torej z nekaterimi tipičnimi lastnostmi, ki so značilne za to, kako večina dojema socialne vloge manjšin. Večina izmed nas se je morala s tem tepsti tudi v privatnem življenju. Ker smo skusili na lastni koži, vemo, kaj pomeni biti "manjšina", ne "spadati zraven", biti prisiljen živeti iz negativnosti. V svojih prispevkih torej tudi sami skušamo premagati svojo koroško "neeksistenco", si izvojevati identiteto v tej deželi. Seveda ne s sredstvi "normalnega" koroškega prizadeteža, torej s preprosto "vtopitvijo" v eni konfliktni stranki, temveč s sredstvi naše znanosti, tako, da npr. skušamo omogočiti pretres in predelavo konflikta, tako, da pripravimo nastajanje razgovornih situacij.

Če premislimo naše izhodišče, se nam - morda prav zaradi tega - postavlja tudi vprašanje o kompetentnosti znanosti. Po doslej povedanem je jasno, da nočemo dovoliti naše popolne izključitve, v tem smislu, da se morda izključna pristojnost v narodnostnem vprašanju delegira na raven politične operative ("samo politiki so kompetentni") ali regionalnega izvora ("samo Korošci so kompetentni"). Jasno je tudi, da nimamo pretenzije obče pristojnosti, torej pretenzije "edino pravilne razlage in rešitve" pričujočega vprašanja. Razen tega hočemo preprečiti, da bi naši prispevki veljali ali za tradicionalno znanost, ki na vsaki ravni "nevtralna", ne sega na raven operative in torej zanjo tudi ni uporabna, zato pa potencialno poljubno "izrabljiva"; ali pa za propagando, ki jo je moč utemeljiti in zganjati deloma le iracionalno, z namenom, da bi s tem dosegli znanstveni prestiž.

Čutimo svojo lastno (upajmo, da produktivno) negotovost in jo hočemo posredovati tudi bralcem, ne da bi seveda ob tem zdrsnili v popolnoma relativistično pozicijo. Naše stalnice so: pretehtavanje dejstev, argumentov in interpretacij glede na standard vsakokratne stroke in zavest o soodgovornosti in dolžnosti do sooblikovanja (samo iz tega lahko črpamo identiteto kot znanstveniki). Po teh stalnicah velja: znanost mora delati s prizadetimi, ne o njih. En praktičen sklep iz tega je, da se moramo - predvsem v nadaljnjem delu po izdaji te knjige - bolj intenzivno spopadati s svetovnimi nazori, dojemanji in čustvi prebivalstva (se jim torej ne ogibati in jih imeti za potencialne "negativne vplive" ali "moteče dejavnike" za znanstveno teorijo, temveč jih v znanost privzeti in jih obdelati). Tako razumevanje znanosti ni povsem novo, očitno pa ga bo treba šele uresničiti.

Našo namero bi lahko opisali tudi takole: hočemo aktualizirati važno vprašanje, nuditi "več ozadja" za odločitve. To vprašanje se glasi, kakšen odnos imamo do manjšin sploh in posebej do etničnih, pod pogojem, da sprejemamo in hočemo obstoječo demokracijo. Izvzemši nekega romantičnega občutka "obuboževanja" stvarnosti se ne bi noben človek resnično razburjal, če se etnična ali druga manjšina ali jezik v zgodovinskem procesu spreminja ali izgineva, in se kljub vsemu pospeševanju brez večjega pritiska strukturalnih prisil "razkroji". Kar nas v primeru slovenske narodnostne skupnosti na Koroškem prizadeva, je to, da je oblikovanje identitete, in to pomeni subjektivno ugodje njenih pripadnikov očitno moteno (ta individualna formulacija naj ne vzbuja vtisa, da ni nobenih socialnih in podobnih mehanizmov, ki bi vplivali na take procese; vprašanje pa, koliko se take stvari dogajajo zavedno oziroma se zavedno sprožijo, naj tu ostane odprto). Sem spada tudi opomba, da naslov naše knjige ne omenja slučajno samo "brate". Narodnostni boj je pač "stvar moških".

Prizadeva nas tudi, ko vidimo, v kakšne skorajda brezizhodne situacije prihajajo "politmenežerji", ker morajo skušati dokazovati svojo identiteto navzven in navznoter z golim "menežanjem". Na podlagi te situacije pride po našem mnenju na politični ravni do nezaželjene površnosti pri govorjenju o tem problemu (kaj odločilnega ni mogoče povedati, ker bi s tem morda "prestrašili" skupine volilcev, ki so potrebne za ohranitev ali dosego večine), do okrnitve substance političnih izpovedi in do odrivanja zarodkov za zmaganje konfliktov (kar bi vedno povzročalo tudi "nemir", "gibanje"), zato, ker gre ta tematika večini Korošcev zelo do živega.

V pričujoči knjigi zbrani prispevki se dopolnjujejo na mnogovrstne načine. Kažejo, kako interdisciplinarno raziskovanje lahko postane plodovito. (Ker je med posameznimi spisi mnogo medsebojnih povezav oziroma jih bralec lahko sam vzpostavi, smo - z nekaj izjemami - izpustili todazevna opozorila).

Knjiga je zgrajena po naslednjem konceptu: članki, ki podajajo osnovne zgodovinske, jezikovne, psihične, socialne in ekonomske informacije, so "za uvod" postavljeni na začetek. Članki s področja "množična občila, politika in kulturno delo" dajejo kar precej "direktne" diagnoze o današnji dejanskosti narodnostnega vprašanja. Nanje navezujejo bolj "abstraktni" članki, ki bolj interpretirajo realnost in ki so po tej strani usmerjeni bolj psihološko, po drugi pa bolj družbeno-teoretsko. S tem zaporedjem naj bo nakazana ena možna smer branja, ki poteka takorekoč od izvida do njegovega obravnavanja v teorijah različne stopnje abstrahiranja, od "konkretnega" do "abstraktnega".

K posameznim prispevkom:

Od uvodnih člankov se Moserjev in Huberjev približujeta problemu bolj od družboslovne in ekonomske strani, medtem ko dajeta Pohl in Kronsteiner bolj zgodovinsko-jezikoslovne informacije. Holzer je izhajal predvsem iz interesa, ali in kako je mogoče v publikacijah 70-ih let 20. stoletja zanesljivo dokazati ekstremno "desničarsko" miselnost. Ta problematika se zdi važna, kajti ravno našo mlajšo zgodovino pogosto premagujejo po geslu: "Hitler je že prav imel, samo Židov ne bi smel moriti in vojne ne začeti!". Na takšni zavesti gradijo današnje strategije desničarskih ali nacional(no-liberal)nih organizacij in celo razna glasila (npr. "Kärntner Nachrichten", regionalni časopisi svobodnjaške stranke na Zili) zbujajo podoben vtis. S tem naj se očitno ustvari mnenje, da desnega ekstremizma ni več (pogosto ga netočno istovetijo s fašizmom). Na primerih tekstov iz glasila koroške domovinske zveze ("Kärntner Heimatdienst") dokumentira avtor dva centralna ideologema že propadlih pojavnih oblik desnega ekstremizma, in sicer "nacionalno" in "antiliberalno". Detajlirano prikazuje njuna izoblikovanja in diskutira njune možnosti vplivanja na politični sistem na Koroškem.

Saxer skuša vsebinsko-analitično identificirati "dolgoročne vplive" poročevalskih strategij časopisov: predvsem na podlagi zamolčevanja dejstev se gradijo "tradicije", v katerih se lahko mnenja novinarjev oziroma časopisov prikazujejo kot fakticiteta.

Dotter analizira obdobje intenzivnega nastopanja koroškega časopisja v vprašanju topografskih napisov in prihaja med drugim do zaključka, da so mnoge aktivnosti sredstev javnega obveščanja tudi danes še pod vplivom globokozasidranih dejavnikov narodnostnega boja.

Pickl osvetljuje dejansko prakso koroške domovinske kulture. V središču razprave so intervjuji z odgovornimi na tem področju. Ljudski običaji in folklora (in s tem "domovinska nega") so imeli in imajo zelo močne funkcije mobiliziranja in emocionaliziranja, ki zadobijo svoj pomen predvsem pri javnih proslavah, povorkah ipd. Organizacija "Kärntner Landsmannschaft" ima kot upravnik in organizator nemške folklore pri uradnih proslavah za 10. oktober v tej zvezi velik političen pomen. Preko oblik prikazovanja ljudskih običajev, ki so od 30-ih in 40-ih let 20. stoletja ostale enake ali podobne in jih pretenzirajo ob uradnih prilikah, se - ob delni perzonalni kontinuiteti funkcionarjev - tradirajo osnovne drže in nastrojenosti, ki otežkočajo oziroma onemogočajo kritično refleksijo o koroški zgodovini in njenem zgodovinopisju.

Sima se bavi s političnimi ozadji organizacije proslav za 10. oktober v letu 1980, posebno s pogajanji in aktivnostmi glede možnega sodelovanja Slovencev na proslavah. Avtor analizira politiko uradne Koroške glede na njeno pripravljenost, da akceptira manjšino kot enakopravnega partnerja.

Heintel pojasnjuje, kaj že sama eksistenca manjšine pomeni za večino in obratno, kakšni mehanizmi izvirajo iz sožitja takšnih skupin (npr. da druga drugo "potrebujeta" v narodnostnem boju za ohranitev lastne identitete). Nakazuje tudi, kako težko je učenje v takšni situaciji, ker bi to pomenilo odreči se sicer morda negotovi, ali vendarle doseženi identiteti.

Krainz zasleduje globinskopsihološke aspekte narodnostnega vprašanja in raziskuje, iz katerih virov individualne življenjske zgodovine je moč izvesti strah pred drugačnim. V krhki identiteti, ki temelji na potrebi po nekem imaginarnem sovražniku, se kaže iracionalni fundament dinamike odnosov med narodnostnimi skupinami.

Holzinger prikazuje, da sta za obdelavo zgodovinskih in socialnih aspektov konflikta med večino in manjšino potrebni tudi teorija družbe in države. V nasprotju z večkrat porajajočim se (latentnim) ekonomizmom zastopa avtor tako tolmačenje problema, ki vidi vzroke diskriminacije avstrijskih etničnih manjšin ne toliko v specifičnih in izključno proti njim usmerjenih ekonomskih praktikah, ampak bolj v politično-pravno-ideoloških motivih v zvezi s procesom oblikovanja avstrijske državnosti.

Steingressu gre za kritiko drže in ravnanja nemškogovoreče avstrijske socialdemokracije v manjšinskih oziroma nacionalnih vprašanjih. V zgodovinskem pogledu nazaj in ob priznanju objektivnih danosti in težav socialdemokratskega gibanja ob prelomnici stoletja skuša prikazati njegove teoretsko-ideološke pozicije v nacionalnem vprašanju predvsem pod vidikom njihove bližine do pozicij meščanskega in nemškonacionalnega tabora. Ob upoštevanju materialnih kriterijev narodne pripadnosti (gospodarstvo, teritorij, jezik) in ob istočasnem podčrtanju pravice narodov do samoodločbe razvija kritiko avstromarksizma in ugotavlja predvsem teoretsko-ideološko nezmožnost njegovih vodilnih zastopnikov v tem vprašanju. Pri tem vidi jasno zgodovinsko kontinuiteto prav v nacionalnopolitičnih zadevah, ki sega do sedanjosti.

Polemis obravnava vprašanje, kdaj je mogoče koga (znanstveno) šteti k določeni narodnostni skupini. Poudarja predvsem "subjektivno stran" pojma nacije in njen specifični pomen glede na položaj narodnih manjšin. Ta subjektivna stran, ki je ne gre interpretirati "subjektivno-idealistično" in tudi ne po dozdevnih kategorijah "priznavalnega principa", služi kot osnova za njegovo koncepcijo, ki vidi rešitev manjšinskega vprašanja edinole v avtonomni samoodločbi manjšine.

Franz Dotter

(v sodelovanju z avtorji)

(Übersetzung/prevod: Valentin Sima, Peter Wieser)

Manfred Moser

SPRACHLICHE UND SOZIALE IDENTITÄT DER SLOWENEN IN KÄRNTEN

"Alles will hinaus und derweil unterminieren
fremde, eingewanderte Arbeiter unsere Grundfesten. Wenn wir uns nicht mehr an die Scholle
klammern wollen, ist es kein Wunder, wenn wir
hinausgedrängt werden."
Peter Rosegger

Mit folgenden Problemerörterungen will ich eine Richtung angeben, die in der Auseinandersetzung mit Problemen des Sprachverlusts und des offensichtlichen Identitätsverfalls einer Volksgruppe eingeschlagen werden sollte. Als Nichtslowene und nicht in Kärnten Geborener bin ich darauf angewiesen, Argumente zu finden, aus denen sich praktische Konsequenzen ableiten lassen. Eine Übersicht wäre hier nützlich. Seit mehreren Jahren lebe ich in slowenischer Nachbarschaft. Mit "objektiv" gesicherten Resultaten fange ich in dieser Situation nicht viel an.

Veränderungen der Sprache und sozialen Identität ethnischer Gruppen lassen sich - in allgemeiner Betrachtung - als Resultierende aus dem Verhältnis zwischen Mehrheit und Minderheit bestimmen. Dieses Verhältnis ist sowohl unter linguistischen als auch unter psychologischen, politischen und ökonomischen Aspekten interpretierbar. Ich werde mich an sämtliche Aspekte halten, ohne die Frage beantworten zu wollen, wie man diese hierarchisieren und in ein wissenschaftliches System bringen könnte. Im Vordergrund des Interesses stehen Argumente, die gängig sind, und Daten, die verwendet werden, um einander im konkreten Fall zu überzeugen. Wie schlüssig diese miteinander verbunden werden können, soll nun die Untersuchung zeigen.

Ein konventionelles rechtsstaatliches Mittel zur Bestimmung einer Gruppe oder einer größeren Gemeinschaft von Sprechern ist die Zahl. Dabei muß vorausgesetzt werden, daß sich die betreffenden Sprecher widerstandslos zählen lassen und über ihre Zugehörigkeit "objektiv" Auskunft geben können. Kein "ordentliches" Zählergebnis hat in diesem Sinne die Volksabstimmung vom 10. Oktober 1920 erbracht. Der "Kärntner Abwehrkampf" endete damit, daß jugoslawische Einheiten Klagenfurt einnahmen und große Landesteile nördlich der Draulinie besetzten. Die Volksabstimmung entschied über die Zugehörigkeit Südkärntens zu Österreich: 59 % der von den monarchistischen jugoslawischen Truppen (SHS) besetzten Zone A stimmten für die Republik Österreich. Nach den Volksabstimmungsergebnissen der letzten 50 Jahre hat sich die Zahl der in Südkärnten lebenden Slowenen beträchtlich vermindert:

1923	37.292	(Erste Republik)
1934	26.796	(Erste Republik)
1939	42.757	(NS-Regime)
1951	43.179	(Alliierte Besatzung)
1961	25.472	(Zweite Republik)
1971	19.529	(Zweite Republik)

Diese Zahlen [1] sind zu erläutern. Zwei Ergebnisse springen heraus: das von 1939 und das von 1951. Bekanntlich war im Dritten Reich jeder diskriminiert, der sich zu einer Sprach- oder Volksgruppe bekannte, die nicht die deutsche war. Die NS-Behörden verhängten im Fall unrichtiger Angaben drastische Strafen und erschwerten somit eine Identifikation mit dem deutschen Staatsvolk. Das Ergebnis von 1951 beruht vermutlich auf einem gegensätzlichen Effekt: in Anwesenheit der britischen Besatzungsmacht bestand ein politisches Klima, in dem das Bekenntnis zur Muttersprache als Umgangssprache keine Risiken zu bergen schien. 1961 hatte die Volkszählung den Charakter einer Volksabstimmung - begleitet von einem entsprechenden Wahlkampf. In der "Allgemeinen Bauernzeitung" wurde festgestellt, daß Slowenisch "die Sprache der Todfeinde des freien und ungeteilten Kärntens" sei. Ein Flugblatt des "Bundes der heimattreuen Südkärntner" forderte dazu auf, "Herz und Verstand sprechen" zu lassen: "Gib als Umgangssprache jene Sprache an, die Dir die Freiheit der Heimat sichert. Eine Unachtsamkeit Deinerseits könnte (...) leicht ein falsches Bild von Deiner Heimat ergeben. Darum sei wachsam!" [2]

Nachzutragen ist ein letztes Ergebnis, welches durch die Änderung des Volkszählungsgesetzes im Jahre 1977 herbeigeführt wurde. Das Gesetz sah vor, die Zugehörigkeit zur Sprachgemeinschaft durch geheime Stimmabgabe zu ermitteln, war aber auf dem Prinzip des Bekenntnisses und der Willenskundgabe gegründet. Die Slowenen lehnten dieses Verfahren mit der Begründung ab, daß jene Gebiete, in denen die Slowenen siedelten, immer bekannt gewesen und auch heute noch bekannt seien und daß daher eine neuerliche Untersuchung nach dem Personalprinzip abgelehnt werden müsse [3]. Die von einem Großteil der Slowenen eingehaltene Boykottparole der slowenischen Zentralorganisationen hat diese Sprachenwahl dann zu einer Farce werden lassen, so daß von den 1971 nach der Umgangssprache gezählten 19.529 Slowenischsprechenden nur 3.941 Kärntner slowenischer Muttersprache gültige Erhebungsblätter abgaben, davon nicht einmal zwei Drittel in Südkärnten, wogegen allein 4.747 Wiener als Muttersprache Slowenisch angaben.

Die Entscheidung der drei Regierungsparteien, den Kärntner Slowenen ein

SPRACHLICHE UND SOZIALE IDENTITÄT

Bekenntnis zur Muttersprache abzuverlangen, war offensichtlich nicht geeignet, dieser Volksgruppe zu einer gebührenden Selbstpräsentation zu verhelfen. Die Tatsache, daß derartige Verfahren Verzerrungen und falsche Abstraktionen hervorbringen müssen, wird durch verschiedene Untersuchungen bestätigt. Kattnig und Moritsch besorgten sich in ihren Heimatgemeinden, in denen jeder jeden kennt, eine Einwohnerliste, um eine Minderheitenfeststellung nach Gesprächs- und Interviewkriterien durchzuführen [4]. Moritsch kam in seinem Heimatort St. Stefan an der Gail unter 1.494 Einwohnern auf einen Anteil von 53,4 % Slowenischsprechenden. Bei der Volkszählung von 1971 wollten jedoch nur 0,7 % Slowenen sein. Auf genau 52,8 % Slowenischsprechende kam Kattnig in seinem 1.472 Einwohner zählenden Heimatort Ledenitzen. 1971 hatten sich dort nur noch 16,2 % als Slowenen bekannt. Welche Gründe kommen für diese Diskrepanzen in Betracht? Verfälschend wirkt in jedem Fall die statistische Erhebung einzelner "Stimmen". Der Ausspruch einer Sekretärin am Gemeindeamt Hohenthurn belegt diese Wirkung deutlich genug: "De Slowena seint ja lei in Gruppn stork - wenn oba ana do auf die Gemeinde einakummt, und eineschreibn muaß, wos a is, donn follt a jeda um." [5] Ein weiterer Grund der Diskrepanz liegt mit hoher Wahrscheinlichkeit in der bei Volkszählungen verwendeten Fragestellung: 1971 wurde nach der vorherrschenden Umgangssprache gefragt. Und die war auch für Slowenen meist Deutsch, da die Mehrheit jener, mit denen sie täglich zu tun haben (etwa am Arbeitsplatz), Deutsch spricht. Doch selbst wenn nach der vorherrschenden Familiensprache gefragt werden sollte, wäre zu vermuten, daß heute in vielen mehrheitlich slowenischen Gemeinden die meisten Bewohner - vorausgesetzt freilich, sie akzeptieren die Frage - "Deutsch" zur Antwort geben würden. Moritsch und Kattnig machen auf einen weiteren Umstand aufmerksam: in den beiden befragten Gemeinden beherrschen nahezu alle Einwohner bis zum Geburtsjahrgang 1948 noch Slowenisch - ab dem Geburtsjahrgang 1955 jedoch so gut wie niemand mehr.

Eine erste Ursache für diesen historischen Einschnitt ist wohl die Abschaffung des zweisprachigen obligatorischen Schulwesens im Jahre 1958. Dieses Grundschulsystem war 1945 in den gemischtsprachigen Gebieten Kärntens eingeführt und von den demokratischen Parteien damals als vorbildlich gerühmt worden: "Wir haben nach Schweizer Vorbild in einem bestimmten Gebiet des Landes in allen Gemeinden, wo auch nur ein kleiner Bruchteil der Bevölkerung slowenischer Muttersprache ist, ein zweisprachiges Schulwesen eingerichtet und fragen das Kind nicht, ob Deutsch oder Slowenisch, sondern fordern die Erlernung beider Sprachen von jedem Schüler. Wir sind der Überzeugung, daß dies zum Vorteil der Völker ist, die dieses Land bewohnen." [6] Nachdem der Staatsvertrag am 19. Mai 1955 unterzeichnet worden war und sich wiederum deutschnationale Gruppierungen in Kärnten konstituiert hatten, wurden erste Angriffe gegen die zweisprachigen Schulen unternommen. Der "Kärntner Heimatdienst" denunzierte die Schulverordnung als Zwangsverordnung und rief 1958 zum allgemeinen Schulstreik auf. Die Schulbehörden erledigten die Anträge der Eltern um Befreiung vom Unterricht in der slowenischen Sprache sofort. Das Minderheiten-Schulgesetz von 1959 ging bereits von dem durch die Abmeldungsaktion geschaffenen Status quo aus und legte fest, daß das "Recht, die slowenische Sprache als Unterrichtssprache zu gebrauchen oder als Pflichtgegenstand zu erlernen", einem Schüler nur zu gewähren sei, "sofern dies der Wille seines gesetzlichen Vertreters ist". Damit war jene als völkerversöhnend begrüßte Schulverordnung von 1945 gegenstandslos geworden. Die zusätzliche Regelung, daß Kinder slowenischer Muttersprache ausdrücklich zum slowenischen Unterricht angemeldet werden müssen, wobei diese Anmeldung am Ende eines Schuljahres widerrufen werden konnte, hatte das Gegenteil einer freien Willensentscheidung zur Konsequenz.

Wille und freies Bekenntnis werden, wie die Erfahrung im Falle der Kärntner Slowenen zeigt, durch Klugheitserwägungen gestützt. So werden häufiger Geschichten erzählt wie diese: "Der Schmied A. U. aus St. Ruprecht bei Völkermarkt hatte seine beiden Kinder zum Slowenischunterricht angemeldet. Als dies einer seiner Auftraggeber, ein Großbauer, erfuhr, drohte er A. U., daß er seinen Auftrag zurückziehen werde, falls jener die Kinder nicht sofort wieder vom Slowenischunterricht abmelde. Offensichtlich unter wirtschaftlichem Druck tat der Schmied das auch." [7] Ein weiteres Situationsbeispiel: Als anläßlich des Empfanges für Olympiasieger Schnabl 1976 in Achomitz der Sportvereinsobmann unter Berufung auf den olympischen Gedanken auch einige Sätze in seiner Muttersprache anfügen wollte, wurde er ausgepfiffen; man drehte ihm schließlich das Mikrofon ab. Schnabls Vater, befragt auf seine Meinung zu diesem Vorfall, äußerte sich einlenkend: "Ma hot so mehr Vorteile. Mir hom uns jo schwergeton, weil ma Slowenisch gred hom, und des bringt jo nix." [8]

Klugheitserwägungen werden gestützt durch historische Erfahrungen. Den Erfahrungshorizont umreißt Flaschberger unter dem Titel: "Kärntner Selbstverständlichkeiten" wie folgt: "Die Hypothek der Geschichte, in der die Slowenen stets eine Nebenrolle spielten, und ein zur Assimilation anregendes sozialpsychologisches Klima in Kärnten, bewirken einen sehr subtilen Druck. Da höhere berufliche Positionen beispielsweise kaum von Slowenen besetzt sind, bzw. weil es vor allem nicht üblich ist, sich in diesen Positionen 'slowenisch' zu geben, ist sozialer Aufstieg gewöhnlich mit dem Verlust des slowenischen Nationalbewußtseins und dem Verbergen, aus einem slowenischen Elternhaus zu stammen, verbunden. Es ist in Kärnten auch leicht zu beobachten, daß viele Leute, die Slowenisch zwar als Haussprache benützen und in der dörflichen Nachbarschaft slowenisch sprechen, diese Sprache

20 SPRACHLICHE UND SOZIALE IDENTITÄT

nur verwenden, wenn sie sich unbeobachtet fühlen. In öffentlichen Verkehrsmitteln und überall dort, wo Deutschkärntner oder Touristen anwesend sind, scheuen sie sich, untereinander slowenisch zu sprechen. Welcher Prozeß der Einschüchterung und Vermittlung des Bewußtseins der eigenen Minderwertigkeit muß dem vorausgegangen sein!" [9)]

Der Prozeß sei nun in groben Zügen wiedergegeben. Vor allem für die ältere Generation ist die Erinnerung an die Germanisierungsaktionen während des Faschismus lebendig. In der faschistischen Ära bestanden keine Zweifel, wo die Slowenen siedelten. (Die Frage des Siedlungsgebietes war in der Ersten Republik ebenso umstritten wie heute). Die Bereichserklärung Himmlers vom 6. Februar 1943 enthielt eine Liste von 66 Gemeinden, aus denen die Slowenen ausgesiedelt und enteignet, teilweise ins KZ oder zur Hinrichtung geführt wurden. Der offizielle Zweck dieser Erklärung war, "das deutsche Volkstum in diesem Gebiet durch Umsiedlung volkspolitisch unzuverlässiger Menschen und Ansiedlung bewährter deutscher Menschen, insbesondere durch Seßhaftmachung von Umsiedlern aus dem Ausland unter planmäßiger Neuordnung der Eigentumsverhältnisse zu festigen." [10)]

Das Interesse an den Aussiedlungen bestand nicht nur in Berlin. Verbürgt ist, daß noch weit mehr Slowenen ausgesiedelt worden wären als dies wirklich der Fall war, wenn nicht die Berliner Zentralstellen aufgrund der Kriegslage den Eifer der Kärntner NSDAP-Führung bei den Aussiedlungsmaßnahmen stark gebremst hätten. Der "Aufruf des Gauleiters" vom 12.10.1944 lautete: "Wer sich als Slowene bekennt, muß damit rechnen, daß er seine Familie, Heimat, Obdach und Brot verliert und er selbst als Staatsfeind bis zum letzten verfolgt wird." [11)]

Eine mögliche Form der subjektiven Bewältigung von Geschichte ist die Abtrennung der Gegenwart und der Zukunft von der Vergangenheit. Was gewesen ist, darf sich niemals wiederholen. Den Kindern sollen später im Leben die Schwierigkeiten erspart bleiben, die man selbst erlebt hat. Da es einmal schwierig war, Slowene zu sein, ist es möglicherweise zweckmäßiger, seine Volksgruppenidentität aufzugeben. (In dem bereits erwähnten Ort St. Stefan deuten die im Gemeindekataster durchgestrichenen, bisweilen falsch ins Deutsche übersetzten slowenischen Flurnamen auf diese Tendenz zur Selbstverleugnung eines nicht unbeträchtlichen Teils der slowenischen Minderheit hin.)

Wenn nur noch im Elternhaus der slowenische Dialekt erlernt und kein slowenischer Schulunterricht besucht wird, ist die Assimilation an die Mehrheit der Sprecher im Land kaum mehr zu verhindern. Psychologisch sind die Slowenen ständig konfrontiert mit dem allgemeinen Urteil, daß das Slowenische im öffentliche Leben keine "Funktion" mehr hat, was die Resignation noch verstärkt. Am stärksten ist die Entfremdung hinsichtlich des Gebrauchs der Muttersprache bei der jüngeren Generation, für die die slowenische Sprache nur im bäuerlichen Bereich als "funktional" akzeptiert wird, außerhalb dieses Bereiches jedoch als dysfunktional und unpassend gilt. Traditionell ist die Erhaltung der slowenischen Sprache gebunden an die Zugehörigkeit ihrer Sprecher zur Land- und Forstwirtschaft. Die Kärntner Slowenen waren immer unter den in der Land- und Forstwirtschaft Beschäftigten am zahlreichsten vertreten, während sie zu höher qualifizierten Berufen kaum Zugang hatten. Die nachfolgenden Tabellen [12] verdeutlichen die überragende Bedeutung des landwirtschaftlichen Sektors und die disproportionale Vertretung der slowenischsprechenden bzw. zweisprachigen Bevölkerung in den anderen Berufssparten (besonders Handel, Verkehr, Dienstleistungen, technische Berufe, Verwaltung u. a.):

Tabelle 1: Berufstätige nach Berufsabteilungen und Umgangssprache (Gerichtsbezirke Ferlach, Rosegg, Bleiburg, Eberndorf, Eisenkappel sowie Gemeinden Keutschach, Köttmannsdorf, Ludmannsdorf, Maria Rain, Mieger, Radsberg, Schiefling am See und Finkenstein).

	Slowenisch in %	Deutsch in %
Land- und forstwirtschaftl. Berufe	33,0	10,3
Produktionsberufe in Bergbau, Industrie und Gewerbe	37,9	41,2
Handels- und Verkehrsberufe	9,9	15,7
Dienstleistungsberufe	10,0	15,0
Technische Berufe	0,4	1,7
Mandatare, Rechts-, Verwaltungs- und Büroberufe	3,6	10,3
Gesundheits-, Lehr- und Kulturberufe	3,3	3,9
Berufstätige mit unbestimmtem Beruf	1,8	1,6
Berufsmilitärpersonen	0,1	0,3

Tabelle 2: Berufstätige nach Wirtschaftsbereichen, Stellung im Beruf und Umgangssprache (Gebiet wie Tabelle oben):

	Slowenisch in %	Deutsch in %
Selbst. in der Land- und Forstwirtschaft	17,8	5,8

Mithelfende in der Land- und Forstwirtschaft	9,0	2,5
Selbst. in anderen Wirtschaftsbereichen	5,1	8,3
Mithelfende in anderen Wirtschaftsbereichen	1,1	2,5
Angestellte, Beamte	13,9	28,4
Facharbeiter	13,8	18,1
Sonstige Arbeiter	39,3	34,5

Wie in den benachbarten Ländern ist auch in Kärnten ein Übergang der Bevölkerung aus agrarischen Berufen in andere Berufe festzustellen. Der Anteil der in der Land- und Forstwirtschaft Beschäftigten Kärntens insgesamt verringerte sich zwischen 1961 und 1971 von 17,9 auf 11,5 %. (Beide Werte liegen jeweils knapp unter dem österreichischen Durchschnitt.) Parallel dazu nahm die Gesamtzahl landwirtschaftlicher Betriebe und der Anteil der Bodenfläche, der für Ackerbau genutzt wird, allmählich ab. Am stärksten sind von dieser Tendenz die Orte in den gemischtsprachigen Gebieten Südkärntens betroffen [13].

Vor allem die Tagesmigration der Arbeitskräfte, die auf sinkende Einkommen in der Landwirtschaft und die Überbesiedlung im landwirtschaftlichen Bereich zurückzuführen ist, hat Auswirkungen auf die sprachliche Struktur Südkärntens. Ein Großteil der Pendler ist gezwungen, in die Städte zu fahren oder in den Großbetrieben zu arbeiten. Soweit die Sprache hier eingesetzt wird, ist es nicht das Slowenische, sondern das Deutsche. Arbeits- wie auch persönliche Beziehungen werden auf Deutsch aktualisiert. Der slowenische Arbeiter, auch wenn er die Familiensprache Slowenisch hat, benützt folglich fast während des ganzen Tages Deutsch als Umgangssprache. Da gerade diese Zeit, diese acht Stunden, als die sozial nützlichste Zeit gilt, wird er auch der Sprache einen entsprechenden Wert zubilligen, einen Wert, den seine eigene Sprache nicht zu haben scheint. Dazu kommt noch, daß er die deutsche Sprache im allgemeinen auch benutzen muß, wenn er zu Behörden oder ins Gasthaus geht etc. In sein eigenes sprachlich kulturelles Milieu kehrt er erst am Ende des Arbeitstages zurück, vorwiegend um sich auszuruhen und zu entspannen. Im Fernsehen wird abends deutsch gesprochen.

Die Industrie in Südkärnten ist traditionell in großem Maße an eigene Rohstoffe gebunden (vor allem Erz, Holz). Die bedeutendsten Betriebe im gemischtsprachigen Gebiet sind nach der Arbeitsstättenzählung 1973 (Wien 1976) die Zellulosefabrik Rechberg (281 Beschäftigte), die KESTAG in Ferlach (647 Beschäftigte), die Akkumulatorenfabrik in Feistritz/Rosental (269 Beschäftigte), das Werk Gailitz der Bleiberger Bergwerksunion (642 Beschäftigte). Schon aus diesen Angaben (Quelle:

Arbeitsstättenzählung 1973, Wien 1976) ist zu schließen, daß in Südkärnten ein außerordentlicher Mangel an Arbeitsplätzen besteht. Für die Wirtschaftspolitik der Zweiten Republik ist charakteristisch, daß der Fremdenverkehr stark forciert wurde, wodurch auch für Bauern und Kleingewerbetreibende zusätzlich Erwerbsmöglichkeiten entstanden. Während der Fremdenverkehr bis in die frühen Fünfzigerjahre auf die Zonen Wörthersee, Klopeinersee, Faakersee eingeschränkt war, dehnte sich das Fremdenverkehrsgebiet in den letzten 20 Jahren fast auf den gesamten Südkärntner Bereich aus. Die Konjunkturabhängigkeit der Fremdenverkehrswirtschaft ist jedoch bekanntermaßen groß. Die meisten Betriebe in den abgelegeneren slowenischen Gebieten sind nur eine Saison im Jahr geöffnet. Insgesamt stagnierte der Fremdenverkehr während der letzten Jahre gerade in Kärnten; zeitweilig war er sogar rückläufig. Die Veränderung der ökonomischen Struktur, Migration und Fremdenverkehr verstärkten die Tendenz der sprachlichen Assimilation: "Die Assimilation vollzieht sich am leichtesten, wo sich die Minderheit zerstreut und in die Wohnungen der Mehrheit einnistet; die Assimilation wird desto schwerer, je mehr sich die Minderheit zusammendrängt und je mehr sie sich von den Wohnsitzen der Mehrheit räumlich scheidet; die Assimilation ist völlig gehindert, wo die Siedlung der Minderheit eine von den Wohnsitzen der Mehrheit vollständig getrennte Sprachinsel bildet." [14]

Während auf der einen Seite Hindernisse bestehen, die Sprache der slowenischen Minderheit in die wirtschaftlichen und politischen Bereiche des öffentlichen Lebens in Kärnten zu integrieren, sind auf der anderen Seite die Chancen einer sprachlichen Weiterentwicklung gering. Die in Kärnten gesprochenen slowenischen Dialekte stehen nicht auf der gleichen sprachhistorischen Stufe wie das Slowenisch, das im jugoslawischen Nachbarland gesprochen wird. Im Verlauf der nationalen Konsolidierung der Slowenen in den vergangenen Jahrhunderten vergrößerten sich die sprachlichen Differenzen zwischen den Slowenen in Krain - dem heute zu Jugoslawien gehörenden Gebiet - und jenen in Kärnten, die von dieser Konsolidierung weniger berührt waren; die gemeinsame Basis zwischen Kärntner Slowenen und Krainer Slowenen wurde damit sprachlich immer schwächer. Der Wortschatz ist mit sehr vielen "adaptierten deutschen Formen durchsetzt" [15]. Viele ältere Kärntner Slowenen beherrschen heute weder die slowenische noch die deutsche Hochsprache vollständig [16]. Die beschränkte Auswahl an Sprachvarianten disqualifiziert die slowenische Minderheit eindeutig gegenüber der deutschsprachigen Bevölkerung Kärntens. Zwar überwinden auch die deutschsprachigen Kärntner, sofern sie nicht eine höhere Bildungsstufe erreichen, nur unter Schwierigkeiten die Barriere zwischen Dialekt und Hochsprache, zwischen alltäglichem und gehobenem Sprachgebrauch, doch genießen sie den Vorteil, daß der Kärntner Dialekt als Variante des Deutschen immer eine gewisse Vermittlungsfunktion hatte. Vor 200 Jahren etwa war auch der deutsche Dialekt nicht Herrschaftssprache; nichtsdestoweniger bewahrte er seine Funktion als gesellschaftliches Integrationsmittel zwischen herrschender und beherrschter Klasse. Im Absolutismus leistete er die wesentliche Vermittlung zwischen zentraler Verfügung und regionaler Distribution und Produktion, womit seine Geltung über den örtlich begrenzten Bereich hinaus gesichert war.

Wenngleich der unterschiedliche Status des slowenischen und des deutschen Dialekts hier weniger auf ein nationales als auf ein gesellschaftliches Strukturproblem hinweist, so ist er dennoch am gründlichsten aus dem historischen Verhältnis der beiden Nationalitäten zu erklären. Kärnten ist seit dem 6. Jahrhundert von Slawen besiedelt [17], war zunächst Zentrum des karantanischen Fürstentums, gelangte dann im 8. Jahrhundert unter bairische Oberherrschaft, ohne allerdings seine Selbstbestimmung ganz zu verlieren. Zeugnis für die Kontinuität der altslawischen Verfassung ist der Akt der Einsetzung des Fürsten durch das Volk. Als Kärnten 976 Herzogtum wurde, mußten die Slawen auf eigene Fürsten verzichten. Dennoch blieben Elemente der slawischen Herrschaftstradition erhalten. Bis ins ausgehende Mittelalter wiederholte sich die Szene am Fürstenstein bei Karnburg, bei der "ain windischer man", der Herzogbauer, den neuen Herzog in Anwesenheit des Volkes in "windischer rede" einem Prüfungsverfahren unterzog und ihm hernach symbolisch die Herzogswürde übertrug. Die territorialstaatliche Zentralisierung und die gegenreformatorische Bewegung hatten für die nebeneinander existierenden deutschen und slowenischen Volksteile durchaus unterschiedliche Auswirkungen. Für die slowenischsprachigen Kärntner bedeutete die territorialstaatliche Vereinheitlichung das Ende ihrer wirtschaftlichen und intellektuellen Entwicklung. Die slowenische Volkssprache, die im Bauernkrieg noch ebenso wie die deutsche als Ausdrucksmittel einer Emanzipationsbewegung gedient hatte - gerade in den slowenischsprachigen Gebieten gab es den stärksten Aufruhr innerhalb der österreichisch-ungarischen Länder -, wurde ab sofort aus den gehobenen Bereichen des gesellschaftlichen Lebens eliminiert. Doch war sie noch verbreitet. "Zeitgenössischen Reiseberichten aus dem ausgehenden 18. Jahrhundert ist zu entnehmen, daß man in der Vorstadt von Klagenfurt slowenisch sprach, daß aber die städtischen Oberschichten sich der deutschen Sprache bedienten." [18] Mit der Revolution von 1848 veränderten sich die Beziehungen zwischen deutschsprachiger und slowenischsprachiger Bevölkerung in Kärnten wiederum grundlegend. Die formalrechtliche Gleichstellung der Nationen im österreichischen Vielvölkerstaat hatte zur Folge, daß sich die Kärntner deutscher Sprache bemühten, ihre bis dahin unangefochtene Dominanz politisch abzusichern - d. h. Vorrechte zu beanspruchen. Um den Anspruch zu stützen, wurde die Behauptung aufgestellt, die beiden Kärntner Nationalitäten hätten tausend Jahre friedlich miteinander gelebt, nun jedoch sei der Friede durch slowenische Unruhestifter gestört worden. Aus der gleichen Zeit stammen noch ein zweites und drittes Argument, nämlich daß derjenige, der sich zum slowenischen Volkstum bekennt, kraft dieses Bekenntnisses Landesverräter sei, ferner daß Assimilation und Germanisierung "Zeichen der Zeit" seien. Diese Argumentationslage ist bis auf den heutigen Tag erhalten geblieben.

Der Kärntner Nationalitätenkampf im 19. Jahrhundert war zwar in erster Linie als politischer Kampf deklariert, doch beruhte er auf einem einfachen wirtschaftlichen Mechanismus. Wutte benennt diesen unverblümt, wenn er den Fortschritt der Germanisierung in Kärnten als notwendig zu begründen sucht: "Industrie, Handel und Verkehr sind in Kärnten die besten Bundesgenossen des Deutschtums. Sie sind fast durchwegs in den Händen der wirtschaftlich stärkeren und fortschrittlicheren Deutschen, mit ihrer Entwicklung schreitet auch die Weiterverbreitung der deutschen Umgangssprache vor." [19] Die führenden deutschsprachigen Schichten sicherten sich die wirtschaftliche Ausnützung des Kärntner Unterlandes und gerade auch seiner slowenischen Bevölkerung, indem sie die Ausbildung einer slowenischen Oberschicht als einer für sie gefährlichen Konkurrenz verhinderten. Dabei war der Zustand ökonomischer Ungleichheit zwischen den beiden Nationen und die Diskriminierung der slowenischen Nation zu leugnen, die Abhängigkeit der Kärntner Slowenen von ihren Herren als natürlich und vernünftig hinzustellen.

Ein halbes Jahrhundert später waren ökonomische Abhängigkeit und Diskriminierung bereits Teile einer umfassenden Naturerklärung. In einer Eingabe des Klagenfurter Ausschusses der Kärntner Advokatenkammer an das Justizministerium im Jahre 1909 hieß es: "Die geographische Abgeschlossenheit des Landes Kärnten schweißt (die) dasselbe bewohnenden Volksstämme aneinander und die Übermacht des deutschen Volksstammes an Volkszahl, Besitz und Kapital gewährt ihm Vorteile vor den slawischen Mitbewohnern, welche, weil sie eben natürliche sind, ihm nicht genommen werden können. Diese natürlichen und unabänderlichen Verhältnisse bestehen seit Jahrhunderten und ebenso lange haben sie ihre Folgen." [20] Die Feststellung eines hierarchischen Verhältnisses der beiden nationalen Gruppen war somit integriert in die These, daß diese Gruppen eine Einheit bilden.

Zur Rechtfertigung der realen Machtverhältnisse diente ferner der Versuch eines Beweises, daß sich die entmachtete Gruppe seit jeher als politisch inkompetent erwiesen habe. Die Geschichtsforschung leistete einen wesentlichen Beitrag dazu, daß den Slowenen die Kompetenz in politischen Dingen abgesprochen werden konnte. Entweder überging sie völlig die slawische Vergangenheit des Landes oder sie leugnete zumindest jene Perioden Altkärntner Geschichte, in denen die Slawen die führende Gruppe im Lande gewesen waren. Wenn der politische Anteil der Slowenen an der Geschichte ignoriert wurde, dann fiel der Nachweis nicht schwer, daß erst die

26　SPRACHLICHE UND SOZIALE IDENTITÄT

Deutschen eine "höhere Ordnung" eingeführt hätten und daß nahezu alles, was in Kärnten an Kulturgütern geschaffen wurde, deutschen Ursprungs sei. "Deutsche Städter und Grundherren, deutsche Arbeiter und Bauern bestimmten schon im Hochmittelalter Weltbild und Lebensform der landsässigen Slowenen. In Eintracht und ohne Spur von Mißhelligkeiten lebten beide Völker miteinander, dem Deutschen oblag es, dieser Arbeitsgemeinschaft die letzten Neuerungen und Umwälzungen der großen Welt zu vermitteln." [21]

Was für die politische Kompetenz der Slowenen gelten sollte, mußte auf ihre sprachliche Kompetenz zutreffen. Bis 1945 befaßten sich Historiker, Volkskundler und insbesondere Sprachwissenschaftler mit dem Nachweis der totalen Überlagerung der slowenischen Volkskultur durch die deutsche. Das Slowenische galt als Sprachprägung eines minderwertigen Bewußtseins, keinesfalls als Kultur- und Herrschaftssprache. Die Deutschen, wurde gesagt, waren "die Lehrmeister jeglicher Kulturarbeit - die Slowenen deren gelehrige Schüler", deshalb sei eine "fortschreitende Germanisierung naturgemäß" [22]. Noch 1960 - ein Jahr vor seiner Berufung zum Ordinarius ans Germanistische Institut der Universität Wien - teilte Eberhard Kranzmayer in der Zeischrift "Die Aula" mit: "Sind etwa vor dem Zweiten Weltkrieg deutschsprechende Herren im Frack beispielsweise in Bleiburg auf der Straße gegangen, so ist das nicht weiter aufgefallen. Sind aber slowenischsprechende Herren befrackt herumgegangen, so hat das Aufsehen erregt. Der Frack als äußeres Merkmal gehobener Schichten paßt nicht zur slowenischen Landessprache. Das Kärntner Slowenische war und ist heute eine größtenteils verborgene Haussprache und mit diesen oberen Schichten nicht vereinbarlich. Dieses sichere Gefühl für die funktionale Verteilung beider Landessprachen gilt nicht nur in Bleiburg, sondern im ganzen Lande. Das Deutsche beherrscht das offizielle Verkehrsleben, das Slowenische beschränkt sich auf den innerdörflichen Hausgebrauch. Dieselbe Sozialgrenze findet man übrigens auch an anderen Sprachgrenzen außerhalb unseres Landes. In Kärnten wie anderswo wird sie als naturgegebene Selbstverständlichkeit empfunden." [23]

Wenn nun die Germanisierung als selbstverständlich und naturgemäß aufgefaßt wurde, dann mußte sie - einem liberalistischen Staats- und Politikbegriff gemäß - auch freiwillig erfolgen. Als Basis der freien Entscheidung aller sollte die Bereitschaft zur Verständigung dienen. Hören wir noch einmal Kranzmayer: "Der Wille zum gegenseitigen Verstehen ist am weitesten gegangen. Man war natürlich in Kärnten am meisten dazu geneigt, dem besonders starken Willen zum gegenseitigen Verstehen gebührenden Ausdruck zu verleihen. Sonach ist unser Heimatland tatsächlich das Vorbild friedlichen Zusammenlebens zweier Sprachen im gleichen Land. Es kommt dies mit größtem Nachdruck zum Vorschein." [24] In Wirklichkeit kam jedoch schon im 19. Jahrhundert zum Vorschein, daß sich ein großer Teil der Slowenen der deutschnationalen Verständigungslogik nicht anschließen konnte und sich nicht "freiwillig" germanisieren ließ. Wenn also die These von der natürlichen Einheit der Nation nicht mit dem Prinzip der Freiwilligkeit in Einklang gebracht werden konnte, so mußte die freie Entscheidung des einzelnen in Beziehung zu äußeren Störfaktoren gesetzt werden. Den Tätigkeiten der ausländischen Agenten, sagte man, und den hetzerischen Predigten der slowenischen Geistlichen [25] sei es zuzuschreiben, daß das ursprünglich gesunde Nationalbewußtsein der Kärntner Bevölkerung verfälscht wurde. Nun "streckt über die krainische Karawankengrenze das begehrliche kampflustige Slowenentum die Fangarme nach Kärnten und wirft den Apfel der Zwietracht unter die Volksstämme des schönen Landes" [26].

Den Nachweis für die Intervention von außen ist man schuldig geblieben. Das ist jedoch nicht die einzige Schwäche des Arguments. Denn nun muß man eine Trennung vornehmen zwischen Individuen, die der Manipulation zugänglich sind, und jenen, die ihr widerstehen. Damit ist es unmöglich geworden, das Dogma von der natürlichen Einheit der Nation aufrechtzuerhalten, d. h. eine nationale Minderheit einer nationalen Mehrheit zu subsumieren. Die slowenische Minderheit zerfällt, so gesehen, in zwei Gruppen. Die eine Gruppe besteht aus Individuen, die sich "deutschfreundlich" äußern. Von ihnen wird verlangt, daß sie periodisch durch ihr individuelles Bekenntnis die Voraussetzung schaffen, um gewisse sprachliche Rechte für sich in Anspruch nehmen zu dürfen. Die andere Gruppe, die das subjektive Bekenntnisprinzip nicht akzeptiert, sich also nicht individualisieren läßt und sich weiterhin als slowenische Nationalität versteht, setzt sich zwangsläufig dem Verdacht des Irredentismus aus. Sie will, so lautet die Anklage heute noch, den Anschluß an Jugoslawien, sie will Autonomie, womöglich einen eigenen Staat, jedenfalls die Deutschen aus "ihrem" Bereich drängen. Die Zweigruppentheorie macht den Widerspruch zwischen nationalstaatlichem Einheitsprinzip und subjektivem Bekenntnisprinzip evident. Geht man davon aus, daß die minderheitliche Bevölkerung prinzipiell als Nation im Staat anzusehen wäre, dann dürfte es nicht mehr notwendig sein, deren Zugehörigkeit durch das politische Bekenntnis des einzelnen realisieren und bestätigen zu lassen. Legt man hingegen das Bekenntnisprinzip zugrunde, dann ist nicht plausibel zu machen, warum die einen, die sich deutschfreundlich bekennen, und die anderen, die ihre Eigenständigkeit als Gruppe behaupten, die gleiche slawische Sprache sprechen.

Man hat versucht, den Widerspruch durch eine Maximaltheorie zu überwinden, welche besagt, daß die in Kärnten lebenden Slowenen in Wirklichkeit weder Deutsche noch Slowenen, sondern "Windische" seien. Diese Theorie, die in den zwanziger Jahren entwickelt wurde, läßt sich folgendermaßen umreißen: [27] Die "Windischen" stammen entwicklungsmäßig gar nicht von den Slowenen ab, sondern von den Wenden, die in der Lausitz leben, und seien vor 1000 Jahren zugewandert. Es bestehe also eine sehr alte Verbindung mit dem deutschen Kulturkreis, mit den Slowenen hätten die "Windischen" nur manche Wörter gemeinsam. Die Behauptung, daß die "Windischen" ein eigenes Volk seien bzw. daß "Windisch" eine eigene Sprache sei, wurde von der slawistischen Forschung inzwischen eindeutig widerlegt. In der Tat handelt es sich um eine Art Wortspiel. Ursprünglich bezeichneten die Deutschen alle ihre östlichen und südlichen slawischen Nachbarn, mit denen sie in Berührung kamen, als "Windische". Im Mittelalter heißen sie "Wenedi" oder "Windi" - womöglich nach den alteuropäischen Venetern. Nachdem sich in deren Gebieten Slawen ansiedelten, wurden auch diese von den Deutschen "Winden" und "Windische" genannt. In einer 1808 erschienenen "Grammatik der slawischen Sprache in Krain, Kärnten und Steiermark" verweist Jernej Kopitar darauf, daß der Ausdruck "Winden" in Kärnten und in der Steiermark zur Unterscheidung der Slowenen von ihren deutschen Landsleuten verwendet wird. Dies wird auch durch andere Sprachlehrbücher der Zeit bestätigt. Im 19. Jahrhundert wird dann die Tendenz bemerkbar, den Ausdruck "Windisch" außer Gebrauch zu setzen und durch den Ausdruck "Slowenisch" zu ersetzen. Die Ursache dafür mag die beginnende nationalslowenische Bewegung gewesen sein, aber auch die Pejorisierung der Bedeutung des Wortes "Windisch". Die zunehmend pejorative Verwendung des Wortes ist als Symptom für die verstärkten Feindseligkeiten gegenüber den Slowenen zu werten. Der Hintergrund hiefür war, daß die Feudalherren auf slowenisch besiedeltem Gebiet immer deutsch oder - im Sinne eines angestrebten Weltbürgertums - international orientiert waren, während "windisch" nichts anderes bedeutete als "untergeordnet". Mit den Schulkämpfen des ausgehenden 19. Jahrhunderts wird der Wertunterschied auch auf den Sprachunterricht übertragen. Von einem Bezirksschulinspektor ist der Ausspruch gegenüber Kindern um die Jahrhundertwende überliefert: "Deutsch ist nobel, ist schön; Windisch ist bäurisch, ist schiech!" [28)]

Wie ist nun zu erklären, daß der ehemals diffamierende Ausdruck "Windisch" später zum "Ehrennamen der heimattreuen Südkärntner" erhoben wurde? Der politische Charakter dieser Erfindung einer dritten Nation ist erkennbar. Denn sie erwies sich letzten Endes als geeignet, die politischen Risiken, die der Konstruktion einer Volksgruppe durch freie Entscheidung der einzelnen immer anhaften, zu vermindern. Die Konstruktion eines "windischen" Volkes bot den Kärntner Slowenen, sofern sie assimilationswillig waren, die Möglichkeit einer positiven Identifikation mit der Mehrheitsbevölkerung des Landes, da nun keine Verknüpfung mehr zwischen slowenischer Muttersprache und slowenischer Nationalität zu bestehen schien. Heute gelten die "Windischen" in der öffentlichen Diskussion nicht mehr als Sprachgemeinschaft, sondern als "schwebendes Volkstum", d. h. als Menschen, die zwar entfernt mit den Slowenen zu tun haben, aber schon in einem weiten Sinne als Deutsche zu betrachten sind.

"Windisch" ist somit zum Prädikat für assimilationswillige Slowenen geworden. Menschen, auf die dieses Prädikat anwendbar ist, hat es in den letzten 100 Jahren zweifellos in großer Zahl gegeben. Sie wurden von deutschnationaler Seite zum Musterbild der auf ihre Rechte verzichtenden Minderheitsangehörigen erhoben, womit sie auch zur Rechtfertigung der Assimilationspolitik gegenüber den bewußten Slowenen dienten. Ihre soziale Identität als Volksgruppe ist allerdings fraglich.

Valentin Einspieler, Gymnasialdirektor in Klagenfurt und prominentes Mitglied des "Kärntner Heimatdienstes", legte 1956 öffentlich sein Bekenntnis ab: "Dieses Volk der Windischen tut in Zeiten der Not seine Pflicht und bringt schweigend seine Opfer. Die Windischen sind die Stummen im Lande, die nur eines wünschen: mit dem Staat Österreich Freud und Leid zu teilen. Diese Stummen haben weder völkisch-kulturelle noch politische Sonderwünsche (...). Wir beanspruchen keinen Dank für all die Opfer, die wir unserer heiß geliebten Heimat brachten. In den Zeiten der Not erachten wir es als Pflicht, diese Opfer auf uns zu nehmen." [29] Einem Vortrag, den er am 19. 1. 1981 an der Universität Klagenfurt hielt, stellte Einspieler das Ranke-Motto voran: "Ich wünschte, mein Selbst gleichsam auszulöschen und die Dinge redend erscheinen zu lassen."

Ich habe zuvor auf einige Gründe hingewiesen, die die Assimilation zum erstrebenswerten Ziel werden lassen und dieser den Charakter einer freiwilligen Entscheidung verleihen. Assimilationswünsche machen eine "Windischen-Theorie" zunehmend überflüssig. "Eine eigene Kategorie der 'Windischen' wird", wie Gero Fischer diagnostiziert, "nicht mehr benötigt, von der Taktik der Assimilierung ist man nun zur Taktik der Dissimilierung, der Gettoisierung und Polarisation übergegangen. Spätestens die 'Volkszählung besonderer Art' signalisiert die neue Stoßrichtung: Zurückdrängung der Slowenen in ständig verkleinerte Reservate (wo ihnen gewisse minimale Rechte zugestanden werden), Forderung nach Zentralschulen für Slowenen und dergleichen, Maßnahmen, wie sie z. B. auch aus den amerikanischen Indianerreservaten oder aus Südafrika bekannt sind." [30] Die durch die Randlage bedingte industrielle Schwäche des südlichen Kärnten, der Rückgang einer eigenständigen Bauernkultur, der soziale und politische Druck lassen die Identifikation mit der herrschenden Mehrheit als das letzte erstrebenswerte Ziel erscheinen. Das heißt für die Sprachbeherrschung: Wähle diejenige Sprachstruktur, der der höchste Wert beigemessen wird! Oder komparatistisch ausgedrückt: Internalisiere von zwei gegebenen Sprachstrukturen die bessere. Dazu bedarf es inzwischen keiner Befehle mehr, wie sie während der NS-Zeit an Bäumen, Bildstöcken und Wegkreuzen zu lesen standen: "Kärntner sprich Deutsch!". Die Kriterien für eine Optimierung der

Sprachbeherrschung entstammen inzwischen dem Interesse an mehr Realitätsangemessenheit, d. h. an einer Sprache, die dem neuentwickelten technischen, wirtschaftlichen und administrativen Standard entspricht. Mit diesem Interesse ist der Wunsch verknüpft, in die Kommunikation der herrschenden Mehrheit einzutreten. Das Interesse, in einer allgemein geltenden und allgemein verständlichen Umgangssprache zu kommunizieren, kann freilich in Konflikt mit den ursprünglich erlernten Sprachausprägungen geraten.

Bei den "Windischen" handelt es sich immerhin um Sprecher, die aufgrund ihres Alters und aufgrund der Schulbildung, die ihnen früher zumeist nur in geringem Maße zuteil wurde, in der ersten Generation gar nicht in der Lage waren, zu "Sprachdeutschen" zu werden; dies gelang erst ihren Kindern, der zweiten Generation, die mit den Eltern aber meist auch noch im slowenischen Dialekt, den sie eben als "Windisch" bezeichnen, sprechen müssen. Erst die dritte Generation ist fähig, das slowenische Volkstum zu verleugnen. (In vielen Fällen beherrscht aber auch die dritte Generation den slowenischen Dialekt noch passiv.) Die Unsicherheit in der deutschen Sprache besteht weiter. Die Slowenen oder "Windischen" sind wohl bemüht, ein allgemein akzeptiertes Vorbild der Sprachform und Sprachverwendung zu übernehmen: Man spricht so! Und in der Intuition, daß man so spreche, übernehmen sie ein System von offenbar intersubjektiv geltenden Regeln. Aber die Intersubjektivität dieser Regeln haben sie nicht selbst hergestellt und begründet, womit sie mehr als alle anderen deutschen Sprecher auf Vorbild-Instanzen angewiesen sind. Dem Zwang zur Anpassung folgend, müssen sie annehmen, daß gewisse Sprecher der mehrheitlichen Sprachgemeinschaft, z. B. Lehrer und Fernsehsprecher, kompetenter als andere in ihrem sprachlichen Urteil sind. Um nicht abnormal zu erscheinen, benehmen sie sich hypernormal. Das heißt, die Identität der ehemals slowenisch sprechenden Kärntner ist vorerst eine höchst künstlich gewonnene Identität. Wenn nun die Anpassung an neue Sprachvarianten aus der Not und um den Preis der Aufgabe der genuinen Sprachprägung geleistet wird, müssen immer wieder neue Identifikationsangebote gesucht werden. Ein erstes Identifikationsangebot war einmal die deutsche Nation, und es verwundert in diesem Zusammenhang nicht, daß sich die offiziellen Vertreter der "Windischen" 1942 "zu Führer und Heimat" bekannten und sich heute wieder deutschnationaler Agitation zugänglich zeigen. Neue Identifikationsangebote ersetzen zum Teil die alten: höhere Bestellung und besser qualifizierte Arbeit, ein gewisses Maß an demonstrierbarem Wohlstand, der Konsum nichtslowenischer Bildungsgüter, das mögliche Votum in einer der österreichischen Großparteien usw. Dies weiter zu untersuchen, wäre Gegenstand einer sozialpsychologischen oder soziologischen Arbeit.

An dieser Stelle ist nur zu zeigen, daß die Verminderung der slowenischen

Volksgruppe und ihrer sprachlichen Kompetenz in Österreich nicht bloß ein Problem der Linguistik und der Sprachpflege ist. "Diese 'Antiquitäten- und Raritätenlinguistik' füllt zwar schweißtriefende Bände mit archivierten und säuberlich inventarisierten musealen Prachtstücken, erklärt aber einerseits nicht, worin ihr 'Wert' besteht (er wird einfach unterstellt) - warum sollte z. B. auch ein Dual 'wertvoller' sein als ein 'gewöhnlicher' Plural (...) ? - und andererseits läßt diese Art von Sprachbetrachtung in ihrem Selbstverständnis entscheidende, die Existenzbedingungen der Minderheitensprache angehende Fragen völlig unberührt [31]. Möglicherweise besteht noch eine geringe Chance, daß die slowenische Volksgruppe ihre Identität erhält und weiterentwickelt: nämlich auf der Grundlage veränderter wirtschaftlicher Bedingungen. Ändert sich die ökonomische Stellung der noch verbliebenen Slowenen, ändern sich auch die Bedingungen der Assimilation. Was umgekehrt auch heißen mag: ändert sich das Wirtschaftssystem im Staat, ändert sich auch das Verhältnis der nationalen Gruppen. Doch ist dies leicht gesagt. Bisher ist es nicht gelungen, der Strukturkrise der Landwirtschaft und der Kleingewerbebetriebe, die in Kärnten überwiegen, wirksam gegenzusteuern. Aus eigener Kraft ist das Kleingewerbe nicht in der Lage, mittleren oder größeren Industriebetrieben zu konkurrieren. Es fehlen Betriebsansiedlungskonzepte im Rahmen einer umfassenden, die Landes- und Staatsgrenzen übergreifenden Regionalplanung, wobei die Produkte und Produktionsformen den Ressourcen der Region besser als bisher anzupassen wären. Es fehlen Initiativen und Maßnahmen zur Unterstützung größerer Produktionseinheiten, Genossenschaften und Selbsthilfeorganisationen. Diese Feststellungen sowie der Vorwurf, es würden eher kurzfristig rentable Projekte als langfristige, für die gesamte Region vorteilhafte Dauerlösungen angestrebt [32], treffen die Landespolitiker, den Banken- und Kreditapparat, die Interessenvertretungen des Gewerbes und der Landwirtschaft in gleicher Weise. Die slowenische Volksgruppe hat gute Gründe, wenn sie heute nicht mehr nur auf Bildungs- und Kulturarbeit pocht. Betrachtet man das politische Programm der Kärntner Einheitsliste (KEL), die bei den letzten Landtagswahlen kandidierte, fällt eine deutliche Schwerpunktsetzung auf: Forderungen werden erhoben hinsichtlich der Raumordnung, der Wirtschaftspolitik, des Umweltschutzes und der Verbesserung der Landwirtschaft, der Fremdenverkehrswirtschaft, des Verkehrs, der Bauwirtschaft, des Handels, der Probleme des Arbeitens, der Frau in der Gesellschaft, der schulischen und vorschulischen Erziehung, der Probleme der Jugend und des Alters, der Sozial- und Gesundheitsfürsorge, der Brauchtumspflege und der Kultur. Das Papier umfaßt 30 Seiten. Will eine Volksgruppe sich erhalten und organisch wachsen, heißt es im Zentralorgan des Rates der Kärntner Slowenen "Naš Tednik", "muß sie auch aller wirtschaftlichen, sozialen und gesellschaftlichen Probleme Herr werden. Es wäre aber verfehlt zu glauben, daß dies möglich wäre, wenn wir weiterhin die Herrschenden unterstützen und geduldig auf ihre gnadenvolle Erhörung warten wollen." 33)

Anmerkungen

1) Nach G. Fischer, Das Slowenische in Kärnten. Eine Studie zur Sprachenpolitik, Wien 1980 (=Sprache und Herrschaft, Reihe Monographien 1/1980), S. 118 ff.
2) Zitate bei H. Haas - K. Stuhlpfarrer, Österreich und seine Slowenen, Wien 1977, S. 107 ff.
3) "Territorialprinzip oder Personalprinzip"?, vorgelegt am Internationalen Minderheitenkongreß in Triest, Juli 1974.
4) Vgl. Bericht von Irnberger: Kurier 3. 2. 1976.
5) Information von H. Irnberger, wiedergegeben bei Fischer, Das Slowenische, S. 14.
6) Verlautbarung des Landeshauptmannstellvertreters Hans Ferlitsch (ÖVP), zitiert bei Haas - Stuhlpfarrer, Österreich und seine Slowenen, S. 101.
7) A. Wieser (Hrsg.), Für die volle Gleichberechtigung der Minderheiten in Österreich, Wien 1976, S. 19.
8) Fischer, Das Slowenische, S. 13.
9) L. Flaschberger, Die Windischen. Assimilation bei den Kärntner Slowenen, in: Kärnten - ein Alarmzeichen, 1 (1974), S. 15-22, hier S. 20 ff.
10) Vgl. Haas - Stuhlpfarrer, Österreich und seine Slowenen, S. 86.
11) Beiträge zur politischen Bildung und Gegenwartsgeschichte Nr. 96, (=Schriftenreihe des Landesjugendreferates Niederösterreich 217/1970).
12) A. Reiterer, Zur ökonomischen Situation der slowenischen Minderheit im gemischtsprachigen Gebiet Kärntens, in: Slowenisches Wissenschaftliches Institut (Hrsg.), Dokumentation des Raumplanungsgespräches Südkärnten vom 5. bis 16. Jänner 1977, Wien 1977, S. 105-118, hier S. 107.
13) F. Pachner - L. Flaschberger, Bemerkungen zur Situation der Kärntner Slowenen aus sozialwissenschaftlicher Sicht, in: ÖZS 5 (1977), S. 35-44, hier S. 37.
14) G. Fischer, Bemerkungen zum Sprachtod, in: Sprache und Herrschaft, Heft 1, Wien 1978 , S. 19.
15) Pachner - Flaschberger, Bemerkungen zur Situation der Kärntner Slowenen, S. 38.
16) Fischer, Das Slowenische, S. 184 ff.
17) O. Kronsteiner, Die frühmittelalterlichen Sprach- und Besiedlungsverhältnisse Österreichs aus namenskundlicher Sicht, in: ÖNF 2 (1976), S. 5-24, hat dargelegt, daß die slawische Einwanderung in das Gebiet des heutigen Österreich in zwei Wellen erfolgte: Die erste slawische Migration ist mit dem 6. Jahrhundert datiert; sie war im Westen in etwa mit dem Flußlauf der Enns, im Süden durch das Pustertal begrenzt. Diese erste Migration war ihrem Charakter nach "urslawisch", während in Kärnten und in der Steiermark auf diese Migration eine weitere aus südöstlicher Richtung folgte, die aber bereits "südslawische" Merkmale trug. Dabei wurde die urslawische Bevölkerung assimiliert oder in Seitentäler abgedrängt.
18) Haas - Stuhlpfarrer, Österreich und seine Slowenen, S. 10.
19) M. Wutte, Kärnten. Taschenbuch des Grenz- und Auslandsdeutschtums, Klagenfurt 1909, S. 6.
20) Haas - Stuhlpfarrer, Österreich und seine Slowenen, S. 44.
21) E. Kranzmayer, Zwölf Jahrhunderte deutsches Leben in Krain und Untersteiermark, in: Germanenerbe 6 (5-6/1941), S. 66-69, hier S. 67.
22) Wutte, zitiert bei Haas - Stuhlpfarrer, Österreich und seine Slowenen, S. 46.
23) E. Kranzmayer, Die Kärntner Sprachgrenze im Lichte der Vergangenheit, in: Die Aula, Sonderheft zur vierzigjährigen Wiederkehr der Kärntner Volksabstimmung, Graz 1960, S. 4-6, hier S. 6.
24) Kranzmayer, Sprachgrenze, S. 5.
25) Kranzmayer, Deutsches Leben, S. 68.

26) P. Hoffmann von Wellenhof, Steiermark, Kärnten, Krain und Küstenland, München 1899, S. 61.
27) Nach Fischer, Das Slowenische, S. 39 ff.
28) Pachner - Flaschberger, Bemerkungen zur Situation der Kärntner Slowenen, S. 43.
29) Äußerung in der "Volkszeitung", zitiert nach Wieser, Für die volle Gleichberechtigung der Minderheiten, S. 23.
30) Fischer, Das Slowenische, S. 41.
31) ebenda, S. 27 ff.
32) Vgl. ebenda, S. 97 ff.
33) Naš Tednik, 24. 1. 1974, S. 2.

Heinz Dieter Pohl

LINGUISTISCHE ASPEKTE DER ZWEISPRACHIGKEIT IN KÄRNTEN

1. Die Alpenslawen als Vorfahren der Kärntner Slowenen

Die heutigen Kärntner Slowenen gehören zu den ältesten Einwohnern Österreichs. Sie sind die Nachkommen der "Alpenslawen", mit welchem Terminus die ältesten slawischen Bewohner Österreichs am besten zu bezeichnen sind [1]. Das frühmittelalterliche Österreich ist gekennzeichnet durch die Raumbegriffe partes sclavanorum und partes baiovariorum; dazu kommt im Süden noch eine regio carantanorum vel sclavorum [2], also das Gebiet des slawischen Stammes der Karantanen, als deren Herrscher die Conversio Bagoariorum et Carantanorum Boruth und dessen Sippe nennt [3]. Das alte Karantanien umfaßte nicht bloß das heutige Kärnten, sondern ist im wesentlichen als Nachfolger der spätantik-gotischen Provinz Noricum zu betrachten (etwa das heutige Kärnten, Osttirol, die Weststeiermark mit Mur/Mürztal und das niederösterreichische Voralpengebiet miteinschließend) [4].

Die frühmittelalterliche Zweiteilung Österreichs in ein bairisches und slawisches Gebiet besagt nicht, beide Teile wären geschlossen slawische bzw. bairische Siedlungsräume gewesen. Vielmehr war deren Gebiet mit Gruppen romanischer bzw. romanisierter Vorbevölkerung durchsetzt. Auf Grund der Toponymik läßt sich eindeutig zeigen, daß Baiern und Slawen keineswegs in menschenleere Räume eingedrungen sind, sondern daß Kontakte mit einer romanischen Vorbevölkerung stattgefunden haben. Nur so findet die Tatsache eine Erklärung, daß vor-slawisches/bairisches Namengut bis heute weiterlebt. In Kärnten (und der Steiermark) verhalten sich die Dinge meist derart, daß alte Namen in der Regel durch slawische Vermittlung ins Deutsche gelangt sind, z. B. Belacum [5], *Biliakom [6] --→ slowen. Beljak --→ dt. Villach; Albanta --→ slaw. *LabaNta --→ slow. Labota/dt. Lavant [7]; Murus --→ slaw. *Mora (urkundlich Muora) --→ slowen. Mura/dt. Mur [8] usw. In diesem Zusammenhang sei auch auf die von O. KRONSTEINER vertretene Erklärung des Namens Klagenfurt ((volksetymologisch übersetzt) ←-- slowen. Celovec/Cvilovec ←-- slaw. *Kvilavik- ←-- *Aquilavicum) hingewiesen [9].

Das frühmittelalterlich slawisch besiedelte Gebiet Österreichs umfaßte etwa das heutige Kärnten, Osttirol, den Lungau sowie Niederösterreich und die Steiermark mit Teilen von Oberösterreich. Die Westgrenze verlief also ungefähr entlang des Alpenhauptkammes von Südosten nach Nordwesten und folgte im Alpenvorland der Enns, doch reichen slawische Siedlungen bis ins Traunviertel und Salzkammergut hinein [10]. Wie ist nun die Sprache der Alpenslawen, das "Alpenslawische", dialektologisch in das Gemeinslawische einzuordnen? Mangels direkter sprachlicher Zeugnisse [11] sind wir hier allein auf Namen angewiesen, und zwar

(1) Toponyme (Gewässer-, Flur- und Ortsnamen);
(2) Anthroponyme (Personennamen, die uns v. a. aus Urkunden und den Verbrüderungs- und Totenbüchern der österreichischen Klöster überliefert sind).

Ein wichtiges Klassifikationsmerkmal für die slawischen Sprachen ist die sogenannte dl-Isoglosse. Die Lautgruppen dl tl des Urslawischen wurden in den meisten slawischen Sprachen zu l vereinfacht, nur im Westslawischen und in Reliktzonen ist die alte Lautung erhalten geblieben. Für das Alpenslawische ist bemerkenswert, daß auf seinem Gebiet beide Varianten nebeneinander vorkommen, z.B. urslaw. *sedlo "Siedlung, Dorf" (--> slowen. selo (dialektal auch sedlo), serbokroat. selo, čech. sídlo) in Ortsnamen:

(Kärnten)
*sedlьce "Dörfl" --> Zedlitz- (bei Gnesau)
*sedlo "Dorf"   --> Zedl (bei Kraig bzw. Pisweg)
                  --> Selo / Zell (bei Ebenthal)
*sedl'(an)e "Dörfler" --> Sele / Zell (Zell-Pfarre)
(Steiermark)
*sedlьce --> Selz-thal
*sedlo --> Zettel-bauer, Zettl-er (Hofnamen im Mürzgebiet)

Ein weiteres Beispiel wäre das Wortbildungssuffix -dlo (Nomina loci et instrumenti), z.B. slowen. šilo (dial. šidwo), čech. sídlo "Ahle" (zu šiti "nähen"), in Ortsnamen z.B. *močidlo" "nasser, feuchter Ort" (zu močiti "nässen"):
(Kärnten) *močidlo --> Močidlo / Matschiedl (Gailtal)
    (pri) *močidl'ach "bei den Bewohnern von m. (Lokativ)" --> Mötschlach

Bezüglich der dl-Gruppen können wir feststellen, daß diese weit nach Süden reichen, nördlich des Alpenhauptkammes aber eine Vereinfachung zu l nicht vorkommt. Es treffen einander also im alpenslawischen Bereich typisch west- und typisch südslawische Merkmale, was auch bei den Personennamen der Fall ist [12]. Die Namen karantanischer Adeliger (SveNtipьlkъ, Mojьmirъ, Preslavъ) verraten Beziehungen zum Großmährischen Adel. Das häufige Vorkommen von Personennamen mit sveNtъ "heilig", auf -ъkъ (z.B. L'ubisъkъ und l'ubъ "lieb"), von Kurznamen wie Byšь (zu Pribyslavъ) und der Lautung bratrъ "Bruder" (z.B. Bratrějь) spricht eher für das Westslawische, folgende Merkmale eher für das Südslawische: gojь "Friede" (z.B.

Gojica, Domagojь), -ica (Dobr(oš)ica zu dobrъ "gut"), -ьko (z.B. Slavьko zu slava "Ruhm"), sve- "all" (z.B. Sve-slavъ, westslaw. wäre vse-) sowie kъsьnъ "spät" (z.B. KasneN). Letztere beide sind auch unslowenisch (vgl. vse "all", pozen "spät"), sie kommen aber im Serbokroatischen (sve, kasno) vor, wie auch der Stammesname Chьrvatъ "Kroate", der sowohl als Anthroponym als auch Toponym (Krobathen, Kraubath usw.) in Österreich vorkommt [13]. Ein typisch alpenslawischer Zug bei den Personennamen ist aber die Vorliebe für Tiernamen, so ist Jelenь "Hirsch" 24mal, Medvědь "Bär" zwölfmal belegt [14]; wohl sind Tierappellativa in der Anthroponymik bei allen Slawen üblich, doch nicht in einem solchen Ausmaß.

All dies zeigt, daß das Alpenslawische ein Sprachraum für sich war, der weder typisch west- noch typisch südslawisch ist und auch durchaus eigene Züge aufweist. Bemerkenswert ist dennoch die Tatsache, daß westslawische Merkmale weit in den Süden (bis ins Slowenische!) reichen, umgekehrt aber südslawische nicht über den Alpenhauptkamm nach Norden. So gesehen sind die Alpenslawen keine direkten Vorfahren der heutigen Slowenen, sondern nur der südliche Teil der Alpenslawen ist in die Ethnogenese der Slowenen und somit ins slowenische Sprachgebiet einbezogen worden. So erklären sich zwanglos slowenisch (v. a. Gailtaler Dialekt) -westslawische Übereinstimmungen. Keinesfalls aber darf man das alpenslawische Gebiet in seiner Gesamtheit als "slowenisch" sehen, wie dies in zahlreichen jugoslawischen Publikationen der Fall ist, wo die Donau als alte Nordgrenze des "Slowenischen" erscheint [15].

2. Zur Sprache der Alpenslawen

Nach O. KRONSTEINER [16] ist der Begriff "Alpenslawisch" bis zum 11. Jhdt. gerechtfertigt, ab dann treten südlich des Alpenhauptkammes, in Kärnten und der Steiermark Lautformen auf, die man als "altslowenisch" bezeichnen kann. Damit erübrigt sich die Frage, ob die aus dem 10. Jhdt. stammenden Freisinger Denkmäler in ihrer Gesamtheit altslowenisch sind oder nicht: sie sind altkirchenslawisch, weisen aber auch Züge auf, die für das damals in Kärnten gesprochene Alpenslawische typisch waren, wie z. B. k̓ für gemeinslaw. *tj (--> slow. č, čech. c), z.B. hok̓u "ich will" (geschrieben choku), imoNk̓i "habend" (geschrieben imoki), altkirchenslaw. choφoN, imoNφi. Es ist bemerkenswert, daß diese Lautentwicklung sich auch in vielen Ortsnamen wiederfindet:

*Radovik̓i --> Radweg (bei Feldkirchen, slowen. Radoviče)
*Pokrъvьnik̓i --> Goggerwenig (bei St. Georgen/Längsee)
*Krivik̓i --> Kraig (bei St. Veit/Glan)

Hingegen weisen z.B. Mirče / Mörtschen (bei Wölfnitz, ←-- *Miriki), Tudrešiče /Tuderschitz (bei Moosburg, ←-- *Dodraziki) sowie das obgenannte Radoviče "Radweg" breits die typisch slowenische Lautung auf. Es handelt sich hier um das patronymische Suffix -itjь (slowen. -ič), das im Alpenslawischen zu -ik- (wie auch im Makedonischen) geworden ist.

Welche Realisierung die Phoneme /ψ/ und /ɸ/ des Altkirchenslawischen tatsächlich hatten, ist nicht ganz klar. Die übliche Umschrift št žd ist die bulgarische Lautung, sie ist aber für den Donau- und Alpenraum sicher nicht anzusetzen, sondern eher ḱ oder ṭ bzw. ǵ oder ḍ [17]. Mit anderen Worten: im Donau- und Alpenraum herrschten damals Lautungen, die dem Urslawischen noch auffallend nahe gestanden sind. Es ist daher anachronistisch, im 9. oder 10. Jhdt. von einem "Altslowenischen" zu sprechen, die für das Slowenische typischen Reflexe č und j kommen erst nach 1100 auf.

Diese Bemerkungen sollen aber keineswegs die Bedeutung der Freisinger Denkmäler für die europäische Kulturgeschichte schmälern: sie stellen ein ehrwürdiges Denkmal der westlichen Christianisierung der Slawen dar und sind das älteste slawische Denkmal in lateinischer Schrift, wohl ein "Zeugnis einer bereits im Mittelalter aktiven bilingualen Kommunikation in der praktischen Seelsorge", aber sicher kein "Zeugnis des Vorhandenseins einer überdialektalen slowenischen Kultursprache neben der lateinischen Schriftsprache"[18]. Wohl aber sind gerade von Kärnten aus wichtige Impulse zu einer Begründung des slowenischen Schrifttums in der Reformationszeit ausgegangen (H. Megiser, Graf Ungnad, s. u. 5).

3. Zur Geschichte der Slawen in Kärnten

Ebenso, wie man sprachlich im frühen Mittelalter noch nicht von "Slowenisch" sprechen kann, ist auch in der Geschichtsschreibung der zweiten Hälfte des ersten nachchristlichen Jahrtausends in Kärnten (bzw. Österreich) nur von "Slawen" zu sprechen. Deren bedeutendster Stamm(esverband) waren die Karantanen; auf deren Namen geht sowohl die deutsche (Kärnten) als auch slowenische (Koroška) Bezeichnung unseres Bundeslandes zurück. Die Karantanen selbst waren ethnisch nicht homogen: in ihnen waren verschiedene slawische Gruppen, Reste keltoromanischer Siedler, türksprachige Volkssplitter u.a. vereint [19], das entscheidende Element war allerdings die alpenslawische Gens, die ihren Namen von einem vorrömischen Toponym übernommen hatte [20], und zwar Carenta oder Carantum (="Karnburg"), was auf das indogermanische Wort *kar- "Fels" zurückgeht, worauf u.a. auch Carnia, Kranj / Krain, der Name der Karawanken (gelehrte Bezeichnung für richtiger *Karwanken, vgl. Ptolomäus karouankas [21]; volksetymologisch mit *kerwo- "gehörnt" —→ "Hirsch, Kuh usw." (vgl. lat. cervus) verbunden, wodurch sich der slowenische Bergname Košuta, eig. "Hirschkuh", erklärt), Cornwall, dt. Kar, kelt. karn "Steinhaufen", slowen. dial. čer (←-- *ker-) [22] zurückzuführen sind; ein althochdeutsches *Charantaburch ergab mhd. (1201) Chaerenburch, das heutige Karnburg. Die Erklärung des Namens Kärnten (kelt. Karantana, illyr. Charantana) als "Ort der Freunde" [23] mag die schönere sein (vgl. die Fremdenverkehrswerbung "Kärnten -Urlaub bei Freunden"; eine romantisierende Erklärung von Namen ist im Kärntner Fremdenverkehr ziemlich häufig) - sie gehört aber ins Reich der Spekulation.

Slowen. Koroška "Kärnten" ist formal ein Adjektiv und leitet sich von dem alten (alpenslawischen) Ethnonym *KoroŃkane (←-- *karant-jane) "die Karantanen" (vgl. Nestorchronik Chorutane, altkirchenslaw. Koronφane [24]) her, was slowen. koročane hätte ergeben müssen, wozu das Adjektiv (nach Abtrennung des ethnonymischen Suffixes -'an-) *koročьskъ --→ slowen. koroški "Kärntner" lautet; heute heißt der Einwohner von Kärnten im Slowenischen korošec.

Kärnten weist staatsrechtlich die älteste Tradition unter den österreichischen Bundesländern auf [25], war es doch das Zentrum des karantanischen Fürstentums. Diese Tradition reicht weiter als "1000 Jahre Kärnten" [26], und auch weiter als "Kärnten 1200 Jahre Grenzland des (Deutschen) Reiches" [27] zurück. Sie beginnt mit der vor 1400 Jahren erfolgten slawischen Einwanderung im heutigen Kärnten (um 600) und findet ihren eigentlichen Anfang in der ersten Hälfte des 7. Jhdts., als ein slawischer Fürst seinen Sitz auf dem Zollfeld (im heutigen Karnburg) hatte und von dort aus über sein Herrschaftsgebiet regierte [28]. Zu Österreich gehört Kärnten erst seit dem Jahre 1335 (nachdem es an die Habsburger gefallen war) und hat eine längere Geschichte als selbständiges Land hinter sich als Österreich selbst.

Zunächst waren die Karantanen unter awarischer Oberhoheit, die Oberschicht erscheint als "Kroaten" [29]. Im Jahre 626 hatten die Awaren vor Konstantinopel eine schwere Niederlage erlitten. Diese Gelegenheit nützte der fränkische Kaufmann (und Waffenhändler) Samo, um sich zum Herrscher eines mitteleuropäischen Slawenstaates aufzuschwingen [30], dessen Schwerpunkt im Sudeten- und Donauraum lag, aber auch das alte Karantanien umfaßt haben dürfte. Der Merowinger Dagobert I. (623-639) versucht 630 vergeblich, Samos Staat zu zerstören. In der ersten Hälfte des 7. Jhdts. entsteht in Verbindung mit Samos Reich das slawische Staatswesen der Karantanen.

Samos Tod (658) erlaubt eine neue awarische Reichsgründung mit der Enns als Westgrenze, wobei die Alpenslawen wohl selbständig geblieben waren [31]. Um 700 gibt es bereits ein (slawisches) karantanisches Fürstentum [32]; der Fürst der Karantanen wird in Urkunden und der Conversio wohl dux genannt, was aber nicht die Existenz eines eigenen Herzogtums voraussetzt [33]. Um 740 gerät das slawische

40 LINGUISTISCHE ASPEKTE DER ZWEISPRACHIGKEIT

Fürstentum in die Abhängigkeit zu Bayern und zum Frankenreich, da Fürst Boruth - von den Awaren bedrängt - den Bayernherzog Odilo zu Hilfe ruft. Die Folge davon ist die Ausdehnung der Salzburger Mission nach Südosten und der geistlichen Herrschaft des (seit 798 Erz-) Bistums Salzburg bis zur Drau. Boruths Sohn Cacatius und Neffe Cheitmar kommen als Geiseln nach Bayern und werden in Herrenchiemsee als Christen erzogen. Nach dem Tode Boruths (ca. 750) verlangen die Karantanen die Rückkehr des Cacatius, um ihn zu ihrem Fürsten zu machen. Nach dessen baldigem Tod wiederholt sich das gleiche mit Cheitmar. Auf Befehl der Franken (Pippin) kommen die Baiern dem Wunsche der Karantanen nach; im Falle des Cacatius ist in den Quellen von den "Slawen", im Falle des Cheitmar von den "Bitten der Völker" die Rede, ein Hinweis auf die Polyethnie der Karantanen [34]. Es ergeben sich folgende Regierungszeiten der karantanischen Fürsten:

Boruth: (ca. 740 - ca. 750)
Cacatius: (ca. 750 - 752)
Cheitmar: (752 - 769)

Das Kapitel 4 der Conversio (in der von der Einsetzung des Cacatius und Cheitmars die Rede ist) kann in Parallele gesehen werden zu "jener Zeremonie am Fürstenstein bei Karnburg, die in den Quellen des 13. und 14. Jhdts. als Kernstück der Kärntner Herzogseinsetzung beschrieben wird. Auch dort überträgt ein Edlinger, der als Repräsentant des Volkes den neuen Fürsten in slawischer Sprache auf seine Eignung zum Herrscher und auf seinen christlichen Glauben geprüft hat, dem Herzog symbolisch die Herrschaft, indem er den Stein freigibt" [35].

Der heimkehrende Cheitmar wird vom Salzburger Priester Maioranus als geistlichem Berater begleitet; somit ist das Jahr 750 als eigentlicher Beginn der Salzburger Mission (Bischof Virgil) in Karantanien zu bezeichnen, die unter Cheitmars Regierungszeit ihren ersten Höhepunkt erreicht (u.a. Weihe von Maria Saal und einer zweiten Missionskirche in Liburnia civitate auf dem Lurnfeld, wohl St. Peter im Holz [36]. Als "Chorbischof" wird in diesem Zusammenhang Modestus genannt [37], der 763 stirbt, wodurch ein erster und kurz darauf (765) zweiter heidnischer Aufstand ausgelöst wird; nach 765 Wirken des Priesters Latinus [38].

Nach dem Tode Cheitmars (769) kommt es zu einem dritten heidnischen Aufstand (769/772), der der nachhaltigste war, wobei auch der Dynastiewechsel eine Rolle gespielt haben dürfte [39]. Mit dem Sieg Tassilos III. über die Aufständischen (772) wird Karantanien staatsrechtlich an Bayern angegliedert [40], wobei der Karantanenfürst Waltunc als Herrscher eingesetzt wird [41]. Dieser stellt die Beziehungen zu Salzburg wieder her. Im Jahre 799 wird ein eigener Bischof für Karantanien ernannt (Theoderich). Die auch nach der Eingliederung Bayerns ins Frankenreich (788) an der

Regierung gebliebenen slawischen Fürsten Karantaniens werden erst nach dem Aufstand des Slawenfürsten [42] Liudewit durch fränkische Grenzgrafen bayrischer Abstammung ersetzt, wodurch Karantanien endgültig in die Markenorganisation des Frankenreiches einbezogen worden ist, wobei die Kirche eine wichtige Stütze auch der ostfränkischen Könige bleibt [43]. In diesem Zusammenhang ist die Tatsache nicht uninteressant, daß seit Cheitmar seitens der Karantanen eine jährliche Abgabe an Salzburg für missionarische Betreuung zu entrichten war (bis 864). Um 870 kommt es zur Abfassung der Conversio, der Bekehrungsgeschichte der Baiern und Karantanen [44], einer der wichtigsten Erkenntnisquellen für Kärntens Frühgeschichte. Im Jahre 876 hatte Arnulf (Enkel Ludwig des Deutschen) die Verwaltung Karantaniens übernommen, das Ausgangsbasis für sein Königtum wird [45]. 887 zieht er mit einer "stattlichen Schar von Baiern und Slawen" gegen seinen Onkel Karl III. und wird König ("Arnulf von Kärnten", 896 zum Kaiser gekrönt). Im Jahre 976 kommt es zur staatsrechtlichen Trennung Kärntens von Bayern und zu seiner Gleichstellung mit den vier alten sogenannten Stammesherzogtümern des römisch-deutschen Reiches [46]; es hatte damals auch seine größte räumliche Ausdehnung [47]. Die Karantanen waren die ersten Slawen, die mit dem Reich der Franken in Verbindung getreten waren. Die Folge davon war eine Verschmelzung des fränkisch-bayrischen und slawisch-karantanischen Adels. Dieser war auch schon damals "international" [48], so hatte die Hl. Hemma von Gurk Verwandte mit slawischen Namen (Prezlaus und Zwentibold [49]. Somit erweist sich, daß es in Kärnten von Anfang an eine Symbiose verschiedener ethnischer Gruppen gegeben hat. Leider übergeht die offizielle Kärntner Geschichtsschreibung diese Tatsache, während die slowenische Geschichtsschreibung in jener Zeit bereits von Slowenen spricht [50]. Wie schon angedeutet: die Ethnogenese der Slowenen erfolgte erst viel später; sie bezeichnen sich selbst mit dem gemeinsamen Namen aller Slawen, wie dies auch bei den Slowaken und früher auch bei den Serbokroaten der Fall ist [51].

4. Das Zeugnis der Namen

Auf die Polyethnie der Karantanen wurde bereits hingewiesen. Unter den Alpenslawen hat es ursprünglich auch ein türksprachiges Element gegeben, nämlich die Awaren, die auch unter dem Namen der Kroaten (Chorwaten) erscheinen. Auch die heutigen "jugoslawischen" Kroaten haben ihren Namen von einer türksprachigen Oberschicht (wie auch die Bulgaren) [52]. Der Name Chorwaten kommt in den ältesten Quellen überall dort vor, wo auch von Awaren die Rede ist. Diese waren im 6. Jhdt. gemeinsam mit den Slawen in den Alpenraum vorgedrungen; bis ins 8. Jhdt. war Karantanien Teil eines awarischen Kaganates. Die awarische Oberschicht ist im

Laufe der Zeit slawisiert worden, doch Personennamen awarischer Herkunft (Cacatius, Wallucus, s.u.) leben weiter (wie auch bei den Kroaten und Bulgaren), sowie Herrschaftstitel (ban "Banus", chagan "Khan", župan "Graufürst" usw.) [53]. ban lebt auch in Ortsnamen fort: (Kärnten) Faning / *Baniḱi, Pfannsdorf/Banja ves; (Steiermark) Fohnsdorf (im Deutschen steht meist /f/ für slawisch /b/, vgl. Bistrica /Feistritz, Bela / Vellach). Faning und Fohnsdorf liegen tatsächlich in einem pagus Crouuati "Kroatengau", und nicht weit von Fohnsdorf liegt die Ortschaft Kraubath (an der Mur).

Und nun einige Bemerkungen zu den Personennamen der karantanischen Herrscher:

Boruth "der Kämpfer", d. i. borutь (zu bor- "kämpfen") [54];
Cacatius "der Dünne/Dürre", d. i. tatar. kakat (vgl. auch Wallucus "der Dicke", d. i. kirgiz. boluk); sein Zweitname lautet
Karastus "der Besonnene", d. i. gorazdъ [55];
Cheitmar "der Ruhmbegierige" (nicht "Friedenswillige" [56]), d. i. *chotě-měrь (ein Kompositum aus chotěti "wünschen, wollen" und *merь "Ruhm, Größe" wie kelt. -german. -mar- [57]);
Waltunc "der Herrscher", d. i. vladькь oder vladyka [58](fern bleibt Wallucus, s.o.).

Abschließend einige Hinweise auf die Ortsnamen. Die Mehrzahl der Kärntner Toponyme sind entweder slawischer Herkunft oder durch slawische Vermittlung ins Deutsche gelangt (vgl. röm. Juena --> slaw. juna --> slowen. Pod-juna / dt. Jauntal). Die kleinere Anzahl von Ortsnamen ist deutscher Herkunft (z. B. Bleiburg, urkundlich 1228 Pliburch, vor der deutschen Diphthongierung ins Slowenische als Pliberk entlehnt [59]), und zwar verhalten sich die Dinge derart, daß ein Nordwest-Südostgefälle besteht: nach NW nehmen die Namen deutscher Herkunft zu, nach SO ab. Von "slowenischen" Ortsnamen sollte man nur sprechen, wenn es sich um Namen, wie sie im Slowenischen gebraucht werden, handelt. Dies gilt in gleicher Weise für Pliberk (deutscher Herkunft) und Borovlje "Ferlach" (slawischer Herkunft). Sonst sollte man nur von Namen slawischer/slowenischer Herkunft sprechen, so ist eben Ferlach ein deutscher, aber herkunftsmäßig slawischer Name. Zu jeder auch noch so kleinen Ortschaft gibt es nur dort deutsche und slowenische Bezeichnungen, wo auch Zweisprachigkeit der Bevölkerung vorliegt. Außerhalb des zweisprachigen Gebietes besitzen nur die allgemein bekannten Toponyme zwei Namen (Trg "Feldkirchen"), darunter leider auch viele gelehrte ("konstruierte" oder "künstliche") Namen (z.B. Sovodnje "Gmünd"), die auch unter den slowenischen Toponymen des gemischtsprachigen Gebietes als schriftsprachliche Formen vorkommen (z.B. Krnski grad "Karnburg", dialektal Karempurg; richtiger wäre Koroški grad). Obwohl viele slowenische

Namen relativ spät, oft erst seit dem 19. Jhdt. überliefert sind, lassen sich doch viele urkundlich zurückverfolgen (z.B. Ribnica "Reifnitz": 977 Ribniza) oder erweisen sich auf Grund lautlicher (Bistrica --> Feistritz: die Diphthongierung fand zwischen 1100 und 1300 statt, daher muß der Name vor 1300 ins Deutsche gelangt sein) bzw. typologischer Kriterien (viele deutsche -dorf-Namen sind ohne slawische Vorlage nicht erklärbar wie Eberndorf / Dobrla vas) als alt [60].

5. Geschichte der slowenischen Sprache in Kärnten bis zum 10. Oktober 1920

Zur Herausbildung der slowenischen Sprache ist es erst im Mittelalter (nach 1100) gekommen. Der Name "slowenisch" (slovenski) war ursprünglich nur für den östlichsten Teil des Slowenentums (Prekmurje) gebräuchlich [61]; im Deutschen spricht man bis um 1800 vom "Windischen" [62], selbst B. KOPITAR nennt noch sein Werk "Grammatik der slavischen Sprache in Krain, Kärnten und Steyermark" (1808) und nicht "... der slowenischen" Sprache". Der Begriff "Slowenisch" ist erst von der Slawistik der deutschen Gemeinsprache vermittelt worden.

Das slowenische Sprachgebiet ist dialektal sehr stark gegliedert; in Kärnten werden drei slowenische Dialekte gesprochen [63]:

(1) Gailtaler Dialekt / Ziljsko narečje
(2) Rosentaler Dialekt / Rožansko narečje
(3) Jauntaler Dialekt / Podjunsko narečje

Eine Sonderstellung nimmt der Raum Eisenkappel ein. Die genannten Dialekte werden zusammen mit dem Miestaler Dialekt / Mežisko narečje zur Kärntner Gruppe / Koroška skupina der slowenischen Mundarten zusammengefaßt.

Nach der Eingliederung Karantaniens in Bayern war der slawische Adel nach und nach germanisiert worden, und es ist auch mit dem seit dem 9./10. Jhdt. einsetzenden Zustrom bairischer Kolonisten die slawische bzw. slowenische Volkssprache immer mehr zurückgedrängt worden. Über den Gebrauch des Slowenischen im Mittelalter wissen wir leider nur sehr wenig. Auf Einflüsse des kyrillomethodianischen Schrifttums im Kärntner Raum weisen Teile der "Freisinger Denkmäler" hin. Bemerkenswert ist der Gebrauch der slowenischen Sprache bei der Herzogseinsetzung in Karnburg: der Herzogbauer stellte die Fragen an den neuen Landesherrn in slowenischer Sprache und das Volk sang bei dem Ritus "iren windischen laissen das ist ir windisch gesang" [64]. Slowenisches findet sich auch in je einer Dichtung Oswalds von Wolkenstein [65] und Ulrichs von Liechtenstein [66]. Doch im allgemeinen dürfte das Slowenische bloß die tägliche Umgangssprache der unteren Volksschichten gewesen sein, dies änderte sich jedoch grundlegend mit der Reformation: eine slowenische Schriftsprache entsteht (P. TRUBAR). Hiebei sind wichtige Impulse auch von Kärnten ausgegangen, z. B. ist das erste slowenische Wörterbuch vom deutschen Humanisten H. MEGISER 1592 in Klagenfurt verfaßt worden [67] und das verlegerische Konzept des Grafen Ungnad von Sonnegg und die finanzielle Unterstützung durch die Kärntner Landstände hatten maßgeblichen Anteil an der Entstehung und Verbreitung slowenischer protestantischer Drucke [68]. Doch dieser vielversprechende Anfang einer slowenischen Literatur (zunächst) religiösen Inhalts wurde bald von der Gegenreformation überrollt. Das Slowenische wurde wieder Volkssprache und seitens der Kirche bestenfalls in der Predigt verwendet. Dies änderte sich freilich mit dem Erwachen des slowenischen Nationalbewußtseins im frühen 19. Jhdt. grundlegend [69].

Aus dem 19. Jhdt. stammen auch die ersten Daten zur Verbreitung des Slowenischen in Kärnten (vgl. die Karte). K. Czoernig [70] beschreibt die deutschslowenische Sprachgrenze in Kärnten folgendermaßen: Malborghet -Möderndorf/Hermagor - Wasserscheide Gail/Drau - Villach - Zauchen - Dellach (bei Feldkirchen) - Moosburg - Nußberg - Galling - St. Donat - St. Sebastian - St. Gregorn (bei Klein St. Veit) - Schmieddorf - Wölfnitz/Saualpe - Pustritz - Granitztal - Eis (an der Drau) - Lavamünd, wobei die genannten Orte größtenteils noch im deutschen Sprachgebiet liegen. Allerdings sind die im slowenischen Sprachgebiet liegenden Orte Thörl, Arnoldstein, Klagenfurt, Völkermarkt, Griffen, Eberndorf u.a. vorwiegend deutsch. In Zahlen ausgedrückt gab es in der Mitte des 29. Jhdts. in Kärnten (inkl. Kanaltal, Miestal und Seeland) 95 735 Slowenen und 223 489 deutschsprachige Kärntner.

A. MORITSCH [71] gibt die alte Sprachgrenze wie folgt an: Hermagor - Gailtaler Alpen/Dobratsch - Drau - südlich an Villach vorbei - Ossiacher Tauern - Moosburg - Maria Saal - Ottmanach - Diex/Saualpe - St. Paul/Lavant. Er nennt eine Gesamtzahl von 95 000 - 118 000 Slowenen für ganz Kärnten (d.s. 30-38% im Jahre 1846). Im 19. Jhdt. waren die Klagenfurter Vorstädte noch überwiegendds slowenisch, 1910 stammt nicht ganz ein Drittel der Klagenfurter Bevölkerung aus dem zweisprachigen Gebiet, aber nur 6,4% gaben Slowenisch als Umgangssprache an. Völkermarkt war zu je einem Drittel deutsch-, slowenisch- bzw. zweisprachig. Bemerkenswert ist die Soziologie nach Berufsgruppen im gemischtsprachigen Gebiet jener Zeit: Büchsenmacher und Fuhrwerker waren eher deutsch-, Lohnkutscher, der Mehlhandel, die Fleischerei eher slowenischsprachig. Der ländliche Bereich (Bauern) war fast rein slowenisch, in den Märkten und Städten bestand ein Gefälle von deutschsprachigen Bürgertum bis zum slowenischsprachigen Dienstpersonal. Ein Nationalitätenkonflikt konnte erst dann entstehen, als sich auch ein slowenischsprachiges Bürgertum (und damit auch eine gebildete Schicht) herauszubilden begann. Vordem war jeder Aufstieg eines Slowenischsprachigen mit dem Verlust der Muttersprache und dessen

Germanisierung verbunden, was aber unter den gegebesnen Umständen als eine durchaus natürliche Entwicklung zu betrachten ist (und auch anderswo vorkommt, z. B. bei den Ladinern und Bündnerromanen noch heute und früher bei den meisten Einwohnern nicht-deutscher Muttersprache der Österreich-Ungarischen Monarchie), und dies nicht nur in Kärnten, sondern im gesamten slowenischen Gebiet. In Krain hat sich noch während des Bestehens der Monarchie die Lage zugunsten des jungen slowenischen Bürgertums und damit zur Festigung der slowenischen Sprache entwickelt, in Kärnten jedoch nicht. Die Entwicklung des Kärntner Slowenentums ist, seit darüber Zahlen vorliegen, die Geschichte einer im Schwinden begriffenen Sprachgemeinschaft. Zwischen 1880 (101 874) und 1910 (81 410) sank die Zahl der Personen mit slowenischer Umgangssprache um 20% [72]. Rechnet man die Volkszählungsergebnisse vor 1918 auf das heutige Kärnten um, ergibt sich folgendes Bild [73]:

1880   91 927
1900   85 311
1910   74 210

Und nicht nur die Zahl der Slowenisch-Sprecher ist rückläufig, sondern auch das Terrain (vgl. die Karte) [74]: heute gibt es z. B. nördlich von Klagenfurt keine Slowenen mehr und die Grenze des geschlossenen slowenischen Siedlungsgebietes geht südlich an Villach und Klagenfurt vorbei [75]. Das Gebiet selbst ist bereits mit deutschsprachigen Orten durchsetzt.

6. Zur Situation der slowenischen Sprache in Kärnten in der Republik Österreich

Am 10. Oktober 1920 stimmten in der Kärntner Abstimmungszone A 59,04% (ca. 22.000) für Österreich und 40,96% (ca. 15.300) für das SHS-Königreich (seit 1929 "Jugoslawien"). Im Abstimmungsgebiet hatten noch im Jahre 1910 56,4% Slowenisch als Umgangssprache angegeben. Es hat also ein großer Teil der Slowenisch-Sprecher - aus welchen Gründen auch immer - für Österreich gestimmt (ca. 12 000 Personen) [76]. Allerdings war das Abstimmungsverhalten nicht überall gleich, so gab es südlich der Drau eine knappe Mehrheit für den SHS-Staat (10 799 gegenüber 10.355 für Österreich). Hauptsächlich zwei Faktoren ließen das Plebiszit für Österreich günstig ausgehen: (1) die überwiegend bäuerliche Bevölkerung Unterkärntens sah in Klagenfurt ihr natürliches Zentrum, (2) ein großer Teil der slowenischsprachigen Arbeiterschaft stimmte für die Republik Österreich und gegen das Königreich SHS. Keineswegs stimmten aber diese Slowenen für das Deutschtum oder für ihre Germanisierung, auch dafür nicht, daß man sie später zu "Windischen" erklären wird. Die Lage der Minderheit besserte sich trotz Versprechungen der deutschsprachigen Seite bezüglich der kulturellen Autonomie der Slowenen auch nach 1920 nicht, im Gegenteil: zum natürlichen Rückgang der Anzahl der Slowenischsprachigen (durch Abwanderung in deutschsprachiges Gebiet, Mischehen u. dgl.) kam noch die ((un)gewollte?) Dezimierung durch eine ganze Reihe von administrativen Maßnahmen in der Ersten Republik, deren folgenschwerste wohl die Erfindung des "Windischen" war. Die Kärntner Landesregierung bemühte sich nach 1920 auch gar nicht, einen Versöhnungskurs einzuschlagen [77], indem sie diejenigen, die für Jugoslawien gestimmt hatten, als "Verführte" betrachtete und bestrebt war, sich slowenisch-nationaler Geistlicher und Lehrer zu entledigen. Selbst M. Wutte -einer der Begründer der "Windischen"-Theorie - gibt zu, daß 32 Lehrer entlassen worden seien [78]. Aber immerhin: bis 1934 war Österreich ein Rechtsstaat (wenn auch mit Schönheitsfehlern) und selbst der Ständestaat bot der Minderheit genügend Rechtsmittel, ihre Forderungen zu artikulieren. Katastrophal war die Lage für die Kärntner Slowenen unter der NS-Herrschaft, die sich bekanntlich nicht nur durch Aussiedlungsaktionen auswirkte [79].

Der schwerste administrative Schlag gegen die Kärntner Slowenischsprachigen war deren Spaltung in "Windische" und "Slowenen" (seit etwa 1930), was sich hauptsächlich in den Fragebögen zur Volkszählung niederschlägt, indem sich für Kärnten gleich drei Sprachen (Deutsch, Slowenisch, "Windisch") ergeben. Die "Windischen" gelten als "schwebendes Volkstum": ihre "Haussprache" ist Slowenisch ("Windisch" für die Vertreter der "Windischen"-Theorie), sie fühlen sich aber nicht zum slowenischen Volkstum gehörig. Als Schriftsprache und im öffentlichen Leben bedienen sie sich des Deutschen, sie sind also im status assimilationis [80]. "Volkstümlich" gesehen sind "Windische" heimattreu und friedliebend, Nationalslowenen gelten als heimatverräterisch, den Frieden im Lande störend usw. [81]. Es gibt mehrere Varianten der "Windischen"-Theorie [82], doch hier möchte ich mich nur auf das rein Sprachliche beschränken. Grundsätzlich sind die slowenischen Lokaldialekte der "Windischen" und Slowenen identisch, denn auch der "Windische" nennt seine Haussprache "slowenisch" [83]. Auch das Argument, "Windisch" sei eine deutschslowenische Mischsprache, ist unrichtig, dies würde auch für die Alltagssprache vieler Nationalslowenen gelten. Vereinfacht ausgedrückt kann man sagen: je höher der in slowenischer Sprache erworbene Bildungsgrad eines Sprach-Slowenen ist, desto geringer wird der Anteil deutschen Lehnguts in seinem Idiolekt sein. Hat er allerdings seine Schulbildung in der Sprache der Mehrheitsbevölkerung erhalten, wird er sich bei gewissen Themen nur in Deutsch ausdrücken können; daher kommt es beim Gespräch zwischen solchen Personen oft zum "code-switching" (d. i. der meist vom Thema abhängige, aber mehr oder weniger unbewußte Sprachwechsel im Dialog). Auch wenn die Rede des "Windischen" mit deutschen Elementen durchsetzt ist - die Grammatik ist slowenisch, weil diese aus dem Deutschen nicht herleitbar ist, ebenso wie der (von A. V. ISSATSCHENKO stammende) Satz "<u>Der clevere Boss flirtet mit dem Callgirl</u>" eine deutsche Grammatik aufweist, obwohl kein einziges (Zentral-)Wort echt-deutsch ist. Für das sozialpsychologische Klima in Kärnten sind die "Windischen" ein Spannungsfaktor, denn als assimilationsbereiter Teil der Slowenischsprachigen neigen sie dazu, besonders minderheitenfeindliche Auffassungen zu vertreten [84]. Hier sei einem weit verbreiteten volkstümlichen Aberglauben entgegengewirkt: in der Ausdrucksfähigkeit besteht zwischen der deutschen und slowenischen Sprache <u>kein</u> Unterschied (das gleiche gilt übrigens für <u>alle</u> Kultursprachen der Erde).

Mit der "Windischen"-Theorie allein ist der Grund für den Rückgang der Anzahl von Personen mit slowenischer Umgangssprache noch nicht gefunden. Neuere Untersuchungen haben gezeigt, daß das sozialpsychologische Klima in Kärnten zur Assimilation anregend ist, denn slowenisch spricht man meist untereinander im privaten Bereich und nicht in der Öffentlichkeit [85]. Dies gilt mutatis mutandis auch für viele andere Minderheiten, die in Europa hauptsächlich in abgelegenen Gegenden (z. B. Rätoromanen, Bretonen) oder wirtschaftlich unterentwickelten Gebieten (Friulaner, Aromunen) leben. An den Hauptverkehrswegen werden Minderheitssprachen zuerst verdrängt (zu. B. Kanaltal; in Kärnten: Straße Villach-Klagenfurt-Völkermarkt-Griffen bzw. Klagenfurt-Ferlach); verstärkt wird dies neuerdings durch die Massenmedien (v. a. Fernsehen und Hörfunk). Befindet sich innerhalb oder in der Nähe von Minderheitsgebieten Industrie, ist dies für den sprachlichen Fortbestand der Minorität ungünstig, da sie in den Industriezonen gleichsam unterwandert wird, z. B. Bozen in Südtirol, Cottbus und Bautzen im Sorbengebiet/DDR, Schottland, Wales, San Sebastian und Bilbao im Baskenland u.v.a.; so haben auch viele Hauptstädte der nicht-russischen Sowjetrepubliken russischsprachige Mehrheiten, z. B. Riga und Kiev über 50%, und Kišinĕv hat nur ein gutes Drittel Russen und andere Volksgruppen (v. a. Ukrainer) unter seinen Einwohnern. Man darf sich keine Illusionen machen darüber, daß die sozioökonomischen Bedingungen der modernen Industriegesellschaft das Überleben sprachlicher (und anderer) Minderheiten nicht fördern [86], auf Kärnten angewendet: entnationalisierend für die Slowenen wirkt der Mangel an Arbeitsplätzen und das Pendlerwesen vom gemischtsprachigen Gebiet in ein rein deutschsprachiges [87]. Allerdings würde eine forcierte Industrialisierung Unterkärntens die Assimilation aus den oben genannten Gründen nicht bremsen, wie sich auch der Fremdenverkehr auf die Minderheit (sprachlich gesehen) eher ungünstig auswirken dürfte. Sieht man in der Sprache ein Werkzeug - ein Mittel zur Kommunikation - und hat derer zwei zur Verfügung: man wird sich außer Haus des "günstigeren", "geeigneteren" Werkzeugs bedienen, in unserem Fall eben der (deutschen) Sprache der Mehrheitsbevölkerung. Eine solche Sicht kann aber kein Freibrief

48   LINGUISTISCHE ASPEKTE DER ZWEISPRACHIGKEIT

für eine gewaltsame und vorsätzliche Assimilation einer sprachlichen Minderheit sein! (aber sie kommt leider den Ideologien radikaler Vertreter von Mehrheitsbevölkerungen sehr gelegen, und das keineswegs nur in Kärnten).
Der Rückgang der Slowenischsprachigen Kärntens geht aus folgender Übersicht hervor [88]:

	Jahr	Anzahl	was wurde erhoben
(1)	1923	39 292	Personen mit slowen. Umgangssprache
(2)	1934	26 796	Zugehörige zum slowen. Kulturkreis
(3)	1939	43 179	Personen mit slowen. Muttersprache
(4)	1951	42 095	Personen mit slowenischer oder "windischer"
(5)	1961	25 300	Umgangssprache in allen Kombinationen
(6)	1971	21 918	
(7)	1976	2 535	Muttersprache im zweisprachigen Gebiet
		3 941	Muttersprache in ganz Kärnten

Bei (3) bis (6) wurde zwischen slowenisch und "windisch" unterschieden, von (4) bis (6) gab es außer deutsch, slowenisch und "windisch" folgende Kombinationen: deutsch-slowenisch, slowenisch-deutsch, slowenisch-windisch, windisch-slowenisch, deutsch-windisch und windisch-deutsch. Bemerkenswert ist die Tatsache, daß im Jahre 1939 (3) die größte Anzahl von Slowenen festgestellt worden war - ein Hinweis darauf, daß der Fragestellung zentrale Bedeutung zukommt. Auf den ersten Blick scheint die Frage nach der Muttersprache (d. i. die Sprache der Primärsozialisation) die objektivste zu sein, doch sie schließt einen eventuellen späteren Sprachwechsel nicht ein, daher müssen Muttersprache und Umgangssprache (d. i. dann auch meist die besser beherrschte Sprache) nicht zusammenfallen. Hingegen ist die Frage nach der Umgangssprache gleichbedeutend mit der Frage nach den individuellen sozialen Kontakten, dem Sozialstatus und kann auch ganz allgemein die Frage nach der funktionalen Verteilung der Sprachen im betreffenden Gebiet sein [89], wodurch die numerische Erfassung von Sprach- und Nationalitätenzugehörigkeit nicht objektivierbar ist, da Sprache, Staat und Volk eben nicht gleichzusetzen sind [90].

Als Fiasko besonderer Art hat sich die "Volkszählung besonderer Art" von 1976 (7) herausgestellt, sie war eine geheime Sprachenerhebung; allerdings ist die tatsächliche Anzahl der Personen mit slowenischer Muttrsprache in Kärnten für die österreichische Bürokratie ein Geheimnis geblieben. Und man stellt sich die Frage, wozu überhaupt etwas geheimgehalten werden soll, was gar kein Geheimnis sein dürfte wie die sprachliche Primärsozialisation und die tägliche(n) Umgangssprache(n)?

Auch in anderen Ländern führen Spracherhebungen zu keinen objektiven Ergebnissen, so wird z. B. in der UdSSR sowohl nach der Nationalität als auch der Muttersprache gefragt, die Folge davon ist, daß z. B. nur 82,8% der Ukrainer Ukrainisch als Muttersprache angeben. Ganz allgemein ist in der Sowjetunion die Gesamtsumme der Angehörigen der nicht-russischen Nationalitäten steigend, gleichzeitig aber auch die Gesamtsumme derer, die Russisch als Muttersprache angeben. Was ganz allgemein von (und nicht nur österreichischen!) Sprachenzählungen zu halten ist, zeigen folgende Daten aus Mieger/Medgorje [91]:

	deutsch	nicht-deutsche Kombinationen
1910	4%	96%
1934	97	3
1951	9	91
1961	76	24
1976	100	0

Völkerrechtlich gesehen ist in Österreich die Anzahl der Anderssprachigen irrelevant, der vielzitierte Artikel 7 des Österreichischen Staatsvertrages impliziert z. T. das Territorialprinzip, wenn im Absatz 3 (betreffend zweisprachige topographische Aufschriften und Amtssprache) von "Bezirken Kärntens ... mit slowenischer ... oder gemischter Bevölkerung" die Rede ist. Hingegen wird im sogenannten Volksgruppengesetz die Anbringung zweisprachiger Ortstafeln von einem bestimmten Prozentsatz (25%) abhängig gemacht und die Anwendung der zweiten Amtssprache restringiert [92]. In Österreich sollte also das Territorialprinzip zur anwendung kommen, wie es auch in der Schweiz verwirklicht ist (und in anderen Staaten). Mit Zahlen ist man freilich in Österreich auf "deutscher" wie "slowenischer" Seite immer schon sehr großzügig umgegangen: so ist auf einem Flugblatt des KHD [93] von 6463 Slowenischsprachigen die Rede, hingegen nennt ein Laibacher Hochschullehrbuch 120.000 Slowenen in Kärnten [94]. Auch das Verhalten bei Wahlen wird zur Berechnung der Angehörigen der Minderheit herangezogen (z. B. V. Einspieler) [95]. Man wird sich damit abfinden müssen, daß die genaue Anzahl der Slowenischsprachigen in Kärnten nicht eruierbar ist. [96]

Dieser Aufsatz konnte nur manche <u>linguistisch relevanten</u> Aspekte der Slowenenfrage behandeln. Sein Hauptanliegen war zu zeigen, daß das slowenische Element in Kärnten untrennbar mit der Geschichte des Landes verbunden ist, und warum die Zahl der Slowenisch-Sprecher rückläufig ist. Auf (tages)politische Implikationen und Auseinandersetzung mit den Ideologien pro- und antislowenischer Kräfte wurde bewußt verzichtet.

DAS ZWEISPRACHIGE KÄRNTEN

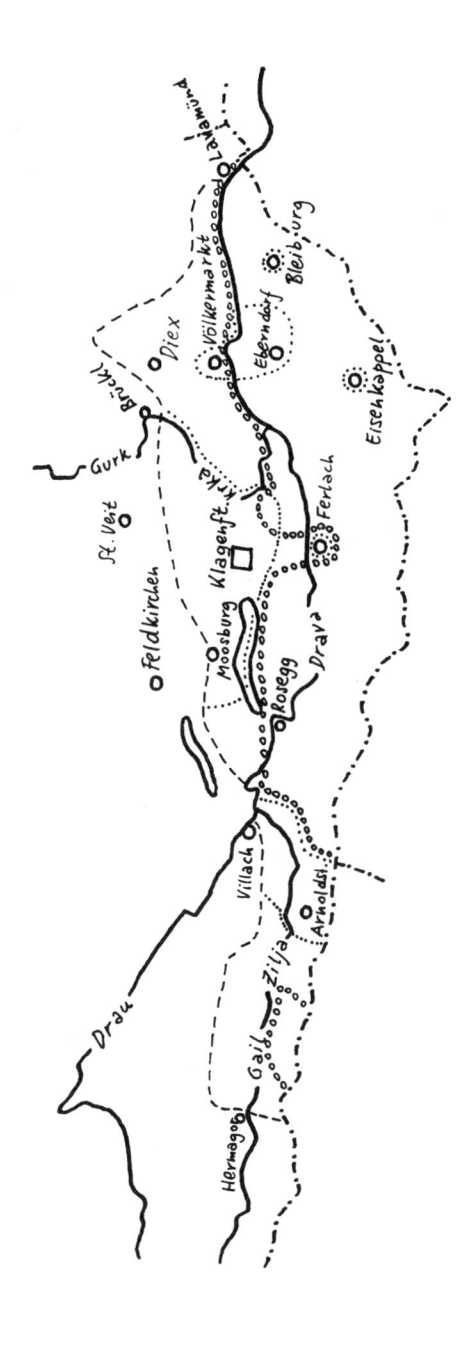

---- Sprachgrenze 1846
...... Gemischtsprachige Gebiete 1846
oooo Ungefähre heutige Sprachgrenze (mindestens 10 % Slowenischsprachige)

Slowenische Bezeichnungen der im zweisprachigen Gebiet liegenden Ortschaften:

Hermagor / Šmohor, Arnoldstein / Podklošter, Rosegg / Rožek, Ferlach / Borovlje, Klagenfurt / Celovec, Diex / Djekše, Völkermarkt / Velikovec, Eberndorf / Dobrla vas, Bleiburg / Pliberk, Eisenkappel / Železna Kapla.

Anmerkungen

1) Mit dieser neutralen Bezeichnung vermeidet man verzerrende Rückprojektionen der heutigen Verhältnisse auf Österreichs Frühzeit (vgl. O. Kronsteiner, Die frühmittelalterlichen Sprach- und Besiedlungsverhältnisse Österreichs aus namenkundlicher Sicht, in: Österreichische Namenforschung (2/1976), S. 5-24, hier S. 5).
2) Vgl. ebenda, S. 7.
3) Vgl. H. Wolfram, Conversio Bagoariorum et Carantanorum. Das Weißbuch der Salzburger Kirche über die erfolgreiche Mission in Karantanien und Pannonien, Wien-Köln-Graz 1979, S. 41 f. (Text), S. 73 ff. (Kommentar), bes.S. 75 f.
4) ebenda, S. 78-80.
5) So Kronsteiner, Sprachverhältnisse, S. 10.
6) So E. Kranzmayer, Ortsnamenbuch von Kärnten I-II, Klagenfurt 1956-1958, Bd.II, S. 69.
7) Kronsteiner, Sprachverhältnisse, S. 13.
8) ebenda, S. 13 f.
9) O. Kronsteiner, Slovenski vestnik 50 (15. 12. 1978), S. 7; vgl. auch F. Bezlaj, Etimološki slovar slovenskega jezika I (Ljubljana 1976), S. 60 f.
10) Vgl. Kronsteiner, Sprachverhältnisse, S. 7, Karte 6; bezüglich Oberösterreich jetzt: ders., Die slawischen Ortsnamen in Oberösterreich, in: Baiern und Slawen in Oberösterreich, Linz 1980, S. 211-228.
11) Von vielen werden die Freisinger Denkmäler für das älteste Denkmal der slowenischen Sprache gehalten, doch man sollte in ihnen bloß ein slowenisch (besser: alpenslawisch) redigiertes Altkirchenslawisch erblicken.
12) O. Kronsteiner, Die alpenslawischen Personennamen, in: Österreichische Namenforschung, Sonderreihe 2, (1975), S. 191; ders., Die Bedeutung der Lautgruppe dl/l für die sprachliche Klassifizierung des Alpenslawischen, in: H. D. Pohl - N. Salnikow (Hrsg.), Opuscula slavica et linguistica. Festschrift für A. V. Issatschenko, Klagenfurt 1976, S. 217-225, hier S. 217 ff.
13) Zu diesen Kroaten vgl. Anm. 4 sowie O. Kronsteiner, Gab es unter den Alpenslawen eine kroatische ethnische Gruppe?, in: Wiener slavistisches Jahrbuch 24 (1978), S. 137-157.
14) Kronsteiner, Alpenslawische PN S. 185. - Vgl. auch Namen wie Urso "Bär" bei den Alpenromanen.
15) so z. B. M. Kos in: Zgodovinski atlas (Historischer Atlas), Zagreb-Ljubljana 1972, S. 12; Enciklopedija Jugoslavije VII, Zagreb 1968, S. 230; so auch in sowjetischen Erzeugnissen, z. B. N. A. Kondrašov, Slavjanskie jazyki, Moskva 1962^2, Beilage.
16) Alpenslawische PN S. 191.
17) Vgl. O. Kronsteiner, Zum Alter der bulgarischen Lautgruppe št/žd aus urslawisch *tj/*dj, in: Österreichische Namenforschung (1/1979), S. 28-39; vgl. auch N. S. Trubetzkoy, Altkirchenslavische Grammatik, Wien 1954, S. 81.
18) So S. Hafner - E. Prunč, Die Literatur der nationalen Minderheiten (Österreichs), in: Kindler Literaturgeschichte der Gegenwart, S, 673-702 (zitiert nach: Klub mladje - information, Sammlung C, Wien 1977^2, S. 76-106), hier S. 675.
19) Vgl. H. Dopsch, Adel und Kirche als gestaltende Kräfte in der frühen Geschichte des Südostalpenraumes, in: Carinthia I 166 (1976) S. 21-49, hier S. 29; Wolfram, Conversio, S. 89.
20) Wolfram, Conversio, S. 80; Dopsch, Adel und Kirche, S. 28; vgl. ferner: P. Skok, Etimologijski rječnik hrvatskoga ili srpskoga jezika II, Zagreb 1972, S. 160; A. Mayer, Die Sprache der alten Illyrier II, Wien 1959, S. 57 f.
21) Kranzmayer, Ortsnamenbuch II, S. 115.
22) O. Kronsteiner, Slovenski vestnik 1 (5. 1. 1979), S. 7.
23) Kranzmayer, Ortsnamenbuch II, S. 116.
24) Vgl. Skok, Srpskoga jezika (Koroštanins).

25) Dopsch, Adel und Kirche, S. 27 (vgl. auch S. 23); H. Haas - K. Stuhlpfarrer, Österreich und seine Slowenen, Wien 1977, S. 9.
26) Offizielles Thema der Landesfeiern vom 26. Juni 1976.
27) Unter diesem Titel feierte man 1943 und gedachte damit offensichtlich des um 740 erfolgten Zuhilferufens der Bayern durch den Slawenfürsten Boruth.
28) Vgl. Dopsch, Adel und Kirche, S. 28 f.
29) Vgl. Kronsteiner, Alpenslawen, bes. S. 155.
30) Wolfram, Conversio, S. 73 f.
31) ebenda, S. 74.
32) ebenda, S. 81.
33) Dopsch, Adel und Kirche, S. 24 f.
34) Vgl. Wolfram, Conversio, S. 89.
35) So Dopsch, Adel und Kirche, S. 30, zurückhaltend Wolfram, Conversio, S. 87-89, bes. Anm. 61.
36) Wolfram, Conversio, S. 93.
37) Vgl. Dopsch, Adel und Kirche, S. 31 und Wolfram, Conversio, S. 91 f. sowie S. 96.
38) Vgl. Wolfram, Conversio, S. 94 und 96.
39) ebenda.
40) Vgl. Dopsch, Adel und Kirche, S. 26.
41) Wolfram, Conversio, S. 95 f.
42) W. Neumann, Tausend Jahre Kärnten - kein Anlaß zur Diskussion!, in: Carinthia I 166 (1976), S. 73-80, S. 76 spricht von einem "Kroatenfürsten".
43) Vgl. Dopsch, Adel und Kirche, S. 33.
44) ebenda, S. 30.
45) ebenda, S. 32 f.
46) ebenda, S. 26; vgl. auch Neumann, Kärnten, S. 75.
47) Vgl. Dopsch, Adel und Kirche, S. 27 und Wolfram, Conversio, S. 78-80.
48) Dopsch, Adel und Kirche, S. 38.
49) ebenda, S. 37 sowie Kronsteiner, Alpenslawische PN S. 57 u. 69 f.
50) Vgl. die Polemik Neumann gegen B. Grafenauer in: "Kärnten", S. 73 ff. Dort weiterführende Literatur. Bezeichnend für die offizielle Kärntner Geschichtsschreibung ist die im gleichen Carinthia-Band (S. 24) eingefügte Anmerkung von Neumann, du dieser sich bemüßigt fühlt, zu dem (hier schon oft zitierten) Aufsatz von Dopsch zu vermerken, daß er und die Schriftleitung der Carinthia Dopsch's Auffassung "nicht teile". - Nach A. Moritsch, Die Kärntner Slovenen bis zur Volksabstimmung am 10. Oktober 1920, in: Kärnten - ein Alarmzeichen (s. o. L. Flaschberger) gebe es in Kärnten seit Ende des 6. Jhdts. (auch in Ober- und Niederösterreich) "Slowenen".
51) Vgl. P. Skok, Etimologijski rječnik hrvatskoga ili srpskoga jezika III, Zagreb 1973, S. 281 f.
52) Vgl. Kronsteiner, Alpenslawen, S. 146 f.
53) ebenda, S. 144-146.
54) Kronsteiner, Alpenslawische PN S. 26.
55) ebenda, S. 41; ders., Alpenslawen, S. 144; Wolfram, Conversio, S. 89 f.
56) So Kronsteiner, Alpenslawische PN S. 29 und Wolfram, Conversio, S. 90.
57) Vgl. H. D. Pohl, Die slavischen zusammengesetzten Personennamen (Ein Überblick), in: Österreichische Namensforschung (2/1974), S. 38 f., mit Literatur.
58) Kronsteiner, Alpenslawische PN S. 85.
59) O. Kronsteiner, Die slowenischen Namen Kärntnes in Geschichte und Gegenwart, in: Österreichische Namensforschung, Sonderreihe 1, 1974, S. 15.
60) ebenda, S. 18 f.
61) Vgl. O. Kronsteiner, Sind die slověne "die Redenden" und die němьci "die Stummen"?, in: P. Wiesinger (Hrsg.), Sprache und Name Österreich. Festschrift für W. Steinhauser, Wien 1980, S. 346.
62) Vgl. u. a. G. Fischer, Das Slowenische in Kärnten. Eine Studie zur Sprachenpolitik, Klagenfurt 1980 (mit Bibliographie), S. 39.

63) Nach F. Ramovš, Karta slovenkih narečij, Ljubljana 1957.
64) Fischer, Das Slowenische, S. 67, (vgl. auch Anm. 35).
65) Vgl. V. Habjan, Prvi zapisani in objavljeni slovenski ljubezenski stihi. Dialogi II (1975), S. 106-116 (mit Text und Kommentar).
66) "Frauendienst", Strophe 59 1f.
67) H. Megiser, Dictionarium quattuor linguarum, Klagenfurt 1592 (2. Aufl. 1744).
68) Hafner - Prunč, Literatur, S. 675.
69) Vgl. z. B. ebenda, S. 675 f. sowie Fischer, Das Slowenische, S. 71 f.
70) K. v. Czoernig, Ethnographie der österreichischen Monarchie, Bd. I/1, Wien 1857, S. 27, 74 u. 77.
71) Moritsch, Kärntner Slowenen, S. 1f.
72) Alle Angaben nach Moritsch, ebenda.
73) Nach Fischer, Das Slowenische, S. 118.
74) Daran können auch Karten, die (nahezu) unbewohnte Gebiete mit slowenischer Mehrheit ausweisen, nichts ändern. Vgl. z. B. die Karten 4, 5, 6, in: Die Slovenen in Kärnten - Slovenci na Koroškem. Ferlach o.J. (1974), und die Karte S. 167 in: V. Einspieler, Verhandlungen über die der slowenischen Minderheit angebotene Kulturautonomie 1925-1930, Klagenfurt 1980.
75) Vgl. die genannten Karten sowie bei Fischer, Das Slowenische, S. 120 f.
76) Haas - Stuhlpfarrer, Österreich, S. 49 f.
77) ebenda, S. 34.
78) M. Wutte - O. Lobmeyer, Die Lage der Minderheiten in Kärnten und Slowenien, Klagenfurt 1926, S. 56.
79) Vgl. Haas - Stuhlpfarrer, Österreich, S. 74 ff.
80) L. Flaschberger, Die Windischen. Assimilation bei den Kärntner Slowenen, in: Kärnten - ein Alarmzeichen. Informations- und Pressedienst der Österreichischen Widerstandsbewegung (1/1974), (ohne Paginierung) I.
81) Vgl. L. Flaschberger - A. F. Reiterer, Der tägliche Abwehrkampf. Wien 1980, S. 87-89 (dieses Buch ist m. E. die beste Studie zum sozialpsychologischen Klima in Kärnten und zur völkerrechtlichen Seite von Minderheitsproblemen überhaupt).
82) Vgl. v. a. Fischer, Das Slowenische, S. 39-41 mit Literatur, sowie Flaschberger - Reiterer, Abwehrkampf, S. 36 f.
83) Vgl. W. U. Dressler, Minderheitensprachen als Spannungsfaktoren, in: Wissenschaft und Weltbild 27 (1974) 4, S. 243-252, hier S. 245.
84) Flaschberger - Reiterer, Abwehrkampf, S. 49 ff., bes. S. 95.
85) ebenda, S. 95, (historische Grundlagen), S. 11-15; Flaschberger, Die Windischen, S. 6 f.
86) Vgl. auch Fischer, Das Slowenische, S. 97 ff. sowie Flaschberger - Reiterer, Abwehrkampf, S. 44-46.
87) Vgl. v. a. Fischer, Das Slowenische, S. 117.
88) Bearbeitet nach ebenda, S. 119 bzw. 126 u. 128.
89) ebenda, S. 131.
90) Dressler, Minderheitensprachen, S. 245.
91) Fischer, Das Slowenische, S. 123.
92) BGBl. Nr. 396/1976. Im § 2 Abs. 3 heißt es bez. der Amtssprache: "..., wobei jedoch das Recht der Verwendung dieser Sprache auf bestimmte Personen oder Angelegenheiten beschränkt werden kann". - Hier sei auf die nützliche Dokumtentation: Bundeskanzleramt (Hrsg.), Die rechtliche Stellung der Volksgruppen in Österreich, Wien 1977 hingewiesen, die neben den die Volksgruppen betreffenden Gesetzen auch den Wortlaut der österreichischen und jugoslawischen Verbalnoten wiedergibt.
93) Sonderdruck zum Ruf der Heimat (33/1975).
94) J. Jurančič, Južnoslovanski jeziki. Ljubljana 1957, S. 7 (wörtlich "na Koroškem in drugod po Avstriji 120 tisoč (Slovencev)").
95) Einspieler, Verhandlungen, S. 165 f.
96) Sie ließe sich aber berechnen aufgrund der Frequenz des Bundesgymnasiums

für Slowenen (so hatte dieses im Schuljahr 1977/78 508 Schüler), des Interesses für slowenischsprachige kulturelle Veranstaltungen, der Abonnements slowenischsprachiger Zeitschriften u. dgl. Hiebei würden sich günstigere Ergebnisse errechnen lassen als aufgrund amtlicher Volkszählungen, wobei aber dennoch von übertriebenen Erwartungen abzuraten ist.

Otto Kronsteiner

DER ORTSTAFELSTREIT UND SEINE SOZIOLINGUISTISCHEN HINTERGRÜNDE

Nach dem Versuch, das Bundesgesetz vom 6. Juli 1972 mit Bestimmungen über die Anbringung von zweisprachigen topographischen Aufschriften in den Gebieten Kärntens mit slowenischer oder gemischter Bevölkerung praktisch anzuwenden, wurden sämtliche zweisprachigen Ortstafeln von "unbekannten Tätern" entfernt. Hinter der Hauptfrage, w o zweisprachige Ortstafeln aufzustellen wären, der kleinliche Streitereien über den Prozentsatz der slowenisch-sprachigen (zweisprachigen) Bevölkerung und darüber, was eine topographische Aufschrift sei, vorausgingen, spielte sich, von der Öffentlichkeit weitgehend unbemerkt, ein anderer Streit ab, nämlich: welche sprachliche Form die slowenischen Namen haben sollten. Kontrahenten waren das Kärntner Landesarchiv unter seinem damaligen Direktor Wilhelm NEUMANN und die slowenischen Verbände. Die Stellungnahmen von Namenforschern und Slawisten wurden, da sie von Nicht-Kärntnern stammten, zurückgewiesen. Ich erinnere an die Flut von "Rezensionen" auf meine Schrift "Die slowenischen Namen Kärntens in Geschichte und Gegenwart" [1] durch den erwähnten Landesarchivdirektor [2]. Hinter der darin geäußerten kleinräumigen Mentalität verbargen sich nicht nur Kompetenzängste. Den meisten Mitgliedern der "Ortstafelkommission" der Bundesregierung blieb diese Seite des Problems unverständlich, da man mit Recht glaubte, es müsse doch möglich sein, die slowenischen Namen festzustellen.

Es blieb unbemerkt, daß sich dahinter auch sprachsoziologische Fragen verbargen, die freilich von vordergründiger Ideologie verdeckt waren: es ging um die schriftliche Form der Namen, also um ein Problem, das weltweit und nicht nur in Kärnten aktuell ist. Diese Dimension wurde aus der landesfixierten Perspektive nicht sichtbar. Im zweisprachigen Gebiet Kärntens werden, wie überall, Mundarten gesprochen, die sich von der Hochsprache/den Hochsprachen z. T. beträchtlich unterscheiden. Da die slowenische Hochsprache fast ein halbes Jahrhundert keinen offiziellen Status hatte, ging es darum, ob die Namen in mundartlicher oder hochsprachlicher Form aufgezeichnet werden sollten, wobei man den Eindruck gewann, hochsprachlich sei gleichbedeutend mit "landesfeindlich" und mundartlich mit "landesfreundlich". Erschwert wurde die Frage durch die in der Monarchie üblichen offiziellen Namensformen und den Umstand, daß die slowenischen Namen in den 60 Jahren ihrer amtlichen Inexistenz weiterhin in der (inoffiziellen) hochsprachlichen Literatur in Kärnten, aber auch in Slowenien, in schriftlichem Gebrauch waren. Es stellte sich also die Frage: (1) soll man die Namensformen der Monarchie benützen; (2) soll man die Namensformen benützen, die sich in der Zwischenzeit im schriftlichen Gebrauch eingebürgert hatten und die in manchen Fällen von denen der Monarchie abweichen; oder (3) soll man von Null beginnen, die mundartlichen Namen erheben und für sie eine neue schriftliche Form festlegen. Vom Kärntner Landesarchiv wurde im Wesentlichen auf der Basis der vom Gesetz vorgeschriebenen "Ortsüblichkeit" der Namen der letzte Standpunkt gewählt; von den slowenischen Verbänden die hochsprachlichen Formen auf der Basis des eingebürgerten Schriftgebrauchs.

Überall in der Welt sind Ortsnamen das lebendige Zeugnis der sprachlichen Geschichte eines Landes. Es gibt allerdings Fälle, wo aus politischen Gründen ohne historische Rücksicht Orte vom Schreibtisch aus neu benannt wurden. Die Bekanntesten Beispiele sind die italienischen Ortsnamen in Südtirol und die polnischen im heutigen Westpolen. Dort wurde das gesamte Namengut für die neue Staatssprache konstruiert. Ähnliches vollzieht sich auch in den neu entstehenden Staaten Afrikas, wo Volkssprachen den Status von Staatssprachen erhalten und auf ihrer Basis die geographische Nomenklatur der bisherigen Amtssprachen (Kolonialsprachen) Englisch, Französisch und Portugiesisch beseitigen. Auf Kärnten treffen diese Fälle nicht zu. Dort ist die Tradition gewahrt: die slawischen Namen sind alt und wurden früh phonetisch dem Deutschen angepasst. Es gibt seit dem Mittelalter zwei Namensformen: eine <u>deutsche</u>, die in schriftlichem, und eine <u>alpenslawisch/slowenische</u>, die in mündlichem Gebrauch war. Die heutige Zweinamigkeit ist nur kompliziert, weil Slowenisch erst in der Monarchie offiziellen Status hatte und nun, nach 60jähriger Inoffizialität, wieder regionale Amtssprache ist, ein in Europa einmaliger Fall.

Die Zweinamigkeit auf Ortstafeln, nur in wenigen Ländern verwirklicht, ist das optische Zeichen für die Existenz einer anders- oder zweisprachigen Bevölkerung in einem bestimmten Gebiet, und gleichzeitig Ausdruck der Toleranz der Sprachmehrheit gegenüber einer Sprachminderheit. Die weltweite Tendenz, aus Gründen der Staatsräson, der einfacheren Verwaltung und der sprachlichen Unifizierung der Bürger, alle Sprachminderheiten der Majorität einzugliedern, wird regional durch den Wunsch, die Menschenrechte besser zu verwirklichen, etwas verzögert. In Staaten, in denen mehrere Sprachen gesprochen werden, ist das Recht auf Sprache unterschiedlich verwirklicht. In Staaten mit mehreren gesetzlich gleichgestellten Sprachen gilt für geschlossene Sprachgebiete das Territorialprinzip wie in der Schweiz, wo im deutsch-sprachigen Teil nur deutsche, im französisch-sprachigen nur französische und im italienisch-sprachigen Teil nur italienische Ortsaufschriften üblich sind. Ebenso in Belgien und Jugoslawien. In Staaten, wo Sprachminoritäten nicht anerkannt sind wie in Frankreich (Bretonisch, Baskisch, Deutsch, Okzitanisch), bis vor kurzem in Spanien (Baskisch, Katalanisch), in Bulgarien (Türkisch), in Grossbritannien (Kymrisch) usf., werden die Ortsnamen nur in der Form der Staatssprache notiert. Das gleiche gilt auch für die Sprachen der Sowjetunion, die zwar offiziell anerkannt, in der Toponymie aber nur z. T. berücksichtigt werden. Die gesamte Kartographie der Sowjetunion ist vollständig russifiziert. Die Indianersprachen Amerikas werden ebenfalls topographisch nie beachtet. In Kärnten wird die Zweisprachigkeit nunmehr wieder, wenn auch im Vergleich zur Monarchie stark reduziert, auf Ortstafeln respektiert.

Die zweite Frage ist, wie weit das Prinzip der Mundartlichkeit in der offiziellen Toponymie gewahrt ist. Jede Sprache hat auf ihrem Geltungsbereich mehrere Mundarten. Der Status der einzelnen Mundarten im Gesamtsprachraum und in der Toponymie kann verschieden sein. In Deutschland und Österreich ist die Mundart nur zu einem geringen Teil in Ortsnamen verwirklicht (z. B. Naumburg, Nienburg statt "Neuburg"; Teuffenbach, Toifenbach, Teifenbach statt "Tiefenbach". In der Schweiz hat die alemannische Mundart (Schwyzerdütsch) einen höheren sozialen Rang, daher sind dort mundartliche Namensformen häufiger. In Jugoslawien überwiegen die hochsprachlichen Namensformen. Es gibt aber auch z. B. in Kroatien mundartliche Formen wie Strmec, Kraljevec, Hruševec, Čakovec, Pribislavec statt "Strmac", "Kraljevac" usf. oder Biograd statt "Beograd". Das mundartliche und hochsprachliche Prinzip in der Toponymie kennt also graduelle Unterschiede, da der soziale Status von Mundarten verschieden ist. In Kärnten haben die slowenischen Mundarten, gesamtslowenisch gesehen, keinen besonderen Status. Aus Gründen des nationalen Bestandes ist für zahlenmäßig kleine Völker (etwa 2 Millionen) die sprachliche Einheitlichkeit noch dazu bei so großer dialektaler Vielfalt wie im Slowenischen unerlässlich. Die slowenischen Namen Kärntens sind in ihrem schriftlichen Gebrauch in dieser Hinsicht uneinheitlich. In der Monarchie neigte man zu einer Bevorzugung der Hochsprache. So hieß es damals hochsprachlich Sveti Jakob statt wie heute mundartlich Šentjakob, aber mundartlich Žitara ves statt wie heute hochsprachlich Žitara vas.

Das Namengut Kärntens ist etymologisch vielschichtig: alteuropäisch, keltisch, romanisch, alpengermanisch, alpenslawisch, deutsch, slowenisch. Infolge der Jahrhunderte währenden deutsch/slawischen Zweisprachigkeit kam es zu einer Namenparallelität, die sich in zwei verschiedenen Namen für ein und denselben Ort äußert. Die Verschiedenheit kann folgender Art sein: phonetisch/morphologische Unterschiede (Drau/Drava), Übersetzungsnamen (Aich/Dob) und völlig verschiedene Namen (Arnoldstein/Podklošter). Zu beachten sind aber auch chronologische Unterschiede bei etymologisch slawischen Namen wie Pöckau/Peče, wo der slawische Name sehr früh in alpenslawischer Lautform eingedeutscht wurde, während sich bei den

Otto Kronsteiner   57

Slowenen die alpenslawische Form Pekjach/Pekje zu Pečah/Peče weiterentwickelte, so daß oft der etymologische Zusammenhang nicht gleich erkennbar ist. In anderen Fällen kam es zu mehrmaligen Eindeutschungen wie bei alpenslawisch Ljubɛlьjь (slow. Ljubelj), wobei die ältere eingedeutschte Form Leufl zugunsten der jüngeren Loibl außer Gebrauch kam. Im heute zweisprachigen Gebiet enthalten die deutschen Namensformen oft die ältere alpenslawische Aussprache, die slowenischen die jüngere slowenisch-mundartliche.

Bei der amtlichen Festlegung der slowenischen Namensformen kam es nun zu einer Reihe, für Außenstehende unverständlichen, Streitigkeiten, wobei mit scheinbar linguistischen Argumenten auf deutscher Seite versucht wurde, die Ähnlichkeit zwischen deutschen und slowenischen Namensformen hervorzuheben, was im Grund auf eine Betonung des mundartlichen ("landesfreundlichen") Prinzips hinausläuft und untergründig die These einer eigenen "windischen" Sprache begünstigt. Versuche dieser Art, eine Mundart abzuspalten, hat es vielfach gegeben, manchmal sogar mit Erfolg. Man denke nur an das Moldauische (als Nebensprache des Rumänischen) oder das Makedonische (als Nebensprache des Bulgarischen). Auf slowenischer Seite versuchte man, die Ähnlichkeit der deutschen und slowenischen Namen durch eine ("landesfeindliche") Verhochsprachlichung den auch in Slowenien üblichen Namen anzupassen. Es ging also soziolinguistisch um den Status von Hochsprache und Mundart.

Zum besseren Verständnis gebe ich auszugsweise eine Übersicht der Namen:
1.1. Etymologisch slawische Namen, die zu verschiedenen Zeiten eingedeutscht wurden. Sie machen den Großteil der Namen aus.

Bela	Vellach
Bistrica	Feistritz
Borovlje	Ferlach
Dobrova	Dobrowa
Dule	Dullach
Glinje	Glainach
Globasnica	Globasnitz
Hodiše	Keutschach
Mele	Mellach
Napole	Nampolach
Pečnica	Petschnitzen
Potoče	Potschach
Rinkole	Rinkolach
Trabesinje	Trabesing
Trebinje	Treffen

1.2. Heiligennamen. Namen von Orten, die nach dem Kirchenpatron benannt sind und in beiden Sprachen nur geringe phonetische Unterschiede aufweisen.

St. Georgen	Šentjur
St. Jakob	Šentjakob
St. Kanzian	Škocijan

58 ORTSTAFELSTREIT UND SOZIOLINGUISTISCHE HINTERGRÜNDE

St. Leonhard	Šentlenart
St. Margarethen	Šmarjeta
St. Martin	Šmartin
St. Michael	Šmihel
St. Nikolai	Šmiklavž
St. Veit	Šentvid

2. Übersetzungsnamen. Solche Namen sind überall in zweisprachigen Gebieten häufig. Die Namen sind ganz oder teilweise übersetzt.

Belšak	Weissenstein
Brdo	Egg
Brezje	Pirk
Dob	Aich
Dvorec	Höflein
Gornja ves	Oberdorf
Kot	Winkel
Malčape	Kleinzapfen
Podkraj	Unterort
Rute	Kreuth
Senčni kraj	Schattenberg
Spodnja vesca	Niederdörfl
Bilčovs	Ludmannsdorf
Bilnjovs	Fellersdorf
Branča vas	Franzendorf
Encelna vas	Enzelsdorf
Loga vas	Augsdorf
Nonča vas	Einersdorf
Strpna vas	Traundorf
Svetna vas	Weizelsdorf
Vata vas	Attendorf
Večna vas	Wackendorf
Velinja vas	Wellersdorf
Vidra vas	Wiederndorf
Žitara vas	Sittersdorf

3. Etymologische deutsche Namen, die zu verschiedenen Zeiten phonetisch/orthographisch slowenisiert wurden.

Bleiberg (Windisch)	Plajberk (Slovenji)
Bleiburg	Pliberk
Eibelhof	Ajblhof
Freibach	Frajbah
Grafenstein	Grabštanj
Moosberg	Mosberk
Moosburg	Možberk
Rosegg	Rožek
Schwabegg	Zvabek

4. Im Deutschen und Slowenischen verschiedene Namen.

Arnoldstein	Podklošter
Ebenthal	Žrelec
Hohenthurn	Straja vas
Krainberg	Strmec
Loibltal	Brodi

Während nun die etymologisch slawischen Namen (Ferlach/Borovlje), die Übersetzungsnamen (Egg/Brdo), und die völlig verschiedenen Namen (Ebenthal/Žrelec) niemanden störten, entzündete sich zunächst der Streit bei Namen, die etymologisch deutsch waren. Man versuchte auf slowenischer Seite, Unterschiede in der Schreibweise zu betonen (Bleiburg/Plajberk), wobei statt des morphologisch richtigeren -g (*Plajberg), das mit ž (Plajberžani) alterniert, -k geschrieben wurde. Für beide Formen gibt es Gründe: -g entspricht besser dem morphologischen, -k besser dem phonetischen Prinzip der Orthographie. Bei den Heiligennamen ist der optische Unterschied zwischen dt. St. Jakob und slow. Št. Jakob tatsächlich gering. Man bevorzugte daher auf slowenischer Seite die Sprechform Šentjakob. Zu ungewöhnlicher Berühmtheit gelangte der Name Eibelhof, wo von slowenischer Seite Ovčjak vorgeschlagen wurde. Auch hier gibt es für beide Formen Gründe: der alte (etymol. deutsche) Name ist Ajblhof, Ovčjak (etymol. slowenisch) ist der jüngere Name eines Hofbesitzers.

Besonders heftig wurde der Streit in einer scheinbar nebensächlichen Frage: ob man nämlich die slowenischen -dorf-Namen mit a (hochsprachlich **vas**) oder mit e (mundartlich **ves**) schreiben sollte. In der Monarchie schrieb man **ves**. Da in den 60 Jahren der Inoffizialität der slowenischen Namen beide Formen in Gebrauch waren, fiel die Entscheidung schwer. Aus gesamtslowenischer Perspektive könnte man die Form mit e (**ves**) als die typisch kärntnerische im Gegensatz zu den **vas**-Namen in Krain akzeptieren. Schließlich haben Namen innerhalb eines Sprachraumes ja auch differenzierende Funktion. So verwendet man z. B. auch im kroatisch-kajkavischen Gebiet **ves**-Formen statt der hochsprachlichen **vas**-Formen. Man hat sich nun, vom Wunsch geleitet, die Gemeinsamkeit mit dem slowenischen Sprachraum zu betonen, für **vas** entschieden. Es spielten also bei der Namensfestlegung zwei Gesichtspunkte eine Rolle: Mundart oder Schriftsprache und Ähnlichkeit oder Nichtähnlichkeit.

Da solche Fragen, aus größerer Distanz gesehen, eher unbedeutend sind, stellt sich dem Außenstehenden die Frage, warum das zu einem Gegenstand von Feindseligkeit werden konnte. Man möchte die Kärntner ob ihrer Sorgen glücklich schätzen, zumal die Zweisprachigkeit in vielen Ländern überhaupt nicht zur Diskussion steht. Die Kontrahenten aber waren derart sensibilisiert, daß jede Kleinigkeit zur Prinzipfrage wurde. Da auf beiden Seiten die Angst bestand, von der anderen übervorteilt zu werden: auf deutscher (501.000 Sprecher) [3], die Slowenen (22.000 Sprecher) könnten die Deutschsprachigen majorisieren und durch Betonung der Hochsprache ein landfremdes Element in die historisch gewachsene Toponymie bringen; auf slowenischer, die Deutschen könnten durch Betonung der Mundart den Zusammenhang mit dem slowenischen "Muttervolk" negieren; - hat die sprachliche Form der Ortsnamen eine Dimension angenommen, die ihr in keinem Fall zukommt. Der von

60 ORTSTAFELSTREIT UND SOZIOLINGUISTISCHE HINTERGRÜNDE

Alfred OGRIS [4] jahrelang wiederholte Disput "Ajblhof oder Ovčjak" ist ein Einzelfall von ungeheurer Bedeutungslosigkeit. Es handelt sich übrigens um eine Ortschaft von ein paar Häusern.

Hinter all diesen Fragen steckt die soziolinguistische Bedeutung des Slowenischen in Kärnten, dessen Mundarten als deutsch/slawisches Kauderwelsch einer sozial rückständigen Gruppe galten. Während in der Monarchie, wo die Grenze zwischen Kärnten und Krain eine Verwaltungsgrenze und nicht wie heute eine Staatsgrenze war, die slowenische Hochsprache auch in Kärnten in allen Bereichen des öffentlichen Lebens anerkannt war, bestand in der Zwischenzeit ein offensichtliches Interesse, die Mundart zu begünstigen, um den Gegensatz zum Slowenischen in Slowenien möglichst deutlich zu machen, und gleichzeitig den untergeordneten sozialen Status dieser Mundart zu bewahren. Die "windische" Bevölkerung sollte sich ebenso wie die Mundart-sprechende deutsche im Amtsverkehr des Hochdeutschen bedienen, nach dem Muster:

(gesprochene Sprache)	(Schriftsprache)
Muttersprache, Familiensprache, Umgangssprache	Amtssprache, Schulsprache

deutsche Mundart slowenische (="windische") Mundart	Hochdeutsch

Die tatsächliche Entwicklung aber ging in andere Richtung. Hier kam der Kirche als Wahrerin der slowenischen Hochsprache in der Zwischenzeit eine wichtige Funktion zu, die heute regional auch wieder auf das öffentliche Leben (zumindest nach dem Wunsch des Gesetzgebers) ausgedehnt werden soll. Die von den Verfechtern des "Windischen" erwogene Entwicklungsrichtung hatte aus sprachlichen und kulturhistorischen Gründen keine Chance. Heute besteht durch den Schulunterricht (Schulsprachengesetz), die Pressefreiheit und das Amtssprachengesetz für jeden slowenisch-sprachigen Kärntner die Möglichkeit der freien Wahl einer Hochsprache, nämlich:

(gesprochene Sprache)		(Schriftsprache)
deutsche Mundart	⟶	Hochdeutsch
slowenische Mundart	⟶	Hochslowenisch

Dies ist, auch international gesehen, eine vernünftige Lösung, die dazu beitragen könnte, Existenz und Status zweier Schriftsprachen emotionslos zu garantieren. In zweisprachigen Gebieten muß es jedem, aus welchen Gründen immer, unbenommen bleiben, sich für eine Sprache frei zu entscheiden. Die Möglichkeit zur freien Entscheidung aber muß gewahrt sein. Man sollte aber nicht vergessen, daß es nicht um Unter- oder Überprivilegierung des Slowenischen geht, sondern darum, den potentiellen Geltungsbereich einer Sprache mit geringer Reichweite sinnvoll und den regionalen Interessen entsprechend festzulegen.

ORTSTAFELSTREIT UND SOZIOLINGUISTISCHE HINTERGRÜNDE

Anmerkungen

1) O. Kronsteiner, Die slowenischen Namen Kärntens in Geschichte und Gegenwart, Wien 1974 (=ÖNf, Sonderreihe 1).
2) Carinthia I (1973), S. 372-380. Dasselbe in einem Sonderdruck: "Zu aktuellen Fragen der Landesgeschichte Kärntens" (Abwehrkampf, Ortsnamen, Slovenica). Die Kärntner Landsmannschaft (4/1974), S. 11-12; (6/1974), S. 2-3; (7/1974), S. 7. Kärntner Nachrichten vom 20. April 1974.
3) Nach der offiziellen Statistik der Volkszählung von 1971.
4) Eibelhof und Schöpfendorf, in: Carinthia I (1974), S. 305-311. Eibelhof und Schöpfendorf. Beiträge zur Namensforschung 11 (1976), S. 302-312. Das gleiche Thema behandelte A. Ogris in einem Vortrag beim XII. Internationalen Kongress für Namensforschung in Bern 1975 unter dem Titel: "Eibelhof und Schöpfendorf - zwei bemerkenswerte Kärntner Ortsnamen".

Jakob Huber

IDENTITÄT UND WIDERSPRUCH

Zur möglichen Rolle von Wissenschaft und Politik im Minderheitenkonflikt

Mein Motiv, an diesem Sammelband über die Volksgruppenfrage in Kärnten mitzuschreiben, ist in dem Gefühl begründet, als Mitglied der hiesigen Universität zu dieser die Kärntner Öffentlichkeit immer wieder und in großem Maße belastenden Frage Stellung nehmen zu sollen. Gerade weil ich als gebürtiger Nicht-Kärntner die Emotionalität, mit der die Konfliktgegner (-partner) einander bekämpfen, nicht teile, dennoch mit ihr konfrontiert bin, sehe ich mich verpflichtet, Stellung, nicht aber vordergründig Partei zu nehmen. Es handelt sich bei meinem Beitrag um einen Beitrag zur Diskussion, der sich zum einen an die Kollegen aus der Wissenschaft, zum anderen an die politische Öffentlichkeit - insbesondere natürlich Kärntens - richtet.

Oft verleitet ja die Position eines - zumindest scheinbar - Nicht-Betroffenen zu grobem Mißbrauch, m. E. dann, wenn sie den Betreffenden dazu verführt, seinerseits Lösungen anzubieten (die vornehmlich seinem eigenen Unbehagen, seiner Nichtbereitschaft zum Aushalten von Konflikten Abhilfe gewähren sollen). Solche Lösungen geben zumeist - oft auch ohne es zu wollen - einer Seite recht, der anderen dementsprechend unrecht. Als Beleg für diese These - vorerst einmal abgesehen von ethnischen Minderheitenkonflikten - greife ich auf Erfahrungen als sozialwissenschaftlicher Berater zurück, der, vom Management in einen Betrieb gerufen, geradezu unvermittelt in die Gefahr gerät, nach den Interessen dieser seiner Auftraggeber, nicht aber nach den Bedürfnissen der sonst von seinen Vorschlägen Betroffenen zu organisieren bzw. zu beraten - und das heißt: am Wesentlichen vorbeizuorganisieren. Sein wahrscheinlicher Hinausschmiß wegen des zu erwartenden Fehlschlags verhindert nicht die Perpetuierung der Notwendigkeit von Beratung wegen der durch seine Arbeit noch gemehrten Konflikte. Zwangsläufige Folge: eine Diskreditierung sozialwissenschaftlicher Beratung.

Solche Erfahrungen haben nun in immer weiteren Anwendungsbereichen der Sozialwissenschaften zu einem Umdenken geführt. Kurt Lewin hat pionierhaft, und im Anschluß an seine Arbeiten haben andere Forscher mit der Handlungsforschung (action research) ein qualitativ neues Selbstverständnis der Sozialwissenschaften entwickelt [1]. In dieser wird das Verhältnis des Forschers, des Wissenschaftlers, traditionellerweise als Forschungssubjekt verstanden, zum Forschungsgegenstand, zum Betroffenen, zum traditionellen Forschungsobjekt in radikaler Weise neu gesehen. Der Handlungsforschung entsprechend werden Forschungssubjekt und Forschungsobjekt in einen gegenseitigen Lernprozeß verwickelt, aus dem weder der Wissenschaftler, noch der Laie als die gleichen, sondern aus dem sie als Veränderte hervorgehen. Neu an diesem Ansatz ist in der Tat, daß diese Veränderung auch bewußt gemacht wird, daß sie eingestanden wird und daß davon auch Gebrauch gemacht wird [2].

Nun macht aber die Veränderung bestehender Zustände, die Änderung des Status quo - was immer man darunter auch versteht - in der Regel Angst. Und die Wissenschaft bzw. ein Wissenschaftler hat zu entscheiden, ob Wissenschaft in den Dienst dieser Veränderung gestellt wird oder ob sie im Sinne der Abwehr dieser Veränderung, d. h. als Mittel der Angstabwehr, verstanden bzw. praktiziert wird. Diese Frage zu beantworten obliegt m. E. allerdings nicht allein dem einzelnen Wissenschafter als Person; zu einem ganz wesentlichen Teil bestimmen die spezifischen Institutionalisierungsformen von Wissenschaft die Verwendungsmöglichkeiten ihrer Resultate mit. Auch ist die Frage wohl nur schwer generell zu entscheiden, denn die hiemit nur angedeutete Problematik ist zu komplex, um eindeutige Antworten zuzulassen. Umso dringlicher wird es aber für eine Wissenschaft sein, die für sich Praxisrelevanz in Anspruch nimmt, diese Fragen methodisch zu reflektieren.

Insofern richtet sich mein Beitrag erstens an Wissenschafter, weil vielleicht gerade wegen der Brisanz eines ethnischen Minderheitenkonflikts die methodisch notwendigen Einschränkungen traditioneller Wissenschaft, die Begrenzung sozialwissenschaftlicher Praxis auf die Klärung und Legitimierung bestehender Verhältnisse, nachdrücklich - in ihren Folgen - sichtbar gemacht werden können. Darüber hinaus zeigt aber der Ansatz der Aktionsforschung [3] die Möglichkeiten eines reflektierten Praxisverhältnisses von Wissenschaft - gerade in der Diskussion des Identitätsbegriffes - auf. Im zweiten Teil wird sich mein Beitrag an die politische Öffentlichkeit richten, für die ich thesenhaft Folgerungen aus dem geänderten Wissenschaftsverständnis ableiten möchte.

Die Diskussion des Identitätsbegriffs ist ja längst modisch geworden. Zumeist wird in ihr Identität als ein den Schein - wie ich sagen möchte - von Einheit und Widerspruchslosigkeit eines Individuums, einer Gruppe, eines Volkes vermittelndes Konstrukt verstanden, das es um seiner selbst willen zu realisieren gilt. Zum Teil als ein in Reflexionsform gefaßtes kognitives Phänomen, zum fortschrittlicheren, differenzierteren Teil als eine aus dem Verhalten ablesbare, emotional-rationale Einheit verstanden, ist Identität gerade dort immer zu einem ideologischen Konstrukt geworden, wo sie als ein Zielbegriff verstanden wurde, den es - bei ansonstiger Strafe - zu erreichen gilt, wie auch dort, wo als Identität ein abstraktes

Wirklichkeitskonzept einer Wirklichkeit vorgehalten wird, die diesem bloß theoretischen Konzept nicht entspricht. Theorie wird in einem solchen Fall auf ein Ideologem zurechtgestutzt.

Diesem ideologischen Identitätsverständnis möchte ich hier nun einen Begriff von Identität entgegensetzen, der Identität als prozeßhaft begreift, als eine in dialektischen Prozessen je und je und immer auf's Neue zu leistende Bestimmung des Verhältnisses einzelner zueinander, zu Gruppen und zu dem sie umgebenden Kollektivverständnis - philosophisch ausgedrückt: als Bestimmung des Besonderen und des Allgemeinen auseinander sowie das praktische Aufrechterhalten und gleichzeitige Überbrücken dieser Differenz. Solcherart bestimmt, kennzeichnet der Begriff der Identität ein Risiko, das als das praktische Sich-Einlassen auf einen Balanceakt, als ein gefährliches Arrangement ausgezeichnet ist, dessen Gefährlichkeit als der Preis für die Freiheit, also für die Möglichkeit (dialektischer) Selbstbestimmung gesehen werden kann.

Identität benennt - und die Implikationen für Minderheitenfragen und -probleme liegen dabei auf der Hand - das Verhältnis der Menschen zur Natur und zueinander, insofern zu ihrer Geschichte, als der Entwicklung dessen, was eine Gesellschaft ausmacht (ihrer kollektiven Identität), sowie zur Bestimmung dessen, was der einzelne in ihr ist bzw. sein kann (dessen Rollenidentität bzw. im Bürgertum: dessen individuelle Identität). Kollektive und individuelle Identitäten haben sich dabei aneinander - um eines oder auch mehrerer spezifischer Zwecke willen - entwickelt, meist um der Abwehr einer Gefahr willen oder auch wegen des nötigen Umgangs mit einem Mangel.

In diesem Entwicklungsprozeß wurden entsprechende Sozialstrukturen herausgebildet, diesen gemäß dann Zugehörigkeiten, Abhängigkeiten und Ausgrenzungen bestimmt. Dies geschah und geschieht noch immer zum Beispiel durch die Ausdifferenzierung von Rollen im Rahmen einer anfänglich rudimentären Arbeitsteilung. Solchen Rollendifferenzierungen - mit ihren offensichtlichen Erfolgen auf der individuellen Ebene - korrelieren auf den diversen kollektiven Ebenen, denen von Familien, Gruppen, Völkern, Klassen, Profilierungen dieser Kollektive, die sie unterscheidbar machen. Dabei werden in dialektischen Prozessen Zugehörigkeiten und Ausgrenzungen an- und auseinander bestimmt, so daß beispielsweise die Identität radikal gesinnter Nationalisten ganz wesentlich von ihren oft heftig bekämpften Gegnern mitbestimmt wird [4]. Die Bestimmung der möglichen Rollen für den einzelnen wurde dabei spezifiziert nach Kriterien der Rationalität - ihr entsprechen beispielsweise die Interaktions- und Verhaltenscodes - und nach Kriterien der Leiblichkeit - sie ist in unserer Gesellschaft zunehmend funktionalisiert bzw. tabuisiert und ausgeschaltet worden. Diese Kriterien sind jeweils an die gesellschaftlichen Entwicklungsphasen angepaßt - ohne dies hiemit zu werten - so daß Sprache, Interaktion und Umgang mit der Leiblichkeit in agrarischen Gesellschaften sich maßgeblich von denen in industrialisierten Gesellschaften unterscheiden. Zweifellos ist diese inhaltliche Unterscheidung mit ein Grund dafür, daß es zwischen Mehrheiten und Minderheiten, die ja immer nicht nur ethnisch unterschieden werden können [5], so schwer zu Verständigungsprozessen kommt. Die unterschiedlichen Sprachformen und Interaktionsnormen korrespondieren jeweils unterschiedlichen sozialen Logiken, die sich in der Praxis von Individuen meist unvermittelt gegenüberstehen, solange diese Vermittlung nicht sowohl individuell, als auch kollektiv geleistet wird.

Dem Differenzierungsprozeß von Identität korrespondiert also notwendig ein Generalisierungs- und Abstrahierungsprozeß. Die beiden bedingen einander wechselseitig. Das verleitet oft dazu, den ausdifferenzierten und separierten Teil oder aber das Differenzierungen zugrundeliegende Ganze zu mystifizieren bzw. zu verabsolutieren, das Eine also dem (notwendig darauf angewiesenen) Anderen als Voraussetzung zeitlich voranzustellen, dieses Andere damit aber zeitlich zurückzusetzen und de facto zu entwerten. Es liegt auf der Hand, daß ein solches Unterfangen in einen unendlichen Regreß und damit in die theoretische Unauflösbarkeit eines solchen Problems führt. Wie gutwillig und wie methodisch abgesichert (einzel-) wissenschaftliche Forschung dann auch immer die Begründung bzw. die Rechtfertigung jeweiliger Positionen versucht, wird sie doch p r a k t i s c h widerlegt [6]. Wissenschaft wird dabei selber als eine quasi rechtsprechende Instanz, nicht aber auch als ein selber Identität vermittelndes System - mit einer bestimmten Rationalität, einer bestimmten Emotionalität(-sabwehr), mit bestimmter Leiblichkeit - gesehen. Tatsächlich wird Rationalität damit verabsolutiert, uneingedenk der Folgen für Emotionalität und Leiblichkeit, uneingedenk also - anders ausgedrückt - ihres eigenen Stellenwertes.

Identität muß also sozial zugeschrieben werden, sie gilt es adressatenspezifisch zu differenzieren. Identität wird konstituiert als ein Zugehörigkeits- und Abhängigkeitssystem, dessen Brüchigkeit in diesem Jahrhundert - etwa in den beiden Weltkriegen, im Kalten Krieg, in den gegensätzlichen Wirtschaftsblöcken zum Ausdruck kommend - wohl erst diese Inflation des Identitätsbegriffs als der Frage nach dem i n d i v i d u e l l e n Selbstverständnis herbeigeführt hat [7]. Identität wird also sozialen Ordnungen - ihrem jeweiligen Mangel entsprechend - zugeschrieben. Diese können - auf einer frühen Stufe - ethnisch [8] sein, sind aber im Laufe der Geschichte vielfach überlagert, d. h. als politische Ordnungssysteme [9], als wirtschaftliche, als religiöse und kulturelle herausgebildet worden. Sehr oft dient die besondere Betonung einer bestimmten "Identitätsebene" der pragmatisch geführten

Auseinandersetzung auf einer anderen - die Betonung der ethnischen Ebene beispielsweise dem durchaus notwendigen "Kampf" auf der ökonomischen oder politischen Ebene - was allerdings zu einer Verunklarung der Diskussion führen muß [10].

Die Betonung des kollektiven Bezugsrahmens individueller Identität - gewissermaßen der üblichen Diskussion des Identitätsbegriffs gegensteuernd - ist insbesondere Kurt Lewin [11] zu verdanken, dem eigentlichen Begründer der Gruppendynamik. Er diskutiert die wechselseitige Bezogenheit von kollektiver (Gruppen-)Identität und individueller Identität an den Schwierigkeiten, die Menschen notwendigerweise haben, wenn sie ihre soziale Zugehörigkeit verändern wollen bzw. verändern. Äußeres Merkmal dafür ist Verhaltensunsicherheit, sei es in Befangenheit, sei es in Übertreibung zum Ausdruck kommend. Lewin macht für diese Unsicherheiten die mangelnde Koordination zweier Kräfte verantwortlich: der aus individuellen Wünschen und Hoffnungen des einzelnen resultierenden und der auf den einzelnen von außen "induzierten".

Am Beispiel der Juden in Deutschland zeigt Lewin die Wechselwirkung sozialer Gruppengrenzen und individueller Sicherheit bzw. individueller Verunsicherung. Was er an den Kategorien der Abhängigkeit, die - als eine wechselseitige - Gruppen konstituiert, sowie der Zugehörigkeit beschreibt, ist das Schutzverhältnis, das Gruppen einzelnen bieten können, auf der einen, das Stigma auf der anderen Seite. Der Druck auf das Individuum ist viel stärker, wenn infolge des Auseinanderfallens einer Gruppe der einzelne dem Druck individuell zu begegnen hat.

Kurt Lewin hat die Möglichkeit, diese Sachverhalte überhaupt zu erkennen, an die Fähigkeit, sie zu verändern, geknüpft und uns aufgefordert, die Wirklichkeit zu erkennen, indem wir sie verändern. Er fordert damit - und die gesellschaftliche Infragestellung des Stellenwerts der Universitäten heute tut ihr übriges -, unsere Identität als Wissenschaftler in einem riskanten "Sich-Einlassen" auf soziale Wirklichkeit überhaupt erst zu erwerben und - und das hat jetzt doch einige Konsequenzen für die Wissenschaftsorganisation - den Stellenwert unserer wissenschaftlichen Tätigkeiten aus unserer Bewährung oder auch aus unserem Versagen in diesen Identitätsbildungsprozessen abzuleiten. Diese Identität, die wir als Wissenschaftler gewinnen können, ist eine bestimmte, spezifische, von allen anderen bisherigen Identitätsformen unterschiedene Identität. Sie ist geschichtlich, d. h. von unseren geschichtlich vorgegebenen Möglichkeiten bestimmt, nicht etwa eine Identität überhaupt. Ihre Realität liegt im Prozeß ihres Gelingens oder ihres Versagens.

Das veränderte Wissenschaftsverständnis zieht nun aber nicht nur ein verändertes Expertenverhalten nach sich - es hat auch Konsequenzen für das Verhältnis der Wissenschaft zur Politik [12]. Daher wendet sich dieser Beitrag notwendigerweise auch an die politische Öffentlichkeit. In dieser wird das Minderheitenproblem ja letztlich thematisiert und ausgetragen, wenn auch - wie wir gesehen haben - die eigentlichen Probleme im sozialen, kulturellen und ökonomischen Bereich liegen.

Die politische Öffentlichkeit - in wohl allen Teilen Europas - hat nach dem Krieg einschneidende Umorientierungen vornehmen und mitmachen müssen. Der Zweite Weltkrieg hat die wohl endgültige "Entmachtung" Europas gebracht; seine Ursachen können in dem Versuch des zentraleuropäischen Deutschen Reiches gesehen werden, dieser Entwicklung durch Aggression gegenzusteuern. Mit dem Zweiten Weltkrieg aber ist die politische Macht an die Vereinigten Staaten und an die UdSSR gegangen - äußerlich sichtbar in den Militär- und Wirtschaftsbündnissen, in der Verlagerung des Welthandels, der internationalen Körperschaften, der wichtigsten Banken aus den europäischen Metropolen.

Diese Umorientierung - als Wiederaufbau "getarnt" - hat zu einer "Amerikanisierung", oder allgemeiner: zu einer Überfremdung auch Österreichs, insbesondere seiner Kultur, geführt. In der Kunst der fünfziger Jahre manifestiert sie sich beispielsweise als eine Identitäts- und Orientierungslosigkeit, die die Jugend der sechziger und frühen siebziger Jahre zu einer massiven Gegenbewegung zwingt. Dem entsprechen die Studentenunruhen an den Universitäten, dem entsprechen aber auch die separatistischen Bewegungen, die neu aufflackernden Minderheitenkonflikte. Nach Abschluß einer gewissen internationalen Konsolidierung wird die als gewaltsam und als leer erlebte Vermitteltheit auf regionalem Boden thematisiert. Nun gilt es, die Heimat, den Dialekt, das Volkstum - natürlich aus neuen Perspektiven - wiederzuentdecken. Traditionelle Werte gewinnen Wert als Moment einer historisch völlig neuen Situation, als "Bodensatz" einer Weltinnenpolitik.

Hier undistanziert mitzumachen, auf den fahrenden Zug mehr oder weniger reflektiert aufzuspringen, ohne sich als Teil dieser - zumindest gesamteuropäischen - Entwicklung zu relativieren und d. h. ohne sich mit den situationsspezifischen Bedingungen und Möglichkeiten auseinanderzusetzen bzw. ohne sich auf diese einzulassen, hat Politiker und politische Bewegungen zweifellos in die Irre bzw. in den Mißerfolg geführt. Meines Erachtens liegen in solchen Fehleinschätzungen die Gründe für das - mit Parteibrillen gesehen - unmißverständliche Scheitern der ÖVP-Bildungs- und Wissenschaftspolitik während der Alleinregierung, wie auch der Grund für das Scheitern der Minderheitenpolitik von Landeshauptmann Sima, der mit dieser ja nicht allein seinen Sturz, sondern zweifellos auch ein längeres Auf-der-Stelle-Treten, wenn nicht eine Verschlechterung der möglichen Ausgangspositionen einer seinen Intentionen entsprechenden Politik herbeiführte.

Aber auch eine minderheitenfreundliche Politik darf es nicht unterlassen, sich als Moment der notwendigen Dialektik von Identität zu begreifen. Und das verlangt, die notwendige Begrenztheit möglicher Identitätsbildung auf der einen, die damit gegebene Konkretheit auf der anderen Seite zu bedenken. Salopp ausgedrückt heißt das, daß es eben nicht möglich ist, Identitätskonflikte, in unserem speziellen Beispiel Minoritätskonflikte, zu l ö s e n , so wie man etwas für immer erledigen und aus der Welt schaffen möchte, sondern daß es langfristig darauf ankommt, U m g a n g s - f o r m e n mit dem K o n f l i k t p o t e n t i a l zu finden und ständig weiterzuentwickeln, die die hinter den Gegensätzen stehenden Interessen zu ihrem Recht kommen lassen, gerade weil sie ein gegenseitiges Auskommen ermöglichen, ja - wie ich behaupten möchte - überhaupt erst erlauben.

So komme ich schließlich zu dem von manchem (Politiker) als provokant empfundenen Schluß, daß nämlich ethnische Minderheitenkonflikte, sofern sie auf ihre ethnische Wurzel zurückgefragt werden können, und sofern auch die Möglichkeit besteht, diese in ihrem notwendigen Zusammenspiel mit anderen Problemaspekten und -ebenen - etwa wirtschaftlichen - freizulegen, n i c h t zu l ö s e n sind - schon gar nicht kurzfristig -, sondern daß es unsere Aufgabe - und vor allem die von verantwortungsbewußten Politikern - ist, die bestehenden Gegensätze e r n s t zu nehmen, sie daher voll zu entwickeln und auszutragen, bis zur Einsicht in die Notwendigkeit, daß solche Gegensätze nicht auf irgendwelche Ursachen abgeschoben werden können - seien sie ethnischer, ökonomischer oder politischer Natur -, sondern daß im Umgang mit ihnen unsere von uns mitbestimmbare und mitzuverantwortende Identität entschieden wird.

Es kommt daher darauf an, den Konfliktstoff bewußt zu machen, seine Substanz zu erhalten und den Umgang mit ihm zu kultivieren, bis - und das wäre wiederum dialektisch - die Konfliktparteien sich wechselseitig miteinander zu identifizieren und zu verstehen vermögen - eine Form also der gelebten Demokratie zu finden [13]. Langfristig - und zweifellos müssen wir da fragen, ob nicht die parlamentarische Demokratie auch in Österreich noch eines Reifungsprozesses bedarf [14], der ein solches Politikerverhalten überhaupt zulassen und d. h. vernünftig erscheinen ließe - ist daher an den Politiker die Aufforderung zu richten, den Erhalt ethnischer Unterschiede in diesem dialektischen Sinne zu betreiben - und das heißt: zu fördern.

Es ist das meines Erachtens auch eine Aufgabe der Klagenfurter Universität - und hier kann die UBW für die Region vielleicht ihre wesentlichsten Impulse setzen -, zum einen in Kooperation mit den im Lande entscheidenden Politikern, Behörden, Institutionen und Vereinen ethnische Unterschiede sowie die Schutzwürdigkeit dieser Unterschiede zum Thema zu machen, sowie zum anderen mit ihrer "Theorieproduktion" jenen für alle Beteiligten nötigen Abstand, jene Reflexionsdistanz, d. h. jene Generalisierungsebene zu "erzeugen" bzw. auf sie aufmerksam zu machen, die die einzelnen Differenzierungen - natürlich nicht nur die ethnischen -

erst begreifbar machen und füreinander verständlich werden läßt. Für die Versuche, diese Aufgabe zu lösen, für die Präsenz der Universität in diesen Fragen zeugen als K u l t i v i e r u n g s f o r m e n d e s K o n f l i k t s zum Beispiel das im Herbst 1980 organisierte Symposion [15] wie auch dieses Buch. Hier wird an der kollektiven Identität von Wissenschaftlern gearbeitet, nach festen Regeln gegenseitiger Anerkennung a l s Wissenschaftler, nicht vordergründig als deutsch- oder slowenisch-sprechender Kärntner. Wissenschaftlich vermittelte Identität erlaubt dann die Begrenztheit ethnischer wie auch ökonomisch vermittelter Identitätskonstrukte ein wenig zu erkennen, muß sich aber dabei ihrer eigenen Vermitteltheit, d. h. Bedingt- und Begrenztheit, die sich vor der Praxis des Zusammenlebens in diesem Lande zu verantworten hat, bewußt bleiben [16].

Vor einem solchen - wie ich glaube - für eine Politik, die auf ein fruchtbares Zusammenleben ausgerichtet ist, sehr relevanten Wissenschaftsverständnis zeigt sich nun aber der politisch-ideologische Gehalt w e r t f r e i e r Wissenschaft. Ihre - von ihren überzeugten Vertretern wohl geglaubte - Neutralität hat es diesen möglich gemacht, im Laufe eines Lebens sehr anerkannt höchst unterschiedlichen Herren zu dienen, seit dem Zusammenbruch der Donaumonarchie höchst unterschiedlichen Regimes. Nicht nur, daß die zeitüberdauernde Richtigkeit wissenschaftlicher Ergebnisse wissenschaftstheoretisch nicht belegt werden kann, wird durch die Praxis des Zusammenlebens jeglicher sich als wertfrei begreifenden Wissenschaft ein Fehlverständnis der Wirklichkeit nachgewiesen. Weil sich als wertneutral verstehende Wissenschaft durch ihren eigenen Anspruch auch noch zu einem als unhinterfragbar sich gebenden politischen Faktor wird, zeigt sich die fatale Verzwicktheit der daraus resultierenden Situation deutlich. Und habe ich dies schon einleitend erwähnt, als ich auf den möglichen Stellenwert von Wissenschaft - einerseits als Mittel der Angstabwehr, andererseits als Mittel für Veränderung - hinwies, so will ich mit dieser nur in der Praxis entscheidbaren Diskrepanz auch schließen. Auch jene von mir bevorzugte Variante, die die Wissenschaft als Mittel und als Möglichkeit der Veränderung verstanden wissen will, darf nicht die realen Ängste und, im Zusammenhang damit, die sozial und psychisch längst institutionalisierten Abwehrformen dieser Ängste geringschätzen. Sie muß soziale, politische, wirtschaftliche, ganz wesentlich aber auch: einfach menschliche Gründe sammeln, die für die Ängste entscheidend sein können, diese analysieren, Kritiken an sich ernst nehmen und den Dialog suchen. Erst dann, wenn der Umgang mit diesen Ängsten allen beteiligten Seiten gelingt, kann sie mit begründbarer Aussicht auf Erfolg durchgesetzt bzw. realisiert werden.

Anmerkungen

1) Vgl. K. Horn (Hrsg.), Aktionsforschung: Balanceakt ohne Netz? Methodische Kommentare, Frankfurt/M 1979. Dazu P. Heintel, in: Österreichische Zeitschrift für Soziologie (2-3/1980), S. 127 ff.
2) Als Beispiel möchte ich von einer konkreten Beratung durch Sozialwissenschaftler berichten, die einem Unternehmer, der jedes Jahr zu Weihnachten einen Neuwagen an einen seiner fünf Vertreter schenkte, und der dadurch Unfrieden in seinem Team vom September bis zum April schuf, gewährt wurde. Die Beratung beschränkte sich auf eine Prozeßberatung, die die Entscheidung über die Vergabe des Wagens an die Betroffenen delegierte und die nur dadurch dauerhaften Erfolg versprach.
3) Vgl. P. Heintel - J. Huber, Aktionsforschung - Theorieaspekte - und Anwendungsprobleme, in: Gruppendynamik (6/1979), S. 1-20.
4) Das zeigen ja nicht zuletzt die vielen "Familiengeschichten", die oft hinter vorgehaltener Hand getuschelt, die politische Orientierung der unterschiedlichsten Kärntner Politfunktionäre - beispielsweise im 'Kärntner Heimatdienst' - zu erklären scheinen.
5) Siehe W. Neumann, Abwehrkampf und Volksabstimmung in Kärnten 1918 - 1920, Klagenfurt 1970, S. 6 f.
6) Wenn beispielsweise W. Neumann postuliert, daß zu einer Revision "unseres" Geschichtsbildes nicht der geringste Anlaß bestehe, wirkt eine solche Behauptung angesichts der realen Schwierigkeiten, die es in den frühen siebziger Jahren in Kärnten - gerade dieses Geschichtsbildes wegen - gegeben hat, reichlich absurd. Vgl. Neumann, Abwehrkampf, S. 16.
7) Vgl. O. Marquard - K. Stierle (Hrsg.), Identität, München 1980, sowie J. Huber - E. Krainz, Identität, in: S. Grubiztsch - G. Rexilius (Hrsg.), Handbuch psychologischer Grundbegriffe, Reinbek bei Hamburg 1981.
8) Vgl. hiezu die m. E. vorzügliche Darstellung von J. Blaschke, Regionalismus, ein neues Phänomen an den Peripherien Europas, in: Vorgänge (5-6/1980), S. 104-110. Blaschke sieht den Wert ethnischer Zugehörigkeit in der konkreten Faßbarkeit ethnischer Symbole, die jedoch als Zusammenhang unbestimmbar bleiben und sich - so möchte ich ihn ergänzen - dadurch für die Ausbeutung legitimer Bedürfnisse ganz besonders eignen.
Für die Analyse sozialen Wandels in den peripheren Regionen Europas ist Ethnizität ein Begriff, der neben den Konzepten von Milieu, Verwandtschaft und Klassensituation eine zentrale Rolle spielt. Die Symbole, durch die ethnisches Bewußtsein sich darstellt, entstammen einer Gemeinsamkeit von Alltagserfahrungen, die allgemein und nicht unbedingt klassengebunden sind. Diese Alltagserfahrungen geschehen unreflektiert, Alltagsbewußtsein ist naiv. Solche Erfahrungen sind die der Umgangssprache, der naturräumlichen Gegebenheiten, des sozialen Milieus, auch der schulischen Sozialisation und der durch sie vermittelten historischen Mythen, des gemeinsamen äußeren Habitus und Verhaltens, der Religion, der Sitten und Bräuche. Die einzelnen Elemente dieser Alltagserfahrungen werden kenntlich durch die Erfahrung des Fremden. Die Erfahrung des Fremden ist ein dauernd auftretender Prozeß. Darin vollzieht sich die Überhöhung und Abstraktion der Elemente der eigenen Alltagserfahrung zu Symbolen, die eine gemeinschaftliche Zurechnung ermöglichen. Aufgrund der Gemeinsamkeit von Alltagserfahrungen sind diese Symbole überall greifbar, konkret und verständlich. Da der Alltag in seiner Totalität naiv erfahren wird, erlaubt sie die diffuse, in ihrem Zusammenhalt nicht erklärbare Kombination dieser Symbole zur Schaffung ethnischer Abgrenzungen und ethnischer Identität. Das erklärt den paradoxen Sachverhalt, daß die einzelnen ethnischen Symbole, wie rassische Merkmale, Sprachdifferenzen, ältere nationale Traditionen, Religionen, Sitten und Brauchtümer, kulturelle und ästhetische Normen, aber auch Territorialität,

IDENTITÄT UND WIDERSPRUCH

konkret erfaßbar sind, ihr Zusammenhang als Ethnizität jedoch unbestimmbar bleibt.

9) Vgl. hierzu beispielhaft Ch. Meier, Die politische Identität der Griechen, in: Marquard - Stierle, Identität, S. 371-406.

10) Das ist ja wohl auch eine der Aufgaben dieses Sammelbandes, mögliche Diskussionsverläufe abzustecken und zu strukturieren, um solche Verunklärung zu erschweren.

11) K. Lewin, Psychosoziale Probleme einer Minderheitengruppe, in: K. Lewin: Die Lösung sozialer Konflikte, Bad Nauheim 1953.

12) Vgl. B. Badura (Hrsg.), Seminar: Angewandte Sozialforschung, Frankfurt/Main 1976.

13) Vgl. hiezu die Konflikttheorie von G. Schwarz, in: G. Schwarz, Zur Systemgeschichte der Gruppe, Klagenfurt 1977 (Masch.), S. 361 ff. (Druck wird vorbereitet).

14) Vgl. hiezu Äußerungen von Bruno Kreisky anläßlich einer Lesetournee des slowenischsprechenden österreichischen Autors Florian Lipuž und seines Übersetzers Peter Handke im April 1981, in denen er Minderheiten zur notwendigen Förderung größere Rechte zuerkennt.

15) Staatsgrenzen, Volksgrenzen, Selbstbestimmung. Probleme der nationalpolitischen Neuordnung Europas 1918 - 1920 am Beispiel des deutsch-slowenischen Siedlungsgebietes Kärntens. Internationales Symposion über die Kärntner Volksabstimmung von 1920. Vgl. hiezu M. Derndarsky, Die Kärntner Volksabstimmung im Spannungsfeld von Wissenschaft, Politik, Ideologie und Publizistik. Eindrücke und Betrachtungen eines Symposions in Klagenfurt, in: Österreichische Osthefte 22 (1980), S. 370 - 382.

16) Vgl. beispielhaft A. Wandruszka, Österreich und Italien seit dem Zweiten Weltkrieg. Persönliche Erinnerungen eines "Beschwichtigungshofrats", in: Geschichte und Gesellschaft. Festschrift für K. R. Stadler, Wien 1974, S. 165-196.

Willibald I. Holzer

"WIR WOLLEN SEIN EIN EINIG VOLK VON BRÜDERN!"

Völkische Ordnungspräferenzen und antiliberale Zielvorstellungen im 'Ruf der Heimat'

Wer sich über Erscheinungsformen von Rechtsextremismus in der modernen Welt informieren wollte, sah sich bis vor kurzem noch so gut wie vollständig auf Monographien außerösterreichischer Provenienz zu vornehmlich westdeutschen, nordamerikanischen und zuletzt auch italienischen Gruppierungen verwiesen. Dieser erstaunliche Sachverhalt, entscheidend durch beharrlich durchgehaltene Forschungsverweigerung sozialwissenschaftlicher Disziplinen in Österreich verursacht, mochte weithin den Eindruck befördern, Rechtsextremes - zudem gerne mit Nationalsozialismus oder Faschismus gleichgeordnet - habe sich in Österreich mit dem Niedergang der historischen Faschismen 1945 geschichtlich überlebt. Obgleich die österreichische Nachkriegsentwicklung mit den Fällen von Soucek bis Borodajkewycz eine Vielzahl von spektakulären Indikatoren anbot, die auf die Fragwürdigkeit solchen Meinens aufmerksam machen konnten, blieb der Glaube, daß Rechtsextremismus in Österreich seit dem Zusammenbruch des Dritten Reiches als gesellschaftspolitische Alternative nicht mehr ernsthaft in Rede stünde, allzu lange ohne entsprechendes fachwissenschaftliches Korrektiv. Dies wiegt umso schwerer, als anderwärts angestellte sozialwissenschaftliche Bemühungen zur Formulierung einer Theorie des Rechtsextremismus sowie fundierte westdeutsche Untersuchungen zur Kontinuitäts-Diskontinuitätsproblematik in der bundesrepublikanischen Nachkriegsgesellschaft für solchen Optimismus keinerlei Anhaltspunkte ergeben hatten. Über die Medien in die Kommunikationsstrukturen der Gesellschaft eingebracht und durch eher kalmierungs- und integrationsorientierte Stellungnahmen auch führender Politiker sekundiert, verfestigte sich dieses wirklichkeitsfremde Urteil zu einem fürsorglich gehegten und kaum je grundlegend in Frage gestellten Versatzstück der veröffentlichten Meinung, an dem auch vereinzelt warnende Stimmen, von den Fachwissenschaften alleingelassen und daher selten ernstgenommen, nicht wesentlich zu rühren vermochten. Indizien, die auf postnazistische Formierungsansätze oder gar auf Neuorientierungsbestrebungen der extremen Rechten hindeuten und solche Einschätzungsidylle empfindlich stören konnten, wurden in der Regel entweder bagatellisiert, in den Raum des Vereinzelten und mithin Unrepräsentativen abgeschoben oder aber überhaupt verdrängt.

Solch liebgewordene und auch politisch offensichtlich lange Zeit opportun

EIN EINIG VOLK VON BRÜDERN?

scheinende Wunschvorstellungen sahen sich erstmals durch Teilveröffentlichungen empirischer Erhebungen [1] erschüttert, die an der fortwährenden Verbindlichkeit aggressiv-autoritärer Einstellungen in erheblichen Sektoren der österreichischen Bevölkerung keinerlei Zweifel ließen und in den großen Zügen auch für Österreich die Gültigkeit jener Befunde bestätigten, die aus vergleichbaren Untersuchungen in anderen westlichen Industrieländern längst geläufig sind. Die Auffassung, wonach es in Österreich glücklicherweise an einem entsprechenden Organisationsinstrumentarium fehle, mittels dessen dieses Potential erfaßt werden könne, wurde sodann durch die Studie 'Rechtsextremismus in Österreich nach 1945' [2] überzeugend korrigiert. Dieser auf Dokumentation wie Analyse gleichermaßen abstellende Sammelband, der als erster wissenschaftlicher Versuch über den modernen österreichischen Rechtsextremismus gelten darf, bot neben anderem einen umfassenden Überblick über das organisatorische Vorfeld, die Organisationszentren, die personelle Ausstattung und das reichhaltige Schrifttum des vielgestaltigen und vor allem ungemein publikationsintensiven österreichischen rechtsextremen Organisationsspektrums. Die Hoffnung schließlich, daß die Integrationsfähigkeit der großen demokratischen politischen Parteien gleichsam als Eindämmungskonstante gegen den Diskreditierungsdruck und die Mobilisierungsanstrengungen des extrem rechten Politikangebots angesetzt werden dürfe, hat seit den Bundespräsidentenwahlen 1980 ebenfalls einiges an Beruhigungskraft verloren. Erstmals in der Geschichte der Zweiten Republik ist es einem erklärt rechtsextremen politischen Kandidaten, der als ehemaliger Südtirolaktivist und langjähriger Vorsitzender der NDP einschlägiges Profil erlangt hatte, und der auch unmittelbar vor den Wahlen niemanden über seine wahre politische Heimat im Zweifel ließ, gelungen, einen nicht mehr bagatellisierbaren Anteil der Wählerstimmen auf sich zu vereinigen. Der bedenkliche Umstand, daß weder die Biographie des Bewerbers, noch die realpolitischen Ansätze der von Norbert Burger präsidierten NDP, daß weder die in der Vergangenheit evident gewordene, noch die nach wie vor andauernde Neigung des Kandidaten zu Formen nichtkommunikativer Konfliktlösung der Akklamation von immerhin 140.741 Wahlberechtigten - das sind 3,2% der abgegebenen Stimmen - hinderlich waren, hätte nun freilich ausreichender Anlaß sein müssen, die gängigen Einschätzungen von Art und Ausmaß rechtsextremer Präsenz einer kritischen Prüfung zu unterziehen, die Ursachen dieser Entwicklung zu diskutieren und nach Begegnungsstrategien zu suchen. Die dort und da von ehrlicher Bestürzung getragene, erregte Verwunderung, mit der ein größerer Teil der Presse und die politischen Parteien das Votum für Burger quittierten, konnte diesem Anspruch natürlich nicht genügen.

Es bedurfte wohl erst der weithin sichtbar gewordenen Manifestation rechtsextremer Terrorbereitschaft in den Anschlägen von Bologna über München bis Paris, um das Interesse einer breiteren, sich nunmehr selbst potentiell physisch bedroht und somit betroffen wissenden Öffentlichkeit ungeteilt auf die anhaltende Aktualität rechtsextremer Formierungsbemühungen zu richten. Die schon aus der Geschichte vertraute Option für terroristische, formal an linksextreme Beunruhigungsstrategien und Organisationsformen angelehnte Gewalttätigkeit, wie sie die Physiognomie einiger quantitativ zur Zeit gewiß unerheblicher rechtsextremer Kerngruppen kennzeichnet, sollte freilich nicht den Blick auf jenen zahlenmäßig wie gesellschaftspolitisch zweifellos bedeutsameren Sektor verstellen, der nach wie vor auf die zweite, historisch gleichermaßen einschlägig erprobte und mit terroristischer Gewalt arbeitsteilig konkurrierende Taktikvariante rechtsextremer Politikkultur setzt. Die Untersuchungen Lutz Niethammers und Kurt P. Taubers zur Organisationsgeschichte des westdeutschen Rechtsextremismus [3] erlauben die zusammenfassende Feststellung, daß das von der NSDAP an konservativen und nationalistischen Splittergruppierungen vorgeführte Einströmen vereinzelter Aktivisten in andere Parteien zur nicht nur historisch bewährten, sondern nach wie vor gültigen taktischen Grundausstattung rechtsextremer Durchsetzungsmuster gerechnet werden darf. Diesem von extremistischen Parteien allemal gepflegten Kalküls, unter Umgehung des direkten Wählerwettbewerbs politischen Einfluß zu erlangen, sekundierte schon früh, insbesondere aber in der Nachkriegszeit, auch der Versuch, über den Aufbau von Kadern oder kulturpolitischen Organisationen abseits von Öffentlichkeit und deren Kontrolle die Apparate anfälliger politischer Parteien - nicht zuletzt auf dem Wege von Personalunionen - zu unterwandern und deren Tätigkeit solcherart mit eigenen Interessen zu koordinieren. Während einige der vielen und allzu eilig in die demokratischen Großparteien heimgeholten ehemaligen Nationalsozialisten für entsprechende Resonanz von innen sorgen sollten, verbreiterte ein kontinuierlich vorgetragener Druck von außen jene Ansatzflächen, über die sich auf zumindest wechselseitige Anpassung von parlamentarischem Regierungssystem und rechtsextremen Traditionen hinwirken ließ. Wie die vorliegende Untersuchung vermuten läßt, könnte gerade dieser parlamentarisch angepaßten Infiltrations- und Interventionsstrategie im Falle Kärntens besonderer Erklärungswert zukommen.

Mit der gegenständlichen Studie, die als zeithistorischer Beitrag gesellschaftspolitisch engagierter Geschichtswissenschaft verstanden werden möchte, wird der erste Teil eines umfassender konzipierten Projektes zur Diskussion gestellt, das um die leitende, in einem weiteren Sinne ideengeschichtlich-politikwissenschaftlich zentrierte Frage angelegt ist, ob und inwieweit die Zeitschrift 'Ruf der Heimat' (RdH), das seit 1968 in unregelmäßigen Abständen erscheinende Mitteilungsblatt des 'Kärntner Heimatdienstes', als Trägerorgan rechtsextremer Ideologeme und adäquater politischer Zielvorstellungen angesprochen werden darf und welche Funktion dem

Blatt im Rahmen der oben beschriebenen Einwirkunsgsstrategie im politischen System Kärntens zuzuschreiben wäre. Es versteht sich, daß die in der Folge präsentierten Ergebnisse nur eine erste und natürlich sehr partiale Grundlage für die Klärung all dieser Probleme geben können. Die angelegte Frageperspektive eröffnet aber doch die Möglichkeit, den von mir unlängst in Auseinandersetzung mit der einschlägigen Literatur entworfenen Rechtsextremismusbegriff [4] auf seine Brauchbarkeit für die empirische Feldforschung und für politische Zuordnungen hin zu überprüfen. Mit den Dimensionen Universalismus und Volksgemeinschaft, Antiliberalismus, Antipluralismus, Autoritarismus, Einschätzung des Parlamentarismus, Verfassungsoptionen, integraler Nationalismus, Xenophobie, Antisozialismus, Deutung der Arbeitswelt, Feindbildkonstrukte und Geschichtsverständnis hatte ich seinerzeit deskriptiven Methoden zugängliche Charakteristika rechtsextremer Ideologie und hieraus abgeleiteter politischer Praxis in den Vordergrund meines Begriffsvorschlags gestellt. Darüber hinaus wurden aber auch eher analytisch faßbare Aspekte wie die Frage nach der Struktur und Funktion rechtsextremer Ideologie sowie Ausformungen der Taktik und des politischen Stils als Kennzeichen des Rechtsextremen wenigstens kursorisch zur Sprache gebracht. Die hier vorgelegte Studie geht nun dahin, mit den Dimensionen Universalismus und Volksgemeinschaft, Antiliberalismus und Antipluralismus zentrale Bestimmungsmerkmale rechtsextremer Ideologie im RdH exemplarisch nachzuweisen, um dergestalt die theoretische Relevanz der hier in Rede stehenden Merkmalsausprägungen auch empirisch zu kontrollieren. Um etwaige Zufallsrisken, die das Ergebnis verzerren könnten, auszuschalten und auch den möglichen Gestaltwandel einzelner Bestimmungsfaktoren zufriedenstellend abbilden zu können, wurden sämtliche bisher erschienene Ausgaben der Zeitschrift (1968-1980) in die Analyse einbezogen.

Als ein Mittel, solch wissenschaftsgeleitetem Interesse zu genügen und die Resultate der Untersuchung zugleich einem größeren Leserkreis verfügbar zu machen, empfahl sich die Form zwar kritisch kommentierender, gleichwohl aber breit dokumentierter Darstellung. Diese Intention und der knappe Rahmen bestimmten denn auch die Entscheidung zugunsten beschreibender und gegen quantifizierende inhaltsanalytische Verfahren. Zunächst wäre daran zu erinnern, daß statistische Erhebungs- und Auswertungstechniken in Osterreich noch immer nicht in den Ausbildungsgang für Studierende der Geschichte einbezogen sind. Der nunmehr auch im deutschen Sprachraum vor allem in der sozialwissenschaftlich orientierten Geschichtsforschung schon seit längerem zu beobachtende Trend zur Quantifizierung läuft mithin zumindest auf der Ebene der anspruchsvolleren Auswertungsverfahren hierzulande ständig Gefahr, die Rezeptionsfähigkeit nicht nur des historisch Interessierten, sondern selbst des fachwissenschaftlichen Publikums zu überfordern. Abseits solchen Risikos wissenschaftlicher Selbstisolierung mahnen aber auch die bekannten methodenimmanenten Schwächen der quantifizierenden Inhaltsanalyse zu vorsichtiger Distanz.

Das hier gewählte Verfahren breiterer Deskription und Zuordnung der Primärquellen sollte es demgegenüber erleichtern, frühzeitige Wertungen und Engführungen zu vermeiden, die in sich oft vielfältig abgeschatteten Grundlagen für die später zu ziehenden Schlußfolgerungen erst einmal in ihrer eigenen Sprache und unverstümmelt vorzustellen und die vorgenommenen Einschätzungen auf diesem Wege auch der unmittelbaren Überprüfbarkeit zu öffnen. Den gleichfalls wichtigen Fragen nach der Häufigkeit, nach Repräsentativität und Singularität der vorgeführten Merkmalsbelege kann freilich nicht mit derselben Exaktheit nachgegangen werden, wie dies in quantifizierenden Studien selbstverständlicher Standard ist. Durch Verweise im Anmerkungsapparat soll aber versucht werden, dieser Anforderung wenigstens im großen zu genügen.

Der 'Kärntner Heimatdienst' und sein Mitteilungsblatt 'Ruf der Heimat'

Schon gegen Ende der vierziger Jahre waren mit den Abschwächungen besatzungsspezifischer Gestaltungseingriffe, dem faktischen Ende der Entnazifizierung [5] und der Eskalation des Kalten Kriegs jene atmosphärischen Rahmenbedingungen gegeben, die über eine Renaissance völkischer Kulturbestrebungen dem Wiederaufstieg des organisierten Rechtsextremismus auch in Österreich den Boden bereiten halfen. Sahen sich die in Kärnten unternommenen Versuche, extrem rechtsorientierte Vereinigungen zu erneuern bzw. erneut zu begründen, bis zum Mai 1955 noch mit einigermaßen konsequenter behördlicher Behinderung konfrontiert, so setzte unmittelbar nach Abschluß des Staatsvertrages von 1955 im Umfeld der 'Österreichischen Landsmannschaft' und ihrer Zeitschrift 'Eckartbote deutscher Kultur- und Schutzarbeit' über die politisch unverdächtig scheinende Kultur- und Traditionspflege der Reorganisationsprozeß gerade solcher sogenannt "heimattreuer" Gruppierungen ein, deren Vorläufer zu den wirksamsten Wegbereitern nationalsozialistischer Politik in Kärnten gerechnet werden dürfen [6]. Während sich der 'Kärntner Abwehrkämpferbund' (KAB) sofort wieder der polarisierenden Traditionspflege deutschnationalen Zuschnitts annahm, widmete sich die am 19. Mai 1955 gegründete 'Kärnter Schulverein Südmark' [7] unter sichtlichem Rückgriff auf die Wirkungsweise des 'Deutschen Schulvereins Südmark' dem Volkstumskampf im Bereich der Erziehungseinrichtungen. Wenig später - das genaue Datum wird kontrovers diskutiert [8] - wurde schließlich der 'Kärntner Heimatdienst' (KHD) gegründet, der nach eigenem Bekunden 1968 "dreizehn unpolitische Verbände und Vereine, wie den Kärntner Abwehrkämpferbund, die Kärntner Landsmannschaft, den Kärntner Sängerbund, den Kärntner Schulverein Südmark, den Bund der Kärntner Windischen, den Kärntner Jugendbund, die Elternvereinigung der Pflichtschulen Kärntens und andere heimattreue Organisationen" [9] - unter ihnen die 'Ulrichsberggemeinschaft' - umfaßte.

Wie bereits der gewählte Vereinsname deutlich macht, sieht sich die Organisation selbst den Traditionen jener gleichnamigen Einrichtung aus der Zeit unmittelbar nach dem Ersten Weltkrieg verbunden, die damals als tatsächlich alle politischen Parteien umgreifende Institution die Propaganda für den ungeteilten Verbleib Südkärntens bei Österreich geleitet, ihre Tätigkeit aber nach mehreren Jahren intensiver Agitation eingestellt hatte. Der 'Kärntner Heimatbund' (KHB), der auf die Mitarbeit der österreichischen Sozialdemokratie verzichten mußte, in die Traditionen des 'Kärntner Heimatdienstes' eintrat und sie in verschärft deutschnational-volkstumskämpferischem Sinne akzentuierte, mündete 1938 bruchlos in die Organisationsstrukturen des Dritten Reiches ein und wurde erst 1945 aufgelöst. Im Geschäftsführer des KHB, Alois Maier-Kaibitsch, fand der Staat Hitlers nicht nur seinen Leiter für das Gaugrenzlandamt Klagenfurt, sondern auch eine jener hier heimischen treibenden Kräfte, die konsequent auf die 'Bereinigung der volkspolitischen Lage in Kärnten' mittels Aussiedlung der 'nicht eindeutschungsfähigen' Slowenen [10] hinwirkten. Es verdient Beachtung, daß der KHD bis heute nicht imstande war, sich von dieser Phase "heimattreuer" Tradition, die mit dem Jubiläum "60 Jahre KHD" [11] zumindest implizit mit in Anspruch genommen wird, wirklich zu distanzieren.

Wirft man einen Blick auf die Biographie einiger älterer KHD-Spitzenfunktionäre, nimmt dieser Mangel an kritischer Auseinandersetzung mit dem unmittelbaren Vorläufer der heutigen Organisation freilich nicht weiter wunder. Die allenthalben durchschimmernde Anhänglichkeit sogar an diesen so offenkundig lädierten Teil "heimattreuer" Tradition, der über ehemalige NSDAP-Mitglieder selbst in den Leitungsgremien des KHD zudem stets leibhaftig gegenwärtig ist, mußte natürlich auch für die Richtung und Gestaltung der politischen Propaganda bedeutsam werden. Erklärtes und als defensiv ausgegebenes Ziel des KHD war von allem Anbeginn die Frontstellung gegen die "ungerechtfertigten und für die Zukunft Südkärntens gefährlichen Forderungen der Führer der slowenischen Minderheit", wie sie seit 1955 im Zuge der Auslegungskontroversen um den Artikel 7 des Staatsvertrages in diversen Memoranden vorgetragen worden waren, weil deren Erfüllung, wie im RdH schon 1968 zu lesen stand, "einen slowenischen Staat auf österreichischem Boden bedeuten würde" [12].

Mit der vom 'Kärntner Schulverein Südmark' und dem KHD gemeinsam getragenen Agitation gegen die Schulverordnung aus dem Jahre 1945, die im September und Oktober 1958 zu punktuellen Schulstreiks führte, erwies die rhetorisch zunächst defensive Strategie des KHD erstmals ihre praktisch offensive Qualität. Diese lediglich scheinbare Wendung gelang umso leichter, als die zur "Zwangsverordnung" stilisierte Schulorganisationsnorm, die den generell zweisprachigen Unterricht an den Elementarschulen Südkärntens verfügt hatte, in breiten Kreisen der Bevölkerung tatsächlich nie sonderlich beliebt gewesen sein dürfte und offensichtlich auch wenig geschehen war, die Betroffenen von den möglichen Vorzügen zweisprachig erworbener Schulbildung zu überzeugen. Die Basisresonanz auf die Schulstreikaktion jedenfalls war stark genug, daß sich der Landeshauptmann von Kärnten veranlaßt sah, die Bezirksschulbehörden anzuweisen, eingehende Anträge der Erziehungsberechtigten um Befreiung vom Unterricht in slowenischer Sprache raschestens zu erledigen [13]. Von insgesamt 12.774 betroffenen Schülern wurden daraufhin 10.588 Kinder (=83%) von den Eltern auch wirklich abgemeldet [14]. Mit dem Scheitern der Schulverordnung aus dem Jahre 1945 war die Integrations- und Mobilisierungskraft des KHD und seiner angeschlossenen Vereine ein erstes Mal evident geworden. Das Minderheitenschulgesetz von 1959 und das im selben Jahr beschlossene Gerichtssprachengesetz, welche beide eine Minderheitenfeststellung vorsahen, beendeten diese erste Phase erfolgreich erneuerter nationalistischer Politik.

Die folgende Periode stand dann ganz im Zeichen der von Österreich aktualisierten Südtirolfrage, die über Jahre hindurch ein Zentrum der österreichischen Außenpolitik abgab und das Slowenenproblem wie die ausstehende Minderheitenfeststellung an die Peripherie der öffentlichen Aufmerksamkeit rücken ließ. Auch dem KHD mochte es nicht opportun erscheinen, im selben Atemzug, da man für die nationalen Rechte der Südtiroler agitierte, vergleichbare Ansprüche der Kärntner Slowenen in Frage zu stellen. Außerhalb Kärntens aber avancierte Südtirol zum agitatorisch gewichtigsten Vehikel für die Reaktivierung deutschnationaler und rechtsextremer Zielvorstellungen [15]. Der vom ehemaligen Vorsitzenden des 'Rings Freiheitlicher Studenten' (RFS), Norbert Burger, gegründete 'Befreiungsausschuß Südtirol' führte erstmals wieder terroristischen Voluntarismus als mögliche Form politischen Durchsetzungswollens vor. Die Affäre um Taras Borodajkewycz [16], die 1961/62 ansetzte und 1965 ihren Höhepunkt erreichte, mochte den Eindruck von der fortwährenden Resonanzbereitschaft der Universitäten für antisemitische Ressentiments und deutschnationale Geschichtsklitterungen bestätigen. Vor dem Hintergrund wirtschaftlicher und politischer Krisensymptome in der BRD, einer Phase verschärfter gesellschaftlicher Polarisierung und erster Erfolge der 'Nationaldemokratischen Partei Deutschlands' (NPD) bei Wahlen in die Parlamente westdeutscher Länder gründete Norbert Burger schließlich in offenkundig fehlgeleitetem Vertrauen, daß vergleichbare Entwicklungen auch für Osterreich zu erwarten stünden, nach bundesdeutschem Vorbild 1967 die 'Nationaldemokratische Partei' (NDP) [17], die über Jahre hindurch die Hoffnungen der extremen Rechten auf sich vereinte. Durch diese Entwicklungen bestärkte und offenbar überzogene Trendeinschätzungen haben im Zusammenwirken mit der intendierten propagandistischen Verschärfung des Volkstumskampfes in Kärnten wenig später zur Gründung des 'Rufs der Heimat' geführt, der in den ersten Monaten des Jahres 1968 erstmals erschien. Schon mit seinem denotativ wie konnotativ gleichwertigen Titel schließt der RdH wenn schon nicht programmatisch, so doch assoziativ an jene einschlägigen Traditionen an, für die das Kärntner Kampfblatt 'Die Heimat ruft' während des Dritten Reiches geworben hatte. Auch über das beiden Periodika gemeinsame Emblem - eine Schwurhand als Sinnbild für "Heimattreue" - weiß sich der 'Ruf der Heimat' dem üblen nationalsozialistischen Pamphlet zumindest symbolisch verbunden. Im Zuge der nunmehr recht bald einsetzenden Eskalation des innerkärntischen Volksgruppenkonflikts, wie sie in den zahlreicher werdenden Anschlägen auf Denkmäler für österreichische Abwehrkämpfer der Jahre 1918/20 bzw. für österreichische Partisanen des Zweiten Weltkrieges abgebildet ist [18], entwickelte sich der RdH von einem anfangs recht bedeutungslosen, umfangsschwachen und unregelmäßig - zumeist viermal jährlich - erscheinenden Mitteilungsblatt für Verbandsmitglieder zu einer auflagen- und umfangsstarken Druckschrift, die zunächst an die gesamte Kärntner Wohnbevölkerung versandt wurde, in den letzten Jahren aber auch schon über die Landesgrenzen hinauszuwirken suchte.

Folgt man in Ermangelung alternativer Anhaltspunkte den im RdH veröffentlichten Daten, so wäre die mit Juni/Juli 1975 erstmalig genannte und vielleicht etwas zu hoch gegriffene Auflagenziffer für diesen Zeitpunkt mit 50.000 anzusetzen [19], sinkt mit April 1976 auf 30.000 ab und steigt im Juli 1976 im Zusammenhang mit dem Bombenanschlag auf das Steinacherdenkmal in Völkermarkt sprunghaft auf 100.000, im Zuge der Sprachenzählungsagitation mit November 1976 gar auf 200.000 an. Nach über zweijähriger Stagnationsphase bewegte sich die veröffentlichte Auflagenziffer seit März 1979 wieder leicht nach oben und hält gegenwärtig bei 220.000 [20]. Stellt man in Rechnung, daß die Redaktion ihre Appelle um verstärkte finanzielle Stützung seit September/Oktober 1978 u. a. mit den Zielvorgaben begründete, auf diesem Wege eine "kürzere Erscheinungsfolge des RdH (sechsmal jährlich)" sowie eine "weitere Erhöhung der Auflage (...) durch Ausbau des Versands in die Bundesländer" [21] sicherstellen zu wollen, daß bis Ende 1980 die Erscheinungsfolge aber nicht verdichtet und die Auflagenziffer nur geringfügig erhöht werden konnte, ließe sich hieraus auf eine einstweilige Sättigung des Marktes schließen, soferne nicht Geldknappheit oder beschränkte Kreativität des Autorenteams für die evidente Zielverfehlung ursächlich sind.

Parallel zur Auflagenentwicklung vergrößerte sich nicht nur der Umfang, sondern es veränderte sich auch die Aufmachung der Zeitschrift. Während der 'Ruf der Heimat' bis zum April 1971 mit seinen vier Seiten eher den Charakter einer detaillierteren Flugschrift hatte, gelang mit der Julinummer 1971 erstmals eine nennenswerte Ausweitung des Umfanges, der sich dann in den Folgejahren zwischen sechs und zwölf Seiten einpendelte. Mit April 1976 schließlich modernisierte das Blatt sein Layout und standardisierte mit zwölf Seiten auch seine Dimension. Dem dynamischen Avancement von einer völkischen Vereinspostille für "alle beherzten Kärntner" [22] über das "Sprachrohr der Deutschkärntner" [23] bis hin zum Selbstverständigungsmedium aller irgendwie 'heimat- und österreichbewußten Demokraten' erlagen im April 1976 im Zuge eines Druckereiwechsels endlich auch die bis dahin zumindest im Titel noch liebevoll gehegten gotischen Lettern (Fraktur), die völkische Traditionen schon über das vertraute Schriftbild hatten erinnern lassen. An ihre Stelle trat nüchterne Antiqua, ohne daß dies freilich an der Substanz der Publikation irgendwie gerührt hätte.

Über die Finanzierungsformen und Mäzene, die den Aufstieg der Zeitschrift erst ermöglichten, ist wenig bekannt. Wohl um den plakativen Anspruch auf strikte Überparteilichkeit, die sich allen "Gliedern" der 'Volksgemeinschaft' selbst noch im Bereich der Bankverbindungen verpflichtet wisse, weithin sichtbar zu machen, lockerte man recht bald die zunächst exklusive Bindung an die Gewerbe- und Handelsbank sowie die Kärntner Landeshypothekenanstalt. Schon mit Oktober 1973 wurden über den 'Ruf der Heimat' zusätzliche KHD-Konten - zuerst bei der Kärntner Sparkasse, im März 1975 auch beim Raiffeisenverband Kärnten - all jenen offeriert, die "mit ihrer Spende gegen die nationalslowenische Wühlarbeit laibach- und belgradorientierter slowenischer Nationalisten" oder gegen die "Politik derjenigen österreichischen Kräfte" protestieren wollten, die "diese Wühlarbeit - durch welche Maßnahmen immer - fördern oder auch nur dulden!" Da dem KHD - im Gegensatz zu den Slowenenorganisationen, die "vom kommunistischen Jugoslawien finanziell unterstützt" würden und "darüber hinaus äußerst großzügige Subventionen vom österreichischen Staat" [24] erhielten - nach eigenem Bekunden "keinerlei Gelder aus dem Ausland" [25] zuflössen, er auch "keine staatlichen Subventionen" beziehe und sein Kampf "gegen die Slowenisierung Kärntens (...) bisher nur durch die Opferbereitschaft der heimattreuen Bevölkerung ermöglicht" worden wäre, sahen und sehen sich die Leser seit Erscheinen des Blattes in variierten Formulierungen aufgerufen, die "durch keinerlei parteipolitische Skrupel behinderte Arbeit für die Rechte der deutschen und windischen Südkärntner" finanziell zu unterstützen: "Wir brauchen mehr als Ihre Sympathie und Zustimmung! Wir brauchen Ihre Spende!" [26]

Daß "Heimat-, Staats- und Volksbewußtsein auch in Zukunft in unserem Lande lebendig sein werden", dafür bürgt dem RdH ein achtjähriger Bub aus Klagenfurt, der, "wie eine Rückfrage ergab", aus "eigenem Antrieb dem KHD eine Spende" [27] in der Höhe von fünf Schilligen - "Und denken Sie daran: Auch kleine Beträge summieren sich!" [28] - hatte zukommen lassen. "Möge dies als Beispiel dienen für die auch künftig ungebrochene Bereitschaft der Kärntner, stets für die Einheit und Freiheit unseres Heimatlandes einzutreten." [29]

Der im Juli 1971 mit der erstmalig angezeigten Wahl Josef Feldners zum stellvertretenden KHD-Obmann und der Ablösung des bisher verantwortlichen Redakteurs Friedl Kohler durch den weit aggressiver formulierenden Franz Hoder einhergehende Versuch, über eine Anzeigenbeilage den Etat der Zeitschrift aufzubessern und auf diesem Wege die intendierte Auflagenerhöhung und Umfangerweiterung sicherzustellen, schlug aber augenscheinlich fehl. Die eher schütter belegten "Geschäftsempfehlungen", in denen dem "heimattreuen Handel und Gewerbe", darüber hinaus auch allen anderen, dem KHD "gutgesinnten und heimattreuen Kräften" Gelegenheit gegeben werden sollte, für sich zu werben und "damit gleichzeitig die Abwehrkraft" des KHD zu "stärken", mußten aufgrund sich offensichtlich verschlechternder Eingangslage bereits nach drei Nummern wieder eingestellt werden. Die geringe Zahl der Deklarationswilligen läßt freilich keinen Schluß auf das Maß an Unterstützung zu, das dem KHD aus dem Sektor des klein- und mittelbetrieblichen Handels und Gewerbes in Kärnten zufließt. Mag sein, daß sich der eine oder andere durch den rüden, auf weitere Ausweitung des Inserentenkreises drängenden Geschäftston - "...und Sie? Sehr geehrter Herr Gewerbetreibender, sehr geehrter Herr Geschäftsmann, noch fehlt hier Ihre Werbung!" - irritiert zeigte oder aber die Nähe des 'Eckartboten deutscher Kultur- und Schutzarbeit' scheute, der sich - eine aus KHD-Sicht seltene "Stimme volkstreuer Gesinnung aus Wien" - in der Annoncenbeilage als "Leitbild für jeden volkstreu Gesinnten" [30] darbieten durfte. Der entscheidende Grund für den Mißerfolg dieser mit kaum verhülltem Druck ansetzenden Anzeigenkampagne, deren rasch rückläufig gewordener Zuspruch sich letztlich gegen das schon früh arrogierte, allübergreifende Vertretungsmandat des KHD kehren ließ, ist aber zweifellos abseits von Sympathie und Antipathie in der Sorge der Unternehmer zu sehen, daß ihre Umsatzerwartungen durch eine solcherart öffentlich gewordene politische Option sowohl binnenregional als auch im Hinblick auf den kleinen Grenzverkehr empfindlichen Schaden nehmen könnten. Über Beträge, die dem KHD auf anderen Wegen aus Wirtschaftskreisen zugeflossen sind, gibt der RdH natürlich keinerlei Anhaltspunkte.

Faßt man diese Überlegungen zusammen, so darf davon ausgegangen werden, daß ein überwiegender Teil der Herstellungs- und Vertriebskosten des 'Ruf's der Heimat'

- wie dies auch bei traditionalistischer formulierenden, extrem rechten Publikationen häufig der Fall ist - durch das überdurchschnittliche auch finanzielle Engagement von Sympathisanten abgedeckt wird. Neben dem gesammelten Obulus all jener, die durch eine "freiwillige Zuwendung" ihre "Zustimmung und Sympathie" für die Arbeit des KHD unter Beweis zu stellen und damit ihren "Beitrag gegen Slowenisierung, kommunistische Unterwanderung und Ausverkauf unserer Heimat" zu leisten vermeinen - "Sie tun es für Kärnten!" [31] -, stehen im Bedarfsfalle aber wohl auch die dem Dachverband zufließenden Mitgliedsbeitragsanteile zur Disposition.

Die Folgewirkungen, die hieraus für den Bewegungsspielraum des Blattes erfließen, sind allenthalben sichtbar. Während privatwirtschaftlich geführte Massenkommunikationsmittel ihre Inhalte unter tendenziell marktwirtschaftlichen Rahmenbedingungen herstellen und verkaufen und deshalb zu eher engerer Anlehnung an das je bestehende Meinungsklima gehalten sind, steht der RdH, der auf dem Postwege so unaufgefordert wie kostenlos an alle Kärntner Haushalte versendet wird, dank seines Finanzierungskonzeptes stärker außerhalb der den Meinungsmarkt konstituierenden Regelzwänge. Die hiedurch ermöglichte, weitgehende Abkoppelung der Produktgestaltung von der realen Nachfrage und damit von den wirklichen Proportionen des Marktes vergrößert natürlich die Chance, moderiert schon vertretene Auffassungen extremisieren und auch stark von den erhobenen Einstellungsstandards abweichende Positionen kalkuliert forcieren zu können. Dieser Umstand verbietet es, die Höhe der Auflageziffer als Maß für die Rezeption oder gar Zustimmung zu nehmen, die dieses publizistische Kuriosum in der Kärntner Bevölkerung findet. Zumal der RdH aber eine Vielzahl weit verbreiteter Vorurteile variiert und dergestalt vertieft und der Prozeß der politischen Kommunikation wohl auch fortan wesentlich über die Massenmedien statthaben wird, gibt gerade die Größe und das Pressionsvermögen dieser extrem rechten Kampfschrift im Hinblick auch auf künftige Entwicklungsmöglichkeiten doch keinen Anlaß, ihren realen oder potentiellen Stellenwert in der Meinungs- und Willensbildung zu bagatellisieren.

Universalismus und Volksgemeinschaft

Obzwar die moderne Rechtsextremismusforschung in Fragen des methodischen Zugriffs in letzter Zeit an Richtungssicherheit gewonnen hat und auch die begleitende Begriffsdiskussion ein gutes Stück vorangekommen ist, bleibt die Präzisierung von Bestimmungskriterien des Rechtsextremen dort und da ein nach wie vor nur dezisionistisch bewältigbares Unterfangen. Ein tour d'horizon durch die einschlägige Fachliteratur vermag freilich deutlich zu machen, daß Aspekte der politischen Zielsetzung und Ideologie sowie Ausformungen des politischen Stils und der Taktik im Zentrum der meisten Definitionsbemühungen stehen, während organisationstypologische Spezifika sowie Mentalität und soziale Herkunft der Sympathisanten in der Regel geringere Beachtung finden.

Akzentuiert man auf Dimensionen rechtsextremer Ideologie und politischer Programmatik, so wird schon nach ersten vergleichenden Studien deutlich, daß man weder von einem geschlossenen System rechtsextremer Vorstellungen, noch von in allen Sachfragen stimmigen rechtsextremen Politikkonzeptionen sprechen kann. Desungeachtet lassen sich doch eine Anzahl im wesentlichen durchgängiger ideologischer Grundzüge und realpolitischer Zielsetzungen benennen, an denen Rechtsextremismus zuverlässig identifizierbar wird. Zwar bleiben, wie auch im folgenden zu zeigen sein wird, viele historisch belastete Schlüsselbegriffe rechtsextremer Ideologie vor dem Hintergrund drohender strafrechtlicher Ahndung und angesichts gesellschaftlicher Modernisierungsnöte überwiegend ausgeklammert. Auch die Neigung zur klaren Formulierung politischer Inhalte ist aufgrund solcher Anpassungszwänge eher gering, woraus umfassend angelegten Analysen zusätzliche Belastungen erwachsen. Im Stilmittel der Andeutung und im breitflächigen Ansatz substituierender Begriffe freilich, die beide so unangreifbar für den Außenstehenden wie unmißverständlich für den Eingeweihten sind, da sie mit den durch den Nationalsozialismus eingeschliffenen Assoziationsmechanismen zielsicher umzugehen wissen, schimmert der ideologische Nachlaß der Faschismen neben den sporadischen Neuorientierungsversuchen doch allenthalben durch.

Der überwiegende Teil der Autoren stimmt darin überein, Rechtsextremismus als umfassende, mehr oder minder unbewußte Reaktion auf Grundzuständlichkeiten kapitalistisch produzierender, moderner Industriegesellschaften zu deuten. Der Grad an Verweigerung, der gegenwärtigen sozialen und politischen Strukturen zuteil wird, korreliert mit weitgehender Statik des Gesellschaftsbezugs und oft bedrückender Irrationalität in Fragen der Kritik, die in die Ursachen zunehmend rascher werdenden sozialen Wandels keine analytisch gewonnene Einsicht haben kann und nicht zuletzt deshalb auch keine zukunftsgerichteten Antworten zu entwerfen vermag. Während andere moderne rechtsextreme Gruppen ihr Unbehagen an den Verfassungswirklichkeiten der modernen Welt ganz nach nationalsozialistischem Vorbild als Frontstellung gegen das 'System' artikulieren, wird Vergleichbares im RdH in der Regel als Kritik am "immer lahmer werdenden Westen" [32] auf den Begriff gebracht. Den polarisierenden und monolithisierenden Ordnungsklischees des Kalten Kriegs verpflichtet, optiert der RdH zwar mit Vorbehalten für "den Westen", dem auch Österreich zuzuweisen sei. Neben der Absenz völkischer Orientierungsgrößen in der Innenpolitik sind es vor allem die mangelnde Konfliktbereitschaft in bezug auf binnenstaatliche Linksopposition und die kommunistischen Länder, die - durchwegs historisch bewährte völkische Formierungsvarianten - in nur dürftig aktualisierter Ausformung als Hauptschwächen des liberal-demokratischen Politikverständnisses westeuropäischen Zuschnitts vorgestellt werden.

Obwohl man sich ihr angehörig wisse, stehe man "der westlichen Gesellschaftsordnung" mithin "keineswegs kritiklos" gegenüber:

"Die Auswüchse des allumfassenden Konsumdenkens, die Verbrechen gegen unsere Umwelt, der weitgehende Verlust von Verantwortungsgefühl der Zukunft des eigenen Volkes und Staates gegenüber wie überhaupt die Mißachtung traditioneller ethischer Werte, stellen der westlichen Welt kein gutes Zeugnis aus!! Eine Reformierung des westlichen Gesellschaftssystems (sic!) muß von jedem zukunftsorientierten volks- und staatsbewußten Menschen in unserem Lebensbereich uneingeschränkt unterstützt werden. Auf die Beseitigung des westlichen Gesellschaftssystems und somit die Vernichtung der Demokratie hinzuarbeiten, hieße jedoch, das Kind mit dem Bad ausgießen!! Denn dahinter stehen der Terror, die Unfreiheit, die Diktatur, mit einem Wort, der Kommunismus! (Dr. Feldner vor Studenten auf der 'BOKU' in Wien am 7. November 1979)." (33)

Im Zusammenhang mit der Berichterstattung über die Niederlassung ausländischer Betriebe in Kärnten ist von der "Gleichgültigkeit, Sorglosigkeit und Leichtgläubigkeit allen staatszerstörenden Kräften gegenüber" die Rede, die schon "längst zum traurigen allgemeinen Erscheinungsbild im Westen" und mithin auch in Österreich geworden seien, da doch "die zuständigen österreichischen Stellen noch immer nicht erkannt" hätten, welche "Gefahren die Ansiedlung von Tito-kommunistischen Betrieben in Kärnten" mit sich brächte. Nur weil solches "natürlich auch den Mächtigen in Jugoslawien bekannt" sei, könne "in der Jugo-Presse auch reichlich unverblümt die missionarische Aufgabe, die Tito-Betriebe für den Kommunismus in Kärnten zu erfüllen haben, zum Ausdruck gebracht werden." [34]

"Statt endloser Diskussionen über März 1938", die die Gemeinschaft doch nur nutzlos schwächten, empfiehlt Josef Feldner daher: "Alle Kraft für Österreichs Zukunft!", als da heißt: " Kampf den linksextremen Totengräbern unserer westlichen Demokratie." Nachdem der Nationalsozialismus, so Feldners bündige Diagnose, "tot" sei und eine "Auferstehung" nach "allen geschichtlichen Erfahrungen ausgeschlossen" wäre, drohe "von dieser Seite (...) Österreichs Demokratie keine Gefahr mehr." [35] Und was da in den 'Antifaschistischen Komitees' gegen "das Gespenst eines längst vernichteten Faschismus", gegen "ein Phantom, gegen eine exhumierte Leiche" marschiere, könnte "als Spinnerei einer Gruppe von wohlstandsverwahrlosten Pseudo-Intellektuellen" abgetan werden, wenn "dieser weltweite 'Antifaschistenrummel' nicht ein gigantisches kommunistisches Ablenkungsmanöver wäre." [36] Obwohl Feldner wenig später seinen Befund revidierte und nach Reanimation hin korrigieren zu müssen glaubte - nun observiert selbst der KHD-Obmann wie einige seiner Kontrahenten gar "Faschismus", gottlob "allerdings heute bedeutungslos" [37] -, so wären die "vielen österreichischen 'Patrioten', die sich in den ersten Märzwochen dieses Jahres in stundenlangen öffentlichen Beiträgen mit den Ereignissen des Jahres 1938" auseinandergesetzt hatten, doch besser beraten gewesen, über die wirklichen Gefahren der Gegenwart nachzudenken. Kaum jemand habe "echte Bereitschaft erkennen lassen, heute und in Zukunft für Österreichs Freiheit zu kämpfen", und dies, obschon "der Kommunismus, ein potentieller Feind unserer westlichen demokratischen Freiheiten, im Westen von Tag zu Tag mehr und mehr an Boden" gewinne und "linksextremer Terrorismus vor den Toren unseres Staates der westlich freiheitlichen Demokratie den Kampf angesagt" habe:

> "Es ist offenkundig! Die jahrzehntelange Verblödungstaktik getarnter kommunistischer Agenten ist äußerst erfolgreich gewesen! Denn in Österreich agitiert bereits ein Heer nützlicher Idioten der Feinde unserer Demokratie. Ein Heer, dem die Furcht vor einem Leichnam eingeimpft wurde, das ängstlich in die Vergangenheit blickt und das, angeführt von kommunistischen Rattenfängern, sich und den Staat ins Verderben führt." (38)

Zumal sich die "Unterstützung des expansiven aggressiven slowenischen Nationalismus durch den Kommunismus (...) zu einer echten Bedrohung nicht nur unserer Deutschkärntner Interessen, sondern unserer westlichen Demokratie" schlechthin ausgewachsen habe und die "Duldung des Mißbrauchs demokratischer Freiheiten (...) demokratiefeindlichen subversiven Kräften als wirksamste Waffe zur Zerstörung der Demokratie" diene, wird, so ist sich Feldner gewiß, "die westliche österreichische Demokratie (...) in Kärnten ihren Überlebenswillen zu beweisen haben":

> "Kapituliert Wien vor den slowenisch-kommunistischen, vom Ausland unterstützten Kräften, fördert es somit die Entwicklung zu einem kommunistischen 'Slowenisch-Kärnten', dann ist es um Österreichs westliche Zukunft geschehen! Es ist Aufgabe aller wahren österreichischen Patrioten, seien es Deutschösterreicher oder österreichbewußte Slowenen an der Südgrenze unseres Staates, dafür zu kämpfen, daß diese düstere Vision nicht Wirklichkeit wird! Denn Österreich muß bestehen bleiben in einem freien Europa!" (39)

Daß die Stärkung des Wehrwillens vor dem Hintergrund solch apokalyptischer Bedrohungsgewißheit ein Gebot der Stunde sein müsse, wird in der Glosse "Eine Million Slowenen üben Partisanenkrieg" drastisch deutlich gemacht. "Während die Jugend im Westen mit aller Macht dahingehend manipuliert" werde, "Werte wie 'Heimatliebe', 'Verteidigungsbereitschaft' oder 'Abwehrwille' als 'militaristisch-faschistoid' abzulehnen", erfolge die "militärische Kampfausbildung in den kommunistischen Ländern bereits im Kindergartenalter." So hatte erst im September 1979 wieder unter dem Motto: "'Es darf uns nichts überraschen!' (...) über eine Million der Bevölkerung der 'Volksrepublik' Slowenien den Partisanenkrieg geübt". Damit nicht genug, stünden in Jugoslawien auch Mädchen unter dem Gewehr, gebe es an Schulen in Maribor einen Gegenstand 'Heimatverteidigung', stellten - welch beachtliche Perspektive - "die Marburger Schüler (...) ständige Brigaden auf, deren Aufgabe es ist, die Partisanendenkmäler zu reinigen und instandzuhalten.

Diese Tatsachen sind vielen unserer Jugendlichen nicht bekannt, und sie fallen noch immer auf offen und getarnt agierende Titoisten, Trotzkisten, Stalinisten, Leninisten oder Maoisten herein, die bei uns 'Heimatverteidigung' als 'faschistisches Vokabel' bezeichnen, in der Absicht, aus uns 'westlichen Menschen' eine wehrunfähige dekadente Schafherde zu machen. Leichte Beute für die kommunistischen Wölfe." (40)

Eben diese existentielle Gefährdung nicht erkennen zu wollen und es an entsprechend repressivem Zugriff fehlen zu lassen, rechnet der RdH zu den gravierenden, das Maß ihrer Dekadenz indizierenden Schwächen der "westlichen Gesellschaft". Während "jugoslawische Staatsbürger, die ideologisch vom titokommunistischen Weg abweichen", verfolgt und inhaftiert würden, während dort "neben 'Stalinisten', kroatischen Nationalisten und katholischen Geistlichen" auch "'Irredentisten'" einsäßen, dürften "slowenische Nationalisten" hierzulande "ungehindert unseren Staat kritisieren, ja beschimpfen und verhöhnen":

"Chauvinistische österreichische Staatsbürger slowenischer Volkszugehörigkeit bezeichnen sich als 'Jugoslawen' und das 'Titoreich' als ihr Mutterland, sie pflegen politische (nicht nur kulturelle) Kontakte zu Jugoslawien, sie singen bei ihren Veranstaltungen in Kärnten projugoslawische Kampflieder aus der Partisanenzeit. Gelegentlich werden auch jugoslawische Fahnen gehißt (...). Sie werden nicht als 'Irredentisten' zur Verantwortung gezogen. Im Gegenteil: Sie werden gefördert und 'verhätschelt' wie keine andere Volksgruppe gleicher Größenordnung in Europa!"

Als wäre solches nicht schon schlimm genug, bringe das westliche Ausland seine Sympathien auch noch - "und das ist die harte Realität - nicht den demokratischen österreichbewußten Kärntnern, sondern den 'fortschrittlichen' titokommunistischen slowenischen Linksfaschisten" entgegen:

"Meinungsfreiheit für Menschen in kommunistischen Staaten? Hiefür engagiert sich die westliche 'Gesellschaft' nicht! SCHRANKENLOSIGKEIT für Gegner der westlichen Demokratie? Dafür steigt man im Westen auf die BARRIKADEN!" (41)

Ohne die Frontstellung gegen das 'System' und die eigenen Optionen explizit artikulieren zu müssen, wird - eines der im RdH beliebtesten Stilmittel - über den nicht weiter kommentierten und daher zwar unangreifbaren, gleichwohl aber unmißverständlichen Hinweis auf die autoritären und so pluralismusfeindlichen wie antiliberalen Verfassungswirklichkeiten bezeichnenderweise gerade kommunistischer

Staaten nicht nur latenter Antikommunismus verstärkt, sondern zugleich auch die Zielrichtung eigenen politischen Wollens zumindest assoziativ angedeutet.

Das alternative Zielbild, das der moderne Rechtsextremismus solchem Ausmaß an dekadenzbedingter Selbstaufgabe entgegenhält, hat sein neues altes Zentrum - wie schon die zuvor zitierten Beispiele ansichtig machen konnten - nach wie vor in der fiktiven Idee von der Volksgemeinschaft, die als ursprüngliche Ordnung ausgegeben, aus vordergründig verklärter bis verunstalteter Geschichte hergeleitet und universalistisch ausgedeutet wird. In solcher Gemeinschaft des Volkes, einer Gegenwelt des Gefühls und der Seele, von Blut und Boden, sei die Geborgenheit des einzelnen gewährleistet, sein sozioökonomischer Status gesichert, das Verlangen nach Wiederherstellung heiler Primärbindungen erfüllt. Manifeste, nicht durch demokratische Übereinkunft geschlichtete Widersprüche in der Gesellschaft werden mittels der weithin fraglosen Behauptung der Identität von allgemeinem und besonderem Interesse überformt, desungeachtet aufbrechende Konflikte durch einen interventionsfreudigen Staat unterdrückt. Die Frage nach den Prämissen, die der ersehnten gesamtgesellschaftlichen Solidarität im Grundsätzlichen vorauszuliegen hätten, kommt in dieser Konzeption bezeichnenderweise nirgendwo zur Sprache.

Nun wird der Terminus 'Volksgemeinschaft', da historisch hoffnungslos lädiert, im RdH natürlich sorgsam gemieden und bestenfalls dem Sprachgebrauch des politischen Widersachers [42] zugeordnet. An seine Stelle tritt der Heimatbegriff, in dem die Idee von der unteilbaren Gemeinschaft jetzt des "Kärntner Volkes" freilich gleichermaßen unverlierbar aufgehoben ist. Während draußen "in der Welt so viel Gewalt und Unrecht verübt, so oft Grundsatzlosigkeit und Lüge zu Voraussetzungen politischen Vorwärtskommens erhoben und Feindschaft zwischen den Menschen gestiftet" würden, ließe sich hier, im Rahmen der kleinen Heimat, doch "ein Beispiel geben, wie man die Probleme des Zusammenlebens auf dem Boden von Freiheit, Recht und Wahrheit selbst meistern" [43] könne. Schon in der Eröffnungsnummer des RdH hatte Viktor Miltschinsky namens der 'Österreichischen Landsmannschaft' in Wien den KHD mit "Kärntner Gruß" zur Herausgabe eines eigenen Mitteilungsblattes beglückwünscht, zumal doch der "Heimatgedanke" in unserer "unruhigen und wirren Zeit (...) nicht genug gepflegt werden" könne. "Er erst bildet die Grundlage, auf der sich alles Weitere aufbaut" [44].

Grundsätzliches zum Heimatbegriff, der zu den leitenden Topoi rechtsextremer Agitation in Kärnten gerechnet werden darf, ließ erst unlängst wieder Heribert Jordan, in der NS-Zeit Funktionär der 'Landesbauernschaft Südmark' und später langjähriger Obmann des KHD, in seiner Funktion als nunmehriger Ehrenobmann verlauten, als er unter dem programmatischen Titel: "Das höchste Gut ist die Heimat" folgendes ausführte:

"Die Massenmedien wollen uns einreden, daß das Vaterland die Parteien sind. Parteien, Gesellschaftsordnung und Religionen sind Menschenwerke und vergänglich, brüchig wie jede technische (sic!) Errungenschaft. Das haben wir in der Vergangenheit oft erlebt, ewig ist nur die Heimat, die uns immer wieder geholfen hat, wenn eine politische Periode in der Folge von Bruderkämpfen zu Ende ging. Das Vaterland sind die heimatlichen Gefilde, die herrliche Landschaft. Vaterland sind die Menschen darin, die Arbeiter, Bauern, Wirtschaftstreibenden und Angestellten, die vom Heimatboden ermöglichte Industrie. Ohne eine gesicherte Heimat gibt es kein Leben." (45)

Nun ist zwar der Verzicht auf die ansonsten sprachgeregelte Differenzierung nach Heimat, Volk und Vaterland, wie er bei Jordan mit der tendenziellen Ineinssetzung von Heimat und Vaterland zum Ausdruck kommt, für den RdH nicht typisch. Gültig aber sind die so hülsenartigen wie atmosphärischen Indikatoren, die Heimat begründen sollen. Bar jeglicher Sozial- und Herrschaftsbezüge und als erdhaftes zu einer gleichsam zeitlosen Konstante stilisiert, mit Eigeninteresse ausgestattet und als absoluter Oberwert eingeführt, forciert solches sozial inhaltsloses und von Herrschaftsformen abgehobenes Heimatverständnis mit seiner immer noch reichlichen Schollenmystik [46] über die Forderung nach ungeteilter Identifikation mit dem "Heimatinteresse" die emotionale Formierung der Gesellschaft, während es all jene auszuscheiden respektive als 'Heimatlose' zu stigmatisieren sucht, die abweichende Auffassungen vertreten. Sozioökonomische Emanzipationsansprüche bleiben in diesem Konzept ebenso unbeachtlich wie die Wahrheit pluralistischer Gegenwartsstrukturen oder die Evidenz supranationaler Interaktionsmuster in der modernen Welt. Über das Ausmaß an rassistisch gefärbtem Denunzierungspotential, das sich hier breitmacht, sind wohl keinerlei Zweifel möglich:

"Wer auch nur ein kleines Stückchen Heimaterde artfremden (sic!) Menschen oder feindlich gesinnten Unternehmungen um des Teufels Geld verschachert, der liebt die Heimat nicht, der ist ein Schuft, der das Glück, in einer freien Heimat zu leben, nicht wert ist. Es könnte sein, daß gerade das zu verschachernde Stückchen Erde von Blut getränkt ist, von heimatliebenden Menschen, die ihr Leben für Kärnten gegeben haben.
Wer die Interessen der Heimat den politischen, wirtschaftlichen oder persönlichen Interessen unterordnet, ist ein Verräter, als schlechter Charakter nicht wert, in irgendeiner Art Land und Leute unserer ewig lieben Heimat zu vertreten." (47)

Solcher Heimatbegriff benötigt keine Menschen, die auf dem Wege kritischer Reflexion ihre Beziehung zur Tradition subjektiv verbindlich zu bestimmen suchen, in ihrer Stellungnahme zu Fragen der Gegenwart sittliche oder gar intellektuelle Autonomie zu bewähren neigen und hiebei auch Individual- oder Gruppeninteressen ins Gespräch bringen möchten. Kollektiv vollzogene 'unverbrüchliche Treue' und 'ungeteilte Liebe' firmieren vielmehr als von Inhalten abgehobene und zu Primärtugenden stilisierte Haltungen, die die Formierung der "guten Kärntner" sicherstellen sollen. Voraussetzung hiefür ist neben anderem ein Blick auf Geschichte und Gesellschaft, der das Prinzip des historischen Wandels als solches zu verdrängen bemüht ist. Wo die Überzeugung vorherrscht, daß "die Fragen der Zeit nach fünfzig Jahren noch ein und dieselben" seien und selbst "die Menschen hüben und drüben nicht anders geworden" wären, "bleibt (...) die Vergangenheit" tatsächlich "lebendige Gegenwart" [48], ist kreative Sensibilität für die Anforderungen einer sich zunehmend rascher wandelnden Welt nicht gefragt. Die Fähigkeit und Bereitschaft zur Versenkung in eine entstellt zu erinnernde Geschichte, über die diversen Jubiläen liebevoll gepflegt, wird anstatt dessen zum vordergründigen, hochemotionalisierten Surrogat für die Auseinandersetzung mit der Moderne, gleichzeitig aber auch zum Indikator für den Nachweis eigener elitärer Qualität. In einem Bericht über die fünfzigste Wiederkehr des Jahres 1919, der auch auf Entmythologisierungsansätze zur Kärntner Zeitgeschichte anspielt, heißt es:

"Alle Feiern des 10. Oktober klangen aus in dem Bekenntnis zu Einheit und Freiheit des allen gemeinsamen Heimatlandes Kärnten. Keiner der Männer, die jedesmal an diesem Tag in Reih´ und Glied der alten Soldaten stolz ihre Ehrenzeichen der Tapferkeit und Treue tragen, könnte in Gedanken den 10. Oktober 1920 von der Zeit des Jahres 1919 (...) trennen. (...) Dieses ehrende Gedenken seinen Kindern und Enkeln als Tradition der Treue von Generation zu Generation zu vererben, hält jeder für seine Pflicht. Darauf baut der echteste 'Patriotismus' eines Volkes - das Naturbewußtsein der Zusammengehörigkeit aller Menschen im Heimatland, ohne Unterschiede der Stände und Berufe, der politischen Gesinnung und der kirchlichen Bekenntnisse." (49)

Die "Kämpfer von 1918/20", deren Leben "in jener Zeit durch Tat und Gesinnung der Pflicht und Treue geprägt worden ist", wüßten zwar wohl, daß "jede Generation (...) mit den Problemen ihrer Zeit nach eigener Meinung und nach eigenem Entschluß fertig werden" müßte. Im Substantiellen freilich läßt solches Verständnis von Patriotismus, als "Naturbewußtsein" vorgestellt und damit kaum mehr disponibel, dem Anspruch auf individuale Selbstbestimmung keinen Spielraum, gerinnen die deutschnational ausgerichteten und mit "Weltanschauung" überfrachteten Deutungsklischees vaterländischer Geschichte zu verpflichtenden Sollnormen für die Gestaltung gegenwärtigen wie künftigen Existenzvollzugs, avanciert die rigide Abschottung prolongierter Geschichtsmythen gegen alternative Interpretationsvorschläge kritischer Historiker zur Überlebensvoraussetzung gar für ein "freies Europa":

"Wohl aber fordern die Alten von ihren Nachfahren das Bekenntnis zu denselben Grundsätzen und Idealen, die ihr eigenes Leben geprägt haben - Treue zur Heimat, zum Vaterland Österreich und zum deutschen Volkstum. Diese Forderung an die Jungen könnte heute, im Sturm der Umwertung aller Werte, vielfach als 'unzeitgemäß' nicht mehr ernst genommen werden, wenn den Kärntnern der jüngeren Generationen nicht zugleich eingehämmert würde: 'Ohne Abwehrkampf und Abstimmung, ohne ein freies ungeteiltes österreichisches, deutsches Kärnten wären heute nicht die Karawanken, sondern die Tauern Südostgrenze des freien

Europa.' Und: 'Uns Alte hat der Idealismus der Gesinnung zur Realität des Kampfes geführt - Euch Junge soll der Realismus der Geschichte zum Idealismus der Gesinnung hinführen!" (50)

Die so formierende wie polarisierende Funktion von auf diese Weise historisch festgemachter "Heimattreue" ist wie deren Zielperspektive drastisch in einem Beispiel 'lyrischer' Verdichtung zusammengefaßt, das unter dem Titel "Heimattreu in die Zukunft" überdies auch einiges von jener Bollwerksmentalität ansichtig macht, die für rechtsextremes Politikverständnis kennzeichnend ist:

"Wie sie höhnen, wie sie geifern, über Treue sich ereifern, wissen nicht, was Heimat heißt, weil doch Pack auf Heimat scheißt.
Polito- und Soziologen / haben manchen schon betrogen, ließen ihn zu spät erkennen, daß sie nur zum Abgrund rennen.
'Hehrer' Geist der Partisanen, Jugofirmen, Maofahnen: Möglich, daß man anderswo / wird mit diesen Dingen froh.
Hier bei uns im Kärntner Land / ist des Glückes Unterpfand, daß wir fest zusammenstehn, gemeinsam in die Zukunft gehn!" (51)

Wo 'festes Zusammenstehn' sich eo ipso schon zum Oberwert verselbständigen darf, ohne daß auch nur dessen Grundlagen klärender Reflexion bedürftig wären, wo Emotionen mithin ihrer materialen Basis so sehr zu entlaufen drohen, daß die unterschiedlichen Interessenlagen der solcherart atmosphärisch Vereinten aus dem Blick geraten, wird es auch nicht weiter schwierig, die Optik des vorgeblich Ideellen gegen schnöde Bemühungen um partiale sozioökonomische oder politische Emanzipation zu kehren. Aus dieser Sicht, die 'ewige Werte' gegen scheeles materielles Gewinnstreben auszuspielen sucht, avanciert Kärnten nicht nur zum Schaustück bewahrter völkischer Idylle, sondern schlechterdings zum dort und da schon angenommenen Modell für die restlichen, sich zur Zeit noch an unbedeutende Vordergründigkeiten verlierenden Nationen:

"So zeigte Kärntens Volk vor aller Welt - den Mitbürgern aus den anderen Bundesländern und auch den späten Sommergästen aus den Nachbarländern -, daß es hier doch noch andere, höhere und bessere Gedanken und Gefühle gibt als Zank und Taumel um 'Lebensstandard', Arbeitszeit, Vergnügen und den Tanz um die goldenen Kälber des bedenkenlosen Wohllebens und der lächerlichen Eitelkeiten. Man hörte manche Stimme ehrlichen Neides um die Gesinnung eines Volkes in einem kleinen Land, deren echter, naturgetreuer Patriotismus die stärkste Grundmauer des ganzen Staatsgebäudes ist." (52)

Zumal der Wert jedes einzelnen daran zu messen wäre, ob und inwieweit er sich seiner "Natur" inne würde und solcherart definiertem Heimatverständnis "diente", steht der elitäre Charakter vor allem des KHD ebenso "natürlich" von vornherein fest. Ist der KHD doch "mehr als eine Organisation; KHD heißt Tradition, Pflicht und Arbeit; Arbeit für die Heimat und Liebe zur Heimat!" Dies bedeute "nicht

Terror und Unterdrückung der Minderheit", im Gegenteil. Es sei im Jahre 1969 "eiserner Grundsatz" gewesen, die verfassungsmäßigen Rechte der Kärntner Slowenen nicht zu schmälern. "Wir sind jedoch unseren deutschen und windischen Landsleuten gegenüber verpflichtet, uns mit allen uns zur Verfügung stehenden Mitteln gegen jegliche unsere berechtigten Interessen bedrohenden Forderungen der Slowenenführung zur Wehr zu setzen." Daß man sich in diesem Pflichtverständnis über die Generationen hinweg mit den Alten und der Geschichte einig wisse, darüber ließ Feldner in seinen Meditationen über die Allgegenwart der Geister, mit denen er - vertrauten Leitbegriffen folgend - seinen Tätigkeitsbericht für das Jahr 1969 beschloß, keine Zweifel:

> "Wenn ich eingangs von Tradition, Pflicht, Arbeit und Liebe zur Heimat gesprochen habe, so möchte ich abschließend als jüngeres Mitglied des KHD, stellvertretend für die Angehörigen meiner Generation in unseren Reihen, zum Ausdruck bringen, daß der von den oben erwähnten Begriffen beseelte Geist jener Männer und Frauen, die in Kärntens schwerster Zeit ihr Leben für die Heimat wagten und opferten, in uns weiterlebt, jener Geist, der uns, wie es unserer Art (sic!) entspricht, mit aufrichtigem Friedenswillen beseelt, uns echte Nachbarschaftsgesinnung innerhalb (!) unseres Landes und nach außen vermittelt, der uns aber auch die Kraft geben soll, notfalls ebenso Großes für die Einheit und Deutscherhaltung Kärntens in unerschütterlicher Treue zu unserem Vaterland Österreich zu leisten." (53)

Da der elitäre Gruppenstatus des KHD mithin nicht weiter fraglich sei, gehe auch die von "Linksradikalen, Christkommunisten und Titoslowenen" immer wieder erneuerte Forderung nach Verbot des KHD - "man will das schärfste Schwert zerbrechen" - ins Leere, denn: "Kärntner Heimatdienst heißt Heimatliebe, und Heimatliebe läßt sich nicht verbieten! Heimatliebe und Heimatdienst werden bestehen bleiben, solange heimatbewußte, selbstbewußte Kärntner leben!" [54] So wie man von Geburt der Volksgemeinschaft zugehöre, so sei man auch ihrer Inkarnation unentrinnbar verpflichtet:

> "Von Ihrer Spende hängt es ab, ob die Arbeit des KHD weiter ausgebaut und die Schlagkraft des Verbandes als Schutzorganisation für Deutsche und Windische in Südkärnten weiter erhöht werden kann! Schließen Sie sich daher nicht aus (sic!) und machen auch Sie im Rahmen Ihrer Möglichkeiten vom beiliegenden Erlagschein Gebrauch!" (55)

Solche in historisch heimelig anmutende Begriffe gekleidete Sichtweise, welche die als 'organische' vorgestellte Volksgemeinschaft als 'Urgegebenheit' vor das 'unorganische', 'künstliche' und in der Regel unter Anführungszeichen gesetzte System der Gesellschaft ordnet, verbindet sich auch im RdH bevorzugt mit einem irrationalen Naturalismus, der die Mystifizierung gesellschaftlicher Abläufe und sozialer Formationen als 'naturhaft Organische' begünstigt. Auf "Gesetzlichkeiten des Lebens" verwiesen und menschlicher Kompetenz solcherart entzogen, gerinnen alle Bemühungen, den Alternativcharakter von Politik ins Bewußtsein zu heben und menschliche Freiheit in der Gestaltung sozialer Prozesse zu bewähren, zu Freveln an den "ewigen Bewegungsgesetzen der Natur".

So steht der Bezug auf Natur beispielsweise als unabweisbares Argument für die fortwährende Gültigkeit völkischer Normen, womit sich so nebenher auch die Neuordnungsansätze nach 1945 als naturwidrige denunzieren lassen. "An der Schwelle des Neuen Jahres", da sich die Redaktion des RdH über die tagespolitische Kleinarbeit erhebt, entwirft das Blatt folgende Perspektiven:

> "Weihnacht ist die Zeit der Besinnung auf die unwandelbaren Gesetze der Natur und des Lebens.
> Die Geschichte lehrt uns, wie fragwürdig das Urteil maßgeblicher Zeitgenossen und wie wandelbar eine Gesellschaftsordnung voll politischer Irrungen sein kann. Der Zerstörung des Geschichtsbildes, der Verleugnung der Tradition, der Autorität, des Volksbewußtseins und der Heimatliebe wird die aufrechte junge Generation, die jetzt erst recht Heimat, Volk und Vaterland als die elementaren Grundlagen des Lebens erkannt hat, ein besseres Leitbild entgegensetzen.
> 'Wir tragen das Erbe der Väter' ist der Wahlspruch der Traditionsträger in unseren Reihen. Sie werden die Zukunft gestalten und wie die Väter für die Ehre und Freiheit unserer Heimat und damit auch ihrer Bewohner ihre ganze Kraft einsetzen. (...) 'Die Heimat ist kein leeres Wort, man muß für sie auch zu jeder Tat bereit sein.' Das wollen wir und dazu rufen wir auch an der Schwelle zum Neuen Jahr unsere Landsleute auf." (56)

Seine einschlägige Zielrichtung erweist solche Verwechslung von Sozial- mit Naturgeschichte beispielsweise dort, wo es darum geht, den Blick auf die Triebkräfte ethnischer Assimilationsprozesse zu verstellen. Zumal lediglich das "Wohl der Menschen selbst - nicht aber (...) die zahlenmäßige Erhaltung des Bestandes einer völkischen Minderheit" interessiere, wäre der "Sinn gerechter Minderheitenpolitik" darin zu sehen, "die sich zu der Minderheit bekennenden Menschen gleichberechtigt in das staatliche, wirtschaftliche, soziale und kulturelle Leben des Mehrheitsvolkes einzugliedern, sodaß ihnen keine Benachteiligung wegen ihrer nationalen Zugehörigkeit widerfährt." Die Einschätzung, derzufolge es gegenwärtig in Kärnten "keine drei Prozent Slowenen" gäbe, obgleich sich "noch vor hundert Jahren fast 25% aller Kärntner als 'Windische' und 'Slowenen'" bezeichnet hätten, veranlaßt zum Entwurf folgenden Erklärungsmodells:

> "So hat überall das Volk selbst über Generationen hinweg dauernd 'abgestimmt'. Das Leben selbst (sic!) war immer stärker als alle politischen Bestrebungen der 'Nationalisten' auf beiden Seiten. (...) Und damit schreibt das Leben der Politik vor, was 'Schutz der Minderheit' wirklich bedeutet: Das Minderheitsvolk wirtschaftlich und sozial gleichberechtigt - notfalls vordringlich! - fördern, aber der freien Eingliederung in Wirtschaft und Kultur des Mehrheitsvolkes keine Schranken trennenden Sprachenzwanges setzen. D a s ist die 'Minderheitspolitik' des Volkes der Mehrheit in Kärnten."

Die "Ziele und Methoden der slowenischen Minderheitenpolitik" hingegen stünden

"leider in Widerspruch zu unserer natürlichen, durch die Völkergeschichte als richtig bestätigten Auffassung über den wahren Sinn des Minderheitenschutzes. Die slowenische Auffassung beruht auf dem 'Territorialprinzip' - die deutsche auf der freien Selbstbestimmung. Die eine ist Attribut der Diktatur, ob feudal in der Vergangenheit oder proletarisch heute, die andere, unsere, ist Merkmal echter Demokratie." (57)

Auch die Politik könne sich solch zwingend und zeitlos wirkender Natur, die ja als Basis für die eigene, 'lebensrichtige Weltanschauung' behauptet wird, nicht entziehen:

"Die Minderheitenfeststellung muß durchgeführt werden, um klare Verhältnisse zu schaffen. Auch Politiker, die anders denken, werden noch daraufkommen, daß man naturgegebene geschichtliche Tatsachen, die Art und Weise, wie ein Volk zu leben wünscht, nicht zeitgebundenen politischen Wünschen dieser oder jener Partei unterordnen kann." (58)

Wo die Kraft solcherart mißbrauchter Natur nicht hinreicht, die Unabweisbarkeit der eigenen politischen Intentionen zu begründen, werden Verhaltensforschung und Biologie bemüht, um beschwerliche Diskussionen abzuschneiden. So soll sich "Prof. Otto Koenig, Wien" erst unlängst der Zeitung 'Die Aula' anvertraut und gemeint haben, daß es - historisch natürlich einschlägig bewährte - "Ideale" seien, "was wir brauchen." "Es ist nicht wahr, daß sich die Jugend alles frei suchen kann. Jugend will Führung haben, sie braucht Ideale, sie braucht Symbole (...)". Auch müsse Jugend "in unsere Kultur hineingeführt werden, man muß ihr Vorbilder geben. Vorbilder wie Heimat, Vaterland, eine Fahne, eine Farbe u.s.w." 59)

Alexander Solschenizyn wiederum, "weltweit bekannter Streiter gegen den Kommunismus", verdanken wir die überzeugende Einsicht in das offenkundig kulturanthropologisch fundierte "Phänomen",

"daß 'der westliche Mensch', je größer seine Freiheiten werden, immer weniger bereit ist, diese Freiheiten zu verteidigen: 'Warum und wofür sollte man sein wertvolles Leben riskieren für die Verteidigung des allgemeinen Wohls? Sogar die Biologie lehrt uns, daß die Gewöhnung an Sicherheit und Wohlstand sich nicht zum Vorteil für ein Lebewesen auswirkt!'"

Die von einem so unverdächtigen Zeugen vorgebrachte und in biologischen Wahrheiten gründende Einschätzung, daß es eben die durch ein offensichtliches Zuviel an Freiheit verursachte "Gleichgültigkeit, die Sorglosigkeit und die grenzenlose Gutgläubigkeit der Menschen im heutigen Westen" seien, die es "dem Kommunismus" ermöglichten, "immer weiter Fuß zu fassen", sollte uns angesichts des "immer stärker werdenden Titokommunismus in unserem Land (...) herausreißen aus den satten Träumen. Ganz besonders auch die in diesem Staat Verantwortlichen", denn:

"Der von Kärntner Partisanenkreisen verkündete 'Kampf für den Sozialismus' (Anm.: 'Kommunismus') müßte längst Warnung genug sein. Warnung vor einer Ideologie, die, wie Solschenizyn sagt, 'in allen Schattierungen zur totalen Zerstörung des menschlichen Geistes und zur tödlichen Nivellierung der Menschheit führt!'" (60)

Gegen solch globale Gefährdungen optiert der RdH wie andere rechtsextreme Publikationen auch für die 'Rückkehr' zur "Heimat" sowie für die Erzwingung puritanischer Wertvorstellungen und plädiert - gegen drohende Überfremdung und Moralverfall gewendet - für vermehrte Volkstumspflege. Die eminent politische Funktion, die den vorgeblich unpolitischen Sport-, Kultur- und Traditionsvereinen im Konzept völkischer Gesinnungskonditionierung zukommt, wird folgendermaßen umrissen:

"Die im KHD vereinigten vierzehn unpolitischen Vereine und Verbände (mittlerweile hatte auch der 'Turngau Kärnten' heimgefunden, W. H.) leisten jeder auf seinem Gebiet wertvolle Arbeit zur Stärkung des Heimatgedankens. Jedes der vielen tausend Mitglieder in den einzelnen Organisationen trägt auf seine Art zur Festigung jener hohen Werte bei, welche uns die Heimat so schön und die Menschen darin so glücklich machen, sei es in der Pflege des Liedes, des Brauchtums, des Sports, der Volksbildung, der Kameradschaft, als Pädagogen, wie überhaupt in der vielseitigen kulturellen und erzieherischen Arbeit. Diese, - nur diese selbstlosen Idealisten, die niemand für ihr Tun bezahlt, aber reich sind, weil ihr Herz froh ist, und diese ihre Fähigkeiten aus dem Urgrund der Heimat schöpfen, werden die Zukunft gestalten. Sie werden unsere Jugend dem Einfluß politisch irrsinniger Zerstörer aller edlen Werte entreißen." (61)

Wo "Einordnen" und "festes Zusammenstehen" zu den Grundbefindlichkeiten gesollten gesellschaftlichen Seins rechnen, gerät der individuale Anspruch auf personale Freiheit nur allzu leicht in den Geruch sogenannter "Zügellosigkeit". Mit welch erstaunlicher Kontinuität gerade dieser demagogische Ablenkungstopos weiterwirkt, mit dem es schon den Faschisten aller Couleurs erfolgreich gelungen war, viele Menschen gegen ihre eigenen Interessen aufzubringen, zeigen Auslassungen Josef Feldners, der noch in den siebziger Jahren die Forderung vertrat, daß sich 'wahre', d. h. 'überlebensfähige' Freiheit - wie offensichtlich selbst der Kommunismus ansichtig zu machen vermag - vor allem in freiwilligem Selbstverwirklichungsverzicht erfülle. Wohl deshalb müsse

"unserer Jugend bewußt gemacht werden, daß die schrankenlosen Freiheiten oder, besser gesagt, die Zügellosigkeit, die von mehr oder weniger getarnten linksextremen Erfüllungsgehilfen für alle Lebensbereiche propagiert wird, nur Lockmittel für den Weg in die Knechtschaft ist. Breite Aufklärungsarbeit über die 'Freiheit' des Menschen in den kommunistischen Staaten ist der beste Schutz unserer Jugend vor dem zersetzenden Gift linksfaschistischer Agenten und ihrer verblendeten Nachbeter." (62)

Woher solcher dem 'natürlichen Empfinden' zuwiderlaufende Werteverfall stamme und wie ihm zu begegnen wäre, liest sich noch um einiges faßlicher in einer Mitteilung des 'Kärntner Jugendbundes' (KJB), in dem sich die "heimattreue Jugend Kärntens zusammengeschlossen" hat und der nach eigenem Bekunden das Ziel verfolgt, "die mit Mut und Blut erkämpfte Freiheit sowie das ererbte Gut (zu) erhalten und (zu) beschützen." [63] Nachdem die "Kärntner Burschen und Mädchen" ausgerechnet am Beispiel der "Patriotischen Front Zimbabwes" und des Rhodesienkonflikts darüber aufgeklärt worden sind, daß "der Kommunismus (...) jeden Krieg, jede Aggression" unterstütze, wenn "dies seinen Zielen dient", die "kommunistische Propagandamaschinerie" hingegen sofort von üblem Militarismus spreche, "wenn der Westen auch nur einen Funken von Verteidigungsbereitschaft erkennen" lasse, heißt es:

"In dieses Konzept paßt die auf die Verblödung der Jugend im Westen ausgerichtete, von mächtigen kommunistischen Drahtziehern weltweit verbreitete geistige Vergewaltigung, die es bewirkt, daß Millionen westlicher Jugendlicher glauben, Heimatliebe und Staatsbewußtsein, Ordnung und Sauberkeit als verstaubte Begriffe über Bord werfen zu müssen! Sie glauben, für Frieden und Freiheit zu demonstrieren, und wissen nicht, daß sie vor den Karren der ärgsten Imperialisten und Kriegshetzer gespannt werden!
Kärntner Burschen und Mädchen! Auch in Kärnten sind die getarnten kommunistischen Agenten unterwegs und versuchen, die Jugend mit Schlagworten wie Fortschritt und Völkerverständigung zu ködern.
(...) Kärntner Burschen und Mädchen! Laßt Euch nicht von österreichfeindlichen politischen Dunkelmännern, die über verschiedenste Massenmedien an Euch herankommen, verblöden! Bewahrt Euch Euer gesundes, natürliches Empfinden und Eure Urteilskraft!" (64)

Um solch "natürlichem Empfinden" nachzuhelfen, wird auch auf das bewährte Arsenal schon vergangen gewähnter Feierrituale einschlägigen Zuschnitts zurückgegriffen. So weiß der KJB von einer "gelungenen Weihnachtsfeier" zu berichten, bei deren Gestaltung "bewußt (...) auf die heute leider schon weitverbreiteten kommerziellen Unsitten des Feierns" verzichtet und "altes Brauchtum und das Volkslied wieder in den Mittelpunkt" [65] gestellt worden seien. Ein andermal ist von der Teilnahme des KJB an einer Sonnwendfeier des Kärntner Bildungswerkes Eberndorf die Rede: "Das Mitgestalten - Feuersprüche unserer jungen Aktivisten - war für unsere Mitglieder (...) ein beeindruckendes Erlebnis." [66] "Feuerwerk mit Musik- und Gesangsdarbietungen sowie Trachten, Fahnen und Fackeln" [67] geben denn auch jenes politisch so unverdächtige wie historisch erprobte atmosphärische Medium, in dem sich feiernde Gegenwart auch der lädierten Teile völkischer Vergangenheit bruchlos vergewissern darf.

In den Bereich der Überfremdungsgefahr rechnet auch der hinhaltende Widerstand, den der RdH gegen die vorgeblich drohende Entäußerung der deutschen Sprache und insbesondere ihres Kärntner Idioms leistet. Obgleich "Millionen Gebildete aller Erdteile unsere deutsche Weltsprache" beherrschten, erfährt man 1968 von Leuten "in Österreich, die mit dem Gebrauch von Fremdwörtern besondere Bildung vortäuschen wollen, und damit nur beweisen, wie ungebildet" sie seien:

"Die Slowenen sagen statt Klagenfurt 'Celovec', Kärntens Massenmedien sagen statt Laibach 'Ljubljana' und statt Marburg 'Maribor'. Merkst Du, lieber Leser, wie würdelos solche Menschen handeln und darüber hinaus das Ansehen unseres deutschen Vaterlandes Österreich im Ausland schädigen."

Und dies, wo doch "ein Sprichwort sagt: 'Ungebildete gebrauchen Fremdwörter falsch, Halbgebildete richtig, Gebildete nie.'" Zumal es dem RdH aber gelang, mit H. Schneider, der in der 'Kärntner Tageszeitung' gegen 'Folklore' für althergebrachtes 'Volkstum' votiert hatte, einen "gottlob noch mutigen Verteidiger unserer schönen deutschen Sprache" [68] beizubringen, blieb die Welt zumindest der Gebildeten bis auf weiteres noch heil. In ihren Grundfesten gefährdet aber wähnte man sie, als festzustehen schien, daß "durch das weitestgehend dem Wienerischen huldigende Fernsehen, aber leider auch durch die Schreibweise unserer Kärntner (!) Tageszeitungen die für unsere Mundart so typische Verkleinerungsform auf '-ale' und '-le' zu verschwinden" drohte. "Die meisten Kärntner", so mutmaßte das Blatt, dächten "bei dem Wort 'Heimat' an unsere wunderschöne Landschaft", während die Wahrheit, daß "auch die ererbte Mundart ein Teil der Heimat, ein Stück von uns selbst ist", zunehmend aus dem Bewußtsein trete:

"So angebracht es in Wien ist, wenn man dort ein 'Schalerl Kaffee' oder ein 'Kaffeetscherl' schlürft und ein 'Krügerl' Bier trinkt; (...) aus dem Mund eines echten Kärntners klingen solche Worte, zumindest in Kärnten, fremd, ja lächerlich und nicht etwa besonders fein oder lieblich, wie da einige meinen.
(...) Also, Lāndsleut', seid´s fein!
(...) Und sāgt´s wieda: A soll i a Tazzale bringan oda tuat´s a Schalale alan a? Seib´s wieda Karntna mit Leib und Seel, a mit da Sprāch, de Hamat bleibm muaß!" (69)

Nach wie vor wird eine vorindustriell gedachte, wesentlich vordemokratische, als harmonische und konfliktfreie behauptete Idylle als zwar verlorenes, aber durchaus wiederum erreichbares Zielbild allem politischen Handeln vorgegeben. An Detailfragen dargelegt, zeigt aber der "offene Wille, das politische Leitbild des Volkes in die Wirklichkeit der Gegenwart und der erahnten Zukunft einzuordnen, ohne die Werte der eigenen Tradition zu verraten" [70], doch allüberall seine anhaltend bedrückenden und auf rigorose Gleichmachung gehenden Konturen. An Problemen der Tagespolitik expliziert, läßt denn dieses Konzept von Volksgemeinschaft über seine genuin antidemokratischen Formierungskonsequenzen keinerlei seriöse Zweifel aufkommen:

"In der tausendjährigen Geschichte Kärntens gab es keine Gegensätze in der Bevölkerung, ganz gleich, welche Sprache gesprochen wurde. Gemeinsam wurden

Freuden und Leiden getragen, gemeinsam wurden Gefahren abgewehrt, die Bevölkerung war stets eine feste Schicksalsgemeinschaft, die Heimat Kärnten ein Begriff. So muß es wieder werden. Wer Kärntner, wer österreichischer Staatsbürger sein will, muß sich deren (der Heimat? W. H.) Gesetzen unterordnen, niemand kann Sonderrechte gegenüber anderen Staatsbürgern verlangen, oder sein Leben, - sei es als Einzelperson oder als irgendeine Gemeinschaft, - nach den Wünschen des Auslandes einrichten. Was wäre dies für ein unsicheres Vaterland, wenn es jeder kleinen Minderheit von einigen tausend Personen einen eigenen kleinen 'Staat im Staate' gewähren würde. Den Beweis für die Heimat- und Staatstreue kann ein bloßes Lippenbekenntnis nicht erbringen. Entscheidend sind Taten. Daher in den Papierkorb mit den slowenischen Memoranden und Forderungsprogrammen...". (71)

Als ein Mittel, solch verlorengeglaubtes Wir-Bewußtsein zu erneuern und im selben Zuge auch die jugoslawische Fremdenverkehrswirtschaft zu beeinträchtigen, wurden über einige Zeit hinweg Formen innerkärntischen Bei-sich-Seins propagiert, die das "menschliche Näherkommen der Kärntner unter sich selbst" befördern sollten. Statt "mehr als ein Drittel des Geldes, das unsere Gäste aus Nord und West hier ausgeben", wiederum "aus dem Lande" und noch dazu "nach Süden zu tragen", drängte der RdH darauf, wechselseitig "Fahrten im Lande zu organisieren". Denn hier wie dort gebe es "Probleme des Lebens und Wirtschaftens, die man gegenseitig vergleichen" könne, "überall auch Menschen, Landsleute, mit denen man echte (sic!) Freundschaft schließen kann." Landwirtschaftliche Organisationen, aber auch Betriebsräte und vor allem die "geselligen Vereine der Sänger" sahen sich aufgerufen, hier "zu einer lebendigen 'Landsmannschaft' in Ober- und Unterkärnten das Ihre beizutragen." [72]

Das effektivste Medium, entstellte Geschichte zu Zwecken völkischer Formierung wirksam werden zu lassen, geben aber nach wie vor die Oktoberfeiern. Mit der Parole: "Landsleute! Jetzt heißt's zusammenstehen! Es geht um unseren 10. Oktober als Ausdruck des Freiheitswillens, der Heimatliebe und des Zusammengehörigkeitsgefühls der Kärntner!" [73] hatte der KHD nach dem Bombenanschlag auf das Heimatmuseum in Völkermarkt zur Teilnahme an seiner Abstimmungskundgebung aufgerufen. Noch drastischer und in unverhüllter Spaltungsabsicht formulierte Josef Feldner im Jahr darauf, als man erfuhr, daß selbst "die Pflege des slowenischen Volkstums" eine "Verständigung mit den Deutschkärntnern keineswegs" ausschließe, wenn nur das alte Ziel - die 'Eingliederung' der "Guten", der "Beherzten", der "Aufrechten", und die Isolierung der 'Unbelehrbaren' - hiedurch näherrücke:

"Auf der Basis der gegenseitigen Anerkennung der jeweiligen volklichen Eigenart müssen sich alle positiven österreichbewußten Kärntner - Deutsche und Slowenen - im Streben nach Erhaltung der Einheit des Landes und der Freiheit seiner Menschen stärker denn je zusammenschließen! (...) Erinnern wir uns wieder an das jahrhundertelange, friedliche Miteinander in Kärnten. An ein Miteinander, das nicht durch nationalpolitische Infiltration aus dem Süden gestört wurde, und rufen wir allen Spaltern, allen Unruhestiftern und landfremden Intriganten zu:

Wir wollen sein ein einig Volk von Brüdern!" (74)

Daß sich solche Geschlossenheitssehnsucht, auch wenn sie sich klassisch gibt, allemal uniformiert zur Selbstdarstellung bringen möchte, nimmt nicht weiter wunder. Schon für das "Abstimmungsjahr" 1970 hatte die Parole gelautet: "Das ganze Land im Kärntner G'wand. Dies wird auch den vielen Sommergästen gefallen." [75] Und als der Landesfestzug des 10. Oktober 1980 bevorstand, forderte der KAB gleichfalls alle Teilnehmer auf,

> "im Kärntner Anzug, Kärntner Kostüm, Dirndlkleid, in Tracht oder Uniform teilzunehmen. Alle, die das Kärntner Kreuz verliehen bekommen haben, sollen diese Auszeichnung auch tragen. Alle Mitglieder des KAB, denen das Kärntner Kreuz nicht verliehen wurde, werden ersucht, das festliche Abzeichen des KAB für Traditionsträger (dessen käufliche Erwerbung mit Nachdruck angeregt wurde, W. H.) zu tragen." (76)

Beides, das Maß an fehlender Einsicht in die Ordnungsstrukturen und Entscheidungsfindungsmodelle pluralistisch verfaßter demokratischer Rechtsstaaten, wie das Plädoyer für die propagierte Idylle und für den notfalls gewalttätigen Weg dorthin, ist in einem schon etwas weniger klassischen "Gedicht" eines "heimattreuen Kärntners" drastisch auf den Begriff gebracht. Das folgende und von einem Oberkärntner Barden gewirkte Poem, an dem der rigide Antipluralismus völkischer Geisteshaltung und die Grundzüge der Kärntner 'Urangst' sowie das hieraus wesentlich genährte voluntaristische Politikverständnis rechtsextremer Gruppierungen gleichermaßen ansichtig werden, wurde von der Redaktion als Beweis dafür vorgestellt, "daß die Kärntner vom Glockner bis zu den Karawanken eine Einheit" bildeten. Neben der beliebten Technik, die Verbindlichkeit des positiven Rechts mit dem behaupteten Versagen der politisch Verantwortlichen zu relativieren und im selben Zuge auf vorgeblich ältere und übergeordnete Rechtstitel zu rekurrieren, werden hier vor allem auch die Konturen jenes üblen Slowenenstereotyps plastisch, das insbesondere unter Basisaktivisten weit verbreitet sein dürfte. Unter dem Titel: "Erwache, mein Kärnten!" präsentiert sich - angesichts des fortschreitenden Niedergangs der staatlichen Autorität nachgerade unabweisbar - mit dem historisch bewährten Anspruch umfassenden Erneuerungswollens folgendes "erfreuliche" Kunstwerk:

> "Erwache, mein Kärnten, aus Hader und Not, erwache zu Frieden, er ist heut' bedroht! Viel Feinde und Hetzer vergiften die Zeit, bedrängen die Freunde und machen sich breit. Sie wollen nicht Frieden, sie wollen den Haß, verlieren beim Schüren schon jegliches Maß (sic!). Sie fordern und nehmen, vergessen den Dank, beschimpfen, verleumden, verbreiten Gestank; bewerfen mit Unrat das eigene Nest, daß Fremde oft meinen, hier herrsche die Pest. Sie rauben die Urnen, bejubeln die Tat, sie heucheln und jammern und üben Verrat. O, Kärntner, besinnt Euch, bewahrt Euer Recht auf Einheit des Landes und freies Geschlecht. Die Obern, sie zaudern und kriechen zu Kreuz vor Schreiern, die lauern auf Beute

bereits. O, Kärntner, erwachet und denket daran, was Hammer und Sichel bei uns einst getan! Ihr Brüder und Schwestern, egal, welcher Sprach´, bekennt Euch zur Freiheit und handelt danach: Befreit Euer Leben vom feindlichen Druck, vertreibt voller Eifer den häßlichen Spuk, daß Liebe zur Heimat uns alle vereint, die Sonne der Eintracht dem Volk wieder scheint." (77)

Von solch völkisch gesättigtem und absolut gesetztem Gemeinschaftspathos her erklärt sich nicht nur die verbindlich gemeinte Verpflichtung von Bildungseinrichtungen, Wissenschaften und Medien auf Erhalt und Vertiefung sogenannter nationaler Werte, sondern auch und vor allem die aggressive Frontstellung gegen all jene, deren Kritik oder auch nur alternative Sichtweise die projektierte Idylle zu gefährden scheint. In ihren Argumentationsstrukturen zumeist Repräsentanten der rationaleren urbanen Lebenswelt, geraten kritische Journalisten oder Wissenschafter, aber auch Formen etwa nicht genehmen politischen Kabaretts gleichermaßen ins Blickfeld rechtsextremer Agitation. Als beispielsweise das Zweite Grazer Straßentheater mit seiner offensichtlich abweichenden Einschätzung betreffend den Stellenwert des Abwehrkampfes an deutschnationalen Glaubensmustern zu rühren wagte, mußten "diese Pseudo-Künstler (...) zur Kenntnis nehmen, daß wir nach wie vor im Sinne und im Geiste unserer Väter die Erinnerung an die notwendige Abwehr landfremden Zugriffs auf unsere Heimat hochhalten und verteidigen werden." Die "heimattreue Bevölkerung in Kärnten bzw. in Völkermarkt" erteilte auf die "Schmähungen dieser Straßenplärrer aus Graz" denn auch die "einzige richtige Antwort, indem sie diese im Keime erstickte." An den doppelbödigen Hinweis, daß "die Slowenen jenseits der Karawanken" mit "solchen Knaben noch ganz anders verfahren" wären, hätten diese "bei einem der dortigen Denkmäler derartiges versucht", schließt die Philippika gegen diese "'APO-Jünglinge'", die in "schönster 'APO-Manier' ein wahrlich aufschlußreiches Bild ihrer Geisteshaltung" gegeben hätten, folgenden Bescheid:

"Wer diese Opfer (des Abwehrkampfes, W. H.) und das Gedenken an sie schmäht und besudelt und den Sinn der letzten Strophe unseres Heimatliedes zu Schmähungen und Verdrehungen mißbraucht, hat nichts in diesem Lande zu suchen und soll dorthin gehen, wo dies von der Bevölkerung geduldet wird.
Kärnten ist kein Boden für solche Figuren!" (78)

Denn:

"'Ein Mensch, der auf sein Volk spuckt und sich selbst aus seinen Reihen ausschließt, ist eine verkaufte Seele, ist ein Charakterloser, ein Verkommener...' Zitat aus dem nationalkommunistischen Klagenfurter Slowenenblatt 'Slovenski vestnik' Nr. 13/1977." (79)

In die Kategorie schon aufgrund ihrer Herkunft unberufener Kommentatoren rechnet wohl auch Trautl Brandstaller, die sich nach der Präsentation ihres die Slowenenfrage thematisierenden Films 'Fremde in der Heimat' im Gefolge einer vom KHD losgetretenen Kampagne auf vergleichbare Weise ausgebürgert sah. Unmittelbar nach Ausstrahlung der Fernsehsendung, die man als "unerhörte Provokation der österreichbewußten Kärntner Bevölkerung" zu kennzeichen suchte, verbreitete der KHD ein Flugblatt, worin zum "Protest" gegen die "manipulierte Kärnten-Berichterstattung im ORF" [80] aufgerufen wurde. Der RdH verwahrte sich zunächst "formell gegen dieses Machwerk (...) übelster Meinungsmanipulation", hätte es doch ein "Zerrbild von Kärnten" gezeichnet und die "tatsächlich überprivilegierte Gruppe der Kärntner Slowenen als nicht gleichberechtigt, eingeschüchtert und verängstigt" [81] vorgestellt. Da "Unmut äußern (...) zu wenig" sei und die Filmdokumentation "innerhalb der Bevölkerung, insbesondere in Kärnten einmütig Entrüstung und Empörung" ausgelöst habe, suchte der KHD darüber hinaus ein Exempel zu statuieren. Auf Basis von 15.695 Unterstützungserklärungen brachte Josef Feldner bei der 'Kommission zur Wahrung des Rundfunkgesetzes' eine Beschwerde gegen den ORF wegen Verletzung des Grundsatzes der Objektivität ein, wohl um solch "manipulierten Sendungen über Kärnten im ORF" [82] ein für allemal ein Ende zu machen.

Die mehrheitlich aus höchstqualifizierten Berufsrichtern zusammengesetzte Kommission mochte sich freilich den Vorstellungen und Erwartungen völkischen Objektivitätsempfindens nicht so recht fügen. Zwar erkannte das Gremium auf Verletzung des Objektivitätsgrundsatzes in insgesamt drei Punkten - "gewisse Teile der Dokumentation" wären als "unsachlich, subjektiv gefärbt und emotionell zu bezeichnen" -, gelangte aber desungeachtet und "im Gesamtergebnis zu der Feststellung, daß dem ORF bei der am 18. Juni 1975 (...) in Entsprechung der Programmankündigung ausgestrahlten Sendung eine Verletzung des Objektivitätsgrundsatzes nicht vorzuwerfen" [83] sei. Auch wenn der Dokumentation nicht insgesamt das Prädikat verliehen werden könne, das im Rundfunkgesetz normierte Objektivitätsprinzip in allen Belangen gewahrt zu haben, blieben dem Kollegium doch keine Zweifel, daß die etwas einseitig wohlwollende Darstellung der Minderheitenfrage im Film durch die im Anschluß gebotene Live-Diskussion von Kärntner Politikern - es sprachen die Herren Kerstnig, Deutschmann und Scrinzi - hinreichend kontrastiert worden war. Keinesfalls aber dürfe es nach Auffassung der Kommission als Ziel des Rundfunkgesetzes angesehen werden, über das Postulat des Objektivitätsauftrags eine Atmosphäre journalistischer Verunsicherung und latenten Drucks zu schaffen, die jegliche engagierte Arbeit verhindern müßte.

Diese differenzierte und der Sache sicherlich angemessene Entscheidung - sie müsse, wie man im RdH befand, "gelinde ausgedrückt befremden" und würde fraglos "größtes Unbehagen auslösen" [84] - bestärkte den KHD zunächst in seiner ohnehin vielgehegten Befürchtung, daß sich die Kluft zwischen Volkes Stimme und den Medien unerträglich geweitet habe, und daß sich die dort wühlenden 'linken

EIN EINIG VOLK VON BRÜDERN?

Umerzieher' künftighin noch breiter machen könnten:

"Der eigentliche Beweggrund für diese, der gerechtfertigten Entrüstung der Bevölkerung nicht Rechnung tragenden Entscheidung der Kommission war - dies geht aus der Begründung der Entscheidung unzweideutig hervor -, den Journalisten im ORF als Meinungsmacher auf Kosten einer objektiven Berichterstattung größtmögliche 'Freiheiten' einzuräumen." (85)

Man nahm den Spruch der Kommission aber auch als weiteren Indikator dafür, daß "dem ORF längst bereits ein Freibrief als Meinungsbildner ausgestellt" worden wäre. Nicht genug damit, daß "diese Entscheidung (...) geeignet" schien, auch "in Hinkunft der Meinungsmanipulation im ORF Tür und Tor zu öffnen"[86], hatte sich die Kommission zudem evidentermaßen geweigert, das völkische Interesse an vorteilhafter Selbstdarstellung als Richtlinie für journalistisches Gestaltungswollen gelten zu lassen. In seinem Bescheid ging denn das Kollegium auch mit "keinem einzigen Wort auf die in der KHD-Beschwerde angeprangerte Schädigung des Ansehens Österreichs durch den Brandstaller-Film im Ausland ein", obgleich "die kommunistische Jugopresse - wie zu befürchten war - tatsächlich den Film zum Anlaß genommen" hatte, "österreichische Volksvertreter zu beschimpfen und die österreichische Minderheitenpolitik anzuprangern."[87] Da all dies unbedacht geblieben wäre, müsse das Erkenntnis der Kommission, das doch so offensichtlich am Empfinden des Kärntner Volkes vorbeigegangen sei, "geradezu als Skandal bezeichnet werden":

"Mit dieser äußerst unverständlichen Entscheidung setzte sich die 'Beschwerde-Kommission' rücksichtslos (sic!) über die Meinung eines Großteils der Kärntner Bevölkerung hinweg.
'Diese Entscheidung unterliegt weder der Aufhebung noch der Abänderung im Verwaltungswege', heißt es in der Rechtsmittelbelehrung des Bescheids lakonisch...". (88)

Wie an anderer Stelle noch zu zeigen sein wird, ist es dem KHD auch späterhin nur eher selten gelungen, mit von völkischen Deutungsstandards erheblich abweichenden Auffassungen oder Rechtsmeinungen sein Auskommen zu finden. Zumal die ordentlichen Rechtsmittel gegen den ORF nunmehr erschöpft waren, konzentrierte sich die Agitation gegen die Autorin des Dokumentarfilms, deren parteinehmendes Darstellungsinteresse ja nie ernsthaft in Abrede gestellt worden war. So empörte sich beispielsweise Max Jessenitschnig, der Obmann der KAB-Ortsgruppe Köttmannsdorf, öffentlich darüber, daß man es "wage", die "geistigen Urheber solcher Machwerke, diese Scharlatane der Meinungsmache, mit einem dadurch entwürdigten Rennerpreis auszuzeichnen."[89] Dieser Einschätzung sekundierte wenig später die KAB-Spitze, als sie in einem offenen Schreiben an die Kärntner Landesparteileitungen von SPÖ, ÖVP und FPÖ ihrem Erstaunen darüber Ausdruck gab, daß der Film 'Fremde in der Heimat' "nicht gerügt oder verboten" worden sei, im Gegenteil: "Frau Brandstaller wurde ausgezeichnet und beruflich gefördert." [90] Seine lange Zeit weithin sichtbaren und vielleicht bedrückendsten Konturen aber gewann diese völkische Bollwerks- und Ausgrenzungsmentalität schließlich in jener auch durch Presseberichte bekanntgewordenen, und allein schon in der Begriffswahl unmißverständlich an die unseligen antisemitischen Losungen der Nationalsozialisten erinnernden Aufschrift: "Brandstaller in Kärnten unerwünscht", mit der ein Textilhändler in den Schaufenstern seines Geschäftes auf dem Alten Platz in Klagenfurt, die auch ansonsten der Plakatierung heimattreuer Gesinnung immer wieder Raum geben, gegen die Journalistin Pogromstimmung zu machen suchte.

In Völkisches betreffenden Agenden, so die letzte Konsequenz "heimattreuen" Wirklichkeitsbezugs, seien 'Fremde', noch dazu engagierte Intellektuelle, aufgrund schon ihres 'artspezifischen Andersseins' einfach nicht kompetent. Als etwa der Wiener Zeithistoriker Karl Stuhlpfarrer nach Durchsicht britischer Archive die Frage nach dem Gewicht der Grenzfindungskämpfe für das Zustandekommen der Volksabstimmung erneut zur Diskussion stellte, sah sich der renommierte Wissenschafter im RdH folgendermaßen charakterisiert:

"Fünfzig Jahre nach dem Abwehrkampf, neunundvierzig Jahre nach dem Sieg der Abstimmung - versuchen Menschen aus anderen Gebieten Österreichs, traditionslose, kaltem Materialismus verhaftete Epigonen einer größeren Zeit, an der Einheit von Abwehrkampf und Abstimmungssieg herumzudeuten. Blutleere Schreibtischphantasie möchte der Welt, vor allem der Jugend Kärntens und Österreichs, weismachen, der Abwehrkampf sei geschichtlich unnütz gewesen, Kärnten und Österreich hätten die Volksabstimmung nur den Diplomaten der Siegermächte von 1918 zu verdanken gehabt." (91)

Um die eigene Auffassung zu stützen, derzufolge "'Weltgeschichte' (...) doch nur Soldaten" machten, während "die Diplomaten (...) immer und zu allen Zeiten ihre Verträge nur mit der in Soldatenblut getränkten Feder" geschrieben hätten, rekurrierte der RdH gegen die Auskunft der Archive auf die Urteile von berufeneren Zeitgenossen, die solch blutleere Schreibtischphantasmen mühelos widerlegen könnten. Zum historischen Kronzeugen avanciert kein geringerer als Martin Wutte, mit ihm "die Männer der großen Zeit: Lemisch, Hülgerth, Schumy, Steinacher und alle anderen" [92], nicht zuletzt aber - und wohl glaubhaft wie kaum ein anderer - der "Eichenbaum im Kärntner Grenzland, Ökonomierat Josef Glantschnig", dessen Leben von "unverbrüchlicher Treue zu Heimat, Volk und Vaterland" [93] erfüllt gewesen wäre und dessen Wort "im Buche der Geschichte Kärntens (...) in unvergänglichen Lettern" eingegraben stünde: "Ohne Abwehrkampf keine Abstimmung - ohne Abstimmung kein freies, ungeteiltes Kärnten". Er "sagte diese Worte (...) den Kameraden seiner Zeit zur Ehre, den Jungen aller Generationen zur Lehre" [94], darum: "Hände weg von Mißdeutungen der großen Zeit 1919-1920!" [95]

EIN EINIG VOLK VON BRÜDERN?

Antiliberalismus, Antipluralismus und Autoritarismus als 'Kritik' der Demokratie

Der liberal-demokratische Rechtsstaat, der seiner Idee nach sowohl seine Legitimation wie seine Grenzen aus den organisierten Bedürfnissen aller seiner Bürger bezieht, läßt sich mit den Formierungsansprüchen, an denen ihn völkisches Politikverständnis zu messen neigt, nach wie vor nicht versöhnen. Dies wird nicht so sehr in expliziter Demokratiekritik, sondern zuallererst im ausgesprochenen Unbehagen an der gegenwärtigen Gesellschaftsverfassung, an den alternativen Gestaltungsforderungen und an den oft kaum verhüllten Plädoyers für 'volksdemokratische' Ordnungsstrukturen ansichtig. Im Gegensatz zu den historischen Faschismen, die ihre Demokratieverachtung offen artikuliert hatten, profilieren sich viele moderne rechtsextreme Gruppen derzeit als eigentliche Garanten für wahrhaft demokratische Entwicklungsperspektiven. Durch die einschlägige Gesetzgebung und die in der Bevölkerung fortwährend geringe Resonanz für erklärt antidemokratische Agitationsmuster zu dieser Anpassungsleistung gezwungen, formiert sich unter dem Deckmantel vorgeblich präventiven Demokratieschutzes, wie er gegenwärtig unter dem Schlagwort 'streitbare Demokratie' [96] auch in anderen politischen Lagern in Rede steht, freilich noch immer jenes schon aus der Vergangenheit bekannte Bündel von antiliberalen Einstellungen, die Individuales wie Rationales gleichermaßen zu denunzieren suchen und hiebei auf Zurückdrängung bis Beseitigung des Pluralismus in so gut wie allen Bereichen der Gesellschaft abzielen.

Die Voraussetzung für dieses demagogisch hervorragend nutzbare terminologische Mißverständnis ist eine so statische wie formale Auffassung von Demokratie, die nicht nur jegliche Reflexion auf die Entwicklungschancen des Demokratischen verweigert, sondern zudem auch noch all jene Dimensionen, welche die Idee von Demokratie hier und heute im eigentlichen konstituieren, weitgehend ignoriert, soferne sich einzelne Demokratiekomponenten nicht gerade einmal realpolitisch zu eigenem Nutzen instrumentalisieren lassen. Jegliches historisch-dialektische Verständnis von Demokratie stimmt aber darin überein, daß diese nicht als bloße Ansammlung zudem noch unabänderlich gedachter Normen, sondern als je wiederum mit neuen Inhalten zu füllende historische Kategorie zu beschreiben wäre. Soll die Historizität des Begriffs nicht völlig außer acht bleiben, hätte seine inhaltliche Bestimmung über den Aufriß dessen, was da ist, hinauszuweisen und in antizipatorischer Absicht auch Elemente des künftig Demokratischen mit in Erwägung zu ziehen. Die Beobachtung des historischen Demokratisierungsprozesses und die Analyse gegenwärtiger Entwicklungstrends geben vor dem Hintergrund eigener Wertentscheidungen in der Regel die hiefür brauchbarsten Ansatzpunkte. Selbst das klassische liberale Marktmodell, das Demokratie als Methode normativ uneingeschränkter

Konkurrenz zur Erringung politischer Verantwortung im Staate konzipiert, und nach dessen Grundprinzipien auch die österreichische Verfassung angelegt ist, trägt solch gesellschaftlicher Entwicklungsdynamik als Potentialität Rechnung und ist allen Versuchen, die Beschränkung des Rechtes auf freie Meinungsäußerung oder Teilhabe am Wettbewerb um die Macht im Staate politisch zu normieren und auf diesem Wege die Diskussion alternativer Verfassungsformen zu beschneiden, völlig unverträglich. Der Mangel an Einsicht in ein historisch vergewissertes und inhaltlich vertieftes Konzept von Demokratie, das mit Hinnahme je positiven Rechtes nur sehr bedingt zu tun hat, mag neben der Sorge vor etwaigen Imageverlusten für das vorgebliche Unverständnis ursächlich sein, mit dem manche Rechtsextremisten der Infragestellung ihres behaupteten Demokratiebezugs zu begegnen neigen.

Da der KHD "das Kind" nicht "mit dem Bad ausgießen" [97] will, steht die offene Denunzierung demokratischer Prinzipien als solcher in seinem Mitteilungsblatt bestenfalls in Phasen äußerster Heimatbedrohung in Rede. Nachdem die Rechberger Zellstoffabrik mehrheitlich an den jugoslawischen Konzern 'Slovenija papir' gegangen war und "der mercedesfahrende 'Arbeitervertreter'" und Betriebsratsobmann "Bürgermeister Lubas, der für seine neuen jugoslawischen Herren auf die Barrikaden gestiegen" sei, "aus diesem Anlaß ein Betriebsfest mit Spanferkel und Freibier" veranstaltete, wußte der RdH seine Einschätzung vom Wesen der Verantwortung in demokratischen Systemen folgendermaßen zu umschreiben:

"Grund zum Feiern glaubten auch jene 'Verantwortlichen' in unserem Land zu haben, die niemals ernstlich eine österreichische Lösung für Rechberg angestrebt hatten und denen es 'gleichgültig ist, woher das Geld kommt' (Landesfinanzreferent Schober beim Betriebsfest). Die mit jugoslawischen Betriebsgründungen in Kärnten verbundene Gefahr einer (weiteren) Slowenisierung und einer kommunistischen Stützpunktbildung ist unseren 'Verantwortlichen' (die aber tatsächlich nie zur Verantwortung gezogen werden) völlig egal. Was zählt, ist stets nur der Augenblickserfolg. Denn der bringt Stimmen und somit politische Macht!" (98)

Sucht man solch nostalgische Vereinzelungen, die in alternativer Sicht Art und Stellenwert volkspolitischer Verantwortlichkeit in der jüngsten Vergangenheit erinnern lassen, da völkische Verpflichtung obenangestanden habe, im Hinblick auf die sonstige Berichterstattung der Zeitschrift angemessen zu gewichten, so ist vorweg anzumerken, daß kritische Auseinandersetzungen zur theoretischen Grundlegung demokratischer Systeme im RdH in aller Regel ausgeklammert bleiben. An die Stelle prinzipieller Reflexion tritt vielmehr bevorzugt die Projektion als normativ verbindlich vorgegebener völkischer Politikkonzeptionen auf den Status quo, dessen Repräsentanten - wie sich an der Kampagne des KHD etwa gegen den österreichischen Bundespräsidenten Rudolf Kirchschläger unschwer zeigen ließe -, in Widerspruch zu 'Volkes Stimme' gesetzt, gleichermaßen zielsicher in ihrer demokratischen Substanz lädiert werden können.

Abseits solch unterschwelliger, aber kontinuierlicher Denunzierung rechtsstaatlich geleiteten, praktischen Demokratievollzugs erscheint Demokratie im RdH zunächst formal und als derzeit weithin anerkannte Methode, welche über ein System von Normen die zum Zwecke der Führungslegitimation erforderliche Akklamation zu regeln vermag. So waren der "Rote Schülerbund" und "slowenische 'Superdemokraten'" schon 1974 im Informationsbrief Nr. 3 in bezug auf die Minderheitenfeststellung darüber aufzuklären, daß man eben "in einer Demokratie" lebe, und "da herrschen gewisse Spielregeln, die eingehalten werden müssen, will man nicht unglaubwürdig (sic!) erscheinen" [99]. Dem "hochwürdigen Herrn Brumnik", Pfarrer in Eberndorf, wurde wie "seinen nationalistischen 'jugoslawischen' Kärntner Freunden ins Stammbuch" geschrieben, daß er "als Angehöriger eines demokratischen Staates die demokratischen Spielregeln" [100] zu respektieren habe. Die stehende Wendung: "Beachtung des Mehrheitswillens: Minderheitenermittlung!" [101] läßt überdies keinen Zweifel daran, daß man Demokratie ausschließlich als Mehrheitsherrschaft verstanden wissen möchte. So heißt es in demagogischer Wendung gegen die Linke beispielsweise beim Kärntner Jugendbund:

"Demokratie reaktionär und unerwünscht?
Gleiches Recht für alle in einem demokratischen Staat!
Eine zahlenmäßig nicht ermittelte Minderheit verlangt weit mehr,
als ihr zusteht!
In jeder Demokratie ist die Zahl Maßstab für die Gerechtigkeit! (sic!)
Wer mehr erhält, als ihm zusteht, ist ein Privilegierter!
Seit wann sind Kommunisten und Linksradikale für Privilegien?
Der Adel wurde abgeschafft, sollen nun Slowenen die Ersatzadeligen werden?"
(102)

Die Frage nach den gesellschaftlichen und verfassungsmäßigen Rahmenbedingungen, die eine ihrer Struktur nach ewige Minderheit vor anhaltender Fremdbestimmung und damit vor Identitätsverlust sichern könnten, wird im RdH bezeichnenderweise nirgendwo thematisch. Dies erstaunt umso mehr, als das Blatt zumindest bis zur 'Sprachenzählung besonderer Art' das Maß möglicher Selbstbestimmung - freilich allemal unter dem Gesichtspunkt seiner realpolitischen Verwertbarkeit für die restriktive Minderheitenpolitik des KHD, aber doch zuweilen recht allgemein formuliert - als entscheidenden Gradmesser für den demokratischen Charakter eines sozialen Systems beschrieben hatte. Wie ein roter Faden durchzieht die Forderung nach amtlicher Feststellung von zahlenmäßiger Stärke und geographischer Verteilung der slowenischsprachigen Kärntner auf Basis individueller Selbstzuordnung das Mitteilungsblatt des KHD. In zwei Bundesgesetzen seit 1959 vorgesehen, von zwei Bundeskanzlern - die Zusage Raabs wurde selbst noch aus dem Grab beschworen: Als "Mahnung, Versprechen und Verpflichtung aus dem Jenseits" [103] - in

Aussicht gestellt und mit der Idee demokratischer Selbstbestimmung gewißlich nicht in Widerspruch zu bringen, bot die über zwei Jahrzehnte andauernde Kontroverse, in der zentrale Konfliktfelder des Kärntner Minderheitenproblems aufgehoben sind, dem KHD einen hervorragenden Ansatzpunkt, Demokratie und Rechtsstaat für "heimattreue" Politik propagandistisch in Anspruch zu nehmen und all jene, die sich mit nicht immer überzeugenden Gründen für den Verzicht auf Zählung wenigstens zu diesem Zeitpunkt ausgesprochen hatten, mit dem Verdikt des Antidemokratischen zu belegen: "Eine Ablehnung der Minderheitenfeststellung" komme der "Ablehnung demokratischer Grundsätze gleich" [104], denn:

"Geheime Erhebung der Muttersprache am 14. 11. 1976 gewährleistet allen Kärntnern - natürlich auch den Slowenen - das freie Bekenntnisrecht! Zählung ist also Akt der Demokratie und nicht der Diskriminierung!" (105)

Daß die enorme Radikalisierung, wie sie in der Minderheit über dieser Frage ausbrach, die zuweilen wenig flexible Haltung der beiden Slowenenorganisationen und vor allem der zunehmende Diktionsverfall, der in Teilen der slowenischen und serbokroatischen Berichterstattung in diesem Zusammenhang Platz griff, die für rechtsextreme Politorden an sich eher ungewöhnliche, für angepaßte Großorganisationen freilich unumgängliche Pflege eines vorgeblich demokratischen Profils noch weiter erleichterten, ist m. E. evident und ließe sich im einzelnen auch unschwer belegen.

Die antinomische Scheidung von Befürwortern und Kritikern der Minderheitenfeststellung nach der so schlüssig scheinenden Perspektive von Demokratie- bzw. Totalitarismusoption eröffnete zudem einen hervorragenden Ansatzpunkt, den Völkisches mit charakterisierenden Antiintellektualismus an dem KHD-Klischee der 'Linken' zu bewähren und 'Linksintellektualismus' solcherart an den "Kärntner Demokraten" zu kontrastieren:

"Unterschriftenaktion 1976:
300 Linksintellektuelle gegen Sondervolkszählung.
Volksbegehren 1972/73:
Mehr als 80.000 Kärntner Demokraten für geheime Minderheitenermittlung.
Wann endlich Beachtung des Mehrheitswillens?" (106)

Die leidige Frage der Minderheitenfeststellung wurde ja bekanntlich schon bald nach Unterzeichnung des Staatsvertrages ins Gespräch gebracht [107] und avancierte recht umgehend zum vordergründigen Konfliktzentrum zwischen den beteiligten politischen Gruppen, zwischen interessierten Historikern und beigezogenen Juristen. Während weithin die Auffassung vorherrschte, daß sich der Staatsvertrag nicht unmittelbar anwenden ließe, da das Siedlungsgebiet und die Anzahl der Anspruchsberechtigten nicht genau bekannt seien - zumindest an der Vertragsformulierung:

"eine verhältnismäßige Anzahl eigener Mittelschulen" führt tatsächlich keine noch so wendige Deutungsvariante vorbei -, da wichtige technische Begriffe des Vertragstextes in der österreichischen Rechtssprache kein Äquivalent hätten und der Terminus "gemischte Bevölkerung" quantifizierender Präzisierung bedürftig sei, beharrten die Slowenenorganisationen auf dem Standpunkt, daß Größenordnungen für die Vertragserfüllung unerheblich wären und zudem nicht erst erhoben werden müsse, wer zur Minderheit zähle und wo diese lebe. [108] Den eingespielten Konfliktmustern folgend, votierten die Slowenenfunktionäre überdies gegen eine Feststellung auf der Basis des freien, freilich subjektiven Individualbekenntnisses und sprachen sich für einen nach 'objektiven' Kriterien umrissenen, territorialen Geltungsbereich der Minderheitenschutzbestimmungen aus. Die anhaltende Neigung, zu einem wesentlichen Teil als Anspruchsrechte von Personen formulierte Normen zum Zwecke ethnischer Standardisierungsbemühungen einzusetzen und auf diesem Wege auch territoriale Abgrenzungen voranzubringen, erstaunt umso mehr, als schon die Kulturautonomieverhandlungen 1925-1930 nicht zuletzt an vergleichbaren Forderungen gescheitert waren und auch die Alliierten im Zuge der Staatsvertragsverhandlungen alle slowenischen und jugoslawischen Versuche zur Durchsetzung territorialer Lösungsvorschläge entschieden abgewiesen hatten. Indes die slowenischen Zielvorstellungen in der Frage der Gerichts- und Amtssprachenregelung sowie der Anbringung zweisprachiger topographischer Aufschriften im Verhandlungsablauf - die Alliierten kamen bekanntlich überein, das Vorliegen einer "beträchtlichen" Anzahl nicht als Geltungsvoraussetzung für die Minderheitenschutzbestimmungen festzulegen [109] - noch einige Bestätigung findet, lassen sich territoriale und über die Entscheidungskompetenz der Betroffenen hinwegsehende Lösungsmodelle für den Bereich insbesondere des Bildungswesens weder aus dem Text, noch aus der Genese des Vertragswerkes herleiten.

Die politisch sicher verständliche Zielsetzung, die der Haltung der slowenischen Funktionäre zugrunde liegt, stellt offenkundig darauf ab, all jene Zwischenpositionellen, die in ihrer Jugend noch slowenisch gesprochen hatten, die sich mittlerweile aber im Hinblick auf die gesamtgesellschaftlichen Rahmenbedingungen zu einer geänderten Akzentuierung oder auch zur Aufgabe ihres Volkstums entschlossen haben, für die slowenische Volksgruppe zu reklamieren. Das aus demokratietheoretischer wie realpolitischer Sicht gleichermaßen ernstzunehmende Problem, woher die Slowenenorganisationen die Legitimität nehmen, das Mandat auch für jene Gruppen zu arrogieren, die sich durch die Funktionärskader der beiden Verbände vielleicht gar nicht mehr so richtig vertreten fühlen, wird denn auch im RdH regelmäßig in natürlich polemischer Absicht zur Sprache gebracht:

"Im allgemeinen muß in jeder Demokratie zum Erwerb von Rechten ein Nachweis erbracht werden. So muß beispielsweise derjenige, der für zehn Kinder Familienbeihilfe beziehen will, nachweisen, daß er tatsächlich zehn Kinder hat! (...) Die Slowenenführung kann demnach mit einem Familienvater verglichen werden, der nur ein Kind hat, jedoch für zehn Kinder Familienbeihilfe beansprucht! Die Ablehnung einer geheimen Minderheitenermittlung ist eine bedenkliche, undemokratische Haltung. Wir sind Demokraten. Daher für eine geheime Minderheitenermittlung!" (110)

Der vielschichtigen Frage nach den diversen und explizite wohl unterschiedlich zu gewichtenden demokratischen Legitimationsmängeln, die allem politisch akzentuierten Bemühen von Heimatverbänden, Kulturorganisationen oder auch Volksräten im Unterschied zu politischen Parteien eignet, kann hier im einzelnen nicht nachgegangen werden. Gemeinsam ist all diesen Organisationen die Tendenz, ihre politischen Zielvorstellungen abseits quantitativ präziser Repräsentanznachweise mit größtmöglichem Nachdruck in das politische System einzubringen. Während der KHD verständlicherweise alles daransetzt, den Vertretungsanspruch der Kärntner Slowenenorganisationen zu problematisieren, bleibt er freilich selbst gleichermaßen sorgsam bestrebt, die öffentliche Feststellung jenes nicht eben schmalen Akklamationspotentials zu vermeiden, das er für seine eigenen Forderungen so regelmäßig vereinnahmt. Dennoch gebe es - folgt man dem RdH - über das Mandat des KHD keinerlei Zweifel; lediglich der Umfang der Vertretungskompetenz steht zur Disposition. Einmal präsentiert der KHD über sein Mitteilungsblatt schlicht 'die Forderungen Kärntens'[111], ein andermal das "Wollen des Kärntner Volkes"[112], wobei im einen wie im anderen Falle unschwer deutlich wird, daß Slowenen weder hier noch dort inbegriffen sein können. Spätestens im Dezember 1977 aber ist Josef Feldner mit sich übereingekommen, daß die Jahre seit dem Herbst 1972 - "es waren Jahre des Kampfes für die Rechte der Deutschkärntner und gegen die immer spürbarer werdenden Versuche der Slowenisierung unseres Landes" - auch dem KHD "endgültig die Anerkennung als überparteiliche Vertretungsorganisation der Deutschkärntner"[113] gebracht hätten. Seit Dezember 1979 schließlich firmiert der KHD einmal als "Bürgerinitiative der Heimattreuen aus den verschiedensten parteipolitischen Lagern"[114], wenige Seiten später in aller Schlichtheit als "die überparteiliche, staatsbewußte permanente Bürgerinitiative der Kärntner"[115] schlechthin. Abseits von "Heimattreue" ist offensichtlich kein Kärnten mehr.

Als pauschal vereinnahmte Substitute für die gängigen Indikatoren demokratisch erworbener Legitimation werden in der Regel hoch gegriffene Beteiligungszahlen an zumeist problemspezifisch ausgeschriebenen KHD-Kundgebungen oder KHD-Aktionen bezogen, wobei freilich nicht so sehr sachliche Zustimmung, sondern vornehmlich 'Treuebekenntnisse' gefragt sind. Als sich beispielsweise am 14. Oktober 1979 angeblich 10.000 Menschen - verglichen mit vorangegangenen Mobilisierungsgrößen ein deutlich rückläufiger Trend - bei einer KHD-Kundgebung in Klagenfurt zusam-

EIN EINIG VOLK VON BRÜDERN?

menfanden - "KHD stärker denn je!" -, sah der RdH hierin nicht nur "ein gewaltiges Treuebekenntnis zu Kärnten und Österreich", sondern natürlich "auch zum KHD":

"Noch nie zuvor hat der KHD so viele Treuebeweise aus der Bevölkerung erhalten wie im vergangenen Herbst. Ganz besonders erfreulich auch die große Anzahl von Kärntner SPÖ-Mitgliedern, die ihren Unmut über die üblen, von Wien initiierten Angriffe gegen den überparteilichen KHD zum Ausdruck gebracht haben. Gibt es einen besseren Beweis dafür, daß Heimatliebe und Staatsbewußtsein als einigendes Band die heimattreuen Kärntner unabhängig von der Parteizugehörigkeit im KHD verbindet?" (116)

Stellt man in Rechnung, daß das Ausmaß, in dem der KHD die wahren Dimensionen seiner Basisresonanz und vor allem deren parteipolitische Verteilung zu verschleiern vermag, die wichtigste Voraussetzung für seine Durchsetzungseffizienz als vorgeblich überparteiliche, ausschließlich am "Kärntner Interesse" [117] orientierte Pressure-group abgibt, so wird auch das geringe Bedürfnis des Verbandes verständlich, die Validität seiner politischen Zielvorstellungen über eine auch nach außen hin sichtbare und kontinuierliche Rückkoppelung an seine behauptete Basis öffentlich vorzuführen. Gerade dieser Sachverhalt bestätigt einmal mehr die unverzichtbare Notwendigkeit, alle Ansätze, politische Gestaltungsvorschläge - noch dazu in der Art von Forderungen - abseits demokratisch erworbener Legitimation präsentieren zu wollen, auf den in demokratisch verfaßten Systemen für die Einflußnahme auf politische Entscheidungen vorgesehenen Weg zurückzuverweisen.

Vergleichbare Mängel im Bereich demokratischer Basisbindung, der Soziologie politischer Organisationen als unentbehrliche Voraussetzungen für die Verselbständigung von Funktionärsgruppen geläufig, kennzeichnen gemeinsam mit dem weitgehenden Fehlen allgemein anerkannter und quantifizierbarer Vertretungskompetenzen aber auch die politische Arbeit der beiden Slowenenverbände. Ohne hier kurzschlüssigen Gleichordnungen das Wort reden zu wollen, schiene doch die Erörterung der Frage von Interesse, ob die Akzentuierung konfrontativer Momente, wie sie die Politik beider Slowenengruppierungen in den letzten Jahren in m. E. unnötigem Ausmaß begleitete, nicht ebenfalls zumindest teilweise auch als Ausdruck fortschreitender Oligarchisierungstendenzen in den Führungsgremien der Slowenenorganisationen gedeutet werden müßte. Obschon der Wert eigener Anschauung für die Beurteilung der Situation in Kärnten gewißlich nicht überschätzt werden soll, bleibt doch zweifelhaft, ob eine auf verschärfte Konfrontationsmuster hingehende Politik an der Basis der slowenischsprechenden Kärntner Bevölkerung jene Resonanzbreite findet, von der die Funktionäre so gerne reden möchten.

Selbstkritischere Prüfung verdiente wohl auch die Überlegung, ob und inwieweit der rigide ethnische Alleinvertretungsanspruch, den die slowenischen Funktionärskader gegen alles abweichend Slowenische zu wenden neigen, nicht recht unmittelbar mit tendenziellen Basisbindungsverlusten der Organisationsspitzen zu tun hat. Mag sein, daß gerade der Widerspruch, wie er zwischen der Behauptung eines Monopols auf Formulierung "slowenischer Interessen" und dem Hintergrund mittlerweile bedrohlich gewordener Basisausdünnung nun einmal besteht, angesichts ungenügender Basisrückkoppelung Formen jenes vielfach scharf antipluralen und nicht selten quasi-totalitären Denkens begünstigt hat, wie es beispielsweise in der begrifflichen Denunzierung all jener, die ihr Volkstum entweder anders fassen, die sich zum Ethniewechsel entschieden haben oder einfach den Stellenwert nationaler Identifikationsmuster geringer erachten, so bedrückend deutlich abgebildet ist. Die Diffamierung der sogenannten 'Windischen' als "Janitscharen" und "Deutschtümler", von jugoslawischen Wissenschaftern und Politikern eifrig sekundiert und im RdH genüßlich breitgetreten, hat den Differenzierungsprozeß innerhalb der auch nach Klassengegensätzen geschiedenen und politisch fraktionierten slowenischen Volksgruppe jedenfalls sicher noch beschleunigt und über die inzwischen eingetretene emotionale Versäulung wahrscheinlich unumkehrbar gemacht. Eine kreative politische Antwort der beiden Slowenenorganisationen auf diese Entwicklung steht m. E. nach wie vor aus.

Es kann hier die Frage nicht weiter interessieren, welcher Art statistisch systematisierte Sprachdaten Auskunft über nationale Zugehörigkeiten zu geben vermögen. Unberührt von den vielen Gestaltungsmöglichkeiten, die über die Formulierung der sprachlichen Zuordnungskategorien das Ergebnis solcher Erhebungen präformieren können, bleibt aber doch die Wahrheit, daß das Prinzip freien Sich-Bekennens sei´s zu einer Sprachgruppe, sei´s zu einer ethnischen Gemeinschaft, als fundamentale Voraussetzung für das Wirklichwerden des nationalen Selbstbestimmungsrechtes anzusetzen und nicht zuletzt deshalb auch längst zum unverzichtbaren Bestandteil des internationalen Volksgruppenrechts geworden ist. Daß es in Kärnten nicht nur die Größe der sich als solche ausweisenden slowenischen Volksgruppe, sondern vor dem Hintergrund vollzogener binnenslowenischer Polarisierung vor allem auch den Stand des innerregionalen Assimilationsprozesses ansichtig macht, widerlegt es noch nicht als solches. Der von Veiter zustimmend zitierte slowenische Haupteinwand, daß jegliche "Slowenenzählung nur dazu dienen solle, die Zahl der sich als Slowenen bekennenden Kärntner zu dezimieren, und auf diese Weise die Slowenen offiziell zum Verschwinden zu bringen, da eine solche Zählung niemals ohne massiven Druck von deutschnationaler Seite vor sich gehen" [118] könne, rührt in seiner apodiktischen und differenzierungsbedürftigen Fassung doch nicht an die Authentizität des individualen Bekenntnisses, das unter dem Gesichtspunkt von Selbstzuordnung ohne Alternative ist.

Zumal das Recht auf individuale Selbstbestimmung, das mit Fremdbestimmung nicht zusammengeht, auch dem Anspruch auf intellektuelle und sittliche Selbstverwirklichung nun einmal uneinholbar vorausliegt, rechnet die Chance auf freie und nötigenfalls geheime Selbstzuordnung zu einer politischen Partei, einer bestimmten Gesellschaftsform, einer Volks- oder Sprachgruppe oder einer Religionsgemeinschaft zu den historisch durchgesetzten und mittlerweile unverzichtbar gewordenen Wesenszügen demokratisch verfaßter Gesellschaften. Wo politische Herrschaft ihrer Idee nach als je realisierbares Minimum konzipiert und zudem auf die Zustimmung der Betroffenen angewiesen ist, muß auch die Chance des Ethniewechsels als mögliche Option individualer, fraglos gesellschaftlich vermittelter und hierin relativierter Freiheit jedwedem offenstehen. Die Arrogierung dieses Individualrechtes auf freie Selbstbestimmung durch irgendwelche und überdies mangelhaft legitimierte Repräsentanten ist wie Ansätze zur Ahnenforschung unseligen Angedenkens diesem Axiom zumindest liberaler Demokratie ebenso unverträglich wie die Zahl all jener vornehmlich politisch interessierten, für die Klärung des Problems aber völlig unfruchtbaren Versuche, die persönlich vollzogene Entscheidung für oder wider eine von vielen alternativ zur Disposition stehenden Möglichkeiten ethnischer Selbstzuordnung in das weite Land sogenannten falschen Bewußtseins abzuschieben.

Dieser im großen und ganzen konsensuelle Sachverhalt wird im RdH propagandistisch natürlich sehr intensiv genutzt. "Das freie Entscheidungsrecht des mündigen Menschen", so heißt es unter dem Titel: "Bekenntnis freier Menschen oder politischer Territorialzwang?", betreffend

"die Gestaltung seines Lebens - die Wahl seines Lebensraumes und das Bekenntnis zu Volkstum und Sprache - ist und bleibt unveräußerliches Menschenrecht. Es gilt überall in einer freien Welt - und wird überall mit Füßen getreten, wo Zwang der Diktaturen herrscht. Dort baut man Mauern an den Grenzen, befiehlt die Sprache und erzwingt die Unterordnung der Minderheit unter die Mehrheit - oder der Mehrheit unter eine jeweils herrschende Minderheit, wenn diese sich auf stärkere Mächte von außen stützt." (119)

Während die beiden Slowenenorganisationen 'objektive' Merkmale wie "Sprache, Name, Abstammung und auch die 'Teilnahme am slowenischen Kulturleben'" für die Zugehörigkeit zur slowenischen Volksgruppe reklamieren, variiert der KHD in zahllosen Abschattungen das Bekenntnisprinzip als "Ausdruck der Demokratie" und "Ablehnung jeglichen Zwanges". Frei von "Zwang und Furcht" solle der einzelne entscheiden, "welchem Volk er angehören" [120] wolle:

"Slowene ist nur derjenige, der auch Slowene sein will. Für die Zugehörigkeit des einzelnen Staatsbürgers zur slowenischen Minderheit ist ausschließlich der subjektive Wille ausschlaggebend. In einer Demokratie muß jedermann die Freiheit haben, sich für oder gegen eine Sache zu entscheiden. Es ist Aufgabe eines demokratischen Staates, dafür Sorge zu tragen, daß solche Entscheidungen frei

von Zwang und Furcht erfolgen können und daß jedwede Diskriminierung hintangehalten wird.
Die 'Föderalistische Union Europäischer Volksgruppen' (FUEV) hat in den 'Hauptgrundsätzen eines Volksgruppenrechtes' ebenfalls das Bekenntnisprinzip verankert. Die Beachtung der im §1 der 'Hauptgrundsätze' enthaltenen Forderung, 'dieses Bekenntnis darf weder bestritten, noch nachgeprüft werden', muß in einem demokratischen Staat eine Selbstverständlichkeit darstellen.
Auch die Rechte der deutschen und windischen Kärntner dürfen in keiner Weise geschmälert werden. Das freie Bekenntnis zum Mehrheitsvolk muß ebenso wie jenes zur Minderheit jedem Staatsbürger gewährleistet sein." (121)

Wer in der Frage des Bekenntnis- oder des Elternrechts irgendwelche Einwendungen hatte oder gar anderer Auffassung war, ließ sich von hierher bequem "unverschämter Angriffe gegen demokratische Prinzipien" zeihen. In einem Bericht des RdH über die "Slowenischen 'Kulturtage' in Klagenfurt", wo insonderheit die Germanisierungsbilanz der letztvergangenen Dekade diskutiert worden war, heißt es folgend:

"Charakteristisch für den Geist dieser undemokratischen Veranstaltung ist die Begründung für das geforderte Verbot des KHD, die ein Referent dieser 'Kulturtage', Prof. Lojze Ude, gab. Demnach müsse die Tätigkeit des KHD verboten werden, weil dieser mit seinen 'ideologischen Parolen - Elternrecht, Selbstbestimmung und Minderheitenfeststellung - immer gegen die vollkommene nationale Gleichberechtigung der Slowenen' auftrete!
Ude ließ damit die Katze aus dem Sack: Der KHD soll verboten werden, weil er für demokratische Prinzipien eintritt! Es ist unfaßbar: Die Beachtung demokratischer Grundsätze wird in unserem demokratischen Österreich angeprangert und als Slowenenfeindlichkeit apostrophiert!
Wer glaubt, daß hier ein Mißverständnis vorliegen müsse, wird durch die Aussage Udes der 'Volkszeitung' gegenüber (29. Dezember 1972) wohl endgültig aufgeklärt. Ude erklärt dezidiert: 'Die demokratischen Grundsätze in Kärnten sind nur ein Mittel zur Germanisierung!'
Diese gefährlichen, einer autoritären Denkweise entspringenden Ausfälle gegen elementare demokratische Prinzipien verpflichten uns Kärntner zu erhöhter Wachsamkeit!" (122)

Die wenig glückliche Argumentation, mit der Slowenenfunktionäre anfangs ihre Weigerung begründeten, in der 'Ortstafelkommission' konstruktiv mitzuarbeiten, gab dem RdH einen weiteren Ansatz, auf kontrastive Weise eigene Demokratiebindung zu bekunden:

"Am 20. Dezember 1972 wurden die Namen der Mitglieder der 'Ortstafelkommission' veröffentlicht, und es stand somit fest, daß Bundeskanzler Kreisky der nationalslowenischen Forderung, den KHD und die Windischen von einer Mitwirkung in der Kommission auszuschließen, bereitwillig Folge gegeben hat.
'Wir nehmen an den Gesprächen nicht teil, wenn auch der KHD oder irgendeine ihm angeschlossene Organisation dazu eingeladen wird', stellten beide slowenischen Organisationen Mitte November in einem Schreiben an Kreisky kategorisch fest.
Es ist äußerst bedauerlich, daß Kreisky dem Begehren der Slowenenführung nachgekommen ist, statt diese slowenischen Exponenten darauf aufmerksam zu machen, daß das Gespräch mit Andersdenkenden in einem demokratischen Staat eine Selbstverständlichkeit ist." (123)

EIN EINIG VOLK VON BRÜDERN?

Ein gutes Jahr später liest man unter dem Titel: "Slowenenführung gegen demokratische Grundsätze" folgende Feststellung:

"Der KHD hat bereits im Juni d. J. durch seinen Obmann, Dr. Josef Feldner, LH Wagner gegenüber seine Bereitschaft bekundet, an einem 'Innerkärntner Dialog' mitzuwirken. Dies auch deshalb, weil die Beachtung demokratischer Grundsätze seitens unseres Verbandes nicht Lippenbekenntnis ist, sondern die faktische Anwendung derartiger Grundsätze für uns eine Selbstverständlichkeit darstellt.
Zu den wesentlichsten demokratischen Grundsätzen muß die Bereitschaft, auch das Gespräch mit Andersdenkenden zu suchen, betrachtet werden. Die Slowenenführung hat durch ihre in ihrer Presse wiederholt zum Ausdruck gebrachte Ablehnung, sich mit Vertretern des KHD an einen Tisch zu setzen, den Beweis geliefert, daß sie von praktizierter Demokratie offenkundig nichts hält. Jedenfalls wurde der Öffentlichkeit wieder vor Augen geführt, auf welcher Seite die verständigungsbereiten Kräfte zu suchen sind!" (124)

Die demagogische Qualität dieses "Bekenntnisses" zum demokratischen Dialog ungeachtet der eigenen und eigentlichen Option für einen kampfbetonten Politikbegriff - "Klarheit schaffen mit demokratischen Waffen!" [125] - wurde freilich spätestens zu dem Zeitpunkt offenbar, als die Bundesregierung vor dem Hintergrund sich verschärfender Spannungen, die nicht zuletzt von politischen Kleingruppen kalkuliert vorangetrieben worden waren, sowohl mit Jugoslawien als auch mit den Kärntner Slowenenorganisationen um Intensivierung der Gespräche bemüht blieb. Aus rechtsextremer Sicht gerann solches Politikverständnis, das die diplomatischen und binnenstaatlichen Kommunikationsstrukturen von Pressebelastungen freizuhalten und mit der Gesprächsbasis die Voraussetzungen für demokratische Formen der Konfliktlösung zu bewahren suchte, unversehens zur "Würdelosigkeit":

"In einem jüngst in Klagenfurt gestreuten slowenischen Flugblatt werden hohe Kärntner Politiker und Würdenträger des Landes unflätig beschimpft und mit dem Tode bedroht. Der Regierung wird 'Polizeiterror, Unterdrückung, Genozid (Völkermord)...' angelastet. Und was geschieht dagegen? Kärntner Politiker bemühen sich in Laibach um 'Freundschaft', Kärntner besuchen in Scharen slowenische Veranstaltungen und bejubeln die Sendboten unserer 'freundlichen Nachbarn'. Unverständlich!" (126)

Ebenso unverständlich schien es dem RdH, der die Ebene des diplomatischen Diskurses ganz bewußt mit dem Bereich schlichter Medienpolemik zu verschränken sucht, daß sich die Bundesregierung - "Wien" - trotz anhaltender "jugoslawischer Lügenpropaganda" von unangebrachten Junktimierungen fernhielt und - wie das Blatt es sehen wollte - mit der "Erweiterung des Grenzverkehrs" 'reagiert' habe. Während der "jugoslawischen Presse (...) anscheinend bereits jedes Mittel recht" war, um "die Stimmung der jugoslawischen Bevölkerung gegen Österreich anzuheizen", ließ es das schon seit jeher latent kniefällige, servile Wien wieder einmal an entsprechender Härte fehlen:

"Die Antwort Wiens auf die breite jugoslawische Anti-Österreich-Propaganda lautet: 'Weitere Verbesserung des kleinen Grenzverkehrs mit Jugoslawien'!" (127)

Als sich dann Bundeskanzler Bruno Kreisky anläßlich eines Besuches in Klagenfurt gleichfalls jegliche Strenge versagte und gar "weitere Geschenke an die Slowenen" ankündigte,

> "obwohl beide Slowenenorganisationen in einer Petition an die Teilnehmerstaaten der KSZE-Konferenz in Belgrad Österreich lügenhaft der 'ständigen Verletzung der Menschenrechte und Grundfreiheiten' bezichtigt und mit 'der Möglichkeit von Konflikten und neuen Formen der Gewalt' gedroht"

hätten, zieht der KHD in einem Flugblatt folgendes Resümee:

> "Neben dem Boykott der gesetzlichen Gesprächsplattform, dem Volksgruppenbeirat, durch die Slowenenführung stellen auch massive antiösterreichische Ausfälle und Gewaltandrohungen keinen Hinderungsgrund für Kreisky zu Gesprächen mit slowenischen Nationalisten dar! Dies trägt, ebenso wie die von der Kärntner Bevölkerung entschieden abgelehnte Niederschlagung des Prozesses gegen die verbrecherischen Urnenräuber, keineswegs dazu bei, dem gegen die Interessen Österreichs gerichteten slowenischen Extremismus wirkungsvoll zu begegnen!"

In diesem Zusammenhang wurde der Bundeskanzler denn auch unmißverständlich dazu aufgefordert, "sämtliche Subventionen an die Slowenenverbände bis zur Beschickung des Volksgruppenbeirates" einzustellen, "denn: Die Grenze der Belastbarkeit der Kärntner ist erreicht!" Die Entscheidung Kreiskys freilich, ungeachtet aller Rückschläge auch weiterhin in dem Bemühen fortzufahren, die Gesprächsbasis mit den Slowenenorganisationen unter Verzicht auf Pressionen zu vertiefen, konnte beim KHD mit keinerlei Gegenliebe rechnen:

> "Insbesondere sagte Kreisky, daß die Vergabe von Geldern an die Volksgruppe nicht von der Bildung der Volksgruppenbeiräte abhinge. Er hat somit das wirkungsvollste Mittel, die Slowenenführer doch noch zu bewegen, in die Beiräte zu gehen, aus der Hand gegeben!" (128)

Der vordergründige und opportunistische Charakter des oben dokumentierten KHD-Bekenntnisses zur Meinungsfreiheit und zur Notwendigkeit des Gesprächs mit Andersdenkenden erhellt aber vor allem aus dem rigiden Antipluralismus, der vor der Folie völkischer Axiome die Vielfalt des Denkens, Deutens und Wollens als chaotische Gefährdung der nur als 'geschlossene' denkmöglichen "Gemeinschaft" zu denunzieren sucht. Obgleich die österreichische Bundesverfassung, sieht man von den einschlägigen Wiederbetätigungsverboten einmal ab, die politische Normierung der freien Konkurrenz von Werten nicht kennt, heißt es in solch restriktiver Absicht bei Feldner bündig:

> "Ein demokratischer Österreicher ist weder Faschist noch Kommunist. Und so ist

es allerhöchste Zeit, dem revolutionären Kommunismus in unserem Österreich die Salonfähigkeit ebenso abzuerkennen, wie dies bereits seit Wiedererrichtung der Republik Österreich bei Faschismus und Nazismus der Fall ist!" (129)

Da es "Kommunisten und Menschen, die sich ahnungslos für kommunistische Zwecke einspannen lassen - von Lenin treffend als 'nützliche Idioten' bezeichnet" - seien, die "derzeit besonders massiv gegen den Faschismus (oder was sie darunter verstehen)" marschierten, bestehen für Feldner denn auch keinerlei Zweifel darüber, daß er sich anläßlich einer "Informationsveranstaltung auf der Universität für Bodenkultur in Wien im November 1979" durch seine "die sogenannten 'fortschrittlichen und demokratischen' Ultralinken auf den österreichischen Universitäten demaskierenden Äußerungen" den "größten Unmut" lediglich der "Kommunisten verschiedenster Ausprägung zugezogen" [130] habe.

Daß sich unter den solcherart Etikettierten auch die Österreichische Hochschülerschaft [131] und der Assistentenverband sowie ein erheblicher Teil des Professorenkollegiums der in Rede stehenden Universität fanden, vermochte an Feldners klobigem Kommunismusklischee nicht zu rühren. Zum handlichen Faustkeil für die gesellschaftspolitische Auseinandersetzung zugerichtet, trifft solche Kommunismusphobie der Tendenz nach alles, was sich den politischen Intentionen des KHD verweigert. All jene Einschätzungen sei's von Vergangenheit, von Gegenwart oder von gesollter Zukunft sehen sich, soweit sie von den durch die "heimattreuen" Eliten gesetzten Standards 'gefährlich' abweichen, zunächst mit dem Ruf nach der formierenden Gewalt eines eingreifwilligen Staates, dort und da aber auch bereits mit der Forderung nach Verboten konfrontiert. Hatte man sich vor Jahren noch scheinbar dazu verstanden, daß "in einer Demokratie (...) jedermann die Freiheit haben" müsse, sich "für oder gegen eine Sache zu entscheiden", daß "das Gespräch mit Andersdenkenden in einem demokratischen Staat eine Selbstverständlichkeit" und "die faktische Anwendung derartiger Grundsätze" für den KHD "nicht Lippenbekenntnis" [132], sondern politisches Prinzip sei, so kam beides fortan in diesem Sinne nicht mehr zur Sprache.

Ihr gutes Gewissen holt sich solche Haltung an der vermeintlich plausiblen Fage, wer ein "guter Österreicher" ist:

"Der Titoist? Der Revolutionär? Jedenfalls scheint derjenige ein schlechter Österreicher zu sein, der es wagt, die Wühlarbeit marxistisch-titoistischer Extremisten aufzuzeigen, der vor Gefahren für unser westlich-freiheitliches Gesellschaftssystem warnt, der ein österreichisches Staatsbewußtsein bekundet! Befindet sich Österreich bereits auf dem Weg zur totalen Selbstzerstörung?"

Da dies nicht sein darf und die elitäre Qualität der "Heimattreuen" kraft ihrer natur- und lebensrichtigen Weltanschauung zudem feststeht, kommt solchem Fragen wohl nur rhetorische Bedeutung zu. Wer hingegen - wie der 'Verband Kärntner Partisanen' - "gegen die Hysterie des Antikommunismus kämpfen" möchte, wer wie die Mitglieder dieser Vereinigung "stolz sein" will auf seine "Jugend", die "ergeben und fest und mutig (...) in die Fußstapfen ihrer revolutionären Großväter und Väter tritt" [133], läßt sich mit den Axiomen eines guten Vaterländlers nicht nur gewißlich, sondern auch quasi-natürlich nicht zusammenbringen.

Keinesfalls zu den 'guten Österreichern' könne gerechnet werden, wer "am Rohbau seines Hauses (...) anläßlich des Richtfestes zwei Bäumchen mit rot-weißblauen Streifen und einer jugoslawischen Fahne" anbringe. Geschieht solcher Verrat an nationalen Symbolen - wie der RdH "übereinstimmenden Zeugenberichten zufolge" anzeigen mußte - gar durch einen "Professor des Klagenfurter Slowenengymnasiums", sei dies zweifellos als "ungeheure Verletzung der Verpflichtung eines österreichischen Lehrers" anzusehen, "im österreichischen Sinne zu wirken":

"Wir erwarten entsprechende Maßnahmen der zuständigen Behörden! Wird sich die Leitung des Slowenengymnasiums von dieser antiösterreichischen Provokation distanzieren???" (134)

Dem Strafantrag, den der sich in seiner Ehre verletzt Wähnende in der Folge gegen den verantwortlichen Redakteur des RdH stellte, mochte sich das Bezirksgericht Klagenfurt, das einen Freispruch fällte, nicht anschließen. Erst das Landesgericht Klagenfurt gelangte als zweite Instanz im Berufungsverfahren des Privatklägers wegen Nichtigkeit und Schuld gegen das Urteil des Erstgerichts zu der Überzeugung, daß der Angeklagte Hans Pichs in seiner Funktion als verantwortlicher Redakteur des RdH durch Zulassung resp. Nichtverhinderung der Veröffentlichung des inkriminierten Artikels jene pflichtgemäße Sorgfalt vernachlässigt habe, wie sie § 30 Pressegesetz vorsieht. Das Berufungsgericht erkannte denn auch auf eine Geldstrafe von 20 Tagessätzen, die Zahlung einer Geldbuße an den Privatkläger, auf Ersatz der Kosten des Verfahrens, die Veröffentlichung des Urteils und den Verfall der Nr. 35 des RdH. [135]

Fand es das Blatt schon erwähnenswert, daß "der Ehrenobmann des KHD, Dr. Hans Pichs, verurteilt" werden konnte, so blieb ihm die Spruchbegründung vollends unzugänglich, war das Gericht doch der Auffassung gewesen, "daß das Hissen einer ausländischen (also auch der jugoslawischen!) Fahne in Österreich erlaubt sei" und solches ebensowenig die im RdH

"zum Ausdruck gebrachte negative Kritik rechtfertige 'wie irgendeine andere banale Handlung'! Das Hissen der jugoslawischen Fahne durch österreichische Slowenen auf ihren Häusern im Südkärntner Grenzgebiet ist also nach Ansicht des Gerichts eine 'banale' Sache!"

Auch in der Folge mochte sich die Zeitschrift zumindest im Prinzipiellen nicht damit abfinden, daß selbst einem im Grenzland lebenden "österreichischen Beamten" das Recht nicht abgesprochen werden könne, auf seinem "Privatgebäude" die "jugoslawische Staatsflagge, noch dazu als einzige Fahne", nach eigenem Belieben zu setzen. Da aber der Rekurs auf weitere Rechtsmittel offensichtlich wenig Erfolg versprach, beschränkte sich das Blatt auf vertraut wehmütige Andeutungen:

> "Österreichpatriotisch ist so etwas gewiß nicht! Welchen 'Schutz' ein jugoslawischer Beamter durch das Tito-Regime erfahren würde, sollte die österreichische Fahne in Slowenien auf seinem Haus gehißt werden, braucht wohl keinem Österreicher dargelegt zu werden!" (136)

Das bevorzugte Angriffsobjekt für die auf Gleichmachung drängende Polemik des RdH gab lange Zeit die slowenischsprachige Presse, deren gelegentlich wenig glückliche Formulierungen der Redaktion vielfältige Anhaltspunkte lieferten. Unter Verweis auf restriktive jugoslawische Praktiken in Vergangenheit und Gegenwart, die den vergleichsweise privilegierten Status der österreichischen Minderheiten ansichtig machen sollen, heißt es zunächst einmal etwas unterschwellig:

> "Wie 'unterdrückt' sind da doch die Kärntner Slowenen, die seit Jahrzehnten auch in Klagenfurt einsprachig slowenische Plakate anbringen, auf denen selbst deutsche Ortsnamen nur slowenisch genannt werden. Obwohl nur jeder hundertste Klagenfurter slowenisch versteht, versucht niemand, diese Plakatierungen zu verhindern. Und gegen die Schreibweise der slowenischen Zeitungen wird nicht einmal dann etwas unternommen, wenn diese den Boden des Rechts verläßt; umso weniger, wenn für deutsche Orte slowenische Bezeichnungen, die nicht aus dem Volke stammen, verwendet werden." (137)

Schon zwei Jahre vorher hatte der RdH in der slowenischsprachigen Kärntner Presse "bedrohliche antiösterreichische Ausfälle" moniert. Nachdem das "wegen seiner chauvinistischen Schreibweise sattsam bekannte Klagenfurter Slowenenblatt 'Slovenski vestnik'" in seiner Nummer 16 vom 19. April 1974 ein "wahres Meisterstück antiösterreichischer Gesinnung" vorgeführt hatte, brachte der KHD "seine Empörung über den unerhörten Ausfall des Slowenenblattes" in einem an Bundeskanzler Kreisky, Außenminister Kirchschläger und Landeshauptmann Wagner gerichteten Telegramm folgendermaßen zum Ausdruck:

> "'Der KHD protestiert schärfstens gegen die am vergangenen Wochenende erfolgte schwere Verunglimpfung Österreichs durch das Organ des 'Zentralverbandes Slowenischer Organisationen', 'Slovenski vestnik'.'
> Die Bezeichnung unseres Staates als 'Lügner', der eine 'Politik der Diskriminierung, Assimilierung und Entnationalisierung' betreibe und ein 'herrenvölkisches Protzentum' an den Tag lege, stellt eine grobe Beleidigung Österreichs dar und ist geeignet, das Ansehen unseres Staates im Ausland in besonderem Maße herabzusetzen. Ein derartiges Verhalten verlangt ein energisches Durchgreifen. Die österreichbewußte Kärntner Bevölkerung erwartet daher die sofortige Einlei-

tung der gebotenen Schritte.'"

Zumal aber auch das Organ des 'Volksrates der Kärntner Slowenen', 'Naš tednik', in seiner Ausgabe vom 11. April 1974 vergleichbare Bedenken gegen die österreichische Minderheitenpolitik geäußert und die Auffassung vertreten hatte, daß das Nicht-Lösen von Konflikten mit deren Anfachung gleichzuhalten wäre, versuchte sich Feldner in folgender heuristischer Explikation:

"Eine deutlichere Drohung kann man sich wohl nicht vorstellen!!! Bis Redaktionsschluß wurden seitens der zuständigen staatlichen Stellen keinerlei Maßnahmen gegen die beiden Slowenenorganisationen ergriffen! Es drängt sich daher die Frage auf, ob österreichische Staatsbürger slowenischer Volkszugehörigkeit von der Verpflichtung eines loyalen Verhaltens dem österreichischen Herbergsstaat (sic!) gegenüber bereits dispensiert sind? Dürfen slowenische Nationalisten bereits völlig ungehindert unseren Staat verleumden und beleidigen? Genießen die Slowenenorganisationen eine staatlicherseits zuerkannte Immunität, die es ihnen erlaubt, ihre antiösterreichische Haltung bei gleichzeitiger absoluter Laibach- und Belgradorientierung in aller Öffentlichkeit zur Schau zu tragen?"

Da das Land Kärnten desungeachtet sich nicht entschließen mochte, die Grenzen solch 'loyalen Verhaltens' verbindlich festzulegen und allein explizit Vaterländisches mit einem Subventionsbonus zu prämiieren, auch nicht mit Kürzung , sondern sogar mit Vervielfachung der Förderungsmittel für die beiden Slowenenorganisationen 'reagierte', brachte Feldner mit unverkennbar drohendem Unterton folgendes, auch in seinen Leitbegriffen aus der Geschichte vertrautes Disziplinierungsmodell in Vorschlag:

"Unsere Geduld ist zu Ende! Wir fordern daher nochmals unverzüglich energische Maßnahmen gegen den 'Zentralverband slowenischer Organisationen', aber auch gegen den 'Volksrat' zu ergreifen und Subventionen des Bundes und Landes diesen Verbänden erst dann zuzuerkennen, wenn diese Beweise für eine ab sofort uneingeschränkte und bedingungslose Treue (sic!) dem österreichischen Staat gegenüber erbringen!" (138)

Solch dräuendes Gebärden machte auf die Slowenenzeitungen freilich nicht den gewünschten Eindruck. Als dann einige Zeit später der 'Slovenski vestnik' in wenig differenzierungsinteressierter Sicht und polemischer Kennzeichnung die Minderheitenpolitik der österreichischen Bundesregierung in einem Atemzug mit nationalsozialistischen Terrormaßnahmen nannte, sah der RdH darin "Ausfälle gegen unseren österreichischen Staat, die an Gehässigkeit nicht mehr überbietbar" seien:

"Wenn schon keine Schritte gegen dieses Blatt seitens der zuständigen österreichischen Stellen unternommen werden sollten (in Jugoslawien werden 'Regimekritiker' hinter Schloß und Riegel gesetzt), so wäre doch zumindest die Presseförderung für dieses Blatt ab sofort einzustellen." (139)

EIN EINIG VOLK VON BRÜDERN?

Schon in der darauffolgenden Nummer erfährt der Leser in dem Artikel "In Jugoslawien: Gefängnis für 'feindselige Arbeit gegen den Staat'", wie grenzgehende Regimekritiker auf dem Balkan behandelt würden. Der Laibacher Zeitung 'Delo' entnimmt der RdH einen Bericht über den Prozeß gegen den "64jährigen Dr. Nikola Novaković", der vom "große(n) Senat des Kreisgerichtes in Sarajevo (...) wegen Mitwirkung bei feindseliger Tätigkeit gegen Jugoslawien und wegen feindseliger Propaganda unter dem Einfluß aus dem Ausland zu 12 (zwölf !) Jahren Gefängnis und Verlust des Vermögens verurteilt" worden war [140]. Gleichviel nun, ob sich der Rezipient durch solche Reportagen, die durchwegs die KHD-Schau auf das 'Slowenensyndrom' spiegeln, in seinem Meinen von der Strafwürdigkeit dieses Verhaltens und damit in seinem Wunsch nach einem vergleichbar starken Staat bestätigt fühlt, oder aber auf diesem Wege seine antijugoslawischen Ressentiments bekräftigen läßt, verweist das Fehlen jeglichen distanzierenden Kommentars doch unmißverständlich auf die stille Absicht der Zeitung, es bei einer von beiden Wirkungschancen bewenden zu lassen, da jede von ihnen gleichermaßen geeignet ist, die slowenischen Emanzipationsbestrebungen sei's auf die eine, sei's auf die andere Weise zu diskreditieren.

Zum besonderen Ärgernis aber wurde dem RdH das damals noch in Wien erscheinende slowenischsprachige Studentenblatt 'Kladivo' zunächst allein schon deshalb, weil es die gefährliche These verbreitete, daß "Kärntner Slowenen 'ihre nationaldemokratische Sache mit der Sache der revolutionären Arbeiterschaft untrennbar verbunden'" [141] sähen. Nach der Stellungnahme des 'Klavido' zur Bundespräsidentenwahl 1971 - "Wir wissen zwar, daß einer dieser zwei Kandidaten (...) Präsident werden wird. Trotzdem sind uns die beiden Kandidaten 'na špic riti' (Anm. d. Red.: Am Ende des Arsches, Hinterteils oder: ...können uns..." - hatte sich der RdH noch mit der beunruhigten Feststellung begnügt, daß "bis heute (...) die Staatsanwaltschaft gegen diese schwere Verunglimpfung des amtierenden Bundespräsidenten nichts unternommen" [142] habe. Als sich das "berüchtigte slowenische Studentenblatt" aber anschickte, seine Leser über ihre verfassungsmäßig gewährleisteten Rechte im Umgang mit der Staatspolizei aufzuklären und u. a. darauf hinwies, daß jeder als Beschuldigter Vorgeladene das Recht habe, sich der Aussage zu enthalten - "es ist nicht notwendig, daß er der Wahrheit entsprechend spricht" -, forderte der RdH das Verbot der Zeitung:

> "Deutlicher konnte 'Kladivo' nicht mehr zum Ausdruck bringen, an welche Adresse diese 'Verhaltensmaßregeln' gerichtet sind!!
> Was muß dieses Blatt verbreiten, damit man endlich behördlicherseits eine Handhabe findet, diese extremistische Brutstätte auszuheben?" (143)

Wo immer sich revolutionär gebendes, sozialemanzipatorisches Interesse an den

Problemlagen der slowenischen Minderheit zu bewähren suchte, mochte der KHD seine ursprüngliche Forderung nach freier Selbstbestimmung des einzelnen so wörtlich nicht mehr gemeint haben. Als beispielsweise "Franci Zwitter junior, seines Zeichens Schüler des Slowenischen Gymnasiums", in Anlehnung an Mao Tse-tung darauf aufmerksam machte, daß dem auf Beseitigung sozialer Ungleichheit gehenden Bemühen der slowenischen Volksgruppe in Kärnten vor dem Hintergrund überhöhter nationaler Anpassungen im Laufe der Zeit s. E. die Überzeugung verlorengegangen wäre, daß ihr Kampf "nicht lediglich ein nationaler Kampf", sondern "auch ein Klassenkampf sein müßte", und Zwitter von hierher zu der Einsicht gelangte, daß "in erster Linie" für den Klassenkampf votiert werden solle, "weil dieser auch zugleich nationaler Kampf" sei, ortete der RdH zwar schon "Ansichten, die aufhorchen lassen", begnügte sich aber noch damit, die Überlegungen des Sohnes gegen die politische Glaubwürdigkeit des Vaters auszuspielen. Unter der Überschrift: "Was der Vater vorsichtshalber nicht sagt, sagt der Sohn" liest man:

"Vater Zwitter spricht von Koexistenz, von Toleranz, von Einander-Verstehen- und Kennenlernen. Sein Sohn verkündet in der Zeitung des Vaters als Heilslehre den Klassenkampf. Woher hat er das?
Aus: 'Südpress' Nr. 125 vom 6. 2. 1970". (144)

In dem Ausmaß freilich, da sich programmatisch revolutionäre Randgruppen der Slowenenfrage anzunehmen begannen, ventilierte der inzwischen militant antikommunistisch akzentuierende RdH wirksamere Mittel zur Unterdrückung dieser publizistisch großgemachten, in aller Regel aber unbedeutenden marxistischen Splitterzirkel. "Österreich", so alarmierte die Redaktion, und "ganz besonders" natürlich Kärnten, avanciere "mehr und mehr zu einem Tummelplatz staatsfeindlicher revolutionärer kommunistischer Gruppen". Zumal "unser Staat (...) nichts gegen diese gefährliche Entwicklung" unternehme, könnten diese Bewegungen "bei uns gedeihen wie in einem Treibhaus." [145] Als "die Linksfaschisten, die sich vom KHD sehr beobachtet" fühlten, "aus der Position der Sicherheit heraus - sie können noch so revolutionär sein, sie genießen einen staatlichen Freibrief" - auch noch gegen den KHD "Sturm" [146] liefen, forderten die "Heimattreuen" ihrerseits das "Verbot subversiver kommunistischer Gruppen zum Schutz unserer Demokratie!" [147] Da es "doch ansonsten keine ernstzunehmende Kraft in unserem Staat" wagte, "antikommunistisch tätig zu sein, obwohl dies eigentlich das Gebot der Stunde für alle freiheitsliebenden Menschen sein müßte", ließ das Sprachrohr aller beherzten Kärntner nicht nur verlauten, daß es sich jetzt und "auch in Zukunft" gegen alle "Angriffe der vereinigten Linken zu wehren wissen" werde, nein:

"Mehr noch: Der KHD wird noch stärker als bisher die staatsfeindliche, gegen unsere demokratischen Freiheiten gerichtete Tätigkeit der Kommunisten aufzeigen und die offiziellen Stellen in unserem Staat immer wieder auffordern, endlich Maßnahmen gegen staatsfeindliche Aktivitäten zu ergreifen. Es gibt bei Gott keine Veranlassung, den Kommunismus zu bagatellisieren, und es wäre allerhöchste Zeit, den Kommunisten ebenso die Salonfähigkeit in unserem Staat abzusprechen, wie dies seit 1945 bei Nazismus und Faschismus der Fall ist. Der Westen wird letztlich nur dann dem Kommunismus standhalten können, wenn er sich nicht nur gegen mögliche Angriffe aus dem kommunistischen Osten wappnet, sondern endlich auch die kommunistische Wühlarbeit im eigenen Bereich ernst nimmt und auf diese Weise ein Aufweichen von innen her verhindert!" (148)

Den besonderen Grimm der Redaktion zog lange Zeit der mittlerweile hier kaum noch existierende 'Kommunistische Bund Österreichs' auf sich, der nicht nur "eine Bettgemeinschaft mit den beiden zentralen Kärntner Slowenenorganisationen eingegangen" 149) war, sondern zudem auch "zweimal monatlich eine äußerst aufwendig gestaltete, großformatige Zeitung 'Klassenkampf' und seit dem Vorjahr zusätzlich einmal monatlich das slowenische Blatt 'Razredni boj'" 150) produzierte. Solange die 'deutsch'-slowenische Liaison halb im Verborgenen gedieh, begnügte sich der RdH unter Bemühung sachlich unhaltbarer Unterstellungen - "Es lebe die Anarchie" - noch mit der fragenden Aufforderung: "Maoisten! Auf nach Rotchina!?":

"Wandert doch endlich in das 'Paradies aller Werktätigen', in des seligen Maos China-Reich, aus! Verlangt dort die Beseitigung aller Gesetze, Verordnungen, Ämter und Behörden! Euch würde auf Staatskosten die ungeheuerliche Begünstigung geboten werden, Eurem unsterblichen, göttlichen Vorsitzenden Mao auf den blutroten Olymp folgen zu dürfen! Dies müßte doch das Herz jedes in 'schrecklicher' österreichischer Knechtschaft' lebenden Maoisten höher schlagen lassen!" (151)

Nachdem die "umstürzlerischen kommunistischen Kräfte", die "in unserem Land (...) tun und lassen" dürften, "was sie wollen" - "sie genießen schrankenlose Bewegungsfreiheit" (sic!) 152) - im 'Razredni boj' aber den "Kampf für ein vereintes Slowenien als geschichtliche Notwendigkeit" bezeichneten - wobei freilich nur von dessen historischer Legitimität, nicht aber von ihm als verbindlicher Zielperspektive die Rede war - und auch noch "das Verbot der Oktoberfeiern" verlangten, kam der RdH zu der Überzeugung, daß es "im Interesse des Schutzes unserer österreichischen Demokratie und unserer freiheitlich-westlichen Rechtsordnung" nur "eine Forderung" geben könne:

"Verbot des Kommunistischen Bundes sowie aller anderen revolutionären kommunistischen Gruppen!" (153)

Als der 'Kommunistische Bund Österreichs' auf seiner Ersten ordentlichen nationalen Delegiertenkonferenz dann gar öffentlich Gedanken darüber anstellen durfte, welchen Richtlinien die tägliche Kleinarbeit bei der Zersetzung des bürgerlichen

Staates zu folgen hätte, verstand der KHD die Verfassung nicht mehr:

> "Dazu schweigen die 'Demokratiehüter' in Österreich! Revolutionäre kommunistische Kämpfer gegen unseren österreichischen Staat sind in den Augen Wiens offenkundig nach wie vor salonfähig! Heimattreue österreichbewußte Kärntner dagegen mehr als suspekt! Im Interesse Österreichs fordern wir:
> Legt den revolutionären kommunistischen Feinden unseres Staates endlich das Handwerk! Schluß mit der Verleumdung der heimatbewußten staatstreuen Kräfte!" (154)

Verboten werden sollte nach Auffassung des KHD schon 1979 auch der Oktober-Tabor, den man im RdH zunächst als "österreichfeindliche" und "großslowenische", gegen "die 10.-Oktober-Feiern gerichtete kommunistische Provokation" zu denunzieren suchte. Da der 'Kommunistische Bund' - seinem Selbstverständnis nach "eine wirklich revolutionäre Partei der Arbeiterklasse", der es "um den Sturz des bürgerlichen Staates und um die Errichtung der Diktatur des Proletariats" [155)] geht - an der Vorbereitung des Oktober-Tabors nicht unerheblichen Anteil gehabt und auch in seinem 'Klassenkampf' für den Besuch der Veranstaltung geworben hatte, ließ sich die gegen kommunistische Gruppierungen schon lancierte Verbotsforderung bequem auch auf den Oktober-Tabor projizieren:

> "Mit diesen gegen unseren österreichischen Rechtsstaat kämpfenden Revoluzzern haben die beiden titokommunistischen Slowenenorganisationen längst bereits eine enge Aktionsgemeinschaft gebildet und starten derzeit eine in dieser Schärfe noch nie dagewesene Hetzkampagne gegen Kärntens Freiheitstag, um andererseits die Tradition des titokommunistischen, gegen die Einheit Kärntens gerichtet gewesenen Partisanenkampfes zu pflegen.
> Wir fordern daher:
> Verbot des österreichfeindlichen Tabor am 13. Oktober in Klagenfurt! Im Interesse Kärntens und der demokratischen Republik Österreich!" (156)

Deutlicher noch traten die eigentlichen Beweggründe für diese Haltung im Jahr darauf zutage, als der RdH in noch weit aggressiverem Ton auf die Beseitigung dieser "Anti-Kärnten-Kundgebung linker Friedensstörer" drängte. Gewiß sah man "das Gefährliche an der subversiven, österreichfeindlichen Aufgabenstellung des 'Oktober-Tabor'" auch diesmal zumindest teilweise darin, "daß die meisten jugendlichen Sympathisanten dieser 'Bewegung' keine Ahnung" hätten, wen sie da unterstützten, und "einfach auf schön verpackte Schlagworte" hereinfielen:

> "Traurig ist, daß diese Jugendlichen oft ehrlich davon überzeugt sind, durch Unterstützung solcher nicht sofort als kommunistisch erkennbarer 'Bewegungen' einen Beitrag zur 'Völkerverständigung' zu leisten. Nicht zuletzt sind auch die Zugnummern des Oktober-Tabor, wie Heller, Pluhar, Qualtinger usw. nur dazu bestimmt, möglichst viele ahnungslose und uninformierte Jugendliche anzulocken, um bei dieser Gelegenheit tropfenweise und daher nicht sogleich wirksam linke Ideologie zu 'spritzen'." (157)

Entscheidend aber für die rigide Polemik des KHD war zweifellos die im RdH als Sachverhalt ausgegebene Befürchtung, daß sich hier "Kommunisten und deren 'nützliche Idioten' (...) mit Begeisterung in den Dienst des slowenischen Nationalismus" gestellt hätten, als sie unter dem Motto "Für einen neuen Oktober" das "österreichpatriotische Volksabstimmungs-Gedenken als 'Kristallisationspunkt des slowenenfeindlichen Kärntner Deutschnationalismus'" indizieren zu können meinten, die "Aufwertung des auf die Zerreißung Kärntens ausgerichtet gewesenen titokommunistischen Partisanenkampfes" anregten und "so 'nebenbei' die Abschaffung der vierten Strophe des Kärntner Heimatliedes" - "wo man mit Blut die Grenze schrieb / und treu in Not und Tod verblieb" - zu überlegen gaben. Die berechtigte Sorge, daß solche Ansätze zu einer auf Problematisierung und hierin auf Aufbrechung emotional versäulter Traditionsverständnisse abstellenden Gegenkultur auf lange Sicht die Formierungs- und Ausgrenzungskraft erinnerter Geschichtsklischees abschwächen und über das Medium direkter Begegnung vermittlungsgeeignetere Formen rational ausgewiesener Konfliktfähigkeit begünstigen könnten, gab abseits des nur schwer erträglichen Anblicks, daß sich neben anderem auch slowenische Kultur als Funktion slowenischer Geschichte in Kärnten gleichermaßen selbstdarstellen dürfe, den wahrscheinlich ausschlaggebenden Beweggrund für die Verbotsforderung des KHD, der in solcher Konkurrenzierung ein Zentrum seines vermeintlichen Gegenwartsauftrages gefährdet wähnte:

"Die Organisatoren dieses nur schlecht getarnten kommunistischen Spektakels kennen natürlich keinerlei Hemmungen und haben sich nicht geschämt, vom Land Kärnten sogar eine Subvention zu fordern. Die abschlägige Antwort des Herrn Landeshauptmannes an die 'Anti-Oktober-Bewegung' ist erfreulich. Noch erfreulicher wäre es jedoch für uns Kärntner, wenn dieses gegen unseren österreichpatriotischen Landesfeiertag und somit auch gegen Kärnten und Österreich ausgerichtete Spektakel im Interesse des Friedens untersagt werden würde!" (158)

Als linke Splittergruppen dann tatsächlich darangingen, den Oktober-Tabor als Forum auch für eigene politische Bemühungen anzunehmen und der 'Kommunistische Bund' in diesem Zusammenhang darauf aufmerksam machte, daß sich die Leninsche Formel vom Selbstbestimmungsrecht der Nationen historisch keineswegs überholt habe, deutete der KHD dies umgehend als "erstmals seit 1949" wieder unverhohlen vertretene Aufforderung zu einer "Los-von-Österreich"-Bewegung. Der Oktober-Tabor, nunmehr definitiv als "zentrale Kommunistenveranstaltung" ausgemacht, bei der sich "Revolutionäre, Chaoten, Anarchisten und auch viele nützliche Idioten Leninscher Prägung" unter Assistenz von "weder manuell noch geistig tätigen roten Revoluzzern an den österreichischen Universitäten" zu einer "gemeinsamen, mit viel slowenischem Nationalismus aufgeputzten Zeremonie" zusammenfänden, war damit endgültig zu einem potentiellen Fall für die Gerichte geworden:

"Dieses am Oktober-Tabor tätig gewesene ultralinke Gesindel kann offen gegen die Einheit Kärntens auftreten und die Zerschlagung des österreichischen Staates propagieren, ohne daß die Staatsanwaltschaft gegen diesen Spuk einschreitet."
(159)

Das Maß an Beschneidung, die das Recht auf Meinungsfreiheit in Österreich erfahren sollte, läßt sich wie die ins Auge gefaßte gesollte' Formierungskompetenz eines wahrhaft starken Staates freilich schon viel früher, so beispielsweise an einem mit "Quo vadis, Austria?" überschriebenen Artikel des KAB, ansichtig machen. Folgt man den impliziten Einschätzungen im RdH, wäre die Erinnerung von Geschichte nach völkischen Deutungsvarianten hin einzuebnen, die öffentliche Pflege konkurrierender Traditionsmuster hingegen nicht länger hinzunehmen. So weiß das Blatt von einem "'schwarzen Freitag', es war der 30. Juli 1976", zu berichten, da im "Stadthaus zu Klagenfurt vom Botschafter Südslawiens 252 Kärntner Partisanen für ihren 1945 gottlob erfolglosen Kampf zur Zerreißung Kärntens und den Anschluß Südkärntens an Südslawien mit rund 300 Orden ausgezeichnet" worden waren und sich "ein besonders hoch ausgezeichneter Partisanenhäuptling mit der Forderung, auch Österreich solle die eben ausgezeichneten Partisanen mit Orden schmücken", einen "Höhepunkt an Dreistigkeit" hatte zuschulden kommen lassen. Fürs erste war der KAB bemüht gewesen, diese "Verhöhnung durch Einspruch und eine Presseaussendung" [160] zu verhindern bzw. das Maß an Entwürdigung wenigstens durch Abschub der Veranstaltung ins "exterritoriale" jugoslawische Konsulat auf ein Erträgliches zu mindern, konnte damit aber nicht durchdringen. Nachdem solcherart feststand, "daß man uns, dem KAB, wie schon mehrfach geschehen, allein die Verteidigung der Ehre Kärntens" [161] zu überlassen gesonnen war, resümierte der RdH erbittert:

"So aber geht es schon seit Jahren: Österreich hat bewilligt, daß rund 50 Partisanendenkmäler zollfrei aus Südslawien nach Kärnten eingeführt und hier aufgestellt wurden.
Österreich duldet es, daß Jahr für Jahr das fürchterliche Treiben der Partisanen hier im Lande gefeiert wird, wobei Partisanenchöre aus Slowenien ihre ehemaligen Kampflieder in Kärntner Ohren dröhnen lassen.
Österreich anerkennt ehemalige Landeszerreißer als Gesprächspartner, obwohl es genug achtenswerte Slowenen ohne Partisanenvergangenheit gibt.
Österreich schweigt beharrlich zu den Beschimpfungen und Verleumdungen der nationalkommunistischen slowenischen Presse, es sei denn, daß Einzelpersonen unwahre Behauptungen in den Mund gelegt werden."

Am unbegreiflichsten aber schien dem Blatt, daß Österreichs Bundesregierung "die Ordensverleihung bewilligt" habe, das Land Kärnten gar "durch einen Landtagsabgeordneten offiziell vertreten" gewesen sei und die Landeshauptstadt Klagenfurt "den Stadtsaal zu Verfügung" stellen konnte. Zwar bleibt unausgeführt, ob solche Fehlhaltungen der 'Oberen' dekadenzbedingter Natur seien, ob sie mit 'Schwäche' oder falschem politischem Kalkül zu tun hätten. Fest steht freilich, daß "eine südslawische Regierung, die Provinzialregierung Sloweniens und die Provinzhauptstadt Laibach eine derartige Herausforderung durch österreichische Regierungsstellen" "niemals (...) geduldet" hätten:

> "Eine solche Erniedrigung kann nur unserem Volk zugemutet werden. Und das soll zur Verständigung und zum Frieden im Lande führen?"

Nachdem "Österreich" aber auch noch zu der schlimmen Frage Veiters in der 'Furche' schwieg, was die Kärntner Slowenen wohl tun würden, da man sich hierzulande - am 7. Juli - "für das Ethnozid (=Volkstumsmord) entschieden" habe, verlangte der RdH gar nach präventivem Schutz nicht nur des ohnehin schon über Gebühr beanspruchten Kärntner Ohrs, sondern des Staates schlechthin:

> "Lassen sich die Bundesregierung und der Nationalrat die im zweiten Teil des Satzes enthaltene schwere Beschuldigung gefallen? Wo bleibt der Bundesanwalt (sic!), der gegen eine derartige Verleumdung Österreichs und seiner Volksvertretung Anklage erhebt?" (162)

Folgt man den heimatlichen Rufen, so wäre wieder einmal der Staat - stark, weise und keinerlei Kontrolle bedürftig - dazu ausersehen, die große Zahl der von völkischen Traditionsdeutungen, Geschichtsklischees und politischen Zielvorstellungen erheblich Abweichenden ruhigzustellen und über die Einebnung des pluralen Charakters der Gesellschaft alle irgendwie öffentlichkeitsfähigen Gruppierungen auf die Wahrung des 'nationalen Interesses' zu verpflichten. Im Hinblick auf die bestehenden realpolitischen Spannungen sollte es deshalb auch die vornehmste Aufgabe der Medien und insonderheit der Presse sein, dem "jugoslawischen Verleumdungsfeldzug gegen Österreich" entsprechend zu begegnen. Während sich nämlich dort in unserem südlichen Nachbarland in der "typischen Manier einer gleichgeschalteten kommunistischen Diktatur (...) vom 'Väterchen' Tito bis hinab zum einfachen 'Werktätigen' alles in den Dienst der Antiösterreichwelle" stelle, ließen die österreichischen Massenmedien solch vaterländische Geschlossenheit leider vermissen, wodurch sie den "heimattreuen" Aufklärungsbemühungen schmählich "in den Rücken" fielen:

> "Solange allerdings österreichische Massenmedien Maßnahmen der Exekutive im Interesse unserer Demokratie gegen slowenisch-kommunistische Radaubrüder als 'Polizeiterror' bezeichnen, solange 'profilierte' Wiener Zeitungen in Kärnten eine 'Nazibrutstätte' zu erkennen glauben, solange wird jeder Versuch Österreichs, sich gegen die jugoslawischen Angriffe zur Wehr zu setzen, erfolglos bleiben müssen, da sich die Jugoslawen bei ihren Attacken unmittelbar auf österreichische 'Quellen' berufen können! Die Schmierfinken diverser Wiener Blätter sind demnach zumindest mitverantwortlich für das immer gespannter werdende Verhältnis zwischen Belgrad und Wien!" (163)

Zumal Volk und Staat in ihrem Existenzkampf mithin auf verlorenem Posten stünden, solange dolchstoßende Volksgenossen weiter unbehindert wüten dürften, verlangt es die heimatlichen Rufer nach möglichst stigmatisierender Kennzeichnung all jener, die mit ihren abweichenden Auffassungen einer Außenpolitik wenn schon nicht der Stärke, so doch wenigstens der nationalen Würde so hartnäckig andauernd im Wege lägen. Das im Blatt stetig wiederkehrende Bild von jenem 'Nest', welches es unversehrt und rein zu halten gelte, wenn schon nicht von 'Schmutz', so doch zumindest von all denen, die über ihn reden möchten, ist zunächst gewiß eine rhetorische Variante jener universalistischen Geschlossenheitssehnsucht, wie sie als Beweggrund dem Wunsch nach einer alles haltenden und bergenden Gemeinschaft häufig vorausliegt. Es ist aber auch emblematischer Ausdruck jenes Selbstverständnisses von Volksgemeinschaft, das sein oberflächlich Saubermännisches demonstrativ nach außen kehrt und im selben Zuge seine Unzukömmlichkeiten und lädierenden Inhalte sei´s zu verbergen, zu verdrängen oder umzudeuten sucht. In dieser nach wie vor anhaltenden Versuchung gründet auch die spätestens seit Goebbels geläufige und im RdH in instrumental durchaus vergleichbarer Terminologie allenthalben anklingende Polemik gegen Kritik, die - in verzerrender Personalisierung einstmals mit dem 'Kritikaster' oder 'Meckerer' auf den Begriff gebracht - nicht nur hervorragend geeignet ist, alle Infragestellung als "Nestbeschmutzung" zu denunzieren, sondern die es darüber hinaus auch noch erlaubt, die Zuständigkeit für jedwede Mißlichkeit auf jene abzuschieben, die sie zur Sprache bringen möchten.

Wie mit solchen "Nestbeschmutzern" verfahren werden könnte, scheint im RdH nicht weiter strittig. In derselben Nummer, in der das Blatt darüber berichtet, daß "im jugoslawischen Pesnica ein Mahnmal für den gefallenen Revolutionär Milan Bantan enthüllt" worden war, indes "ausgerechnet Jugoslawien" wieder einmal "die für die proösterreichischen Abwehrkämpfer in Kärnten errichteten Mahnmale als Provokation" bezeichnet hatte und "Wiener Zeitungsschmierer (...) mit den Wölfen" heulten, findet sich in der Rubrik "Bemerkenswertes in Kürze" so nebenbei folgender Hinweis:

"Mitte September wurde ein jugoslawischer Journalist in Laibach zu zwei Jahren Gefängnis verurteilt, weil er angeblich die gesellschaftspolitische Lage im Lande und besonders die außenpolitischen Beziehungen Jugoslawiens falsch dargestellt habe! Würden in Österreich derartige Delikte bestraft werden, müßte erst eine Unzahl von Gefängnissen gebaut werden! Dies ins Stammbuch der slowenischen nationalkommunistischen Hetzer und der unser eigenes Nest beschmutzenden Schreiberlinge in Österreich!" (164)

Auf die anderwärts gebräuchliche Möglichkeit der Verhängung von Kerkerstrafen bei "Verbreitung des Nationalitätenhasses" hatte schon Jahre zuvor beziehungsvoll auch der Verfasser eines Leserbriefes - "Adresse ist der Schriftleitung bekannt" - aufmerksam gemacht, als er die Aufführung der slowenischen Volkskomödie 'Martin

Krpan' ausgerechnet im erinnerungsschwangeren Burggemäuer der 'deutschen' Abstimmungsstadt Völkermarkt als "beabsichtigte Herausforderung der deutschen Mehrheit" verstanden wissen wollte, die "nicht dazu angetan" gewesen sei, "das Verhältnis zwischen der Mehrheit und der Minderheit zu fördern":

"In Jugoslawien werden täglich Angehörige der albanischen Minderheit zu hohen Kerkerstrafen verurteilt, angeblich wegen Verbreitung des Nationalitätenhasses. Wie würde es unserer slowenischen Minderheit an Stelle der albanischen Minderheit in Jugoslawien ergehen, wenn sie mit derartigen Methoden dort auftreten würde wie bei uns hier in Kärnten? Bestimmt nicht so gut wie bei uns, und deshalb sollte die slowenische Minderheit nicht so viel Haß säen und Intoleranz verbreiten wie in den letzten Tagen." (165)

Glaubt man dem 'Ruf der Heimat', so war es einzig und allein das mittlerweile eingestellte 'Salzburger Volksblatt', das den hohen Ansprüchen vaterländisch verpflichteter Meinungsbildung zu genügen vermochte:

"Die unabhängige Tageszeitung 'Salzburger Volksblatt' ist die Zeitung außerhalb Kärntens, die in einer Weise über die Volkstumsprobleme in Kärnten berichtet, wie es eigentlich für ein österreichisches Blatt selbstverständlich sein müßte. Daß dies leider keine Selbstverständlichkeit ist, beweist die beschämende Tatsache, daß viele österreichische Massenmedien oft ungeprüft den Standpunkt österreichfeindlicher slowenischer Titoisten übernehmen und auf diese Weise den Kärntnern in den Rücken fallen." (166)

In einem Schreiben des KAB an die Kärntner Landesparteileitungen von SPÖ, ÖVP und FPÖ werden die aus völkischer Sicht mißlichen Folgewirkungen eines liberalen Meinungsmarktes folgendermaßen charakterisiert:

"Die slowenischen Medien tun so, als wären sie einem verbrecherischen System ausgeliefert, bar der primitivsten Rechte und absichtlich dem Untergang geweiht. Ihre Aussagen würden sie in Slowenien vor den Richter bringen.
Was geschieht dagegen bei uns? Wo bleibt die energische Zurückweisung der Anschuldigungen, die unser Ansehen im Ausland untergraben? Was geschieht gegen das Treiben deutsch geschriebener Blätter, die an der Verleumdung kräftig mitwirken? Sie werden womöglich noch subventioniert." (167)

Solch offenkundige und im RdH ständig wiederkehrende Option für einen brachialeren Zugriff auf das Institut der Pressefreiheit, mit dessen Hilfe auf dem Wege staatlicher Zensurverschärfung die Formierung der öffentlichen Meinung und die Verpflichtung der Medien auf die Bedürfnisse völkischer Politik- und Staatskonzepte durchgesetzt werden soll, rechnete schon zu den Wesenszügen der historischen Faschismen in ihrer Bewegungs- wie Systemphase und ist liberal-demokratisch eingerichteten Verfassungsstaaten jedenfalls zutiefst unverträglich.

Wer immer sich in irgendeiner Weise der völkisch getönten Sicht auf die Lage der Dinge verschließt, findet sich unversehens der Klasse der Falschinformanten zugeordnet und hat mit herben Zensuren zu rechnen. Als beispielsweise der jugoslawische Spitzenpolitiker Mitja Ribičič Mitte September 1975 österreichische Pressevertreter zu einem Gespräch nach Ljubljana lud, um die jugoslawische Haltung zur Frage der südslawischen Minderheiten in Österreich zu erläutern, da "überschlug sich förmlich unsere Presse vor lauter Begeisterung über angeblich mildere Töne aus Laibach und Belgrad". In Sorge darüber, die österreichischen Leser könnten hieraus auf ein "echtes Tauwetter in den Beziehungen zwischen Wien und Belgrad" schließen, mühte sich der RdH nach Kräften um präventive Stabilisierung der scheinbar ins Wanken geratenden Perzeptionsfronten. Zumal Ribičič "die Unverschämtheit besessen" hatte, sich bei diesem Pressegespräch "in unsere Angelegenheiten" einzumischen, müsse es - so belehrte der RdH die staunende Öffentlichkeit - "gelinde ausgedrückt als Gipfel der Instinktlosigkeit bezeichnet werden", wenn einzelne Presseorgane hier "von einem zwischenstaatlichen 'Tauwetter'" sprächen. Um klarzustellen, "wie wenig Jugoslawien die Speichelleckerei mancher österreichischer Journalisten zu schätzen" wisse, vermochte die Redaktion glücklicherweise auf einen "scharfen Angriff des Laibacher Massenblattes 'Delo' gegen österreichische Zeitungen" zu rekurrieren, in denen selbst das "Jugoblatt" die Korrektur allzu euphorischer Auslegungen der Ribičič-Äußerungen eingemahnt haben soll. 168)

Wo der bloße Appell an die Verpflichtung zu nationaler Berichterstattung nicht verschlägt, sucht der RdH freilich auf dem Wege auch ökonomischer Druckandrohung der Presseformierung nach völkischem Muster nachzuhelfen. Als Beispiel hiefür mag ein von Maria Madritsch, Arztenswitwe aus Maria Saal, an die "Schriftleitung der 'Kleinen Zeitung'" gerichteter "Leserbrief" hervorgehoben sein, einer, der dort "leider nie erschienen ist" und natürlich nur deshalb in das Sprachrohr aller aufrechten Kärntner Aufnahme finden mußte. In diesem Schreiben drückte die Dame "als jahrelange Bezieherin der 'Kleinen Zeitung'" der Redaktion des Blattes u. a. ihr "Mißfallen" über deren "Einstellung zur Minderheitenfrage" aus, "verurteilte" die seinerzeit eher kritische Haltung der 'Kleinen Zeitung' gegenüber dem KHD-Funktionär Dr. Hans Pichs und beschied die "Schriftleitung" schließlich folgendermaßen:

"Gegen einen Mann, der für uns deutsche Kärntner ein Vorbild ist, aufzutreten, nehme ich der 'Kleinen Zeitung' übel. Wenn Sie so fortfahren und nicht endlich für eine gerechte Lösung eintreten, werde ich Ihr Blatt abbestellen." (169)

Die Mentalreservation gegen die Medien als die wahrscheinlich wichtigsten Einrichtungen einer funktionierenden demokratischen Öffentlichkeit ist aber nur ein Teil jener Option, die in ihrer Gesamtheit der rigorosen Beschneidung des Grundrechtes auf freie Meinungsäußerung das Wort redet. So nimmt es nicht weiter wunder, daß auch das Recht auf Versammlungsfreiheit nach Auffassung des RdH weit restriktiver

EIN EINIG VOLK VON BRÜDERN?

als bisher zu handhaben wäre. Als beispielsweise der stellvertretende Obmann des 'Volksrates der Kärntner Slowenen', Dr. Matevž Grilc, auf einer Veranstaltung in Bleiburg die Meinung vertrat, daß die ins Auge gefaßte 'Sprachenzählung besonderer Art' mit den Prinzipien einer fördernden Minderheitenpolitik nicht zusammenginge und angesichts der "gegebenen Situation, die jener des Rassenhasses in den USA und den bekannten Ereignissen im Zusammenhang mit der Diskriminierung in Irland" ähnelte, von den Kärntner Slowenen eine "freie Aussage über ihre Volkszugehörigkeit" nicht zu erwarten stünde, die österreichische Bundesregierung aber zu gewärtigen habe, "daß hier unsere Geduld zu Ende ist und daß sie (die Bundesregierung, W. H.) für eine allfällige Radikalisierung die Verantwortung zu tragen haben" würde, entwickelte der RdH folgende völkisch restringierte Auslegung des Grundrechtes auf Versammlungsfreiheit:

"Was sagen die österreichischen Behörden zu derartigen Aussagen?
Sollen derartige Provokationen zum Kärntner Alltag werden? Wir achten das in Österreich im Gegensatz zu den 'fortschrittlichen' (sprich: kommunistischen) Staaten verankerte Recht der Versammlungsfreiheit. Wir verurteilen aber entschieden, daß dieses den österreichischen Staatsbürgern verfassungsmäßig gewährleistete Grundrecht zu einer kärntenfeindlichen Hetze mißbraucht wird!"
(170)

Die "aggressiven, zumeist gegen unseren Staat gerichteten Aussagen", wie sie der RdH anläßlich dieser Bleiburger Kundgebung monieren zu können glaubte, dienten der Redaktion zunächst als "hervorragender Beweis dafür, daß auch die extrem nationalistischen Slowenen in Kärnten größtmögliche Freiheiten besitzen und diese auch weidlich auszunützen verstehen", um daraufhin völlig kommentarlos die gleichsam rhetorische Frage zu lancieren:

"Was würde in Jugoslawien mit jugoslawischen Staatsbürgern deutscher Volkszugehörigkeit geschehen, die es wagen würden, in aller Öffentlichkeit gegen den 'fortschrittlichen' (sprich: kommunistischen) Titostaat gerichtete Aussagen zu machen?"

Nun ist der RdH ja den Kummer mit seinen Slowenen schon gewöhnt. Als besonders bedenklich wie doch auch "bezeichnend für die antiösterreichische Atmosphäre dieser Veranstaltung" vermerkte das Blatt aber "die Tatsache,

daß die unseren Staat in der internationalen Öffentlichkeit schwerstens herabsetzende Behauptung des 'Austrokraten' Gerhard Emrich, Österreich zähle zu den 'absolut minderheitenfeindlichsten Staaten Europas', von den rund 800 Teilnehmern mit lebhaftem Applaus aufgenommen wurde!
Es ist ungeheuerlich, daß dieser österreichische Nestbeschmutzer ausgerechnet als offizieller Vertreter der Jugendkommission der 'Föderativen Union Europäischer Volksgruppen' (FUEV), also jener Organisation in Bleiburg erschienen ist, deren Exponenten genau wissen, wievielen Volksgruppen in Europa noch immer die primitivsten Rechte vorenthalten werden." (171)

Ein Jahr später forderte der KHD nunmehr mit dem Hinweis auf die bedrohte Gesundheit der Exekutivorgane und unter der Losung: "Schluß mit Straßenterror", solchem Mißbrauch der Versammlungsfreiheit doch endlich ein Ende zu setzen:

"In Bleiburg haben slowenische Nationalkommunisten und Staatsfremde unter Mißbrauch der Versammlungsfreiheit unseren Staat verhöhnt, unsere Gendarmerie mit 'Nazischweine' beschimpft und sogar tätlich angegriffen.
Eine Ausweitung des linksextremen Straßenterrors wird angekündigt, obwohl der Handvoll Slowenen in Kärnten weit mehr gegeben wurde, als ihr zusteht! Wie lange wird das offizielle Österreich diesem Treiben noch zusehen? Sind verletzte Gendarmen nicht Alarmzeichen genug? Muß noch Schlimmeres passieren?
Der KHD fordert: Jenen Unruhestiftern das Handwerk legen, die die Versammlungsfreiheit mißbrauchen!" (172)

Der RdH griff in der Folgezeit immer wieder unbedachte Äußerungen einzelner Slowenenfunktionäre auf, mit denen sich - zu Drohgesten ausgedeutet - die Forderung nach weitgehender Beschränkung des Rechtes auf Meinungsfreiheit begründen ließ. Als sich etwa der Zentralsekretär des "linksklerikalen" 'Volksrates der Kärntner Slowenen', Filip Warasch, Anfang März 1976 laut Presseberichten (Die Presse, 3. März 1976) zu der reichlich unüberlegten Bemerkung veranlaßt wähnte, "man müsse gewärtig sein, daß 'wir uns ähnlich wie die Baader-Meinhofs benehmen'", war mit Verständnis hiefür gewißlich nirgendwo zu rechnen. Da man sich "in Wien jedoch (...) durch diese Terrordrohung nicht im mindesten beeindrucken" ließ und "wie bisher bei ähnlichen Anlässen" nicht offiziell reagierte, sah die Verbandsleitung des KHD hierin gleich eine weitere Bestätigung für ihre Vermutung, daß "slowenische Extremisten und ultralinke Unruhestifter ungestraft die Freiheiten unserer westlichen Demokratie mißbrauchen und untergraben dürfen!" In einer Presseaussendung des KHD wurde

"'die Terrordrohung Waraschs schärfstens verurteilt und verlangt, daß jegliche Förderung aus Mitteln der österreichischen Steuerzahler an den 'Volksrat der Kärntner Slowenen' und an den 'Klub slowenischer Gemeinderäte' bis zu einer eindeutigen Distanzierung (...) dieser beiden Organisationen von den Äußerungen Filip Waraschs zu unterbleiben habe! Darüber hinaus forderte die Verbandsleitung des KHD, daß 'seitens der zuständigen staatlichen Stellen endlich wirkungsvolle Maßnahmen gegen jene slowenischen Nationalisten ergriffen werden, die unter Mißbrauch des demokratischen Rechtes auf freie Meinungsäußerung durch wie immer geartete Drohungen die friedliebende, österreichbewußte Kärntner Bevölkerung einzuschüchtern trachten'!
Die Antwort Wiens: Einladung auch der extremistischen slowenischen Vereinsfunktionäre zu weiteren Verhandlungen!" (173)

Als weiterer und gewichtiger Indikator für das antipluralistische Formierungsinteresse des RdH sind schließlich die nur mühsam überdeckten Vorbehalte gegen alle Formen staatsübergreifender Interessenwahrnehmung anzumerken, hinter denen das alte Ideal des völkisch gleichgemachten, starken Nationalstaates sichtbar wird. Einsprüche dieser Art lassen sich nicht etwa nur in der Polemik gegen die Schutzmachtfunktion Jugoslawiens vorführen, sondern sie kommen bereits in der Frontstellung gegen grenzüberschreitenden Informationsfluß zum Ausdruck. Schon das schlichte Kennenlernen alternativer Verfassungsmodelle ist für den RdH in höchstem Maße verdächtig, insbesondere dann, wenn es sich um jugoslawisch Kommunistisches handelt. Der Sachverhalt etwa, daß "die Maturaklassen des Klagenfurter Slowenengymnasiums ihre Maturareise ins geliebte 'Mutterland' Jugoslawien machen, natürlich als Gäste dieses Staates", und hiebei mit den jugoslawischen Traditionen und der dortigen Verfassungswirklichkeit bekanntgemacht werden, veranlaßt das Blatt zu folgendem Kommentar:

"Kommunismus, in rosarotem Papier verpackt, als Maturageschenk für die Absolventen des Slowenengymnasiums. Die Titoisten können wirklich zufrieden sein!" (174)

Auslandskontakte von Angehörigen der slowenischen Volksgruppe, nach kulturellen und politischen Verbindungen säuberlich geschieden, dienen in der Regel als Indikatoren für potentielle Illoyalität und rücken das Beziehungsinteresse dergestalt bereits nahe an das Odium des Landesverrats heran:

"Den Slowenenführern genügen nicht kulturelle Kontakte zu Jugoslawien, sie pflegen darüber hinaus politische Kontakte, was - auch in Anbetracht der ideologischen Unterschiede zwischen Österreich und Jugoslawien (sic!) - wohl keineswegs der Stärkung des österreichischen Staatsbewußtseins dienen kann!"

Diese Einschätzung gibt fürs erste ein scheinbar unverdächtiges Argument für die unermüdlich wiederholte Überzeugung, daß die volksgemeinschaftliche Idylle nur durch Einwirkungen von außen gestört worden wäre:

"Daß es in Ländern mit ethnischen Minderheiten dann keine Volksgruppenprobleme gibt, wenn die Angehörigen der Minderheit loyale Staatsbürger sind und das 'Mutterland' der Minderheit sich nicht in die Angelegenheiten des Herbergsstaates der Minderheit einmischt, zeigt das deutsch-dänische Beispiel."

Sieht man einmal davon ab, daß der demaskierende Begriff 'Herbergsstaat' unter funktionalem Aspekt in bedrückender Nähe zum Terminus 'Wirtsvolk' figuriert, der in der nationalsozialistischen Rassenideologie bekanntlich die sprachliche Ausgrenzung der 'Nichtarier' aus der Volksgemeinschaft sicherstellte, so liefert das deutschdänische Beispiel, wie es der RdH vorzustellen sucht, auch noch nachgerade zwingende Argumente für die letztendliche Rationalität restriktiv angelegter Lösungsmodelle in Minderheitenfragen:

Willibald I. Holzer 133

"Obwohl die dänische Sprache vor Ämtern und Behörden in dem im Norden der BRD gelegenen Südschleswig (...) im Gegensatz zum Slowenischen in Südkärnten nicht verankert ist, (...) obwohl die Angehörigen der dänischen Minderheit - wieder im Gegensatz zu Südkärnten - nur in Privatschulen in ihrer Muttersprache unterrichtet werden können, und obwohl es in Südschleswig keine dänischen Ortstafeln gibt, gibt es in der BRD keinerlei Minderheitenprobleme! Die Dänen erweisen sich als loyale deutsche Staatsbürger und denken nicht daran, Dänemark gegen ihren Herbergsstaat aufzuhetzen!" (175)

Zumal der Mangel an eingelösten minoritären Rechtsansprüchen als Ursache für die Situation in Kärnten mithin wegfällt, verbleibt die schon historisch mehrfach erwiesene und als anhaltende behauptete fehlende Loyalität der slowenischsprachigen Kärntner als eigentliche Ursache für die Kärntner Misere. "Dankbarkeit" sei denn auch angesichts solch artspezifischer Defekte selbst bei bevorzugtester Behandlung der Minderheit nicht zu erwarten, wie die Praxis ja schon hinlänglich gezeigt habe:

"Obwohl die Slowenen in Kärnten geradezu verhätschelt werden, greifen ihre nationalistischen, jugogesteuerten Führer ihren österreichischen Herbergsstaat immer wieder in unqualifiziertester Weise an. So schrieb das titokommunistische Klagenfurter Blatt 'Slovenski vestnik' am 10. Dezember 1976 wörtlich: 'Die Vorwürfe, daß Österreich der minderheitenfeindlichste Staat Europas ist, sind nach all dem, was gegen die Minderheit in Österreich geschieht, gerechtfertigt!" (176)

In diesen Äußerungen erweise sich nach Auffassung der Redaktion zuallererst einmal die Absurdität slowenischer Unterdrückungsbehauptungen. Gemeinsam mit den aus der BRD bemühten Hintergrunddaten kann diese Deutung im uninformierten Leser zudem aber auch die Vermutung befördern, daß die präventive Beschneidung solch "schrankenloser Freiheiten" - vom RdH ja anderenorts vielfach lanciert - nachgerade als Erfolgsvoraussetzung ethnischer Befriedungspolitik angesetzt werden dürfe:

"Die Tatsache, daß die nationalkommunistischen Kärntner Slowenenführer völlig ungehindert politische Kontakte zu offiziellen jugoslawischen Stellen führen können und derartige Kontakte nur allzu häufig zu Angriffen gegen Österreich mißbrauchen",

belege jedenfalls nicht nur die "schrankenlosen Freiheiten der Slowenen in Kärnten" [177], sondern sei, wie ja die Geschichte ansichtig zu machen vermag, auch dem Frieden in diesem Lande noch nie förderlich gewesen.

Wie mit solchen Auslandskonfidenten zu verfahren wäre, erschließt sich dem Leser u. a. auch auf dem historischen Umweg über § 91 des "alten serbischen Staatsgesetzes", der entgegen einschlägiger Minderheitenschutzbestimmungen auf das gesamte Gebiet des SHS-Staates ausgedehnt worden war und sich schon im Jugoslawien der Zwischenkriegszeit bei der Disziplinierung einzelner ethnischer

Minderheiten hervorragend bewährt habe:

"'Ein Serbe, welcher gegen seine Staatsbehörde oder gegen Gesetze oder Urteile, ausgesprochen von staatlichen Gerichten, bei Ausländern Wahrung oder Hilfe anruft, soll mit einer Geldstrafe (...) oder Arrest von einem bis fünf Jahren bestraft werden.'
Wer denkt bei solchen 'Schutzbestimmungen' nicht daran, daß die Vertreter von Kärntner Slowenenorganisationen im In- und Ausland ständig für die Diskriminierung der deutschen und windischen Kärntner sowie für die Verteufelung Österreichs sorgen, ohne daß sie ihre vielfach haarsträubenden Behauptungen auch nur beweisen müßten..." (178)

In besonderem Maße verdächtig werden Auslandskontakte freilich überall dort, wo sie in irgendeiner Weise mit Geld zu tun haben. Als der Obmann des 'Zentralverbandes slowenischer Organisationen', Dr. Franci Zwitter, in einem Interview im Herbst 1975 einräumte, daß seine Gruppierung finanzielle Stützung aus Jugoslawien erhalte, war für den RdH vollends evident, daß es jetzt gleich beiden Slowenenorganisationen an einem legitimen Bezugstitel für österreichische Subventionen ermangle. Obschon Zwitter zwar "verschweige", welche "Auflagen mit dieser tito-kommunistischen Finanzspritze verbunden" seien, ließe sich - wie man im RdH im Hinblick auf die Bestimmungen des Pressegesetzes zurückhaltend formulierte - "mit diesen Geldern sicherlich die Propaganda für das tito-kommunistische 'Mutterland' und gegen die österreichische Minderheitenpolitik finanzieren". Doch "ungeachtet dessen" werde der 'Zentralverband'

"ebenso wie der nicht minder laibach- und belgradhörige 'Volksrat der Kärntner Slowenen' vom österreichischen Staat - mit den Steuergeldern österreichischer Staatsbürger - großzügigst subventioniert! Als Dank dafür beschimpfte das Organ Zwitters (...) Österreich als ein Land, 'welches den Minderheiten gegenüber am allerfeindlichsten in Europa ist'!"

Nachdem nun "Wien" keinerlei Anstalten machte, auf "derartige Ausfälle" mit Subventionsentzug zu reagieren, sah sich der RdH zu folgender Forderung veranlaßt:

"Angesichts der Tatsache, daß der 'Zentralverband' zugegebenermaßen von Jugoslawien finanziert wird, und in Anbetracht der gegen unseren Staat gerichteten Aussagen dieser Organisation verlangen wir die sofortige Streichung jeglicher staatlicher Subventionen an Slowenenorganisationen. Denn österreichische Steuergelder dürfen nicht zu einer Hetze gegen den österreichischen Staat mißbraucht werden!" (179)

Neben all diesen Ansätzen, die Freiheit und Vielfalt veröffentlichter Meinung in Österreich einzuschränken, empfiehlt der RdH als quasi unverzichtbare Flankensicherung wirksamere Zensurmaßnahmen an den Kärntner Grenzen - explizit natürlich nur an den südlichen -, wodurch die binnenstaatliche Formierung erleichtert und die für diverse Infiltrationen Verantwortlichen in ihren Wirkungsmöglichkeiten beschränkt werden könnten. Daß die Chance auf grenzüberschreitende Kommunikation hiedurch Schaden leiden würde, schlägt aus der Perspektive völkischen Vereinheitlichungswollens ohnehin eher als Positivum zu Buche. Ein im Zuge bilateralen Kulturaustausches in Klagenfurt ausgestelltes slowenisches Schulbuch für den Geographieunterricht, das für das "Kärntner Südostbecken (...) noch immer an die 100.000 Slowenen" auszuweisen vermochte, wurde für den RdH zum Anlaßfall, ein rigoroses Einfuhrverbot für "Propagandaschriften" zu fordern:

> "Man muß über diesen Unsinn nicht gleich in chauvinistische Wut geraten, aber fragen muß man doch - die Betonung liegt auf dem Wort muß -, wer verantwortlich ist, daß solche Bücher hier ausgestellt werden? Wir können niemanden jenseits der Karawanken hindern, zu schreiben, was er will, wir bedauern nur, wenn die Jugend dort mit Unwahrheiten unterrichtet wird, aber im Interesse korrekter Beziehungen, die alle wünschen, ist zu verlangen, daß solche Bücher hier nicht ausgestellt werden. Propagandaliteratur darf kein Importgegenstand nach Kärnten sein. Wer aber ist verantwortlich, daß dieses Buch hier ausgestellt werden konnte?
> Dazu ergibt sich zwangsläufig die Frage: Merkt man nicht gerade an solchen Fälschungen, wie notwendig eine saubere Minderheitenfeststellung wäre? Dann könnte niemand die Jugend mit Falschinformationen füttern." (180)

Zweckmäßiger freilich erschiene es, mit den historisch bewährten Mitteln einer starken Außenpolitik auf eine völkisch genehme Formierung der veröffentlichten Meinung schon im Ausland hinzuwirken. Um deren auf lange Sicht unabweisbare Notwendigkeit vorzuführen, kolportiert der RdH über den Umweg eines "Leserbriefes" - "Adresse der Schriftleitung bekannt" - die vorgebliche Äußerung des "Sprechers" einer "Gruppe radfahrender junger Burschen aus Slowenien", der sich durch die Anzahl deutschsprachiger Grabinschriften auf dem Diexer Friedhof irritiert gezeigt haben soll: "'Das wird nicht mehr lange so sein. In einigen Jahren wird es hier nur mehr slowenische Inschriften geben.'" Zwar räumt der RdH ein, daß es sich hiebei "sicherlich um die vielleicht bedeutungslose Meinung einer Gruppe chauvinistischer slowenischer Studenten" handle:

> "Sie möge aber trotzdem beachtet werden, da sie ein bezeichnendes Licht auf die in Slowenien betriebene Propaganda wirft, die dort gegen die deutschsprechende (ausnahmsweise, W. H.) überwältigende Mehrheit der Südkärntner Bevölkerung betrieben wird!
> Sie möge unsere Regierung auch endlich dazu bewegen, dagegen erfolgreich zu protestieren, daß in den slowenischen Schulbüchern und Schulatlanten Kärnten noch heute als ein slowenisch sprechendes Land eingezeichnet ist, das laut slowenischer Auffassung nur widerrechtlich bei Österreich verblieben ist." (181)

Wenn sich die Produktion und Verbreitung von nicht gefälligen Druckwerken in Österreich schon nicht verhindern lasse, wäre doch zumindest an die Expatriierung ihrer Präponenten zu denken. Obgleich bekannt sei, daß "Zehntausenden Deutschkärntner Gläubigen in Südkärnten nach wie vor das Recht auf deutschen Gottesdienst verwehrt" würde, habe selbst "diese offenkundige und in Kärnten als unerträglich empfundene Bevorzugung der slowenischen Gläubigen (...) die slowenischen Fanatiker keineswegs" davon abgehalten, im Organ des slowenischen 'Kärntner Studentenverbandes', 'Problemi', von einer "'deutschnationalistischen' Kirche in Kärnten" zu schreiben. In Anspielung auf üble Sowjetpraktiken befindet denn auch der RdH:

> "Diesen an 'chauvinistischem Irrsinn' erkrankten slowenischen Jünglingen kann man nur empfehlen, schleunigst der westlichen Demokratie zu entfliehen und sich irgendwo im gelobten Osten ausheilen zu lassen!" (182)

Als weiteres probates Mittel, den bestehenden Pluralismus einzuebnen und die Formierung der Gesellschaft im Sinne völkischer Ordnungsstrukturen zu erzwingen, empfehle sich fernerhin, wie aus vielen der oben bezogenen Quellen schon deutlich geworden ist, die gezielte Vergabe öffentlicher Gelder. Ob es sich hiebei nun um Slowenenorganisationen, die slowenischsprachige Presse, die "linken 'Schäfer'" von Longo mai oder staatsgefährdende Jugendseminare handelt, sie alle wären, da sie Gelder des "Steuerzahlers" konsumierten, auch auf dessen fraglos bekannte, nur eben unveröffentlichte bzw. im RdH nachzulesende Meinung zu verpflichten. Soweit es sich nicht um ohnehin förderungsunwürdige Ausweisungsfälle handle, sollten sie mit der Drohung des Subventionsentzuges in obigem Sinne gefügig gemacht werden.

Solches galt zunächst beispielsweise für die "Kommune-Organisation Longo mai", bei der auch "der extremen Linken angehörende Personen (...) tätig" waren und die begonnen hatte, in "Südkärnten Betriebe aufzukaufen und dort Produktionsgenossenschaften nach östlichem Muster" einzurichten: "Ein Großteil dieser Kosten soll aus öffentlichen Mitteln gedeckt werden, heißt es." [183] Vorweg war sich der RdH darüber im klaren, daß man es hier mit einer "Kommunistenorganisation" zu tun habe, und "daß nicht die Schafzucht, sondern revolutionäre marxistische Betätigung Hauptaufgabe" der Wohn- und Produktionsgemeinschaft wäre. Solches könne nicht nur der Laibacher Zeitung 'Delo' vom 30. April 1977 entnommen werden, es erschlösse sich zwingend allein schon aus dem Namen der Gruppe:

> "'Longo mai' heißt auf provencalisch: 'Es möge noch lange dauern!' Wenn man weiß, daß diese Organisation sich revolutionäre Betätigung in Krisengebieten zur Aufgabe gestellt hat, so kann diese Bezeichnung der Organisation nur mit dem Bestreben, Konflikte zu schüren, erklärt werden!"

Zumal die "'Erfolge' dieser Revoluzzertruppe im Sinne ihrer Aufgabenstellung (...) sich bereits sehen lassen" könnten und das Grenzland wieder einmal in Gefahr sei, wäre es nach Meinung der Redaktion

> "höchst an der Zeit, die gefährliche Wühlarbeit der Kommunistentruppe 'Longo

mai' zu unterbinden! Die Sicherheitsbehörden werden jedenfalls der Aktivität dieser sich in Eisenkappel eingenisteten (!) Revoluzzer größtes Augenmerk schenken müssen!" (184)

Vergleichbaren Auffasssungen hing dem RdH zufolge auch die Grazer Tageszeitung 'Südost-Tagespost' nach, die sich ebenfalls über den Aufkauf leerstehender Gehöfte im südsteirischen Grenzgebiet zu Jugoslawien durch sichtlich eo ipso suspekte Wohngemeinschaften beunruhigt gezeigt hatte:

"Geld spielt bei diesen Leuten offenkundig keine Rolle, denn es wird behauptet, daß eine Gruppe aus Hamburg 'ohne weiteres weit über eine Million Schilling auf den Tisch eines als Kaufobjekt gewünschten Bauernhauses blättern will'! Die Bevölkerung fragt mit Recht, woher diese jungen Leute das viele Geld haben. (...) Bezirkshauptmann Dr. Schell wird, so berichtet die 'Südost-Tagespost', in seinem nächsten Monatsbericht an die steirische Landesregierung das Kommunardenproblem und die in diesem Zusammenhang wieder neu entflammte Sicherheitsfrage zur Sprache bringen!!" (185)

Das Maß und die Richtung möglicher Alternativen, wie sie Wohn- und Produktionsgemeinschaften von der Art Longo mais in den Bereichen Lebens- und Wirtschaftsform vorzuführen suchten, reichten zusammen mit dem slowenophilen Engagement der Gruppe und ihren sozialistischen Zielvorstellungen offensichtlich hin, um sie auf dem Umweg über die Vergangenheit einiger ihrer Gründungsmitglieder schließlich in toto dem Linksextremismus zuordnen zu können, womit sich zunächst ihre Förderungswürdigkeit in Frage stellen und wenig später, als man sie in das gängige Verschwörungsmodell eingepaßt hatte, auch die Notwendigkeit ihrer Ausweisung begründen ließ. Den Bergbauern konfrontiert und angesichts ihrer "linksextremen gesellschaftspolitischen Tätigkeit", vor allem aber ihrer unkonventionellen Lebensgestaltung als sozial Abweichende an die Peripherie der Gesellschaft gerückt, ließ sich Longo mai nach Belieben distanzieren:

"Die Arbeit der seit einigen Jahren auch in Südkärnten ansässigen Gruppe Longo mai, deren Sprecher vorgeben, von der Schafzucht zu 'leben', ist überdies mit den Grundsätzen unseres westlich-freiheitlichen Sozialstaates nicht in Einklang zu bringen (sic!), zumal die Kommunemitglieder (als 'Genossenschafter' bezeichnet) weder Lohn erhalten, noch nach den österreichischen Bestimmungen sozialversichert sind.
Der KHD fordert:
1. Keine Unterstützung für die Kommune Longo mai!
2. Statt dessen die Millionen den bodenständigen Bergbauern zur Erhaltung ihrer Betriebe!" (186)

Der üble publizistische Druck, den der KHD nicht nur mit der "Unterstützung von Kärntner Nationalratsabgeordneten, wie FP-Haider und ÖVP-Deutschmann", sondern auch im Zusammenwirken mit einer durchaus größeren Öffentlichkeit gegen die "sich vor einigen Jahren in Kärnten eingenistete und als biedere Schafzüchter getarnte ultralinke Polit-Gruppe Longo mai" [187] in der Folge entwickelte, veran-

138   EIN EINIG VOLK VON BRÜDERN?

laßte die 'Europäische Kooperative', über niederländische Sympathisanten, darunter auch sozialistische Parlamentsmitglieder, ihre Sicht von der Lage der Dinge in Kärnten in die niederländischen Medien einzubringen in der Hoffnung, auf diesem Wege die "Longo-mai-Siedlung (in Kärnten, W. H.) bei ihrem Widerstand gegen den Neonazismus zu unterstützen." [188] In einer Informationsschrift der 'Freunde von Longo mai in den Niederlanden' wird darauf aufmerksam gemacht, daß "rechtsextremistische und deutsch-nationalistische Kreise, um den 'Heimatdienst' (Mantelorganisation der ehemaligen NSDAP in Kärnten) gruppiert, (...) eine Pressekampagne mit immer wachsender Brutalität gegen die Mitglieder der Kooperative" losgetreten hätten:

"Keine Woche geht vorüber ohne Aufwiegelung der Kärntner Bevölkerung durch Hetzartikel im Stil des 'Stürmers'. Vom Wort zur Tat ist es nur ein Schritt. Wir Niederländer wissen das allzugut. (...) Wir rufen auf zum Schutz der Europäischen Kooperative Longo mai in Kärnten. Wir wollen, daß die Europäische Kooperative in Kärnten weiter existiert. Ein Modell (...) nahe der unruhigen Grenze zu Jugoslawien. Die Niederlande haben selbst unter den Grausamkeiten der Nazis gelitten. Das macht uns wachsam, wenn irgendwo in Europa der Rechtsextremismus sich arrogant erhebt (...) Schützen Sie Longo mai!" (189)

War es für den RdH zunächst wieder einmal "unfaßbar, daß diese üble Hetze gegen Kärnten und Österreich und diese doch offenkundigen haarsträubenden Lügen von holländischen Massenmedien weiterverbreitet werden", so stellte er doch gleich die Frage, ob denn "wir Kärntner" (sic!) "uns diese Beschuldigungen, Verleumdungen und Lügen noch weiterhin bieten lassen" müßten:

"Gibt es denn wirklich keine gesetzliche Möglichkeit, solchen vom Ausland aus gegen unser Land tätigen Kräften das Handwerk zu legen? Wir fordern, die in unserem Land tätigen ausländischen Longo-mai-Kommunarden auszuweisen, und warnen davor, die deklariert politisch ausgerichtete Tätigkeit dieser ausländischen Unruhestifter und Brunnenvergifter zu unterschätzen. Hat die Kärntner Landesregierung, hat Wien gegen diese gegen unser Land und seine Bevölkerung gerichtete Hetze (sic!) schon etwas unternommen?" (190)

Obgleich sich die Kärntner Landesregierung nicht entschließen mochte, der Empfehlung des RdH Folge zu geben und das historisch einschlägig lädierte Rechtsmittel der präventiven Kollektivausweisung wieder zu beleben, brachte die "konsequente Informationsarbeit des KHD" bei anhaltender Sekundanz von ÖVP und FPÖ letztlich doch noch den gewünschten "vollen Erfolg": Im Dezember 1980 durfte der RdH endlich in fetten Balkenlettern die Liquidierung des Falles melden: "Longo mai ist out!" Sein "'kulturpolitischer' Ableger (...) mit Namen 'Comedia Mundi'", der "in den österreichischen Landen offen als Kommunistentruppe" aufgetreten sein soll, ließ sich dann mit dem so bequemen wie wirksamen Totschlagetikett evidenter Terrorismusnähe erledigen, hätte sich Longo mai doch mit Hilfe dieser "Schauspielertruppe" wieder "offen seiner linksextremen Erzeuger erinnert und im 'Lied der Karawane' dem deutschen Terroristen (sic!) und Studentenführer der späten sechziger Jahre, Rudi Dutschke, ein Denkmal" [191] gesetzt.

Aber nicht nur in Fragen der Wirtschaftsverfassung, sondern auch im weiten Lande der Produktion und Distribution von Kultur empfehle sich gezielte Subventionslenkung als bekanntlich probates Mittel, völkische Gestaltungsmuster und Formierungstrends zu forcieren und alternative Entwicklungen zu behindern. In besonderem Maße verdächtig erscheinen dem RdH hiebei vor allem solche Organisationen, die ihr kulturelles Engagement gesellschaftspolitisch reflektieren und in dessen Folge auch emanzipatorische Strömungen und minoritäre Gestaltungsansprüche im modernen Kunstbetrieb vorzustellen neigen. Dieses gesamtgesellschaftlich aufruhende Kulturverständnis, dem das Wissen um die gestaltende Funktion des Politischen für alles Kulturelle uneinholbar vorausliegt, demaskiert nicht nur die Usancen der völkischen Führungsgruppen, die zwar die säuberliche Trennung von Politik und Kultur als Möglichkeit und Notwendigkeit stets im Munde führen, selbst aber ihre eigenen Zielvorstellungen zu einem großen Teil über eben solche vorgeblich 'unpolitischen' Kulturorganisationen durchzusetzen suchen, sondern es ist in seinem Bestreben, auch alternative Kulturformungen ansichtig zu machen und damit die Vielgestaltigkeit kultureller Gegenwartsbemühungen zur Geltung zu bringen, der völkischen Zielperspektive gleichgemachter Kulturidylle natürlich zutiefst unverträglich. So denunziert der RdH beispielsweise die 'Galerie Hildebrand' in Klagenfurt, die "als Sammelbecken verschiedenster ultralinker Kräfte" "bekannt" sei, die Kulturelles und Politisches nicht auseinanderhalten wolle und deren "eine deutlich politische Aufgabenstellung (...) allein schon aus der Mitwirkung in verschiedensten Solidaritätsbewegungen für die 'Rechte der Slowenen' erkennbar" wäre:

> "Trotzdem (sic!) erhält diese 'Kultureinrichtung' laut 'Naš tednik' (...) jährlich 50.000 Schilling (!) aus Kärntner Landesmitteln (besser gesagt: vom Kärntner Steuerzahler) und darüber hinaus eine Unterstützung durch die Bundesregierung...". (192)

Wie schwer es freilich gerade Kulturpolitik in Kärnten haben kann, so sie zwischen den Fronten praktisch werden möchte, verdeutlicht ein im RdH wiedergegebener Bericht aus dem 'Slovenski vestnik', der in seiner Ausgabe vom 25. Jänner 1980 den Kärntner Landeskonservator Dr. Hartwagner angenommen habe, weil dieser darangegangen sei, "in einer Südkärntner Kirche wertvolle spätgotische Fresken freilegen zu lassen, wobei eine künstlerisch wertlose spätere slowenische Beschriftung beseitigt werden mußte. 'Slovenski vestnik' schreibt dazu:

'Dies ist eine jener schändlichen Taten, die von den Angehörigen des Mehrheitsvolkes an der Minderheit verübt werden. Den Angehörigen der Minderheit ihre letzten Werte und Güter zu stehlen, bedeutet, extrem (...) unkultiviert zu sein."'

Um eine sachbezogenere Antwort verlegen, bemüht der RdH das ergiebige Mittel der Aufrechnung, um die Dinge wieder ins Lot zu rücken:

"Die Kärntner Titoisten, die 'Verfolgungsakte' entweder erfinden oder konstruieren (mangels tatsächlicher Fälle von Diskriminierung der Kärntner Slowenen), seien daran erinnert, daß das kommunistische Jugoslawien nicht 'nur' die Kulturgüter von über einer halben Million Deutschen zerstört, sondern darüber hinaus auch noch Völkermord an der deutschen Volksgruppe begangen hat." (193)

Fehlgeleitet wären endlich auch all jene, vom "österreichischen Steuerzahler" beigebrachten Mittel gewesen, die im Oktober 1975 das 4. Internationale Jugendseminar in Bleiburg möglich gemacht hatten. Als Referenten dieser Veranstaltung, an der "Delegationen aus Slowenien, Kroatien, Italien und Kärnten" teilnahmen, vermerkt der RdH zwar immerhin den "Leiter der Abteilung für außerschulische Jugenderziehung beim Ministerium für Unterricht und Kunst, Dr. Josef Finder", und den "Universitätsprofessor und 'Rechtsberater des Bundeskanzlers', Dr. Ludwig Adamovich". Nicht genug damit, daß die Teilnehmer "slowenischen Presseberichten zufolge (...) nahezu ausschließlich aus dem kommunistischen bzw. diesem nahestehenden Lager" gekommen und die "zum 'Einsatz'" gelangenden Kursanten "aus Slowenien (...) ausschließlich linientreue Titokommunisten" gewesen seien - vornehmlich "Jugendführer aus dem Grenzgebiet" -, gab es "für die gleichgeschalteten Jungtitoisten auch nur zwei Themen: Kommunismus und Kärntner Minderheitenfrage."

Da die Seminarteilnehmer nach slowenischer Darstellung die hierzulande bescheidenen Traditionen der revolutionär orientierten Arbeiterbewegung zur Sprache gebracht, die pointierte Abgrenzungsstrategie der SPÖ gegenüber dem organisierten Kommunismus problematisiert, auf den geringen Integrations- und Wirkungsgrad der KPÖ hingewiesen - "'In Österreich Kommunist zu sein ist eine pathologische Eigenschaft'" - und vor diesem Hintergrund die sozialistischen Gestaltungsalternativen in Jugoslawien diskutiert hatten, wähnte der KHD sofort die Jugend "im Dienste des Kommunismus" und die österreichische Bundesregierung - an ihrer Seite der ÖVP-Landtagsabgeordnete Moik - als pädagogischen Geburtshelfer auf dem Weg in eine klassenlose Gesellschaft:

"Es ist geradezu ein Skandal, daß der österreichische Staat Veranstaltungen finanziert, die von ausländischen Teilnehmern dazu benutzt werden, in aller Öffentlichkeit gegen die Grundsätze unserer westlichen Demokratie zu Felde zu ziehen."

Daß die Besucher trotz konsumierter Gastfreundschaft an ihren Auffassungen gleichwohl festhielten, ihre Einschätzung des Plebiszits von 1920 nicht revidieren mochten, auch weiterhin von den Germanisierungsfolgen vor allem der Zwischenkriegsentwicklungen in Kärnten reden wollten und ihre Kritik an der österreichischen Minderheitenpolitik nicht zu korrigieren neigten, wurde ihnen freilich nicht etwa als Ausdruck intellektueller Redlichkeit oder evidenter 'Grundsatztreue' gutgeschrieben, sondern als weiterer Beweis ihrer 'Undankbarkeit' angelastet:

"Darüberhinaus dankten die jugoslawischen Seminarteilnehmer dem Veranstalterland Österreich für die Gastfreundschaft in bewährter Manier: Ohne auch nur den Versuch zu unternehmen, auch nur eine positive Seite der österreichischen Minderheitenpolitik zu erwähnen, beschimpften sie in ihrer Presse den österreichischen Staat als extrem minderheitenfeindlich, der insbesondere für die 'Unterdrückung' der Kärntner Slowenen verantwortlich sei. (...) Was sagen die Deutschkärntner Seminarteilnehmer zu diesen Angriffen, Lügen und Entstellungen? Wäre es nicht sinnvoller, anstatt Resolutionen als Zeichen der 'Solidarität mit den Völkern Spaniens', wie dies beim Seminar geschah, zu unterzeichnen, alle Anstrengungen zu unternehmen, um die von außen und von innen bedrohten Freiheiten unserer westlichen Demokratie zu schützen?" (194)

Um dem vielfachen "Rufmord an Österreich" wirkungsvoll begegnen und die Bandbreite möglicher Deutungsvarianten in der Minderheitenfrage endlich verringern zu können, forderte der KHD unentwegt die Erstellung eines "Weißbuches", das "insbesondere auch einen Katalog der den Slowenen zuerkannten Rechte und Einrichtungen zu enthalten hätte" und als "vordringliches Anliegen der österreichischen Außenpolitik" [195] anzusehen wäre. Es sollte geeignet sein, jenen "Ungeheuerlichkeiten, die antiösterreichische linksextreme Slowenenkreise mit breiter titojugoslawischer Unterstützung auch im westlichen Ausland über unseren Staat verbreiten", endgültig den Boden zu entziehen. Daß man sich von Wien in dieser Sache einmal mehr im Stich gelassen wisse, gibt nur einen weiteren Indikator für die Dignität des über historische Klischees grundgelegten und seither fürsorglich gehegten Anti-Wien-Syndroms:

"Es ist zwar kaum zu glauben, aber wir haben viele Beweise dafür, daß diese haarsträubenden Lügen über Österreich in der internationalen Öffentlichkeit - auch im Westen - immer wieder auf fruchtbaren Boden fallen. Obwohl das Ansehen Österreichs im Ausland auf diese Weise ernstlich gefährdet erscheint, unternimmt Wien so gut wie nichts gegen diesen Rufmord an unserer Heimat." (196)

Von Wien alleingelassen, durch das Land Kärnten nicht nennenswert ermutigt und seit dem Hinscheiden des 'Salzburger Volksblattes' auch dieser Stütze im tagespolitischen Volkstumskampf ledig, ging der KHD schließlich selbst an die Festschreibung der endgültigen "Wahrheit über Kärnten" [197]. Mittlerweile ist der erste Band eines "Kärntner Weißbuches" erschienen, der sich vor dem Hintergrund einer so korrektur-

wie vor allem ergänzungsbedürftigen historischen Einleitung auf mitunter bereits erstaunlichen methodischen Wegen der tatsächlich schwierigen Frage zu nähern sucht, wie viele Slowenen in Kärnten heute wohl noch lebten. Die von Valentin Einspieler verfaßte, von Franz Stourac illustrierte und vom KAB edierte Studie ist ein hervorragender Beleg nicht nur für die völkisch verengte und hierin auch antiplurale Geschichtsschau ihrer Herausgeber, sondern insonderheit auch Ausdruck der politischen Gegenwartsstrategie des KHD, die sichtlich darauf abstellt, die Gruppe der Slowenen über äußerst fragwürdige statistische Indices auf eine Größenordnung zurückzuführen, die zum einen geeignet ist, einer auf Eindämmung bzw. Minimierung der Minderheitenrechte gehenden Politik den Schein von Plausibilität zu verleihen, die der Feindgruppe zum anderen aber doch so viel an Gewicht beläßt, wie notwendig ist, um sie agitatorisch als fortwirkende Bedrohungsfunktion kennzeichnen und somit als Existenzvoraussetzung für den KHD weiterhin am Leben erhalten zu können. Die vielstrapazierte, aus m. E. unkritisch fortgeschriebener Geschichte bezogene Hypothese, derzufolge dem KHD gegenwärtig an einem völligen Verschwinden der slowenischen Volksgruppe gelegen wäre, läßt sich jedenfalls aus dem RdH - sieht man von der in diesem Zusammenhang vielbemühten Stelle [198] einmal ab - kaum belegen und verdiente wohl auch vor der Folie des oben beschriebenen Strategiewandels neu überdacht zu werden. Die Tatsache freilich, daß die sozialdarwinistischen Axiome, welche völkischen Geschichtserwartungen vorausliegen, wie das zentrale Interesse am gleichgemachten, von 'Herbergsfunktionen' möglichst entlasteten Nationalstaat der Existenz einer identitätsbewußten, ethnischen Minderheit unaufhebbar zuwiderlaufen, wäre im Hinblick auf längerläufige Prognosen wohl auch fortan im Auge zu behalten.

Resümee

Überblickt man die hier vorgestellten Quellenbelege in bezug auf ihre Erheblichkeit für die Klärung unserer Ausgangsfrage, ob und inwieweit sich die Dimensionen Universalismus und Volksgemeinschaft, Antiliberalismus und Antipluralismus - durchwegs zentrale Bestimmungsmerkmale rechtsextremer Ideologie - im RdH nachweisen lassen, so sind über die vielfältigen Ausformungen ihrer Evidenz im Mitteilungsblatt des KHD wohl keine Zweifel erlaubt. Die so bewußt- wie substanzlose Kritik an den Grundzuständlichkeiten kapitalistisch produzierender, moderner Industriegesellschaften korreliert durchgängig mit dem Wunsch nach 'Wiederherstellung' volksgemeinschaftlicher Lebensformen - "So muß es wieder werden" -, die aus einer vordergründig verklärten, entstellten und idealisierten Vergangenheit bezogen und zur Denunzierung der Gegenwart benutzt werden. Wie in anderen rechtsextremen Konzeptionen auch, rekurriert man hiebei auf romantisierend verzeichnete, vorindustrielle, ständisch geordnete und agrarisch-handwerklich bestimmte Entwicklungsphasen der eigenen Geschichte, da soziale Primärbeziehungen noch nicht durch sekundäre konkurrenziert worden wären und der einzelne in Familie und Freundeskreis noch jenes Maß an sozialer Geborgenheit gefunden hätte, wie man es gegenwärtig so schmerzlich vermisse.

Die Formierungs- und Ausscheidungsfunktion, die als wichtigste Leistung dieser Integrationsideologeme angesehen werden muß, folgt dabei nur sehr bedingt den ethnischen Diversifizierungslinien, zumal der KHD in Kärnten - ungeachtet völkischer Zugehörigkeit - alles Integrationsfähige anzusprechen sucht, während man andererseits all jene zu isolieren trachtet, die mit den Axiomen heimattreuer Gegenwartsschau nicht übereinstimmen. Integraler Nationalismus, der sich über eine Deutsches akzentuierende, aber kärntisch ausgemalte Volksgemeinschaft breitmacht, sorgt in diesem Wirkungszusammenhang freilich trotzdem für eine zielsichere Ausrichtung des Wir- und Die-Bewußtseins durchaus nach ethnischen Präferenzen. Das regionalpatriotische, durch vaterländisches Pathos überhöhte Etikett, das mittlerweile an die Stelle deutschnationaler Losungen getreten ist, erwies sich schon bald als gleichermaßen geeignet, Menschen von der Wahrnehmung ihrer individualen und gruppenspezifischen Bedürfnisse abzulenken und auf 'nationale Interessen' zu fixieren. In ethnischer Hinsicht hingegen ist die Zentrierung auf ein deutschbetontes Heimatbewußtsein den zurückgedrängten alldeutschen Parolen, mit denen sich überdies heute keine Mehrheit mehr finden ließe, aber fraglos überlegen. Indes über die Forcierung des 'Deutschen' die fortwährende Gültigkeit wenn auch modifizierter deutschnationaler Identifikationsmuster signalisiert werden kann, gibt die als unhinterfragbare gesetzte Festlegung auf eine "Heimat" völkischen Zuschnitts das vielleicht wirksamste Vehikel für eine völlig unverdächtig scheinende Beförderung assimilatorischer Neigungen. Daß solches Vertrauen in die einschlägige Effizienz der Verpflichtung auf "Heimattreue" weder originell, noch neu ist, wäre nicht zuletzt am Beispiel des Merksatzes: 'Du bist ein heimattreuer Untersteirer' zu erinnern, mit dem schon die nationalsozialistischen Rasseexperten die als 'eindeutschungsfähig' klassifizierten Slowenen zuversichtlich in die soziale Bewährung ihrer biologischen Substanz entlassen hatten.

Über das verbindlich gemachte, inhaltlich vom KHD nach Bedarf ausstattbare Interpretationsmuster von "Heimattreue" läßt sich nicht nur die Auffächerung der Minderheit nach Einpassungswilligen und Ausgrenzungswürdigen gestalten, sondern auch alle anderen alternativen Bindungsoptionen in modernen liberalen Gesellschaften hoffnungslos diskreditieren. An Ideologemen des Antiliberalismus orientiert, richtet sich die Polemik des KHD namentlich gegen den Pluralismus in so gut wie allen Bereichen des sozialen Systems. Ein starker Staat, nicht Funktion, sondern Gestalter der Gesellschaft, wäre dazu ausersehen, die Chaotik konkurrierender Interessen und Werte zugunsten 'wiederhergestellten' Gemeinwohls und völkischer Moral zu beseitigen, die Identifikation der widerstrebenden Teile mit dem Ganzen auf Dauer zu sichern und den Fortbestand der Sozial- und Eigentumsverfassung zu garantieren. Deutlicher als anderswo wird in dieser Vorstellung, mittels statisch-hierarchischer Gliederung der Gesellschaft deren Pluralismus einebnen und hiedurch die Dynamik des sozialen Wandels durchbrechen zu können, die illusionäre Axiomatik rechtsextremer Ideologie ansichtig, die sich den meisten Folgewirkungen des historischen Liberalismus in den Weg zu stellen sucht.

Wo die Vielfalt ex origine von Übel und die unbehinderte Konkurrenz von Werten als Chaos denunzierbar ist, der einzelne kraft hochformalisierter Verhaltensnormen wie Disziplin, Pflichtbewußtsein, Ehre, Treue, Heimatliebe und Kameradschaft auf vorgegebene, quasi-natürliche Wesenheiten wie Volk und Heimat verpflichtet ist, ohne zu eigener und relativierender Stellungnahme auch nur aufgerufen zu sein, wo die Freiheit der Presse von den nationalen Interessen her zu definieren und hievon Abweichendes unter latente Sanktionsdrohung zu stellen wäre, avanciert die Kaserne zum historisch eingeschliffenen Zielbild auch künftiger Gesellschaft, erneuern und vertiefen sich Strukturen irrational-affektiven, autoritären Denkens und Handelns, die in der Vergangenheit schon einmal ihre verhängnisvolle Wirkungsmächtigkeit vorgeführt haben. Der Nachweis ihrer Unverträglichkeit mit den Funktionsvoraussetzungen parlamentarisch verfaßter, demokratischer Systeme bedarf keiner näheren Erörterung; ein Blick auf Geschichte sollte hier genügen.

Im 'Ruf der Heimat' wurden erst unlängst "alle, die den KHD und den RdH verleumden", dringend aufgefordert, doch "endlich einmal konkret" anzuführen, "auf welche Aussagen des KHD" sie ihre "Angriffe und Verdächtigungen"[199] stützten. Die Resultate der hier vorgelegten Studie könnten nicht nur diesem Wunsch fürs erste Genüge tun, sondern wären zudem auch geeignet, das publizierte Selbstverständnis der KHD-Führung - "wir sind weder Extremisten noch Faschisten, sondern heimatbewußte Kärntner und Österreicher!"[200] - vor einer zunehmend sensibler gewordenen Öffentlichkeit eingehender zu problematisieren. Die empirische Evidenz der dokumentierten Merkmalsausprägungen sollte des weiteren dazu befähigen, die üblicherweise sehr emotional formulierende Debatte um den rechtsextremen Charakter des RdH und damit auch des KHD zu versachlichen und solcherart richtungssicherer zu machen. Nicht zuletzt aber bestätigt allein schon die Existenz dieses Blattes die dringliche Notwendigkeit, die Aufarbeitung der jüngsten Vergangenheit auch Kärntens verstärkt voranzutreiben und die Forschungsergebnisse einem größeren Publikum zugänglich zu halten. Denn es sind - wie sich im Zuge des hier begonnenen Projektes unschwer zeigen lassen wird - nicht zum geringsten einschlägige Schwächen sowie thematische Absenzen der österreichischen Geschichtswissenschaft im allgemeinen und der Kärntner Landeshistoriographie im besonderen, die dem KHD über den Umweg eigenwilliger Geschichtsdeutungen die Verbreitung rechtsextremer Ideologie unangebracht erleichtern. Hier ein fachwissenschaftliches Korrektiv zu geben, neue Perspektiven an alte Geschichten anzulegen und auf diesem Wege versäulte Traditionsklischees auf beiden Seiten allmählich aufzubrechen - an diesem Prozeß wenigstens teilzuhaben, wäre gegenwärtig als eine der gesellschaftspolitisch vordringlichsten Aufgaben der in Kärnten institutionalisierten Geschichtswissenschaft anzusetzen. Das Maß an Bereitschaft, diesen Auftrag anzunehmen, könnte für den weiteren Konfliktverlauf längerfristig vielleicht entscheidend sein.

Anmerkungen

1) Siehe hiezu: Gibt es noch eine NS-Ideologie?, in: Journal für angewandte Sozialforschung 16 (2/1976), S. 1-5, sowie: Vorurteile, aber keine NS-Ideologie, in: ebenda (3/1976), S. 14-16. Zur Verbreitung xenophober Einstellungen vgl. vor allem: Wenig Verständnis für Minderheiten, ebenda, S. 17-19, und: Wenig Unterstützung für Forderungen der Minderheiten, ebenda (4/1976), S. 26-31. Wichtig fernerhin J. Weidenholzer, Rechtsextreme und autoritäre Tendenzen im Bewußtsein der österreichischen Bevölkerung, im Sammelband: Dokumentationsarchiv des österreichischen Widerstandes (Hrsg.), Rechtsextremismus in Österreich nach 1945, 4. Aufl, Wien 1980, S. 392-404, sowie: 5., überarbeitete und ergänzte Aufl., Wien 1981, S. 339-353. Zum Ausmaß an extrem rechts orientierter Parlamentarismus"kritik" neuerdings P. Gerlich - K. Ucakar, Staatsbürger und Volksvertretung, Salzburg 1981, sowie: J. Höchtl - F. Windhager, Politische Moral, Wien 1981.
2) Rechtsextremismus in Österreich nach 1945, passim.
3) L. Niethammer, Angepaßter Faschismus. Politische Praxis der NPD, Frankfurt/Main 1969, und: K. P. Tauber, Beyond Eagle and Swastika. German Nationalism Since 1945, 2 Bde, Middletown, Connecticut 1967.
4) Wo immer im folgenden Text von Rechtsextremismus die Rede ist, liegt dem Begriff jene Bedeutung zugrunde, wie ich sie in meinen Studien: Rechtsextremismus - Konturen und Definitionskomponenten eines politischen Begriffs, sowie: Moderner Faschismus - Neonazismus - Rechtsextremismus?, beide in: Rechtsextremismus in Österreich nach 1945, 1.-4. Aufl., S. 11-97, Anm. S. 512-526, sowie S. 451-511, Anm. S. 555-572, entwickelt habe.
5) Zum wichtigsten Schrifttum betreffend die Kärntner Nachkriegsgeschichte siehe zunächst die Literaturberichte von A. Ogris, Ausgewähltes Schrifttum zur mittelalterlichen und neueren Geschichte Kärntens (1959-1971), in: MIÖG 81 (1973), S. 344-432, und Th. M. Barker, The Carinthian Slovene Question in the Light of Recent German Austrian Scholarship, in: Österreichische Osthefte 21 (1979), S. 231-240. Die Frage der Entnazifizierung behandelt für Österreich erstmals ausführlich D. Stiefel, Entnazifizierung in Österreich, Wien 1981; zur Volksgerichtsbarkeit in Kärnten 1945-1948 vgl. die Diplomarbeiten von W. Fera, Volksgerichtsbarkeit in Kärnten und Osttirol nach dem Zweiten Weltkrieg (Analyse des Aktenmaterials des Volksgerichtes Graz, Senat Klagenfurt, Berichtzeitraum 1948), phil. Dipl. Klagenfurt 1982 (Masch.); P. Kohlweg, Volksgerichtsbarkeit in Kärnten und Osttirol nach dem Zweiten Weltkrieg (Analyse des Aktenmaterials des Volksgerichtes Graz, Senat Klagenfurt, Berichtzeitraum 1946), phil. Dipl. Klagenfurt 1981 (Masch.), und R. Pellar, Volksgerichtsbarkeit in Kärnten und Osttirol nach dem Zweiten Weltkrieg (Analyse des Aktenmaterials des Volksgerichtes Graz, Senat Klagenfurt, Berichtzeitraum 1947), phil. Dipl. Klagenfurt 1981 (Masch.). Zum Brennpunkt des Kärntner Identitätskonflikts fernerhin beachtenswert das vom Institut für Geschichte der UBW Klagenfurt in der Zeit vom 25. bis 27. September 1980 durchgeführte Symposion zum Thema: "Staatsgrenzen - Volkstumsgrenzen - Selbstbestimmungsrecht. Probleme des nationalpolitischen Neuordnung Europas 1918-1920 am Beispiel des deutsch-slowenischen Siedlungsgebietes Kärntens", über dessen Verlauf und die begleitenden Umstände M. Derndarsky in den Österreichischen Ostheften 22 (1980), S. 370-382, instruktiv und durchaus kritisch berichtet. Einen Teil der thematischen und personellen Absenzen dieser Veranstaltung, aus deren Anlaß - wie Leopold Wagner dies in seinem Geleitwort charakterisiert wissen wollte - "zum ersten Mal seit Abwehrkampf und Volksabstimmung (...) alle wissenschaftlichen, aber auch politischen Kontrahenten an einem Ort zusammengetroffen (wären) und (...) sich die Hände gereicht" hätten und die - wiederum mit den Worten des Landeshauptmannes - "in jeder Hinsicht als beispiellos

bezeichnet werden" könne, hat der Herausgeber im Editorial des unlängst fertiggestellten Protokollbandes selbst und exemplarisch benannt. Unter dem nicht ganz zutreffenden, da zweifellos zu eng akzentuierenden Titel: H. Rumpler (Hrsg.), Kärntens Volksabstimmung 1920. Wissenschaftliche Kontroversen und historisch-politische Diskussionen anläßlich des internationalen Symposions Klagenfurt 1980, Klagenfurt 1981, ist der größte Teil der für den Druck bisweilen nicht unerheblich bearbeiteten Referate nunmehr auch einer breiteren Öffentlichkeit zugänglich gemacht.

Die Begründung, mit der die Aufnahme von Vasilij Meliks Skizze betreffend die "Propaganda der 'Freien Stimmen' anläßlich der Wahlen und der Volksabstimmung" in das Vortragskompendium abgewiesen wurde - es erfolge die Veröffentlichung einer "identischen Fassung in einer Parallelpublikation", "andererseits und primär" aber gelte es zu bedenken, daß "ein Pendant über die slowenische Propaganda" fehle -, vermochte offensichtlich selbst den Herausgeber letztendes nicht so recht zu überzeugen. Denn während der erste Teil des Einwandes auch den fraglos wichtigen Beitrag von Andreas Moritsch: "Die wirtschaftliche und soziale Lage der Kärntner Slowenen und deren Einfluß auf die Volksabstimmung 1920" (weitgehend inhaltsgleich mit: A. Moritsch - M. Sturm - S. Haas-Ortner, Die wirtschaftlichen und sozialen Verhältnisse in Südkärnten und die Volksabstimmung 1920, in: Kärnten. Volksabstimmung 1920. Voraussetzungen. Verlauf. Folgen, Wien-München-Kleinenzersdorf 1981 (=Studien zur Geschichte und Gesellschaft in Slowenien, Österreich und Italien 1), S. 99-116), hätte berühren müssen, spräche der zweite unabweisbar gegen die - überdies nachträgliche - Hineinnahme zweier weiterer (S. Karner, Th. Veiter) und zumindest im Falle Karners thematisch keineswegs zwingender Aufsätze in den Symposionsband, da beider Arbeitstitel im Rahmen der Tagung weder avisiert, noch inhaltlich erörtert worden waren, vor allem aber - wenn man dieses eher politisch inaugurierte Motiv überhaupt gelten lassen will - jeglichen Darstellungspendants aus jugoslawischer Sicht ermangelten. In besonderem Maße aber schmerzt die vollständige Abblendung vor der die Referate begleitenden und oft äußerst regen Diskussion, deren zumindest zusammenfassende Protokollierung mittlerweile und aus wohlerwogenen Gründen zum selbstverständlichen Standard von Tagungsveröffentlichungen rechnet. Das Fehlen dieser sehr substantiellen Verhandlungen wiegt umso schwerer, als manche Referenten noch im Zuge der Überarbeitung ihres Beitrages für den Druck der Neigung erlagen, sich in der einen oder anderen Form auch noch post festum mit debattierten Positionen auseinanderzusetzen, indessen - und dies ist aus wissenschaftlicher wie editionskonventioneller Sicht tatsächlich beispiellos - der solcherart beanspruchte Gesprächspartner in seinen Einschätzungen lediglich aus der mehr oder minder zutreffenden Perzeption seines Kritikers vorstellig zu werden vermag. Ein erheblicher Teil der "Wissenschaftlichen Kontroversen und historisch-politischen Diskussionen", die "anläßlich des internationalen Symposions in Klagenfurt" wirklich statthatten und deren Präsentation der Band im Untertitel auch in Aussicht stellt, dann aber nur sehr teilweise leistet, wird mithin - allein schon, um durch die Verkürzungen der Edition angelegte Mißverständnisse hintanzuhalten - wohl noch in einschlägigen Fachpublikationen zu strukturieren sein. Die folgenden - <u>exkursorischen</u> - Anmerkungen wollen in diesem Sinne verstanden sein.

Von in unserem thematischen Zusammenhang besonderem Interesse erwies sich - nicht zuletzt im Hinblick auf den nachgerade schon habituell gewordenen Kampfgestus in Teilen der Kärntner Forschung - die "Bilanz der wissenschaftlichen Diskussion zwischen zwei Jubiläen 1970-1980" betreffend "Kärnten 1918-1920", wie sie Alfred Ogris gegen Endes des Symposions (Kärntner Volksabstimmung, S. 382-407; hier auch sämtliche folgenden Ogris-Zitate) in Vorschlag brachte. Die am Beispiel Dritter festgemachte rhetorische Frage, "wohin" denn "verbale Eskalation führen" solle - "zu einer gemeinsamen Diskussion sicherlich nicht" (S. 387) - mochte der Berichterstatter offensichtlich nur für andere gelten lassen, beeindruckte er doch von allem Anbeginn durch beachtliche Anlehnung an Sprachbilder teils militärischer, namentlich aber schriftexegetischer Provenienz. Der Referent ließ so manchen der von ihm besprochenen Autoren "bezichtigen" (S. 398), "beschuldigen" (S. 383, 386) oder "leugnen" (S. 383, 387), soferne nicht gerade "in Kerben geschlagen" (S. 403) oder die "Haltlosigkeit" von "Vorwürfen" (S. 384) erklärt wurde. Andere wieder wähnte Ogris bemüht, eine "schmale Brücke der Verständigung (...) anzubahnen" (S. 386), die freilich "von einigen Unbelehrbaren" alsbald "in schmähender Weise mutwillig ins Lächerliche gezogen" (S. 401) wurde, indessen welche gar darangingen, sie "wieder (!) gründlich (zu) zerstören" (S. 387). Aus dieser sprachlich vorgezeichneten Perspektive, in der das Bedürfnis nach Grenze dominierte, während das Konsensuelle zur Marginalie verkam, ordnete der Kritiker ein Jahrzehnt internationaler Forschung zur 'Kärntner Frage' mit dem Ziel, seine Vermutung von der Existenz vorgeblich dreier, im eigentlichen aber wohl nur zweier lagerähnlicher historiographischer Schulen in der Wirklichkeit zu bestätigen. Da steche zunächst die "nahezu einheitliche Phalanx jugoslawischer Historiker" (S. 384) - unter dem Oberbegriff "jugoslawische Historiographie" war dem Wunsche Ogris' zufolge "die slowenische Historiographie jenseits der Karawanken zu verstehen" (S. 382, Anm. 4) - ins Auge, deren zumindest ein Teil - vergleiche man ihn nur mit Haas/Stuhlpfarrer - ein neuerdings fraglos "größeres Problembewußtsein erkennen" (S. 392) ließe, denen dann und wann auch "methodisch hochwertige Leistung(en)" (S. 385) passierten, die desungeachtet aber doch unter der ständigen Versuchung litten, der "bewußten Verquickung dieser (der 'Kärntner', W. H.) Frage und der Geschichte überhaupt mit der aktuellen Tagespolitik" (S. 385) anheimzufallen. Dieser weithin geschlossen amtierenden Formation stünden "auf österreichischer Seite zwei Gruppen gegenüber: die Kärntner Forschung" (man beachte den Singular, W. H.), die, in Verteidigung des Wutteschen Erbes gleichsam der reinen Wissenschaft verpflichtet, eine brückenorientierte Konfrontation mit den jugoslawischen Historikern führe, die sich andererseits aber auch "manchmal (...) mit Angriffen einiger österreichischer Zeithistoriker auseinander (zu)setzen" (S. 384) habe. Was sich solchem nach nationalstaatlichen, im eigentlichen aber regionalen, und politischen Kategorien rigide geschiedenen Konfliktszenarium, das neben Beteiligten nur noch die Figur des "eher neutralen Beobachters" (S. 387) und diese wiederum bezeichnenderweise vordringlich für fremdnationale Dritte (hier Thomas M. Barker) zuzulassen scheint, nicht fügen mochte, wurde in der Folge mit scharfer Klinge auf eben die Proportionen solch reichlich groben analytischen Rasters zugerichtet.

Dieses entschlossene Bemühen um lagerspezifische Zuordnung und Formierung versuchte sich auch an Überlegungen, die ich vor geraumer Zeit in Form eines Essays zu strukturellen Problemen der Kärntner Zeitgeschichte angestellt hatte. Unter dem Titel: "Geschichtswissenschaft und politisches Bewußtsein. Zur gesellschaftlichen Funktion von Zeitgeschichte in Kärnten, redaktionell geändert nach: Nahrung für die 'Urangst'. Geschichtswissenschaft und politisches Bewußtsein, in: Zukunft (1/1977), S. 25-29 (hieraus alle folgenden Zitate), in einer Zusammenfassung: Zeitgeschichte in Kärnten. Zu einigen Aspekten ihrer Spezifik und Problematik, nachgedruckt in: Der Sozialistische Akademiker 30 (1/1977), S. 12-16, hatte ich mich namentlich mit einigen wissenschaftsspezifischen und gesellschaftspolitischen Folgewirkungen des für Kärnten charakteristischen, auffällig geringen Forschungsinteresses an Themen des 20. Jahrhunderts, der Konzentration auf die Ereignisse des Jahre 1918-20 sowie der Außerachtlassung der Zeit nach 1920 befaßt, wofür mir Alfred Ogris, als er meiner implizite in der Rubrik "Polemiken" Erwähnung tat, herbe Zensuren erteilte. An drei von Ogris aufgeworfenen

Fragenkomplexen soll im folgenden versucht werden, die von mir vertretenen Thesen zu verdeutlichen und im selben Zuge auch die Art der Kritik zu kennzeichnen, der hier zu entgegnen ist.
Im Hinblick auf die quantitative Dimension hatte ich in meinem Essay zunächst den Sachverhalt nominiert, daß "das bevorzugte Erkenntnisinteresse der (Kärntner) Forschung auf die mittelalterliche und neuere Geschichte konzentiert" sei, "während man der Zeitgeschichte offenkundig eher skeptisch gegenüber"stünde. Als Beleg hiefür diente der oben bereits zitierte, von Ogris verfaßte und ungewöhnlich umfangreiche Literaturbericht in den MIÖG, der "den überwiegenden Teil jener Arbeiten verzeichnet, die in der Zeit zwischen 1959 und 1971, auf Kärnten bezogen, erschienen sind. Von den insgesamt 8 9 Seiten dieses Referates nehmen die der 'Gegenwartsgeschichte' zugeordneten Studien bescheidene fünf Seiten ein, von denen wiederum vier Seiten Fragen des Abwehrkampfes gewidmet sind, während die Forschungsergebnisse über den Zeitraum nach 1920 auf etwas mehr als einer Seite Raum finden und nahezu ausschließlich slowenischer Provenienz sind." Im Anschluß daran referierte ich "die pessimistische Auffassung von Möglichkeiten und Grenzen zeitgeschichtlicher Forschung, wie sie Ogris in Zitaten Mardernes vertritt - über geschichtliche Ereignisse solle 'nur der Erfahrene schreiben' und es sei 'ein sehr ernst zu nehmendes Problem, inwieweit junge Wissenschafter in der Lage seien, Zeitgeschichte zu betreiben' -, wovon ich meinte, daß solche Einschätzung "angesichts des in der Geschichtswissenschaft heute erreichten Problembewußtseins wohl nur als Ausdruck nichtrezipierter Theoriediskussion gedeutet werden" könne. "Als Erklärung für das bescheidene Interesse" der in Kärnten institutionalisierten Historiographie am Zeitraum nach 1920 reiche sie jedoch "nicht aus."
Hierauf replizierte Ogris nun mit der erstaunlich widersprüchlichen Feststellung, daß er in obgenanntem Literaturbericht "einige kritische Bemerkungen zur Zeitgeschichtsforschung in Österreich" und "sich hiebei, "dem Charakter eines derartigen Berichtes entsprechend, auf Zitate eines Autors (Maderners) gestützt" (dieses und die folgenden Zitate: Ogris, Bilanz, S. 38 1- 38 2) habe. Nun stimme auch ich mit Ogris darin überein, daß es zum Wesen jeden Forschungsberichtes rechnet, die diskutierten Arbeiten zu "charakterisieren und wohl auch zu werten". Eben das Fehlen jener "kritischen Distanz", die nach Einschätzung auch Ogris' "hiebei (...) vonnöten" sei, galt es an der vollständig auseinandersetzungslosen Darstellung Mardernescher Positionen durch den Rezensenten zu monieren, ließ Ogris doch auf den verbleibenden 88 Seiten im Hinblick auf bisweilen sehr massive Kritik an anderen Autoren kaum Wünsche offen. Da es konsensuell zweifelsfrei nicht zum Wesen noch dazu derart umfangreicher Literaturberichte zählt, so sehr diskussionswürdige Perspektiven unerörtert zu belassen, wäre auch weiterhin von Ogrisens Identifikationsbereitschaft mit Maderners so fragwürdiger wie fragmentärer Sicht auf die Leistungsfähigkeit von Zeitgeschichte auszugehen, wollte man Ogris nicht einen selbstzerstörerischen Hang zur praktischen Widerlegung von ihm selbst formulierter, konzeptiver Zielvorgaben anlasten.
Dieses "quantitative Defizit in Kärntens Zeitgeschichte" würde, wie ich seinerzeit des weiteren schrieb, durch "die Qualität der vorliegenden Arbeiten noch verschärft. Soweit älteren Datums und deutschnational akzentuiert", seien diese Studien heute vornehmlich als Quellen für geschichtswissenschaftlich verschleierte nationalpolitische Agitation von Interesse. Der enge Zusammenhang mit den jeweils wechselnden realpolitischen Bedürfnissen" würde "exemplarisch etwa an der Spezifik der Überarbeitungen deutlich, wie sie an den beiden über zwanzig Jahre auseinanderliegenden Auflagen des von Wutte verfaßten und als repräsentativ geltenden Werkes 'Kärntens Freiheitskampf' greifbar" sei. "Geschichtswissenschaft ist hier in ein Nahverhältnis zu gesellschaftlichem Partikularinteresse geraten, welches ihren Anspruch auf Wissenschaftlichkeit bereits aufhebt."

Diese Ausführungen wollte nun Ogris - entgegen deren wörtlich nehmbarer Bedeutung - dahin verstanden wissen, daß ich Wutte "Wissenschaftlichkeit überhaupt ab(gesprochen)" hätte, "obwohl selbst (sic!) die jugoslawische Historiographie nicht umhin" käme, den "Materialreichtum in Wuttes Werk anzuerkennen und es entsprechend auszuwerten. Die Kritik daran" (wessen: Holzers? 'Der' Jugoslawen?) reduziere sich "auf eine aus allen möglichen Quellen gespeiste ideologische Basis, über die man bekanntlich endlos diskutieren" könne - und es deshalb offensichtlich wohl am besten gleich bleiben ließe. Zwar gibt sich Ogris geneigt, namentlich bei Wuttes zweiter Auflage "einige Äußerungen des Autors im Hinblick auf die Zeitsituation des Jahres 1943 (...) verstehen" zu wollen - was freilich "für alle Werke" Geltung habe, die "unter der Patronanz totalitärer Regime (!)" erschienen. Desungeachtet aber wäre daran "festzuhalten (...), daß der materielle Teil von Wuttes Werk davon unberührt (sic!)" geblieben sei, "weshalb die (Sing.!) Kärntner Historiographie dieses Werk des seinerzeitigen Landesarchivdirektors und Mitglieds der Renner-Delegation in Paris auch weiterhin als Ausgangspunkt für jede weitere Beschäftigung mit diesem Thema betrachten" (S. 382 f) werde.

Nun wäre zuallererst billigerweise zu erwarten, daß die sprachliche und inhaltliche Differenz, die zwischen einem sich aufhebenden Anspruch auf Wissenschaftlichkeit bzw. deren Inexistenz nun einmal evidentermaßen bereits semantisch besteht, auch bei Rezensenten angemessene Beachtung finden möge. Meiner Frage nach den möglichen Folgen allzu strammer Parteilichkeit für den Wissenschaftsstandard jeglicher Historiographie - auch Ogris beurteilt die Auswirkungen extensiver Parteinahme, natürlich nur, soweit es sich um Jugoslawen und andere Nicht-Kärntner handelt, unter dem Etikett des "Politischen" äußerst negativ (vgl. z. B. S. 385) - ist mit dem Hinweis auf die vielfache und nie strittig diskutierte Wertschätzung Wuttes als - kritisch zu rezipierende - Quelle nicht entgegnet. Gegen den logisch wie methodisch gleichermaßen mißlichen Versuch freilich, das quellenkritisch orientierte Interesse der Forschung an Wuttes äußerst datenreichem, da archivaliengesättigtem Werk als Beleg für den Nachweis seiner wissenschaftlichen Dignität zu nehmen, wäre aber auch weiterhin auf der qualitativen Differenz zwischen Quelle und Darstellung zu bestehen, worüber es - jedenfalls in der modernen Geschichtswissenschaft - keinerlei Dissens gibt.

Auch wenn man dem Kalkül des Rezensenten, Wutte vordringlich als Opfer des Zeitgeistes darstellen zu wollen, nicht unbedingt wird folgen müssen, bleibt die Frage, in welchem Ausmaß dieser Autor nicht nur Objekt, sondern auch und vielleicht vor allem Subjekt des historischen Prozesses war, bis zum Vorliegen detaillierterer biographischer Untersuchungen sicher weiter diskutabel. Entschiedenen Widerspruchs aber darf des Berichterstatters kühne These sichergehen, daß "der materielle Teil (sic!) von Wuttes Werk", sei's vom Geist der Zeiten, sei's von des Wissenschafters eigenem politischem Engagement, "unberührt" geblieben wäre. Es ist weder meine Aufgabe, noch ist hier der Ort, meinen Kritiker mit den Grundzügen von zumindest zwei Jahrzehnten sozialwissenschaftlicher Theorie- und Methodendiskussion bekanntzumachen. Die Debatte um die Logik der Sozialwissenschaften, ihre erkenntnistheoretischen Prämissen, die Historizität allen Erkennens, die Gestaltungskompetenz des erkenntnisleitenden Interesses, die Werturteilsdiskussion und die Kontroversen um die Brauchbarkeit von empirisch gewonnener Erfahrung für die Verifizierung resp. Falsifizierung systematisierter Aussagen, wie sie im Zuge des Positivismusstreits in der deutschen Soziologie aufgebrochen sind, erlauben - um nur einige wichtige Perspektiven zu benennen - die zusammenfassende Feststellung, daß der Prozeß allen sozialwissenschaftlichen Forschens als kontinuierlicher Urteilsvorgang aufzufassen ist, in dessen Ablauf der Subjektivität nicht nur im Hinblick auf die Ausgrenzung des Gegenstandsbereichs und die Präzisierung der Fragestellungen (Selektions-

problematik), sondern auch in Quellenauswahl, Methodenoptionen und Begriffsentscheidungen ein überragender Stellenwert zukommt. Aus diesem Sachverhalt resultieren nicht nur erhebliche Vorentscheidungen über Gang, Rahmen und Ergebnis der Analyse, sondern hierin gründet auch das notwendig enge Ineinander von quellenvermittelter "materieller Basis" und sie subjektiv greifender, geschichtlich bestimmter Anschauung, die beide allemal als Eins in die historische Evidenz treten. Dies rührt keineswegs relativierend an die Forderung nach Objektivität, die jeglicher Forschung ungeachtet ihrer Parteilichkeit, die es zu explizieren gälte, als approximativer Zielwert vorgegeben ist. Da Forschen immer auch sozial Handeln bedeutet, ist sich hierin artikulierendes politisches Engagement nicht denunzierbar, soferne es sich als solches zu erkennen gibt und nicht mutwillig selektiv und manipulierend Hand an die historische Wirklichkeit zu legen sucht. Dieser heute weithin konsensuelle Tatbestand steht aber jenem, im Hinblick auf die Quellenproblematik in der Geschichtswissenschaft besonders naiven Meinen unüberwindbar im Wege, das da glauben machen will, daß durch individuale Anschauung vermittelte "materielle Basis" durch eben diese Vermittlung keine entscheidenden Prägungen erfahre, daß vielmehr eine Art entsubjektivierten Rekurses auf die Quellen möglich sei, der nicht nur einen "ideologisch" ungetrübten Durchblick auf die historische Realität verbürge, sondern vor allem auch als Garant für Objektivität gewürdigt werden müsse. Seit die Forderung nach Auslöschen des Subjektiven im Erkennenden als fiktive, da uneinlösbare feststeht, ist kritische, im Falle der Historie zumeist auch ideologiekritische Rationalität im Geschäft des Geschichtswissenschafters nicht mehr substituierbar. Der Hinweis auf die mögliche Dauer hiedurch angestoßener Diskussionen wiederum läßt sich als Argument gegen deren Notwendigkeit wohl schwerlich gebrauchen. Eben die Wiederkehr dieser illusionären Sicht auf die Möglichkeiten und Grenzen methodisch geleiteten Erkennens von Vergangenem, die nicht zuletzt mit der Kritik am Historismus wissenschaftsgeschichtlich seit geraumer Zeit überwunden ist, bestätigt ein weiteres Mal meinen von Ogris in Frage gestellten Befund betreffend das beunruhigende Maß an Theoriedefizit in Teilen der vor Orte amtierenden Historiographie und verweist erneut auf die Dringlichkeit, dessen Aufarbeitung entschiedener voranzubringen.
Dem drängenden Verlangen des Kritikers, meinen Text Wutte entgegen- und der jugoslawischen Forschung hintanzustellen, erlag schließlich auch noch jene Passage meiner trotz aller essayistischen Pointierungen doch hinlänglich differenzierten Skizze, in der ich den hierzulande häufig nachweisbaren Hang ausführte, "historische Ereignisse aus ihrem Verursachungszusammenhang zu heben und damit den Blick auf eben ihre Verursachungen zu verstellen." Diese Tendenz sah ich "schon in Ogris´ Periodisierungsvorschlag angelegt, der für Kärnten den Zeitabschnitt 1918-20 als Zäsur zwischen der Neueren Geschichte und der Zeitgeschichte anbietet, diesen Abschnitt aber sodann der Zeitgeschichte zuordnet, vermittels solcher Periodisierungswillkür die Phase von Abwehrkampf und Plebiszit aus dem Verursachungszusammenhang von Kriegsverlauf, Zusammenbruchswirren und Neuordnungsansätzen herausreißt und dergestalt verselbständigt."
Aber nicht nur in diesem Periodisierungsvorschlag, auch an der Wahl und Behandlung von Forschungsthemen schien mir die hier angesprochene Neigung deutlich. In diesem Zusammenhang hieß es bei mir folgend (die Unterstreichungen markieren die von Ogris im Text kompilierten Passagen, die in Klammer gesetzten Teile seine Auslassungen im Anmerkungs"voll"zitat):
"(Das Eindringen von SHS-Truppen nach dem Ersten Weltkrieg wie das Eindringen von Titoschen Partisanenarmeeteilen nach dem Zweiten Weltkrieg, die Gebietsansprüche des Königreichs der Serben, Kroaten und Slowenen wie der ins Auge gefaßten Föderativen Sozialistischen Republik Jugoslawien sind wesentliche historische Bezugspunkte, aus denen der deutschsprechende Kärntner seine 'Urangst' nährt. Die Forschung und in ihrem Gefolge

152 EIN EINIG VOLK VON BRÜDERN?

Bildungseinrichtungen und Massenmedien haben es verstanden, diese Ereignisse aus den Zusammenhängen zu heben und ihnen dadurch einen unangemessenen Selbstwert zu verleihen.)
Ungesagt bleibt, daß die Idee des Nationalstaates, der in den peripheren ethnischen Mischgebieten gesamteuropäisch die Tendenz zur extensiven Grenzfindung aufweist, als politische Idee das 19. Jahrhundert dominierte und legitimerweise als politisches Ziel auch der Slowenen des Jahres 1920 nicht inkriminierbar ist. (Das Auseinanderbrechen des Vielvölkerstaates Österreich-Ungarn im Gefolge der Kriegsereignisse führte im Verlauf der Abgrenzungsversuche der nach nationaler Homogenität und imperialer Machtentfaltung strebenden Nachfolgestaaten gesamtösterreichisch zu Grenzdiskussionen, wobei naturgemäß insbesondere in ethnischen Mischzonen militärische Gewalt zum ausschlaggebenden Argument werden konnte.) Geht man angesichts des durch das Kriegsende verursachten völligen Neuordnungszwanges innerhalb Österreich-Ungarns von der freien Disponibilität der künftigen Grenzen unter vornehmlich ethnischem Aspekt aus, so verlieren die auf das gemischtsprachige Gebiet Kärntens zielenden Besetzungsversuche von 1918-20 viel von ihrer nationalpolitischen Verwertbarkeit zwecks Erstellung eines antislowenischen Feindbildes. (Der Verzicht auf die völlig unstatthafte, aber politisch bequeme Identifikation der Kärntner Slowenen in toto mit den damaligen Interessen des SHS-Königreichs könnte wie der Verweis auf den letztlich ausschlaggebend von Kärntner Slowenen getragenen Willensentscheid, wie er im Akt demokratischer Selbstbestimmung in der Volksabstimmung manifest wurde, (...) das Bild vom 'Kärntner Slowenen' erheblich differenzieren und würde ihm viel von seiner agitatorischen Verwertbarkeit nehmen.)"
Diesen Ausführungen wurde nun bei Ogris folgende, vom Text nirgendwo offerierte Deutung zuteil: "Freilich wird man bei Wutte vergeblich nach Formulierungen suchen, die von einer 'Tendenz zur extensiven Grenzfindung' künden, diese - als Folge der Idee des Nationalstaates - 'legitimerweise als politisches Ziel auch der Slowenen des Jahres 1920 für nicht inkriminierbar' darstellen und 'von der freien Disponibilität der künftigen Grenzen unter vornehmlich ethnischem Aspekt' sprechen". In einer Anmerkung (Anm. 5) tat Ogris fernerhin meines nicht protokollierten Diskussionsbeitrages sowie meines Bemühens um persönliche Nachreichung einer authentischen Interpretation Erwähnung in dem Bemerken, er könne die Vermutung, den Text mißverstanden zu haben, "nicht akzeptieren". Im Anschluß daran gab der Kritiker auch noch eine Probe seiner satzanalytischen Kompetenz, als er darauf bestand, daß sich das Wort "legitimerweise" "eindeutig auf das Subjekt des Satzes, nämlich die Idee des Nationalstaates, und daraus folgend auf die Tendenz zur extensiven Grenzfindung" beziehe. Ogris' - falsches - Meinen, daß sich "legitimerweise" auf die "Tendenz zur extensiven Grenzfindung" bezöge, findet seine grammatikalische Aufklärung in dem Tatbestand, daß Ogris die Qualität eines Attributs (erster Ordnung) im Genetiv ("des Nationalstaates") nicht zu würdigen weiß, den folgenden Attributsatz, dessen Bezug aufgrund des Relativpronomens "der" jeglicher Zweideutigkeit entbehrt, unzulässigerweise als Subjektsatz nimmt und sich - satzstrukturell ohne Not - zudem dazu verleiten läßt, über die Aussage des Attributsatzes (analytisch ein Attribut zweiter Ordnung), die sich ausschließlich - und sprachlich korrekt formuliert - auf den Nationalstaat in seiner gesamteuropäisch realen Erscheinung hinsichtlich peripherer ethnischer Mischgebiete bezieht, auch den Subjektteil "Idee" des übergeordneten Nebensatzes zu diskreditieren. Ohne Not deshalb, weil - wie um Mißverständnisse und kurzschlüssige Assoziationen von Idee auf Wirklichkeit hintanzuhalten, die Fortführung des Nebensatzes mit einem Gleichsetzungsnominativ zu "Idee" ("als politische Idee") ansetzt und mithin ein weiteres Mal auch grammatikalisch kenntlich macht, daß das Wörtchen "legitimerweise" die Ordnungsidee, nicht aber die diversen Verwirklichungsansätze nationalstaatlicher Machtpolitik charakteri-

sieren will. Dies scheint auch Ogris nicht vollständig entgangen zu sein, da er den folgenden, die Wirklichkeit detaillierenden Satz, wo von nationaler Homogenität und imperialer Machtentfaltung sowie militärischer Gewalt als mitunter ausschlaggebendem Argument in ethnischen Mischzonen die Rede ist, im Text vollständig verschweigt und im Anmerkungszitat, da er die Passage "im Wortlaut zitieren" möchte, um dem Leser "selbst ein Urteil zu ermöglichen", hinter zögerlichen Auslassungspunkten verbirgt. Nichtsdestotrotz Ogris wenige Seiten später: "Die Aufgabe des Historikers kann nicht darin bestehen, durch einseitige Informationen Schuldsprüche zu fällen" (S. 399).

Bedrückender noch als dieser Versuch, durch die Kompilation aus ihren Zusammenhängen herausgerissener Satzfragmente alternative Wertakzentuierungen zu unterlegen und den Text dergestalt nicht nur um Facettierungen, sondern um eindeutige und wichtige Aussagen zu bringen, ist das Bemühen, erforderlichenfalls - durch dasselbe selektive Rezeptionsverfahren - auch neue Aussagen zu stiften. Obgleich die Skizze an keinem Ort von dem Motivenbündel handelt, dessen einzelne Komponenten in der Diskussion um das Abstimmungsverhalten der Bevölkerung seit Jahren bekanntlich sehr kontrovers gewichtet werden, entdeckte der Kritiker offensichtlich doch noch s. E. einschlägige Anhaltspunkte. Meine im Zusammenhang mit den durch das Kriegsende verursachten Neuordnungszwängen und den auf das gemischtsprachige Gebiet Kärntens zielenden Besetzungsversuchen von 1918-1920 vorgeschlagene, normative Arbeitshypothese für eine entkriminalisierende Einschätzung nationalstaatlicher Politik und mithin staatlichen Handelns - man könne von der freien Disponibilität der künftigen Grenzen unter vornehmlich ethnischem Gesichtspunkt ausgehen - bezieht Ogris vollständig anlaßlos und gleich monokausal auf die Motivation der abstimmenden Bevölkerung. "Mit dieser Ansicht steht Holzer sogar diametral den Ergebnissen einiger jugoslawischer Forscher in den letzten Jahren entgegen, die richtig feststellten, daß die Entscheidung der Kärntner Bevölkerung vom 10. Oktober 1920 keine ethnische war und daß die von der jugoslawischen Propaganda ausgegebene diesbezügliche Parole ein das Abstimmungsergebnis negativ beeinflussender entscheidender Fehler war." Und nochmals vermeintlich gegen Holzer: "Im übrigen wurden kaum irgendwo in Europa Grenzen nach ethnischen Gesichtspunkten gezogen." Aus dem dringlichen Wunsch, meine Überlegungen selbst noch hinter dem Stand zumindest der aufgeklärteren jugoslawischen Forschung zu situieren, wurde mir solcherart Einschätzungen angelastet, die von mir nicht zu begründen sind, da ich sie nirgendwo vertreten habe, im Gegenteil: Mein von Ogris leider wiederum vernachlässigtes Diktum von der völlig unstatthaften, aber politisch bequemen Identifikation der Kärntner Slowenen mit den damaligen Interessen des SHS-Staates, und die von mir gegebene Charakteristik der Volksabstimmung als Akt demokratischer Selbstbestimmung - nicht etwa ethnischer Selbstzuordnung, wie überhaupt nirgendwo von ethnischen Entscheidungsmotiven für das Abstimmungsverhalten der Menschen die Rede ist - lassen sich mit dem Forschungsstand gewißlich nicht in Widerspruch bringen.

Es ist nun hieraus schwer zu entscheiden, wo die Gründe für Ogris' fundamentales Mißverstehen meines Essays zu suchen sein mögen. Obgleich der Berichterstatter den Titel meiner Studie in der 'Zukunft' falsch zitiert - dort verlautet nichts von Geschichtswissenschaft und politischer Bildung -, gibt es keinen Beleg für die Annahme, dem Rezensenten wäre nur deren Zusammenfassung im 'Sozialistischen Akademiker' verfügbar gewesen. Entgegen der hier aber offensichtlich vorwaltenden Neigung, Texte Anderer mittels selektiver Entnahme und großzügiger Neukompilation als Steinbruch zu mißbrauchen und dergestalt gewonnene Faustkeile nach eigenem Bedarf den solcherart Enteigneten als deren neuen Besitz zu unterlegen, wäre an der ungeachtet aller methodologischen Neuerungen fortwährenden Gültigkeit von gediegener Heuristik als elementarstem Handwerkzeug des Historikers wohl auch weiterhin festzuhalten. Sich zuallererst hierin beständig zu üben, schiene auch künftighin sinnvoller Auftrag und Verpflichtung zugleich.

6) Diese Sicht vor allem bei T. Zorn, Die minderheitsfeindlichen Umtriebe der deutschen Nationalisten in Kärnten, in: Das Minderheitenproblem in den jugoslawisch-österreichischen Beziehungen. Aufsätze und Dokumente, red. B. Osolnik, Beograd 1977, S. 129-142, insbes. S. 136 ff.
7) So H. Haas - K. Stuhlpfarrer, Österreich und seine Slowenen, Wien 1977, S. 101, unter Hinweis auf zeitgenössische Pressemeldungen.
8) Folgt man dem 'Ruf der Heimat', dem 'Mitteilungsblatt des Kärntner Heimatdienstes' (RdH): Liebe Landsleute, Mitarbeiter des KHD!?, in: RdH (4/1968), S. 1, dann wäre 1955 als Gründungsdatum anzunehmen. In Übereinstimmung hiemit auch: Rechtsextremismus in Österreich nach 1945 (alle Zitate nach der 4. Aufl.), S. 146. Abweichend hievon H. Haas - K. Stuhlpfarrer, Deutschnationalismus in Kärnten, in: Rechtsextremismus in Österreich nach 1945, S. 354-363, hier S. 359, die das Jahr 1957 nennen.
9) Warum ein eigenes Mitteilungsblatt des KHD?, in: RdH (1/1968), S. 1.
10) Zur Slowenenaussiedlung immer noch grundlegend T. Zorn, Poizkusi izselitve koroških Slovencev med drugo svetovno vojno, in: Kronika 14 (1966), S. 73-82 und 133-140. Anmerkungen zur Aussiedlungsfrage, allerdings ohne zufriedenstellende Quellen- und Literaturangaben, bei S. Karner, Kärntens Wirtschaft 1938-1945. Unter besonderer Berücksichtigung der Rüstungsindustrie. Mit einem Nachwort von A. Speer, Klagenfurt 1976 (=Wissenschaftliche Veröffentlichungen der Landeshauptstadt Klagenfurt 2), S. 120-127. Ebenfalls ohne Verweis auf die reiche slowenische Literatur die überaus verdienstvolle Studie von Haas - Stuhlpfarrer, Österreich und seine Slowenen, S. 74 ff. Den mit Abstand gediegensten Zugang zum Thema eröffnet nunmehr die von T. Ferenc zusammengestellte und eingeleitete Edition: Quellen zur nationalsozialistischen Entnationalisierungspolitik in Slowenien 1941-1945 / Viri o nacistični raznarodovalni politiki v Sloveniji 1941-1945, Maribor 1980, in der auch die Vorgänge um Kärnten zur Sprache kommen.
11) Sechzig Jahre KHD, in: RdH (53/1980), S. 8.
12) Warum ein eigenes Mitteilungsblatt des KHD, S. 1. Der Text der einzelnen slowenischen Memoranden ist nunmehr im Anhang des Buches von G. Fischer, Das Slowenische in Kärnten. Eine Studie zur Sprachenpolitik, Klagenfurt 1980, bequem zugänglich.
13) Haas - Stuhlpfarrer, Österreich und seine Slowenen, S. 101.
14) Zahlen nach Th. Veiter, Das Recht der Volksgruppen und Sprachminderheiten in Österreich, Wien-Stuttgart 1970, S. 706.
15) Hierüber ausführlich C. Gatterer, Südtirol und der Rechtsextremismus, in: Rechtsextremismus in Österreich nach 1945, S. 336-353, passim.
16) Die Entwicklung des Falles am detailliertesten in der von H. Fischer (Hrsg.), Einer im Vordergrund: Taras Borodajkewycz, Wien-Frankfurt-Zürich 1966 (=Österreichprofile), besorgten Edition der Prozeßunterlagen.
17) Vgl. die ungemein nützliche und sehr kritisch kommentierte Dokumentation: Junge Generation in der SPÖ Wien (Hrsg.), Von Hitler zu Burger? Zur Geschichte, Ideologie und Rechtssituation der NDP, Wien 1981.
18) Zu dieser Entwicklung siehe vor allem Th. Veiter, Die Kärntner Slowenen in Geschichte und Gegenwart, in: Europäische Rundschau 3 (1/1975), S. 63-71, insbes. S. 69.
19) RdH (34/1975), S. 10. So auch, mittlerweile freilich längst überholt, Haas - Stuhlpfarrer, Deutschnationalismus in Kärnten, S. 360.
20) Dies der Stand im März 1981.
21) Wir bitten um Beachtung!, in: RdH (47/1978), S. 7.
22) So die Charakteristik derer, an die sich die ersten zwölf Nummern des RdH mit der Bitte um finanzielle Unterstützung wandten.
23) Spendenaufruf, in: RdH (41/1977), S. 10.

24) Wir brauchen mehr als Ihre Sympathie und Zustimmung, in: RdH (35/1975), S. 11.
25) ebenda, S. 11. Für die Vermutung, daß dem KHD über Kontakte zu Exponenten der westdeutschen Rechtsextremistenszene auch Gelder oder geldeswerte Leistungen zukämen, bietet der RdH natürlich keinerlei Anhaltspunkte.
26) ebenda, S. 11.
27) Der jüngste Förderer unserer Arbeit für Kärnten, in: RdH (30/1974), S. 3.
28) Wir brauchen mehr als Ihre Sympathie und Zustimmung!, S. 12.
29) Der jüngste Förderer unserer Arbeit für Kärnten, S. 3.
30) Werbebeilage zum RdH (19/1971).
31) Wir bitten um Beachtung!, S. 7.
32) Bomben für ein Slowenisch-Kärnten, in: RdH (38/1976), S. 1 f, hier S. 2.
33) Ja zu westlicher Gesellschaftsordnung! Jedoch Reformen notwendig!, in: RdH (52/1979), S. 12.
34) Arbeitsplätze für Jugoslawen in Kärntner Tito-Betrieben, in RdH (48/1978), S. 5.
35) Statt endloser Diskussionen über März 1938: Alle Kraft für Österreichs Zukunft!, in RdH (45/1978), S. 3.
36) Als 'Antifaschisten' verkleidete Kommunisten kämpfen gegen westlich-freiheitliche Gesellschaftsordnung, in: RdH (56/1980), S. 5.
37) Macht Euch doch selbst ein Bild!, in: RdH (57/1981), S. 1.
38) Statt endloser Diskussionen über März 1938, S. 3.
39) ebenda.
40) Eine Million Slowenen üben Partisanenkrieg, in: RdH (52/1979), S. 8 f.
41) Westliche Gesellschaft und Kommunismus, in: RdH (36/1975), S. 4.
42) So beispielsweise in: Veiter 1938 und heute, in: RdH (30/1974), S. 3 f. Zur Technik des Abschiebens einschlägigen Schollenvokabulars paradigmatisch: Von 'Kraftmenschen' und 'breitschultrigen Eichen': Nationalistische Parolen in Kärntner Slowenenblatt, in: RdH (41/1977), S. 8.
43) Schulen für Minderheit und Mehrheit, in: RdH (11/1970), S. 2 f, hier S. 2.
44) Ein Gruß der Österreichischen Landsmannschaft in Wien, in: RdH (1/1968), S. 1.
45) Das höchste Gut ist die Heimat, in: RdH (50/1979), S. 8.
46) Unter dem Gesichtspunkt der Assistenzfunktion von Heimatdichtung für die Vertiefung völkischer Klischees vgl. etwa das von Franz Podesser verfaßte Gedicht: Der 10. Oktober, in: RdH (31/1974), S. 2.
47) Das höchste Gut ist die Heimat, S. 8.
48) 1919/20 - 1969/70. Abwehr und freie Selbstbestimmung, in: RdH (10/1969), S. 1 f, hier S. 1.
49) 1919/20. Abwehrkampf und Abstimmung waren und bleiben Eins!, in: RdH (9/1969), S. 1 f, hier S. 1.
50) 1970 - das Jahr der Bewährung!, in: RdH (11/1970), S. 3 f.
51) Heimattreu in die Zukunft, in: RdH (52/1979), S. 7.
52) Der 10. Oktober 1969 in Kärnten - Bereit sein für das Abstimmungsjahr 1970, in: RdH (9/1969), S. 2.
53) Jahrestagung des Kärntner Heimatdienstes, 30. April 1970 in Maria Elend. Tätigkeitsbericht, in: RdH (12/1970), S. 2 f, hier S. 3.
54) Heimatliebe läßt sich nicht verbieten!, in: RdH (38/1976), S. 6 f, hier S. 6.
55) In eigener Sache, in: RdH (30/1974), S. 7.
56) Weihnacht - Zeit der Besinnung, in RdH (15/1970), S. 4.
57) Wie steht es heute in Südkärnten, in: RdH (14/1970), S. 3.
58) Liebe Landsleute, Mitarbeiter des KHD!, S. 1.
59) Prof. Otto Koenig, Wien, in: RdH (54/1980), S. 12.
60) Nur allzu wahre Worte zum Nachdenken!, in: RdH (49/1979), S. 9.
61) Liebe Landsleute, Mitarbeiter des KHD!, S. 1.
62 Statt endloser Diskussionen über März 1938, S. 3.
63) Kärntner Jugendbund, in: RdH (1/1968), S. 2.

64) Slowenische Jugendkontakte mit afrikanischen Terroristen, in: RdH (45/1978), S. 7.
65) Kärntner Jugendbund, in: RdH (53/1980), S. 11.
66) Kärntner Jugendbund - die Jugendorganisation des KHD, in: RdH (46/1978), S. 2.
67) Sechzig Jahre Volksabstimmung Kärnten, in: RdH (55/1980), S. 12.
68) Unsere deutsche Sprache, in: RdH (3/1968), S. 3.
69) Auch Mundart ist Heimat!, in: RdH (52/1979), S. 10.
70) Der 10. Oktober 1969 in Kärnten - Bereit sein für das Abstimmungsjahr 1970, S. 2.
71) Liebe Landsleute, liebe Mitarbeiter des KHD!, S. 1.
72) Warum in die Ferne schweifen?, in: RdH (8/1969), S. 4.
73) Kärntner! Auf zur Abstimmungskundgebung, in: RdH (51/1979), S. 12.
74) Wir wollen sein ein einig Volk von Brüdern!, in: RdH (55/1980), S. 3.
75) RdH (3/1968), S. 2.
76) Achtung, Abwehrkämpfer und Traditionsträger!, in: RdH (55/1980), S. 11.
77) Erwache, mein Kärnten!, in: RdH (47/1978), S. 11.
78) War der Kärntner Abwehrkampf sinnloses Heldentum?, in: RdH (20/1971), S. 7.
79) Präsentiert in: RdH (42/1977), S. 5.
80) Flugblatt des KHD, abgedruckt in: RdH (34/1975), S. 12.
81) Freibrief für den ORF, in RdH (35/1975), S. 2.
82) So die in Anm. 80 und 81 genannten Belege.
83) Kreuzer für ORF-Film 'Fremde in der Heimat' verantwortlich!, in: RdH (35/1975), S. 9 f, hier S. 10.
84) Freibrief für den ORF, S. 2.
85) ebenda.
86) ebenda.
87) Kreuzer für ORF-Film 'Fremde in der Heimat' verantwortlich!, S. 9 f, hier S. 9.
88) ebenda, S. 10.
89) Heimatliebe läßt sich nicht verbieten!, in: RdH (38/1976), S. 6 f, hier S. 6.
90) Südkärntner fühlen sich verlassen: Dringender Appell des KAB an die Kärntner Parteien, in: RdH (43/1977), S. 6.
91) 1919/20. Abwehrkampf und Abstimmung waren und bleiben Eins!, S. 1.
92) ebenda, S. 2.
93) Nachruf auf Ökonomierat Josef Glantschnig, in: RdH (8/1969), S. 4.
94) 1919/20. Abwehrkampf und Abstimmung waren und bleiben Eins!, S. 1.
95) ebenda, S. 2.
96) Einen guten Einstieg in die Diskussion bieten die Studien von H. Mandt, Demokratie und Toleranz. Zum Verfassungsgrundsatz der streitbaren Demokratie, in: P. Haungs (Hrsg.), Res Publica. Studien zum Verfassungswesen. Dolf Sternberger zum 70. Geburtstag, München 1977, S. 233-260, und: F. Fuchs - E. Jesse, Der Streit um die 'streitbare Demokratie'. Zur Kontroverse um die Beschäftigung von Extremisten im öffentlichen Dienst, in: Aus Politik und Zeitgeschichte B 3 (1978), S. 17-35, die die Frage nach den Grenzen politischer Toleranz in einer offenen Gesellschaft zu erörtern suchen.
97) Ja zu westlicher Gesellschaftsordnung! Jedoch Reformen notwendig!, S. 12.
98) Jugo-Fabrik Obir/Rechberg: 100 Arbeitsplätze gehen verloren, in: RdH (51/1979), S. 9.
99) Informationsbrief Nr. 3, abgedruckt in: RdH (30/1974), S. 7.
100) Slowenischer Geistlicher behauptet: Eberndorf rein slowenisch!, in: RdH (34/1975), S. 4.
101) Als Losung abgedruckt in: RdH (37/1976), S. 1. Zur Verbreitung dieser Einschätzung in österreichischen Tageszeitungen vgl. die Dissertation von R. L. Strobel, Minderheiten in Massenmedien. Eine inhaltsanalytische Unter-

suchung österreichischer Tageszeitungen am Beispiel der Kärntner Slowenen, phil. Diss. Salzburg 1979 (Masch.), insbes. S. 181.
102) Demokratie reaktionär und unerwünscht?, in: RdH (38/1976), S. 5.
103) Der 10. Oktober 1969 in Kärnten - Bereit sein für das Abstimmungsjahr 1970, S. 2.
104) Was wir wollen, in: RdH (15/1970), S. 1 f, hier S. 2.
105) Losung, abgedruckt in: RdH (39/1976), S. 4.
106) Unterschriftenaktion 1976, in: RdH (37/1976), S. 4.
107) Zur Genesis der Diskussion aus slowenischer Sicht siehe vor allem die gute Zusammenfassung bei R. Vospernik, Die Slowenen in Österreich, in: Handbuch der europäischen Volksgruppen, bearb. von M. Straka, Wien-Stuttgart 1970, S. 484-493, passim, sowie Haas - Stuhlpfarrer, Österreich und seine Slowenen, S. 100 ff.
108) Die slowenische Argumentation knapp und übersichtlich in: P. Apovnik, Das Volksgruppengesetz - Eine Lösung? Der Standpunkt der Kärntner Slowenen, 3., mit einem Nachdruck von 'Für die Rechte der Minderheiten' erweiterte Aufl., Klagenfurt 1980, insbes. S. 56 ff.
109) Zur Entwicklungsgeschichte des Artikels 7 nach wie vor grundlegend G. Stourzh, Geschichte des Staatsvertrages 1945-1955. Österreichs Weg zur Neutralität, Graz-Wien-Köln 1980, S. 57 ff. Ferner siehe auch Haas - Stuhlpfarrer, Österreich und seine Slowenen, S. 95 ff.
110) Informationsbrief Nr. 3, S. 7.
111) Es geht um Kärntens Zukunft, in: RdH (14/1970), S. 4.
112) Artikel 7 ist Schutzbestimmung, nicht Slowenisierungsinstrument, in: RdH (32/1974), S. 9 ff, hier S. 12.
113) KHD: Erfolge für Kärnten, in: RdH (44/1977), S. 1 f, hier S. 1.
114) KHD stärker denn je!, in: RdH (52/1979), S. 1.
115) Angriffe gegen KHD über höheren Auftrag?, in: RdH (52/1979), S. 8.
116) KHD stärker denn je!, S. 1.
117) In diesem Sinne vgl. beispielsweise: Liebe Landsleute, Mitarbeiter des KHD!, S. 1. In einer Rede Feldners: Artikel 7 ist Schutzbestimmung, nicht Slowenisierungsinstrument, S. 9 ff, erfährt man gar (S. 12), daß der KHD "keine Eigeninteressen" habe.
118) Veiter, Die Kärntner Slowenen in Geschichte und Gegenwart, S. 71.
119) Die ganze Heimat soll es sein!, in: RdH (8/1969), S. 1 f, hier S. 1.
120) Wer ist Angehöriger der slowenischen Minderheit? Bekenntnisprinzip oder 'Objektive Merkmale'?, in: RdH (18/1971), S. 2 ff, hier S. 2.
121) ebenda, S. 3.
122) Unverschämte Angriffe gegen demokratische Prinzipien, in: RdH (24-25/1973), S. 1.
123) Heimatdienst nicht in Ortstafelkommission., in: RdH (24-25/1973), S. 2 f, hier S. 2.
124) Slowenenführung gegen demokratische Grundsätze, in: RdH (31/1974), S. 2.
125) An alle Kärntner außerhalb des gemischtsprachigen Gebietes!, in: RdH (40/1976), S. 4.
126) Würdelosigkeiten, in: RdH (44/1977), S. 6.
127) Jugoslawische Lügenpropaganda geht weiter, in: RdH (33/1975), S. 7.
128) KHD-Proteste gegen Kreisky-Versprechungen und: KHD-Flugblatt anläßlich des Kreisky-Besuches in Klagenfurt, beides abgedruckt in: RdH (46/1978), S. 9.
129) Als 'Antifaschisten' verkleidete Kommunisten kämpfen gegen westlich-freiheitliche Gesellschaftsordnung, in: RdH (56/1980), S. 5. Vgl. dazu auch: KHD auf Universitäten erfolgreich aktiv trotz kommunistischem Terror, in: RdH (52/1979), S. 6.
130) Als 'Antifaschisten' verkleidete Kommunisten kämpfen gegen westlich-freiheitliche Gesellschaftsordnung, S. 5.
131) Zur Einschätzung der Österreichischen Hochschülerschaft exemplarisch: Ak-

tionseinheit Hochschülerschaft und Kommunisten gegen KHD, in: RdH (50/1979), S. 10.
132) Slowenenführung gegen demokratische Grundsätze, S. 2.
133) Skandal! Österreichischer Orden für Titopartisanen, in: RdH (44/1977), S. 3.
134) Professor des Slowenengymnasiums hißt Jugofahne! in: RdH (35/1975), S. 4.
135) Im Namen der Republik!, in: RdH (44/1977), S. 4.
136) Jugofahne und Österreichpatriotismus, in RdH (44/1977), S. 4.
137) Wieder Slowenisierung mit staatlicher Unterstützung?, in: RdH (38/1976), S. 3 f, hier S. 3.
138) Bedrohliche antiösterreichische Ausfälle, in: RdH (30/1974), S. 1.
139) 'Perfidie made in Austria', in: RdH (42/1977), S. 5.
140) In Jugoslawien: Gefängnis für 'feindselige Arbeit gegen den Staat', in: RdH (41/1977), S. 5.
141) Slowenische Nationalkommunisten!, in: RdH (39/1976), S. 3.
142) Slowenischer Extremismus, in: RdH (19/1971), S. 2.
143) Lehrgang für slowenische Chauvinisten?, in: RdH (21/1972), S. 5.
144) Was der Vater vorsichtshalber nicht sagt, sagt der Sohn, in: RdH (12/1970), S. 4.
145) Wir fordern: Verbot revolutionärer kommunistischer Gruppen, in: RdH (50/1979), S. 10.
146) Aktionseinheit Hochschülerschaft und Kommunisten gegen KHD, S. 10.
147) Verbot subversiver kommunistischer Gruppen zum Schutz unserer Demokratie!, in: RdH (52/1979), S. 7.
148) Aktionseinheit Hochschülerschaft und Kommunisten gegen KHD, S. 10.
149) Verbot subversiver kommunistischer Gruppen zum Schutz unserer Demokratie, S. 7.
150) Wir fordern: Verbot revolutionärer kommunistischer Gruppen, S. 10.
151) Maoisten! Auf nach Rotchina!?, in: RdH (41/1977), S. 7.
152) Wir fordern: Verbot revolutionärer kommunistischer Gruppen, S. 10.
153) ebenda.
154) Verbot subversiver kommunistischer Gruppen zum Schutz unserer Demokratie!, S. 7.
155) Zitiert nach: Österreichfeindliche Provokation verbieten!, in: RdH (51/1979), S. 9.
156) ebenda.
157) Oktober-Tabor: Anti-Kärnten-Kundgebung linker Friedensstörer, in: RdH (55/1980), S. 2.
158) ebenda.
159) Österreichfeindliche Ausfälle rund um den Oktober-Tabor, in: RdH (56/1980), S. 2.
160) Quo vadis, Austria?, in: RdH (39/1976), S. 4.
161) KAB-Protest gegen kärntenfeindliche kommunistische 'Osterbotschaft', in: RdH (42/1977), S. 9.
162) Quo vadis, Austria?, S. 4.
163) Jugoslawischer Verleumdungsfeldzug gegen Österreich, in: RdH (39/1976), S. 2.
164) Bemerkenswertes in Kürze, in: RdH (39/1976), S. 5.
165) Gedanken eines jungen Kärntners zu den Vorfällen in Eberndorf und Völkermarkt. Wem nützt das und wo sind die Drahtzieher?, in: RdH (6/1969), S. 3.
166) Aufgeschlossen für Kärntner Belange: Salzburger Volksblatt, in: RdH (47/1978), S. 2.
167) Südkärntner fühlen sich verlassen: Dringender Appell des KAB an die Kärntner Parteien, in: RdH (43/1977), S. 6.
168) Keine Haltungsänderung Jugoslawiens, in: RdH (35/1975), S. 12.
169) Ein Leserbrief, der leider nie erschienen ist, in: RdH (6/1969), S. 2.
170) Bleiburger ließen sich nicht provozieren!, in: RdH (34/1975), S. 8 f, hier S. 9.
171) ebenda, S. 8 f.

172)	Der KHD fordert: Schluß mit Straßenterror!, in: RdH (43/1977), S. 4.
173)	Massive Drohungen 'unterdrückter' Slowenen, in: RdH (37/1976), S. 8.
174)	Bemerkenswertes in Kürze, in: RdH (48/1978), S. 10.
175)	Bekenntnisprinzip in der BRD und in Dänemark Selbstverständlichkeit, in: RdH (37/1976), S. 9.
176)	Bemerkenswertes in Kürze, in: RdH (41/1977), S. 4.
177)	Bemerkenwertes in Kürze, in: RdH (47/1978), S. 6.
178)	Wieder Slowenisierung mit staatlicher Unterstützung?, in: RdH (38/1976), S. 3 f, hier S. 4.
179)	Slowenenorganisation erhält Jugo-Geld, in: RdH (35/1975), S. 2 f, hier S. 3.
180)	Der 'Volkszeitung' vom 26. Mai 1970 entnommene Glosse, abgedruckt unter 'Kommentare' in: RdH (12/1970), S. 4.
181)	So sieht die Brücke von 'drüben' aus, in: RdH (6/1969), S. 3.
182)	Slowenische Nationalkommunisten behaupten: Kirche in Kärnten ist großdeutsch!, in: RdH (47/1978), S. 5.
183)	Öffentliche Gelder für linke 'Schäfer' Longo mai, in: RdH (47/1978), S. 7.
184)	Ausländische Kommunistengruppe erwählt Kärnten als Operationsgebiet für Lügenpropaganda!, in: RdH (43/1977), S. 3.
185)	Kommunen nach Vorbild 'Longo mai' nun auch in der Südsteiermark, in: RdH (45/1978), S. 10.
186)	Bergbauernförderung statt Millionen für Longo mai!, in: RdH (50/1979), S. 5.
187)	Longo mai ist out!, in: RdH (56/1980), S. 5.
188)	Zitiert nach: Longo mai hetzt nun in Holland gegen Kärnten, in RdH (54/1980), S 6.
189)	ebenda.
190)	ebenda.
191)	Longo mai ist out!, S. 5.
192)	Bemerkenswertes in Kürze, in: RdH (50/1979), S. 4.
193)	Bemerkenswertes in Kürze, in: RdH (53/1980), S. 6.
194)	Internationales Jugendseminar aus jugoslawischer Sicht: Jugend im Dienste des Kommunismus, in: RdH (36/1975), S. 7 f.
195	Kampf dem Rufmord an Österreich. Weißbuch muß her!, in: RdH (45/1978), S. 1 f.
196)	ebenda, S. 1.
197)	Dies implizite der Anspruch, mit dem das Erscheinen des 'Kärntner Weißbuches' im RdH angezeigt wird.
198)	"Also hat die Geschichte in Kärnten noch keinen 'Schlußstrich' gezogen. Sie zieht ihn unter zwei Völker nur, wenn eines von ihnen nicht mehr besteht. So ist der Abwehrkampf von 1920 im Jahr 1970 immer noch Abwehrkampf mit den Waffen des Herzens und des Geistes und wird es bleiben, so lange es ein deutsches Volk hier, ein slowenisches dort gibt. Daß er immer nur mit Herz und Geist, nie wieder mit Gewalt ausgetragen werde, das walte Gott!" (Die Geschichte zieht keinen Schlußstrich, in: RdH (14/1970), S. 2. Zur Interpretationshilfe vgl. auch: Die Geschichte zieht keinen Schlußstrich!, in: RdH (52/1979), S. 4).
199	Aufforderung!!, in: RdH (52/1979), S. 12.
200)	ebenda.

Robert Saxer

AUFBAU VON BERICHTSTRADITIONEN: AM BEISPIEL OKTOBERARENA

1. Einleitung

Jürgen N. Cederborg schreibt in der FPÖ-Wochenzeitung 'Kärntner Nachrichten' vom 9. April 1981 (Nr. 15) in seinem Titelseiten-Kommentar "Über die Reinerhaltung der menschlichen Rasse" zur kulturpolitischen Initiative "Oktoberarena/Oktobrski tabor": "Und dazu ein Bundeskanzler, der die slowenische Oktoberarena, einen Exerzierplatz kommunistischen Sektierertums, lobt - obwohl selbst das SP-Blatt 'KTZ' diese Aktion beim 'Bund der Kommunisten Österreichs' ansiedelt und Begriffe wie 'Zur Zerschlagung des Staates Österreich' und 'Lostrennung Südkärntens und danach Anschluß an Jugoslawien' der Oktober-Arena zuschreibt" [1].

Cederborg beruft sich in seiner Aussage über die Oktoberarena ausdrücklich auf eine bereits in der Presse bestehende Berichtstradition, die es ihm erspart, die Aussage selbst zu formulieren bzw. zu überprüfen. Der Hintergrund dieser Berichtstradition ist bekannt: Durch die Expansion der Medien nach dem Untergang der Monarchie hat in Kärnten der Aufbau und die gezielte Pflege solcher Berichtstraditionen vor allem für die Verbreitung und Verfestigung deutschnationalen Gedankenguts im Bewußtsein der Bevölkerung eine kaum zu überschätzende Bedeutung erlangt: seit mindestens zwei Menschenaltern dient die Berichtstraditionspflege der deutschnationalen Politik und Publizistik als Waffe für den permanenten Kampf gegen das slowenische Volkstum in Kärnten [2].

Aus diesem Grund erscheint es als eine politisch nicht unwichtige Aufgabe, sich an konkreten Fällen mit den Mechanismen und Funktionen von Berichtstradition auseinanderzusetzen, insbesondere aber, wie der Aufbau einer bestimmten Tradition bewerkstelligt wird. Eine Untersuchung der Berichterstattung über die kulturpolitische Veranstaltung "Oktoberarena/Oktobrski tabor" bietet sich dabei insofern an, als diese Initiative erst seit etwa fünf Jahren existiert, die Berichterstattung über sie daher noch überschaubar ist. Im Mittelpunkt der Analyse werden die Texte der drei führenden Kärntner Tageszeitungen ('Kleine Zeitung' - nach eigener Angabe "Österreichs größte Bundesländerzeitung. Unabhängig"; 'Kärntner Tageszeitung' - SPÖ; 'Volkszeitung' - ÖVP) stehen [3]. Natürlich können sie nicht isoliert, sondern müssen im Kontext mit anderen Kärntner Publikationen gesehen werden, die offen deutschnationales Gedankengut verbreiten [4].

2. Zur Produktanalyse

Vor Beginn der Analyse ist jedoch noch eine methodologische Vorbemerkung nötig. Es handelt sich bei diesem Beitrag um eine Produktanalyse, die im Gesamtbereich der Massenkommunikationsforschung ihre spezifische Funktion hat. Überblickt man die drei großen Forschungsbereiche im Feld der Massenkommunikation - Produktion, Rezeption (Konsumption), Produkt (Information im Medium) -, so stellt man fest, daß die Forschung im Bereich der Produktion und Rezeption sich verhältnismäßig rasch entwickelt hat, einerseits wegen des Interesses einer kritisch-analytischen Medientheorie an der Aufdeckung gesellschaftlicher Machtverhältnisse, andererseits aber auch, weil die hiefür benötigten Instrumentarien sozialempirischer und psychologisch-empirischer Analyse in weitgehend ausgebildeter Form zur Verfügung standen [5]. Dem gegenüber wurde die Analyse der im Medium transportierten Information, die Produktanalyse also, weitgehend vernachlässigt. Eine Ursache hiefür war die Tatsache, daß man den Eigenwert des Produktes, aus dessen spezifischer Struktur sich - im Extremfall sogar ohne oder gegen die Absicht des Kommunikators - spezifische Wirkungen ergeben, unterschätzte. Unterdessen hat vor allem die Meinungsbildung und die Berichterstattung im Zusammenhang mit dem politischen Terrorismus in Europa, v. a. in der Bundesrepublik und in Italien, die Augen dafür geöffnet, wie jene, die an den Hebeln publizistischer Macht sitzen, vermittels der verbreiteten Produkte politische Gewalthandlungen und die dadurch ausgelöste Angst in der Bevölkerung dazu benützen, um demokratische Strukturen abzubauen und unliebsame Kritiker und Analytiker unter den Druck der öffentlichen Meinung und der staatlichen Behörden zu stellen [6].

Dieser Sachverhalt zeigt, daß der Produktanalyse eine nicht unwesentliche gesellschaftspolitische Bedeutung zukommt. Ihr Gegenstand ist das Produkt, der "Text", d. h. die im Medium manifesten textuellen - sprachlichen, visuellen, auditiven - Strukturen und Elemente, die durch Wahrnehmung und Denken rezipiert werden. Es ist daher klar, daß die Produktanalyse anders vorgehen muß als die empirische Forschung im Bereich der Produktion und Konsumption [7]. Im sprachwissenschaftlichen Bereich haben vor allem die Sprechakttheorie und die Semiotik ein zunehmend geschärftes und perfektioniertes Analyseinstrumentarium erarbeitet, dessen sich die Produktanalyse bedienen kann. Aus diesem Grund empfiehlt sich eine exakte methodologische Trennung von den sozialempirischen und psychologisch-empirischen Methoden. Aber noch aus einem anderen Grund: Der Analytiker befindet sich, methodologisch gesehen, in derselben Situation wie der einfache Rezipient: für seine Erkenntnis und Wahrheitsfindung steht ihm nur das Produkt zur Verfügung, die Hintergrundinformationen - etwa über die eigentlichen Absichten der Kommunika-

162 AUFBAU VON BERICHTSTRADITIONEN

toren und die Strategien, die sie dabei verfolgen wollen - bleiben ihm weitgehend vorenthalten. Produktanalyse kann also als methodisch geschärftes Erkenntnismittel zur Erreichung dessen dienen, was auch der einfache Rezipient in seinem eigenen Interesse und als einen Schritt zu seiner politischen Emanzipation allmählich erwerben sollte: die Fähigkeit, aus veröffentlichten Produkten verborgene Ziele und Absichten von Kommunikatoren zu erkennen.

3. Die Berichterstattung und ihr Gegenstand

Da eine Produktanalyse angewiesen ist auf den Vergleich der Berichterstattung mit der Realität, über die berichtet wird, wird als Beleg dafür, was die Oktoberarena repräsentiert, die Publikation angeführt, die von ihrem Vorbereitungsausschuß 1980 herausgegeben wurde, und die einen Großteil dessen enthält, was von seiten der Oktoberarena bisher mündlich oder schriftlich publiziert wurde: OktoberArena/OktobrskiTabor. zweisprachig in die 80er jahre. dvojezično v osmo desetletje. gegen den minderheitenfeindlichen dreiparteienpakt. zoper protimanjšinski pakt treh strank. für einen neuen oktober. za nov oktober. Hrsg. von Peter Wieser (für die Oktoberarena), Klagenfurt/Celovec 1980 [8].

Aus methodologischen, mit dem bereits erläuterten Charakter der Produktanalyse zusammenhängenden Gründen wird auf den Rückgriff auf Hintergrundinformationen, die einer breiteren Öffentlichkeit nicht zugänglich gemacht worden sind, verzichtet, obwohl der Verfasser solche zur Verfügung hätte [9].

Zuvor ein kurzer Überblick über die Entwicklung der Oktoberarena/ Oktobrski tabor: Die erste Veranstaltung fand im Oktober 1977 statt, und damals wurden auch erstmals öffentlich ihre Zielsetzungen genannt und diskutiert: "Was sie verband, war die entschiedene Ablehnung der Jahr für Jahr stattfindenden deutschnationalen 10. Oktober-Feiern und das Bedürfnis, neue Formen für ein friedliches Zusammenleben der Volksgruppen in Kärnten zu finden. Ein tragendes Element der Oktober-Arena war von Anfang an die Atmosphäre, die von Liedersängern - allen voran die 'Schmetterlinge' -, von slowenischen Gruppen und Chören, von Schauspielern und anderen Künstlern, aber auch vom vorwiegend jugendlichen Publikum geprägt wurde. (....) Aber es war auch von Anfang an keine reine Unterhaltungsveranstaltung, sondern Träger der kritischen Reflexion und der Auseinandersetzung mit dem deutschnationalen Geist in Kärnten und mit der politischen, sozialen und kulturellen Situation der Kärntner Slowenen. Dementsprechend stand der 10. Oktober als Hauptgegenstand des kulturpolitischen Protestes übermächtig mitten im Raum" [10]. Die Besucherzahlen bei den jährlich stattfindenden Veranstaltungen stiegen ständig, von 500 im Jahr 1977 gegen 3.000 im Jahr 1980 [11].

Trotz der hohen Besucherzahl und trotz des für Kärnten zentralen politischen Themas wurde die Veranstaltung 1977 von den drei Tageszeitungen überhaupt nicht registriert, im Jahr 1978 findet sich wenigstens in der VZ vom 4. 10. eine kurze Nachricht, die auf die Veranstaltung hinweist. 1979 endlich begann man sich in der Berichterstattung mit der Oktoberarena zu befassen; der Impuls dazu kam jedoch nicht aus den Zeitungsredaktionen selbst, sondern vom Kärntner Heimatdienst, der in Presseaussendungen einen Zusammenhang zwischen dem Bombenanschlag auf das Völkermarkter Heimatmuseum und der Oktoberarena herstellte und das Verbot der Veranstaltung forderte. Die VZ und die KZ berichteten darüber, die KZ gleich zweimal [12]. Ausschließlich in der VZ (11. 10.) wurde dann von der Pressekonferenz des Vorbereitungsausschusses der Oktoberarena berichtet; die Nachricht enthält in kurzer und sachlicher Form eine Darstellung der Ziele und des Programms der Veranstaltung. In der KTZ vom selben Tag finden sich in einem Kommentar des Landeshauptmannes Leopold Wagner einige vage und verschwommene Formulierungen, die im Hinblick auf die Oktoberarena gesagt worden sind [13].

1979 gab es auch erstmals Reaktionen auf die Veranstaltung, die im Europapark vor etwa 1000 Besuchern stattfand: in der KTZ keine, in der KZ eine Glosse "Kein neuer Oktober!", und lediglich in der VZ in Form einer Nachricht: dort findet sich unter der Schlagzeile "Feldner: 'Heimatdienst fordert ein Sicherheitskonzept für das Grenzland'" eine sachlich orientierte und umfangmäßig ausgewogene Darstellung der Kundgebung des Kärntner Heimatdienstes und der Oktoberarena-Veranstaltung. Aber schon am nächsten Tag finden sich in der VZ in einem Kommentar des Chefredakteurs scharfe Äußerungen gegen die Oktoberarena [14].

Im Jahr 1980 erfolgte dann ein weiterer Ausbau der Berichterstattung: nicht erst im Oktober, sondern schon vorher finden sich gelegentlich Nachrichten und Kommentare; das hing vor allem mit der Tatsache zusammen, daß ursprünglich aus Anlaß des 60jährigen Jubiläums der Volksabstimmung von einer gemeinsamen 10. Oktober-Feier der deutsch- und slowenischsprachigen Kärntner die Rede war [15] und daß in dieses Konzept auch die Oktoberarena mit eingeplant war. Das hervorstechende Merkmal der Berichterstattung bis zum Oktober war die Tatsache, daß die Oktoberarena von der KTZ und der VZ als rein kulturelle Veranstaltung angekündigt wurde, ohne Berücksichtigung ihrer politischen Zielsetzung; als Beispiel eine Schlagzeile: "André Heller singt in Klagenfurt" - während andererseits die KZ den Eindruck zu vermitteln versucht, es handle sich hiebei um die Initiative von ein paar "radikalen Gruppierungen", deren 'Parolen' ganz offensichtlich an Verhetzung heranreichen" [16].

Über die Großveranstaltung der Oktoberarena mit 2000 bis 3000 Besuchern berichteten dann die KZ und die VZ in ähnlichlautenden Kurznachrichten, in denen sie die Oktoberarena mit der NDP in einen Topf warfen, wie schon die Schlagzeilen zeigen: "NDP-Versammlung und Oktober-Arena"; "Oktoberarena und NDP-Treffen". Die KTZ berichtete nichts, obwohl sie vorher mehrfach auf die Veranstaltung hingewiesen hatte. Dafür brachte sie am 21. 10. den bisher schwersten Angriff gegen die Oktoberarena in Form einer Presse-Aussendung des sozialistischen Nachrichtendienstes "publik" unter dem Titel "Oktober-Arena: Wer schweigt, wird schuldig", eben jene Aussendung, auf die sich der eingangs zitierte Jürgen N. Cederborg bezieht.

4. Berichterstattungs-Strategien und Aufbau der Berichtstradition

4.1. Die Strategie des Verschweigens

Von Anfang an setzen die drei Zeitungen der Oktoberarena gegenüber eines der wirksamsten Mittel überhaupt ein: das Verschweigen. Dieses Verschweigen, das nicht mit Nichtberichten identisch ist, wechselt je nach der augenblicklichen Situation seine konkrete Form. Es läßt sich mit dem wachsenden Bekanntheitsgrad der Oktoberarena eine stufenförmige Entwicklung in der Technik des Verschweigens feststellen:

1. Stufe: Die Oktoberarena wird nicht angekündigt und es wird auch nicht über sie berichtet, die deutschsprachige Öffentlichkeit erfährt aus den drei Zeitungen nichts über sie. Dies gilt für 1977 und 1978. Einzige Ausnahme: eine Ankündigung in der VZ vom 4. 10. 1978. Es ist die Phase des versuchten Totschweigens.

2. Stufe: Die Oktoberarena wird in den Zeitungen zwar genannt, es wird aber nicht über sie berichtet, sondern darüber, was der Kärntner Heimatdienst in einer Presse-Aussendung über sie schreibt. Dies gilt für die Zeit vor dem 10. Oktober 1979 (KZ vom 19. 9. und 7. 10. 79 und VZ vom 7. 10. 79). Die Öffentlichkeit erfährt von der Existenz der Oktoberarena, aber nicht, wer ihre Organisatoren sind und welche tatsächlichen Inhalte und Ziele sie repräsentiert. - Die KTZ verharrt in dieser Phase noch immer auf der 1. Stufe.

3. Stufe: Über die Oktoberarena wird nicht in tatsachenorientierter Nachrichtenform, sondern in meinungsbetonten Stilformen berichtet (Glosse "Kein neuer Oktober" von Ferdinand Koffler in der KZ vom 16. 10. 79 und Kommentar von Walter Raming "Nachdenkliches zum 10. Oktober" in der VZ vom 17. 10. 79). Die Öffentlichkeit wird immer noch nicht über die Fakten der Oktoberarena ausreichend informiert, sondern bekommt lediglich wertende Hinweise, wie die Oktoberarena zu

beurteilen und zu bewerten sei. Freilich überschreitet die VZ in dieser Phase die Grenze des publizistischen Verschweigens zweimal und bringt reale und sachlich dargebotene Sachinformationen, einmal in der verhältnismäßig ausführlichen Berichterstattung über eine Oktoberarena-Pressekonferenz (11. 10. 79), zum anderen Mal in der wiederum ausführlichen Berichterstattung über die eigentliche Veranstaltung (16. 10. 79). - Die KTZ verharrt in dieser Phase weiter auf der 1. Stufe.

4. Stufe: Die Ankündigungen der Oktoberarena im Jahr 1980 sind im Stil einer tatsachenorientierten und sachlichen Nachrichtenform gehalten, aber es werden nur bestimmte Tatsachen gebracht und andere verschwiegen (25. 10. 80: KTZ: André Heller, 'Schmetterlinge' und andere bei der Oktoberarena." VZ: "André Heller singt in Klagenfurt"). Schon die Schlagzeilen weisen darauf hin, daß in diesen Nachrichten die Oktoberarena als Unterhaltungs-Veranstaltung erscheint und ihr eigentlicher Kern, die politischen Zielsetzungen, vollständig verschwiegen werden. Bemerkenswert ist, daß die KTZ in dieser Phase plötzlich von Stufe 1 auf Stufe 4 springt, während die KZ auf Stufe 3 weiterarbeitet (Kommentare von Heinz Stritzl vom 28. und 31. 8. 1980 u. a. [17]). Sie bleibt jedoch nicht lang allein: am 21. 10. gesellt sich ihr die KTZ mit einem emotionellen Ausbruch auf der 3. Stufe bei: es handelt sich um die Wiedergabe der Aussendung des SPÖ-Pressedienstes "publik": "Oktober-Arena: Wer schweigt wird schuldig". Dieses explizit formulierte Nichtschweigen der KTZ ist ein exzellenter Beleg dafür, wie man unter dem Vorwand, informieren zu wollen, die zentralen Fakten verschweigen kann. Die Öffentlichkeit erfährt von der Oktoberarena nichts außer der Tatsache, daß an ihr Kommunisten teilgenommen haben. Sie erfährt nichts über das Vorliegen einer Publikation der Oktoberarena und die darin getroffenen politischen Aussagen, dafür zitiert die Aussendung - zur Bemäntelung dieser Verschweigungstaktik - ausführlich, was in der Publikation einer anderen Organisation zu lesen steht (es handelt sich um das Zentralorgan des Kommunistischen Bundes) [18].

Aus diesem Befund ergeben sich zwei Überlegungen, die hier nur ansatzweise genannt werden sollen, die aber zur genaueren Ortung der publizistischen und politischen Interessen der Zeitungen dienlich sein können:

1. Verschiedene Zeitungen können in derselben zeitlichen Phase auf verschiedenen Stufen arbeiten; es können aber auch in ein und derselben Zeitung mehrere Stufen in einer Phase auftreten. Wenn man davon ausgeht, daß die Wahl der Stufe nicht nur, wie eingangs dieses Kapitels erläutert, von der äußeren Situation, sondern auch von den Interessen der Schreiber abhängt, ergibt sich die Möglichkeit , aus der "Textstufe" Rückschlüsse auf die Absichten der Schreiber zu ziehen. Dies soll hier in der Folge nicht systematisch geschehen, wird aber eine pragmatische Leitlinie in der weiteren Untersuchung sein.

166   AUFBAU VON BERICHTSTRADITIONEN

2. Nur die 1. Stufe des vollständigen Verschweigens, des Nichtberichtens also, erscheint dem Leser als Verschweigen. Auf allen anderen Stufen können sich die Zeitungen darauf berufen, daß sie sehr wohl über ein Ereignis "berichtet" hätten. Es ist also notwendig, durch die genaue Untersuchung der Texte den Schein des Tatsächlichen, den sie an sich haben und auch für sich beanspruchen, zu beseitigen und ihre eigentliche Qualität und deren Funktion sichtbar zu machen. Gerade diese Überlegung spielt bei der Untersuchung des Aufbaus einer Berichts-Tradition eine entscheidende Rolle.

4.2. Die Strategie der emotionalen Bedeutungsstiftung und Aufbau der Berichtstradition

Denn gerade auf der 2. - 4. Stufe wird das tatsächlich vorhandene Informationsloch von den Kommunikatoren gezielt mit Ersatzmaterial gefüllt: an die Stelle von Tatsachen-Information werden über die gezielte Auswahl von Wörtern und Wortgruppen sowie über die Stiftung von Beziehungen Bedeutungen vermittelt, die in entscheidendem Maß das Bild, das sich die Leser von bestimmten Menschen oder Ereignissen machen, prägen und die daher eine nicht zu unterschätzende politische Funktion haben: dann nämlich, wenn dieses Bild zu politischem Handeln aktiviert wird.

Diese anstelle von Tatsachen vermittelten Bedeutungen sollen hier nicht primär für sich selbst untersucht werden [19], sondern vor allem im Hinblick auf ihre Funktion als tragende Elemente einer Berichterstattungstradition, die von den Zeitungen aufgebaut und weitergeführt wird. Hinsichtlich der Bedeutungen selbst - das wird sich in der Folge noch zeigen - kann vorweg festgestellt werden, daß es - abgesehen von den wenigen schon genannten Ausnahmen in der VZ - ausschließlich um solche geht, die bei den Lesern Angst und Abneigung, also negative Emotionen auslösen [20]. Interessanter als diese, die schon zum Alltag Kärntner Tagesberichterstattung gehören, ist die Entstehungsgeschichte der Berichterstattung. Es beginnt damit, daß die VZ und KZ - letztere gleich zweimal - eine Stellungnahme des 'Kärntner Heimatdienstes' anläßlich des Bombenanschlages auf das Völkermarkter Heimatmuseum wiedergeben, in dem dieser die Oktoberarena in engem Zusammenhang mit dem Anschlag nennt [21]. Bemerkenswert daran ist, daß diese Stellungnahme neutral und ohne die geringste kritische Reflexion veröffentlicht wird. Noch bemerkenswerter sind zusätzliche positive und bestätigende Signale, die diese Stellungnahme legitimieren und ihr den Schein der Faktizität geben.

In der KZ ist es die Tatsache, daß sie gleich alle zwei, kurz aufeinander folgenden Aussendungen des KHD bringt und die erste noch in ihrer Schlagzeile mit einem positiven Signal versieht ("Heimatdienst: Ruhe bewahren"); in der VZ ist es die ausdrückliche Bestätigung durch zusätzliche, mit Rufzeichen versehene redaktionelle Bemerkungen und die Tatsache, daß der Bericht bereits nach dem ersten Absatz nicht mehr die in solchen Fällen übliche Form der indirekten Rede, sondern des direkten redaktionellen Berichtes enthält. Damit sind die negativen und in hohem Maß emotionalisierenden Signale des Kärntner Heimatdienstes (Verbindung mit Bombenanschlag, "die seit Jahren gegen den Kärntner Freiheitstag hetzten", "antiösterreichisch", "revolutionär", "kommunistisch", "Infragestellung einer demokratisch durchgeführten Volksabstimmung", u. a. m.) vor den Augen der Öffentlichkeit legitimiert und als zumindest wahrscheinlich dargestellt. KZ und VZ führen diese Linie der negativen Signale in vorsichtigerer Form weiter - ausgenommen die beiden VZ-Artikel aus dem Jahr 1979. Die KTZ, die sich, wie schon erläutert, lange zurückgehalten hat, schließt sich dieser Linie am 21. 10. 80 in eruptiver Form an ("Exerzierplatz kommunistischen Sektierertums", "Feststellungen, die es den Teilnehmern empfahlen, diesen Staat zu zerschlagen", "von Entsetzen geschüttelt", "sich selbst in Szene setzen" u. a.).

Die Genese der Berichterstattung zeigt zweierlei: Zum ersten, daß sie nicht bei einem Nullpunkt beginnt, sondern eingebettet wird in eine schon bestehende Berichtstradition, in der zahlreiche Begriffe wie z. B. "kommunistisch", "slowenisch" u. v. a. realitäts- und sinnentleert als rein emotionelle Angstsignale eingesetzt werden. Die schon bestehende emotionale Bedeutungs- und Berichtstradition wird mit Hilfe der den Lesern bekannten Begriffe auf ein neues Objekt übertragen, um es im Bewußtsein der Öffentlichkeit mit Gefahr- und Angstvorstellungen zu verbinden und so allmählich politisch abzutöten. Es handelt sich also nicht um die Schaffung einer neuen Berichterstattungstradition, sondern um die Fortsetzung und Perpetuierung einer schon seit langem bestehenden, die durch die Existenz einer neuen gesellschaftspolitischen Initiative in ihrem kommunikationsstörenden Widersinn entlarvt und damit gefährdet werden könnte.

Das zweite Ergebnis, das die Untersuchung dieser Genese bringt, ist die Erkenntnis, daß der Impuls, der diese Berichterstattung in den Zeitungen auslöst, vom Kärntner Heimatdienst kommt und daß auch dessen politische Meinung und Haltung in freilich gemäßigter sprachlicher und damit verschleierter Form in den drei Zeitungen transportiert werden. In der Haltung des KHD und der drei Zeitungen der Oktoberarena gegenüber besteht kein grundsätzlicher, sondern nur ein sprachlich-formaler Unterschied.

168 AUFBAU VON BERICHTSTRADITIONEN

4.3. Unterschiede zwischen den drei Zeitungen

Schon oben bei der Untersuchung der verschiedenen Stufen des Verschweigens wurde allgemein auf unterschiedliche Haltungen der Zeitungen hingewiesen; auf diese soll nun konkreter eingegangen werden.

Die VZ ist die einzige Zeitung, in der sich, wie schon mehrmals gesagt wurde, zwei Artikel finden, in denen die politischen Zielsetzungen der Oktoberarena in sachlich-neutraler bis positiver Art genannt sind (VZ 7. 10. und 16. 10. 79). In seltsamem Kontrast dazu steht die bestätigende Wiedergabe der KHD-Stellungnahme zur Oktoberarena vom 7. 10. 79 und der Kommentar "Nachdenkliches zum 10. Oktober" von Walter Raming, in denen mit den schon dargestellten negativen Signalen gegen die Oktoberarena gearbeitet wird. Aus diesem Widerspruch läßt sich auf eine zwiespältige Haltung innerhalb der Redaktion der Zeitung schließen, genauer gesagt, auf unterschiedliche Haltungen verschiedener Journalisten, wobei der Chefredakteur Walter Raming offensichtlich zu der gegen die Oktoberarena eingestellten Gruppe gehört. Man muß bei einem solchen Urteil freilich noch ein weiteres Faktum in Betracht ziehen: die unmittelbare Aufeinanderfolge der sachlich positiven Berichterstattung vom 16. 10. - die Oktoberarena wird publizistisch gleichwertig mit der Veranstaltung des KHD behandelt, was für Kärntner Verhältnisse erstmalig und einmalig ist - und der Angriff gegen die Oktoberarena am 17. 10. läßt die Möglichkeit nicht unwahrscheinlich erscheinen, daß die VZ-Redaktion noch am 16. 10. eine heftigere Reaktion, etwa von seiten der KHD-Führung, zur Kenntnis nehmen mußte, was dann den Chefredakteur zu der Reaktion vom 17. 10. genötigt hätte.

Eine zwiespältige Haltung zur Oktoberarena findet sich auch in der Berichterstattung der KTZ. Sie ist zunächst jene Zeitung, die ihren Lesern am längsten und konsequentesten die Oktoberarena verschweigt. Dies läßt einerseits auf eine Distanz zu den anderen beiden Zeitungen schließen, da sie beispielsweise 1979 als einzige nicht die KHD-Aussendung zur Oktoberarena weitergibt, andererseits aber auf eine zumindest genauso starke Distanz zur Oktoberarena, weil sie jeden Versuch einer alternativen Berichterstattung vermeidet. 1980 bricht der Widerspruch voll aus. Während die KTZ vor dem 10. Oktober auf die Veranstaltung der Oktoberarena unter Verschweigung ihrer politischen Zielrichtung sachlich-positiv hinweist, schreibt sie nachher nichts über die Veranstaltung. Dafür bringt sie am 21. 10. den schon genannten schweren Angriff gegen die Oktoberarena, der in seiner Schärfe alles übertrifft, was VZ und KZ in diesem Zusammenhang bisher geschrieben haben, in einer sprachlichen Form, die in vielem Züge der Schreibweise des KHD-Mitteilungsblattes 'Ruf der Heimat' trägt. Diese eruptiv-emotionelle Form, die vor allem mit der Angst der Bevölkerung vor dem Kommunismus arbeitet, läßt sich zunächst in formaler Hinsicht als Folge der langen Verdrängung des "Oktoberarena-Problems" innerhalb der Redaktion erklären. In inhaltlicher Hinsicht deutet diese Vorgangsweise darauf hin, daß die Oktoberarena etwas repräsentiert, wogegen die KTZ aus grundsätzlichen Überlegungen nichts haben kann, ja was sie eigentlich unterstützen müßte, was sie aber aufgrund der konkreten politischen Lage in Kärnten bekämpfen muß. Die Tatsache, daß der Angriff auf die Oktoberarena nicht als Originalkommentar der KTZ, sondern als Aussendung des SPÖ-Pressedienstes "publik" gekennzeichnet ist, läßt den Schluß zu, daß es zu unterschiedlichen Haltungen und vielleicht auch zu Konflikten zwischen der Redaktion und der Kärntner SPÖ, die in der Aussendung durch den nicht näher bezeichneten Ideologieausschuß repräsentiert wird, gekommen ist.

Anders als bei den beiden Parteizeitungen sieht der Befund bei der KZ aus. In ihr findet sich eine durch nichts gebrochene Oktoberarena-feindliche Linie, die auch stilistisch einheitlich ist. Vorwiegend wird mit meinungsorientierten Artikeln (Glossen, Kommentare) gearbeitet, die mit deutlich negativen Signalen arbeiten und so gut wie keinen Informationswert über die Oktoberarena, wohl aber über die Haltung der Redaktionsleitung besitzen. Aber auch die Nachrichtenbeiträge sind journalistisch so gestaltet, daß sie sich gegen die Oktoberarena richten: 1979 als bestätigende und verstärkende Wiedergabe der gegen die Oktoberarena gerichteten KHD-Aussendung, 1980 durch die Herstellung einer Beziehung zur rechtsextremistischen Nationaldemokratischen Partei Norbert Burgers (14. 10.: NDP-Versammlung und Oktober-Arena) [22].

Zusammenfassend läßt sich feststellen: Die inhaltliche Grundlage der Berichterstattung über die Oktoberarena in allen drei Zeitungen ist die Linie, die der Kärntner Heimatdienst in den genannten Presseaussendungen und im 'Ruf der Heimat' vorgegeben hat. Diese Linie ist nicht nur gegen die Oktoberarena gerichtet, sondern darüber hinaus gekennzeichnet durch die konsequente Praxis, die deutschsprachige Öffentlichkeit über die Arbeit und die Ziele der Oktoberarena im ungewissen zu lassen und sie statt dessen mit gefährlichen emotionsgeladenen Signalen zu versorgen, die vor allem die Angst der Bevölkerung auslösen und wachhalten sollen. Diese Linie ergibt sich zwingend aus der jahrzehntelangen deutschnationalen und slowenenfeindlichen Politik und Publizistik des KHD [23]. Insofern die drei Zeitungen nicht nur nichts gegen diese Linie unternehmen, sondern sie durch ihre eigene Berichterstattung noch verstärken, ist die Frage zu stellen, wieweit sie damit der Demokratie einen Dienst erweisen.

In den Redaktionen der beiden Parteizeitungen ist immerhin ein Widerstand gegen diese Linie zu vermerken, der freilich nur sehr selten und in bescheidenem

AUFBAU VON BERICHTSTRADITIONEN

Maß an die publizistische Oberfläche zu gelangen vermag. Die KZ hingegen repräsentiert ohne jegliche Distanz und lediglich in vorsichtiger sprachlicher Gestaltung die KHD-Linie.

5. Resumee

Ein Kennzeichen einer einmal geschaffenen Berichtstradition ist es, daß sie, wenn sie angelaufen ist, ständig weitertradiert wird, dergestalt, daß sich sprachliche Formulierungen einschließlich ihrer Konnotationen und ihrer emotionellen Besetzung einschleifen und als sprachlich und geistig erstarrte Konventionen immer wieder übernommen werden. Ein gutes Beispiel hiefür ist die eingangs dieses Beitrags zitierte Formulierung "Exerzierplatz kommunistischen Sektierertums", die Jürgen N. Cederborg aus der KTZ übernommen hat. Die Gefährlichkeit solcher erstarrter sprachlicher Traditionen liegt darin, daß sie beim Leser nicht rationales, kausallogisches Denken, sondern spontan emotionelles Verhalten unter Ausschluß empirischer und kritischer Überprüfung auslösen. Solche Vorgangsweisen, die auch zu den wirkungsvollen politischen Methoden faschistischer Systeme gehören, sind geeignet, die Demokratie zu untergraben. Daraus ergibt sich die Bedeutung produktanalytischer Methoden und ihr Einsatz zur Aufklärung der Bevölkerung über die Wirkungsmöglichkeiten publizistischer Machtsysteme in der Demokratie.

Anmerkungen

1) Die 'Kärntner Nachrichten' kombinieren in diesem Kommentar Teile des Beitrages "Heirat zwischen Deutschen und Slowenen ist Rassenschande" aus dem Mitteilungsblatt des Kärntner Heimatdienstes ('Ruf der Heimat' Nr. 57 März 1981, S. 9), mit Teilen des Kommentars der 'Kärntner Tageszeitung' vom 21. 10. 1981 (Dokument 16).
2) Einen Überblick über diese Traditionspflege geben die Analysen von Büchern und periodischen Druckwerken deutschnationaler oder/und nationalsozialistischer Provenienz in Kärnten, die unter Leitung von E. Prunc am Grazer Institut für Sprachwissenschaft gemacht und auf den Slowenischen Kulturtagen 1977 in Graz der Öffentlichkeit vorgestellt wurden: Autorengruppe unter Leitung von E. Prunč, Informacija ali propaganda? Information oder Propaganda? Ideologische Hintergründe von Zeitungstexten und Publikationen über die Kärntner Slowenen. Mappe mit hektographierten Blättern, Klagenfurt/Graz 1977.
3) Über die Eigentumsverhältnisse bei diesen drei Zeitungen, die für deren minderheitenpolitische Linie nicht unerheblich sind, vgl.: Solidaritätskomitee für die Rechte der Minderheiten (Hrsg.), Die Kärntner Presse und die Bomben. Die Berichterstattung der Tageszeitungen KTZ, VZ und Kleine Zeitung zu den Sprengstoffanschlägen. Eine Dokumentation, Klagenfurt/Celovec 1978 (Slowenisches Informations- und Dokumentationszentrum), S. 57-62.
4) Hier geht es vor allem um den 'Ruf der Heimat. Mitteilungsblatt des Kärntner Heimatdienstes' ("KHD. Für Volk und Heimat"), der in lockerer Folge mehrmals im Jahr mit einer Auflage von derzeit 222.000 erscheint und von dem innerhalb Kärntens eine Reihe regionaler Blätter - darunter die schon oben zitierte FPÖ-Wochenzeitschrift 'Kärntner Nachrichten' - regelmäßig sogenannte Informationen übernehmen; sie verbreiten damit auf eine nicht so offene Art und Weise, und dennoch kaum verborgen, das nationale KHD-Gedankengut. - Zu diesem Themenbereich vgl. den Beitrag von W. Holzer: "Wir wollen sein ein einig Volk von Brüdern!" in diesem Band.
5) Einen Überblick über den erreichten Forschungsstand geben etwa die Beiträge in: D. Prokop (Hrsg.), Massenkommunikationsforschung, Bd 1: Produktion; Bd 2: Konsumtion; Bd 3: Produktanalyse, Frankfurt/Main 1972-1977 (=Fischer Taschenbuch 6151, 6152, 6343). Vgl. auch A. Silbermann, Massenkommunikation, in: R. König (Hrsg.), Handbuch der empirischen Sozialforschung, Bd. 10, 2. Aufl., Stuttgart 1977 (=dtv 4245), S. 146-278.
6) Vgl. etwa mehrere Beiträge in: Materialien zur politischen Bildung. Analysen - Berichte - Dokumente, (1/1978), das sich mit der Terrorismus-Thematik beschäftigt. - Vgl. auch Beiträge in: S. von Paczensky (Hrsg.), Frauen und Terror, Reinbek bei Hamburg 1978 (=rororo 4277).
7) Vgl. D. Prokop, Anmerkungen zur Produktanalyse, und: D. Baacke, Produktanalysen und Rezipienten, oder: Kritische Medienanalyse, bis heute für sich geblieben; beide Beiträge in: Prokop, Produktanalyse, S. 9-31 und S. 33-52.
8) In der weiteren Folge im Beitrag mit "OA/OT" zitiert. Die angegebenen Seitenzahlen beziehen sich auf den deutschsprachigen Teil.
9) Einiges findet sich in OA/OT, S. 56-62. Vgl. dazu auch den Beitrag von V. Sima: Der 10. Oktober 1980 - ein Fest der "Versöhnung" und der "Begegnung in Kärnten"?
10) OA/OT, S. 11 f.
11) OA/OT, S. 11, 12 und 14.
12) Dokumente 1, 2, 3; vgl. auch Dokumente 9, 10.
13) KTZ vom 11. 10. 1979, Kommentar "Versöhnung" von Landeshauptmann Leopold Wagner: "Man muß darauf verzichten, zu slowenisieren oder zu germanisieren. Schlagworte dieser Art erzeugen Radikalismus und führen dazu, daß überall Eiferer auftreten, die der Mehrheit noch nie das Heil gebracht

AUFBAU VON BERICHTSTRADITIONEN

haben." - "Ich stelle aber eindeutig fest, daß es selbstverständlich ist, daß dieser 10. Oktober ein Feiertag des Kärntner Volkes bleibt und daß Versuche aussichtslos sind, uns einreden zu wollen, daß dieser Tag seine Bedeutung bereits verloren habe."

14) Dokument 6, 7.
15) Vgl. Sima, Der 10. Oktober 1980.
16) Dokumente 8, 11, 12.
17) Vgl. auch OA/OT, S. 56 ff. (slowenischsprachiger Teil).
18) Dokument 16: "...daß die Oktober-Arena nunmehr fast ausschließlich von Exponenten des Bundes der Kommunisten Österreichs veranstaltet wird, in dessen Zentralorgan aus Anlaß dieser Oktober-Arena u. a. zu lesen stand: (...)". Dieser rede-einleitende Satz enthält eine Behauptung, die der Leser nicht verifizieren kann, die jedoch die Möglichkeit gibt, nicht - wie es journalistisch korrekt wäre - aus OA/OT, sondern aus dem Zentralorgan des Kommunistischen Bundes zu zitieren.
19) Dies hat für eine Reihe von zentralen Leitbegriffen der deutschnationalen bzw. nationalsozialistischen Berichterstattung und Propaganda die Autorengruppe unter Leitung von Prunč, Information oder Propaganda, gleistet; siehe dort Beilage 3: Denotaten- und Konnotatenlisten.
20) Dementsprechend stehen in Opposition dazu die positiven Signale, mit denen der KHD versehen wird; vgl. die folgenden Ausführungen.
21) Dokumente 1, 2, 3; vgl. auch Dokumente 9, 10.
22) Dieses In-Beziehung-Setzen ruft die durch die langjährige Berichterstattung im Bewußtsein der Bevölkerung bereits verfestigte Vorstellung von "Extremen der einen und der anderen Seite" wach, die, wie auch sonst immer, auch von den beiden anderen Zeitungen in ihrer Oktober-Berichterstattung bemüht wurde; vgl. Dokument 13.
23) Vgl. dazu Autorengruppe unter Leitung von Prunč, Information oder Propaganda, und den Beitrag von Holzer im vorliegenden Sammelband.

Anhang

DOK 1 : KZ 19.9.1979

Heimatdienst: Ruhe bewahren

Der abscheuliche Bombenanschlag auf das Heimatmuseum in Völkermarkt sei die Frucht der Kapitulation vor dem österreichfeindlichen Extremismus, heißt es in einer Stellungnahme des Kärntner Heimatdienstes (KHD). Die moralische Mitverantwortung für das Attentat hätten jene zu tragen, die seit Jahren gegen den Kärntner Freiheitstag hetzten, insbesondere auch jene Kreise, die am 13. Oktober einen „Tabor" in Klagenfurt bereits mit Plakaten angekündigt haben und den Kampf für die Abschaffung des 10. Oktobers als Landesfeiertag in den Mittelpunkt dieser antiösterreichischen Veranstaltung stellen.

Der Heimatdienst fordert in der Stellungnahme allergrößte Anstrengungen zur Ausforschung der staatsgefährdenden Täter zu unternehmen und appelliert an die Bevölkerung Ruhe zu bewahren und sich zu keinerlei Gewaltakten provozieren zu lassen. Der KHD fordert die zuständigen Behörden auf, den gegen den Kärntner Freiheitstag gerichteten antiösterreichischen Tabor, der vom revolutionären Kommunistischen Bund mitveranstaltet wird, zu verbieten.

DOK 2 : KZ 7.10.1979

KHD fordert Verbot des „Oktobertabor" im Europapark

Klagenfurt. — Der Kärntner Heimatdienst wiederholte gestern seine Forderung nach einem Verbot des von den beiden slowenischen Organisationen geplanten Oktobertabors am 13. Oktober auf dem Gelände des Europaparks in Klagenfurt. Als Begründung wird angeführt, daß der Tabor die Abschaffung des Kärntner Freiheitstages, des 10. Oktober, zum Ziele habe.

In dem Aufruf um Unterstützung des Tabors werde nämlich erklärt, daß am 10. Oktober 1920 eine „umstrittene" Volksabstimmung stattgefunden habe und der 10. Oktober „nicht mehr unwidersprochen" sei. Dadurch werde das Ergebnis der demokratisch durchgeführten Volksabstimmung mit seinem pro-österreichischen Ergebnis in Frage gestellt. Als Mitveranstalter des Tabor treten u. a. der Kommunistische Bund Österreich sowie weitere äußerst links engagierte Interessensgruppen auf. Die Plakate kommen aus einer Wiener Druckerei, in der sämtliche Publikationen des Kommunistischen Bundes, so der „Klassenkampf", hergestellt werden.

Ebenfalls gegen die Herabsetzung des Abwehrkampfes und seiner Opfer und gegen den Versuch, die international überwachte Volksabstimmung von 1920 als Schwindel zu deklarieren, wendet sich die Kärntner Landsmannschaft. Sie fordert dazu auf, die Häuser als Antwort auf das Bombenattentat in Völkermarkt und auf die linkssloweniche Forderung nach dem Verbot des 10. Oktober zu beflaggen und festlich zu schmücken.

DOK 3: V2 7.10.1979

KHD zu „Oktober-Tabor"

KLAGENFURT. – Zum geplanten „Oktober-Tabor" nahm gestern der Karntner Heimatdienst in folgender Aussendung Stellung: „Die beiden Slowenenorganisationen beabsichtigen gemeinsam mit der KEL, dem revolutionären maoistischen Kommunistischen Bund sowie mit anderen äußerst links engaglerten Interessengruppen am 13. Oktober auf dem Gelande des Europaparks in Klagenfurt einen sogenannten „Oktober-Tabor" durchzuführen. Erklärtes Ziel dieser Veranstaltung ist der Kampf gegen Kärntens Freiheitstag, den 10. Oktober.

In einem Aufruf um Unterstützung des „Oktober-Tabor" (Tabor ist der historische Begriff für eine großslowenische Veranstaltung!) wird festgestellt, daß am 10. Oktober 1920 eine „umstrittene" (!!) Volksabstimmung stattgefunden hat und daß der 10. Oktober in Kärnten „nicht mehr unwidersprochen" sei! Damit wird das prooesterreichische Ergebnis der demokratisch durchgeführten Volksabstimmung in Frage gestellt!

Die Plakate für diese Veranstaltung wurden in der maoistischen Verlags- und Druckerei Ges.m.b.H. Alois Wieser, Wien, gedruckt. In dieser Druckerei werden auch sämtliche Publikationen des revolutionären Kommunistischen Bund hergestellt. Dieser als Mitorganisator des „Oktober-Tabor" aktiv revolutionäre Kommunistische Bund brachte in der letzte Ausgabe seines Organs „Klassenkampf" einen Aufruf an alle revolutionären Kommunisten in „ganz Österreich", an der „Oktoberarena" teilzunehmen und sich „aktiv an ihrer Vorbereitung zu beteiligen". Der KHD fordert die Sicherheitsbehörden abermals eindringlich auf, den gegen Österreich gerichteten „Oktober-Tabor" zu verbieten. In seiner Großkundgebung am 14. Oktober in Klagenfurt wird der Kärntner Heimatdienst sein Bekenntnis zum 10. Oktober und somit zu Kärnten und Österreich bekräftigen."

DOK 4: VZ 11.10.1979

Oktober-Arena: „Zeichen der Versöhnung setzen"

KLAGENFURT (v. g.). – „Wir wollen den 10. Oktober als Gedenktag und Landesfeiertag keineswegs abschaffen. Wenn ein Volk frei und ungeteilt geblieben ist und etwas geleistet hat, hat es auch allen Grund zum Feiern. Nur sollte dieser Tag ein Tag der Versöhnung und Verständigung zwischen den beiden Volksgruppen sein und nicht Haß geschürt werden." Dies stellte gestern bei einer Pressekonferenz der Obmann des Zentralverbandes der Kärntner Slowenen, Dr. Franci Zwitter, fest.

Bei dieser Pressekonferenz wurden vor allem Ziel und Programm der Oktober-Arena, die am 13. Oktober im Klagenfurter Europapark stattfindet, vorgestellt. Die Arena findet heuer zum drittenmal unter Beteiligung zahlreicher Künstler, die auf ihr Honorar verzichtet haben, statt und wird als zweisprachige kulturpolitische Veranstaltung bezeichnet. Wie die Organisatoren betonten, soll die Arena ein Zeichen der Versöhnung und Verständigung setzen und alle Menschen vereinen, die für die Rechte der Minderheiten eintreten und die Zusammenführung der beiden Volksgruppen in Kärnten befürworten. Samstag um 14 Uhr gibt es im Festzelt im Europapark ein Liederfestival und Dichterlesungen. Um 19.30 Uhr sind ein Kabarett sowie der Auftritt der bekannten Gruppe „Die Schmetterlinge" geplant.

DOK 5: KZ 16.10.1979

Glosse

Kein neuer Oktober!
Von FERDINAND KOFFLER

Wie bereits in den Vorjahren, wurde auch heuer wieder in Klagenfurt ein „Oktober-Tabor" durchgeführt, der in Kärnten einem „neuen Oktober" den Weg ebnen will. Als Veranstalter zeichnete zwar Peter Wieser, der Leiter des Slowenischen Informations- und Dokumentationszentrums (Sindok) verantwortlich, doch wäre es ein Irrtum, etwa anzunehmen, daß es sich um eine slowenische Angelegenheit handelt; die „Oktober-Arena" ist fest in linker Hand, ja in extrem linker

Ob die ausgesprochen gegen den KHD gerichtete Veranstaltung ihr hoch gestecktes Ziel erreichen wird, kann man bezweifeln. Was nämlich geboten wurde, ob Polit-Lieder, Satiren, literarische Auszüge oder politische Reden, man schoß meist weit über das Ziel hinaus, indem man ein grob verzeichnetes Bild, ein Zerrbild der Realität aufs Korn nahm.
Es ist nämlich ausgesprochen realitätsfremd, alle jene, die den 10. Oktober weiterhin als Kärntner Ehrentag feiern, in Bausch und Bogen als Großdeutsche, Deutschnationale oder Faschisten anzuprangern. Großdeutschtum und Deutschnationalismus waren in Österreich in der ersten Republik zweifellos starke Elemente der politischen Szene, heutzutag haben sie ungleich geringere Bedeutung und auch die Anhänger

von Faschismus und Nationalsozialismus sind zu einer kleinen Minderheit herabgesunken.
Eine Veranstaltung, die also offensichtlich keinen Sinn für Maßstäbe und Proportionen zeigt, hat darum kaum eine Chance, einem „neuen Oktober" mit Breitenwirkung zum Leben zu verhelfen.
In diesem Zusammenhang muß man anfügen, daß der 10. Oktober heute von einer Seite legitimiert wird; die die Verarstalter der „Oktober-Arena" wohl kaum als Kronzeugen ins Spiel bringen würden. Gemeint ist Jugoslawien, und zwar insofern, als dort bei der Organisation der stark forcierten Selbstverteidigung des Volkes alle jene Tugenden propagiert werden, die schon die Träger des Kärntner Abwehrkampfes ausgezeichnet haben.

DOK 6: VZ 16.10.1979

Feldner: „Heimatdienst fordert ein Sicherheitskonzept für Grenzland"

Rund 5000 Besucher nahmen an der Kundgebung des KHD teil.
Foto: Trenkwalder

Dok 6 (FoNs.)

KLAGENFURT (v. g.). – Ohne Zwischenfälle gingen am vergangenen Wochenende die beiden Großveranstaltungen – die Kundgebung des Kärntner Heimatdienstes auf dem Alten Platz in Klagenfurt und die zweisprachige kulturpolitische Oktober-Arena im Europapark – über die Bühne. Sonntag vormittag hatten sich auf dem Alten Platz rund 5000 Menschen aus ganz Kärnten eingefunden, um an der KHD-Kundgebung teilzunehmen. Die Oktober-Arena verzeichnete diesmal zwischen 900 und 1200 Besucher.

In seiner Festansprache betonte der Obmann des Kärntner Heimatdienstes, Dr. Josef Feldner, daß die Tätigkeit des KHD keineswegs gegen die slowenischen Landsleute gerichtet sei, ganz im Gegenteil, man trete aufrichtig für das friedliche Miteinander aller Kärntner ein. „Aber kein Mensch kann von den Kärntnern erwarten, daß wir nach 60 Jahren unseren 10. Oktober vergessen", rief Dr. Feldner unter stürmischem Applaus der Teilnehmer an der Kundgebung.

Der KHD-Obmann verlangte dann, daß sich die Minister Dr. Hertha Firnberg und Erwin Lanc von dem Buch „Rechtsextremismus in Österreich" klar distanzieren. Anschließend prangerte er die Unterwanderung Kärntens durch linksradikale Kräfte an und erklärte, daß die Gefahr für eine Demokratie nicht von rechts, sondern eindeutig von links kämen. „Die Bundesregierung übersieht scheinbar die regelmäßigen Kontakte der Slowenenführer zu den kommunistischen Exponenten Jugoslawiens", rief Dr. Feldner. Der KHD-Obmann verurteilte dann scharf den Versuch, den Heimatdienst auf eine Stufe mit revolutionären, kommunistischen Gruppen stellen zu wollen. Im Zusammenhang mit dem Bombenattentat in Völkermarkt wiederholte Dr. Feldner die Forderung nach einem wirkungsvollen Sicherheitskonzept für das Kärntner Grenzland. Außerdem solle der jugoslawische Staat in einer Note aufgefordert werden, alle Anstrengungen zu unternehmen, um die Hintermänner des Völkermarkter Sprengstoffanschlags auszuforschen. Der Obmann des Heimatdienstes stellte schließlich noch fest, daß Kärnten kein Rotbuch, sondern ein Weißbuch brauche, in dem die Entwicklung im Lande und die Förderungstätigkeit für die slowenische Volksgruppe festgehalten werde. Allerdings, forderte Feldner, müßten an so einem Buch ausschließlich Kärntner Experten arbeiten.

Während der Kundgebung erlitt der 53jährige Fahnenträger Karl Gruber plötzlich einen Kreislaufkollaps. Er erhielt von LR. Dr. Mario Ferrari-Brunnenfeld und OMR. Dr. Krebs ärztliche Hilfe.

Unter den Kundgebungsteilnehmern befanden sich auch einige Personen mit bedruckten Leibchen „Fremde in der Heimat". Es kam aber zu keinen größeren Zwischenfällen.

Arena: „Für einen neuen Oktober"

Am Vortag fand im Klagenfurter Europapark die zweisprachige Oktober-Arena statt. Diese Veranstaltung stand unter dem Motto „Für einen neuen Oktober" und „Für Rechte der Minderheiten". In einer Rede der Veranstalter wurde hervorgehoben, daß dieser neue Oktober dazu benützt werden sollte, ein Klima zu schaffen, in dem eine restlose Erfüllung der Bestimmungen des Staatsvertrages möglich wäre und um den zweifellos verständigungsbereiten Menschen im Lande die Anliegen der slowenischen Volksgruppe näherzubringen.

Am Nachmittag stand zuerst ein Liedermacherfestival auf dem Programm, an dem sich Fritz Nußböck, Kurt Winterstein, Reinhard Sellner, Martin Auer und das Kabarett „Sterzmauler" beteiligten. Die kritischen Texte, die sich mit gesellschaftspolitischen Fragen auseinandersetzten, hätten manchmal allerdings aufmerksamere Zuhörer verdient, denn oft gingen die Worte im allgemeinen Lärm, der im Arena-Zelt herrschte, unter.

Nachmittag folgten noch Dichterlesungen von Bernhard Bünker, Robert Schindel, Wolfgang Pollanz, Valentin Polansek und Del Vedernjak. Am Abend standen musikalische Darbietungen, ein Kabarett und schließlich der Starauftritt der bekannten Gruppe „Die Schmetterlinge" auf dem Programm.

Hier konnte man sich über mangelnde Aufmerksamkeit nicht beklagen. Gebannt und mit stürmischem Applaus folgten die Zuschauer den Melodien und Texten der Gruppe. Gesellschaftskritische Chansons und Lieder gegen Atomkraftwerke und aus dem reichhaltigen Repertoire fanden ein interessiertes Publikum. Begeistert zeigten sich die Zuhörer von dem Kärntnerlied „Wann du durchgehst durchs Tal", das von den „Schmetterlingen" textmäßig verändert und im Sinne der Atomkraftgegner interpretiert wurde. Erst nach zahlreichen Zugaben konnten die „Schmetterlinge" ihr Konzert beenden.

DOK 7: VZ 17.10.1979

Nachdenkliches zum 10. Oktober

Anonyme Briefe wandern bei Ehrenmännern in den Papierkorb. Denn, wenn ein Mann nicht den Mut hat, zu dem zu stehen, was er schreibt, dann soll er sich einen anderen Beruf suchen, als Journalist zu werden oder etwa gar Politiker. Anonyme Kommentare in einer Zeitung bewerten sich selbst als das, was sie sind: Manuskripte für den Papierkorb.

Von WALTER RAMING

Anders denkt man offensichtlich in der KTZ. Da wird unter dem Titel „Wer schadet Kärnten?" ein anonymer Angriff gegen Funktionäre des Kärntner Heimatdienstes gestartet und auch gegen die ÖVP zu Felde gezogen, die sich angeblich des Heimatdienstes bedient.

Angenommen kann werden, daß es sich beim Autor um einen Laufburschen und Erfüllungsgehilfen eines sozialisten Spitzenmannes handelt. Beachtlich, daß weder der eine, noch der andere den Mut aufgebracht haben, diesen Beitrag zu zeichnen.

Nun, der Kärntner Heimatdienst wird sich schon gebührend dagegen wehren, daß er von Sozialisten, wie den Ministern Lanc und Firnberg, als Verein bezeichnet wird, der „rechts von der Demokratie" steht und der „seinen Weg überdenken muß".

110.000 Kärntner, die sich zum Heimatdienst bekennen, denken da anders!

Sicher paßt der eine oder andere „Zungenschlag", den man bei Kundgebungen hört, nicht mehr in unsere Zeit. Aber, wie steht es denn mit den extremistischen "Zungenschlägen" der Linken, die den 10. Oktober abschaffen wollen?

Was haben die sozialistischen Förderer und Sympathisanten des Bundes der Kommunisten, der Maoisten, Trotzkisten zu sagen, die 110.000 Kärntner als Nazi verteufeln und den Gedenktag des 10. Oktober zu einem kommunistischen „Tabor" umfunktionieren wollen?

Dazu wird verlegen geschwiegen!

Hier wird ein gefährliches Spiel getrieben. Die Verteufelung des Heimatdienstes wird geduldet, ja sogar unterstützt und zugleich die Linksunterwanderung toleriert.

Quo vadis, consules?

Eine politische Unwahrheit ist es, wenn nun in der KTZ behauptet wird, die sozialistische Landesmehrheit habe die „Volksgruppen zusammengeführt". Ein Blick in die jüngste Geschichte unseres Landes straft diese Behauptung Lügen!

Oder ist es nicht so gewesen, daß es durch den SPÖ-Alleingang in der Ortstafel- und Volksgruppenfrage erneut zur Entzweiung der Kärntner gekommen ist?

Es waren ÖVP-Abgeordnete (Deutschmann, Suppan, Gorton), die im Parlament gegen den SPÖ-Alleingang auftraten und die mit dem damaligen ÖVP-Bundesparteiobmann Dr. Schleinzer und Landeshauptmannstellvertreter Bacher den Weg zur Volksgruppenkommission einschlugen. Sie schuf erst die Voraussetzungen für das heute geltende Volksgruppengesetz – beschlossen von allen Parteien – und einer beginnenden Versöhnung.

Im kommenden Jahr werden es 60 Jahre, seit Abwehrkampf und Volksabstimmung die Heimat sicherten.

Nach 60 Jahren ist für Hader und Parteizwist kein Platz mehr. Das sollte die SPÖ bedenken.

Alle, die Verantwortung um dieses Land tragen, sollten jetzt schon dafür sorgen, daß 1980 zu einem Jahr des Friedens in einer gemeinsamen Heimat wird, einem Jahr, in dem es keinen falschen nationalen Zungenschlag, ebenso aber auch keinen Mißbrauch dieses Tages durch Feinde unserer Demokratie geben darf, die den Opfergang der Väter für extreme politische Ziele mißbrauchen wollen.

Den Heimatdienst, in dem sich heimattreue Kärntner über alle Parteigrenzen hinweg in gemeinsamer Liebe zur Heimat vereinigt haben, als „nazistisch" hinzustellen, ist eine infame sozialistische und kommunistische Verleumdung.

Wem dient sie?

Gewiß, allen Extremisten! Denn im Mißbrauch der Heimatliebe haben sich immer schon extreme Rechte und Linke vereint gesehen.

Dummheit und Subversion haben aber keinen Platz in der Politik!

Oder gehen in Kärnten die Uhren anders?

Es wäre zum Schaden des Landes und der Menschen, gleichgültig ob deutscher oder slowenischer Zunge!

Videant, consules!

DOK 8: KZ.28.8.1980

Zweisprachig in die achtziger Jahre

Klagenfurt. – Unter dem Motto „Zweisprachig in die achtziger Jahre – gegen den minderheitenfeindlichen Dreiparteienpakt – Für einen neuen Oktober" steht die zweisprachige Veranstaltung Oktoberarena um den 10. Oktober. In einer gestern verbreiteten Aussendung wird festgestellt, daß diese Gruppe um die Arena keinen Grund zu feiern habe. Dies deshalb, weil „verkappte Deutschnationals" und „Notorische Minderheitengegner" noch weiter „perpetuieren" wollen. Der 10. Oktober wird als Tag der Minderheitenhetze und als Kulminationspunkt der minderheitenfeindlichen Politik in Kärnten bezeichnet. Dagegen will die Oktoberarena Alternativen und Konzepte für ein künftiges Kärnten mit gleichberechtigten Völkern erstellen. Bereits ab Mitte September finden nach der Aussendung unter der Ägide der Oktoberarena im gemischtsprachigen Gebiet Dichterlesungen, Kabaretts, Vorträge usw.

statt. Schauplatz der Hauptveranstaltungen am 11. Oktober wird die Messehalle 3 in Klagenfurt sein.

Als Eigentümer, Herausgeber und Verleger sowie für den Inhalt verantwortlich für das Informationsblatt scheint Peter Wieser, ein bekannter Aktivist des „Kommunistischen Bundes Österreich", auf.

•

Wenn wir schon in Kärnten mit ein paar radikalen Gruppierungen zusammen leben gezwungen sind, haben wir uns auch mit deren Parolen abzufinden. Nur sollten diesen wenigstens Grenzen insofern gesetzt sein, daß sie nicht ganz offensichtlich an Verhetzung heranreichen.

hs

DOK 9: VZ 10.9.1980

VZ 10.9.80   23 / Anzeigen - VZ

Kärntner Heimatdienst feiert Jubiläum der Volksabstimmung

KLAGENFURT. – Die Verbandsleitung des Kärntner Heimatdienstes befaßte sich in ihrer kürzlich abgehaltenen Sitzung mit den diesjährigen Veranstaltungen aus Anlaß des 10. Oktober. Wie aus einer Pressemitteilung des Kärntner Heimatdienstes hervorgeht, wurde das vom 25. bis 27. September als offizielle Veranstaltung in der Universität Klagenfurt stattfindende „Symposion Kärntner Volksabstimmung 1920" heftig kritisiert. Dies deshalb, weil einerseits aufgrund der Zusammensetzung der Referenten und andererseits in Anbetracht der Themenwahl ernstlich befürchtet werden muß, daß dieses Symposion weder dem Gedenken an die für Österreich siegreiche Volksabstimmung noch der Befriedung im Lande dient.

Darüber hinaus hat die Verbandsleitung einmütig ihr Befremden darüber zum Ausdruck gebracht, das die Kärntner Messe AG für den von namhaften revolutionären Kommunisten organisierten „Oktober-Tabor" die Messehalle 3 zur Verfügung stellen will, obwohl sich diese kommunistische Veranstaltung erklärtermaßen gegen den 10. Oktober richtet und das feierliche Gedenken an dieses österreichpatriotische Ereignis als „Kristallisationspunkt des slowenenfeindlichen Deutschnationalismus" diffamiert wird. Die Verbandsleitung des KHD erwartet von der Messe AG, ihre offenkundige bereits erteilte Zusage an die Veranstalter des auf die Konfrontation ausgerichteten „Oktober-Tabor" nochmals zu überdenken.

Schließlich hat die Verbandsleitung einem Antrag zugestimmt, am Abend des 8. Oktober gemeinsam mit der Ortsgruppe Ebental des Kärntner Abwehrkämpferbundes ein Feuerwerk (umrahmt von Musik- und Gesangsdarbietungen) zum Gedenken an die Volksabstimmung von einem Aussichtspunkt nahe Radsberg durchzuführen.

Zeitplan der Veranstaltungen: Donnerstag, 25. September, bis Samstag, 27. September, Universität Klagenfurt: Internationales Symposion über die Kärntner Volksabstimmung 1920. Klagenfurt: Festabend „70 Jahre Kärntner Landsmannschaft". Samstag, 4. Oktober, Konzerthaus Klagenfurt: Festabend Kärntner Bildungswerk. Donnerstag, 9. Oktober: 13 Uhr Festsitzung des Kärntner Landtages; 16 Uhr Gefallenenehrung, Zentralfriedhof, Annabichl; 19 Uhr in ganz Kärnten Gedenkfeiern, Höhenfeuer, Kärntner-Begegnungsabende. In Klagenfurt: Der Sängergau. Klagenfurt singt auf verschiedenen Plätzen; 20 Uhr, Konzerthaus Klagenfurt, Festabend Kärntner Abwehrkämpferbund. Freitag, 10. Oktober: 9.30 Uhr Einzug des Vorauszuges: Wir bewahren die Tradition; 10 Uhr Beginn des Landesfestzuges, Vorbeimarsch, Neuer Platz, Feierstunde, Neuer Platz; 14 Uhr Volkstumsdarbietungen, Kärnten singt, tanzt und spielt in ganz Klagenfurt; 15.30 Uhr offenes Singen, Neuer Platz; 16.30 Uhr festlicher Ausklang, Neuer Platz. Große Flaggenparade. 11. Oktober, und Sonntag, 12. Oktober, Konzerthaus Klagenfurt: Chortage des Kärntner Sängerbundes.

DOK 10: KZ 10.9.1980
KZ, 10.9.80, S. 11

KHD gegen Oktober-Arena

Entschieden nahm gestern die Verbandsleitung des Kärntner Heimatdienstes gegen einige Rahmenveranstaltungen zum 60. Lebensjahr der Volksabstimmung Stellung, so u. a. gegen das an der UBW vorgesehene Symposion und gegen den auch von „namhaften revolutionären Kommunisten", wie es in der Aussendung heißt, organisierten Oktober-Tabor. Es müsse befürchtet werden, heißt es, daß beide Veranstaltungen weder dem Gedenken an die für Österreich erfolgreiche Volksabstimmung noch der Befriedung im Lande dienen.

Überrascht zeigte sich der KHD darüber, daß die Kärntner Messe AG für den Oktober-Tabor, die Halle 3 zur Verfügung stellen wolle. Die Verbandsleitung erwartet von der Messe AG, ihre offenkundig bereits erteilte Zusage nochmals zu überdenken.

DOK 11: KTZ 26.9.1980

André Heller, „Schmetterlinge" und andere bei Oktober-Arena
Großes Veranstaltungsprogramm in ganz Kärnten

Mit einem großen Programm, nicht nur in Klagenfurt, wartet die Oktober-Arena in diesem Jahr auf. Höhepunkt wird zweifellos die Veranstaltung am 11. Oktober in der Klagenfurter Messehalle sein, zu der André Heller (Bild links) bei seinem einzigen Österreich-Auftritt dieses Jahres, die Gruppe „Schmetterlinge" (Bild oben), Toni Stricker, Georg Danzer, Peter Turrini, die Jugendbuchautorin Mira Lobe, die in Klagenfurt geborene Schauspielerin Dietlind Macher und viele andere kommen werden. In einem Pressegespräch präsentierte der Verein Oktober-Arena eine Broschüre „Zweisprachig in die 80er Jahre". Die KTZ wird über Mitwirkende und Detailprogramm noch berichten.

DOK 12: VZ 25.9.1980

André Heller singt in Klagenfurt

KLAGENFURT. – André Heller, einer der großen österreichischen Chansoniers, wird am 11. Oktober in Klagenfurt zu hören sein. Zusammen mit anderen prominenten Liedermachern wie Georg Danzer und Sigi Maron wird Heller am 11. Oktober ab 19.30 Uhr in der Messehalle 3 gastieren. Neben den musikalischen Darbietungen wird es bei der Oktober Arena auch wieder Dichterlesungen geben. So hat Peter Turrini ebenfalls sein Kommen zu dieser zweisprachigen Veranstaltung zugesagt. Das Programm beginnt bereits am Nachmittag mit Künstlern aus Österreich, Kroatien, Slowenien und Ungarn. Alle Schriftsteller, Musiker und Liedermacher, auch André Heller, treten in Klagenfurt unentgeltlich unter Verzicht auf ihre Gage auf.

DOK 13: KTZ 9.10.1980

Zweisprachig ist besser.

Dok 14: KZ 14.10.1980

NDP-Versammlung und Oktober-Arena

Klagenfurt. – Die Landeshauptstadt war am Wochenende Schauplatz von zwei Veranstaltungen, von denen jene des Parteitages der NDP so gut wie unter Ausschluß der Öffentlichkeit vor sich ging, während die „Oktober-Arena" der beiden slowenischen Zentralorganisationen starke politische Schlagseite kennzeichnete.

Die aufliegenden Publikationen eines halben Dutzend marxistisch-kommunistischer Gruppierungen ließen keine Zweifel, daß der Versuch unternommen wurde, die Volksgruppe für eigene politische Zwecke zu mißbrauchen.

Ein Drittel der Teilnehmer war von außerhalb Kärntens herangebracht worden. Mehrere eingeladene Künstler hatten abgesagt.

Nach der Bundestagung der Burger-Partei in Klagenfurt fand in Zweikirchen eine schwach besuchte NPD-Versammlung statt. Da eine Gegendemonstration angemeldet war, gab es umfangreiche Sicherheitsvorkehrungen. Es kam jedoch zu keinem Zwischenfall.

Dok 15: VZ 14.10.1980

Oktoberarena und NDP-Treffen

KLAGENFURT. – Die Oktoberarena und das Treffen der Burger-Partei (NDP) waren am Wochenende weitere Kundgebungen rund um die 60-Jahr-Feier der Volksabstimmung. Marxistische Schriften, die bei der Oktoberarena der Kärntner Slowenenorganisationen aufgelegt wurden, gaben deutliche Hinweise, wofür die Zuschauer auch gewonnen werden sollten. 2500 Besucher, davon rund ein Drittel aus Slowenien angereist und ein weiteres Drittel Jugendlicher, die sich Darbietungen bekannter Künstler erwarteten, boten das Publikum, das enttäuscht war, weil viele der angekündigten Künstler ihr Erscheinen abgesagt hatten. Die Versammlung des NDP-Obmannes Burger in Zweikirchen wiederum wurde von 120 Gendarmen überwacht, nachdem sich eine Gegendemonstration angemeldet hatte. In einem Interview kündigte Burger an, daß seine Partei bei den kommenden Nationalratswahlen kandidieren wolle und die NDP eine „Ordnertruppe" aufstellen werde.

DOK 16: KTZ 21.10.1980

Oktober-Arena:

Klagenfurt (publik): Einige aktive Slowenen haben vor drei Jahren als Alternative zu den bestehenden Oktoberfeiern eine sogenannte Oktober-Arena erfunden. Es hatte zuerst den Anschein, als würde diese Idee von Erfolg begleitet sein. Wer aber miterlebte, was heuer daraus wurde, der ist dazu verhalten, die ganz eindeutige Feststellung zu treffen, daß diese Oktober-Arena zu einem Exerzierplatz kommunistischen Sektierertums geworden ist. Da waren auf der einen Seite diejenigen, die die Gründungsidee verfälschten, indem sie mit ihrer Aktivität die Gründung einer dritten Kraft im Lager der Slowenen vorbereiteten, dann waren da andere, die meinten, man müsse die Oktober-Arena dazu benützen, um gegen die drei Parteien loszugehen und wieder andere trafen Feststellungen, die es den Teilnehmern empfahlen, diesen Staat zu zerschlagen.

Der Ideologie-Ausschuß der Kärntner SPÖ hat sich mit der Analyse der schriftlichen Ergüsse befaßt und sieht sich dazu veranlaßt, in aller Öffentlichkeit festzustellen, daß die Oktober-Arena nunmehr fast ausschließlich von Exponenten des Bundes der Kommunisten Österreichs veranstaltet wird, in dessen Zentralorgan aus Anlaß dieser Oktober-Arena u. a. zu lesen stand: „Worum es geht, ist, daß im Rahmen des österreichischen Staatsgefüges bzw. im Rahmen des revolutionären Kampfes der Arbeiterklasse und des Volkes zur Zerschlagung dieses Staates die volle Gleichberechtigung der Slowenen durchgesetzt wird", und dann weiter „... der Kampf der nationalen Minderheiten um ihre Rechte richtet sich gegen die herrschende Staatsmacht und ist objektiver Teil des Klassenkampfes gegen die Bourgeoisie. Er hat entweder die Perspektive, diese Klasse zu stürzen, oder er hat keine Perspektive."

Ferner stellte dieser Verband zur Oktober-Arena fest: „Heute nach jahrzehntelanger erfolgreicher Assimilierung ist die Frage der Lostrennung Südkärntens und seines Anschlusses an Jugoslawien keine aktuelle Frage mehr. Diese wird auch von den Slowenen selbst nicht gefordert, was jedoch nicht bedeutet, daß sich diese Situation nie wieder ändern kann. Sicherlich lassen sich

Wer schweigt wird schuldig

die ökonomischen und sozialen Entwicklungen, die zur Zersetzung der slowenischen Nationalität geführt haben, nicht wieder rückgängig machen, jedoch kann sich etwa im Gefolge eines neuerlichen Hand in Hand mit den jugoslawischen Volksbefreiungsstreitkräften geführten nationalen Befreiungskrieges der Kärntner Slowenen gegen eine sowjetische Agression, die Frage dennoch politisch neu stellen." Neben diesem Erguß des Zentralorgans der wirklichen Veranstalter lagen Flugblätter auf, von den Revolutionären Marxisten, von den Marxistischen Studenten Salzburgs, von der Internationalen Kommunistischen Liga, vom antifaschistischen Komitee, von der Antifaschistischen Information, von der KPÖ Klagenfurt, von den slowenischen Studenten in Wien und anderen. Diese Oktober-Arena wurde, mit anderen Worten gesagt, kommunistisch unterwandert und in ein Sektierertreffen umfunktioniert.

Die Kärntner KPÖ hat zwar ursprünglich ihre Absicht bekanntgegeben an dieser Veranstaltung weder offiziell noch als Beobachter teilzunehmen, war dann aber doch durch ihre Klagenfurter Genossen präsent, weil sie anscheinend den anderen kommunistischen Gruppierungen nicht das Feld überlassen wollte. Die Obmänner der beiden Slowenenverbände ergriffen das Wort, obwohl sie, wenn sie ihre eigene Position richtig beurteilen, von Entsetzen geschüttelt sein mußten. Viele junge Leute gingen hin, weil sie glaubten, ein künstlerisches Angebot konsumieren zu können, das letzten Endes aber nichts anderes bedeutete, als die Verbrämung eines großen Kommunistentreffens.

Nach den Erfahrungen, die man mit der heurigen Oktober-Arena gewonnen hat, ist nur ein Schluß zulässig. Jene, die eine solche Veranstaltung besuchen, gehen zu einem kommunistischen Fest und nicht zu einem der Slowenen-Organisationen. Die SPÖ wird sich jedenfalls als die für die Politik im Lande mehrheitlich verantwortliche Kraft nicht scheuen, die Dinge beim Namen zu nennen. An die beiden Slowenen-Organisationen ergeht zugleich die Aufforderung, eine Erklärung abzugeben, aus der eine Standortbestimmung gegenüber solchen Veranstaltungen zu entnehmen ist. Die slowenischen Kärntner dürften einer solchen Erklärung mit Spannung entgegensehen, weil es unter ihnen sicher nur wenige geben dürfte, wenn überhaupt, denen die Zerschlagung dieses Staates, in dem sie leben, eine Herzensangelegenheit ist.

Sollte eine klare Distanzierung der Slowenenverbände gegenüber den Begleiterscheinungen dieser Oktober-Arena 1980 unterbleiben, dann würde klargestellt sein, daß die Verantwortlichen in diesen Verbänden nicht mehr Herr der Lage sind und daß die an sich gute Idee mit der angebotenen Alternative als erledigt zu betrachten wäre. Die Partner der Kärntner Slowenen sind die Kärntner Parteien, die von mehr als der Hälfte der Kärntner Slowenen gewählt werden. Es besteht für niemanden, der Volksgruppeninteressen wahrzunehmen hat, die Notwendigkeit, sich mit allen und jedem zu verbünden. Vor allem nicht mit jenen, die nur minderheitenfreundlich sind, um sich selbst in Szene setzen zu können.

Franz Dotter

DER BEGINN DES "ORTSTAFELSTREITS" IN DEN KÄRNTNER TAGESZEITUNGEN

1. Zur Untersuchung

1.1. Zeitliche Begrenzung und Belegauswahl

Die vorliegende Arbeit beschäftigt sich mit der Berichterstattung der vier Kärntner Tageszeitungen ("Kärntner Tageszeitung", "Kleine Zeitung", "Volkszeitung", "Volkswille")[1] über den sog. "Ortstafelstreit" während seines langsamen Entstehens in den ersten sechs Monaten des Jahres 1972. Der untersuchte Zeitraum beginnt also etwa mit der Erklärung Landeshauptmann Simas im slowenischen Fernsehen zu Neujahr 1972 bzw. deren Resonanz in den genannten Zeitungen und endet kurz vor dem Beschluß des Ortstafelgesetzes im Parlament [2].

1.2. Inhaltliche Begrenzung der Belegauswahl

Es wurden alle im angegebenen Zeitraum in den Kärntner Tageszeitungen erschienenen Veröffentlichungen erhoben und ausgewertet. Eine Aufstellung der Titel aller Artikel, Glossen, Kommentare u. ä. ist im Anhang zu finden [3]. Die Leserbriefe wurden - mit wenigen Ausnahmen - nur pauschal erhoben (d. h. sie werden ohne Titel aufgeführt) und beurteilt (d. h. sie werden mit dem Zeichen "+" versehen, wenn sich die/der jeweilige Autor/in im großen und ganzen für die von der Bundesregierung geplante Regelung der topographischen Aufschriften aussprach, und mit "-", wenn das Gegenteil der Fall war) [4]. Alle anderen Veröffentlichungen werden im folgenden Hauptteil inhaltlich ausgewertet (wobei natürlich sich wiederholende Argumente nicht immer angeführt werden). Titel, welche in dieser ausführlichen Analyse nicht weiter erwähnt werden, sprechen als solche für den gesamten jeweiligen Artikel, welcher dann für die Argumentation in dieser Arbeit keine weiteren wichtigen Informationen bietet.

Ich habe versucht, die Publikationstätigkeit der Kärntner Tageszeitungen zur politischen Entwicklung um das Ortstafelgesetz relativ sauber und streng von allen anderen, wenn auch verwandten Fragen zu trennen. Im Anhang sind nur solche Titel genannt, welche zumindest in einer Passage direkt auf die "Ortstafeldebatte" eingehen. Die meiner Meinung nach (aus verschiedensten Gründen) mit dem Ortstafelstreit "verwandten" Ereignisse sollen - klarerweise unvollständig - hier in Gruppen kurz genannt werden (wenn möglich, ist der Zeitpunkt ihres Auftretens präzisiert).

- "Affäre Schranz" (Februar 1972)
- Verhandlungen über die Entschädigung von Kärntner Besitz im Kanaltal (Februar)
- Frage der aus ehemaligen deutschen Siedlungsgebieten Vertriebenen (z. B. Gottschee)

- verschiedene NS-Prozesse (Auschwitz, Gogl, Lerch,...)
- "Affäre Suppan-Haider" ("alles Juden"; Februar)

- Internationale Jugendkontakte in Kärnten (insbesondere der Region Kärnten-Slowenien-Friaul)
- Volksgruppenkongreß
- Berichterstattung über "Schicksale von Minderheiten", "Sprachenregelungen", "Sprachpolitik" in anderen Ländern (Belgien, estnische SSR, Finnland usw.)
- Meldungen über Ereignisse in Jugoslawien bzw. Slowenien (z. B. Ustascha-Aktivitäten)
- Gemeindezusammenlegung (Gemeindereform) in Kärnten (Hier muß angemerkt werden, daß in der Debatte um die Gemeindezusammenlegungen bei KZ, VZ und VW zum Teil ähnliche Argumentation bzw. Berichterstattungstaktik vorzuliegen scheinen wie in der "Ortstafeldebatte". So werden z. T. emotional "starke" Titel, wie z. B.: "Kärntner Gemeinden: Sterben zwei Drittel?" (VZ, 15. 1., S. 1), "Gemeinden frei und ungeteilt" (!) (VW, 30. 6., S. 2) gewählt und die gegen die Interessen der betroffenen Bevölkerung gerichtete "Machtpolitik" (besonders KZ) bzw. "Geheimpolitik" (besonders VZ) der SPÖ hervorgehoben.)
- Diverse Meldungen über slowenische Organisationen, Kultur (Schule: z. B. Gymnasium)
- Auseinandersetzung Neumann - Grafenauer über die Geschichte Kärntens bzw. Sloweniens (KTZ, Jänner bis Mai)
- Frage der von Partisanen nach dem Zweiten Weltkrieg aus Kärnten Verschleppten
- Gedenken an Slowenenaussiedlung

- Austritt des Kärntner Sängerbundes aus dem Kärntner Heimatdienst (Jänner)
- Prozeß gegen Marjan Sturm (Jänner)

1.3. Methodische und pragmatische Fragen

Sehen wir uns einschlägige wissenschaftliche Arbeiten an [5], so werden einige Grundprobleme von Zeitungsanalysen deutlich. Es sollen hier nur zwei Fragen stellvertretend erörtert werden:
a) Was ist Einseitigkeit, was Objektivität bzw. wie sind solche Begriffe praktikabel zu definieren (zu operationalisieren)?
b) Wie ist eine spezielle Meldung, "Aktion" einer Zeitung zu deuten, welche Wirkungen sind zu erwarten, wie sind dazu qualifizierte Nachweise zu führen?

Einzelne Fragen können oft nicht eindeutig interpretiert/entschieden werden. Sehen wir uns z. B. die Meldung der KZ vom 14. 3. an: Ist das ausführliche Eingehen auf Forderungen Jugoslawiens bezüglich der slowenischen Minderheit in Kärnten ein Versuch, den Kompromißcharakter des Bundesregierungs- /Landesregierungsvorschlags herauszustellen, oder soll damit allgemeine Ablehnung jeder Regelung (wegen "Einmischung von außen") erreicht werden? Schließlich vielleicht sogar: Ist die angesprochene Zweideutigkeit gewollt? Wir können noch schärfer formulieren: Beinahe alles kann "positiv" (im Sinn eines demokratischen Staatswesens in der österreichischen verfassungsrechtlichen Deutung) interpretiert werden, auch daß z. B. antisemitischem, rechtsextremistischem oder gar faschistischem Gedankengut entsprungene Leserbriefe abgedruckt werden. Es könnte ja zur realitätsnahen Belehrung der anderen Leser dienen (im Sinn etwa von: es gibt noch Unbelehrbare, auf welche wir achten müssen).

Manche Fragen der "objektiven", besser vielleicht möglichst vollständigen, Information könnten durch einen Bezug zu zeitgeschichtlichen Forschungsergebnissen geklärt werden (dies ist im vorliegenden Fall nicht geschehen). So wahr der Satz also ist, daß jede Information oder Nichtinformation "politisch" (nämlich: jedenfalls so zu verstehen oder zu deuten) ist, muß doch das jeweilige Faktum in komplizierter Weise interpretiert werden. Methodisch sollten jedenfalls folgende Beurteilungskriterien für Zeitungen getrennt werden:

- "Klarheit der Darstellung" (als "klar" sollte ein Bericht dann bezeichnet werden, wenn er möglichst reiche und zusammenhängende Information sowie Erklärungen/Interpretationen von Ereignissen enthält, d. h. sich nicht auf bloß leere Meldungen, wie "X ist gegen Y", oder direkte/indirekte Appelle beschränkt);
- "Zeitungslinie", welche wieder nach
  = "Redaktionslinie", d. h. beabsichtigter Wirkung beim Leser und
  = tatsächlich erreichter Wirkung beim Leser aufzuspalten ist (was einer weitge-

hend ausständigen Rezeptionsforschung überlassen werden muß).

Klar ist, daß die genannten drei Kriterien nicht voneinander unabhängig sind, daß aber z. B. ausführliche Information und einseitige Parteinahme einander auch nicht ausschließen [6]. Insbesondere zur "Redaktionslinie" muß angemerkt werden, daß eine solche für viele Zeitungen nicht als absolut gültig (d. h. für alle erscheinenden Berichte, Glossen, auch bloß zu einem Thema) verstanden werden darf. Eine solche Linie hängt von der Homogenität bzw. Heterogenität, von der Gruppenzusammensetzung der Redaktion, den "Einflußsphären" verschiedener Redakteure, der internen Kontrolle (d. h. dem Maß der "Freiheit" des einzelnen Redakteurs, wobei klar ist, daß es gewisse "äußerste Grenzen" dafür in jeder Zeitung gibt), der Art der Einflußnahme des Herausgebers (besteht z. B. die Möglichkeit zu klar gegensätzlichen Stellungnahmen oder nur zum Unterlassen von Angeordnetem) [7], schließlich auch von Rücksichten auf den Leserkreis ab.

Tageszeitungen sind also eine eigene Textgattung, welche verschiedenen, z. T. auch spezifischen Einflußfaktoren ausgesetzt ist. So sind wegen der täglichen Erscheinungsweise (d. h. Information muß kurzfristig aufgenommen, verarbeitet und weitergegeben werden) nicht alle Artikel einer Zeitung mit derselben redaktionellen (auch: "politischen") Sorgfalt ausgewählt, verfaßt und abgedruckt (d. h. nicht alles für einen Leser Kritisierbare ist "böse" Manipulation, sondern es ist mit Nachlässigkeit, Fehlern, unkontrollierter Übernahme von Informationen usw. zu rechnen). Die Textgattung "Tageszeitung" besitzt Textuntergattungen, wie von einer Agentur übernommene Berichte, Korrespondentenberichte, redaktionelle Zusätze, Glossen, Kommentare, Leserbriefe usw., welche manchmal funktional zueinander in Bezug gebracht werden können, manchmal auch einfach widersprüchliche Eindrücke entstehen lassen. Von zentralen Artikeln dürfen wir jedoch annehmen, daß sie mit einem höheren als dem "durchschnittlichen" Maß an Überlegung und Absicht behandelt werden; die Interpretation des Inhalts von Tageszeitungen ist also durchaus nicht "objektiv unmöglich", wenn sie auch nicht immer zu "eindeutigen", "schönen" Ergebnissen führen muß (z. B. dem Nachweis der Einseitigkeit einer Zeitung in all ihren Artikeln und Ausgaben).

Auf eine Tatsache sei noch hingewiesen: Zeitungen spiegeln durch ihre Redakteure und Besitzverhältnisse die Gegebenheiten einer Gesellschaft kompliziert wider; d. h. das "Denken" und "Schreiben" von Redakteuren muß im Zusammenhang mit der "Volksmeinung" (und ihrer Vermarktung) gesehen werden. Dies wiederum bedeutet, daß in bzw. hinter manchen Zeitungsartikeln nicht eine bewußte Manipulationsabsicht, sondern bloß eine eingestandene oder nichteingestandene, aber jedenfalls als selbstverständlich angenommene Meinung, Verhaltensweise, Norm steht (was natürlich die Frage der Fähigkeit von Zeitungen zur "aufklärenden" Information stellen läßt). So ist erklärbar, daß es manche für alle oder die meisten Zeitungen verwendbare "Versatzstücke" von Meinung gibt, wie z. B. "Autofahrer als Melkkuh", "Schulstreß" usw.

Durch sorgfältige und vorsichtige inhaltliche Interpretation, durch das Aufeinanderbeziehen vieler Einzelheiten ("Indizien") aus verschiedenen Textuntergattungen läßt sich also ein "Bild", ein "vorherrschender Eindruck" von einer Zeitung herstellen. Auch dann muß man sich jedoch vor Augen halten, daß die Behandlung des Themas nur dann vollständig sein könnte, wenn Redaktionen, Redakteure, Herausgeber direkt in die Forschung miteinbezogen (z. B. die Leserbriefauswahl tatsächlich überprüft, die Redaktionssitzungen analysiert) würden.

2. Die Zeitungsberichterstattung

Zu Beginn des Untersuchungszeitraums, in der Reaktion auf die Ankündigung von Landeshauptmann Sima zur Regelung der Ortstafelfrage, lassen sich die Zeitungen deutlich unterscheiden: Während die Zeitung der SPÖ, die KTZ, die Meldung bringt, Sima habe bezüglich "Zweisprachige(r) Aufschriften: Lösung in Aussicht gestellt" (15. 1.), lauten die (späteren) Titel der KZ "objektiv" aber von anderer Warte aus (18. 1.: "Heimatdienst zu zweisprachigen Aufschriften"; die KZ hatte kurz vorher einen Artikel von Th. Veiter abgedruckt, in dem dieser die Existenz von zweisprachigen Ortstafeln in Europa aufweist), der VZ schon wertend in demselben Sinn (18. 1.: "Zweisprachige Aufschriften: Symbol für ein Traumgebilde?"). Während die KTZ-Meldung vom 15. 1. keine weitergehende Information bringt (die Ausgangstatsache, daß Sima im slowenischen Fernsehen ein Interview gegeben hat, wird von der VZ erst am 28. 2. wiedergegeben, in der KZ nicht bzw. nur indirekt), sehen die Inhalte der eine Resolution des KHD-Vorstandes wiedergegebenen Artikel in KZ und VZ vom 18. 1. wie folgt aus:

In der VZ werden in relativ ausführlicher Form die folgenden Hauptargumente des KHD wiedergegeben: "Es bestehe (..) kein echtes Bedürfnis für die Anbringung slowenischer topographischer Aufschriften", weil ja jeder Kärntner Slowene der deutschen Sprache mächtig sei. Also, und das habe auch die "Slowenenführung" zugegeben, komme solchen Aufschriften nur "symbolische Bedeutung" zu, insbesondere könnte damit das für "weitere, ständig gesteigerte slowenische Forderungen benötigte Traumgebilde "slowenisches Territorium"" Ausdruck finden. "Zum Leidwesen der Slowenenführung" sei die überwiegende Mehrheit der Aufschriften auf slowenischen Privatgebäuden nur deutsch. Schließlich wird auf die Bestimmungen des Friedensvertrags von St. Germain verwiesen und gefordert, zweisprachige topographische Aufschriften nur in Gebieten anzubringen, "in denen eine 'verhältnismäßig beträchtliche Anzahl' von Slowenen" siedelt. Weiters wird - als Realisierung des Bekenntnisprinzips - eine Minderheitenfeststellung und die Beiziehung des KHD als "Vertreter der Südkärntner Mehrheitsbevölkerung" verlangt. Der KHD versichert, die den Slowenen verfassungsmäßig zustehenden Rechte nicht antasten, den Slowenen "ihre Eigenschaft" nicht nehmen zu wollen, außerdem bestünde keine Assimilierungsabsicht. Der Begriff "Windische" kommt hier nicht vor.

Die KZ bringt nur die Forderungen des KHD und nicht die oben zitierten Behauptungen; die relative Objektivität des Titels wird also im Text etwa beibehalten. Die KTZ reagiert am 18. 1. ebenfalls auf die Heimatdienst-Stellungnahme; sie weist im wesentlichen darauf hin, daß der KHD seine alten Positionen hielte, welche die Diskussion immer scheitern hätten lassen.

Eine zusammenfassende Darstellung der Problemlage u. a. aus Anlaß des Sturm-Prozesses gibt H. Stritzl in der KZ vom 25. 1. (siehe Anhang). Eine Hervorhebung verdient die Passage, in der Stritzl schreibt, daß der Anspruch des KHD auf Gehör "nicht nur von den beiden politischen Organisationen der Minderheit abgelehnt, sondern auch von LH Sima negiert" werde; weiters die Hervorhebung eines Wandels im Denken der bisherigen Kontrahenten, auf die daher vorhandene Chance für eine Einigung und der Hinweis auf die Gemeindezusammenlegung. Am selben Tag verwendet die VZ zum ersten Mal einen Terminus, welcher die ganze folgende Debatte insbesondere in dieser Zeitung prägen wird: "Sima-Geheimplan für zweisprachige Tafeln?"

Die Haltung der Zeitungen zu Jugoslawien wird angezeigt durch die Titel vom 26. 1. in KTZ und KZ (die VZ bringt dazu keine Meldung): in ersterer begrüßt Laibach Österreichs Haltung, in der KZ "fordert" Laibach (die Quasi-Personifizierung, welche sich in der gesamten politischen Berichterstattung - nicht nur auf Jugoslawien bezogen - findet, verdiente eine Untersuchung).

Während alle Zeitungen (KTZ 27. 1., KZ 28. 1., VZ 28. 1., S. 1 und VW 28. 1.) von "(Schmier)Aktionen" an Ortstafeln z. T. im Zusammenhang mit dem Sturm-Prozeß berichten, bringt die VZ am 28. 1. (S. 1) noch die Überschrift: "Kärnten: 2,8 Prozent Slowenen" (was sich auf das Gesamtgebiet Kärntens bezieht).

Am selben Tag ist unter "Zur Sache: Zweisprachige Aufschriften/Mißverständnisse klären" (siehe Anhang) von I. Pust zu lesen, daß die Städte Oberkrains und der Südsteiermark nicht mehr deutsch und Südkärnten nicht mehr slowenisch sei (eine Variante der "Aufrechnungstechnik"). Die Bevölkerung sei gegen "slowenische Aufschriften in rein deutschen Orten", nicht mehr aus nationaler Intoleranz, sondern wegen der drohenden Verfälschung der "nationalpolitischen Landschaft"; in diesem

Zusammenhang wird auch die Angst vor einer Annexion erwähnt. Ebenfalls KHD-Argumente kommen mit dem schon angeführten "Traum von Slowenisch-Kärnten" und in anderen Passagen. Dem schließen sich Vorwürfe gegen die untätige Kärntner Landesregierung an. Dieser Artikel muß im Vergleich zu dem Stritzls vom 25. 1. gesehen werden. Auf ihn antwortet denn auch die KTZ tags darauf (19. 1.).

Die KTZ stellt auch die Grundlagen der Vorstellungen der Kärntner Landesregierung am 1. 2. dar (Volkszählung 1961 als Grundlage, ab 20%-Anteil von Slowenen in einer Ortschaft dort zweisprachige Tafeln); gleichzeitig wird der Versuch bekanntgegeben, im Unterrichtsministerium eine Lockerung der Einstellungsvoraussetzungen für Schulen zu erreichen, in denen kaum mehr Anmeldungen zum Slowenischunterricht erfolgten; die erwähnten Grundlagen werden auch in der VZ (2. 2.) wiedergegeben.

Alle vier Zeitungen bringen am 3. und 4. 2. positive Berichte über politische Kontakte Österreich-Jugoslawien, nur drei allerdings einen zweiten Bericht tags darauf (die VZ nicht), ebenfalls alle vier am 5. 2. die Forderung der FPÖ nach einer Minderheitenfeststellung.

Während die VZ am 17. 2. die "ausländische Einmischung" betont, legen KZ (23. 2.) und VW (24. 2.) den Schwerpunkt ihrer Meldung auf die erhöhte Anzahl von Slowenen bzw. Sprachkombinationen mit Slowenisch bei der Volkszählung 1971 gegenüber derjenigen von 1961.

Der als "Kommentar" gebrachte Artikel von Th. Veiter (27. 2., KZ), welcher nur ganz kurz auch auf die Situation der "sprachlichen Minderheiten" eingeht, macht deutlich, daß Veiter in das hineinpaßt, was man - zugegebenermaßen mit Abstrichen - als Teil der Blattlinie der KZ ansehen kann: eine in längeren Untersuchungen aufzuhellende "Position der Mitte", des "fortschrittlichen Konservativismus" (diese Etiketten können nur als Assoziationshilfen dienen!). Veiter kritisiert nämlich den Antisemitismus und Nachwirkungen der NS-Zeit, zugleich aber auch die SPÖ-Regierung, der die Schuld sowohl an der Situation in der Volksgruppenfrage als auch an der "Demontage des Bundesheers" zugeschoben wird, sowie auch eine "drohende" positive Haltung zu den deutschen Ostverträgen.

Alle vier Zeitungen berichten wieder über eine "(Schmier)Aktion", wobei die KTZ (5. 3.) die Täter ausdrücklich nicht in "slowenischen Extremisten"-Kreisen sucht, die KZ (5. 3.) sich diesbezüglich einer Stellungnahme enthält, auch die VZ (5. 3.) von "Lausbubenstreich" spricht, während der VW (5. 3.) das Ereignis mit Genugtuung (als Ausdruck des "Volksempfindens") vermerkt.

Zwei Leserbriefe seien hier genannt, welche beide in der KZ (7. 3. und 11. 3., siehe Anhang) erschienen sind und e i n e Strömung des politischen Denkens der österreichischen Bevölkerung illustrieren. In diesen beiden werden exemplarisch

Antisemitismus und die Forderung nach einer Minderheitenfeststellung verbunden. Einem Artikel in der KTZ (12. 3.), welcher im wesentlichen politische Kontakte innerhalb der SPÖ, bisherige Leistungen des Landes für die Slowenen und die Frage der Ersetzung einer Minderheitenfeststellung durch die Volkszählungsergebnisse behandelt, folgt einer in der KZ (14. 3.), in dem mit eineinhalbmonatiger Verspätung der SP-Vorschlag zur Ortstafelregelung wiedergegeben wird. Im übrigen ist dieser Artikel recht objektiv, er gibt sogar deutlicher als die KTZ-Berichte wieder, warum von der gemeindeweisen Regelung "offenkundig" abgegangen wurde, nämlich, "weil der genannte Prozentsatz (dieser ist selbst nicht angegeben) in höchstens zehn Südkärntner Gemeinden erreicht würde. Um der slowenischen Volksgruppe entgegenzukommen, wird eine Regelung von Ort zu Ort vorgezogen, wodurch Ortschaften in 23 Gemeinden Berücksichtigung fänden." Weiters werden die Probleme der Zuzählung der "Windischen" und des Territorialprinzips (lang und mit Hinweis auf eine "Delo"-Meldung) erörtert. Abschließend werden die Volkszählungsergebnisse 1961 nach Gemeinden wiedergegeben. Tags darauf (15. 3.) folgt die Meldung der Ablehnung des Lösungsvorschlags durch den Zentralverband der slowenischen Organisationen, während die VZ (17. 3.) bloß von einer "Forderung" der Slowenen berichtet. Allerdings wird in demselben Artikel auf ein "bemerkenswertes" Bekenntnis V. Inzkos hingewiesen:

"Jener Teil der Slowenen, der 1920 die Stimme für ein Zusammenleben mit dem Mutterland Slowenien abgab, hinterläßt uns als Vermächtnis das Bewußtsein, daß wir völkisch gesehen ein Teil des slowenischen Volksganzen sind und uns kulturell mit allen Slowenen verbunden fühlen. Jener Teil der Kärntner Slowenen, der die Stimme bei der Volksabstimmung für Österreich abgab, aber legt uns die Verpflichtung auf, uns treu zum österreichischen Staat zu bekennen, für diesen alle unsere Kräfte einzusetzen, in den Herzen unserer Jugend das österreichische Staatsbewußtsein, die Liebe zu Österreich zu wecken und zu festigen, als Kärntner in jeder Situation treu zur Heimat zu stehen."

Am 19. 3. schreibt die VZ wieder vom "Geheimvorschlag Simas", von dem auch die "Führer der slowenischen Minderheit" nichts wüßten, eine Äußerung, welche allerdings schon durch den nächsten Satz, der berichtet, daß die "Minderheitenführung" die Volkszählung von 1951 als Beurteilungsbasis vorschlagen wolle, als Verfälschung ersichtlich wird [8].

Alle Zeitungen bringen schon bald darauf (KTZ, KZ und auch VZ (s. o.) am 22. 3., VW am 23. 3.) die Meldung, daß 205 Ortschaften zweisprachige Aufschriften bekommen könnten. Nur die KTZ spricht von "slowenischen Aufschriften", alle anderen Zeitungen von "zweisprachigen". Es wird im wesentlichen der Landesregierungsvorschlag wiederholt, z. T. präzisiert (was die Frage der Art der von der Regelung betroffenen Aufschriften betrifft). KZ und VZ berichten daneben (im wörtlichen Sinn neben dem Artikel zu den Ortstafeln) auch von einer Forderung der Marburger

Studenten, Verkehrshinweistafeln mit rein deutschen Namen durch zweisprachige zu ersetzen. Die VZ allein meldet am 23. 3.: "Die Orte bleiben vorerst geheim" (Titel; auf der selben Seite steht eine Glosse, welche mögliche Verbindungen der Ortstafelfrage zur Gemeindezusammenlegung herstellt), um diese am 25. 3. zu nennen.

KTZ und KZ berichten am 23. 3. von einem Gespräch Simas mit der FPÖ. Eine weitere "Schmieraktion" (so außer VW alle anderen Zeitungen) wird am 29. 3. gemeldet, wobei der Titel der KZ eine mögliche Verbindung zum Volksgruppenseminar (im Sinn der Herkunft von Tätern aus dem Teilnehmerkreis) am ehesten zuläßt. Bemerkt werden muß, daß dieses Volksgruppenseminar in der VZ sonst überhaupt nicht erwähnt wird, während die anderen Zeitungen darüber z. T. mehrmals berichten. In der KZ erscheint gleichzeitig mit dem Bericht ein Artikel von H. Stritzl: "Warnung vor Gewalt!" (S. 3, siehe Anhang), der m. M. nach beispielhaft für das Verhalten von Stritzl bei verschiedenen gleichartigen Gelegenheiten ist: die Kritik geht nach allen Seiten, man selber legt sich nicht so genau fest. So kann jeder Leser das ihm Genehme herauslesen, die Zeitung tritt niemandem zu fest auf die Füße und kann noch dazu den Ruf der objektiven Berichterstattung für sich in Anspruch nehmen. Es ist sehr schwer, die Vermutung zu beweisen, daß ein solcher Stil neben einer in gewissen Grenzen sicher mit angestrebten Objektivität auch Teil einer politischen Taktik ist. Der Nachweis ist deswegen schwierig, weil meiner Ansicht nach nicht jedes Wort eines Zeitungsartikels auf die Goldwaage gelegt werden kann (so wird das Wort "Minderheitenlösung" zwar bei Manchem Assoziationen zu "Endlösung" verursachen, es kann aber genausogut aus der Absicht der Schaffung eines kürzenden Begriffs entstanden sein). Einen Hinweis mögen wir in der Formulierung finden, "daß man nicht jeden, der Einwände gegen die ins Auge gefaßte Minderheitenlösung hat, mit Faschist oder Nazi beschimpfen kann." Hier ist nur ein Teil der Gegner der Lösung genannt, vielleicht der, dem der Autor des Artikels näher steht. Wie weit die Argumentation mit der "Mehrheit des Landes" (besser wäre wohl: rein deutschsprachige Bevölkerungsmehrheit im gemischtsprachigen Gebiet) suggestiven Aufforderungscharakter haben soll oder kann, ebenso wie die dauernde Warnung vor Gewalt und offener Konfrontation, müßte durch eingehendere Untersuchungen über die Wirkung solcher Äußerungen überprüft werden.

Schon am nächsten Tag (30. 3., S. 2) bringt die KZ eine weitere Stellungnahme, nämlich des Abwehrkämpferbundes, welcher einen 30%-Anteil von Slowenen für die Anbringung zweisprachiger Ortstafeln fordert, außerdem meint, daß "die beantragte Zahl von Ortschaften auf statistischem Material fuße, das der Öffentlichkeit nicht zugänglich sei, daher nicht überprüfbar wäre", daß nur gemeindeweise Regelungen erfolgen dürften und nur gewisse Kombinationen bei den Sprachangaben zu "Slowenen" gezählt werden dürften. Auch ist wieder die Rede von einer drohenden

Verfälschung des Charakters des Landes und seiner Gefährdung in der Zukunft. Ebenfalls gemeldet wird eine Äußerung der Slowenenorganisationen, welche dafür plädierten, auch Zentralorte des gemischtsprachigen Gebiets mit zweisprachigen Aufschriften zu versehen (daß die Slowenenvertretungen die ortschaftsweise Regelung ablehnten, wie auf S. 2 behauptet, dürfte nicht den Tatsachen entsprochen haben, sie wollten eine "nicht nur" ortschaftsweise Regelung, wie auf S. 12 zitiert).

Die VZ bringt am 31. 3. einen Kommentar unter dem Titel: "Südkärnten: Streit um Ortstafeln", in welchem die eben zitierte Erklärung des Abwehrkämpferbundes wiedergegeben wird mit der Ergänzung, daß der Wunsch nach Realisierung des Territorialprinzips eine "chauvenistische (!) Provokation" sei, "deren Erfüllung in Kärnten einen Sturm der Entrüstung auslösen und den Frieden im Lande gefährden würde." Außerdem wird eine "vielsagende" und "anmaßende" Erklärung des Klubs slowenischer Studenten für die Anwendung des Territorialprinzips zitiert, was die Kombination ergibt: wenn Territorialprinzip, dann Unfriede + Slowenen wollen Territorialprinzip. Die Folgerung ist klar. Am Ende dieses Artikels steht die Ankündigung der möglichen Bildung einer Kommission (Forderung von Inzko). Der VW gibt nur die Stellungnahme des Klubs der slowenischen Studenten wieder.

Am 1. 4. versucht die KTZ, "ins Volk zu hören", während der VW den ersten seiner drei Artikel zur Slowenenaussiedlung druckt (1. 4., S. 3; 16. 4., S. 5 und 18. 4., S. 3; dazu am 18. 4. auch KTZ (S. 2) und KZ (S. 12 f)). Unter dem Titel "Minderheitengespräch..." (5. 4.) wird von der KZ auch über eine von KTZ und VZ (von letzterer als alleiniger Titel) eigens gemeldete "Schmieraktion" berichtet. Die Standpunkte der verschiedenen Zeitungen werden dabei relativ deutlich (vgl. Anhang): während die KTZ kaum Informationen zum Gespräch der Slowenenvertreter mit der Bundesregierung bietet, berichtet die KZ über die Einwände beider Slowenenorganisationen gegen die geplante Regelung und bezeichnet die Ortstafelaktionen als "Begleitmusik" zu den Verhandlungen. Es wird davon gesprochen, daß mehrere Ortstafeln mit den "slowenischen Bezeichnungen ergänzt" wurden. Die VZ hält die Slowenenorganisationen und die Aktion deutlich auseinander (eine Interpretationsmöglichkeit ist hier: die KZ widerspricht zumindest nicht einer Verbindung zwischen diesen beiden, während die VZ eher die Extremisten isolieren will). Der VW beschreibt die Aktionen schließlich als bestimmendes Moment für in Schwung kommende Verhandlungen und Lösungen, als Ausdruck des Volkswillens. Auch die Parolen der Flugblätter dieser Aktionen (aus denen die KTZ und KZ ebenfalls, aber anders zitieren) werden genannt. Noch einmal positiv werden die Aktionen vom VW am nächsten Tag (6. 4.) in einer Glosse erwähnt.

Am 7. 4. berichten KTZ, KZ und VZ von den oben angekündigten Verhandlungen (Überschriften beachten!). Die KZ schreibt, die Slowenen hätten zwar Einwände gegen die geplante Regelung erhoben, wären im großen und ganzen aber "doch nicht ganz unzufrieden" gewesen [9]. Die KTZ schreibt ähnlich, hebt aber eher den Widerstand der Slowenenvertreter - neben ihrem Dank für Leistungen wie den Bau des Gymnasiums - hervor. In der VZ ist diese Ablehnung noch stärker betont. KZ und VZ geben in ihren Artikeln noch eine telegraphische Stellungnahme des KHD wieder.

Die KZ bringt am nächsten Tag (8. 4., S. 4) einen weiteren Artikel von H. Stritzl, in dem dieser die "unverständliche "Geheimdiplomatie"" der SPÖ kritisiert und zum Argument der Vorsicht bezüglich einer vorzeitigen Veröffentlichung der Ortschaften, welche zweisprachige Ortstafeln bekommen könnten, meint, "..., denn ob die Veröffentlichung schon vor drei Wochen oder gestern erfolgt wäre - die Reaktion der Kärntner Bevölkerung wäre nicht anders, als wenn dies erst in 14 Tagen geschieht." Mit "Reaktion" könnte hier gemeint sein, daß auf die Meldungen vom Vortag hin "eine Flut von Anrufen aus dem Südkärntner Gebiet" in der Redaktion der KZ erfolgte.

Am 9. 4. wiederholt die KTZ im wesentlichen Argumente für die geplante Regelung (aus einer Rundfunkrede H. Simas), wobei wieder betont wird, daß auch Bedacht auf die "Gefühle und Empfindungen der Gesamtbevölkerung" genommen werden müsse. Dasselbe gilt für die Meldung vom 11. 4. Demgegenüber argumentiert die VZ am 11. 4. wieder, daß die betroffene Bevölkerung nicht gefragt und die Anregung der ÖVP, eine Landtagskommission für die Ortstafelfrage einzusetzen, mißachtet worden sei. Gleichzeitig wird angekündigt, aus den "aus allen Teilen des Landes" in der Landesparteileitung eintreffenden Vorschlägen und Stellungnahmen einen eigenen Entwurf für die Bundespartei zu erarbeiten.

Die KTZ gibt am 12. 4. eine Aussage B. Kreiskys wieder, der in der Minderheit ein starkes Bindeglied zu Jugoslawien sieht. Im VW ist in einer Glosse kurz und bündig die Ansicht dieser Zeitung zu lesen (die sich auch auf die gesamte politische Situation Österreichs bezieht; Text vgl. Anhang).

Am 13. 4. drucken alle vier Zeitungen die vom Landespressedienst herausgegebene Liste der 205 Ortschaften und eine Stellungnahme ab (KTZ, S. 3). Die VZ hebt ausdrücklich hervor, daß "Windisch" in Fragebögen der Volkszählung allein nicht als Bekenntnis zu "Slowenisch" gewertet wurde. Beachtung verdient die Überschrift in der KZ vom 14. 4. Am 15. 4. kritisiert der VW die Nichtberücksichtigung von "Windisch".

Im Bericht über die Gedenkfeier zur Slowenenaussiedlung sind auch die in den Reden von LR Wagner und der Obmänner der beiden slowenischen Organisationen gemachten Äußerungen zur Ortstafelfrage zu lesen: während F. Zwitter die Regelung als "ersten Schritt" und allgemein den "guten Willen" begrüßt habe, sei die Ablehnung der Lösung durch R. Vospernik "viel härter" gewesen.

Sehr versöhnlich auch der Bericht über dasselbe Ereignis in der KZ (ebenfalls 18. 4.), in der die Reden diesbezüglich ausführlicher wiedergegeben werden (LR Wagner stellte die Regelung als "denkbaren Mittelweg" dar). Der Bericht des VW nimmt dazu wertend Stellung und meint, daß gerade der KHD den Wunsch, "daß die jetzigen Verhältnisse nicht durch die Ereignisse der Vergangenheit" überschattet werden dürften, mißachte, da er "das Genozid (also die Vernichtung) der slowenischen Volksgruppe in Kärnten fordert". Der VW kritisiert auch noch, daß niemand über die Wurzeln des NS-Regimes gesprochen habe; diese hätten nur Vertreter von "Kladivo" in einer Flugblattaktion hervorgehoben.

Am 19. 4. berichtet die KZ über einen Artikel von T. Zorn im "Delo", in dem dieser die jetzt ins Auge gefaßte Regelung als schon bei der Abfassung des Staatsvertrags diskutierte herausstellt. Gerade die Volkszählung 1961 sei aber die für die Minderheit ungünstigste. Zorn betont weiters, daß "Rücksicht auf das Mehrheitsvolk Eingehen auf Forderungen 'einflußreicher deutschnationaler Kreise'" bedeuten würde. Die VZ wiederholt am selben Tag die bereits zitierten Argumente der ÖVP-Kärnten. Der VW wiederum stützt sich auf Vertreter von "Kladivo" und auf die "im Untergrund" arbeitende "Bewegung für soziale und nationale Befreiung" (welche sich z. B. zu den "Ortstafelaktionen" während des Volksgruppenseminars (s. o.) bekannt hatte).

Anläßlich des SPÖ-Parteitags in Villach berichtet die KTZ (20. 4.), daß Kreisky Sima für den Anstoß zur Lösung der Ortstafelfrage ein "hohes Maß an persönlichem Mut" bescheinigt habe. Entsprechend auch die KZ vom selben Tag, welche allerdings auch das Wahlergebnis für den neugewählten SPÖ-Bundesvorstand bekannt gibt.

Eine Aufforderung Simas an die ÖVP, in der Ortstafelfrage Stellung zu beziehen, geben am 21. 4. die KTZ (S. 1 f), die KZ (S. 18) und die VZ (S. 1, "Ortstafeln") wieder, wobei die VZ zusätzlich schreibt, Knafl habe schon im November 1970 Parteiengespräche zu diesem Problem angeregt, außerdem habe die ÖVP einen (von der Landesregierung unbeachteten) Lösungsvorschlag ausgearbeitet; man müsse also fragen, ob Sima die Verantwortung für die jetzige Lösung nunmehr "abzuwälzen" versuche. Die VZ berichtet auch über "neue Wünsche Jugoslawiens" (S. 1; bezugnehmend auf einen Artikel von "Komunist", den auch KTZ (S. 2) und KZ (S. 4) kurz wiedergeben und welcher u. a. die Verhinderung minderheitenfeindlicher Kundgebungen fordert) mit folgendem redaktionellem Zusatz:

"Diese Meldung muß Erstaunen auslösen. Was sieht man in Jugoslawien als "minderheitenfeindliche Kundgebung" an? Wird Unterdrückung der Meinungsfreiheit in bezug auf neue Forderungen der Minderheit gewünscht? Die dunkle Andeutung des offiziellen Parteiorgans eröffnet beunruhigende Perspektiven für die Zukunft."

Darauf antwortet die KTZ tags darauf (22. 4., Text siehe Anhang), während die KZ die erwähnte Stellungnahme der ÖVP ausführlich wiedergibt (22. 4., S. 9, Text siehe Anhang) was auch die VZ tut (22. 4., S. 1, 3).

Am 23. 4. berichten KTZ (S. 6, mit einem Kommentar S. 1 f, Texte siehe Anhang), KZ (Text siehe Anhang, man beachte die nicht ganz durchgehaltene indirekte Rede) und VZ über eine Stellungnahme des Abwehrkämpferbundes, letztere gibt auch ein Referat von L. Guggenberger wieder, in dem offenbar dieser meint, daß es "vielfach gar kein Interesse" an zweisprachigen Aufschriften gebe und den ÖVP-Vorschlag für die Leser etwas deutlicher herausstellt (Text siehe Anhang). Darüber hinaus wird Artikel 7 des Staatsvertrages zitiert ("Der direkte Draht", Text siehe Anhang) mit einem redaktionellen Zusatz, welcher sich in Richtung der Aussagen des Abwehrkämpferbundes bewegt. Diese Meldungen werden am 26. 4. wiederholt. Auf die letztgenannte Rede reagiert auch der VW (25. 4.) in der schon erwähnten Weise (Alleingang, zu viel Rücksicht auf Deutschnationale).

Während die KTZ am 27. 4. Kreiskys Ankündigung einer baldigen Lösung wiedergibt, fragt die VZ zu einer parlamentarischen Anfragebeantwortung Kreiskys, warum man die Volkszählung 1961 (und nicht 1971) als Grundlage nähme: "Ortstafeln: Versagte der Computer?" (wohl 1971?). Dieser Artikel läßt den Leser im Unklaren, um was es überhaupt ging (in Vertretung welcher Interessen, z. B. welcher Volksgruppe die Anfrage Suppans erfolgte usw.), was offenbar zur Strategie der Darstellung der "Geheimdiplomatie" gehörte.

Der VW stellt fest, die SPÖ wäre jetzt nicht in Verlegenheit, hätte man die Ortstafeln schon früher (z. B. 1955) aufgestellt. Über die Kärntner Diözesansynode und deren Feststellungen zur Zweipsrachigkeit berichten KTZ, KZ (mit einem die Synode lobenden Kommentar von G. Lehofer ebenda, Text siehe Anhang) und VZ am 28. 4., letztere allerdings stellt auf derselben Seite die Frage "Wo sind die Verschleppten?" (eines Diskussionsteilnehmers auf einer ÖVP-Informationskonferenz) und weitere "Sieben Fragen an Kreisky" (des Abg. Suppan u. a., S. 1, Text siehe Anhang).

Während die KTZ am 3. 5. aus einem ""Weißbuch" über Probleme der zweisprachigen Aufschriften" zitiert (Text siehe Anhang), meldet die KZ nur, daß Sima in einer Sitzung der Kärntner Landesregierung "eine ausführliche und zusammenfassende Darstellung über die Entwicklung des Problems der zweisprachigen Aufschriften in Südkärnten" gegeben hätte und daß Simas "Bericht zustimmend zur Kenntnis genommen" wurde; "Lhstv. Dr. Weißmann meldete allerdings gegen konkrete Lösungsvorschläge Bedenken an." Die VZ wiederholt Argumente der Abwehrkämpfer. Sie geht erst am nächsten Tag (4. 5.) auf die Tatsache des "Weißbuchs" ein, vermutet um dieses aber "Geheimdiplomatie" (Text siehe Anhang) und stellt klar, daß

Weißmann nur dem Bericht, nicht der angestrebten Lösung zugestimmt habe. Die in KTZ und VZ am 7. 5. abgedruckten Meldungen beziehen sich (u. a.) auf die Forderungen der FPÖ nach einer Minderheitenfeststellung.

Die KZ bringt am 10. 5. einen Artikel von J. Tischler (Obmann des Rates der Kärntner Slowenen) zur Ortstafelfrage. Am 11. 5. berichtet die VZ von der Warnung Pfarrer Muchers an die Synode, alle Gemeinden des gemischtsprachigen Gebiets als zweisprachig zu deklarieren.

Zum Zwischenfall bei einem Verschlepptengedenken (dazu am 13. 5. KTZ, KZ (S. 13) und VZ (S. 3), sowie am 14. 5. VW) sei der Artikel von H. Stritzl hervorgehoben (S. 5, Text siehe Anhang). Im Bericht der KZ (14. 5., S. 5) zu einer Gemeinderatskonferenz der ÖVP ist bemerkenswert, daß Landesparteisekretär Paulitsch sich gegen die in der Diskussion geforderte Minderheitenfeststellung wandte und meinte, eine "akzeptable Grundlage" müsse auf dem Verhandlungsweg erarbeitet werden.

Am 17. 5. druckt die KTZ ein Flugblatt des Heimatdienstes aus dem Jahre 1920 ab, in dem bei Kärntner Slowenen für die Stimmabgabe für Österreich geworben wurde, gibt am 18. 5. (S. 1) als Titel eine Äußerung des slowenischen Ministerpräsidenten F. Hocevar wieder und fragt am selben Tag einige Kärntner zum Staatsvertrag (mit mäßigem Erfolg bezüglich einer Bejahung der Ortstafelregelung). Die VZ bezieht sich am 18. 5. ebenfalls auf Hocevars Äußerungen und seine Bemerkung, der Minderheit werde gedroht. Auch die KZ berichtet und fügt eine redaktionelle Ergänzung bei (Text siehe Anhang).

Die Beantwortung der Anfrage Suppans u. a. durch B. Kreisky wird am 19. 5. von KTZ, KZ (S. 1 f) und VZ gemeldet. In der KZ kommt auch der "Minderheitenfachmann der FPÖ", O. Scrinzi zu Wort, der meint, eine Ortschaft sei keine Verwaltungseinheit (diesen Teil des Berichts siehe Anhang), weshalb der Gesetzesentwurf "nach Scrinzis Ansicht, in W i d e r s p r u c h mit der klaren Formulierung im Staatsvertragstext" stünde. Hier wird die Strategie der FPÖ deutlich interpretierbar: statt ortschaftsweiser Regelung eine Territorialregelung, diese aber bei einer Minderheitenfeststellung (diese Forderung wird in der KZ in Fettdruck wiedergegeben), einem gemeindeweise gültigen Prozentsatz von "20 bis 30" und der Frage nicht nach der Umgangssprache, sondern nach der Volkszugehörigkeit. "Nebenbei bemerkt" der KTZ vom 20. 5. richtet sich gegen eine von der KZ (19. 5.) berichtete ÖVP-Stellungnahme.

Während KTZ und KZ am 24. 5. eine Rede von H. Sima vor Lehrervertretern wiedergeben, sieht die VZ "Verwirrung um Ortstafeln", nämlich in der Frage, wo überall solche aufzustellen seien (es fehle nämlich eine Definition von "topographische Aufschrift").

Am 27. 5. bringt die KZ einen Artikel von O. Scrinzi, in dem dieser seine z. T.

schon zitierten Ansichten vorbringt. Die Enthüllung eines Partisanendenkmals wird von der KZ zu einem Kommentar von H. Stritzl zum Anlaß genommen, in dem die Versöhnung betont wird (30. 5., Text siehe Anhang), vom VW, zu bemängeln, daß "Das offizielle Kärnten fehlte".

Während die KZ am 31. 5. eine Übersicht von Th. Veiter zu doppelsprachigen Ortstafeln in Europa bietet, fragt die VZ, ob nach Eingemeindungen unter Umständen auch in Klagenfurt slowenisch als Amtssprache eingeführt werden müsse, weil den Slowenen das Recht auf Amtssprache auch in den durch Zusammenlegung entstehenden größeren Gemeinden erhalten werden sollte [10].

Der Artikel in der KZ vom 8. 6. bezieht sich auf eine Auseinandersetzung mit dem Ruf der Heimat wegen des Abdrucks von Stellungnahmen zum Ortstafelkonflikt. Am 10. 6. erklärt die VZ die Ortstafelfrage (Bundesregierungsentwurf) als "heiß" werdend (Text siehe Anhang). Sie fragt tags darauf, einen "Delo"-Artikel ironisierend, ob die Kärntner Slowenen (so wie Delo meint) diskriminiert würden und gibt das "Nein" von Bundesrat Goess auf dem Parteitag der ÖVP-Kärnten zu den zweisprachigen Ortstafeln wieder. Der VW erklärt am selben Tag kurz und bündig, was diese Stellungnahme der VP seiner Meinung nach heißt (Textauszug siehe Anhang).

Die KZ gibt den Entwurf der Bundesregierung für die Ortstafelregelung am 13. 6. ausführlich und ohne Kommentar wieder. Die folgenden Tage sind gekennzeichnet von der Ankündigung eines Initiativantrags der SPÖ, um das Ortstafelgesetz noch vor Beginn der Parlamentsferien verabschieden zu können (KTZ 14., 15. und 16. 6.), was von der VZ massiv (14., 15. (zweimal) und 16. 6.) von der KZ nur einmal (15. 6.) als "vorpreschen", "durchpeitschen", "Galopp" usw. bezeichnet wird.

Die KZ bringt am 17. 6. ein Interview mit J. Guttenbrunner und ausführliche Berichte über die slowenische Minderheitenpolitik, sowie den Sprachenstreit in Belgien (S. 21). Über die Diskussion zur Ortstafelfrage berichtet die KTZ am 18. 6. (Kritik dazu vgl. VZ 21. 6. und VW 22. 6., letzteren Text siehe Anhang).

Wieder "Rätsel" sieht die VZ am 23. 6., was sich vor allem auf die rechtlich tatsächlich nicht leicht zu beantwortende Frage bezieht, wo zweisprachige Ortstafeln nun wirklich aufzustellen seien. Es werden Befürchtungen "von slowenischer Seite" (nämlich, daß aufgrund von Unklarheiten nicht alle 205 vorgesehenen Ortschaften zweisprachige Ortstafeln erhalten würden) neben einem Protest des KHD (Nichtbeachtung des Bekenntnisprinzips, wie KZ, 30. 3.) angeführt. Außerdem wird gemeldet, daß die "Haltung der beiden Minderheits-Organisationen zum Gesetz (...) nicht mehr einheitlich" sei: "Die Titoslowenen (dieses Wort findet sich hier das einzige Mal in einer Kärntner Tageszeitung) stimmen zwar nicht zu, lehnen aber auch nicht entschieden ab. 'Nein' sagen hingegen die christlichen Slowenen, die darauf bestehen, daß zweisprachige Aufschriften ohne Rücksicht auf die sprachliche Zugehörigkeit der Bevölkerung in allen Gemeinden der Südkärntner Verwaltungsbezirke angebracht werden sollen."

Unter dem Titel "Integration fördert Assimilation" (gemeint ist die Integration der slowenischen Politiker in die Parteien SPÖ und ÖVP im Zusammenhang mit der Diskussion um eine eigene slowenische Partei) bringt die KZ grundsätzliche Überlegungen von J. Kulmez dazu (Text siehe Anhang). Auf diese Diskussion reagiert die VZ, d. h. hier insbesondere die ÖVP, am 27. 6. doch deutlich drohend. In einem Interview kommt der Zweite Landtagspräsident Mayerhofer nach einem Bericht über den ständigen Rückgang der Stimmen für slowenische Listen bei Gemeinderats- und anderen Wahlen und unter ausdrücklicher Betonung des Bekenntnisprinzips zum Schluß, daß die bei geheimen Wahlen für slowenische Listen abgegebenen Stimmen als Ersatz für eine Volkszählung dienen könnten.

Am 28. 6. ist dafür wieder die "Unklarheits-Taktik" der VZ zu verfolgen: Neben der Meldung, daß "sicher nicht ohne Auftrag des Landeshauptmanns" Beamte der Landesregierung "betroffene" Bürgermeister aufforderten, jetzt schon zweisprachige Ortstafeln zu bestellen, ist zu lesen, "daß außer wenigen "Geheimnisträgern" um Landeshauptmann Sima und Kanzler Dr. Kreisky niemand weiß, um welche Tafeln es sich eigentlich handelt." Weiters wird eine Stellungnahme der Handelskammer Kärnten wiedergegeben, welche sich FPÖ- und KHD-Argumente zu eigen macht (weil die Volkszählung 1961 nicht nach Bekenntnis zu einem Volk, sondern nur nach der Umgangssprache gefragt habe; Befragung der Bevölkerung und Aufstellung der zweisprachigen Ortstafeln nur dort, wo eine "qualifizierte Minderheit" sie befürworte).

Die Argumentation Simas bzw. der SPÖ gibt die KZ am 29. 6. (S. 2, Text siehe Anhang) anläßlich des Berichtes über eine Landtagsdebatte klar wieder. An anderer Stelle (S. 10 f) berichtet sie über diese Debatte ausführlich, wobei vor allem Wortmeldungen von Paulitsch (wenn Lösung wie beabsichtigt komme, schaffe man einen "permanenten Unruheherd" in Kärnten; diese Passage, welche die Wiedergabe der FPÖ-/KHD-Argumentation ist, ist die einzige zur Minderheitenfrage, welche die KZ in diesem Bericht in Fettdruck bringt), Guttenbrunner und Mayerhofer, weiters die Diskussion über die Frage "Alleingang der SPÖ" hervorgehoben werden. Die KTZ (29. 6.) berichtet ähnlich, läßt aber alle Argumente von Paulitsch weg und hebt Guttenbrunner, Lubas und Sima hervor.

Auch die VZ berichtet am selben Tag ausführlich über diese Landtagsdebatte (S. 1 f), wobei annähernd dieselben Debattenredner hervorgehoben werden, wie in der KZ. Von Paulitsch werden neben den in der KZ gebrachten Äußerungen noch folgende zitiert: "Das legislative Durcheinander um die Minderheit" werde durch die geplante Regelung nur noch "vermehrt", die Volkszählung 1961 sei keine Grundlage und (!) "Die Minderheit wird mit dieser Regelung nicht zufrieden sein"; von Guttenbrunner, daß er beklagt habe, "daß es in Kärnten Bürgermeister (Knafl: sozialistische!)" gebe, "die selbst sagen, daß sie die Tafeln entfernen wollen." Völlig unklar wiedergegeben sind die Äußerungen von Mayerhofer:

> "Im Staatsvertrag sind die Rechte der Minderheit festgelegt, ohne daß ein Gebiet genannt ist. Ich war auch der Meinung, daß eine geheime Minderheitenfeststellung der geeignete Weg sei. Heute denke ich anders: es kann kein Staat einem Bürger sagen: Jetzt mußt du dich bekennen! Die Minderheit lehnt außerdem eine Minderheitenfeststellung ab. Sie spielt nicht mit. Es kann nur ein Bekenntnisprinzip geben. Nun, es hat kein Kärntner Abgeordneter den sozialistischen Initiativantrag unterschrieben. Ist das nicht beschämend? So ein brennendes Problem für Kärnten sollte mit allen Kärntner Parteien abgesprochen und nicht diktatorisch verfügt werden. Es ist unsere Verpflichtung, für die Sicherheit der Grenzen mit allen Kärntnern deutscher und slowenischer Zunge zu sorgen. Auch die Optik einer Landschaft kann dazu gebraucht werden, um Gebietsansprüche zu stellen."

Klar wird nur soviel: daß im letzten Teil das Argument der SPÖ: "Grenzen durch Vertragstreue sichern" umgekehrt wird zu: "Wenn 205 zweisprachige Ortstafeln kommen, ist unsere Grenze nicht mehr sicher". Wiedergegeben wird auch folgende Äußerung von Lubas (SPÖ):

> "Eine Minderheitenfeststellung würde nur Uneinigkeit bringen. Vor 6 Monaten ist in Friaul die doppelsprachige Lösung gekommen und niemand hat sich aufgeregt."

Der in der KZ ausführlich wiedergegebene Beitrag von Sima wird in der VZ ohne viel inhaltliche Angaben als "großangelegte Rechtfertigungsrede" bezeichnet. Der Artikel endet mit der Feststellung, daß die "Klaus-Lösung" (dazu siehe auch oben) die bessere gewesen wäre (ohne allerdings, wie auch sonst immer, den Inhalt dieser Lösung zu nennen). Der VW berichtet am 30. 6., daß nur Guttenbrunner und Sima "bemerkenswert" gesprochen hätten; gibt diesen inhaltlich recht und meint, das alles hätte der VW (die KPÖ) schon immer geschrieben. Am 30. 6. meldet die KTZ noch kurz eine Stellungnahme von Ogris, der meint, bei Gemeindezusammenlegungen müßte die Zweisprachigkeit gewahrt bleiben.

3. Ein Urteil über die Kärntner Tageszeitungen?

Wie auch schon oben (1.3.) angedeutet wurde, fallen Pauschalbeurteilungen schwer [11]. Die Blätter, welche eine politische Partei vertreten, sind dabei etwas leichter zu analysieren als die (partei)"unabhängige" KZ, welche aus ihrem Anspruch heraus schon mehr "Vielfalt" zeigen muß als parteigebundene Blätter. Gleichwohl gehört eine gewisse Pluralität heute wohl zur Verkaufspolitik jedes "Massenblatts".

Es läßt sich folgende zusammenfassende Aussage über das Verhalten der vier Kärntner Tageszeitungen im "Ortstafelstreit" formulieren: Die relativ umfassendste Information bzw. die relativ klarste Darstellung der geplanten Regelung bzw. der Situation in Kärnten wird in der KTZ geboten. Parteiinterna der SPÖ werden allerdings kaum deutlich vermittelt. Als Zeitung der in Bund und Land regierenden und für die Gesetzgebung verantwortlichen Partei unterstützt sie (man könnte hinzufügen: klarerweise) die beabsichtigte Regelung und auch die Vorgangsweise der politischen Funktionäre. Sie versucht eine positive Stimmung für das von ihr immer wieder als "Kompromißvorschlag" bezeichnete Gesetz zu erzeugen und verteidigt dabei den Vorschlag sowohl gegen Forderungen slowenischer Organisationen als auch gegen solche des KHD oder des KAB, wobei in manchem Artikel eine eher vorsichtige Argumentation vor allem gegen den KHD u. ä. zu bemerken ist.

Die KZ informiert ebenfalls relativ ausführlich über die Sachlage, wobei ihre Politik, in "Kommentaren" verschiedene Meinungen zu Wort kommen zu lassen, jedenfalls dort eine gewisse Vielfalt der repräsentierten Ansichten ergibt. Allerdings ist auch in den Kommentaren u. ä. festzustellen, daß von den Deutschsprachigen bevorzugt Anhänger einer KHD- oder KHD-nahen Linie zu Wort kommen (man vgl. etwa die Ausführlichkeit des Scrinzi-Gastkommentars mit der des Interviews mit Guttenbrunner), von Befürwortern einer Lösung im Sinn des Gesetzes eigentlich fast nur Ermacora, während die Slowenen praktisch ausschließlich vom Verband der christlichen Slowenen repräsentiert werden (der "linke" Zentralverband bzw. seine Vertreter werden mit ganz wenigen Ausnahmen nur negativ oder nicht zitiert, obwohl in der Ortstafelfrage der "Rat", d. h. die christlichen Slowenen, weniger kompromißbereit war; vgl. z. B. VZ vom 23. 6.). Weiters entsteht der Eindruck, daß Berichte, welche in irgendeiner Weise ein positives Licht auf die geplante Ortstafelregelung werfen, in derselben Nummer der KZ oder bald darauf durch einen weiteren - entweder unter demselben oder einem anderen Titel (z. B. durch Meldung einer KHD- oder FPÖ-Kritik bzw. der Ablehnung durch die Minderheitenorganisationen) - bzw. häufiger durch Leserbriefe in gegensätzlicher Meinung "ergänzt" werden. So gewinnt, obzwar die KZ - im Gegensatz zu VZ und VW und mit der KTZ - sehr viele Ereignisse meldet (am wenigsten wohl von Aussendungen des Landespressedienstes), der Leser zwangsläufig die Auffassung, die politische Richtung, welcher quasi immer "das letzte Wort" zugebilligt wird, habe "Recht". Betrachten wir die in der KZ im Untersuchungszeitraum zur Ortstafelfrage veröffentlichten Leserbriefe (und zwar nur die eindeutig als positiv oder negativ dazu stehend zu bezeichnenden; solche bringt die KTZ überhaupt nicht), so ergibt sich folgendes Bild: im 1. Quartal 1976 stehen einem positiven fünf negative gegenüber, im 2. Quartal vier positiven 13 negative. Zu bemerken ist dabei, daß die Argumentationen der negativen Leserbriefe sich ständig wiederholen.

Die VZ verfolgt als eine der drei Parteizeitungen Kärntens, und zwar als Zeitung der bundespolitisch in Opposition stehenden und landespolitisch in der Minderheit befindlichen ÖVP, deutlich deren Interessen. Das drückt sich darin aus, daß viele Gelegenheiten auch der Ortstafeldiskussion dazu benutzt werden, allgemeine oder spezielle Kritik an der sozialistischen Bundesregierung und dem sozialistischen Teil der Landesregierung zu üben. So ist insbesondere die stereotyp gebrauchte Bezeichnung von der "Geheimpolitik" der Sozialisten auf allen Ebenen und der dadurch drohenden "Verwirrung" bei der Bevölkerung hervorzuheben. Mit der KZ teilt die VZ manche Darstellungen, welche bezüglich der Ortstafelfrage den Eindruck einer "Einmischung von Außen" erwecken können (z. B.: 17. 2.: "Obwohl Einzelheiten des neuen Planes noch geheimgehalten werden, stellte ... 'Delo' bereits fest, ..."). Im Zusammenhang mit dem Bild der "Geheimpolitik" werden tatsächlich manche - darunter nicht unwichtige - Berichte bzw. Ereignisse verschwiegen, welche z. B. in KZ und KTZ aufscheinen. Leserbriefe zum Thema bringt die VZ insgesamt nur sieben (im 1. Quartal 1976 zwei, im zweiten fünf), alle sind negativ (im besprochenen Sinn).

Der VW bietet die geringste Information zur Ortstafelfrage - wohl deswegen, weil der Kärntner Redaktion nicht der ganze Blattumfang zur Verfügung steht. Seine Linie ist eindeutig: publizistisch unterstützt werden vor allem der Klub Slowenischer Studenten in Wien, das Organ "Kladivo", z. T. der Zentralverband slowenischer Organisationen, insgesamt slowenische Forderungen in der Ortstafel- und Volksgruppenfrage.

Der VZ ähnelt der VW manchmal in seiner Kritik an der untätigen sozialistischen Mehrheit in Bund und Land, wobei die Kritik aber einen anderen Ausgangspunkt hat als die der VZ, nämlich die zu großen Zugeständnisse an Deutschnationale bzw. in Zusammenhang damit an das kapitalistische System. Der VW ist die Zeitung, welche (nicht nur im Zusammenhang mit Kärnten) den Begriff "Antifaschismus" - wenn auch manchmal stereotyp - gebraucht. Leserbriefe zum Thema veröffentlichte der VW nicht.

3.1. Stellung der Zeitungen zu KHD, KAB, u. ä.

Während die KTZ - wie schon vorher erwähnt - wenn auch mit Vorsicht, so doch die Position bzw. Forderungen der genannten Organisationen kritisiert, tun dies KZ (außer einmal punktuell in einer direkten Auseinandersetzung mit einer Aktion des "Ruf der Heimat") und VZ nicht. Während die KZ eine (wie schon erwähnt:

begrenzte) Vielfalt der Meinungen wiedergibt, wird in der VZ ziemlich klar und einheitlich die Linie von KHD, KAB u. ä. verfolgt, was (nach Berichterstattung z. B. in der KZ) nicht einmal den Diskussionsstand innerhalb der ÖVP wiedergibt. Äußerungen von Slowenenvertretern (welche in KTZ und KZ mehrfach zu Wort kommen) wird in der VZ kein Platz eingeräumt. Der VW stellt den KHD u. ä. ins deutschnationale Lager, welches wegen seiner rechten, undemokratischen, z. T. neofaschistischen Ansichten völlig abgelehnt wird. Keine Zeitung außer dem VW nimmt klar und deutlich gegen Forderungen von KHD, KAB und FPÖ Stellung, welche in zeitgeschichtlichem Kontext nur als Lizitationspolitik gegenüber der Minderheit interpretiert werden können (z. B. die Forderung nach einem 30%igen Slowenenanteil statt der für das Gesetz ursprünglich vorgeschlagenen 20%); nur Forderungen von slowenischen Vertretern werden als "überhöht" bezeichnet.

3.2. Stellung zur slowenischen Minderheit

Diese ist nicht als vollständig komplementär zur Stellung bezüglich KHD, KAB u. ä. zu verstehen. Die KTZ befürwortet die geplante Regelung, den "Kompromiß", versucht aber auch nicht, von ihr als "überhöht" bezeichnete Forderungen von slowenischer Seite verstehbar zu machen (sie werden höchstens als Beleg für den Kompromißcharakter des eigenen Lösungsvorschlags zitiert), die KZ gibt den Wünschen von "christlichen Slowenenvertretern" Raum, schon genannte Indizien sprechen aber auch für eine gegenüber der von der SPÖ geplanten Ortstafelregelung negative Grundhaltung (man vergleiche etwa die relativ seltenen redaktionellen Zusätze verschiedener Zeitungen zu diversen Meldungen bzw. die Auseinandersetzungen zwischen Zeitungen). Die VZ schließlich zeigt sich klar und fast durchgehend gegen die Minderheit bzw. deren Vertreter eingestellt. Der VW unterstützt praktisch alle Forderungen der Minderheit.

3.3. Zusammenfassung

Beurteilen wir die Kärntner Tageszeitungen nach den in 1.3. genannten Kriterien, so erscheint das Kriterium möglichst vollständiger Information von keiner Zeitung erreicht. Die KTZ bringt wohl die größte relative Vollständigkeit, unterliegt aber manchen offenbar unausrottbaren Einschränkungen von Parteizeitungen (allerdings weniger als die VZ und der VW). Der KTZ nahe kommt die KZ, welche einerseits, ihre parteipolitische Unabhängigkeit zeigend, verschiedene Meinungen abdruckt und auch eben einfach zahlenmäßig viele Meldungen bringt, andererseits doch "blinde Flecken" insbesonders gegenüber dem Zentralverband slowenischer Organisationen und z. T. auch gegenüber der SPÖ besitzt. Die VZ wählt aus den zur Verfügung stehenden Informationen viel stärker aus als KTZ und KZ; dadurch ist (neben der in diesem Zusammenhang nicht zu kritisierenden parteipolitischen Orientierung) die allgemeine Informationsleistung dieser Zeitung stark herabgesetzt. Dasselbe gilt für den VW (der allerdings keine vollständige "Kärntner" Tageszeitung ist), bei dem manchmal der Eindruck entsteht, er rechne mit einer ziemlich hohen einheitlichen (KPÖ-)Politisierung seiner Leser im Hinblick auf die Analysegrundlagen für Politik. Bezüglich der Klarheit von Darstellungen ist keine durchgehende Rangfolge der untersuchten Zeitungen zu erstellen. KTZ und KZ liegen in vielen einzelnen Berichten ziemlich gleich auf, wobei einerseits der KTZ - obwohl sie eindeutig als Befürworter des Ortstafelgesetzes gelten kann - die klare Darstellung des von ihr Gewollten nicht immer gelingt, während bezüglich der KZ gewisse Indizien (z. B. Nichtnennung der Quelle eines berichteten Faktums) dafür sprechen, daß Klarheit manchmal nicht gewünscht wird. Im allgemeinen wirken unklare Darstellungen eher manipulatorisch als informativ. Hier seien als Beispiele genannt:

- Die "Taktik der undefinierten Gruppe" (z. B. das Schreiben von "radikalen Elementen", welche nirgends lokalisiert werden);
- Die Verbindung von unklarer Darstellung und der expliziten Verwendung von Begriffen wie "unklar", "geheim" zur Verstärkung des Lesereindrucks (so wird z. B. der in KZ und VZ häufig zitierte "Gegenvorschlag der ÖVP" zur Ortstafelregelung bis auf einen Artikel der KZ nicht klar wiedergegeben oder wird die Nichtberücksichtigung von "Windisch" oder "Windisch-Deutsch" als Bekenntnis zu Slowenisch nie als das dargestellt, was es war, nämlich ein Zugeständnis an den KHD);
- Mit den beiden ersten Punkten zusammenhängend allgemein die Verwendung leerer Phrasen, welche vom Leser je nach seiner Interessenlage beliebig mit Bedeutung belegt werden können (Meldung von KZ und VZ am 18. 1.: Der KHD wolle die "verfassungsmäßigen" Rechte der Slowenen nicht antasten, stünde auch "realistischen Wünschen" offen gegenüber);
- Stereotype Wiederholung immer derselben Äußerungen (speziell des KHD) mit wenig Informationswert;
- Nur stückweises Zitieren von Äußerungen bzw. Forderungen der slowenischen Minderheit;
- Gegenseitige Aufrechnung von historischen Ereignissen usw.

Solche Stile finden sich vor allem in Artikeln von KZ und VZ. Ganz allgemein fehlt vielfach die Argumentation zu einem bestimmten Problem, insbesondere sind historische u. a. Analysen kaum zu finden (in meist sehr allgemeinen Ansätzen, welche etwa der Bewältigung der Ereignisse um die Volksabstimmung 1920 entsprechen, vor allem in KTZ und KZ), man möchte fast sagen: tiefergehende Analysen werden vermieden. Zu den Leserbriefen sei schließlich noch gesagt: Hier wird KHD-Argumentation wiedergegeben, welche in dieser Schärfe in Artikeln (besonders der KZ) meist nicht auftritt. Es gibt auch Fälle der Wiedergabe demokratiefeindlicher extrem rechter Leserbriefe in KZ und VZ (was nicht durch die ebenfalls mögliche Wiedergabe linksextremer Leserbriefe ausgeglichen wird).

4. Zum sozialpsychologischen Hintergrund dieser Medienanalyse

Ich habe schon erwähnt, daß sich in der Argumentation vor allem gegen die Ortstafelregelung oftmals eine stereotype Phraseologie finden läßt, die man - synchron betrachtet - als "leer" bezeichnen kann. Historisch gesehen sind manche Teile dieser Phraseologie allerdings entweder direkt aus Traditionen der nationalen Bewegung in Europa seit Mitte des 19. Jahrhunderts entnommen (z. B. "heimattreu"), oder es handelt sich um "Modernisierungen" ersterer (z. B. "österreichbewußt"; man vgl. auch die Darstellungen der 10. Oktober-Feiern). Ein anderer Teil vor allem "nicht modernisierter" Begriffe stammt aus den Weltbildern vergangener, mit Demokratie noch keineswegs vertrauter Generationen (so verwenden vor allem ältere, nichtsozialistische Redakteure oftmals die Begriffe "Führung" und "Führer"; daß es auch "Slowenenführer" gibt, zeigt, daß solche Begriffe - welche ja nicht erst in der NS-Zeit entstanden sind - Teil eines noch immer weit verbreiteten und festgeformten Weltbildes sind).

Das weitgehende Vorherrschen von Phrasen statt Erklärungsversuchen kann also zweierlei zeigen: einerseits (durchgehend bei der KTZ, z. T. auch KZ) den Versuch, mit allgemeinen Formulierungen die historisch entstandene Situation unhistorisch (und damit ohne Erwähnung aller "tiefsitzenden" Einstellungen, Erfahrungen der Bevölkerung) im Sinn der neuen demokratischen Gesellschaftsordnung zu verändern; andererseits (vor allem VZ, aber auch in allen KHD-nahen Äußerungen der KZ) ein offiziell verpöntes nationales, geschichtsromantisch zurückgewandtes (z. B. monarchistisch oder zum ehemaligen "Donaugroßraum" o. ä. orientiertes, politisch antidemokratisches oder bloß naiv "nostalgisches") Weltbild in vorsichtigen, eben "modernisierten" Formulierungen so beizubehalten, daß es nicht direkt nachweisbar erscheint, aber von "Eingeweihten" durchaus noch eindeutig verstanden werden kann.

Beide Phänomene sind meiner Meinung nach Zeugen gerade ablaufender sozialpsychischer u. ä. Prozesse.

Das Vorherrschen von Phrasen und das nahezu vollständige (Ausnahmen vor allem VW, aber in einer oft platten Form) Fehlen von Erörterungen und Erklärungen zu Entstehung, Form, Funktion und Geschichte des Nationalismus können beweisen, daß die Zeitungen (deren Redakteure ja auch Teil der Bevölkerung sind) damit auf weit verbreitete Einstellungen der Bevölkerung reagieren: Es gibt offiziell zwar nicht geschätzte, aber aus verschiedenen Gründen (z. T. nämlich auch auf Grund existentieller Notwendigkeiten für die Lebensorientierung und des Fehlens von Alternativen) "privat" durchaus lebendige, festgefügte Weltinterpretationen. So sind immer noch sehr starke emotionale Bezüge zu allgemeinen und z. T. uneingestandenen Vorstellungen wie "Deutschland", "Deutschtum" vorhanden, festzustellen z. B. im Gedanken des Bedauerns über den Verlust zweier Weltkriege (es gibt eine Art "zehrende Sehnsucht" nach identitätsbildenden historischen "Erfolgen") [12]. Ähnliche Phänomene gibt es auch - manchmal sogar widersprüchlich zum erstgenannten - bezüglich der ehemaligen Donaumonarchie.

Daß der Volkstumskampf noch fortbesteht, zeigt auch die Tatsache, daß die Frage der Aufstellung zweisprachiger Ortstafeln als Entscheidung für (Nichtaufstellung) und gegen (Aufstellung) Österreich - dahinter steht unterschwellig: für oder gegen das Deutschtum - dargestellt wird. In der Situation Kärntens hat diese Taktik, zum wiederholten Male angewandt, vielen Kärntnern, welche als Muttersprache einen slowenischen Dialekt sprechen, die Entscheidung "für Österreich" und damit gegen die Ortstafeln praktisch zwingend vorgegeben. Zur Erklärung dieser Behauptung noch ein kurzer Blick in die Situation vieler muttersprachlicher Slowenen: sie sprechen einen für einen kleinen geographischen Raum gültigen (z. B. ortsgebundenen) Dialekt des Slowenischen, dessen Beherrschung nicht die Beherrschung des Schriftslowenischen, also der zuzuordnenden Standardsprache bedeutet. Diese Situation entspricht einer, in der sich die deutschen Dialekte ganz Österreichs (in Deutschland ist die Lage etwas anders) seit ca. 20 Jahren befinden: Aufgrund der zunehmenden Mobilität der Landbevölkerung, des Fremdenverkehrs und des Zusammenwachsens Österreichs zu einer "Kommunikationseinheit" werden nur kleinräumig gültige dialektale Formen zunehmend abgebaut (man denke nur an die beiden auffallendsten Phänomene: das Verschwinden vieler lexikalischer Einheiten von Bauerndialekten, ebenso wie vieler als besonders "exotisch" empfundener Laute). Der Abbau der kleinräumig gültigen Mundarten mündet anscheinend in regional gültigen "Dialekten", "Verkehrs-" oder "Umgangssprachen", evtl. sogar einer "österreichischen Variante" einer Umgangssprache, welche wiederum auch die österreichische Variante der deutschen Standardsprache beeinflußt. Sicher ist aber, daß die ehemaligen "kleinräumigen" Mundarten langsam verschwinden bzw. sich stark verändern. Übertragen wir diese, soziologisch gesehen eben auch für die slowenischen Mundarten gültigen, Entwicklungen auf Kärnten, so wird klar, daß wahrscheinlich auch ohne "Assimilierungsdruck" (dessen Stärke ich hier nicht beurteilen will) die sozial geringen Status besitzenden slowenischen Dialekte Österreichs abgebaut werden (man denke an die vielen Pendler gerade aus dem Südkärntner Raum). Das "Ausweichen" des Slowenischen auf eine regionale Verkehrssprache u. ä. ist wahrscheinlich durch die relative Kleinheit des Siedlungsraumes und die vielfältigen Beziehungen zur deutschsprachigen Bevölkerung, aber eben auch durch die offenkundige Mindereinschätzung der slowenischen Dialekte als bloße Haus-, Familien- oder evtl. Weiler-/Dorfsprache durch seine eigenen Sprecher (eine "Sprache ehemaliger Bauern und Diener", welche kaum jemals auf die zu ihr gehörige Standardsprache zu beziehen war bzw. durch solche Beziehungen keinen Statusgewinn erreichen konnte) erschwert, wenn nicht gar verhindert.

Zurück zur Ortstafelfrage: Im Verhalten der VZ und teilweise auch der KZ zeigt sich, daß die Formel, es gebe Österreicher slowenischer Zunge - was bedeuten müßte, daß die Aufstellung von zweisprachigen Ortstafeln eigentlich nur eine Entscheidung für Österreich in seiner Vielfalt sein könnte - nur Formel ist, welcher vom tatsächlichen Schreibverhalten der angesprochenen Zeitungen deutlich widersprochen wird.

Wenn der Nationalismus also nicht erklärend behandelbar ist, sondern bewußt oder uneingestanden auf ihm beharrt wird, so wird klar, daß "Aufrechnung" als Technik immer wieder auftreten muß und auch, daß Versatzstücke des (nicht nur von Deutschnationalen oder Faschisten geführten) Volkstumskampfes - verschleiert oder nicht - gebraucht und unterstützt werden. Die eigene Nation und - in größerer Dimension gesehen - (Mittel-)Europa oder das Abendland sind eben gegen feindliche Kräfte zu verteidigen (so widersprüchlich Nation und Gesamteuropa sein mögen, was Äußerungen von der Habsburg-Bewegung bis zu ANR, NPD, NDP und "Deutscher Volksunion" belegen). Dabei sind Verbindungen zu demokratiefeindlichen, autoritären bis faschistischen Ideologien und Gruppen aufgrund der teilweise gemeinsamen Weltinterpretation (Kulturpessimismus, Volk als Gesamtheit unter Aufhebung aller sozialen Unterschiede, Ungenügen der Demokratie [13]) gegeben, gelingt es nicht, Grenzen zu solchen zu ziehen.

Zu den gerade genannten Gründen tritt als weiterer für eine Wendung gegen die Minderheit auch die allgemeine Tendenz der Ablehnung von Minderheit, d. h. von mehrheitlich befolgte Normen nicht Befolgenden. Ohne sich parteipolitisch festzulegen, darf man als Demokrat zu diesem Faktum wohl bemerken, daß solche Einstellungen schon länger nicht mehr der gesellschaftlichen Entwicklung (welche ja

DER BEGINN DES ORTSTAFELSTREITS

in der Verfassung und anderen Rechtsnormen kodifiziert ist) und auch nicht der Entwicklung der internationalen Beziehungen entsprechen. So wird auch das Verhalten der Kärntner Tageszeitungen diesbezüglich auf einer noch wissenschaftlichen Ebene beurteilbar.

5. Zur "Schuldfrage"

5.1. Die Zeitungen

Schon aus dem vorher Gesagten ist zu folgern, daß es unmöglich ist, von bewußt schuldhaftem Verhalten von Zeitungsredaktionen o. ä. zu reden. Sicher ist: Medien bestimmen Politik bzw. das Verhältnis der Menschen zu dieser mit; sie spiegeln die "gesellschaftliche Landschaft" in einer komplizierten Weise wider, befinden sich selbst in dieser. Auf Kärnten bezogen wird nun verständlich, warum sich (außer dem VW und mit großen Einschränkungen der KTZ) die Kärntner Tageszeitungen nicht gegen Lizitationsforderungen oder undemokratische Vorstellungen von KHD, KAB u. ä. wenden, warum es ihnen (wieder mit den selben Ausnahmen) nicht möglich ist, "Kärntner Tabus" (wie z. B., daß es nicht nur bei Verschleppungen von Kärntnern durch Partisanengruppen, sondern eben auch in Verlauf und Gefolge der Aussiedlung von Slowenen durch die NS-Regierung Tote gegeben hat [14]) zu besprechen. Auf Österreich bzw. Mitteleuropa bezogen wird verständlich, warum die Bekämpfung von latent antidemokratischen, evtl. faschistischen Tendenzen (auch hier von den Kärntner Tageszeitungen dagegen oft, aber recht stereotyp nur der VW und - äußerst vorsichtig - die KTZ, die KZ nur in meist vagen Andeutungen, ebenso die VZ) so schwer ist, warum eben extrem rechte, aber keine extrem linken Leserbriefe in den Zeitungen zu finden sind [15].

Bezogen auf die besprochenen Zeitungen und das behandelte Thema könnten wir folgendes sagen: unser Parteiensystem lebt auch von der Konkurrenz der Parteien. So ist es verständlich, daß Zeitungen einer bestimmten Partei die jeweils anderen Parteien zu kritisieren versuchen bzw. "schlecht aussehen" lassen wollen. Freilich wird gerade am Beispiel von VZ und VW deutlich, wie leicht durch das Verschweigen zu großer Mengen von Fakten die Grenze zum Appell gegen die Demokratie erreicht werden kann. Die KZ bietet hier mehr Information, manche als einzige Kärntner Tageszeitung, ist aber gegenüber der Politik durchaus nicht interesselos, auch parteipolitisch nicht. Die hohen Ansprüche an eine freie Presse hat in der Ortstafelfrage keine Zeitung erfüllt; KZ und VZ haben noch dazu ihren Beitrag zu einer Emotionalisierung gegen die geplante Regelung geleistet. Die VZ ist nie von ihrer

Linie: "Geheimpolitik gegen die Interessen der Bevölkerung" abgerückt, während die KZ besonders gegen Ende des Jahres 1972 zwar von einer (besonders von der sozialistischen Partei verursachten) "mangelnden psychologischen Vorbereitung" der Bevölkerung spricht, diese Vorbereitung selbst aber in viel zu geringem Ausmaß durchgeführt bzw. durch eigene Informationspolitik ad absurdum geführt hat. Der VW bietet während des ganzen Zeitraums einfach zu wenig Information.

Ein wichtiger Faktor des Verhaltens einer Zeitung ist die Rücksicht auf die Zusammensetzung der Leserschaft ("die Leser wollen es so!") und deren tatsächliche oder bloß vorgeschobene Meinungen und Bedürfnisse. Während die übrigen drei Zeitungen keine bemerkenswerten Leserreaktionen, insbesondere der Abonnementsbestellungen bzw. -abmeldungen zu verzeichnen hatten (telefonische Auskünfte), betrug die Fluktuation der Abonnenten der KTZ im Jahr 1972 das doppelte der sonst normalen, wobei im Saldo ein erheblicher Abonnentenschwund festzustellen war. Nach einer von der KTZ daraufhin beim IFES in Auftrag gegebenen Studie (unveröffentlicht, Daten laut KTZ-Mitteilung) gaben von den um ihre Gründe für eine Auflösung des Abonnements Befragten 20% die einseitige Berichterstattung der KTZ, 12% die Ortstafelfrage, 8% "Parteizeitung", 2% die Gemeindezusammenlegungen und 12% die Ablehnung der SPÖ-Politik an (Mehrfachnennungen waren möglich). Da über die Hälfte der KTZ-Abonnenten keine SPÖ-Mitglieder sind, ist diese Zeitung auch von dieser Gruppe empfindlich abhängig. Es waren schließlich auch sehr viele Nicht-SPÖ-Anhänger unter den Abbestellern, diese kommen vor allem aus gehobenen Berufen bzw. Bildungsgruppen. So ist die KTZ die einzige der vier Kärntner Tageszeitungen, welche die von ihr vertretene Meinung im "Ortstafelstreit" mit einem Abonnentenschwund "büßen" mußte (beim VW dürfte die enge politische Zusammengehörigkeit der Leser bzw. die ohnehin relativ geringe Leserschaft dies verhindert haben). Die "Volksmeinung" - zumindest die, welche sich äußerte - war also gegen die KTZ.

Es ist durchaus möglich, daß auch die KZ zu Beginn des Jahres 1972 (vgl. den Artikel von H. Stritzl vom 25. 1.) die Möglichkeiten einer Ortstafelregelung zu hoch einschätzte und dann "gezwungen" war, ihre Linie etwas weiter weg von Versöhnung zu legen und sich etwas mehr in verschleierte Aussagen zurückzuziehen.

5.2. Die politischen Parteien

Während die Haltungen von SPÖ (und KTZ: für Regelungen), FPÖ (und der hier als Wochenzeitung nicht untersuchten "Kärntner Nachrichten": gegen) und KPÖ (und VW: mehr für Slowenen als Gesetzesvorlage) relativ klar sind, d. h. in den jeweiligen

Zeitungen relativ klar vertreten werden, gilt dies für die ÖVP bzw. die VZ nicht: Die ÖVP (wiedergegeben nicht nur in der VZ, sondern auch in den anderen Zeitungen) spricht von einem Alleingang der Landes- bzw. Bundesregierung und fordert sowohl Verhandlungen unter zumindest ihrer Beteiligung und die Mitbestimmung der "betroffenen Bevölkerung". Da nie ein Passus zu finden ist, daß die ÖVP deswegen mit der von der SPÖ vorgeschlagenen Regelung nicht einverstanden sei, weil diese den Slowenen zu wenig bringe, außerdem als Alternative nur der "Klaus-Plan" angeboten wird, muß angenommen werden, daß die ÖVP auf eine restriktivere Auslegung des Artikels 7 des Staatsvertrages hinzielte. Möglicherweise aus Rücksicht auf den in der Ortstafelfrage für weitergehende slowenische Forderungen sehr engagierten "Rat" der christlichen Slowenen wurde dies im ganzen Berichtszeitraum aber nie deutlich gemacht.

Anmerkungen

1) Vgl. dazu R. Buchacher, Die Tages- und Wochenpresse des Bundeslandes Kärnten von der Gründung der Republik bis zur Gegenwart, Diss. Wien 1973; im weiteren werden die Zeitungen mit folgenden Kurztiteln genannt: "Kärntner Tageszeitung": "KTZ", "Kleine Zeitung": "KZ", "Volkszeitung": "VZ", "Volkswille": VW; ebenso werden für den "Kärntner Heimatdienst" bzw. den "Abwehrkämpferbund" die Abkürzungen "KHD" bzw. "KAB" verwendet; Datumsangaben beziehen sich, wenn nicht anders vermerkt, auf 1972; Zitate von Zeitungsartikeln im Text enthalten nur dann Seitenangaben, wenn in der entsprechenden Zeitung an demselben Tag mehrere Artikel zur Ortstafelfrage erschienen sind, ansonsten sind die Seitenangaben der Titelliste im Anhang zu entnehmen.
2) Die Beschränkung auf einen relativ kurzen Zeitraum erfolgt, weil mir eine eingehendere Bearbeitung eines solchen methodisch sinnvoller erscheint als die - aus Platzgründen dann immer relativ oberflächliche - eines längeren.
3) Auf eine Nennung der Autoren im Titelverzeichnis wurde verzichtet, da diese nur in relativ wenigen Fällen (meist Glossen, Kommentare) feststellbar sind und eine Aufführung dort u. U. ein verfälschendes Bild der mit dem Thema befaßten Redakteure u. ä. ergeben könnten. In wichtigen Fällen wird der Autor im Hauptteil genannt.
4) Dies, obwohl z. B. gerade die Titelvergabe bei Leserbriefen sicherlich ein interessantes Forschungsgebiet wäre. Neben methodischen Überlegungen (Frage der Kontrolle der tatsächlichen Leserbriefauswahl in den Redaktionen) waren es auch schlicht Platzgründe, welche gegen eine eigene Untersuchung zu den Leserbriefen gesprochen haben. Zu diesen sei noch angemerkt, daß in allen Zeitungen, (je nach Zeitung selbstverständlich verschieden) oft dieselben Autorennamen erscheinen.
5) Vgl. dazu vor allem: Slowenisches wissenschaftliches Institut/slovenska prosvetna sveza (Hrsg.), Medien und Minderheiten/Sredsdva javnega obveščanja in manjšine, Klagenfurt 1981; R. Saxer, Der Fall Warasch in den Kärntner Tageszeitungen, Klagenfurt 1977 (=Mladje dokumentation 3); R. L. Strobl, Minderheiten in Massenmedien, Diss. Salzburg 1979; P. Wieser, Die Kärntner Zeitungen und die Bomben, Klagenfurt 1978; für Grundlageninformation auch: L. Flaschberger - A. F. Reiterer, Der tägliche Abwehrkampf, Wien 1980 (=Ethnos 20).
6) Ein Beispiel dafür ist etwa der Wirtschaftsteil der "Neuen Zürcher Zeitung".
7) So zeigt z. B. die "Zeit" (Hamburg) folgendes Bild: Verschiedene Artikel zu einem Thema sind durchaus kontrovers, der Herausgeber (G. Bucerius) gibt seine Meinung manchmal dezidiert in einem eigenen Kommentar u. ä. ab, ohne damit die Redaktion voll auf "seine Linie" zu bringen.
8) Hier rechnet man wohl mit dem kurzen Gedächtnis des Lesers, der immer wieder nur "alles geheim" verstehen soll, und der Empörung von Minderheitsangehörigen; durch den Titel wird auch noch suggeriert, das Geheimnis werde, wenn überhaupt, nur in Laibach gelüftet werden.
9) Auch eine solche Meldung ist Beispiel für weit auseinandergehende mögliche Interpretationen der Absicht der Zeitung (falls eine solche existiert): mancher Leser kann damit befriedigt und beruhigt, andere wiederum (unter dem Aspekt, daß, wenn die Slowenenvertreter häufig zufrieden sind, die Lösung zu "slowenenfreundlich" sein müsse) zur Ablehnung motiviert werden.
10) Dies ist eine der wenigen Stellen in der VZ, die indirekt zugeben, daß auch in der Umgebung von Klagenfurt so viele Slowenen wohnen, daß die "Gefahr" von zweisprachigen Ortstafeln drohe.
11) Bei solchen Beurteilungen sollen moralische o. ä. Bewertungen möglichst vermieden werden, einzig Verfassungs- und Gesetzesaufträge können als Kriterien herangezogen werden.
12) Gerade die Kärntner Volksabstimmung könnte als demokratisches Ereignis zur

Identitätsbildung der Österreicher beitragen, wenn sie ihres Volkstumskampf-Charakters entkleidet werden könnte.

13) Außerdem zusammenhängend mit dem ideologischen Kampf gegen Liberalismus und Sozialismus zumindest seit dem vierten Viertel des 19. Jhdts., z. T. unter Verwendung von Terminologien der deutschen Einigungsbewegung im 19. Jhdt., besonders stark aufgeflammt nach der Niederlage im Ersten Weltkrieg. Man vgl. dazu folgende Artikel, die im wesentlichen aus der sog. "Heimat(schutz)bewegung" stammen: Die Enthüllung des Palmdenkmals in Braunau am Inn am 26. September 1866, in: Braunauer Heimatkunde 7 (1912), S. 77-86; Stimmungsbericht aus der Steiermark, in: Deutsche Gaue, (Kaufbeuren) 21 (1920), S. 18 f; Dem Untergang zu, in: ebenda 22 (1921), H. 437/440, S. 81-84; Wiedergeburt oder Fehlgeburt?, in: ebenda 23 (1922), H. 441-446, S. 3-5; Rassenkunde des deutschen Volkes, in: Ostbairische Grenzmarken 11 (1922), S. 220 f; Auslandsdeutschtum, in: Heimatgaue (Linz) 9 (1928), S. 2oo f; An der Schwelle des neuen Jahres, in: Bayrische Wochenschrift für die Pflege von Heimat und Volkstum (München) 11 (1933), S. 1-6; (Landeshauptmann) Gleißner: Vorwort, in: Heimatgaue 15 (1934), S. 1 (Eine Äußerung, in der der Übergang von der Heimatschutzbewegung zur neuen "vaterländischen" Ordnung propagiert wird); Heimatbewegung in Oberösterreich, in: ebenda 17 (1936), S. 189 f. Terminologische Anklänge finden sich heute auch z. B. in der "Lefebre-Bewegung", die gegen "liberalkommunistische" Tendenzen und "Christomarxisten" kämpfen will (Publik-Forum, Heft 22, 31. 10. 1980, S. 19 f).

14) Wieder sind solche Tabus nicht auf die eine Seite des noch immer bestehenden "Volkstumskampfes" beschränkt: Auch in Jugoslawien ist es offenbar unmöglich, historisch einigermaßen objektiv über die nun einmal geschehene Vertreibung von Deutschen aus ehemaligen Siedlungsgebieten zu sprechen. Aus eben diesem Grund gelingt auch die offen oder versteckt nationale Argumentation des KHD immer wieder, weil ihm im nationalistischen Sinn zitierbare Stellen/Äußerungen in slowenischen Publikationen zur Verfügung stehen.

15) Man könnte wohl viele Parallelen zu dem über tatsächlich gegebenen Fakten, wie Stalinismus, Einmarsch in Ungarn usw. hinausgehenden Antikommunismus der 50er Jahre finden, als beinahe jede Forderung im sozialen Bereich Österreichs mit diktatorischem Marxismus und Kollektivismus in Verbindung gebracht wurde.

Franz Dotter 211

Anhang

Kärntner Tageszeitung	Kleine Zeitung	Datum	Volkszeitung	Volkswille
Zweisprachige Aufschriften: Lösung in Aussicht gestellt (S. 2)		15. 1.		
Nebenbei bemerkt: Heimatdienst und Zweisprachigkeit (S. 2)	Heimatdienst zu zweisprachigen Aufschriften (S. 5)	18. 1.	Zweisprachige Aufschriften: Symbol für ein Traumgebilde? (S. 8)	
		21. 1.	LB (-, S. 4)	
	LH Sima versprach zweisprachige Ortstafeln (S. 3f)	25. 1.	Sima-Geheimplan für zweisprachige Tafeln? (S. 1)	
Laibach begrüßt Österreichs Haltung (S. 2)	Laibach fordert zweisprachige Aufschriften (S. 2)	26. 1.		
Schmieraktion in Klagenfurt: Ortstafeln übermalt (S. 4)	LB (-, S. 6)	27. 1.		
	Südkärnten: Wieder Ortstafel überklebt (S. 10)	28. 1.	Kärnten: 2,8 Prozent Slowenen (S. 1)	Wieder Ortstafelaktion (S. 3)
			Zur Sache: Zweisprachige Aufschriften/Mißverständnisse klären (S. 2)	
Nebenbei bemerkt: Mit dem Wind gedreht (S. 2)	LB (-, S. 8)	29. 1.		
Topographische Aufschriften stehen vor Beratung in Wien (S. 2)	Minderheit: Bedenken gegen Gemeindezusammenlegung (S. 4)	1. 2.		
Minderheit als verbindendes Element (S. 2)		2. 2.	20% Slowenen: Zweisprachig (S. 1)	
Engere Kontakte mit Belgrad (S. 2)	Belgrad anerkennt die Leistungen für die Minderheit in Österreich (S. 4)	3. 2.	Positives Gespräch in Agram (S. 1)	Zagreb: Kirchschläger führt Arbeitsgespräche mit Tepavac (S.3)
"Wir sitzen in einem Boot..." (S. 2)		4. 2.		Kirchschläger-Tepavac: Minderheitenproblem betont (S. 4)
Feststellung slowenischer Minderheit (S. 2)	Dr. Scrinci brachte Antrag auf Minderheitenfeststellung ein (S. 6)	5. 2.	FP will Minderheitenfeststellung in Kärnten (S. 1)	
		6. 2.		FP fordert Minderheitenfeststellung (S. 3)
		15. 2.	LB (-, S. 14)	
		17. 2.	Delo gegen Simas Geheimplan (S. 1)	
	Slowenen bei Sima (S. 11)	18. 2.		
	Mehr Slowenischsprachige als 1961 (S. 2)	23. 2.		
		24. 2.		Volkszählung: Mehr Slowenen als 1961 (S. 3)
		25. 2.		Besorgnis in Laibach (S. 3)
		26. 2.		Was wiegt das Wort Toleranz? (S. 3)
	Kommentar: Was Österreichs Ansehen international gefährdet (S. 3f)	27. 2.		
(Bild mit Text, S. 5)	Hakenkreuz auf Rüsthaus (S. 9)	5. 3.	(Bild mit Untertitel "Schmierfinken", S. 3)	VP + FP = Hakenkreuz (S. 3)
	LB (-, S. 6)	7. 3.		
	LB (-, S. 8)	11. 3.		
Fortschritt um zweisprachige Aufschriften (S. 1f)	LB (-, S. 6) LB (+, S. 6)	12. 3.		
	Wie wird die Lösung aussehen? (S. 3)	14. 3.		

DER BEGINN DES ORTSTAFELSTREITS

	Das gemischtsprachige Gebiet nach der Volkszählung im Jahr 1901 (S. 3)	14. 3.		
	SP-naher Zentralverband lehnt Sima-Vorschlag ab (S. 3)	15. 3.		
		17. 3.	Slowenen fordern Kulturheim (S. 7)	
		19. 3.	Regierung bald nach Laibach? (S. 1)	
Slowenische Aufschriften für 205 Orte? (S. 1f + 11)	205 Orte sollen zweisprachig werden! (S. 1f)	22. 3.	205 Ortschaften zweisprachig (S. 1 + 3)	
	Aufschriftenkonflikt in Marburg (S. 2		Marburger Studenten sind gegen deutsche Aufschriften (S. 1)	
		23. 3.	Die Orte bleiben vorerst geheim (S. 1)	Zweisprachige Ortstafeln für 205 Kärntner Ortschaften (S. 2)
			Glosse: Merkwürdig... (S. 1)	
Gespräch Sima-FPÖ: Minderheit (S. 2)	Gespräch Sima-FPÖ (S. 6)	25. 3.	Computer erfaßt Minderheit (S. 1)	
Schmieraktion: Ankündigung von "schärferen Methoden" (S. 4)	Schmieraktion während Volksgruppenseminar (Balken S. 1, Text S. 2 + 9)	29. 3.	Chauvinistische Schmierer (S. 3)	Ortstafeln mit Nitrolack überstrichen (S. 3)
	Warnung vor Gewalt! (S. 3)			
	Anteil von 20 Prozent ist zu niedrig (S. 2)	30. 3.		
	Zweisprachige Aufschriften nicht nur ortschaftsweise (S. 12)			
		31. 3.	Kommentar: Südkärnten: Streit um Ortstafeln (S. 2)	Club der slowenischen Studenten: Nicht mitmachen (S.3)
Die Jugend meint zum Thema: Interessiert Sie die Kärntner Minderheitenfrage? (S. 21)		1. 4.		
Gespräch Kreisky-Slowenenvertreter erst am Donnerstag (S. 2)	Minderheitengespräch bei Kreisky wurde auf Donnerstag verschoben (S. 6)	5. 4.	Slowenenspitze unter Druck? (S. 1)	Kärnten: Slowenen wollen volle Erfüllung des Staatsvertrages (S. 2)
Neuerdings slowenische Schmieraktion in Kärnten (S. 6)				
		6. 4.		Scheinwerfer: Mit Nitrolack (S. 3)
Kommission für die Minderheit wird gebildet! (S. 1)	Die 205 Ortstafeln noch 1972 zweisprachig! (Balken S. 1, Text S. 2)	7. 4.	Sima-Geheimplan wird Gesetz (S. 1)	
Minderheit lehnt Kompromiß ab (S. 2)			Dr. Kreisky verspricht Geld (S. 3)	
	205 (S. 4)	8. 4.		
	LB (S. 8)			
Zweisprachige Aufschriften: Kreisky gegen Verzögerung (S. 1)		9. 4.		
Zweisprachige Aufschriften: Lösung so rasch wie möglich (S. 18)		11. 4.	Alleinritt mit Slowenenplan (S. 1)	
Kreisky: Starkes Bindeglied mit den Minderheiten (S. 2)	LB (+, S. 6)	12. 4.		Scheinwerfer: Minderheitenausschuß (S. 3)
Belgrad: Minderheitenfrage ist kein Streitgegenstand (S. 1)	Nun Klarheit über zweisprachige Aufschriften (S. 1+23)	13. 4.	Ortstafeln: Die Listen endlich da (S. 1)	Wo wird es zweisprachige Aufschriften geben (S. 1+3)
Das sind die 205 Ortschaften (S. 3)				
	Ortsaufschriftenregelung: Slowenen und der Heimatdienst melden erste Bedenken an (S. 2)	14. 4.		
		15. 4.	Kooperation mit Jugoslawien (S. 1)	Scheinwerfer: Späte Früchte (S. 3)
Bijedic reist als ein Freund Österreichs nach Jugoslawien LB (S. 10)	Manipulation (S. 2)	16. 4.		
	LB (-, S. 6)			

Slowenen gedachten der NS-Aussiedlung (S. 2)	Kein Haß, aber Sorge um das Volkstum (S. 12f)	18. 4.		Gedenken an die Slowenenaussiedlung (S. 3)
	20-Prozent-Klausel schon bei Staatsvertragsverhandlungen (S. 5)	19. 4.	Simas Ortstafelplan ohne Rücksicht auf Bevölkerung (S. 1)	Deutschsprachige und slowenische Arbeiter haben die gleichen Interessen (S. 3)
Kreisky zur Kärntner Politik: Wir sind in der Schuld Simas (S. 1)	Jetzt Drohung gegen Landeshauptmann (S. 4) Kampfabstimmung über Sima und Slavik (S. 5)	20. 4.		
Verlangt nun auch die ÖVP Minderheitenfeststellung? (S. 1f) Kommunist zur Frage Minderheit (S. 2)	"Komunist" über Minderheiten (S. 4) Minderheitenproblem: Anfrage Simas an die Volkspartei (S. 18) LB (-, S. 6)	21. 4.	Neue Wünsche Jugoslawiens (S. 1) Sima-Manöver um Ortstafeln (S. 1)	
Kommentar: VP und Minderheit (S. 2)	Bereit, Mitverantwortung für gute Lösung zu tragen (S. 9) LB (-, S. 8)	22. 4.	Sima ist allein verantwortlich (S. 1) Befragung der Bevölkerung (S.3)	
Kommentar: ein Stück Papier? (S. 1f) Bekenntnis zum Kärntner Jubeljahr 1970 (S. 2) Abwehrkämpfer zur Frage der zweisprachigen Ortstafeln in Kärnten (S. 6)	Abwehrkämper: Scharfe Töne (S. 11)	23. 4.	Kärntner Abwehrkämpfer sind gegen die 20-Prozent-Klausel (S. 9) Zweisprachige Aufschriften: Vielfach gar kein Interesse (S. 9) Der direkte Draht: Was steht im Staatsvertrag über die Minderheiten? (S. 9)	
	LB (-, S. 6)	25. 4.		Lhptm. Sima ruft nach Einheit (S. 3)
		26. 4.	Abwehrkämpfer fordern wieder die Minderheitenfeststellung (S. 3)	
Ortsnamen und Amtssprache: Vor Regelung (S. 2)		27. 4.	Rätselhafte Worte Kreiskys (S. 1)	Scheinwerfer: Wer ist schuld? (S. 3)
"Keine generelle Regelung..." (S. 3)	Gemeinsame Vorschläge an die Synode (S. 5) Ein Modell: Vorbild und (S. 5)	28. 4.	Sieben Fragen an Kreisky (S. 1) Wo sind die Verschleppten? (S. 14) Seelsorge zweisprachig? (S.14)	
	LB (-, S. 14)	29. 4.		
		30. 4.	LB (-, S. 14)	
"Weißbuch" über Probleme der zweisprachigen Aufschriften (S. 3)	Tauernautobahn, Baiernreise und zweisprachige Ortstafeln (S. 10)	3. 5.	Wolfsberg: Abwehrkämpfer arbeiten unter neuer Führung (S.10)	
	LB (-, S. 6)	4. 5.	Geheimdiplomatie um Weißbuch? (S. 1) Ortstafeln müssen kommen (S. 1)	Scheinwerfer: Weshalb nicht schon früher? (S. 3)
9oo-Jahr Jubiläum von Gurk: "letzte Barrieren überwinden" (S. 1) Jugendvertretung der Slowenen bei Kreisky (S. 2)	Kardinal König in Klagenfurt (S. 10f) Slowenische Jugend bei Kreisky (S. 11) Kameradschaftsbund und Abwehrkämpfer einig (S. 21)	5. 5.	Die Notwendigkeit des Gesprächs (S. 2)	
	LB (+, S. 8)	6. 5.		
Gemeinden: FP steht zu Abmachung (S. 2)		7. 5.	Ein FPÖ-Vorstoß im Parlament (S. 1)	
	Nicht Emotionen - Tatsachen (S. 3) LB (-, S. 6)	10. 5.		
		11. 5.	Pfarrer warnt Kärntner Synode (S. 1+7)	

DER BEGINN DES ORTSTAFELSTREITS

Zwischenfall bei einer Feier der Abwehrkämpfer (s. 4)	Gegen verhärtete Fronten (S. 5)	13. 5.	Verschlepptengedenken in Bleiburg mit Mißtönen (S. 3)
	Bleiburg: Frage nach den Gräbern (S. 13)		Heimatkundgebung in Unterkärnten (S. 24)
	ÖVP-Kritik an LH Sima (S. 5)	14. 5.	Telegramm an Dr. Waldheim (S. 1)	Wieder Urtöne aus Bleiburg (S. 3)
	LB (-, S. 6)			
Slowenen: Wiederwahl Dr. Zwitters (S. 2)		16. 5.	Glosse: Ogris gegen Sima? (S. 1)	Klagenfurt soll slowenisches Kulturheim erhalten (S. 3)
Appartementhäuser weg vom Kurgebiet! (S. 2)				
Nebenbei bemerkt: Heimatdienst 1920 (S. 2)	LB (-, S. 4)	17. 5.		
	LB (-, S. 6)			
Strich unter Vergangenheit (S. 1)	Laibach drängt auf Minderheitenregelung (S. 2)	18. 5.	Wer droht der Minderheit? (S. 1)	
Staatsvertrag: Ist er bekannt und anerkannt? (S. 3)			LB (-, S. 4)	
Kreisky zur Minderheitenfrage (S. 2)	Eiltempo bei zweisprachigen Tafeln (S. 1f)	19. 5.	Kreisky gegen Volksbefragung (S. 1)	
	Knafl: Sima soll Alleingang selbst verantworten (S. 2)		LB (-, S. 10)	
Nebenbei bemerkt: Worte sind zu wenig (S. 2)		20. 5.		
Rechtliche und moralische Verpflichtung: Minderheitenschutz (S. 6)	Der Minderheitenschutz ist eine Verpflichtung (S. 4)	24. 5.	Verwirrung um Ortstafeln (S. 1)	
	FPÖ fordert Minderheitenermittlung (S. 7)	26. 5.		
	Keine anfechtbaren Lösungen im Alleingang (S. 8)	27. 5.	Zweisprachige Aufschriften bald auch im Burgenland? (S. 1)	
	LB (-, S. 6)	28. 5.	LB (-, S. 6)	
	Ein neuer Kurs erkennbar? (S. 3)	30. 5.		Das offizielle Kärnten fehlte (S. 1+3)
	Doppelsprachige Orts- und Straßentafeln in Europa (S. 3f)	31. 5.	Zweisprachig in Klagenfurt? (S. 1)	
		1. 6.	LB (-, S. 11)	
	Wenn der "Ruf der Heimat" Tatsachen ausruft (S. 3)	8. 6.		
		10. 6.	Ortstafelfrage wird nun heiß (S. 1+3)	
	LB (-, S. 8)	11. 6.	Glosse: Kärntner Slowenen diskriminiert? (S. 1)	Kärntner VP-Parteitag des Unbehagens (S. 3)
	LB (+, S. 21)		Zweisprachentafel: Nein (S. 3)	
	Aufschriften mit Amtscharakter zweisprachig (S. 5)	13. 6.		
"Zweisprachige" im Parlament (S. 1)		14. 6.	Sima-Plan durchgepeitscht (S.1)	
Ortstafeln: SP-Antrag im Parlament (S. 2)	Zweisprachige Ortstafeln: SP-Club prescht vor (S. 2)	15. 6.	SPÖ forciert Ortstafelgesetz (S.1)	
			Zur Sache: Im Galopp: Alleingang für das "Ortstafel-Gesetz" (S.2)	
Ortstafeln: Klärung bis 5. Juli (S. 2)		16. 6.	Krach um Ortstafeln (S. 1)	Scheinwerfer: FP bleibt sich treu (S. 3)
	So ist halt die politische Moral (S. 6)	17. 6.		
	Lendava, Modell slowenischer Minderheitenpolitik (S.28f)			

Zweisprachige im "Club 33": Toleranz und Kompromißwille (S. 6)		18. 6.	LB (-, S. 4)		
FP: Zweisprachige Ortsaufschriften nur nach Minderheitenfeststellung (S. 2)	FP Kärnten: Gemeinderatswahl und Minderheitenfeststellung (S. 10)	20. 6.			
	LB (-, S. 6)	21. 6.	Glosse: Ein Eingeständnis (S. 1)	Gegen Verfälschung des Staatsvertrages (S. 3)	
		22. 6.		"Forum 33": Diktionen des LR Wagner (S. 3)	
	Gründen Kärntner Slowenen Partei? (S. 2)	23. 6.	"Rätsel" um Aufschriften (S. 1)	Scheinwerfer: Farbstudenten gegen Minderheit (S.3)	
	Zur Beziehung Glaube - Minderheit (S. 39+42)	24. 6.			
LB (S. 12)	Integration fördert Assimilation (S. 4)	25. 6.			
	LB (+, S. 6)	27. 6.	Slowenen für eigene Partei? (S. 1)		
		28. 6.	Order: Ortstafeln bestellen... (S. 1)		
Zweisprachige Aufschriften: Vertragstreue sichert Grenzen (S. 1 + 10)	Eine zumutbare Lösung (S. 2) Heiße Debatte über zweisprachige Ortstafeln (S. 10f) Kärntner Heimatdienst: "Nicht provozieren lassen!" (S. 16)	29. 6.	"Heiße Eisen" im Landtag (S. 1) Für sichere Grenze sorgen (S.2)		
Mehrheit aller Kärntner für Gemeindereform (S. 3)		30. 6.		Slowenendebatte im Landtag (S. 3)	

KZ, 25. 1., 53

zweisprachige Ortstafeln

Von Heinz Stritzl

Wenn er nicht aus politischen Rücksichten auf Jugoslawien abgestimmt wird, findet am Donnerstag in Leoben gegen den slowenischen Studenten Marjan Sturm ein Prozeß statt, der Belgrad zu diplomatischen Schritten bei der Wiener Regierung veranlaßte. Hintergrund des Verfahrens bildet die von dem Studenten auf eine Ortstafel von Hermagor aufgepinselte slowenische Bezeichnung Smohor. Der Vorfall liegt eineinhalb Jahre zurück und ereignete sich in der gespannten Atmosphäre der Jubiläumsfeiern zum 50. Jahrestag der Kärntner Volksabstimmung. Übrigens war der Fall Hermagor die harmloseste in einer Reihe von Schmieraktionen, bei denen Landeshauptmann Sima ebenso attackiert wurde wie der als deutsch-national klassifizierte Kärntner Heimatdienst (KHD). Der Täter von Hermagor konnte überführt werden und soll sich nun wegen Beschädigung von Staatseigentum vor Gericht verantworten.

Mit dem Prozeß gegen Sturm hat offensichtlich kein österreichisches Gericht Freude. Klagenfurt trat ihn an Wien ab, weil der Täter inzwischen sein Studium an der Universität in der Bundeshauptstadt aufgenommen hatte. Weil sich andererseits aber der ordentliche Wohnsitz Sturms weiterhin in Kärnten befindet, wurde das Verfahren an den Oberlandesgerichtssprengel Steiermark-Kärnten zurückverwiesen. Aus Sorge vor angekündigten Demonstrationen einer zwar kleinen, aber sehr aktiven Gruppe slowenischer Jugendlicher in Klagenfurt fiel die Wahl auf Leoben als neutralen Verhandlungsort.

Kärnten erlebte bis zum Sommer vorigen Jahres eine Eskalation von Flugzettel- und Schmieraktionen slowenischer Nationalisten, die auf diese Weise ihrer Forderung nach Erfüllung des Staatsvertragsartikels, der u. a. zweisprachige Aufschriften im gemischtsprachigen Teil Südkärntens vorsieht, Nachdruck verleihen wollten. Das Tauziehen bzw. die Auseinandersetzung geht darum, für welche Orte oder Gemeinden die Zweisprachigkeit bei topographischen Aufschriften gelten soll. Einen Anhaltspunkt könnte der Schulsprachenerlaß bilden, der für ein knappes 100 Kärntner Schulen Gültigkeit hat. Er wird von der deutschen Majorität jedoch abgelehnt, weil sie Jahren an etwa 30 Schulen kein oder höchstens ein, zwei Kinder zum zweisprachigen Unterricht angemeldet werden.

Die Landesregierung respektiert seit Jahren die energischen Vorbehalte der Minderheit, eine Feststellung ihrer Stärke vorzunehmen. Der Heimatdienst, dem wiederum Volksparteiler wie Sozialisten, vornehmlich aber Freiheitliche angehören, erblickt gerade in der Minderheitenfeststellung das einzige zuverlässige Kriterium, herauszufinden,

Inaktiver Landtagsausschuß

In kritischen Situationen ziehen sich übrigens Landesregierung und Landtag auf die Position zurück, daß die Minderheitenfrage in die Kompetenz von Bundesregierung und Parlament falle. Das stimmt zwar, doch gibt es andererseits im Landtag einen Minderheitenausschuß. Wie die Landesregierung noch Jahren der Passivität jetzt dargelegt, wenn auch mit bescheidenem personellen und finanziellen Aufwand, eine Volkstumsabteilung aufzubauen. Die Inaktivität des zuständigen Landtagsausschusses hat sich seit den Wahlen vom 22. Februar 1970 nicht gewandelt, obwohl der Vorsitz von einem freiheitlichen Abgeordneten auf den Sozialisten Lubas, Bürgermeister des Südkärntner Grenzmarktes Eisenkappel, überging. Richtigerweise wird unseres Erachtens an dem Minderheitenausschuß festgehalten, weil Vorschläge zur Lösung offener und schwebender Probleme in Klagenfurt erarbeitet und der Bundesregierung zur Unterstützung ihrer Entscheidungen vorgelegt werden sollten. Eine ge-

Zuviel und zuwenig

Den Wandel in der Erörterung von Volkstumsfragen markierte zuletzt der freiheitliche Abgeordnete Silla, der in den vorangegangenen Jahren stets mit schneidender Schärfe und gewiß in einigen Belangen überspitzten Forderungen war, aber mit verbindlichem Ton auf die mäßigen Ausführungen von Ogris reagierte. Es war auch nicht mehr von Minderheitenfeststellung die Rede, als Landeshauptmann Sima die Anbringung zweisprachiger Auf-

wo zweisprachige topographische Aufschriften gerechtfertigt wären und wo nicht. Über den Prozentsatz, der für die Anbringung auch slowenischer Ortsbezeichnungen Gültigkeit haben soll, würde, so meinte unlängst der KHD, eine Einigung zu erzielen sein. Der Anspruch des Heimatdienstes, bei der Lösung dieses heiklen Problems gehört zu werden, wird aber nicht nur von den beiden politischen Organisationen der Minderheit abgelehnt, sondern auch von Landeshauptmann Sima negiert.

wisse Entschärfung der Lage war bei den letzten Budgetberatungen im Landtagsplenum Ende vorigen Jahres festzustellen. Während die Volkspartei bei den letzten Wahlen nicht zu bewegen war, einen namhaften Vertreter der Minderheit in aussichtsreicher Position auf ihrer Liste zu nominieren, rückte der stellvertretende Obmann des linksorientierten Zentralverbandes, Hans Ogris, durch den hochbelasteten und in die Schußlinie ausgefallenen sozialistischen Wohlsieg in das Landhaus ein. Seither tritt Ogris als ein auch von ÖVP und FPÖ anerkannter Sprecher der slowenischen Volkspartei in Kärnten auf. Die Volkspartei beeilte sich daraufhin, den Obmann des christlichen Rates der Slowenen, Doktor Reginald Vospernik, in ihren Landtagsklub zu kooptieren. Die Wirkung dieser Maßnahme ist jedoch gleich Null, weil Vospernik, gleichzeitig auch einer der drei Vizepräsidenten der Föderalistischen Union Europäischer Volksgruppen, weder im Landtagsplenum noch im Ausschuß auftreten kann.

schriften avisierte und meinte: „Dem einen wird zu viel, dem anderen zuwenig sein." Und nochmals legte es Sima hinsichtlich der topographischen Bezeichnungen in einem Interview ausdrücklich des Jahreswechsels mit Radio Laibach fest. Er sagte eine Lösung für die nächsten Monate zu.

Und damit wären wir wieder bei den bevorstehenden Leobner Prozeß. Seit den Studenten Sturm vor fast geraten Tat sind fast eineinhalb Jahre verstrichen, Reaktionen aus Lai-

bach und Belgrad beweisen aber, daß der Anlaß seines Wegs an politischer Bedeutung verloren hat, wenn auch die Demarche der jugoslawischen Bundesregierung überraschen anmutet. Sehr leicht ist auch die Absicht unseres südlichen Nachbars zu erkennen, das Interesse der österreichischen Öffentlichkeit von den Vorgängen in Kroatien ab- und auf vorgebliche oder in Minimalumfang vorhandene Probleme in Kärnten hinzulenken.

Außerdem steht ein Treffen der beiden Außenminister Tepavac und Kirchschläger bevor. Tepavac soll auch zugesagt haben, Minderheitenvertreter aus Kärnten und aus dem Burgenland in nächster Zeit zu empfangen. Der Belgrader Schritt in Wien ist also auch in diesem Licht zu sehen. Vor allem der linksradikale Flügel der Slowenen war und ist mit der Zurückhaltung der jugoslawischen Zentralregierung unzufrieden, nicht bedenkend, daß Belgrad sich die jüngsten Vorgänge bewiesen, mit ungleich schwerwiegenderen Nationalitätenproblemen belastet ist, als sie zweisprachige Ortstafeln darstellen.

In Gesprächen lassen Exponenten der Minderheit, die eine Anlehnung an das Mutter volk durchaus bejahen, doch auch durchblicken, daß der Partner der slowenischen Volksgruppe in allererster Linie die christliche Bundesregierung sei. Die „Kleine Zeitung" hat seit jeher diesen Standpunkt vertreten, sie verspricht menschlicher Anteilnahme, Entspannung an der Südkärntner Grenze und deren unerhaltslose Öffnung durch Slowenien. Über den Loibl- oder Wurzenpaß nach Jugoslawien zu fahren, ist heute genauso unproblematisch wie noch Tarvis und Udine zu reisen. Das ist ebenso erfreulich wie der Kulturaustausch mit Slowenien, schließt aber nicht dessen Recht zu Einmengung in innerösterreichische Angelegenheiten ein. Slowenisches Ministerpräsident Kavcic hat dies auch stets respektiert.

Umso mehr ist Österreich alles tun, nahezu 20 Jahre nach der altösterreichende Verpflichtungen aus dem Staatsvertrag zu erfüllen oder zumindest mit allen gebotenen Ernsthaftigkeit nach Lösungsmöglichkeiten zu suchen. Kärntens

Fortsetzung umseitig

KZ, 25.1., S4

...zweisprachige Ortstafeln

Fortsetzung von Seite 3

Regierung und Landtag haben es bisher so u. a. versäumt, sich in Staaten mit ähnlichen Minderheitenproblemen zu unterrichten. Studienreisen der Parteiklubs gehen zwar nach Paris, Moskau, ans Mittelmeer, ja bis nach Ostasien, aber nicht auch beispielsweise ins deutschdänische Grenzgebiet nach Schleswig-Holstein oder nach Finnland mit seiner schwedischen Minorität.

Gerade jetzt, da sich unser Nachbarland in einer Staatskrise befindet, sollten wir keinen Vorwand liefern, sich in unsere Probleme zu mengen. Je rascher und entschiedener gehandelt wird, desto besser für Kärnten und seine slowenische Minderheit, der heute ernsthaft niemand mehr Lebensberechtigung, Heimatrecht und volle Entfaltung ihres Volkstums abspricht.

Dazu gehört auch das wohlüberlegte Vorgehen bei der geplanten Gemeindestrukturänderung. Hinter dieser harmlosen Bezeichnung verbirgt sich eine radikale Verringerung der Zahl der Kärntner Gemeinden von derzeit 204 auf 70 bis 80! Diese massive Zerschlagung von Gemeinden betrifft auch die Minderheit. Würde beispielsweise das noch immer gemischtsprachige Maria Gail mit der Stadtgemeinde Villach vereinigt werden, müßte nach Ansicht des bekannten Völkerrechtlers Theodor Veiter bei Villach der slowenische Zusatz Beljak angebracht werden. Bei Hermagor wäre dasselbe der Fall, wenn es mit Egg zusammengeschlossen würde. Dieser Aspekt der neuen Gemeindestrukturen wurde bisher völlig außer acht gelassen.

VZ, 28.1., S2

ZUR SACHE
Zweisprachige Aufschriften
Mißverständnisse klären

Die jugoslawischen Reaktionen im Zusammenhang mit dem Verfahren gegen den slowenischen Studenten Sturm haben wieder einmal die Existenz gefährlicher Mißverständnisse aufgezeigt.

Das Beschmieren öffentlicher Ortstafeln mit slowenischen Aufschriften ist nach jugoslawischer Ansicht kein strafbarer Tatbestand, sondern eine berechtigte politische Demonstration. Eine solche Auffassung könnte man noch verständlich finden, wenn die Tat in einer Gemeinde mit gemischtsprachiger Bevölkerung geschehen wäre.

Aber Hermagor ist eine rein deutsche Stadt. Und darum geht es. Die Kärntner Slowenen hätten längst schon die im Staatsvertrag garantierten zweisprachigen Aufschriften, wenn sie nicht das Bekenntnisprinzip ablehnen und slowenische Aufschriften für ganz Südkärnten fordern würden.

Aber die Volkstumssituation von 1911 existiert eben nicht mehr. Die Städte Oberkrains und der Südsteiermark ist nicht mehr deutsch und Südkärntens ist nicht mehr slowenisch. Von der Bevölkerung des gemischtsprachigen Gebietes gaben bei der Volkszählung 1971 bereits 76,8 Prozent Deutsch als einzige Muttersprache an.

Die Bevölkerung Südkärntens wehrt sich gegen slowenische Aufschriften in rein deutschen Orten nicht aus nationaler Intoleranz. Die Zeit ist längst vorbei. Sie lehnt sich gegen die Verfälschung der national-politischen Landschaft Südkärntens auf, weil ihr unterschwellig die Angst vor der Annexion noch im Nacken sitzt.

Zweimal in einem Menschenalter wurde die Losreißung Südkärntens mit der Begründung verlangt, daß Südkärnten slowenisch sei.

Man sollte doch jetzt wenigstens in unserem slowenischen Nachbarland Verständnis dafür haben, daß Kärnten schon im Interesse des Friedens die Wunschträume vom „slowenischen Kärnten" nicht durch die Symbolik zweisprachiger Aufschriften in ganz Südkärnten — auch in deutschsprachigen Orten — untermauert sehen will.

So geht es also nicht. Aber der Minderheit muß dennoch endlich ihr Recht werden. Es muß eine Lösung gefunden werden, die realistischen slowenischen Wünschen entspricht. Und zwar bald. Lange hat man auch in der Landesregierung nur beschwichtigt und das heiße Eisen nicht angerührt.

Es ist nun Zeit, daß endlich mit der Verschleppungstaktik, aber auch mit falschen Hoffnungen aufgeräumt wird und Mißverständnisse beseitigt werden. Eine Voraussetzung zur Lösung der Frage der topographischen Aufschriften ist freilich, daß die Minderheitsführung die ethnographischen Tatsachen zur Kenntnis nimmt und von ihrer Politik des „alles oder nichts" abrückt.

Ingomar Pust

KZ, 7.3., S6

LESERBRIEF
Immer neu angefacht

Den Artikel „VP macht nach Schluß" in Ihrer Ausgabe vom 23. Februar habe mit großem Befremden gelesen, da ihm entnehmen ist, daß Sie in Österreich zwei Staatsbürger unterscheiden. Wenn wir in einem Rechtsstaat leben wollen, muß privilegierte Staatsbürger unbedingt nen, auch wenn es sich um Menschen delt, die in der Vergangenheit verfolgt den. Ich verurteile persönlich jede Art Rassenhaß und Rassenvorurteil und mich gelublismaßig immer auf die Seite Schwächeren und Verfolgten. Was heute unter dem Titel „Kampf gegen Antisemitismus" in Österreich geschieht, scheint mir reichlich übertrieben zu Man bedenke doch, daß diese Einstellung wieder zu Aversionen führen könnte. Ressentiments in Rassenfragen sind in Österreich doch weitgehend abgebaut und werden den höchstens durch die enorme Bevorzugung einerseits und die endenden wollenden Prozesse aus der Kriegszeit neu angefacht.

Über den genannten Artikel habe ich den letzten Tagen von sehr nachdenklichen Menschen, die weder der ÖVP gehören noch Antisemiten sind, sehr kritische Urteile gehört. Wiederholt gehen auch in Ihrem Blatt Veröffentlichungen Prof. Dr. Veiter breitesten Raum, obwohl sie durchwegs einseitig gehalten und dazu getan sind, im Kärntner Unterland Unruhe zu erzeugen. Es werden immer die zweisprachigen Ortsbezeichnungen gefordert, ohne sagen zu können, in welchen Orten Südkärntens ein entsprechender Prozentsatz von Slowenen dies tatsächlich verlangt. Diese Frage wird heute von Chauvinisten hochgespielt und damit die Meinung der Bevölkerung aufgepuscht. Dies ist die Meinung vieler der Kärntner Slowenen. Es wäre daher so tendenziösen Artikeln wie „Was Österreichs Ansehen international schadet" nicht wendig, einen entsprechenden Kommentar anzuschließen. Eine Minderheitenstellung kann niemals eine Diskriminierung sein! E. Wolf, Klagenfurt, Heidenweg 14

KZ, 11.3., S8

War es wirklich ein Skandal?

Der Zwischenruf „Alles Juden" im Parlament läßt einige Leute in Ö... schlafen. Unter ihnen befindet sich der Nervenkämpfer Prof. Veiter, der es auch wieder daran erinnert, „wie wenig lieb" wir uns gegenüber der Minderheit halten. Zunächst zum sogenannten Parlamentsskandal: War es überhaupt ein Skandal? Wäre einer gerufen hätte „Alles Pickel", wäre vermutlich auf allen Gesichtern Befriedigung gewesen, und in der BRD jederzeit verpönt. Das gehört zu gewissermaßen zum guten Ton, aber einen Juden Juden zu nennen, ist eine Staatsaffäre, ja mehr noch, ein Verbrechen. Und die arme Minderheit in Kärnten! Wer ist so strikte dagegen, daß eine öffentliche Feststellung ihrer Stärke stattfindet? Die Mehrheit selbst? Es gibt meines Wissens nirgends in der Welt eine deutsche Minderheit, die gegen ihre zahlenmäßige Feststellung wäre. Wenn bei einer Minderheitenfeststellung sich wird, daß in einem Ort wenigstens 10 Prozent Slowenen ansässig sind, dann ist die Anbringung doppelsprachiger Aufschriften angebracht. Klare Linien wären ein Segen für beide Teile.
Wilhelm P..., W...

KZ, 23.3., S3

Warnung vor Gewalt!

Zu einer der unerfreulichsten Folgerungen der sowjetischen Volksgruppe in Kärnten zählt die Anbringung zweisprachiger Aufschriften. Sie ist im Staatsvertrag verankert, wurde aber bisher nicht verwirklicht, weil die Auffassungen hinsichtlich der Voraussetzungen erheblich auseinanderklafften. Bedauerlicherweise wurde es versäumt, in dieser heiklen Frage den Rat bestehender großer Minderheitenorganisationen einzuholen, obwohl der Vizepräsident der Föderalistischen Union Europäischer Volksgruppen, Dr. Reginald Vospernik, der in dieser Organisation für das südliche Mittel- und für Südosteuropa zuständig ist, hiezu seine Bereitschaft bekundete.

Österreichs Bundesregierung hat nun aber nach vielen versäumten Jahren zweifellos die feste Absicht, das Problem der zweisprachigen Aufschriften im gemischtsprachigen Gebiet Kärntens zu lösen. Der Landeshauptmann und die führenden Männer der beiden Minderheitenorganisationen, des Rates der christlichen Slowenen und des linksorientierten Zentralverbandes, wurden für 5. April zu einem Gespräch in das Bundeskanzleramt mit Doktor Kreisky eingeladen. Ein Vorschlag der Kärntner Landesregierung, in welchen Orten die zweisprachigen Aufschriften angebracht werden sollen, liegt in Wien.

Die Zahl von 205 Orten, die nach dem Volkszählungsergebnis 1961 ausgewählt wurden, hat im Mehrheitsvolk wie ein Schock gewirkt. Umgekehrt ließen beide Minderheitenorganisationen ersten Stellungnahmen durchblicken, daß sie diese Volkszählung des Jahres 1961 nicht als Grundlage für die Anbringung der zweisprachigen Aufschriften anerkennen wollen, sondern mit einigen Abstrichen doch von einem gewissen Territorialprinzip als Verhandlungsbasis ausgehen wollen. Ähnliche Auffassungen wurden auch im parteiamtlichen Laibacher Organ „Delo" vertreten.

Es läßt sich also unschwer absehen, daß Kärnten vor einigen nicht zu unterschätzenden Klippen bei dieser seit einleinhalb Jahrzehnten verschleppten Erfüllung des Staatsvertrages steht. Es wird unseres Erachtens nicht mehr möglich sein, ohne Besser und jener Seite auch bei der überzeugenden Autorität eines Mannes bedürfen, der einerseits der Minderheit das Gefühl gibt, ihr Anliegen gerecht zu vertreten, ohne andererseits die Mehrheit des Landes vor den Kopf zu stoßen. Sie kann sich immerhin auf die Zusage zweier Kanzler berufen, vor Anbringung zwei...

sprach... Auf... Minderheit... tehens... men. Die Regierung kreist ist jedoch von einer Minderheitenermittlung endgültig abgegangen.

In diese ohne hin latent gespannte Atmosphäre platzt nun die Nachricht über eine neue Schmieraktion, die zu einem Zeitpunkt durchgeführt wurde, da in Eberndorf die Jugendkommission der Föderalistischen Union europäischer Volksgruppen ein Seminar abhält. Diese Begleitmusik zeugt gewiß nicht von politischem Instinkt, ganz abgesehen davon, daß man nicht jeden, die Einwände gegen die ins Auge gefaßte Minderheitenlosung hat, mit Faschist oder Nazi beschimpfen kann.

Umgekehrt wäre es dumm, die slowenische Volksgruppe in ihrer Gesamtheit für die Aktion verantwortlich zu machen. Es ist zweifellos eine kleine, aber aktive Gruppe, die am Werke ist. Sie in ihrer Wirksamkeit überschen zu wollen, wäre falsch, denn auch aus dem Teilnehmerkreis des Jugendseminars wurden unter Hinweis auf die erschütternden Vorgänge in Irland Stimmen laut, die vor einer Eskalation warnten.

Was soll in dieser Situation in Kärnten geschehen? Bisher hat die Landesregierung die Praxis geübt, mit den verschiedenen Interessengruppen gesondert zu verhandeln. Mehrmals wurde schon der Vorschlag gemacht, die wahren Kontrahenten in einen Verhandlungstisch zu bringen. So schwierig dieses Unterfangen auch sein mag, es sieht in der politischen Konsequenz in der gegenwärtigen Situation dar. Es muß alles getan werden, um dem Ausbruch einer offenen Konfrontation zwischen den einander mit Feindseligkeit gegenüberstehenden Gruppierungen zu vermeiden.

Wenn erst einmal unüberlegte Elemente einen Zusammenstoß provoziert haben, wird es ungleich schwieriger sein, der Gewaltanwendung Herr zu werden als jetzt in sicherlich unvermeidlichen harten Auseinandersetzungen am Konferenztisch nach einer neuen Basis für Vorstand-jung zu suchen.

In wenigen Wochen begeht die slowenische Volksgruppe ihres Jahrestag ihrer Zwangsaussiedlung, fast am gleichen Tag soll in Bleiburg 200 verschleppter Kärntner gedacht werden. Diese leidvollen Erfahrungen müßten ebenfalls dazu beitragen, daß in einer Frage, die es nicht wert ist, sich gegenseitig neues Leid anzutun, eine akzeptable Lösung gefunden wird...

Neuerdings slowenische Schmieraktion in Kärnten

In der Nacht vom 1. auf den 2. April kam es in den Bezirken Völkermarkt und Klagenfurt wieder zu Schmieraktionen. Bisher unbekannte Täter haben auf die Ortstafeln von Völkermarkt, Eisenkappel, Ferlach und Klagenfurt mit schwarzem Lack die slowenischen Ortsbezeichnungen aufgetragen. In den genannten Orten wurden auch Flugblätter in deutscher und slowenischer Sprache gestreut, die von der stattfindende Gespräch des Bundes-kanzlers mit Landeshauptmann und offiziellen Vertretern der slowenischen Minderheit. Über dieses Gespräch heißt es in den Flugblättern, daß dabei über die „von Sima und seinen Kumpanen ausgeheckten Vorschläge von den 205 zweisprachigen Ortstafeln" geredet werden soll. Im Staatsvertrag sei aber keine Rede von zweisprachigen Ortstafeln, wird in den Flugblättern erklärt, sondern nur von zweisprachigen Verwaltungseinheiten. Es gebe dabei neun Bezirke, für die zweisprachige Aufschriften verlangt werden. Dies sei eine demokratische Forderung, die nichts zu tun habe "Bewegung für soziale und nationale Befreiung" gezeichnet sind.

Die Flugblätter richten sich in erster Linie gegen das Donnerstag stattfindende Gespräch des Bundes-

KZ, 5.4., 56

Kärnten: Schmieraktion als Störmanöver
Slowenenspitze unter Druck?

KLAGENFURT (EB). — Die für den 5. April angesetzten Gespräche zwischen Dr. Kreisky und den Vertretern der beiden Minderheitsgruppen wurden auf 6. April verschoben. An dem ersten Kontaktgespräch beim Kanzler werden die Exponenten der christlichen und der linksorientierten Slowenen sowie Landeshauptmann Sima teilnehmen. Die Slowenenführer werden dabei Gelegenheit haben, zu den Vorschlägen für die Anbringung der zweisprachigen Aufschriften Stellung zu nehmen.

Erst nach der Übermittlung der Vorschläge, die im Prinzip bereits bekannt sind, soll auch die Veröffentlichung der Liste jener 205 Ortschaften erfolgen, in denen es in Zukunft zweisprachige Aufschriften geben soll.

Der geheimgehaltenen Liste kommt allerdings sekundäre Bedeutung zu. In erster Linie wird die Stellungnahme der Slowenenführer zum Vorschlag erwartet, das Bekenntnis zur Umgangssprache bei der Volkszählung von 1961 als Grundlage für die Durchführung des Artikel VII des Staatsvertrages zu nehmen.

Von slowenischer Seite ist zwar früher eine solche Lösung wiederholt abgelehnt worden, bisher ist allerdings eine ablehnende Stellungnahme durch die offiziellen Stellen vermieden worden.

Da extremistische Kräfte, die sich wahrscheinlich aus der slowenischen Hochschülerschaft und slowenischen Gymnasiasten rekrutieren, eine Kompromißbereitschaft der Slowenenführer befürworten, suchen sie durch Schmieraktionen und durch Flugblätter auf ihre Forderungen aufmerksam zu machen. Zweisprachige Aufschriften in allen Bezirken des Grenzlandes ohne Rücksicht auf die Zahl der slowenischen Bewohner, also zwei sprachige Aufschriften auch in Orten, in denen es keine Slowenen gibt. In einer neuen Schmieraktion zu Ostern wurden deshalb u. a. auch Ortstafeln der Stadt Villach mit der Bezeichnung „Beljak" beschmiert. Durch diese Aktionen sollen vermutlich die Slowenenführer unter Druck gesetzt werden.

VZ, 5.4., 51

KZ, 5.4., 56

Minderheitengespräch bei Kreisky wurde auf Donnerstag verschoben

Klagenfurt/Wien. — Die für Mittwoch nachmittag im Bundeskanzleramt vorgesehenen Gespräche über Fragen die slowenische Minderheit in Kärnten betreffend wurden auf Donnerstag verschoben. Wie berichtet, wird im Mittelpunkt der Verhandlungen mit Bundeskanzler Kreisky die Anbringung der zweisprachigen Aufschriften stehen. Es liegt bekanntlich ein Entwurf von LH. Sima vor, demzufolge in 205 Ortschaften des gemischtsprachigen Gebietes derartige Aufschriften angebracht werden sollen.

Die slowenische Volksgruppe, und zwar beider politischen Richtungen, hat gegen die ins Auge gefaßte Lösung bereits Einwände erhoben. Gewissermaßen als Begleitmusik zu den vorgesehenen Verhandlungen in Wien wurden in der Nacht zum Montag in Kärnten wieder Aktionen slowenischer Extremisten durchgeführt und Flugzettel gestreut. Die Ortstafeln von Hermagor, Villach, Völkermarkt, Bleiburg und Eisenkappel wurden mit slowenischen Bezeichnungen ergänzt.

In dem Flugblatt wird die „von Sima und seinen Kumpanen ausgeheckte Vorschlag", zweisprachige Tafeln in 205 Ortschaften anzubringen, als „Fortsetzung der unterdrückerischen Minderheitenpolitik" sowohl der Bundes- als auch der Landesregierung bezeichnet. Es wird vor allem an die Arbeiter appelliert, sich wegen der slowenischen Aufschriften nicht zu zerstreiten, weil dies nur zu „Kapitalisten" nutze. Schließlich wird die Erfüllung der slowenischen demokratischen Forderungen auch im Interesse der deutschsprachigen arbeitenden Bevölkerung Kärntens ergänzt.

Das Flugblatt, das auch mit einem Ausfall gegen unser Blatt nicht zurückhält, ist von der „Bewegung für soziale und nationale Befreiung" gezeichnet.

VW, 12.4., S3

[SCHEINWERFER]

Minderheitenausschuß?

Der Sima-Plan über topographische Aufschriften wird nicht nur von slowenischer Seite abgelehnt. Auch die ÖVP nimmt dagegen Stellung. Was den einen zuwenig ist, ist den anderen zuviel. Bezeichnend ist, daß Sima sowohl von der einen als auch von der anderen Seite vorgeworfen wird, daß er eigenmächtig — ohne vorherige Aussprache mit den anderen — handle. Dies ist richtig, aber, wie das Gemeindediktat zeigt, kann sich Sima darauf verlassen, daß sich nachher alles auch noch zusammenpackeln läßt. Diesmal beklagt sich die ÖVP, daß ihr Vorschlag auf Bildung einer Landtagskommission für Minderheitenprobleme mißachtet werde.

O du meine Güte — noch ein Ausschuß! Gibt es nicht ohnehin einen Minderheitenausschuß im Landtag? Ist der schon einmal mit der Frage befaßt worden? Kaum, sonst müßte der ÖVP-Vorstand von seiner Existenz wissen.

KZ, 22.4., S9

KÄRNTEN ANTWORTET LH. SIMA:

Bereit, Mitverantwortung für gute Lösung zu tragen

Klagenfurt. — Landeshauptmann Sima hat sich, wie berichtet, anläßlich einer Tagung in Villach mit Fragen der Minderheiten in Kärnten befaßt und die ÖVP aufgefordert, sich zu seinem Vorschlag, in 205 Ortschaften Kärntens zweisprachige Ortstafeln anzubringen, zu äußern. Die Landesleitung der ÖVP hat Sima sehr rasch geantwortet.

In einer uns gestern zugekommenen Stellungnahme teilt die ÖVP Kärnten mit, daß sie in mehreren Presseaussendungen sehr eindeutig und klar erklärt habe, daß dieser Vorschlag des Landeshauptmannes weder den rechtlichen, sachlichen noch demokratischen Erfordernissen entspreche. Die ÖVP habe seinerzeit einen Entwurf zur Regelung der Amtssprache und der topographischen Aufschriften ausgearbeitet, der eine Regelung auf Gemeindeebene vorsah. „Dieser Vorschlag wurde vom Bundeskanzleramt auf seine verfassungsmäßige Durchführung geprüft und als geeignet empfunden", heißt es in der Stellungnahme der ÖVP. Es sei daher nicht erklärbar, wie das Bundeskanzleramt nunmehr einen Entwurf als richtig befindet, der sich nicht an die Bestimmungen des Staatsvertrages halte.

Der Vorschlag der ÖVP beinhalte eine Befragung der von dieser Maßnahme betroffenen Bevölkerung. Die ÖVP Kärnten nehme nicht an, daß dem Landeshauptmann dieser Entwurf seinerzeit von Bundeskanzler Dr. Klaus übermittelt wurde, nicht bekannt sein sollte.

Abschließend heißt es in der Stellungnahme der ÖVP-Landesleitung: „Es dürfte die Vermutung nicht von der Hand zu weisen sein, daß der Landeshauptmann nach dem Alleingang die aufkommenden massiven Schwierigkeiten erkennt und nunmehr die Basis einer Mitverantwortung sucht. Die ÖVP ist durchaus bereit, eine solche Mitverantwortung zu tragen, und zwar in dem Ausmaß, als man es ihr ermöglicht, an einer Lösung mitzuwirken, die den rechtsstaatlichen und demokratischen Gesichtspunkten Rechnung trägt."

Kommentar

VP und Minderheit

Von Walter Primosch

KTZ, 22.4., S2

Die Kärntner VP läßt nach und nach die Katze aus dem Sack: Nach der unmißverständlichen Aufforderung von Landeshauptmann Sima, die VP möge endlich ja oder nein zur Kompromißlösung sagen, in 205 Ortschaften Kärntens zweisprachige Ortstafeln anzubringen, grub nun das VP-Organ eine Knafl-Erklärung aus dem Jahre 1970 aus der Schublade. Der Entspannung wäre laut Knafl gedient gewesen, wenn die betroffene Bevölkerung selbst entscheiden könne. Das heißt praktisch, daß die VP für eine Minderheitenfeststellung eintritt, obwohl sie in den seither geführten Parteiengesprächen eine derartige Feststellung wiederum strikte abgelehnt hat.

Die kaum 48 Stunden alte neuerliche Kehrtwendung, nämlich zurück zur Minderheitenfeststellung, wurde gestern offiziell bestätigt. Die Landesparteileitung antwortete Sima und meinte, „die ÖVP habe einen Entwurf zur Regelung der Amtssprache und der topographischen Aufschriften ausgearbeitet, der eine Regelung auf der Gemeindeebene vorsah".

Die VP greift auf einen Entwurf zurück, der vor fünf Jahren unter Kanzler Klaus im Bundeskanzleramt ausgearbeitet worden und gleich darauf auf allgemeine Ablehnung gestoßen war. Ein einstimmiges Veto legten damals auch die beiden Zentralorganisationen der Kärntner Slowenen ein.

Der Vorschlag beinhaltete in etwa: Wenn ein Drittel der Gemeinderäte in der jeweils betroffenen Gemeinde für eine Abstimmung über die zweisprachigen Aufschriften eintritt und auch ein Drittel der Gemeindebürger ja sagt, dann sollen die Aufschriften angebracht werden. Abgesehen davon, daß damit der Konflikt neuerlich entbrannt und der Krieg in die Gemeindestube verlegt worden wäre, implizierte der Vorschlag letzten Endes die Durchführung der Minderheitenfeststellung.

Das war damals selbst unserem Bundeskanzler Klaus zu viel: Der Akt verschwand in die Versenkung.

Umso verwunderlicher ist es nun, daß die Kärntner VP wiederum in die Mottenkiste greift und ihre Meinung nach dem Wind dreht.

Aber bei dieser Partei ist das bereits Gewohnheit: 1967 war sie für eine Minderheitenfeststellung, in der Folge nahm sie Abstand davon, 1970 nahm Knafl neuerlich Zuflucht zum Abzurücken. Und heute, 1972, macht dieselbe Partei die unterste Schublade auf, um die alte Liebe für eine Vorschlag zu entdecken, der sich längst als untauglichstes Mittel für eine echte Befriedungspolitik erwiesen hat und lediglich die Stimmung anheizen würde.

Was soll man dazu sagen? Die Haltung der Kärntner VP zeigt jedenfalls ein erschreckend geringes Maß an Verantwortungsbewußtsein.

Abwehrkämpfer zur Frage der zweisprachigen Ortstafeln in Kärnten

Ein Bericht über die Lage in Südkärnten von Landesobmann Siegfried S a m e s stand im Mittelpunkt der Jahresversammlung des Kärntner Abwehrkämpferbundes, die gestern vor zahlreichem Publikum in Klagenfurt abgehalten wurde. „Wir sind wieder in einem Abwehrkampf, wenn auch mit geistigen Waffen, eingetreten", betonte Sames und beklagte sich im Namen des Abwehrkämpferbundes über die von gewissen Stellen betriebene Verunglimpfung der vorjährigen Abstimmungs-Gedenkfeier. Die Errichtung von Partisanendenkmälern in Kärnten wurde angeprangert und eine langsame Slowenisierung Südkärntens befürchtet.

Die Jahresversammlung nahm einhellig eine Entschließung zum Problem der zweisprachigen Ortstafeln in Südkärnten an. In der Entschließung lehnen es die Kärntner Abwehrkämpfer unter anderem ab, diese Frage ohne geheime Minderheitenfeststellung und ortschaftsweise zu lösen und jene Personen zur Minderheit zu zählen, die als Umgangssprache Deutsch-Slowenisch angegeben haben. Außerdem fordern sie, der Anteil der Slowenen müsse 30 anstatt 20 Prozent betragen, damit ihnen die Rechte, die der Staatsvertrag vorsieht, gewährt werden könnten.

Landesobmann Sames, der als Ehrengäste unter anderen Ehrenobmann Dr. Picha, Heribert Jordan für den Kärntner Heimatdienst und Hofrat Dr. Kulterer für die Kärntner Landsmannschaft begrüßte, stellte in seinem Bericht erfreut fest, daß der Kärntner Abwehrkämpferbund in einem Jahr 278 neue Mitglieder gewinnen konnte. Insgesamt bekennen sich 6800 Menschen in Kärnten zu den Abwehrkämpfern. In 47 Ortsgruppen sind 2001 Abwehrkämpfer, 2833 Traditionsträger und rund 2000 unterstützende Mitglieder vereinigt. „Wir brauchen einen geschlossenen und abwehrbereiten Abwehrkämpferbund", schloß Landesobmann Sames seine Ansprache und appellierte an die Abwehrkämpfer, die Mitgliederwerbung besonders unter der Jugend weiter zu intensivieren. Mit lebhaften Diskussionsbeiträgen wurde die Hauptversammlung beendet.

KTZ, 23.4., S 6

Kommentar

Ein Stück Papier?

Von Walter Primosch

Daß in der Politik Emotionen, Schuldgefühle und eine unbewältigte Vergangenheit eine nicht unbeträchtliche Rolle spielen können, zeigt sich an der neu entflammten Debatte um die zweisprachigen Aufschriften im Südkärntner Raum.

Mag sein, daß die nun angestrebte Kompromißlösung nicht das Maß aller Dinge ist, vor allem dann nicht, wenn wir die ablehnenden Stellungnahmen der Zentralverbände der Kärntner Slowenen und die jüngste Erklärung des Kärntner Abwehrkämpferbundes (siehe Bericht auf Seite 6) als Wertmesser betrachten. Aber, so paradox es klingt, gerade das Veto dieser Vereine, deren positives Wirken keineswegs angezweifelt werden soll, spricht eigentlich für die Unbestechlichkeit des Planes und ist letztlich ein Beweis für das aufrichtige Bemühen der Verantwortlichen in Wien und in Kärnten, eine Lösung zu finden, die vielleicht unpopulär, dafür aber gerecht ist und im Sinne des Staatsvertrages liegt.

Und damit sind wir am Kern der Sache: In den letzten Tagen wird da und dort argumentiert, der Staatsvertrag sei nur ein Stück Papier. Das einfachste wäre, die Sache so wie bisher ruhen zu lassen, den Kopf in den Sand zu stecken und das Problem auf die lange Bank zu schieben. Eine Vogel-Strauß-Politik also.

Abgesehen davon, daß der Staatsvertrag Verpflichtungen auferlegt, scheint diese Überlegung doch etwas zu billig.

Was wäre denn, wenn auch Jugoslawien als Mitunterzeichner eines Tages sagen würde, der Staatsvertrag sei nur ein Stück Papier und die Karawankengrenze nicht existent?

Ein Bumerang, der uns auf den Kopf fallen könnte. Offene Grenzen sind sichere Grenzen — beide können nur durch ein friedliches Nebeneinander garantiert werden.

(Fortsetzung auf Seite 2)

KTZ, 23.4., S 17

(Fortsetzung von Seite 1)

Ebenso billig wäre es, den Volkstumskampf in die Gemeindestuben zu tragen und im Dorf den Nachbar gegen den Nachbar auszuspielen. Es wäre absurd, wollten wir nun den Staatsvertrag durch die Gemeinden ratifizieren lassen, worauf praktisch der VP-Vorschlag hinaus will. Der Staatsvertrag wurde vom Nationalrat ratifiziert und ist daher für alle Österreicher bindend!

Diese Verpflichtung darf nicht auf die leichte Schulter genommen werden. Und weder eine Morddrohung gegen den Landeshauptmann, noch eine Abstimmung in den betroffenen Gemeindestuben können den Staatsvertrag annulieren.

Popularitätshascherei oder Mut zur Verantwortung, was ist uns lieber?

KZ, 23.4., S 11

Abwehrkämpfer: Scharfe Töne

Der Kärntner Abwehrkämpferbund, der gestern im Messerestaurant in Klagenfurt seine diesjährige Hauptversammlung abhielt, ist gewillt — so war aus dem Bericht des Obmannes Siegfried Sames zu entnehmen — „neuerlich den Kampf um Südkärnten aufzunehmen!" Wie sehr die deutschsprachige Bevölkerung Südkärntens besorgt über die derzeitige Situation bezüglich der Zweisprachigkeit ist, gehe schon allein daraus hervor, betonte Sames, daß der Kärntner Abwehrkämpferbund, der derzeit 4834 aktive und an 2000 unterstützende Mitglieder zählt, im abgelaufenen Jahr einen Zuwachs von fast 300 Mitgliedern zu verzeichnen hatte.

Die 50-Jahr-Feier der Kärntner Volksabstimmung, betonte der Obmann, habe Anlaß von seiten verschiedener Personen der slowenischen Minderheit und auch von jugoslawischer Seite gegeben, gegen das Mehrheitsvolk massive Angriffe zu starten. Mit der jüngsten Entwicklung werde von jener Seite eine langsame Slowenisierung Südkärntens eingeleitet, die durch Ansiedlung jugoslawischer Industriebetriebe, durch Heimischmachung jugoslawischer Gastarbeiter und Einsatz von „zweisprachigen" Lehrern und Amtspersonen ausgelöst werden wird. Bezüglich der topografischen Aufschriften betonte Sames, nur eine echte Minderheitenermittlung würde ein wahres Bild und damit eine echte Grundlage ergeben. Einstimmig wurde eine in diesem Sinne verfaßte 10-Punkte-Stellungnahme von der Versammlung angenommen, die u. a. fordert, die international gebrauchte 30-Prozent-Klausel bei den zweisprachigen Aufschriften anzuwenden und Volkszählungsergebnisse nach Umgangssprache heranzuziehen ablehnt.

VZ, 23.4., S 9

Kärntner Abwehrkämpfer sind gegen die 20-Prozent-Klausel

KLAGENFURT. — Samstag nachmittag hielt der Kärntner Abwehrkämpferbund im Klagenfurter Messerestaurant seine diesjährige Jahreshauptversammlung ab. Landesobmann Siegfried Sames gab seiner Freude über die in großer Zahl erschienenen Gäste Ausdruck und konnte u. a. Dir. Jordan vom Kärntner Heimatdienst, Hofrat Doktor Kulterer von der Landsmannschaft und Ehrenobmann Dr. Pichs begrüßen.

In einem Kurzbericht wies Obmann Sames auf die 47 Ortsgruppen in Kärnten hin, in denen 2000 Abwehrkämpfer und 2833 Traditionsträger organisiert sind. Darüber hinaus zählt der Verein über 2000 unterstützende Mitglieder, so daß rund 6000 Personen ein beredtes Zeugnis von der Rührigkeit des Abwehrkämpferbundes ablegen.

Nach dem Bericht des Kassenführers kam Sames auf die derzeitige Lage in Südkärnten zu sprechen und warnte eindringlich vor einer langsamen Slowenisierung dieses Raumes. Er verlas eine Entschließung, in der wichtige Punkte für die Regelung der topographischen Aufschriften festgelegt sind; eine Lösung dieses Problems ohne vorangegangene geheime Minderheitenfeststellung wurde ebenso abgelehnt wie eine ortschaftsweise Regelung, die das Bild des Gesamtraumes verfälschen würde.

Der Obmann wandte sich auch gegen die derzeit geltende 20-Prozent-Klausel und hält für die Feststellung der Minderheit den international gebräuchlichen Maßstab von 30 Prozent für unerläßlich.

Alle geforderten Punkte fanden bei der anschließenden Abstimmung die einhellige Zustimmung durch die Hauptversammlung. Eine rege Diskussion, bei der immer wieder auf die latente Gefahr im Südkärntner Raum hingewiesen wurde, beschloß die Versammlung.

Zweisprachige Aufschriften: Vielfach gar kein Interesse

KLAGENFURT. — Auf einer Informationskonferenz in Klagenfurt erinnerte Abg. Guggenberger daran, daß die Volkspartei schon 1967 einen Entwurf zur Regelung der Amtssprache und der topographischen Aufschriften vorgelegt hatte, der genau den 1972 vom SPÖ-Parteitag ausgesprochenen Grundsätzen einer sinnvollen Mitbestimmung der betroffenen Bevölkerung entsprach.

Es sollte nach der Vorstellungen der ÖVP so sein, daß über Antrag einer bestimmten Anzahl von Gemeinderäten die Bevölkerung der in Frage kommenden Bereiche befragt werden sollte, ob sie für oder gegen eine zweisprachige Aufschrift ist. Über die Schlüsselzahlen könnte man verhandeln. Wenn aber heute, wie es in vielen Fällen bekannt wurde, in den von der Ortstafeleskapade betroffenen Ortschaften sich nicht ein einziger Bewohner findet, der an einer doppelsprachigen Aufschrift interessiert ist, dann haben SPÖ-Landesobmann Sima und Bundesparteivorsitzender Kreisky genau gegen die eigene Parteiresolution gehandelt, in der Bevölkerung ein verstärktes Mitspracherecht versprochen wird.

KZ, 28.4., 55

Ein Modell: Vorbild und Eigenarten

Was auf dieser Pressekonferenz vorgeschlagen wurde, hat für Kärnten schon von den Urhebern her ein neues Merkmal: Erstmals kam ein solches Modell aus gemeinsamen Beratungen von Vertretern der Minderheit. Fernziel von Minderheit und Mehrheit ist.

Die Arbeit, die dahintersteckt, wurde zwar nicht vorgelegt, dürfte aber groß gewesen sein. Nicht theoretisch neu, wohl aber im detaillierten praktischen Anlauf ist, daß die gemeinsame Arbeit die Basis und nicht das Fernziel von Minderheit und Mehrheit ist.

Um es drastisch zu formulieren: Auch die christliche Brüderlichkeit braucht manchmal eine kräftige Nachhilfe, damit sie verwirklicht wird. Die Menschen in der Kirche glauben, daß die Gemeinschaft bereits so stark ist, diese Nachhilfe auszuhalten und nicht zu frischen Fronten zu führen.

Dieser Mut kommt aus dem wiederbelebten Geist der christlichen Gemeinsamkeit. Aber er wäre im weltlichen Bereich ebenso aus einem gemeinsamen, inhaltlich ernstgenommenen Geist der Demokratie heraus möglich.

Die Vorschläge seitens der Kirche sind in vieler Hinsicht vorbildlich und mutig gegenüber dem politischen Bereich.

Aber man sollte fairerweise auch einige Vorteile der Kirche erwähnen: die Mitarbeit der Slowenen in Kärnten, sie stellen z. B. rund ein Drittel der geistlichen Berufe, ist in der Kirche in wesentlich größerem Ausmaß vorhanden.

Die Kirche hat mit dem Freigeben des direkt politischen Bereiches eine pastorale Freiheit auch in dieser Frage gewonnen, die sie nun zu nützen beginnt.

Trotz dieser Vorteile ist uneingeschränkt die Überwindung der Vorurteile zu begrüßen, die es im kirchlichen Bereich gegeben hat und natürlich auch noch gibt. Die geschichtliche Bewußtseinsstruktur ist von einem Koordinationsausschuß nicht auszulöschen.

Aber die Kirche in Kärnten hat es als erste Großorganisation des Landes gewagt, die Frage des Verhältnisses Minderheit — Mehrheit auf die doppelte Basis von Gemeinsamkeit und Entfaltung der Eigenart zu stellen. Das scheint mir für die Praxis, sicher noch in manchen Fällen mühevoll werden wird, ein entscheidender Fortschritt in der Frage der Minderheit für Kärnten zu sein.

Günter Lehofer

VZ, 28.4., 51

Sieben Fragen an Kreisky
Abg. Suppan bringt erneut das Problem der Ortstafeln zur Sprache

WIEN (Eigenbericht). — Kanzler Dr. Kreisky hat — wir berichteten — auf eine Anfrage des Abgeordneten Suppan zum Problem der zweisprachigen Ortstafeln in Kärnten Mittwoch die rätselhafte Antwort gegeben, daß quasi der Computer die Schuld trägt, daß zur Feststellung jener Orte, die derartige Tafeln bekommen werden, die Volkszählung des Jahres 1961 und nicht jene von 1971 herangezogen wird. Diese unbefriedigende Antwort veranlaßte Suppan und Genossen, schriftlich folgende sieben Fragen an den Kanzler zu richten:

● Welchen Prozentsatz slowenischer Bevölkerung hält der Bundeskanzler für maßgebend, um die Beurteilung von Verwaltungs- und Gerichtsbezirken mit slowenischer oder gemischter Bevölkerung nach Art. 7 Abs. 3 des Staatsvertrages vorzunehmen?

● Wie wird dieser Prozentsatz ermittelt?

● Warum konnte die computermäßige Auswertung kein verläßliches Grundlagenmaterial zur Feststellung nach Art. 7 Abs. 3 des Staatsvertrages bringen?

● Wie werden Sie dafür Sorge tragen, daß in Hinkunft objektives Grundlagenmaterial zur Behandlung dieses sich aus dem Staatsvertrag ergebenden Fragenkomplexes zur Verfügung stehen wird?

● Halten Sie die Ortschaften, die im Vorschlag des Landeshauptmannes von Kärnten als territoriale Einheit für die Anbringung von Bezeichnungen und Überschriften topographischer Natur vorgesehen sind, als mit Artikel 7 des Staatsvertrages im Einklang stehend?

● Welche Mitsprache werden Sie der betroffenen Bevölkerung (Volksbefragung) bei der Anbringung von Bezeichnungen und Aufschriften topographischer Natur einräumen?

● Wann ist mit der Einbringung einer derartigen Regierungsvorlage zu rechnen?

KZ, 3.5., S 3

Dokumentation des Landeshauptmannes – Von Regierung zur Kenntnis genommen

„Weißbuch" über Problem der zweisprachigen Aufschriften

In der gestrigen Sitzung der Kärntner Landesregierung gab Landeshauptmann Hans Sima eine zusammenfassende, weit zurückreichende Darstellung über die Entwicklung des Problems der zweisprachigen topographischen Aufschriften sowie über die auf die Lösung dieser Frage hinzielenden Schritte. In diesem „Weißbuch" des Landeshauptmannes werden die verschiedenen Vorschläge, das Pro und Kontra aufgezeigt. Die KTZ veröffentlicht das Dokument in gekürzter Form:

Am 28. September 1920 hat die Landesversammlung von Kärnten unter dem damaligen Landeshauptmann Lemisch die Entschließung gefaßt, daß im Grunde der zukünftigen Landtagsblüte Verfassung und gerechter es geben habe. Die Landesverwaltung erklärt daher im Bewußtsein der verantwortungsvollen Stunde namens der von ihr vertretenen Bevölkerung, daß sie den slowenischen Landesleuten ihre sprachliche und nationale Eigenart [...] jetzt und für alle Zeiten voll und ganz zu wahren und deren geistige und wirtschaftliche Aufblühe ebenso zu fördern wie [...] ihrer deutschen Landesbewohner. Es ist bekannt und Tatsache, daß auch 10. Oktober 1920 in der Ersten Republik gegenüber der slowenischen Minderheit in Kärnten gegenüber keine auf erfolgter Volksabstimmung ab- erfüllten Leistungen erbracht wurden. Nachdem die Republik Österreich nach Beendigung des Zweiten Weltkrieges im Jahre 1945 wiedererrichtet wurde, ergaben sich neuerlich in Frage gestellte Verpflichtungen gegenüber der slowenischen Minderheit.

Die endgültige Freiheit und Souveränität sowie die Anerkennung der Staatsgrenzen erlangte die Republik Österreich im Jahre 1955 durch den Staatsvertrag zu Wien vom 15. Mai 1955, der allerdings nicht nur moderne auch Verpflichtungen, vor allem zum Schutze der in Kärnten lebenden Minderheiten beinhaltet.

sprachigen topographischen Aufschriften neuerdings und immer wieder vehement gestaltet, was besonders in vielen Pressartikeln, Flugblättern und Schmieraktionen zum Ausdruck kam. Diese Situation bedeutete eine nicht unwesentliche Belastung der gutnachbarlichen Beziehungen zur Republik Slowenien, die sich gerade in den letzten Vorgängen Jahren im breitesten Spektrum ebenso wie mit der benachbarten Region Friaul–Julisch Venetien sehr harmonisch entwickelt und verbreitet hatten. Denn auch seitens der Republikaner ist Slowenien wurde sowohl offiziell, als auch inoffiziell wiederholt darauf hingewiesen, daß dieser, statt mehr als 15 Jahren unerfüllten Verpflichtung aus dem Staatsvertrag der Kärntner Slowenen endlich näherzutreten werden müsse.

Diese Konfliktsituation und die drohende Gefahr, daß die Republik

Österreich durch eklatante Nichterfüllung seiner Verpflichtungen des Staatsvertrages ihr internationales Ansehen und die Vertrauenswürdigkeit verlieren könnte, erschien auf die Dauer untragbar. Wenn auch die Durchführung und Vollziehung des Staatsvertrages selbstverständlich in die reine Bundeskompetenz fällt, so mußte in Anbetracht der gegebenen Situation seitens des Landes Kärnten doch versucht werden, der Bundesregierung für die Lösung des Problems der zweisprachigen, topographischen Aufschriften erscheinende Unterlagen für die Lösung des Problems der zweisprachigen topographischen Aufschriften zu unterbreiten. Über Auftrag des Landeshauptmannes wurden daher eingehende Untersuchungen angestellt, die schließlich zu einer konkreten Diskussionsgrundlage führten, welche fangreiche Vorarbeiten geleistet, die eine geheime Minderheitenerhebung als geeignetstes Instrument erscheinende Verpflichtung wurde und sandte.

Zur Klärung der Frage, wo die slowenische oder gemischte Bevölkerung in Kärnten lebt, für die dann Prozent erscheint sowohl nach dem Prozent als auch nach dem Staatsvertrag nach internationaler Gepflogenheit, wäre vorzugehen. Eine solche los eine geheime Minderheitenerhebung als geeignetstes Instrument erscheinende Verpflichtung diesbezüglich enthaltenen Lösungsvorschlag nicht in Frage.

Da sicherlich mit Recht angenommen werden muß, daß jeder Kärntner, der der slowenischen Minderheit zugehörig fühlt, auch ihre slowenische Sprache beherrscht, wurde daher folgende Volkszählung des Jahres 1961 zum Ausgangspunkt genommen, wobei jene Ortschaften ermittelt wurden, die eine Wohnbevölkerung zu mindestens 20 Prozent bei der Umgangssprache Slowenisch allein oder Slowenisch in Verbindung mit einer anderen Sprache angegeben hat. Der angenommene Grenzwert von 20 Prozent erscheint sowohl nach einschlägigen Fachliteratur als auch nach internationaler Gepflogenheit als gerechtfertigt. Der Vorschlag für eine Regelung auf der Grundlage des topographischen Aufschriften allein drei politischen Parteien der Kärntner Landesregierung, abgesehen von der ÖVP, ausgesprochen und kommt daher für einen Lösungsvorschlag nicht in Frage.

Wir bereits in der Regierungssitzung vom 21. März 1972 berichtet, wurde den Novellierungsvorschlägen zum Paragraph 37 Abs. 4 des Gesetzes dem Leiterstellen an zweisprachigen Schulen betreffend, am 8. März 1972 auf Bundesebene ein näher kritischer Situation möglich ist. Nunmehr ist daher auf die gegenwärtige Situation muß also gerechtfertigt erscheinen die Erfüllung nunmehr nicht unbekannten Forderungen der Mehrheitsbevölkerung in Angriff zu nehmen. Daher hat der Landeshauptmann in einem Schreiben vom 23. April 1972 an Bundeskanzler Dr. Kreisky neuerdings den Antrag gestellt, den vorliegenden Vorschlag über die Regelung des Paragraph 37 Abs 4 StGG ernsthaft in Behandlung nehmen zu lassen.

Der Bericht des Landeshauptmannes über die Entwicklung der Frage der zweisprachigen Aufschriften sowie über die auf Grund dieses Problems abzielende haltbare Schritte in der Vollziehung des Bundesstaatsvertrages wurde seitens der Kärntner Landesregierung zur Kenntnis genommen. In diesem Schreiben wurde Weißmann zustimmend zur Kenntnis schränkende der konkreten Lösungsvorschläge wurde seitens Lhstv. Dr. Knaus sowie der Vertreter des Bundeskanzler Dr. Klaus wurde, wie das diesbezügliche Problems abzielende Schritte in der einen weiteren Verhandlungen unterbreitet, am 5. Juni 1967 vom Bundeskanzler beschlossen, daß Lhstv. Weißmann, Landesrat Schober und Landesrat Dr. Knaus an der vom Bundeskanzler gewünschten und für 1. Juni 1967 vorgesehenen politischen ausgesetzten teilnehmen sollen.

Die vorgenannten Vertreter der politischen Parteien der Kärntner Landesregierung haben am 5. Juni 1967 Landesregierung ausgesprochen, wurde in der Bundesregierung an am Regierungssitzung 21. Mai 1967 beschlossen, daß Lhstv. Weißmann, Landesrat Schober und Landesrat Dr. Knaus an der vom Bundeskanzler gewünschten und für 1. Juni 1967 vorgesehenen politischen ausgesetzten teilnehmen sollen.

KTZ, 3.5., S 3

VZ, 4.5.,51

Sima, Suchanek, Schober, Wagner, Gallob, SP-Funktionäre:

Ortstafeln müssen kommen

Volkspartei verlangt erneut Mitwirkung der betroffenen Bevölkerung

KLAGENFURT (Eigenbericht). — Wie Landeshauptmann Sima in der Dienstagsitzung der Landesregierung mitteilte, schreiten die Vorarbeiten zur Anbringung zweisprachiger Tafeln in 205 Kärntner Ortschaften voran.

Zu einer Meldung in der KTZ, in der von einer angeblichen "Zustimmung" von Landeshauptmannstellvertreter Dr. Weißmann die Rede war, macht Dr. Weißmann in einer Sitzung der ÖVP-Landesparteileitung deutlich, daß er zwar dem Bericht des Landeshauptmannes, nicht aber dem sozialistischen Plan für die Zweisprachentafeln zugestimmt hat.

Mit aller Eindringlichkeit stellte die ÖVP fest, daß "der Vorschlag des Landeshauptmannes weder den rechtlichen, sachlichen noch den demokratischen Erfordernissen entspricht".

Für diesen Vorschlag, der unter Ausschaltung der betroffenen Bevölkerung, der anderen Parteien und des Landtages erarbeitet wurde und einzig und allein Sima und sein Landesteam verantwortlich. Wie der Landeshauptmann in der Regierungssitzung erklärte, wird der "Vorschlag von allen seinen Parteifreunden unterstützt". Mit anderen Worten: Der Landeshauptmann stützt sich auch auf seine sozialistischen Landesregierungsmitglieder (Suchanek, Schober, Wagner, Gallob) ebenso wie auf die sozialistischen Mandatare und Vertrauensleute der betroffenen Bevölkerung.

Die ÖVP hingegen verlangt, daß die Mitwirkung der betroffenen Bevölkerung, in einer entscheidenden Frage, sichergestellt wird.

DIE GLOSSE

Geheimdiplomatie um Weißbuch?

Wie uns jetzt bekannt ist, hat Sima am 12. Jänner d. J. Bundeskanzler Dr. Kreisky die Vorschläge des (Kärntner sozialistischen) Regierungsbeirats für die zweisprachigen Ortstafeln übermittelt. Wenn jetzt wiederum ein politisches "Weißbuch" über Probleme der zweisprachigen Aufschriften" (KTZ, 1. Mai 1972) vorliegt, so muß doch doch gefragt werden, ob dieses Dokument der "Geheimdiplomatie" gedient, denn bisher wurde es weder den anderen Parteien noch den Landesregierungsmitgliedern überreicht. Nur Sima und einige seiner Vertrauten, der Landeshauptmann, das "Weißbuch" der "Experten", die Regierung oder das "Zentrum" der SPÖ?

V. E.

KZ, 13.5., S5

Gegen verhärtete Fronten

Ohne die Reibereien und das Streuen von Flugblättern am Christi-Himmelfahrts-Tag in Völkermarkt und Bleiburg überbewerten zu wollen, glauben wir doch, daß ein warnendes und mahnendes Wort notwendig ist. Die gegenwärtige Unruhe in der Bevölkerung beider Volksteile könnte nämlich allzuleicht zu unbesonnenen Handlungen führen, deren Folgen nicht abzusehen wären. Die Teilnehmer der Kundgebung, vorwiegend ältere Frauen und Männer, aber auch ein nicht gerade sehr überlegt handelnder junger Mann nahmen Anstoß daran, daß Jugendliche Slowenen die Reden am Grab von Dr. Steinacher und vor dem Kriegerdenkmal in Bleiburg auf Tonband aufnahmen.

Überdies wurde die Kundgebung von mehreren Burschen, die offensichtlich der slowenischen Volksgruppe angehörten, fotografiert. Darin erblickten die Kundgebungsteilnehmer eine Provokation. Nun kann aber niemandem das Fotografieren einer öffentlichen Veranstaltung versagt werden. Daß trotzdem daran Anstoß genommen wurde, lag wohl daran, daß sich die Jugendlichen nicht so lautlos in den Rahmen der Veranstaltung fügten, als daß sie nicht aufgefallen wären. Die Besorgnis, daß es aus nichtigem Anlaß zu einem Zusammenstoß kommen könnte, war daher nicht unbegründet.

Umgekehrt mußten sich aber die Veranstalter der Grenzlandheime, ehrlicherweise die Frage stellen, ob ihre Redner stets darauf Bedacht genommen haben, daß Südkärnten Heimat der slowenischen Volksgruppe ebenso ist wie der deutschen Kärntner. Wenn am Grab von Dr. Steinacher davon die Rede war, Südkärnten müsse frei, deutsch und ungeteilt bleiben, so könnte aus diesen Worten die Forderung nach einer Germanisierung des Landesteiles herausgehört werden. Keineswegs an die richtige Adresse war das Verlangen von Obmann Stukovnik gerichtet, der vom Rat der Kärntner Slowenen die Ausmittlung der Gräber der Verschleppten verlangte. Zuständig für einen solchen Schritt kann doch wohl nur die Kärntner Landesregierung sein, allenfalls auch noch die Minderheitenorganisation.

Die Erfüllung dieses Verlangens mit der Überlassung des Grenzlandheimes für slowenische Volkstumsveranstaltungen zu ermöglichen, schon nicht ganz überzeugend. Seit 1945 ist eine neue Generation herangewachsen, für die man ja die Taten nicht verantwortlich gemacht werden kann, wenn der Obmann des Verbandes der Mescho?siedler ja... eine Veranstaltung, wie sie am vorgestrigen Feiertag durchgeführt wurde, Gelegenheit bot.

Daß die Fronten nicht so verhärtet sein müssen, wie sich dies in besorgniserregendem Maße in Bleiburg offenbarte, bestätigte am gleichen Tag die Synode der Diözese Gurk im Klagenfurter Konzerthaussaal. Ohne die geringste negative Reaktion hielt Dr. Valentin Inzko eine kurze Ansprache in Slowenisch. Sie betraf die Regelung in der neuen Dekanatsordnung, daß Dechante bzw. die Stellvertreter im gemischtsprachigen Gebiet beide Landessprachen beherrschen sollen. Es mußte sich keineswegs um einen Slowenen handeln. Der Antrag, der auf diese Regelung abzielt, wurde von der Synode mit großer Mehrheit angenommen.

Hier trägt offenkundig die langjährige Vorbereitungszeit in einem Kontaktkomitee, dem Angehörige des Mehrheitsvolkes wie der slowenischen Volksgruppe angehören, ihre Früchte. Ähnliche staatliche Instanzen könnten ... Koordinierungen ... daß ... die betreffende Leistung ... Minderheiten ... wieder eingenommene Standpunkt, daß die Landesregierung der einzige Verhandlungspartner mit den Minderheitenorganisationen sein könne, hat sich als irrig erwiesen. Es wurde versäumt, die Bevölkerung Kärntens psychologisch auf die zweisprachige Ortstafelregelung vorzubereiten, ganz abgesehen davon, daß es dazu nicht nur der einfachen Auswertung einer Statistik bedarf, sondern auch einer gewissen Phantasie, vor allem eines unangreifbaren demokratischen Fundaments. Schon jetzt aber zeigt sich, daß sowohl die Volksgruppe nicht unverhohlen Vorbehalte gegen die beabsichtigte Maßnahme geltend machen. LH. Sima bzw. die Kärntner Landesregierung, in deren Auftrag oder mit deren Zustimmung der Vorschlag an das Bundeskanzleramt ging, können sich jetzt aber auf die Position zurückziehen, daß alle weiteren Maßnahmen Sache der Regierung in Wien seien. Das trifft zwar nominell zu — Minderheitenangelegenheiten sind in die Kompetenz der Bundesregierung — aber diese kann in B... j... der Landesregierung es st... das B... ... rung... Wien sein.

Heinz Stritzl

KZ, 18.5., S2

Laibach drängt auf Minderheitenregelung

Laibach. — Vor dem Parlament in Laibach befaßte sich der stellvertretende Ministerpräsident Hocevar mit dem Minderheitenproblem in Kärnten und gab unter anderem der Erwartung Ausdruck, daß es den „demokratischen Kräften" im benachbarten Österreich und namentlich in Kärnten gelingen möge, Bedingungen zu schaffen, in denen die Erfüllung der Staatsvertragsbedingungen und das Verhältnis zur slowenischen Volksgruppe nicht mehr Gegenstand politischer Spannungen seien. Die Erörterung dieser Fragen sollte in einer „normalen Atmosphäre und auf demokratische Weise" erfolgen.

Hocevar hob zwar die gutnachbarlichen Beziehungen zu Österreich hervor, bedauerte jedoch andererseits, daß es zu „Ausfällen großdeutscher Chauvinisten" und zu „Drohungen" gegenüber der slowenischen Minderheit gekommen sei, die die jugoslawische Öffentlichkeit „stark betroffen" hätten. Derartige Vorfälle wären in Jugoslawien „unannehmbar" und stünden im Widerspruch zu den für Österreich aus dem Staatsvertrag ergebenden Verpflichtungen. Abschließend meinte Hocevar:

„Es wäre das beste, wenn es nicht mehr zu solchen Vorfällen käme. Wir sollten ein für allemal einen Strich unter die vergangenen ziehen und, wenn es irgend verantwortungsloser mit dem Schicksal unserer oder mit dem Schicksal gegenseitigen Freundschaft spielt."

Die Erklärungen des leitenden slowenischen Politikers stehen in einem Gegensatz zu den in seinen Belgrader Kollegen anläßlich seines Besuches Hocevar hätte immerhin nehmen müssen, daß trotz erheblichen Widerstandes die vorgeschlagene zur Anbringung der zweisprachigen Ortstafeln beim Minderheit als auch im Mehrheitsvolk, die Bundesregierung ist, dies durchzuführen. Wenn der Nachbarlandes meint, ein Schlußstrich unter die Vergangenheit gezogen werden sollte, so unseres Erachtens schuldigungen, die er gegen eine solche Basis für ein neues dar.

KZ, 19.5., S 2

Eiltempo bei zweisprachigen Tafeln

Schluß von Seite 1

geführt werden soll. Der Bundeskanzler erklärt ferner, er halte eine Volksbefragung zu diesem Problem für nicht sinnvoll, weil jede Volksbefragung eine Mehrheitsentscheidung bringe und diese in einer Minderheitenfrage nicht zielführend wäre.

Der Kanzler vertritt weiters die Auffassung, daß, basierend auf dem Ergebnis der Volkszählung 1961, für die Anbringung zweisprachiger topographischer Aufschriften in einer Ortschaft mindestens 20 Prozent der Einwohner Slowenisch allein oder in Kombination mit einer anderen Sprache sprechen müssen. Dieser Prozentsatz soll nicht linear für den jeweiligen Verwaltungs- und Gerichtsbezirk gelten, sondern gesondert für jede Ortschaft errechnet werden (bekanntlich sieht der Sima-Vorschlag 205 Ortschaften vor. Die Red.), weil, nach Kreiskys Ansicht, die „Ortschaft als kleinste territoriale Einheit die geeignete Basis für die Ermittlung des Prozentsatzes" sei.

Scrinzi: Ortschaft keine Verwaltungseinheit

In einer ersten Stellungnahme gegenüber der „Kleinen Zeitung" meinte der Minderheitenfachmann der FPÖ, Abg. Doktor Scrinzi, zur Kreisky-Erklärung, daß in dieser Frage von der Verfassungs- und Rechtslage auszugehen sei. Das ergebe sich eindeutig aus Artikel 7, Absatz Nr. 3, des Staatsvertrages. Darin ist ausdrücklich von Verwaltungsbezirken bzw. -einheiten die Rede. Eine Ortschaft sei aber keine Verwaltungseinheit. Dies möge man als eine formaljuristische Frage abtun, die jetzt vorgeschlagene Lösung stehe aber, nach Scrinzis Ansicht, in Widerspruch mit der klaren Formulierung im Staatsvertragstext. Es könnte Österreich also vorgeworfen werden, einen klaren Passus umgangen zu haben. „Dies wiegt umso schwerer, als der Staatsvertrag den Rang eines Verfassungsgesetzes hat", fügte der FP-Abgeordnete hinzu.

Auch die Minderheit könnte den Vorwurf erheben, daß wir eine territoriale Regelung umgehen wollten. Nirgends sei aber anderseits festgelegt, ab welchem Prozentsatz von einem gemischtsprachigen Gebiet gesprochen werden könne. In der Zwischenkriegszeit ging man von einem Satz von 20 bis 30 Prozent aus, in Finnland liegt er aber darunter.

„Die verfassungsmäßigen Bedenken bestehen aber auch darin, fuhr Dr. Scrinzi fort, „daß in zwei gültigen Bundesgesetzen, dem Minderheitenschul- und dem Gerichtssprachengesetz, die Rede ist, bis eine Minderheitenermittlung erfolgt ist. Der klare Auftrag des Gesetzgebers lautet also auf eine amtliche Minderheitenregelung."

Einen groben Schönheitsfehler stelle es außerdem dar, wenn die Umgangssprache als Grundlage für die zweisprachigen Aufschriften herangezogen wird. Im Staatsvertrag werde ausdrücklich von der Volkszugehörigkeit gesprochen. Die politischen Bedenken Scrinzis laufen darauf hinaus, daß sich die Mehrheitsbevölkerung Kärntens bei einer territorialen Lösung bedroht fühlen könnte. Die Kärntner Grenzen seien nicht nur bis 1920, sondern nach dem 2. Weltkrieg bis zum Zerwürfnis zwischen Moskau und Belgrad im Jahre 1948 in Gefahr gewesen. Eine territoriale Regelung könnte als Unsicherheitsfakter aufgefaßt werden.

Die geplante Flickerlteppichmethode mit 205 Ortschaften täusche ein großes Siedlungsgebiet der Minderheit vor. Doktor Scrinzi sprach sich abschließend für eine Feststellung der Minderheit auf Grund des subjektiven Bekenntnisses aus. „Wenn man weiß, wo die slowenische Volksgruppe siedelt, dann kann man tolerant und großzügig vorgehen."

Knafl: Sima soll Alleingang selbst verantworten

Der Obmann des ÖVP-Landtagsklubs, Stefan Knafl, wies in seiner Stellungnahme zunächst darauf hin, daß er bei Beratungen für das Budget 1971 vorgeschlagen habe, die Landtagsparteien sollten gemeinsam einen einvernehmlichen Lösungsvorschlag in der Minderheitenfrage erarbeiten. „Der Landeshauptmann hat das abgelehnt. Der jetzige Entwurf wurde ohne Mitwirkung der Parteien im Landtag, aber auch ohne die Minderheit erstellt. Der Vorschlag Simas entspricht weder den Vorstellungen der Mehrheitsbevölkerung, noch der Volksgruppe. Er hat seinen Alleingang selbst zu verantworten."

Auf die Zwischenfrage, wie sich bei der Behandlung des Gesetzentwurfes die Nationalratsfraktion der ÖVP verhalten werde, antwortete Knafl: „Dies geht klar aus dem vorhin Gesagten hervor. Wir werden nicht konsultiert und haben daher keine Ursache, einen Vorschlag zu unterstützen, der ohne unserer Mitwirkung zustande kam. Nach wie vor stehe ich auf dem Standpunkt, daß eine so wesentliche Frage nicht ohne Mitwirkung der Bevölkerung gelöst werden kann. Ich glaube auch sagen zu können, daß sich meine persönliche Auffassung mit jener der ÖVP deckt."

Der Versuch, gestern noch eine Stellungnahme von LH. Sima einzuholen, war nicht möglich, weil der Landeshauptmann trotz Bemühungen seines Sekretariats am späten Nachmittag bzw. Abend nicht erreichbar war.

ZUR ENTHÜLLUNG EINES PARTISANENDENKMALS:

Ein neuer Kurs erkennbar

Von Heinz Stritzl

Die Enthüllung eines Denkmales für gefallene Partisanen am Sonntag auf dem Kömmel bei Bleiburg brachte gegenüber bisherigen ähnlichen Veranstaltungen neue Akzente. Nicht nur, daß zuvor eine Feldmesse gelesen wurde, intonierte eine aus Slowenien angereiste Musikkapelle die österreichische Bundeshymne. Das Denkmal, ein schlichter Naturstein mit slowenischer und deutscher Inschrift, war vor der Enthüllung mit einem Fahnentuch in den österreichischen Farben abgedeckt. Übereinstimmend wurde von Zuhörern die Meinung vertreten, daß die Redner um einen versöhnlichen Ton bemüht waren. Offensichtlich hat der um eine Ausgleich der beiden Volksgruppen bemühte Vizebürgermeister Kumer mit seinem Appell Erfolg gehabt.

Wenn hier trotzdem in kritischer Form zu der Veranstaltung Stellung genommen wird, so gibt hiezu die kurze, in ihrer Form aber ebenfalls verbindliche Ansprache des Obmannes des Verbandes slowenischer Organisationen, Dr. Franci Zwitter, Anlaß. Er nahm für die slowenischen Partisanen in Anspruch, daß sie einen gerechten Kampf bestritten hätten. Dieser wäre allerdings nicht für ein deutsches, freies und ungeteiltes Kärnten geführt worden, sondern für ein Kärnten, in dem beide Volksgruppen gleichberechtigt nebeneinander leben sollten. Wenn Dr. Zwitter die Aktionen der Partisanen heute so interpretiert, so wollen wir dies als einem inneren Gesinnungswandel entspringend zur Kenntnis nehmen.

Die historische Wirklichkeit sieht allerdings anders aus. Darüber schreibt Dr. Walter Hildebrandt (Göttingen) in seinem Beitrag „Die außenpolitischen Beziehungen der FVRJ", erschienen im Osteuropa-Handbuch „Jugoslawien" im Böhlau-Verlag, folgendes:

„Eine ähnliche militärische Ausgangslage wie in Istrien versuchte Jugoslawien in Kärnten zu gewinnen, auf dessen ‚windische' Landschaften schon das Königreich Jugoslawien nach 1918 vergeblich Anspruch erhoben hatte. Anfang April 1945 gliederte Tito seiner Armee zwei Bataillone österreichischer Slowenen ein, die bei der Besetzung Kärntens als die Avantgarde der Vereinigung auftreten sollten. Tatsächlich haben sich jugoslawische Truppen kurze Zeit in Kärnten aufgehalten und mußten sich jedoch hier rasch auf Grund des alliierten Druckes zurückziehen (25. Mai 1945), nachdem Marschall Tito mit seinem Ansuchen, an der Besetzung Österreichs beteiligt zu werden, bei den Vereinigten Staaten und Großbritannien kein Verständnis gefunden hatte. Die Westmächte traten vielmehr schroff gegen alle Ansprüche Jugoslawiens auf."

Bei den Staatsvertragsverhandlungen nahmen die jugoslawischen Gebietsforderungen verschiedentlich dramatische Formen an, und noch am 22. Juni 1949 erklärte Belgrad, daß es „niemals auf seine rechtmäßigen territorialen Ansprüche auf Slowenisch-Kärnten... verzichten" werde. Erst Ende April 1950 gab Jugoslawien seine Forderungen auf Kärntner Gebiet endgültig auf. Es geschah dies in einer Regierungserklärung von Marschall Tito. Im Jänner 1951 nahm Belgrad die diplomatischen Beziehungen zu Wien auf. Soweit einige historische Fakten.

Dr. Zwitter wies auch Verdächtigungen zurück, denen zufolge slowenische Partisanen 300 Südkärntner Frauen und Männer verschleppt hätten. Es gelte, wenn wir die Hinterbliebenen der Opfer richtig verstehen, nicht um die Suche nach Schuldigen, sondern darum, daß es ihnen möglich gemacht wird, die Gräber aufzufinden und die Überführung der sterblichen Überreste in die Heimat vornehmen zu können. Es ist uns bekannt, daß Tausende und Abertausende Opfer im zweiten Weltkrieg auf irgendeinem Kriegsschauplätze begraben wurden, wo heute kein Kreuz die Stelle kennzeichnet. In dem Bemühen, endlich den Ausgleich zwischen der Mehrheitsbevölkerung und den slowenischen Landsleuten herbeizuführen, stellt die immer wieder aufgeworfene Frage nach den Gräbern der 300 eine große Belastung dar. Sie abzubauen wäre, in unseren Augen, vorrangig und würde einen Akt der Menschlichkeit gegenüber einer, wenn auch nur kleinen Personengruppe darstellen.

Die im Grundtenor friedvolle Feier auf dem Kömmel und die Anwesenheit des jugoslawischen Generalkonsuls Lubej gibt uns Mut zur Hoffnung, daß die letzte, aber desto höhere Barriere im Verstehen der beiden Volksgruppen vielleicht doch mit Hilfe unseres südlichen Nachbarlandes beseitigt werden könnte.

Entwurf des Bundesgesetzes liegt nun vor

Ortstafelfrage wird nun heiß

KLAGENFURT (Eigenbericht). — Landeshauptmann Sima's lange geheimgehaltener Plan zur Anbringung topographischer Aufschriften im Grenzgebiet liegt nun als Gesetzentwurf vor. „Die topographischen Bezeichnungen und Aufschriften, die von Gebietskörperschaften angebracht werden, (sind) sowohl in deutscher als auch in slowenischer Sprache zu verfassen", heißt es lakonisch im Gesetz, das noch heuer vom Nationalrat beschlossen werden soll.

In den Erläuterungen wird dazu festgestellt, daß die Durchführung des Artikels 7 des Staatsvertrages in die Bundeskompetenz fällt. Die Aufschriften wären — laut Entwurf — nicht nur dort anzubringen, wo nach bestehenden Gesetzen von Organen der Gebietskörperschaften Ortstafeln anzubringen sind, sondern auch überall dort, wo sie tatsächlich angebracht werden.

Bekanntlich besteht in Kärnten mit Ausnahme der Bestimmungen der Straßenverkehrsordnung keine gesetzliche Verpflichtung zur Anbringung von Ortstafeln.

Der örtliche Geltungsbereich bezieht sich auf insgesamt 205 Ortschaften, nicht aber auf ganze Verwaltungs- und Gerichtsbezirke und auch nicht ausdrücklich auf das Gebiet ganzer Gemeinden. „Diese Konstruktion trägt dem Umstand Rechnung, daß die slowenische Minderheit in Kärnten in Streulage siedelt",

heißt es im Entwurf. „Da alle Kärntner Gemeinden in Ortschaften gegliedert sind, bietet sich das Anknüpfen an Ortschaften als die am ehesten sachgerechte Lösung an."

Als Kriterium für die Auswahl der Ortschaften nennt der Regierungsentwurf jene Ortschaften, die nach wenigstens 20 Prozent an Einwohnern haben, die die slowenische Sprache allein oder in Kombination mit einer anderen Sprache als Umgangssprache anführten. Auf die Volkszählung 1961 wird deshalb Bezug genommen, „weil sie die erste Volkszählung nach dem Staatsvertrag 1955" gewesen ist.

Fortsetzung auf Seite 3

VZ, 10.6., S 1+3

Ortstafelfrage wird nun heiß

Fortsetzung von Seite 1

Indeutig abgelehnt wird in den erläuternden Bemerkungen die Durchführung einer Minderheitenfeststellung, weil sie von „der Minderheit selbst abgelehnt" wird. Dies deshalb, weil „zu schützende Minderheit „selbst am besten zu beurteilen vermag, was in ihrem Interesse ist", folgert schlüssig der Sima-Kreisky-Gesetzentwurf.

Mit anderen Worten: Die Regierung lehnt es ab, in irgendeiner Form die betroffene Bevölkerung des Grenzgebietes über dieses heikle Problem zu befragen und nach einer zweckmäßigen Form zu suchen. Bekanntlich hat auch die slowenische Minderheit gegen den Sima-Plan ernste Bedenken erhoben.

Der Entwurf zählt auch taxativ die betroffenen Gemeinden und die Ortschaften auf (siehe Kasten).

Kärntner VP-Parteitag des Unbehagens
Preisdemagogie, bündische Gegensätze und Vertrauensschwund für Führung

VW, 11.6., S3

Minderheitenfeststellung. Noch deutlicher sprach es Bundesrat Dr. Goeß aus, indem er meinte, daß diese Frage Unruhe schaffen werde, weil die Frage nicht mit den Betroffenen geregelt werde. Zu den Betroffenen gehören die Minderheit und die Mehrheit, sagte er. Das Ergebnis: Es bleibt, wie es ist.

Einen völligen Vertrauensschwund zur Führung stellte ein Delegierter am Beispiel Gemeindenzusammenlegungen, und besonders am Beispiel Frantschach, fest, wo die örtlichen ÖVPler dort klar von der Führung verkauft und dem guten Einvernehmen mit der SP geopfert wurden. Ein Zustand, der sich immer wieder gegenseitig ergibt.

Topographische Aufschriften

Bacher lehnte in seinem Bericht den Vorschlag auf zweisprachige topographische Aufschriften ab, weil er dem Staatsvertrag nicht entspricht. Ihr früherer Vorschlag wäre besser gewesen. Er meinte damit die

VW, 22.6., 53

„Forum 33": Diktionen des LR Wagner
Er vergleicht den Staatsvertrag mit Saint-Germain

Recht sonderbar sind die Diktionen des Politikers Landesrat Wagner. So versuchte er bei einer Diskussion im „Forum 33" im Hotel City in Villach seine Haltung zur Frage der zweisprachigen Aufschriften zu motivieren: Wir hätten den Krieg verloren, die sogenannten Siegermächte hätten uns ähnlich wie in Saint-Germain die Bestimmungen des Staatsvertrages aufgetragen.

Von 2848 Ortschaften bekommen jetzt — und daran werden alle Diskussionen und Einwände nichts mehr ändern — ohnehin nur 205 zweisprachige Aufschriften. Darunter gibt es auch Orte mit ganz wenigen Einwohnern, wo man noch nicht sagen könne, wie und ob dort überhaupt die Errichtung von Ortstafeln gelöst werden könne. Die sozialdemokratische Bewegung habe die Sicherheit Kärntens schon zweimal — 1918/20 und 1945 — „garantiert" und sie mache auch jetzt nichts, „was dem Land schaden könnte".

Das war der Kern seiner Ausführungen. Der Rest, daß man dieser Frage nicht aus opportunistischen Gründen nähertrete, das Land befrieden und das Zusammenleben der Menschen sichern wolle, weil schließlich auch Jugoslawien die heutigen Grenzen anerkenne, war zusätzlicher Aufputz.

Recht seltsam ist es jedenfalls, daß ein Mitglied der Landesregierung noch immer vom „verlorenen Krieg" spricht und den Staatsvertrag mit Saint-Germain vergleicht. Antworten auf Fragen von KPÖ-Landessekretär Raimund, ob er — Landesrat Wagner — denn annehmen könne, daß mit den Sima-Entwurf zur Anbringung von 205 Ortstafeln und mit seinen eigenartigen Interpretationen desselben, die Bestimmungen des Staatsvertrages in Fragen der Kärntner Slowenen gelöst seien und warum man diese Frage erst jetzt, im Jahre 1972, zu behandeln begonnen habe, blieb Landesrat Wagner schuldig.

Guttenbrunner: Frage der Moral!

Gewohnt temperamentvoll und eindeutiger waren die Ausführungen von LAbg. Guttenbrunner. Nach ihm ist es einfach eine Frage politischer Moral, den Kärntner Slowenen, die nach 1955 wieder ihre politische Loyalität zu Österreich unterstrichen haben, die Rechte zu geben und somit die Verpflichtungen aus dem Staatsvertrag zu erfüllen.

Dabei verwies er auf das „eigenartige Klima" in Kärnten, wonach man Verständnis für gute Nachbarschaft nach außen, nicht aber innerhalb des eigenen Landes gegenüber den Slowenen aufbringen wolle. Er widersprach auch seinem Parteifreund, Bezirksschulinspektor Planteu, der behauptete, daß sich die Slowenen nach 1918 in Kärnten frei entwickeln hätten können.

Die Haltung Dr. Zwitters...

Dr. Zwitter, Obmann des Verbandes der slowenischen Organisationen und dritter SP-Sprecher in diesem „Forum 33", sagte, daß er unter der Organisation die vorliegende Lösung zwar nicht ablehne, ihr aber auch nicht zustimmen könne. Nachdem ihm von Diskutanten vorgehalten wurde, daß seine Haltung „nicht kalt und auch nicht warm" wäre, präzisierte er diese. Wir wollen die Erfüllung des Staatsvertrages dem Wort und dem Sinn nach oder wenigstens eine erträgliche Lösung 205 Ortstafeln sind ein kleiner Schritt dazu. Die Landesregierung und Sima müßten die Lösung und wie jetzt, wegen der „Geisteshaltung in Kärnten", eben auf diese Weise in Angriff nehmen.

... und Dr. Vospernik

Dr. Vospernik vom „Rat der Kärntner Slowenen" (ÖVP-nahe) sagte, der vorliegende Sima-Gesetzentwurf sei verfassungswidrig, die Volkszählung 1961 und die Art ihrer Auswertung sei als Grundlage für die Errichtung zweisprachiger Aufschriften sowohl juridisch als auch volkspolitisch unannehmbar. Er nützte auch die Gelegenheit, sich mit den historisch unrichtigen Auffassungen einiger deutschnationaler Heißsporne, deren Argumentation übrigens sehr primitiv war, abzurechnen.

Die Meinung der KPÖ

Auf wiederholtes Verlangen nach einer Minderheitenfeststellung auch aus dem Kreis der Diskutanten als Voraussetzung für die Errichtung zweisprachiger topographischer Aufschriften, sagte KPÖ-Landessekretär Gemeinderat Raimund, daß eine solche Forderung entschieden abzulehnen ist, denn sie würde unter den heutigen politischen Verhältnissen in Kärnten keineswegs nach objektiven Kriterien durchgeführt und bestimmt mit einer Hetz- und Einschüchterungskampagne gegenüber den slowenischen Landsleuten verbunden sein.

Deshalb habe er auch volles Verständnis, wenn die Vertreter der Kärntner Slowenen eine solche Minderheitenfeststellung, die sonderbarerweise noch vor wenigen Jahren auch die SP in Kärnten verlangt hat, ablehnen. Wer für die Landeseinheit Kärntens sei, der müsse den Kärntner slowenischen Landsleuten alle nationalen Rechte sowie politische und soziale Gleichberechtigung gewähren. Was wir für die deutschsprechenden Südtiroler mit Recht verlangen, müssen wir auch bereit sein, der slowenischen Bevölkerung in Kärnten zuzugestehen. Eine solche Geisteshaltung müsse ein Kärntner haben, will er als Demokrat und Humanist gelten, und zwar unabhängig vom Artikel 7 des Staatsvertrages, den die Kommunisten als Selbstverständlichkeit betrachten.

Im übrigen: Die an der Diskussion beteiligten jungen Leute unterschieden sich bei diesem Forumgespräch angenehm von einigen unduldsamen „alten Kämpfern". Ihre Meinungen waren frei von deutschchauvinistischen Klischees, sie waren tolerant und von Achtung gegenüber den Kärntner slowenischen Landsleuten gekennzeichnet.

KZ, 25.6. S 4

Integration fördert Assimilation

Der mehrheitliche Wunsch slowenischer Gemeindefunktionäre, für die Gemeinderatswahlen eigene Listen aufzustellen, könnte die politische Landschaft in Kärnten ziemlich verändern. Bisher hat es auf diese Meldung der „Kielnen Zeitung" keine Reaktion gegeben. Wenn Kurt Vorhofer in der Wochenendausgabe vom „Schweigen im Osten" schreibt, so darf man dies durch ein „Schweigen im Süden" ergänzen. In Kärnten wird mit Vorliebe, am liebsten von den dafür Verantwortlichen, zu wesentlichen Fragen keine Stellungnahme abgegeben. Wir meinen, daß wichtige Fragen diskutiert werden sollen, bevor sie entschieden sind. In diesem Sinne bringen wir einen sehr engagierten Beitrag zum Thema eigene Listen von Janko Kulmeš. Die Red.

Bekanntlich forderten die slowenischen Gemeinderäte bei der am vergangenen Sonntag in Talnach stattgefundenen Tagung eine Konsolidierung der eigenen politischen Kräfte, wobei sie sich entschieden gegen die Integration in die beiden Großparteien wandten. Wie aus der Wochenzeitung des Volksrates der Kärntner Slowenen, „Naš Tednik", zu entnehmen ist, haben der Bleiburger Vizebürgermeister und Dr. Luka Sienčnik, Mitglied des Eberndorfer Gemeinderates, deren Verhältnis der Kärntner Slowenen zur SPÖ und ÖVP besondere Bedeutung beigemessen. Vor allem hat laut „Naš Tednik" Doktor Sienčnik in aller Schärfe die Integration in die beiden Großparteien abgelehnt.

Nun ist es keineswegs aus der Luft gegriffen, daß in diesem Fall eine Integration sehr wohl zur Assimilation führen kann oder sie zumindest fördert. Immerhin verfolgen die ÖVP und SPÖ in puncto Minderheitenpolitik ihre eigenen Interessen, die sich de facto mit jenen der Kärntner Slowenen nicht immer decken. So zum Beispiel: Beide taktischen (parteiopportunistischen) Gründen Rücksicht nehmen müssen. Da sich aber ein Großteil der „roten" und „schwarzen" Wähler mit der Forderung der Kärntner Slowenen nicht identifizieren will, des Kräfteverhältnis zwischen den etablierten Parteien aber dennoch entscheidend mitbestimmen, findet dies letzten Endes in der Kärntner Parteienpolitik seinen Niederschlag. Jene Slowenen, die in den Großparteien integriert sind, müssen dies in Kauf nehmen, ob sie wollen oder nicht, und folglich ihre eigenen volkspolitischen Interessen jenen der Partei unterordnen.

Andererseits aber wollen sie im Genuß verschiedener „Parteigaben" sein und sind obendrein an politischen Aufstiegsmöglichkeiten interessiert. Daraus ergeben sich zwei Möglichkeiten:
● Entweder man opponiert gegen die offizielle Parteistrategie und fällt dadurch in Mißgunst der Machthaber,
● oder man akzeptiert den politischen Kurs der Spitzenfunktionäre und hofft auf spätere „Belohnung".

Der Großteil der in den Parteien Integrierten Slowenen wählt auf Grund der gegebenen gesellschaftlichen Verhältnisse den zweiten Weg, wodurch er zwangsläufig an substantiellem, (volks-)politischen Bewußtsein verliert. Zugleich aber hat der Assimilierungsprozeß begonnen, zumal die Existenz einer Volksgruppe wesentlich vom geprägten politischen Bewußtsein abhängig ist. Fehlt dieses Bewußtsein, schwindet auch der politische Wille zum Überleben, die betroffene Volksgruppe wird zum „Folklorehäuflein" degradiert, das unter Umständen zu einer Touristenattraktion mit lediglich musealem Wert herabsinken kann.

Auf Grund derartiger Überlegungen können slowenische Gemeindeväter für eine Integration in die SPÖ und ÖVP keineswegs begeistert werden. Daher auch die Äußerung von Vizebürgermeister Kumer: „Die Zusammenarbeit mit anderen Parteien ist mitunter notwendig, effektiv aber nur, wenn die Slowenen in einer eigenen Fraktion vereinigt sind." (Aus „Naš Tednik".)

Mit Interesse kann die Reaktion der beiden etablierten Zentralorganisationen der Kärntner Slowenen, des Volksrates und Zentralverbandes, auf derartige Feststellungen der slowenischen Gemeindemandatare entgegengesehen werden — und der Reaktion von SPÖ und ÖVP, die bisher um die Stimmen der Slowenen konkurrierten.

Janko Kulmeš

SIMA ZU ZWEISPRACHIGEN ORTSAUFSCHRIFTEN:

„Eine zumutbare Lösung"

Klagenfurt. — Landeshauptmann Hans Sima nahm gestern am späten Abend im Kärntner Landtag zu dem Problem der zweisprachigen topographischen Aufschriften in Südkärnten Stellung. Er meinte, daß die Debatte im Landtag gezeigt habe, daß darüber Übereinstimmung bestehe, daß eine Bereinigung der Frage notwendig sei. Letzten Endes gehe es darum, welcher Weg zur Lösung gefunden werden kann. Eine Verschiebung bedeutet keine Lösung. Es sei hoch an der Zeit, zu einer Regelung zu kommen.

17 Jahre nach Abschluß des Staatsvertrages habe man nun mit dem Plan der Durchführung der zweisprachigen Ortsaufschriften versucht, zu einer Bereinigung dieses brennenden Problems zu gelangen. Der Landeshauptmann verwies darauf, daß die Kärntner Landesversammlung am 28. September 1920 einmütig die Erklärung abgegeben habe, daß den slowenischen Landsleuten ihr Volkstum gewahrt werden solle. Er zitierte auch ein Flugblatt des Kärntner Heimatdienstes aus dem Jahre 1920, das sich an die Kärntner Slowenen richtete. Darin sei ausgesprochen, daß die Grundsätze der Versöhnung sich rechtfertigen in der zukünftigen Landespolitik zu gelten hätten. Den slowenischen Landsleuten sei damals die Erhaltung sprachlichen und nationalen Eigenart für alle Zeit versprochen worden.

Da in Kärnten weder mit de[n] slowenischen Organisation[en] noch mit den anderen Parte[ien] ein Einvernehmen zu erreic[hen] war, habe nunmehr die SPÖ d[en] Mut aufgebracht, eine Lös[ung] zu finden, die zumutbar ist. M[it] den zweisprachigen Ortsa[uf]schriften werde ein Akt gese[tzt] zu dem wir verpflichtet si[nd]. (Weitere Berichte im Lokalt[eil])

KZ, 29.6., S 2

Dietmar Pickl

ASPEKTE DES DEUTSCHNATIONALISMUS IN DER VOLKSTUMS- UND HEIMAT-
PFLEGE

Dargestellt an der 'Kärntner Landsmannschaft'

1. Einleitung

Die Aufforderung an mich, für diesen Sammelband einen Beitrag zu schreiben, der sich mit Volks- und Brauchtum und deren Öffentlichkeit und Präsentation befassen sollte, traf mich nicht unvorbereitet, beschäftigte mich doch seit langer Zeit ein Phänomen, das Gegenstand einer Lehrveranstaltung in meinem Studium der Geschichte war: "Propaganda im nationalsozialistischen Deutschland". Innerhalb dieses Seminars wurde der Film "Triumph des Willens" gezeigt, von Leni Riefenstahl gedreht, der den Reichsparteitag 1934 in Nürnberg dokumentierte. Eine der Hauptwirkungen dieses Films auf mich war die Art und Form, wie Volks- und Brauchtum bei dieser gigantischen Propagandaveranstaltung der NSDAP eingesetzt worden waren, und ich erkannte in dem Film Szenen wieder, die ich in Kärnten nach dem Zweiten Weltkrieg "live" bei Umzügen, Feiern, Veranstaltungen zum 10. Oktober erlebt hatte. Die Ähnlichkeit der Szenerie ließ mich der Frage nachgehen, ob Volks- und Brauchtum in seiner öffentlichen Darstellung so etwas wie unveränderbare Formen, "ewig-gültige" Designs aufweisen, oder ob, umgekehrt, das Aufbieten und Einsetzen von Volks- und Brauchtum auf Ähnlichkeiten im Charakter und der Intention solcher Veranstaltungen schließen lassen.

Die Geschehnisse um den 10. Oktober 1980 mit dem Höhepunkt des Festzuges durch Klagenfurt verstärkten für mich diese Fragestellung, zumal das stundenlange Ereignis über Fernsehen (mit anschließender Wiederholung) einer breiten Offentlichkeit zugänglich gemacht wurde [1].

Das soll nun nicht heißen, daß ich im Reichsparteitag ein Vorbild für die Gestaltung des Festzuges 1980 sehe, obwohl Gemeinsamkeiten unschwer zu finden sind - der Generalisierungseffekt bei gleichzeitiger Differenzierung (die Einheit in der Verschiedenheit) ist sicher beiden Veranstaltungen als ein Grundmoment von Identitätsmöglichkeit und Identitätsfindung zugrunde liegend. Viel komplizierter scheint die Frage, wieweit solch gemeinsame Phänomene von den Veranstaltern bewußt intendiert werden und / oder wieweit über das Inszenieren von Feiern, Veranstaltungen und Umzügen unwissentlich Grundhaltungen (Abwehr von Fremdem, Antislowenismus) tradiert werden. Ferner ist zu fragen, ob die Betroffenen, die

Dietmar Pickl

Teilnehmer solcher Veranstaltungen, sich des Stellenwertes ihrer Aktivität bewußt sind, bzw. wie stark der Anteil von nicht reflektierter Emotionalität und Irrationalität ihr Handeln bestimmt. Letztlich wäre zu klären, auf welche emotional-ideologische Erwartungshaltung in der Kärntner Bevölkerung solche Veranstaltungen treffen, wieweit Einstellungen dadurch verfestigt werden.

Insgesamt eine sehr komplexe Thematik. Ich will mich auf den ersten Punkt beschränken und untersuchen, ob die 'Kärntner Landsmannschaft', als Volkstums- und Heimatverband und Organisator der großen Landesfeiern zum 10. Oktober, auch als Träger und Vermittler deutschnationaler Ideologie verstanden werden kann.

Zur Gliederung der Arbeit: ich habe im ersten Teil das Nachrichtenblatt 'Die Kärntner Landsmannschaft' des gleichnamigen Vereines ab dem Jahre 1920 untersucht, in einem zweiten Teil einen Vertreter dieses Vereines, Dr. Franz Koschier, in einem zweistündigen Gespräch befragt, dem auch teilweise der neue Obmann der 'Kärntner Landsmannschaft', Ing. Sepp Prugger, beiwohnte [2]. Die Auswertung eines Interviews mit dem Chorleiter des Männergesangvereines 'Koschatbund' Klagenfurt soll die Alltagssituation eines Volkskulturvereines illustrieren.

Die vorliegende Arbeit ist als Diskussionsbeitrag gedacht, sie könnte und sollte Anregung für weitere Arbeiten zu dieser Thematik sein; ein sicher schwieriges Unterfangen. In einem Land, das "Land der Lieder" genannt wird, heißt es ja auch ein Tabu anzutasten, dessen unverletzter Fortbestand weitesten Bereichen Vorteile bringt (dem Fremdenverkehr, der Musikindustrie, der Trachtenproduktion - um nur ein paar zu nennen) [3].

Die Arbeit ist eine subjektive Arbeit, die objektive Geschichte und die Wissenschaft von ihr sind eine Fiktion. Meine "Ergebnisse" sollen in Differenz zu den "Ergebnissen" der traditionellen Kärntner Landesgeschichtsschreibung stehen, die ein einmal entworfenes Geschichtsbild für alle Zeiten als gültig ausgibt. Wenn ich über meine Subjektivität hinaus (die mit Willkür nicht zu verwechseln ist) Möglichkeiten zu allgemeiner Besprechbarkeit der Konflikte erreichen kann (ohne dadurch den Konflikt zum Verschwinden zu bringen), hat die Arbeit ihre von mir gestellte Aufgabe erfüllt.

2. Die 'Kärntner Landsmannschaft'

Die Kärntner Landsmannschaft wurde im Jahre 1910 gegründet. Dr. Koschier, in den siebziger Jahren bis April 1981 der Obmann dieses Vereines, schildert die Motive zur Vereinsgründung:

"Gleichsam in Vorahnung der kommenden Ereignisse strömten Menschen aus den weiten Teilen der Österreichisch-Ungarischen Monarchie um die Jahrhundertwende in die österreichischen Alpenländer, um hier ein gesichertes Leben zu finden. In Abwehr dieses Zustromes bildeten sich in diesen Kronländern die Landsmannschaften. Aus einem Freundeskreis "Altkärnten" in Klagenfurt (Leitung: Walter von Sterneck; Gründung: Dezember 1909) und einem gleichen in Villach (Leitung: Dr. Ernst Kumpf, Baumeister Alois Polttnig) entstand im Jahre 1910 die Kärntner Landsmannschaft, deren Sitzungen abwechselnd in den beiden Städten stattfanden und deren Motto: 'Kärnten den Kärntnern' hieß." (4)

Der Abwehrcharakter als Gründungsmotiv bedurfté notwendigerweise der Betonung eigener Wesensart, die gleichsam konstitutiv für die Ausgrenzung des Nichteigenständigen wurde:

"In unseren sturmbewegten Tagen, in denen alles nach Geltung drängt und sich durch Zusammenschluß vor einer Überflutung zu retten sucht, hat auch die Kärntner Landsmannschaft ihre Stimme erhoben, um die Kärntner Landeskinder anzueifern, sich der Heimat willen zusammenzuschließen." (5)

Sowohl Politik wie die Funktion eines Vergnügungsvereines wurden in Abrede gestellt:

"Die einzige Aufgabe der Landsmannschaft ist die Pflege wahren, echten, bodenständigen Volkstums." (6)

Im selben Artikel der 'Kärntner Landsmannschaft' (es ist die Zeit vor der Volksabstimmung 1920) findet sich jedoch eine Aussage, die sehr wohl den politischen Stellenwert des Vereines dokumentiert:

"Nur echtes, wahres, natürliches Volkstum will sie (die Landsmannschaft, Anm. d. Verf.) pflegen, ein Volkstum, das die Kraft in sich trägt, selbst zu bestimmen, frei aus sich heraus seine Entschließungen zu treffen. Daß dieses Streben der Landsmannschaft kein Hirngespinst ist, sondern sich in die Tat umsetzen läßt, haben die Kärntner im Abwehrkampf bewiesen. Als die räuberischen Balkanhorden unsere Heimat zerreißen wollten, da bäumte sich das kärntnerische Volksbewußtsein auf, und von der Heimatliebe getrieben, griffen die Kärntner zu den Waffen." (7)

Diese ins politische Geschehen eingreifende Landsmannschaft, deren Volkstumsarbeit ihrerseits Abwehrkampf und Volksabstimmung unterstützen und tragen helfen sollte, wird von Koschier im Rückblick folgendermaßen skizziert:

"Der Kärntner Abwehrkampf, die Vorbereitung und Durchführung der Kärntner Volksabstimmung, riefen die Männer und Frauen Kärntens zu gleichem Tun auf den Plan. Die Kärntner Landsmannschaft war in dieser Zeit kein bloßer Verein, sondern eine lebendige, echte Volks- und Heimatbewegung. Die Pflege des echten, bodenständigen Volkstums sollte die Kärntner Heimatliebe und das Selbstbewußtsein stärken. Aus diesem Aufbruch der Besinnung zu Kärnten erwuchsen die Arbeiten zur Landesgeschichte, zur Landes- und Volkskunde, insbesondere zur Mundart und Volksdichtung, zum Volksspiel und Volkslied, die gerade in der Zeit des militärischen und geistigen Abwehrkampfes den Landsleuten in Heimatabenden, bei Volksfesten und Festzügen Kärntens Eigenart dokumentierten. Die Zeitschrift 'Kärntner Landsmannschaft' wurde zum Kampfblatt des offiziellen Kärntner Heimatdienstes 1919/20, das Motto der Kärntner Landsmannschaft 'Kärnten den Kärntnern' zum Titel der slowenisch geschriebenen Abwehrschrift "Koroško Koroścem." (8)

Daß Kärntner Eigenart nicht losgelöst von großdeutschen Bestrebungen gepflegt werden konnte, diese jedoch durch die Pariser Vororteverträge keine Konkretisierung erfahren konnten, wird in der folgenden Passage des Leitartikels der 'Kärntner Landsmannschaft' deutlich:

"Unser völkisches Bewußtsein darf nicht durch enge Landesgrenzen abgesteckt werden, es muß a l l e Deutschen umfassen. Ganz richtig. Die Landsmannschaft will auch gar nicht die Kärntner durch eine Verinselung zur Vereinsamung führen. Nicht Ü b e r h e b u n g über die deutschen Stammesbrüder anderer Länder oder Mißachtung der Gebräuche anderer soll uns leiten, sondern die Achtung vor der eigenen Art. Die deutsche Erde ist so groß und vielgestaltig, dadurch sind auch die Lebensgewohnheiten und Gebräuche der Deutschen unterschiedlich (...). So wie die engere Heimatliebe der Kärntner durch die Abwehrkämpfe dem gesamten Deutschtum ein Stück Bodens zu erhalten vermochte und die Kärntner Landsmannschaften durch Veredelung und Vertiefung der kärntnerischen Eigenart die Kärntner zu einem werktätigen Gliede der großen deutschen Gemeinschaft machen will, so sollen alle Landsmannschaften auf ihrem Gebiet wirken. (...) Nicht gegenseitige Eifersucht soll die Landsmannschaft leiten, sondern das Bewußtsein, jede an ihrer Stelle für einen gemeinsamen großen Gedanken zu arbeiten." (9)

Zum Deutschnationalismus tritt der Antisemitismus:

"Jeder in Kärnten geborene oder von Kärntner Eltern abstammende, deutschfreundliche Arier ohne Rücksicht auf Alter, Geschlecht, Stand, Glaubensbekenntnis und politische Parteizugehörigkeit kann Mitglied der Kärntner Landsmannschaft werden." (10)

Diese rassistische Gesinnung der 'Kärntner Landsmannschaft' ist nicht nur formal in den Statuten niedergelegt, sondern bestimmt auch Aktivitäten des Vereines der damaligen Zeit:

"Treu unserem Grundsatze, daß bei Besetzungen von Stellen im Lande die Kärntner Bewerber allen anderen vorzuziehen sind, wenn sie an Tüchtigkeit den Mitbewerbern nicht nachstehen, hat die Hauptleitung schon zweimal Eingaben an das Staatsamt für Unterricht gemacht. Auch an das Staatsamt für Finanzen ging eine Eingabe ab. Wie wir erfuhren, will dieses Amt auch bei uns Ostjuden unterbringen. Das lassen wir uns aber schon gar nicht gefallen (...). Eine Abneigung gegen Deutsche aus anderen Ländern, gar aus unseren Nachbarländern, mit denen wir ja freundschaftliche Beziehungen pflegen wollen, darf darin nicht erblickt werden. Aber gegen Juden sind wir auf alle Fälle." (11)

In der Volkstumslyrik dieser Zeit wird völkische Eigenart durch Diskriminierung anderer ("Gsindl") aufgewertet, daraus der Auftrag zur Landesverteidigung abgeleitet:

238 DEUTSCHNATIONALISMUS IN DER VOLKS- UND HEIMATPFLEGE

"Karntna lei-lei

Dö Leut tuant uns hensln:
He, Karntner lei-lei!
O dös tålggetn Leut,
Dås is lång schon v'rbei.

Hiaz seimer schon munter
Und håltn uns guat,
Verteidigen's Landl
Und kost's unser Bluat.

Håmmer wohl a Weil gschlåfn
Und håm uns nit grührt,
Håmt Hötzer derweil
Unsre Låndsleut verführt.

Åber 's låndfremde Gsindl,
Dås håt schon an Zwirn,
Werd müassn übern Loibl
Båld hintermarschiern.

Karntner, dås seimer
Und låssn uns nix sågn
Und niamd terf uns Karntnern
die Hamat zerschlågn.

K a r n t n e r , d a s s e i m e r ,
S u n s t w a r m e r n i x n u t z ,
U n d K a r n t n e r , d å s b l e i b m e r
D e n F e i n d e n z a n T r u t z ." (12)

Bereits 1911 wurde das von Johann Thaurer von Gallenstein 1817 verfaßte und von Josef von Rainer-Harbach 1835 vertonte "Heimatlied" von der 'Kärntner Landsmannschaft' zur Kärntner "Nationalhymne" erhoben (was die Existenz einer N a t i o n Kärnten voraussetzt, worauf einzugehen mir hier müßig erscheint), zu der im Jahre 1930 eine vierte Strophe hinzukam, von der Lehrerin Agnes Millonig aus Neumarkt/Steiermark verfaßt, die als Siegerin eines von der 'Kärntner Landsmannschaft' ausgeschriebenen Preisausschreibens hervorging [13]. Dieses Heimatlied (heute Kärntner Landeshymne genannt) wird zu einem festen Bestandteil im Ritual der öffentlichen Feiern und Veranstaltungen. Bis in die Gegenwart beschließt es wie das Amen im Gebet jede Heimatveranstaltung, wobei die vierte Strophe gleich an die erste anschließt, ja bereits als zweite Strophe bezeichnet wird [14].

Ist durch das Heimatland ein musikalisches Ritualelement geschaffen worden (Rituale fördern Irrationalismus, weil sie rationale Reflexion abwehren helfen, dadurch aber die Qualität von Tabus bekommen), so wurde im selben Jahr 1911 von der 'Kärntner Landsmannschaft' das "Kärntner Gwandl", der Kärntner Anzug entwickelt [15]. Zusammenfassend läßt sich feststellen, daß die 'Kärntner Landsmannschaft' bereits sehr früh den Rahmen abgesteckt hat, innerhalb dessen sich Heimatbewußtsein, Volks- und Brauchtum in Öffentlichkeit formieren konnten; der Verweis auf die wissenschaftliche Erforschung des Gegenstandsbereiches versucht darüber hinaus den politischen Akzent zu verwischen. Am Beispiel des Kärntner Heimatliedes ist andererseits leicht zu belegen, daß die Nähe zum Volkstum auch aufgegeben werden kann (das Kärntner Heimatlied ist in der Hochsprache verfaßt, besitzt nicht den typischen Melodieduktus des Kärntner Volksliedes, eignet sich nicht gut zum mehrstimmigen Singen - so ist das "Drübersingen" nur schwer möglich - es ist eben ein komponiertes Lied). Die 'Kärntner Landsmannschaft' tritt auch schon in dieser frühen Phase als Organisator von Großveranstaltungen auf:

"Zu den Großleistungen der Kärntner Landsmannschaft gehörten aber auch die Festzüge. Der große Festzug vom Juli 1920 und der Landestrachtenfestzug zur 10.-Jahresfeier der Kärntner Volksabstimmung im Jahre 1930 seien besonders genannt." (16)

Die erste Nummer der 'Kärntner Landsmannschaft' nach dem Einmarsch der Hitlertruppen in Österreich räumt im Leitartikel der Volkstumspflege einen hervorragenden Stellenwert ein:

"Gerade jene Kreise, in denen das Volkslied und der Volkstanz gepflegt wurde und in denen bestes Kulturgut hochgehalten wurde, sind die besten Pflegestätten des Nationalsozialismus in seiner edelsten Form geworden. Wie oft ist aus unserem Kreise ein Lied von Kampf und Bekenntnis aufgeklungen und alle, die wir uns im Kreise an den Händen hielten, waren wie bei einem Gottesdienst in tiefstem Glauben an unser Volk und seinen Führer ergriffen und ohne irgendein sichtbares Zeichen erlebten wir die Stunden der Gemeinschaft, einer deutschen Gemeinschaft, wie sie gerade bei unserem Kärntnervolke die beste Wurzel fassen konnte." (17)

Der "Volkstumsanschluß" ist nahtlos geglückt. Die 'Kärntner Landsmannschaft' mußte wie alle anderen Vereine, Organisationen und Verbände ihre Tätigkeit einstellen. Für unsere Thematik interessant ist der Stellenwert und der Einsatz von deutschem Volkstum nach dem Angriff der deutschen Truppen auf Jugoslawien im Frühjahr 1941, als es galt, die Eindeutschung Südkärntens und Krains zu bewerkstelligen. Als einzige politische Organisation war der am 24. 5. 1941 gegründete 'Kärntner Volksbund' zugelassen, vom Chef der Zivilverwaltung, Franz Kutschera, angeordnet und vom Gauamtsleiter Wilhelm Schick geführt [18].

Die Ziele und Aufgaben des 'Kärntner Volksbundes' formuliert Schick in einem Aufsatz:

"Der Kärntner Volksbund wurde (...) für die besetzten Gebiete Kärntens und Krains ins Leben gerufen mit dem Ziel, die deutschen Menschen dieser Gebiete, sowie alle ihre Bewohner, die auf Grund ihres arischdeutschen Blutanteils die Rückführung in die deutsche Volksgemeinschaft erstreben, zu erfassen (...) Der Kärntner Volksbund weckt die Stimme des Blutes. Er fordert jeden zum Bekennt-

nis und zur Mitarbeit auf, der auf Grund seines Blutanteils zu dieser Mitarbeit für würdig befunden wurde.
Das Ziel des Kärntner Volksbundes ist es, dieses Land, das einst deutscher Kultur- und Siedlungsboden gewesen ist, wieder deutsch zu machen und seine Menschen zum Deutschtum zurückzugewinnen. Nach Erfüllung dieser Aufgabe wird aus dem Kärntner Volksbund die Nationalsozialistische Deutsche Arbeiterpartei Adolf Hitlers mit ihren Gliederungen und angeschlossenen Verbänden entstehen." (19)

Daß der expandierende Nationalsozialismus territoriale Grenzen negierte, ist evident. Wie über Wissenschaft eine solche Grenzkorrektur legitimiert wurde, zeigt ein vertraulicher Vermerk über eine Besprechung in Bled/Veldes am 6. Oktober 1941, an der neben SS-Obersturmbannführer Alois Maier-Kaibitsch, dem Leiter der Dienststelle des Beauftragten des Reichskommissars für die Festigung deutschen Volkstums und Nationalpolitischem Referenten beim Stabe des Chefs der Zivilverwaltung in den besetzten Gebieten Kärntens und Krains, und anderen Angehörigen der SS auch der Referent für Volks- und Hauptschulen beim Stabe des Chefs der Zivilverwaltung in den besetzten Gebieten Kärntens und Krains, gleichzeitig Leiter der Lehrerbildungsanstalt in Kranj/Krainburg, Dr. Franz Koschier, teilnahmen. Über die volkspolitische Lage in Südkärnten heißt es in diesem Vermerk:

"Nach Landschaft und Kultur ist Oberkrain den Kärntner Landen ebenso verwandt wie dem Gebiet des Kanaltales. Die Bevölkerung ist rein slowenisch. Die für die Untersteiermark kennzeichnende Zwischenschicht der Windischen fehlt. Deutschtum ist ebenfalls nicht vorhanden. Rassisch ist die Bevölkerung gut. Der deutsche Blutanteil muß als sehr beträchtlich angesehen werden. Das mittelalterliche Deutschtum ist ganz im Slowenentum aufgegangen. Nach Bildungsstand, Sauberkeit in Dorf und Stadt, überhaupt nach dem ganzen Lebensstand, zeigt das Gebiet von Südkärnten durchaus deutsche Züge. Eine Kulturgrenze liegt - wenn wir von der Sprache absehen - auf den Karawanken nicht." (20)

In der gleichen Besprechung wird die Gründung einer Forschungsstelle ins Auge gefaßt, welche die volkspolitische Arbeit in Südkärnten unterstützen sollte, ja diese erst ermöglichte. Die wissenschaftliche Arbeit dieser Institution sollte der Eindeutschung des Landes dienen und unter Kärntens Führung gestellt werden, wenngleich auch an die Möglichkeit der Mitarbeit slowenischer Wissenschaftler gedacht wurde; letztendlich wurde bei der am 10. Oktober 1942 erfolgten Institutsgründung kein slowenischer Wissenschaftler berufen.

Folgende Wissenschaftler wurden bei der oben erwähnten Besprechung für die Arbeit in der Forschungsstelle vorgeschlagen: Leiter Doz. Dr. Eberhard Kranzmayer, als Historiker Dr. Günther Glauert und Dr. Paschinger (letzterer gleichzeitig als Geograph), als Volkskundler Dr. Oskar Moser vom Heimatmuseum in Klagenfurt, als Slawist Dr. Paulsen, weiters Dr. Rudolf Egger für die Vorgeschichte und Archäologie [21].

Neben der Wissenschaft als Rechtfertigung für politisches Vorgehen wurde aber auch der Intensivierung von praktischer Volkstumsarbeit breiteste Aufmerksamkeit gewidmet. Diese beiden Hauptpfeiler - (wertfreie) Wissenschaft auf der einen Seite, gelebtes Volkstum andererseits - als Stabilisatoren von Deutschnationalismus spielen m. E. auch in der Gegenwart eine wesentliche Rolle. (Ich komme bei der Analyse des Gesprächs mit Dr. Koschier darauf zurück). Maier-Kaibitsch führt in einem Referat anläßlich der Tagung des Gauamtes für Volkstumsfragen am 10. 7. 1942 in Klagenfurt bezüglich der praktischen Volkstumsarbeit aus:

> "So kann die Volkstumsarbeit auch in dem Gebiet nördlich der Karawanken natürlich nicht aufhören, sondern ist auch hier zu intensivieren. Es muß jetzt wieder mit Dorfgemeinschaftsarbeit begonnen werden, wozu vor allem die Frauenschaft heranzuziehen ist, die in dem zu betreuenden Gebiet gut ist. Das gilt besonders vom Kreis Völkermarkt einschließlich des Mießtales. Dort fanden Koch- und Nähkurse, Theateraufführungen, Gesangsvereinsveranstaltungen usw. laufend statt. So wie seinerzeit in der Abstimmungszeit das Kärntner Volkslied als Kampflied des Kärntners die beste Kampfwaffe gegenüber dem Feind aus dem Südosten war, muß auch jetzt wieder das deutsche Kärntnerlied, das eine ungeheure Kraft besitzt und das sich nicht uniformieren läßt, einen wesentlichen Bestandteil unserer Arbeit ausmachen und besonders muß die Jugend wieder in diesem Gesang richtig geleitet werden (...). Die Kärntner-Kreuz-Träger müssen wieder herausgeholt werden aus der bescheidenen Zurückgezogenheit, weil sie für den jetzigen Kampf ein Ansporn sind für Einsatz und Leistung. Die Führerschicht muß aus den eigenen deutschen Reihen gestellt werden, wobei dem Umstand Rechnung getragen werden muß, daß bei uns kein Ständestaat ist. Zur Zeit der Kärntner Volksabstimmung 1919-20 waren die Voraussetzungen andere. Damals war es notwendig, daß wir unterschieden zwischen Deutschen, Windischen und Slowenen. Damals wurden die Kampfrufe geprägt 'Koroško Korošcem' und 'Hinaus mit den Krainern' usw. Damals stand kein großdeutsches Reich hinter uns. Auch in Wien hatten wir keinen Rückhalt, sondern wir waren auf unsere eigenen Kräfte allein angewiesen. Heute sind die Verhältnisse aber andere geworden; Kärnten ist jetzt südlichster Grenzgau eines großen Reiches. Der Schutz dieses Reiches verlangt eine volkspolitische Bereinigung im Grenzgebiet. Deshalb dürfen wir auch nicht dulden, daß sich hier an der Grenze Slowenen im deutsch- und staatsfeindlichen Sinn betätigen. Es kann auch keine Unterscheidung gemacht werden in Deutsche, Windische und Slowenen. Die Windischen, welche sich zur deutschen Volkzugehörigkeit bekannt haben, sind eben Deutsche und für die Slowenen kann hier kein Platz mehr sein. (22)

Hier soll der kurze Exkurs in die Zeit des Nationalsozialismus abgebrochen werden. Es sollten der reibungslose "Umstieg" von Volkstumsarbeit in die Ära des Dritten Reiches, deren Quasi-Wissenschaftlichkeit (als Rechtfertigung) und an einigen Beispielen das personale Kontinuum Kärntner Volkstumsexperten (Moser, Koschier, auf musikalischem Sektor Anton Anderluh, der während des Nationalsozialismus Leiter der Lehrerbildungsanstalt in Klagenfurt und ab den fünfziger Jahren Hauptrepräsentant der Kärntner Volksliedpflege war) exemplarisch dokumentiert werden.

Nach der Niederschlagung des Nationalsozialismus hätte die Chance bestanden, die Volkstumsarbeit neu zu überdenken: der siebenjährige Terror, der auch im Namen von Heimat, Volk und Vaterland seine Herrschaft ausgeübt hatte, bot Anschauungsmöglichkeiten für die Pervertierung dieser Begriffe. Die Aussiedlung der Slowenen aus dem gemischtsprachigen Gebiet kann nicht zu den Fakten gezählt werden, von denen in Kärnten niemand etwas wußte. Die Tatsache, daß die ausgesiedelten Slowenen auch Heimat verloren hatte, zeigt schon schärfer die Inhaltlichkeit des weiten Begriffes "Heimat", nämlich die der deutschen Heimat.

Im Jahre 1950 formierte sich die 'Kärntner Landsmannschaft' wieder. Der Leitspruch lautete jetzt: "Kärnten einig und frei." Der Zweck des Vereines bestand in der "Erhaltung und Pflege

1. der landsmannschaftlichen Gesinnung und Verbundenheit unter den Landsleuten in und außerhalb Kärntens
2. eines zeitgenössischen Heimatgedankens auf der Grundlage des österreichischen Staatsbewußtseins
3. der Kärntner Volkskultur."

Dies sollte insbesondere erreicht werden "durch

a) Werbung von Mitgliedern und Gründung von Ortsgruppen
b) Veranstaltungen im landsmannschaftlichen Sinne
c) Sammlung, Sicherung und Förderung von volkskulturellen Werken und Werten
d) Volksbildung und Jugendpflege im Sinne einer echten Heimatverbundenheit
e) Zusammenschluß und Betreuung unserer Landsleute in und außerhalb Kärntens
f) Herausgabe eines Verbindungs- und Nachrichtenblattes." (23)

Die Mitgliedschaft zur 'Kärntner Landsmannschaft' können Vereine, Gemeinden, Körperschaften und dergl. erlangen,

"wenn sie sich die Förderung kärntnerisch landsmannschaftlicher Zwecke angelegen sein lassen."

Für Aufnahmebewerber gilt, daß sie sich

"zur Unverletzlichkeit und Unteilbarkeit Kärntens bekennen, in Kärnten geboren oder Ehefrauen, bzw. Kinder von Kärntnern sind. Nicht-Kärntner können als ordentliche Mitglieder aufgenommen werden, wenn sie Abwehrkämpfer waren, oder wenn sie längere Zeit in Kärnten tätig sind, oder sich um das Land besondere Verdienste erworben haben." (24)

Dr. Koschier erinnert sich des Neubeginns nach dem Zweiten Weltkrieg:

"Nach dem Weltkrieg mußte jeder einzelne, aber auch das Volk als Ganzes trachten, den Fortbestand seines Lebens zu sichern (...). Viele waren entweder gefallen oder saßen gefangen hinter Stacheldraht. HSD Anton Traunig versuchte zunächst kommissarisch, die versprengten Mitglieder der Kärntner Landsmannschaft zu sammeln (...). Die Festschrift zur 40-Jahr-Feier der Kärntner Landsmannschaft im Jahre 1950 war das erste größere Lebenszeichen des wiedererstandenen Vereines (...).
Während sich der Obmann (Dr. Alois Lausegger, Anm. d. Verf.) um die vereinsrechtlichen und organisatorischen Fragen kümmerte, standen ihm auf dem kulturellen Sektor bedeutende Mitarbeiter zur Verfügung. Während seiner Obmannschaft beging man den 70. und 75. Geburtstag von HR Georg Graber und Univ.-Prof. Rudolf Egger, den 70. von Prof. Hermann Braumüller, Prof. Viktor Paschinger und VSD Roman Maier sowie den 80. von Ing. Vinzenz Schumy." (25)

Die Wissenschaftler haben zum Großteil auch zehn Jahre früher ihre Wissenschaftlichkeit der Heimat zur Verfügung gestellt. Sie tun es jetzt wieder. Hat sich an ihrer Arbeit etwas geändert?

Univ.-Prof. Dr. Oskar Moser, der Obmann der Landsmannschaft von 1958 bis 1974, wissenschaftlicher Volkskundler und Kärntner Kulturhistoriker, zieht 1970 Bilanz:

"Seit jeher hat die Kärntner Landsmannschaft sich in besonderer Weise der P f l e g e d e r V o l k s k u l t u r verschrieben. In ihren Reihen standen oder erstanden alle Vertreter der wissenschaftlichen V o l k s k u n d e des Landes, um hier mitzuhelfen, zu beraten, weiterzuforschen und so diesen Zweig der Kulturarbeit zu fördern. Das Lebensfähige zu erhalten, es zu pflegen, war das eine Bestreben. Das Denkmalwürdige und Kulturvermächtnis aber zu hüten, es in den musealen Gewahrsam zu tun, das andere. Und wo einst allein unsere Landsmannschaft sorgte und arbeitete, sind heute v i e l f a c h e Kräfte am Werk, um die Pflege unserer Volkskultur, um das Lied, die Tracht, den Volkstanz, das Bauernhaus, das Ortsbild, die Landschaft der Heimat zu betreuen." (26)

Harmonisierende Gemeinschaft wird im selben Artikel über den Heimatbegriff beschworen, welcher jegliche Differenz leugnet, soziale Schichten nivelliert und sozusagen die Basis sämtlicher Existenz darstellt:

"Unsere Menschen verbindet immer noch jenseits aller nüchtern-sachlicher Lebensfragen und Existenzsorgen eine starke und bewährte Beziehung zur Heimat. Wie wären keine K ä r n t n e r , hätten wir diese nicht!
Heimatgefühl, Heimatliebe, Heimatbewußtsein und Heimattreue lassen wir uns auch von den Schwätzern irgendwelcher neuen Lehren und modischen Launen nicht nehmen.
Verstehen wir H e i m a t richtig, so umfaßt sie das Landschaftliche, vor allem aber die M e n s c h e n , die hier leben, deren Sitte, Gebräuche, Gewohnheit und Sprechart; auf all den genannten Werten beruht die G e m e i n s c h a f t , die wir als Heimat erleben. Sie wird erst erfüllt und gewinnt Leben durch die übergreifenden s o z i a l e n V e r b u n d e n h e i t e n . Diese erweisen sich mitunter s t ä r k e r als alle anderen Grundformen sozialen Lebens.
Und diese heimatlichen Gemeinsamkeiten sind es, die uns verbinden, die auch die Brücke zwischen reich und arm, hoch und niedrig schlagen. (27)

Soviel Harmonie ist natürlich in der Realität nicht anzutreffen, also muß irgendwo jemand sein, der diese Harmonie stört; der Störenfried wird gefunden, der die tausendjährige Heimat bedroht:

"Seit jeher haben wir betont, daß bei uns Menschen beider Zungen ihre Heimat haben und sie auch haben sollen, wo sie seit über tausend Jahren leben und existieren. Es ist dabei wahrhaftig mehr als bloß der gemeinsame Lebensraum und die gleiche schicksalshafte Heimat, die in Kärnten die Angehörigen deutschen und slawischen Volkstums verbindet. Aber erst nationaler Egoismus und chauvinistische Verblendung störten dieses Verhältnis, und dies umso mehr, je einseitiger und unbedingter gewisse Kreise des Slowenentums einem solchen Separatismus verfielen. Sie tragen dafür die volle Verantwortung." (28)

Der Feind ist gefunden, die Verantwortung auf diesen abgeschoben, eigene kritische

Standortbildung dadurch verschoben, vertagt und begraben. Der Artikel endet mit dem alten Ruf: "Für die ungeteilte Heimat, für ein freies Kärnten, für ein glücklicheres Kärnten" [29]. Der Komparativ der letzten Losung legt die Annahme nahe, daß etwas geschehen müßte, um dieses "glücklichere Kärnten" Wirklichkeit werden zu lassen.

Für das Thema der Arbeit ist die Tätigkeit der 'Kärntner Landsmannschaft' im öffentlichen Bereich von Bedeutung. Die Vorbereitung und Durchführung der Landesfeiern zum 10. Oktober 1960 und 1970 lag in der Kompetenz der 'Kärntner Landsmannschaft'. Bereits 1958 öffnete sich deren Nachrichtenblatt anderen Heimatverbänden, wurde zu deren Sprachrohr und damit Träger von Meinungsbildung (Kärntner Schulverein Südmark, Kärntner Heimatdienst, Kärntner Sängerbund, Kärntner Bildungswerk, Kärntner Abwehrkämpferbund, Österreichischer Turnerbund - Turngau Kärnten u. a.).

Koschier schildert diese Zeit und deren Geschehnisse:

> "Als Bundesstaatlicher Volksbildungsreferent verstand es Moser ausgezeichnet, alle gleichgesinnten Verbände in Kärnten zu einigen und zur Zusammenarbeit zu führen. Die Gesangsvereine und die Gemeinschaften des Kärntner Bildungswerkes rückten näher zusammen. Der Schulverein, der Abwehrkämpferbund und der Kärntner Heimatdienst verstärkten ihre Abwehraufgabe, wofür ihnen die Zeitschrift der Kärntner Landsmannschaft zur Verfügung stand (...). Die anregende und fördernde Tätigkeit der Kärntner Landsmannschaft wurde vor allem bei der Vorbereitung und Durchführung der Landesfeiern 1960 und 1970 sichtbar, wobei die Kärntner Landsmannschaft die Stellung und Betreuung der historischen Trachtengruppen, aber auch die volkskundliche Beratung der Volkstums- und Heimatpflege innehatte. Die Sauberkeit der Festzüge, die ordentliche Gestaltung der Veranstaltungen waren die Folge einer jahrzehntelangen Erziehungsarbeit (...)." 30

Die "Sauberkeit" der Festzüge, die "ordentliche Gestaltung" sollte jedoch jeder Veranstaltung anhaften: zur 35. Wiederkehr der Volksabstimmung wurden in der 'Kärntner Landsmannschaft' Richtlinien für die Feierlichkeiten veröffentlicht. Darin wurden die Kärntnerinnen und Kärntner informiert, wie sie sich zu verhalten hätten, um der Feier Würde zu verleihen:

> "Jeder Besitzer eines Kärntner Kreuzes soll es bei allen Feierlichkeiten im Gedenken an den 10. Oktober 1920 auch sichtbar tragen."
> "Kein Kärntner und keine Kärntnerin begeht den 10. Oktober ohne heimatliche Kleidung. Der Kärntner Anzug, die Kärntner Frauentracht, sei unser Bekenntnis zur freien, ungeteilten Heimat, ohne Rücksicht auf die Mundart, die wir sprechen!" "Alle Verbände, alle Heimattreuen entzünden am Sonntag, den 9. Oktober, um 19 Uhr, die Freudenfeuer im ganzen Lande. 'Kärntens Berge in Flammen' sei das Losungswort für diesen Vorabend." "Das bekannte Kärntner Abstimmungslied (...) hat die Kärntner Landsmannschaft (...) neu drucken lassen."
> (31)

Die 'Kärntner Landsmannschaft' trat und tritt als Zeremonienmeister, reglementierender Ausrichter auf Einheitlichkeit, Gemeinschaft auf, die Pflege und Erneuerung der Trachten und deren Einsatz bei den Veranstaltungen kommt dem Gesamteindruck bei den Festzügen zugute.

Das Ein- und Ausrichten dieser Großveranstaltungen, das In-Szene-Setzen von Volks- und Brauchtum, die Wiederholung des immer Gleichen, die Reproduktion von Tradition ohne neue Inhalte gehören m. E. zu den tiefstgreifenden Beeinflussungsmechanismen für breite Bevölkerungsschichten und verfehlen ihre emotionale Wirkung nicht. Aus eigener Erinnerung weiß ich um die Faszination, die solche Umzüge auf mich als Kind bewirkt haben.

Diese Emotionalisierung beginnt sehr früh und nicht nur durch Veranstaltungen und Feiern. Zum Teil basteln Kindergartenkinder schon Fähnchen zum 10. Oktober (ich kenne auch die "Geschichten", die den Kindern aus diesem Anlaß erzählt werden), sie setzt sich in der Schule fort, wo sehr häufig von historisch schlecht informierten Lehrern Feiern abgehalten werden - natürlich gibt es auch Ausnahmen -, bei denen tradierte Geschichtsklischees weitergegeben werden, wo Feiern sich auch formal an den großen Veranstaltungen orientieren, mit Gedichten, Liedern, Landeshymne etc. Unter solchen Umständen kommt es sehr leicht und schnell zum Vorurteil einer Polarisierung: hier einiges Kärnten - dort der Aggressor (Slowene, Jugoslawe), der die Einheit bedroht; hier Freiheit - dort Unfreiheit, Kommunismus. Daraus resultiert die Forderung des Abwehrens: vom Abwehrkampf 1918/19 reicht die Brücke zum "geistigen Abwehrkampf" der Gegenwart, das ganze auf Kosten von Differenzierung und Rationalität. Betrachtet man den Festzug des Jahres 1980 unter diesem Aspekt, fällt die hohe Disproportionalität zwischen Geschautem und Gesagtem auf. Einem stundenlangen Schau-Spiel, einem Herzeigen von allem, was aufzubieten war, vom Abwehrkämpfer bis zum Taxilenker, von der Goldhaube bis zum Stahlhelm, vom Kleinkind bis zum Greis - niemand war nicht vertreten, Einheit in der Vielfalt - folgte eine reichlich nichtssagende, sich in Floskeln gebende Rednergruppe - und tatsächlich - was sollte nach diesem Mammutprogramm noch gesagt werden? Der Bundespräsident selbst kommentierte die Stunden vorher letztlich nur, wenn er von der "Freude", der "frohen Atmosphäre" o. ä. sprach. Das Auge hatte über das Ohr gesiegt, das Gefühl über die Vernunft, der Schein über das Sein.

Der Regisseur der Veranstaltung, Ing. Sepp Prugger, der "Mann der Begegnung", muß sich die Frage stellen lassen, wer da wohl wem begegnet ist. Slowenen konnte man auch nach stundenlangem Marschieren nicht begegnen, sie waren nämlich nicht dabei (auf die näheren Umstände ihrer Abwesenheit geht der Beitrag von Valentin Sima in diesem Band ein).

Diesen Teil soll eine Auswahl von schriftlichen Aussagen in der Zeitschrift 'Die Kärntner Landsmannschaft' abschließen; dies hat den Zweck, aufzuzeigen, welche

246 DEUTSCHNATIONALISMUS IN DER VOLKS- UND HEIMATPFLEGE

Einstellung die verantwortlichen Redakteure zu Fragen der Kunst und Kultur einnehmen, sie soll ihren Standpunkt zum aktuellen Geschehen beleuchten, politische Einschätzungen aufzeigen, die nicht immer einheitlich sind, und nicht immer in einem Leitartikel aufscheinen müssen.

> "Auch dürfen Volkskunst und Hochkunst keine Gegegensätze bedeuten. Die Volkskunst muß immer der Unterbau sein, aus dem die Hochkunst organisch herauswächst und sich entwickeln kann." (32)

Das postuliert Koschier. Ich will nun nicht auf diese Thematik näher eingehen, nur soviel: in der Musik ist spätestens seit dem Gebrauch der Zwölftontechnik eine solche Forderung zumindest problematisch; in unserem Zusammenhang ist interessant zu zeigen, wie ernst ein solches Postulat genommen wird. Das nachfolgende lyrische Produkt gibt darüber Auskunft:

> "Im Groß-Konzerthaus zu Berlin
> gibt's heut paar tausend Gäste.
> Die Meister Brahms und Joachim,
> d´Albert sind unsere Gäste.
>
> (...)
>
> Als Eingeladner muß auch ich
> heut in den Musentempel.
> Ach, für ein einzig Kärntnerlied
> gäb ich den ganzen Krempel." (33)

Ein Kärntnerlied ersetzt aber nicht nur einen Konzertabend, es dient auch der musikalischen Untermalung - wenn auch in der Verfremdung des Pfeifens; wo bleibt die Fünfstimmigkeit? - bei kriegerischen Handlungen:

> "Hiatza möcht i enk nar noch sogn,
> tuats enk glei ollweil guat vatrogn,
> holtat's de Muatasproch in Ehrn,
> wonn enk Unrecht g'schicht tuats enk wehrn;
> sollt oba amol a Feind gor noch da Hamat greifn,
> donn haut's zua und tuats dabei a
> Karntnarliadle pfeifn." (34)

In die allgemeine Empörung über den in der Mitte der fünfziger Jahre entstandenen Rock'n'Roll stimmt auch die 'Kärntner Landsmannschaft' ein. Ein Universitätsprofessor (Dr. Richard Wolfram) wird bemüht, der unter dem Titel: "Die Tanzkrankheit des Mittelalters wieder ausgebrochen?" u. a. ausführt:

> "Die Musik in 'Rock around the Clock' wechselt nicht, anderthalb Stunden hämmert sie gnadenlos auf die Zuhörer ein, ununterbrochen gleichbleibend ein dröhnendes: ruck-ruck-ruck-ruck. Darüber kreischt die Klarinette (...) und eine Tuba verstärkt das Hämmern noch durch ihr 'romm-romm-romm-romm.' (...) Also genau das Rezept für den Rauschtanz der Naturvölker, nur vielleicht noch

brutaler und raffinierter. Die Wirkungen sind entsprechend. Schon nach wenigen Minuten beginnt der Körper des Zuhörers zu zucken, wie im Krampf wird man in den Rhythmus hineingerissen, das Blut staut sich im Kopf, die Hand ruckt unkontrollierbar. Und dann gibt es keine Beherrschung mehr (...). Vielleicht ist es gut, daß dem so ist. Denn hier wird einmal mit voller, erschreckender Deutlichkeit klar, welche Tobsuchtszustände bei sonst vielleicht ganz ordentlichen jungen Leuten allein durch Musik und Rhythmus hervorgerufen werden können (...). Den Urkräften von Musik, Rhythmus und Tanz können auch die blassesten Zivilisationsmenschen verfallen, wie irgendwelche 'Wilde', ja noch viel ärger, wie das Beispiel zeigt." (35)

In der folgenden Ausgabe der 'Kärntner Landsmannschaft' wird das Thema Rock'n' Roll nochmals aufgegriffen, dieser als "Rauschtanz der amerikanischen Naturvölker" [36] bezeichnet, eine Zuordnung, die Personen, die sich mit Volkstum befassen, nicht passieren dürfte.

Diskriminierender Rassismus spricht aus einem Artikel des 'Kärntner Sängerbundes' zum "Tag des Liedes" 1960:

"Auch die Jugend, die, irregeleitet, vielfach die Mißklänge der Urwaldrhythmen bevorzugt, möge sich die Mühe nehmen, der Schönheit unserer Volksweisen nachzuspüren, dann wird auch sie sich für den innigen Gefühlsreichtum unserer Volkslieder und für den gesunden Frohsinn unserer Volkstänze begeistern. Das wünscht sich der Österreichische Sängerbund und spricht die Hoffnung aus, die Jugend möge erkennen, daß es außer schlechtem Benehmen, salopper Kleidung, Musik-Box und stumpfsinnigen Tänzen, die mehr in die Negerkrale Afrikas passen, als in die Tanzsäle des humanistischen Abendlandes, noch anderes, besseres gibt: Herzensbildung und Aufgeschlossenheit für alles Schöne und Erhabene!" (37)

Nicht nur in der Musik und im Tanz wird ein Verfall des Echten und Wahren beobachtet, auch die bildende Kunst läuft Gefahr, die gewohnten Bahnen von Bodenständigkeit zu verlassen. Anlaß zu einem Protestschreiben seitens der 'Kärntner Landsmannschaft' an das Bundesministerium für Verkehr und an das Unterrichtsministerium war die Ausgestaltung der Bahnhofshalle in Klagenfurt mit Fresken durch Giselbert Hoke im Jahre 1956:

"Die größten Kunstwerke aller Zeiten waren bodenständig und wurzelten im Volkstum, in der Landschaft und in dem geistigen Gehalt ihrer Zeit. Eine sozusagen entwurzelte 'Kunst' ist erst das Ergebnis der neueren Zeit (...). Diese zersetzende Kunst ohne der natürlichen Grundlage eines Volkstums drang seit dem 20. Jahrhundert immer weiter vor.
Für die Kärntner Landsmannschaft steht in erster Hinsicht die Frage im Vordergrund, daß durch diese Fresken das heimatliche Empfinden aufs Gröblichste verletzt wurde. Kein Kärntner, der mit seiner Heimat verbunden ist, sie liebt und in ihr lebt, kann Fresken, die weder durch Form noch durch Farben Schönheit verraten, gutheißen und billigen. Die Kärntner Landsmannschaft, deren höchste Aufgabe es ist, das heimische Echte zu wahren und das Landfremde abzuwehren, erhebt daher im Namen aller heimatbewußten Kärntner schärfstens Einsprache dagegen, daß durch die Bahnhoffresken heimisches Wesen so tief verletzt wird. Kärnten empfindet das Werk für sich allein als Kulturschande und als Fremdkörper in seinem Lande und verwahrt sich entschieden dagegen, daß solche Werke,

die seinem Lande zur Unzierde gereichen, ihm aufgezwungen werden." (38)

Zwei Jahrzehnte vorher wurde das "entartete Kunst" genannt, leiteten Bücherverbrennungen, Demütigungen und Verhöhnung der "Fremdkörper" über zur totalen Abwehr (=Vernichtung) der Juden. Hat man all das ein Jahr nach Unterzeichnung des Staatsvertrages in der Redaktion der 'Kärntner Landsmannschaft' vergessen? Dagegen nimmt sich ein Aufsatz des Lehrers Hermann Kerschbaumer aus demselben Jahr rührend aus, der die Rückkehr zur deutschen Schrift fordert, da

"es sich hier um eigenes, uraltes Erbgut handelt, um unsere Schrift und die unserer Vorfahren (...) aus deutschem Geist geboren (...) ist sie unserer deutschen Muttersprache schönstes Kleid." (39)

Dieses angesprochene Erbgut (man bedenke den Stellenwert von "Erbe" in der Zeit des Nationalsozialismus) flackert immer wieder in Verbindung mit der volkskulturellen Arbeit auf:

"Der Volkstumsarbeit geht es in erster Linie um geistig-seelisches, aber auch materielles Erbgut, um die durch die landschaftliche Eigenart geformten und bestimmten Werte",

stellt Franz Vogl in seinem Beitrag zur volkskulturellen Arbeit fest [40].

Die Sprache, die zur Zeit des Nationalsozialismus in Reden und Schriftwerken propagandistischen Inhalts verwendet wurde, bediente sich häufig der Bildsprache des Organischen, des Biologischen, Gewachsenen. Das hat seine Gründe - eine solche Bildsprache findet beim Empfänger Anklang, ist verständlich, betrifft. Durch die Wahl der Bilder aus dem "Leben" gewinnt das Gesagte an Einsichtigkeit, Plausibilität (keine reflektierte, die würde eher den Empfang stören). Ähnlichkeiten in der Bildwahl fallen in der 'Kärntner Landsmannschaft' auch 15 Jahre nach der Niederschlagung des Nationalsozialismus auf. Dazu ein Beispiel des schon zitierten Dr. Oskar Moser, des damaligen Obmanns des Vereines:

"Aber dies sind nur die markantesten geistigen Blutlinien, die den lebendigsaftigen Organismus eines rasenhaft verwurzelten, mit der Heimat untrennbar verwachsenen Tuns und Mühens der großen Kärntner Zeit anzeigen, dieser Organismus war bis hinein in die kleinsten und feinsten Äderchen durchpulst von unermüdlichem Leben." (41)

Im selben Artikel geht Moser auf die Gegenwart (1960) ein und führt aus:

"Wer aber zweifeln sollte an der Notwendigkeit unserer Arbeit im Dienste des Heimatgedankens, dem muß einmal mit aller Deutlichkeit gesagt werden, daß wir heute - gerade heute - über uns selbst wieder ins Reine kommen müssen, daß wir - solange wir leider noch keine wahre und wirkliche europäische Einheimat haben dürfen, daß wir uns wenigstens unsere eigene kleinere Heimat erhalten und bewahren müssen, ja, daß wir überhaupt einmal erst diese haben und im Geiste unserer so traditionellen Sprachunbefangenheit und unseres Zusammengehörigkeitsgefühls hüten müssen, um je eine größere aufbauen zu können." (42)

Dietmar Pickl 249

Kein Wort über Österreich; der Aufbau der "Einheimat" kann also nur über die "Sprachunbefangenheit" der Kärntner gehen.

Wie diese "Sprachunbefangenheit" Kärntner Zuschnittes aussehen kann, zeigt uns die 'Kärntner Landsmannschaft', in der eine Entgegnung zu finden ist auf einen Artikel im "Slovenski vestnik", der die Frage aufwarf, warum bei einem Gesangsabend nur deutsche Lieder gesungen wurden, obwohl die Leute slowenisch könnten:

"Es ist daher wohl klar, daß durchwegs dem deutschen Kulturkreis angehörende Sänger in einem deutschen Ort auch in deutscher Sprache ihre Lieder singen.
Die Besucher, die sich dadurch nicht zufriedengestellt fühlen, können ruhig wegbleiben von einer solchen Veranstaltung. Das wird keinem deutschen Sängerfest Abbruch tun." (43)

Das ist klar und deutlich. Genau so deutlich wie ein Aufsatz von Martin Wutte über "Kärntens Treue" aus dem Jahre 1920, der den Lesern der 'Kärntner Landsmannschaft' 1958 in Erinnerung gerufen wird, und in dem es heißt:

"Sein (des Kärntners, Anm. d. Verf.) völkisches Empfinden ist viel stärker als das des Binnendeutschen, denn er fühlt sich nicht bloß als Vorposten Österreichs, sondern des gesamten deutschen Volkes (...). Der Kärntner wird auch in Zukunft seine Pflicht für Heimat, Volk und Vaterland erfüllen." (44)

Der "Vorposten des gesamten deutschen Volkes" ist 1920, zwei Jahre nach dem Zusammenbruch der Donaumonarchie, aus dem Geist der Zeit verständlich. Vierzig Jahre später und 13 Jahre nach dem Zweiten Weltkrieg diesen Artikel unkommentiert wieder zu veröffentlichen, ist mehr als Leichtsinn; auch Gedankenlosigkeit und politische Unüberlegtheit anzuführen, reicht m. E. nicht aus, den Anachronismus zu erklären. Durch Zufall werden solche Artikel nicht veröffentlicht. In der Tradierung solcher Weltbilder - so versuchte ich aufzuzeigen - liegt Konsequenz und Intention.

Den Schluß dieses Abschnittes soll ein Beispiel aus der 'Kärntner Landsmannschaft' aus dem Jubiläumsjahr 1980 (60 Jahre Volksabstimmung) bilden. Dieses Jubiläumsjahr gab einem Personenkomitee bereits das vierte Mal die Möglichkeit, eine Gegenöffentlichkeit zu errichten, innerhalb derer das erstarrte, tradierte Geschichtsbild rund um die slowenische Volksgruppe in Kärnten einer Revision unterzogen werden konnte und in der Tat alternative Formen und Inhalte von Feiern entwickelt wurden. Das Komitee wählte für seine Veranstaltung den Namen "Oktober-Arena/Oktobrski Tabor". Die 'Kärntner Landsmannschaft' bewertet diese Veranstaltung und deren Teilnehmer:

"Die neuen Ideen, die neuen Inhalte für das friedliche Zusammenleben zeigen sich schon in der Doppelbezeichnung des 'neuen Oktobers', in den Bezeichnungen 'Oktober-Arena' und 'Oktobrski Tabor'.
Die Slawen haben im allgemeinen ein hervorragendes Talent zur Konspiration und

250 DEUTSCHNATIONALISMUS IN DER VOLKS- UND HEIMATPFLEGE

kennnen die Mittel der Konspiration. Geschichtliche Erfahrungen zeigen dies. Darum ist es sicher kein Zufall, daß man sich die beiden Namen gewählt hat. Mit dem Hinweis auf ihre angebliche Unterdrückung in Kärnten, auf die 'Nichterfüllung des Staatsvertrages' usw. gelang es ihnen, christlich eingestellte Menschen mit sozialistischen und kommunistisch fühlenden Menschen im Solidaritätskomitee zusammenzuführen und vor ihren Wagen zu spannen. Diesem slowenischen bzw. slawischen Talent steht ein anderes 'Talent' gegenüber, das Talent mancher deutschsprachiger Menschen, diesen Verdunkelungsversuchen auf den Leim zu gehen und sich mißbrauchen zu lassen. Die Bezeichnung 'Oktober-Arena' soll den 10. Oktober abwerten, zu einem Schauspiel, einem Theater, zu einem Ringelspiel, zu einem Tingel-Tangel stempeln und jede geschichtliche Bedeutung für Kärnten und Österreich in den Staub treten. Wer je an dem Zelt dieser 'Arena' vorbeiging, konnte den Lärm einer Jahrmarktveranstaltung vernehmen. Warum im Zelt? Warum nicht 'Volksversammlung im Freien', wie die ursprüngliche Bedeutung von Tabor es erwarten ließe? Den Teilnehmern sollte wohl die frische Luft vom See her nicht um die Ohren blasen, damit ihnen der Blick auf die Wirklichkeit vernebelt bleibt. Schließlich sollte die Veranstaltung im Zelt auch die 'Massen' verhüllen, die sogar aus Wien in solidarischer Weise erschienen waren.
Der Begriff 'Tabor' selbst lebt in allen seinen Inhalten aus der Vergangenheit in den slowenischen Teilnehmern sehr lebendig fort. 'Od Uralla do Triglava' (Vom Ural bis zum Triglav) ertönt wohl der Schlag der jungen slowenischen Herzen, verbindet einen alten Kampf mit neuen Mitteln.
So sagt uns die Doppelbezeichnung einerseits Einschläferung der Mehrheit, Neutralisierung und Untätigkeit, andererseits lebendige Erinnerung an die Ziele des Tabor, die nur beim slowenischen Teil der 'Taboriten' gegeben ist.
Diese psychologische Kriegführung kann die Mehrheit trotzdem nicht erschüttern. Wir bleiben bei unserem 10. Oktober in Dankbarkeit und ehrfürchtigem Gedenken an unsere weisen und tapferen Landesväter von 1918/20 und in Bewunderung der Haltung unserer Abwehrkämpfer, - und nicht zuletzt im Sinne einer echten Versöhnung, die mit dem Umtrunk der beiden Vertreter aus dem goldenen Kelch auf dem Kardinalplatz in Klagenfurt symbolhaft ausgedrückt wurde. Dieser Kelch wurde, fast unbeschädigt, aus den Trümmern und der Asche nach dem Bombenattentat slowenischer Extremisten auf das Heimatmuseum in Völkermarkt geborgen.
Ein gutes Symbol für die Zukunft!" (45)

Die Oktober-Arena/Oktobrski Tabor und ihre Teilnehmer sind abgestempelt, das Feindbild ist entworfen: die sich verschwörenden, panslawistischen Slowenen mißbrauchen Nichtslowenen (die sich mit den Slowenen solidarisierenden Deutschsprechenden werden auch diskriminiert), die Arena wird zum "Tingel-Tangel", Quantität zu mangelnder Qualität, die "psychologische Kriegführung" impliziert Gefahr. Die Erwähnung des Bombenanschlages auf das Völkermarkter Heimatmuseum im selben Artikel ist zwar formal in keinen Zusammenhang mit den Veranstaltungen der Arena zu bringen, es gilt jedoch die Tatsache festzuhalten, daß die "Taboriten" und die "slowenischen Extremisten" im selben Artikel erwähnt werden. Dem Leser ist es überlassen, Zusammenhänge zu sehen/nicht zu sehen. Ein gutes Symbol für die Zukunft?

3. Das Gespräch mit Dr. Franz Koschier und Ing. Sepp Prugger

Dr. Koschier, seit 1930 Mitglied der 'Kärntner Landsmannschaft'[46], ist meines Wissens der einzige noch lebende Vertreter im volkskundlichen Bereich, der an herausragender Position bis in die Gegenwart tätig ist (bis April 1981 Obmann der 'Kärntner Landsmannschaft', bis zu dessen Auflösung im Jahre 1980 Obmann des 'Kärntner Kulturverbandes', Obmann des 'Kärntner Heimatwerkes' - sowohl im Vorstand der Volkstumspflege, wie auch im Vorstand des kommerziellen Zweiges dieses Vereines - ein Mann, der sich bereits vor und während des Zweiten Weltkrieges mit institutioneller Volkstumsarbeit beschäftigt hatte. Die Wahl Pruggers als Gesprächspartner traf ich aufgrund der Tatsache, daß er seit April 1981 Obmann der 'Kärntner Landsmannschaft' ist.

Das Gespräch fand im Büro des 'Kärntner Heimatwerkes' am 16. 4. 1981 statt, dauerte 2 Stunden (45 Minuten nach Gesprächsbeginn kam Ing. Prugger dazu) und sollte auf Tonband aufgenommen werden, was Dr. Koschier jedoch ablehnte. Gleich anschließend an das Gespräch fertigte ich aufgrund meiner Notizen ein Gedächtnisprotokoll an, welches die Grundlage für diesen Teil der Arbeit darstellt.

Als für die ganze Geschichte der 'Kärntner Landsmannschaft' (70 Jahre) gültige und gleichbleibende Ausrichtung gibt Koschier die Tatsache und Forderung an, daß Volkstumspflege immer auf dem Boden der Wissenschaftlichkeit gestanden sei und stehen müsse - anderenfalls hätte er als Wissenschaftler im Laufe seines Lebens mindestens dreimal seine Weltanschauung ändern müssen. Besonders die Trachtenpflege und Trachtenerneuerung, für die Koschier zuständig ist, geschehe auf streng wissenschaftlicher Ebene. Neben dieser wissenschaftlichen, gelenkten Volkstumspflege (Koschier hielt ungefähr 1.500 Trachtenvorträge) sieht er in der spontanen Entwicklung von Umgangs- und Verhaltensformen Ansätze zu modernem Gegenwartsbrauchtum. Er nennt als Beispiele die weißen Kreuze zu Allerheiligen, die von den Verkehrsorganisationen an Unfallstellen des Straßenverkehrs aufgestellt werden, und zu denen die Angehörigen der Unfallopfer kommen, um Kränze niederzulegen, weiters die Jungbürgerfeiern der Gemeinden, der Fahrergruß von Omnibuslenkern, indem sie die Hand heben. Er vergleicht in diesem Zusammenhang das Brauchtum mit einem Baum, dem die welken Blätter abgeschnitten werden, damit Neues entstehen und sich entwickeln könne.

Im Volkslied sieht er die Ursprünglichkeit des Kärntner Liedes durch das sogenannte "neue" Kärntnerlied gefährdet; Medien, vor allem die Schallplatte, trügen zu dieser Entwicklung wesentlich bei.

Zu der Gestaltung der Landesfeiern merkt Koschier an, daß das Wichtigste die Vorbereitung und Ausrichtung der Veranstaltung sei, die zwei bis drei Jahre vor dem Ereignis beginnen müsse, um die Teilnehmer darauf einzustimmen.

Er verstehe die Slowenen, wenn sie an der Landesfeier nicht teilnehmen wollten, er würde als Slowene auch nicht mitfeiern wollen, die Slowenen könnten seinetwegen eine Trauerfeier veranstalten, oder eine eigene Feier veranstalten, oder auch bei den Landesfeiern mitmachen, er möchte nur verhindern, daß durch den Festzug und dessen Gestaltung die Slowenen in irgendeiner Form verletzt würden und hätte aus diesem Grund auch einmal einen Festwagen aus dem Konvoi genommen, weil dieser möglicherweise die Slowenen Verletzendes darstellen wollte. Auf meine Frage, ob der Festzug als Ganzes nicht als eine Belastung für das Zusammenleben der Volksgruppen gesehen werden könnte, erwiderte Koschier, daß nur Nationalslowenen darin eine Belastung sehen könnten.

Die Zeitgeschichte rangiert bei Koschier in der Wertigkeit gleich nach dem Journalismus, sie sei subjektiv, bringe Unruhe unter die Leute, junge Historiker hätten keine Erfahrungen, Haas und Stuhlpfarrer [47] seien nicht objektiv, seien unwissenschaftlich, Geschichte könnte erst nach frühestens 60 Jahren geschrieben werden, wenn von den damals am Geschehen Beteiligten keiner mehr lebte, er begrüße deswegen auch die Tatsache, daß das Kärntner Landesarchiv für diesen Zeitabschnitt geschlossen bleibe, anderenfalls unnötige Unruhe unter den noch Lebenden entstehen würde.

Auf meine Intervention, daß gerade Zeugen einer Zeit Geschichtsverständnis vertiefen helfen könnten, wenn sie ihr Wissen öffentlich machen würden, entgegnete Koschier, daß er sehr viel über die politischen Verhältnisse Kärntens im Ständestaat, zur Zeit des Nationalsozialismus und der Nachkriegszeit zu sagen hätte, wobei sich viele wundern würden, wer von den ehemaligen Nazis sehr bald hohe politische Funktionen in allen politischen Parteien bekleideten, aber er befürchte eine allgemeine Empörung und unterlasse es deshalb. Er halte es vor allem für wichtig, die Gründe darzulegen, die zum Nationalsozialismus geführt hatten (Wirtschaftssituation, Arbeitslosigkeit). Wutte war nach Koschiers Meinung ein ernstzunehmender, objektiver Historiker, der als Chronist seiner Zeit wirkte.

Koschier bemerkte, daß er von 1939 bis 1945 nicht in Kärnten gewesen sei. Auf meine Frage, ob er nicht Referent für Volks- und Hauptschulen beim Stabe des Chefs der Zivilverwaltung gewesen sei, verneinte er dies, bestätigte aber auf meine diesbezügliche Frage die Tatsache, daß er von 1941 bis 1943 Direktor der deutschen Lehrerbildungsanstalt in Kranj/Krainburg gewesen sei.

Die Frage nach dem Antisemitismus-Passus in den Vereinssatzungen der 'Kärntner Landsmannschaft' der zwanziger und dreißiger Jahre kommentierte Koschier mit dem Hinweis, daß es in Kärnten so gut wie keine Juden gegeben habe.

Ing. Prugger, der in vielen Fällen sich der Meinung Dr. Koschiers anschloß, bemerkte zur Situation nach Kriegsende, daß sowieso alle Beamten und Lehrer Nazis gewesen seien, anderenfalls sie ihre Posten im Dritten Reich nicht behalten hätten.

Solange ein Abwehrkämpfer lebte, würde einer von ihnen bei den Landesfeiern zum 10. Oktober sprechen, in absehbarer Zeit würde sich dieses Problem aber naturgemäß lösen. Ein Einzelgespräch mit Prugger, das zu Fragen seiner Pläne bezüglich der Führung der 'Kärntner Landsmannschaft' hätte Bezug nehmen sollen, konnte aus zeitlichen Gründen nicht stattfinden, ich vermute jedoch, daß eine wesentliche Neuorientierung der 'Kärntner Landsmannschaft' unter der Obmannschaft Pruggers nicht erfolgen wird; diesen Eindruck vermittelten mir seine Einschätzungen zu den einzelnen, im Gespräch mit Dr. Koschier und ihm angesprochenen Themata.

Einige Gedanken als Kommentar zu diesem Gespräch: die "Wertfreiheit" von wissenschaftlicher Volkstumsarbeit ist m. E. nicht aufrechtzuerhalten angesichts der Tatsache, daß Volks- und Brauchtum immer einen politischen Stellenwert hatten; durch Forschen nach dem Eigenen eines Volkes, durch Aufdecken von Vergangenheit eines Volkes und deren Tradieren und Neubelebung wird einerseits Identität gestiftet, andererseits Ab- und Ausgrenzung zu Äußerem, Anderem, Fremdem hergestellt. Der Nationalismus des 19. Jahrhunderts ist ohne die Betonung des "Volkseigenen" nicht zu denken (Märchen, Sagen, Volkslieder, Mythen); auch die "Hochkunst" hat ihre nationalen Schulen.

Der Umgang mit Volkstum, das Einsetzen, Organisieren seiner Inhalte und Formen in Öffentlichkeit, das historisch sich ändernde Interesse an Volkstum und dessen Verwendbarkeit, seine Funktionalität sind die entscheidenden, weil politischen Fragen, nicht das Was, sondern das Warum und das Wozu. Auf diese letzten zwei Fragestellungen (die Fragen nach dem Warum und Wozu) ist Dr. Koschier wenig eingegangen, das Was (wissenschaftliche Volkstumsarbeit) stand im Vordergrund. Koschiers Einstellung zur Zeitgeschichte (subjektiv, gleich nach Journalismus rangierend), sein Verschweigen der Vergangenheit, sein Nicht-rühren-Wollen an der Zeit des Nationalsozialismus (in der er selbst einen leitenden Posten als Beamter bekleidete), mögen u. a. Angelpunkte für diese mangelnde Reflexionsbereitschaft zu Fragen des Warum und Wozu sein. Zu bedenken ist ferner, daß Koschier, wie oben angemerkt, Vorstand der wissenschaftlichen wie der kommerziellen Abteilung des 'Kärntner Heimatwerkes' ist. Letztlich lag es wohl auch an der Kürze des Gesprächs und der politischen Brisanz des Gegenstandsbereiches, daß der Frage nach dem Warum und dem Wozu zu wenig nachgegangen werden konnte.

4. Das Gespräch mit dem Chorleiter des Männergesangsvereins 'Koschatbund' Klagenfurt, Edi Wasserfaller

Dieser kurze Abschnitt soll die "Basis" volkskultureller Arbeit exemplarisch illustrieren; Generalisierung ist daher nicht statthaft, eine eventuelle Verallgemeinerung kann nur der Leser insoweit herstellen, als er möglicherweise Ähnlichkeiten, Parallelen, Tendenzen aus seiner eigenen Erfahrung mit praktischer Volkstumsarbeit mit dem hier Referierten festzustellen vermag.

Auswahlkriterium für das Gespräch war der Umstand, daß der MGV 'Koschatbund' als einer von zwei Männerchören stellvertretend für den 'Kärntner Sängerbund' am Festzug 1980 teilgenommen und den musikalischen Teil am Ende des Umzuges mitgestaltet hatte.

Der Chor umfaßt etwa 60 Sänger. Seine musikalische Spannbreite ist beachtlich und reicht von Literatur der Renaissance über Klassik und Romantik bis hin zu Kärntner und ausländischen Volksliedern. Dem Liederkomponisten Thomas Koschat als seinem Namensgeber ist der Chor naturgemäß besonders verpflichtet. Alle zwei Jahre wird ein neues Konzertprogramm der Öffentlichkeit vorgestellt, daneben tritt der Chor bei Kärntner Abenden auf, ferner bei Veranstaltungen für wohltätige Zwecke (z. B. Erdbebenhilfe für Italien), gestaltet den musikalischen Teil auf Hochzeiten und Beerdigungen, zeigt wenig Interesse für musikalische Fremdenverkehrswerbung, unternimmt Konzertreisen (eine führte nach Finnland) und hat bisher zwei Schallplatten aufgenommen. Der Chorleiter ist seit vielen Jahren in der Kärntner Chorleiterausbildung tätig. Mein Eindruck nach dem Gespräch war ein sehr positiver: ein aktiver Chor mit einem engagierten Chorleiter, einem abwechslungsreichen musikalischen Programm und passionierten Sängern.

Zweierlei fiel mir andererseits auch auf: man singt erstens (trotz reichhaltiger Chorliteratur) keine slowenischen Kärntnerlieder, die musikalisch und geographisch dem deutsch gesungenen Kärntnerlied am nächsten lägen; zweitens wurde die Teilnahme an der Landesfeier in Vertretung des 'Kärntner Sängerbundes' von den Chormitgliedern nicht diskutiert. Der Chorleiter gab mir auf die diesbezüglichen Interventionen zur Antwort, daß besonders nach der "Verhärtung" der Situation in der Volksgruppenfrage im Jahre 1972, die "von außen hereingetragen wurde", nicht daran gedacht sei, slowenische Lieder zu singen (vor 1972 wurde im 'Koschatbund' allerdings dies auch nicht getan, räumte er ein). Wasserfaller sah aber prinzipiell die Möglichkeit, daß das Singen von slowenischen Liedern durch deutschsprachige Chöre ein Beitrag auf volkskultureller Ebene zum besseren Verständnis zwischen Mehrheitsbevölkerung und slowenischer Minderheit sein könnte. Zur zweiten Frage (Teilnahme an der Landesfeier) meinte Wasserfaller, daß im Chor nie "politisiert" würde, man aus diesem Grund über Teilnahme oder Nichtteilnahme nicht diskutiert habe.

Für mich bedeuten diese zwei Tatsachen, daß volkskulturelle Arbeit auch von unbewußten Aktivitäten geleitet ist, bzw. eine unbewußte Grundhaltung Aktivitäten nicht zuläßt. (Es wäre zu wünschen, daß durch das Bewußtmachen von möglicher Verbesserung des Verhältnisses zur slowenischen Volksgruppe im Laufe meines

Gespräches mit Edi Wasserfaller der Chor auch slowenische Lieder in sein Repertoire aufnimmt). Diese unbewußten Grundhaltungen, Einstellungen und Wertvorstellungen der Beteiligten an aktiver Volks- und Brauchtumsarbeit auszuloten, zu analysieren, wäre eine meiner Meinung nach sehr interessante Arbeit. Eine solche Analyse zu geben, hat sich dieser Beitrag nicht zum Ziel gesetzt, er vermag es demnach auch nicht.

5. Schluß

Ich will abschließend das bisher Gesagte in sieben Hauptthesen zusammenfassen, wobei jede These Anlaß zu Reflexion, Diskussion und Handlungsaspekt sein könnte und sollte.
1. Das Gründungsmotiv der 'Kärntner Landsmannschaft' - Abwehr von Fremdem - bestimmt weitgehend deren Aktivitäten und umfaßt verschiedenste Bereiche (Abwehrkampf, Antisemitismus der zwanziger und dreißiger Jahre, moderne Kunst, Pop-Musik, "geistigen Abwehrkampf") mit der einen Ausnahme des "Anschlusses" Österreichs an das nationalsozialistische Deutschland.
2. Die 'Kärntner Landsmannschaft' tritt bereits früh als Planer und Organisator von offiziellen Landesfeiern auf, kreiert dafür einheitliche und einheitsstiftende Veranstaltungselemente (Kärntner Heimatlied, Kärntner Anzug) und erfüllt diese Funktion bis in die Gegenwart.
3. Wissenschaft als Basis für Volks- und Heimatpflege soll der 'Kärntner Landsmannschaft' jeglichen Anstrich des Politischen nehmen.
4. Über das Veranstalten von Großfeiern rund um den 10. Oktober werden emotionale Grundhaltungen in der Bevölkerung angesprochen und verfestigt, Irrationalität gefördert, (latente) Feinbilder tradiert.
5. Die Betonung der "Gemeinschaft" unter Ausschaltung der Differenzierung im sozialen, politischen und gesellschaftlichen Bereich zeigt Ähnlichkeiten mit dem Ideologem der "deutschen Volksgemeinschaft" im nationalsozialistischen Deutschland.
6. Eine Anzahl von Repräsentanten der 'Kärntner Landsmannschaft' bekleidete in der Zeit des Nationalsozialismus leitende Stellen in der Volks- und Brauchtumspflege bzw. in Bildungsinstitutionen.
7. Ergebnisse der Zeitgeschichte werden von der 'Kärntner Landsmannschaft' in Abrede gestellt, verdrängt oder diskriminiert, ein tradiertes Geschichtsbild bewahrt und gepflegt.

Die Aufarbeitung einer so komplexen Thematik läßt m. E. für den regionalen Bereich

Kärntens schon lange auf sich warten, sie ist aber im Sinne einer umfassenden politischen Bildung dringend geboten; meine Arbeit versteht sich als ein Beitrag dazu.

Dietmar Pickl 257

Anmerkungen

1) Die "Euroalp-Video Ges. m. b. H. u. Co. Kg" hat den Festzug zur Gänze aufgenommen.
2) Bei der 71. Hauptversammlung der "Kärntner Landsmannschaft" wurde Ing. Sepp Prugger zu deren neuem Landesobmann gewählt; in seiner Antrittsrede bezeichnete sich Prugger als "Mann der Begegnung und des Verständnisses" ("Klagenfurt", 9. 4. 1981).
3) Daß der Begriff der "Volkskultur" neu zu überdenken sei, zeigte die Veranstaltung "Volkskultur - Kultur des Volkes?" (im Rahmen der "Kulturkontakte '79" am 20. und 21. Oktober 1979 in Klagenfurt). In seiner Rede vom 18. 11. 1978 in Ternitz im Rahmen der "Kulturkontakte '78" sagte Bundesminister Sinowatz: "Heimat, das ist das Dorf, die kleine Stadt, der Bezirk in der Stadt oder die Wohnsiedlung. Heimat hat nichts zu tun mit Chauvinismus, mit Trachtenpflege, mit Volkstumspflege, mit Blut- und Bodenideologie. Gemeint ist der Lebensraum, unter Betonung R a u m , dieser überschaubare Lebensraum, und es wäre zu klären, was ist im speziellen heute Volkskultur, Dorfkultur, Stadtkultur, was ist eigentlich dieser Mittelklassemensch, (...) für den (...) im kulturellen Bereich in keiner Weise vorgesorgt ist." (Kulturkontakte, (1/April 1979), Sonderbeilage).
4) F. Koschier, Kärntner Landsmannschaft 1910 - 1980, in: Die Kärntner Landsmannschaft (KLM),(10/1980), S. 5.
5) Mitteilungen der Kärntner Landsmannschaft, (1/1920), S. 1.
6) ebenda, S. 1.
7) ebenda, S. 2.
8) KLM, (10/1980), S. 5.
9) Mitteilungen der Kärntner Landsmannschaft, (1/1920), S. 3.
10) ebenda, S. 3.
11) ebenda, S. 8.
12) ebenda, S. 10.
13) Diese gereimte Version von Abwehrkampf und Volksabstimmung lautet: "Wo Mannesmut und Frauentreu' / die Heimat sich erstritt auf's neu', wo man mit Blut die Grenze schrieb und frei in Not und Tod verblieb; hell jubelnd klingt's zur Bergeswand: das ist mein herrlich Heimatland."
14) KLM, (6/1980), S. 10.
15) KLM, (10/1980), S. 5.
16) ebenda, S. 6.
17) KLM, 28 (1938).
18) T. Ferenc, Quellen zur nationalsozialistischen Entnationalisierungspolitik in Slowenien 1941-1945, Maribor 1980: "Verordnung über die Gründung des Kärntner Volksbundes vom 24. 5. 1941", S. 129.
19) Ferenc, Quellen, S. 216.
20) ebenda, S. 295.
21) ebenda, S. 298 ff.
22) ebenda, S. 456.
23) Vereinssatzung der KLM in der letzten Fassung vom 18. 4. 1972, Satzung 2.
24) ebenda, Satzung 7.
25) KLM, (10/1980), S. 7.
26) Festnummer der KLM: 50 Jahre Kärntner Volksabstimmung, 1970, S. 199.
27) ebenda.
28) ebenda, S. 200.
29) ebenda.
30) KLM, (10/1980), S. 8.
31) KLM, (3/1955), S. 3.
32) Festnummer, 1970, S. 133.
33) KLM, (1/1957), S. 11.
34) KLM, (4/1960), S. 3.

35) KLM, (1/1957), S. 9.
36) KLM, (2/1957), S. 11.
37) KLM, (3/1960), S. 17.
38) KLM, (3/1956), S. 5.
39) KLM, (4/1956), S. 5.
40) KLM, (6/1958), S. 3.
41) KLM, (10/1960), S. 3.
42) ebenda, S. 4.
43) KLM, (3/1957), Nr. 3, S. 4.
44) KLM, (2-3/1958), S. 3.
45) KLM, (3/1980), S. 18.
46) KLM, (11/1980), S. 2.
47) H. Haas und K. Stuhlpfarrer haben sich besonders in ihrer Arbeit: Österreich und seine Slowenen, Wien 1977, mit der Thematik der slowenischen Minderheit in Kärnten beschäftigt.

Valentin Sima

DER 10. OKTOBER 1980 - EIN FEST DER "VERSÖHNUNG" UND DER "BEGEGNUNG IN KÄRNTEN?"

Thesen zur offiziellen Politik um die Organisierung der Feierlichkeiten zum 60. Jubiläum der Kärntner Volksabstimmung

Schon am 19. 12. 1979 berichtete 'Die Presse' unter dem Titel "Deutsche und Slowenen sollen am 10. Oktober gemeinsam feiern", daß die Vorbereitungen für den 60. Jahrestag der Kärntner Volksabstimmung von seiten der Kärntner Landesregierung bereits begonnen hätten. Landeshauptmann Leopold Wagner habe bei der Regierungssitzung am 16. 12. 1979 mitgeteilt, es sei

"neben einem Trachtenfestzug durch Klagenfurt eine Veranstaltungsreihe 'Begegnung in Kärnten' vorgesehen, an der auch Vertreter des benachbarten Auslandes teilnehmen sollen. Deutsche und Slowenen sollten sich gemeinsam an diesem Festtag beteiligen." (1)

In der 'Kleinen Zeitung' äußerte sich deren Chefredakteur Heinz Stritzl sogar dahingehend, daß die Landesfeiern "zu einem Fest der benachbarten Völker" [2] werden könnten. Landeshauptmann Wagner stellte das Jubiläum unter das Motto "Begegnung in Kärnten" und teilte mit, er habe "die beiden slowenischen Zentralorganisationen, aber auch den Abwehrkämpferbund und den KHD zu klärenden und vorbereitenden Gesprächen eingeladen." [3]

Wir wissen heute, daß es zu dieser "Begegnung" am 10. Oktober 1980 nicht gekommen ist, obwohl man jenes Motto unbekümmert weiterhin strapazierte. Die Schuld dafür wurde zumindest in den Schlagzeilen im allgemeinen allein den Slowenen zugeschoben: "10. Oktober: Slowenen bleiben gemeinsamer Landesfeier fern." [4] Der Landeshauptmann verkündete nach dem letzten Gespräch mit den Slowenen: "Eine ausgestreckte Hand ist zurückgewiesen worden." [5]

Wenn man polemisch sein wollte, so könnte man die "ausgestreckte Hand" mit jenem Gleichnis kommentieren, in dem der Fischer zum Wurm sagt: "Komm, gehen wir angeln!" Doch würde ein solcher Vergleich sicherlich als unerhörte Verunglimpfung der Kärntner Politik aufgefaßt werden - und wahrscheinlich ist das auch nicht so einfach. Es ist ja auch nur die pointierte Antwort auf die andere, sehr bequeme Vereinfachung, bei jeder sich bietenden Gelegenheit den Slowenen und insbesondere den Slowenen-"führern" den "schwarzen Peter" in die Hand zu drücken.

In diesem Beitrag soll daher versucht werden herauszufinden, inwieweit von

260   DER 10. OKTOBER 1980 IN KÄRNTEN

seiten der offiziellen Stellen tatsächlich Bemühungen gemacht wurden, die Slowenen als gleichberechtigte Partner zu akzeptieren, oder ob die Minderheit nur die Rolle einer "folkloristischen Staffage" [6] zu spielen gehabt hätte. Es soll auch gleich zu Beginn gesagt werden, daß dieser Aufsatz von einem Betroffenen verfaßt wurde, und daß ich diese Betroffenheit auch beim Schreiben nicht zu verbergen trachtete. Ich war bemüht, die wichtigsten Punkte der Auseinandersetzung um eine Teilnahme der Slowenen an den Landesfeiern festzuhalten. Die Schlußfolgerungen, die ich aus dem mir zur Verfügung stehenden Material ziehe, sollen als Versuch verstanden werden, gängige Klischees in Frage zu stellen.

Man kann aber nicht über den 10. Oktober 1980 sprechen, ohne sich zumindest in groben Umrissen die historische Entwicklung und die Ausgangspunkte vor Augen zu halten. Daher werde ich zunächst im ersten Abschnitt einige prinzipielle Anmerkungen zur Volksabstimmung und ihren Folgen machen, wobei alle sozio-ökonomischen Hintergründe ausgeklammert werden sollen und ich mich nur auf die Frage der Demokratie, der Gleichberechtigung beschränke. Im weiteren sollen im zweiten Abschnitt kurz die Situation der Slowenen nach 1920 und die Tradition der Feiern zum 10. Oktober charakterisiert werden, um dann im dritten Abschnitt die Auseinandersetzungen um den 10. Oktober 1980 zu analysieren.

1. Historisch-politische Ausgangspunkte

1. Ohne mich näher auf die Problematik und die Hintergründe einzulassen, postuliere ich, daß man gegenüber den Einigungsbestrebungen der südslawischen Nationen einen Standpunkt einzunehmen hätte, wie er etwa im folgenden formuliert wird:

"Die verschiedenen Nationalitäten des Vielvölkerstaates versuchten im Zuge seiner Auflösung ihre eigene nationale Identität territorial so zu gestalten, daß die ethnisch zusammengehörenden Siedlungsgebiete auch politisch geeint würden (..). Eine einigermaßen distanzierte Einstellung gegenüber diesen Vorgängen müßte die 'Normalität' und Berechtigung der Selbständigkeitsbestrebungen anerkennen (...). Das gemischtsprachige Gebiet war seit vielen Jahrhunderten gemischtsprachiges Siedlungsgebiet, freilich überwog lange Zeit die slowenische Bevölkerung. Aus dieser Perspektive erscheint es daher legitim und 'natürlich', daß die südslawischen Nationen angesichts der sich durch den Zerfall der alten Reichsgrenzen ergebenden Gelegenheit der nationalen Vereinigung Gebietsansprüche stellten und durchzusetzen trachteten." (8)

Das Postulat auf dieser Ebene der Betrachtung lautet also: die "Lostrennungsbestrebungen" waren "berechtigt", ebenso wie die Bestrebungen "berechtigt" waren, dem Staate Österreich angehören zu wollen.

2. Die Volksabstimmung von 1920 "war die Entscheidung für eine politische

Grenze unter Absehung von der Lösung des Problems der gewiß schwierig festzulegenden, aber sicher anders verlaufenden ethnographischen Grenzlinie" [8], und nicht ein Akt, der "eine geographische, ethnologische und wirtschaftliche Grenze bestätigt" [9] hätte. Es verhält sich genau umgekehrt: gerade weil durch die Volksabstimmung die politische und die ethnographische Grenzlinie als verschiedene konstituiert wurden, wurde dadurch das sogenannte Minderheitenproblem "geschaffen" [10]. Es gibt nun offensichtlich den Standpunkt, dieses Minderheitenproblem am besten dadurch bewältigen zu können, indem man die politische Grenze auch als ethnische behauptet, das heißt die Minderheit germanisiert. In diesem Beitrag hingegen wird die Entscheidung von 1920 nicht als Freibrief für die Germanisierung verstanden, sondern als Verpflichtung für Österreich: zumal der Versuch der nationalen Emanzipation der slowenischen Bevölkerung nicht durch ihren freien Zusammenschluß mit der Mehrheit der Slowenen verwirklicht werden konnte, ist es notwendig, daß dieser Bevölkerung ihre freie Entfaltung, ihre Emanzipation - eben als andersnationale Gruppe - durch jenen Staat, in welchem sie Minderheit ist, garantiert wird.

3. Die Notwendigkeit der Garantie für eine freie Entfaltung der slowenischen Bevölkerung ist nicht zuletzt auch daraus abzuleiten, daß die Volksabstimmung und die Entscheidung für Österreich "unter bestimmten, teils ausgesprochenen, teils billig zu erwartenden Bedingungen erfolgt" ist.

"Wenn Österreich und Kärnten mit gutem Recht erwarten dürfen, daß die 1920 festgelegte politische Grenze nicht mehr in Frage gestellt wird, dann muß es sich um die Einlösung dieser Bedingungen redlich bemühen." (11)

Zu den für unsere Betrachtung wichtigsten Bedingungen zählen die feierlichen Versprechungen des provisorischen Kärntner Landtags, der in seiner Sitzung am 28. September 1920, also kurz vor der Volksabstimmung, beschloß, sich mit einem Aufruf an die Bevölkerung des Abstimmungsgebietes zu wenden. Darin hieß es unter anderem:

"Die vorläufige Landesversammlung, weit entfernt, die Methoden jugoslawischer Vergewaltigung und Willkür anzuwenden, vertritt als Grundsatz der zukünftigen Landespolitik die Politik der Versöhnung und der Gerechtigkeit.
Sie erklärt daher im Bewußtsein der verantwortungsvollen Stunde namens der von ihr vertretenen Bevölkerung, daß sie den slowenischen Landsleuten ihre sprachliche und nationale Eigenart jetzt und allezeit wahren will und daß sie deren geistigem und wirtschaftlichem Aufblühen dieselbe Fürsorge angedeihen lassen wird wie den deutschen Bewohnern des Landes.
Eine genaue Ausarbeitung dieser Grundsätze wird nach durchgeführter Wiedervereinigung mit den Vertretern der Kärntner Slowenen vereinbart werden.
Die demokratischen Grundsätze, auf denen die Republik Österreich aufgebaut ist, bürgen übrigens dafür, daß der Wille der slowenischen Bevölkerung unverhüllt zum Ausdrucke kommen wird.
Der Kärntner Slowene wird daher auch innerhalb seines bisherigen Heimatlandes Kärnten die Bürgschaft für den Bestand seines nationalen Lebens und seines

wirtschaftlichen und kulturellen Aufschwunges vorfinden." (12)

4. Der Ton, das Programm und vor allem die Praxis hören und sehen sich allerdings nach der Volksabstimmung etwas anders an. Als Beispiel für den Ton:

> Kärntens großer Tag ist vorüber, Kärntens größerer Tag bricht an. Jener war der Abrechnung bestimmt, dieser wird der Versöhnung und der Verständigung geweiht sein. Ehe wir aber das Werk der Liebe beginnen, laßt uns jenes der Vergeltung vollenden. Los und ledig wollen wir sein all derjenigen, die den heiligen Frieden unserer Heimat schändeten, da sie unseligen Haß schürten und Euch betrogen um die Ruhe und das Glück vieler Monate. Ihnen keine Versöhnung, nur Abscheu, glatte, reine Abrechnung und dann das Tischtuch zwischen uns und ihnen zerrissen." (13)

Das Programm war relativ präzise. Am 25. November 1920 hielt Landesverweser Arthur Lemisch anläßlich einer Festsitzung des Kärntner Landtages eine Ansprache, in der er sagte:

> "Bei der Wiederaufrichtung der Heimat dürfen nicht jene 15.278 vergessen bleiben, die bei der Volksabstimmung für den Anschluß an SHS stimmten. Wir glauben, daß davon wohl viele Tausende Verführte sind, die wir wieder zu Kärntnern zu machen haben.
> Nur ein Menschenalter haben wir Zeit, diese Verführten zum Kärntnertum zurückzuführen; in der Lebensdauer einer Generation muß das Erziehungswerk vollendet sein. Das werden nicht die Behörden und Regierungen machen können, das Kärntner Volk selbst muß es besorgen; Haus, Schule und Kirche müssen sich am Heilungswerk beteiligen. Ohne Künsteleien, ohne Druck hat sich bisher das Wort des Slowenen Urban Jarnik in die Tat umgesetzt, daß die Sprachgrenze in Kärnten in einem Jahrhundert um eine Meile nach Süden vorrückte, und ohne Druck und ohne Künsteleien, nach Kärntner Gebräuchen, muß auch dieses Kärntner Werk vollbracht werden.
> Was die öffentliche Verwaltung hinsichtlich der Schule tun kann, wird sie tun, und zwar bei aller Rücksichtnahme auf die durch den Friedensvertrag geschützte Minorität. Was aber die Kirche hinsichtlich der Reinigung des öffentlichen Geistes beitragen kann, uns von jenem widerkärntnerischen Drucke zu befreien, der dem Lande so unheilvolle Wunden geschlagen, das muß die kirchliche Gewalt besorgen, wir können nur raten und fördern. Nicht die Göttin der Rache wollen wir anrufen, sondern die Friedensengel, und dazu können wir nur Mittler brauchen, die auch Frieden und Eintracht verkündigen. (...) Die K u l t u r des deutschen Volkes hat Kärnten zur südlichen Mark gemacht, die Kultur Mitteleuropas gegenüber südlicher Hyperkultur soll es und wird es auch schaffen, mitzuhelfen, daß Kärnten ungeteilt bleibt.
> Mit deutscher Kultur und Kärntner Gemütlichkeit wollen wir, wenn Schule und Kirche das ihre tun, in einem Menschenalter die uns vorgesteckte Arbeit geleistet haben." (14)

Diese Aussage kann schwerlich anders interpretiert werden denn als ein relativ klares Programm für die Germanisierung, das heißt für das "Vorrücken" der Sprachgrenze nach Süden bis zur Landesgrenze. In einer slowenischen Broschüre aus dem Jahre 1950 wird in diesem Zusammenhang dem Erstaunen darüber Ausdruck verliehen, "daß ein führender Staatsfunktionär, der zugleich auch in der Selbstverwaltung einen leitenden Posten innehat, als Vertreter des sich in der Mehrheit befindlichen Volkes mit seiner Autorität beim feierlichen Versprechen mitwirkt, die sprachliche und nationale Eigenart des Volkes, das sich in der Minderheit befindet, j e t z t u n d a l l e z e i t zu wahren, und zwei Monate später vor derselben Körperschaft, vor der er dieses Versprechen abgegeben hatte, mit eiskalter Selbstverständlichkeit Richtlinien aufstellt, die zu den früheren vollkommen im Widerspruch stehen, während er in derselben Rede auch noch über den Minderheitenschutz spricht. Und kein Mitglied dieser politischen Körperschaft fand sich bereit, dagegen zu protestieren. Auch die Sozialdemokraten schwiegen. So etwas hatte es bisher noch nicht gegeben. Das sind wirklich 'Kärntner Gebräuche'! (15)"

Auf die Praxis Österreichs gegenüber den Slowenen wird im nächsten Abschnitt eingegangen.

2. Historische Hintergründe

2.1. Die reale Situation der Slowenen als Minderheit

Für die Zeit bis 1938 kann hier nur summarisch festgestellt werden, daß die Politik gegenüber den Kärntner Slowenen stark von Germanisierungsbestrebungen gekennzeichnet war. Speziell die jüngste österreichische zeitgeschichtliche Forschung - ich verweise hier auf das Buch von Hanns Haas und Karl Stuhlpfarrer [16] - hat nicht nur die Tatsache der Germanisierungspolitik aufgrund von Aktenmaterial nachgewiesen, sondern auch einiges von ihrer inneren Struktur offengelegt [17]. Auf den Nationalsozialismus soll hier auch nicht näher eingegangen werden, denn seine Entnationalisierungspolitik gegenüber den Slowenen kann als bekannt vorausgesetzt werden, obwohl sich die Kärntner Historiographie über diese Periode gerne ausschweigt. Es soll hier nur darauf hingewiesen werden, daß eine direkte - zumindest personelle - Kontinuität in der Politik gegenüber den Slowenen von 1920 bis 1938 und dem Nationalsozialismus besteht. Alois Maier-Kaibitsch, langjähriger Sekretär des 'Kärntner Heimatbundes' (der Nachfolgeorganisation des 'Kärntner Heimatdienstes' nach dem Austritt der Sozialdemokraten im Jahre 1924), hatte schon vor dem Nationalsozialismus die Politik gegnüber den Slowenen mitbestimmt und war seit 1934 illegaler Nationalsozialist. Aus Materialien des Berlin Document Center geht klar hervor, daß er in der illegalen Gauleitung als Referent für das gemischtsprachige Gebiet mit dessen nationalpolitischen Fragen tätig war, daß er die Organisation des 'Kärntner Heimatbundes' in den Dienst der illegalen NSDAP-Tätigkeit stellte, und daß er nach dem "Umbruch" sofort in die Kärntner Landesregierung als Landesrat berufen wurde. Er hatte eine Reihe weiterer einschlägiger Funktionen:

Leiter der Volksstelle bei der Landeshauptmannschaft Kärnten, Sonderbeauftragter der Gauleitung für die nationalpolitischen Fragen des gemischtsprachigen Gebietes, Beauftragter der Volksdeutschen Mittelstelle für Kärnten, Landesverbandsführer des Volksbundes für das Deutschtum im Ausland usw. [18]. Maier-Kaibitsch war Hauptverantwortlicher für die Aussiedlung der Slowenen und wurde am 31. Oktober 1947 vom Senat Klagenfurt des Volksgerichtes Graz als Kriegsverbrecher zu lebenslangem, schwerem Kerker verurteilt [19]. Es ist bezeichnend für das Kärntner politische Klima in der Zweiten Republik, daß im Jahr des Ortstafelsturms (1972) der Fraktionsführer der SPÖ im Völkermarkter Gemeinderat, Giendl, dort Ende Dezember den Antrag einbrachte, für den oben genannten Alois Maier-Kaibitsch ein Denkmal aufzustellen, ohne daß ein Sturm der Entrüstung losgebrochen wäre. Kaibitsch kam zu solchen Ehren dann letztendlich doch nicht, vor allem aufgrund internationaler Proteste [20]. Ganz anders erging es in der Zweiten Republik Hans Steinacher, der mit Kaibitsch seit dem Abwehrkampf "in treuer Kameradschaft zusammenstand" und es mit diesem gemeinsam dem "rote(n) Gesindel, das sich Soldatenrat nannte", gezeigt haben wollte [21]. NSDAP-Mitglied (Nr. 7.753.917) Steinacher fand später in der ÖVP Unterschlupf, wo er es zum Berater dieser Partei in Minderheitenfragen brachte. Er wurde mit dem "Großen Ehrenzeichen für Verdienste um die Republik Österreich" ausgezeichnet und erhielt im Jubiläumsjahr 1970 als Ehrengabe eine außerordentliche monatliche Pension [22]. Man kann zwar auch seine NSDAP-Mitgliedschaft mit der Bemerkung abtun: "Wer war schon nicht bei der NSDAP?" [23], man kann auch seine Sichtweise des Abstimmungskampfes als "zeitbedingt" relativieren wollen, aber man kommt nicht darum herum, daß er 1943 schrieb:

"Nicht nur falsch, sondern auch lächerlich sind alle Versuche einer 'österreichischen' Nachkriegszeit gewesen, den Erfolg Kärntens im zweijährigen Kampf von 1918 bis 1920 als einen 'Sieg des österreichischen Staatsgedankens' darstellen zu wollen. Kärntens Kampf konnte nur als deutscher Kampf, in Selbstverantwortung für das geschaute Reich und für Volkstum und Heimat geführt werden. Auch dafür sei meine Darstellung Zeugnis und Bekenntnis." (24)

Dies ist für unsere Betrachtung deshalb von Wichtigkeit, weil Steinacher bei den Jubiläumsfeiern in der Zweiten Republik eine wichtige Rolle spielte.

Als besonderes Kärntner Kuriosum des Übergangs vom Nationalsozialismus zur Zweiten Republik sei erwähnt, daß Gauleiter Rainer auf völlig "legale" und friedliche Weise die Macht an die Repräsentanten der österreichischen politischen Parteien übertragen konnte. Nach mehrtätigen Verhandlungen verabschiedete er sich in der Nacht vom 7. auf den 8. Mai 1945 mit einer Rede im Rundfunk, "um jenen Kräften, die der Auffassung unserer Feinde besser entsprechen, Gelegenheit zur Bildung einer neuen politischen Plattform zu geben." Und an die Nationalsozialisten gewandt, fuhr er fort: "Tretet jetzt alle geschlossen und mit allen Kräften für ein freies und ungeteiltes Kärnten ein." Die provisorische Landesregierung erklärte die Erhaltung des freien und ungeteilten Kärnten zu ihrer Hauptaufgabe [25].

Gerade unter diesem außenpolitischen Gesichtspunkt der Sicherung der Landesgrenze wurde in Kärnten zunächst ein positiver Schritt gegenüber der Minderheit gesetzt, eben um zu beweisen, "daß das neue Österreich weit entfernt von einem egoistisch-nationalistischen Chauvinismus stehe" [26]. Es wurde im Oktober 1945 das sogenannte obligatorische zweisprachige Schulwesen eingeführt [27], wonach der Unterricht in den ersten drei Schulstufen grundsätzlich in der Muttersprache des Kindes zu erteilen war. Zugleich wurde die zweite Landessprache schon obligatorisch gepflegt. Ab der vierten Schulstufe war die Unterrichtssprache deutsch, slowenisch wurde weiterhin im Ausmaß von vier bzw. drei Wochenstunden unterrichtet. Landeshauptmann-Stellvertreter Ferlitsch erklärte im Jänner 1947 vor dem Kärntner Landtag: Wir "fragen das Kind nicht, ob deutsch oder slowenisch, sondern fordern die Erlernung beider Sprachen von jedem Schüler. Wir sind der Überzeugung, daß dies zum Vorteil der Völker ist, die unser Land bewohnen."[28]

Ein zweiter Schritt in Richtung Erhaltung der Minderheit war die Errichtung des Bundesgymnasiums für Slowenen im Jahre 1957 [29] - also schon nach Abschluß des Staatsvertrages, in dessen Artikel 7 die Rechte der Slowenen international verbrieft sind. Doch war dies zugleich auch der letzte positive legistische Schritt. Ein Jahr später schon wurde zum Sturm auf die "Zwangsschulverordnung" [30] aus dem Jahre 1945 geblasen. Der Landeshauptmann als Vorsitzender des Landesschulrates reagierte am 22. 9. 1958 mit einem Erlaß, der unter dem Hinweis auf "die Unruhe (...) unter der Elternschaft des gemischtsprachigen Gebietes" die Möglichkeit der Abmeldung vom zweisprachigen Unterricht eröffnete [31]. Im Jahr 1959 wurde dieser Erlaß durch ein Bundesgesetz sanktioniert, worin die Anmeldepflicht zum zweisprachigen Unterricht festgelegt wurde. Im selben Jahr wurde auch das sogenannte "Gerichtssprachengesetz" beschlossen, das die slowenische Sprache an drei Gerichten (von neun im zweisprachigen Gebiet) zuließ. In beiden Gesetzen wurde von einer "Minderheitenfeststellung" gesprochen [32]. Daß die Abmeldungen vom zweisprachigen Unterricht nicht ganz so "freiwillig" waren, wie es manche darstellen, zeigen zahlreiche Indizien. Es kam zu vielfältigen Formen psychologischen, politischen und sozialen Zwangs [33].

In diesem Zusammenhang darf nicht unerwähnt bleiben, daß sofort nach der Unterzeichnung des Staatsvertrages diverse deutschnationale Organisationen wieder aus dem Boden schossen: gleich nach vier Tagen der 'Schulverein Südmark', später der "Bund der Windischen" und dann der 'Kärntner Heimatdienst' als Dachverband dieser und anderer Verbände. Diese Organisationen leisteten auch die Vorarbeit für die Abschaffung des obligatorischen zweisprachigen Unterrichts [34].

Der nächste einschneidende Punkt der Nachkriegsentwicklung war der berüchtigte "Ortstafelsturm", dem das sogenannte "Ortstafelgesetz" 1972 [35] zum Opfer fiel. Der Tafelsturm leitete eine Entwicklung ein, als deren Schlußpunkt das Volksgruppengesetz und das Volkszählungsgesetz [36] mit der dazugehörigen Dreiparteienvereinbarung [37] und dem entsprechenden Verordnungen [38] beschlossen wurden. Mit diesen Maßnahmen wurde der wesentlichen Forderung der Kärntner Deutschnationalen Rechnung getragen: keine Minderheitenrechte ohne Minderheitenfeststellung!

"Das 'Volksgruppengesetz' ist in letzter Instanz von deutschnationalen, minderheitenfeindlichen Kräften bestimmt: 'Diese Lösung ist die mögliche Minimallösung - zugleich aber das Maximum dessen, wozu wir unsere Zustimmung geben werden', erklärte FP-Abgeordneter Erich Silla, der von Zeit zu Zeit auch als KHD-Vertreter in Erscheinung tritt, im März 1977. Damals hielt die FPÖ eine 'Grenzlandkonferenz' ab, in der über die Verordnungen zum 'Volksgruppengesetz' verhandelt wurde. Der Vorschlag der FPÖ scheint im wesentlichen in den Verordnungen vom 31. Mai wieder auf." (39)

Auf der erwähnten Grenzlandkonferenz der FPÖ (3. März 1977) in Völkermarkt dürfte es recht turbulent zugegangen sein. Nichts könnte auf jeden Fall den Geist und den Charakter der letzten legistischen Maßnahmen gegenüber den Slowenen treffender kennzeichnen als das Selbstlob der FPÖ in den 'Kärntner Nachrichten' vom 9. 3. 1977, die an jeden Haushalt versandt wurden:

"Das hat die FPÖ erreicht:

1. Anstatt in 12 Gemeinden wird es nur in 8 Gemeinden zweisprachige Ortstafeln geben.
2. Anstatt in 21 Gemeinden wird nur in 14 Gemeinden Slowenisch zusätzlich zur deutschen Amtssprache zugelassen sein.
3. Bei den Bezirkshauptmannschaften werden nur jene Personen Slowenisch neben der deutschen Amtssprache in Anspruch nehmen können, die in einer Gemeinde wohnhaft sind, in der Slowenisch als zusätzliche Amtssprache zugelassen ist.
4. Slowenisch als zusätzliche Sprache neben der deutschen Amtssprache bedeutet, einen Dolmetscher in Anspruch nehmen zu können. Zusätzliche 'doppelsprachige' Beamte sind nicht notwendig.
5. Die Kammern und die Sozialversicherung werden in ihren Angelegenheiten von der Amtssprachenregelung ausgeschlossen.
6. Beim Militärkommando Klagenfurt wird es keine Amtssprachenregelung geben.
7. Der Bezirk Hermagor wird in die Ortstafel- und Amtssprachenregelung nicht miteinbezogen.
8. Die FPÖ wird bei den nächsten Verhandlungen in Wien von der Bundesregierung verlangen, daß die im November 1976 gestörte Sprachenerhebung wiederholt wird. (Soll die Rechtsstaatlichkeit in Frage gestellt werden?)" (40)

Eine deutliche Sprache spricht auch das Faksimile aus derselben Nummer der 'Kärntner Nachrichten', wobei unter Hinweis auf den Hauer-Erlaß auch die eklatante Verschlechterung gegenüber dem früheren Zustand deutlich wird [41].

Der „Hauer-Erlaß"

Beurteilen Sie selbst!

Entwicklung der Amtssprachenregelung vom „Hauer-Erlaß" bis zum FPÖ-Vorschlag

(* Diese Altgemeinden sollen zweisprachige Ortstafeln erhalten)

Hat die FPÖ in dieser Frage für Kärnten nicht das Menschenmögliche getan?

Pol. Bezirk Hermagor
(5 Gemeinden)

1. Egg
2. Görtschach
3. Hermagor
4. St. Stefan a. d. Gail
5. Vorderberg

Pol. Bezirk Villach-Land
(13 Gemeinden)

6. Arnoldstein
7. Augsdorf a. Wörther See
8. Feistritz a. d. Gail
9. Finkenstein
10. Hohenthurn
11. Ledenitzen
12. Köstenberg
13. Maria Gail a. Faaker See
14. Nötsch im Gailtal
15. Rosegg i. R.
16. St. Jakob i. R.
17. Velden a. Wörther See
18. Wernberg

Pol. Bezirk Klagenfurt-Land
(17 Gemeinden)

19. Ebental
20. Feistritz I. R.
21. Ferlach
22. Grafenstein
23. Keutschach
24. Köttmannsdorf
25. Ludmannsdorf
26. Maria Rain
27. Mieger
28. Poggersdorf
29. Radsberg
30. St. Margareten i. R.
31. Schiefling am See
32. Viktring
33. Weizelsdorf
34. Windisch Bleiberg
35. Zell

Pol. Bezirk Völkermarkt
(17 Gemeinden)

36. Bleiburg
37. Diex
38. Eberndorf
39. Eisenkappel-Vellach
40. Feistritz ob Bleiburg
41. Gallizien
42. Globasnitz
43. Griffen
44. Haimburg
45. Neuhaus
46. Ruden
47. St. Kanzian a. Klopeiner See
48. St. Peter am Wallersberg
49. Sittersdorf
50. Tainach
51. Völkermarkt
52. Waisenberg

Der Expertenvorschlag

Pol. Bezirk Villach-Land

Finkenstein
Hohenthurn
Rosegg
St. Jakob i. R.
Velden

Pol. Bezirk Klagenfurt-Land

Feistritz I. R.
Ferlach (Windisch Bleiberg, Welzelsdorf *)
Keutschach
Köttmannsdorf
Ludmannsdorf *)
St. Margareten i. R.
Schiefling a. S. *)
Zell *)
Ebental (Radsberg *)

Pol. Bezirk Völkermarkt

Bleiburg (Feistritz, Moos, Lolbach *)
Eberndorf
Eisenkappel *)
Globasnitz *)
Neuhaus (Schwabegg *)
St. Kanzian
Sittersdorf *)
Diex
Gallizien

Der Vorschlag der FPÖ

Pol. Bezirk Villach-Land

St. Jakob
Rosegg

Pol. Bezirk Klagenfurt-Land

Feistritz/Ros.
Ferlach (Windisch Bleiberg †)
Ebental (Radsberg *)
Ludmannsdorf *)
Zell Pfarre *)
St. Margareten i. R.

Pol. Bezirk Völkermarkt

Bleiburg (Moos, Feistritz ob Bleiburg *)
Eisenkappel (Vellach *)
Gallizien
Globasnitz *)
Neuhaus (Schwabegg *)
Sittersdorf

Faksimile aus den 'Kärntner Nachrichten' vom 9. 3. 1977, Nr. 10 a, S. 1.

In letzter Zeit wird die Dreiparteienvereinbarung auch zunehmend als Druckmittel "Kärntens" gegenüber der Bundesregierung eingesetzt [42], v. a. wenn letztere zu Gesprächen über mögliche Konzessionen gegenüber den Slowenen bereit ist.

Um es kurz zusammenzufassen: Die reale Situation der Minderheit kann jedenfalls schwerlich als Einlösung der feierlichen Versprechungen des provisorischen Kärntner Landtags vom 28. 9. 1920 aufgefaßt werden. Dieser realpolitische Hintergrund muß mitbedacht werden, wenn man die Vorbereitungen zum 60. Jubiläum der Kärntner Volksabstimmung analysiert.

2.2. Die Tradition der 10. Oktober-Feiern

Die 10. Oktober-Feiern werden nur alle zehn Jahre offiziell groß begangen, in den Jahren dazwischen werden die Aufmärsche und Kundgebungen vom 'Kärntner Heimatdienst' (KHD) und vom' Kärntner Abwehrkämpferbund' (KAB) organisiert.

Ich will hier auf zwei die Beziehungen zur Minderheit schwer belastende Momente eingehen, die für diese Feiern charakteristisch sind. Als erstes sei die Hypothek des Deutschnationalismus genannt, die Darstellung Kärntens als "deutsches" (nicht zweisprachiges) Land. Streiflichter durch die Geschichte der Feiern sollen als Illustration dienen.

"Schon die erste große Abstimmungsfeier, die Zehnjahresfeier von 1930, stand ganz dem Geist der Zeit entsprechend im Zeichen der deutschen Sendung Österreichs und der deutschen Aufgabe, die Kärnten mit seiner Volksabstimmung geleistet habe." (43)

Die 'Freien Stimmen' veröffentlichen in ihrer Festnummer ein Gedicht von August Eichner, in dem es heißt:

"HEIL KÄRNTNERLAND

(...)

Deutsch warst du ja zu jeder Zeit,
und wirst es sein in Ewichkeit!
Heil dir du schönes Kärntnerland!" (44)

Bundespräsident Miklas sprach von Kärnten, das "schon seit 976 ein selbständiges deutsches Herzogtum" sei, Altbundeskanzler Seipel grüßte "die Südmark Österreichs und des Deutschtums" und der deutsche Reichskanzler Brüning überbrachte "Gruß und Dank des Deutschen Reiches an Kärnten." [45] Im Jahre 1938 standen die Feierlichkeiten ganz im Zeichen des Anschlusses [46]. Im Jahre 1940 sprach Kreisleiter Pachneck anläßlich der Eröffnung von zwei Kindergärten in Kühnsdorf und

Sittersdorf:

"Dieses Land war deutsch, dies bewies der 10. Oktober 1920, dieses Land ist deutsch, und dieses Land wird immer deutsch bleiben." (47)

Die Feiern im Jahr 1943 wurden groß aufgezogen. Sie fanden im Rahmen einer "Kärntner Kulturwoche" statt, deren Veranstaltungen breit gefächert waren: Großappell der HJ, Grenzlandtheateraufführungen, Festkonzerte des Sängergaus, eine Ausstellung: "Kärnten - 1200 Jahre Grenzland des Reiches" usw.:

"Von ihrer thematischen Gliederung her ist die Ausstellung 'Kärnten - 1200 Jahre Grenzland des Reiches' äußerst aufschlußreich. (...) Sie war in vier Themenkreise gegliedert. Der erste sollte die 1400 Jahre alte germanische Kontinuität Kärntens aufzeigen, der zweite die deutsche Besiedelung des Landes, der dritte Türkenkriege, Militärgrenze, Franzosenkriege, und der vierte 'Freiheitskampf' und Volksabstimmung." (48)

Nach 1945 wurde der 10. Oktober zunächst kaum gefeiert. Als am 13. Februar von Landeshauptmann Piesch sogar zur Erörterung gestellt wurde,

"den 10. Oktober nicht mehr als Landesfeiertag zu feiern, um auf diese Weise bei denjenigen Slowenen, die damals für Jugoslawien gestimmt haben, nicht immer wieder eine alte Wunde aufzureißen, fand er lebhafte Zustimmung. Das soll als Beweis des ernsten Willens der Kärntner Landesregierung angesehen werden, alles zu tun, um dem zweiten Kärntner Volksteil so weit als möglich entgegenzukommen." (49)

Es kam aber nie zur Realisierung eines solchen Vorschlags [50], und nachdem es auf internationaler Ebene in der Grenzfrage seit dem Frühjahr 1948 für die Kärntner Seite schon etwas rosiger aussah, schlug man in Kärnten einen militanteren Ton an [51]. Offene Angriffe gegen die Slowenen wurden jedoch größtenteils unterlassen, so auch bei der Landesfeier im Jahre 1950, deren zentrale Leitung das Kulturreferat der Kärntner Landesregierung innehatte. Dem Fehlen antislowenischer Äußerungen lagen wohl "eher taktische Überlegungen zugrunde: der Staatsvertrag war schließlich noch nicht unter Dach und Fach." [52]

Anders war es bei der Landesfeier zum 40. Jahrestag der Kärntner Volksabstimmung. Das zeigt sich schon an den Personen, die diesmal für die Feierlichkeiten verantwortlich waren: Dr. Franz Koschier hatte die oberste Organisationsleitung (unter dem Nationalsozialismus war er u. a. "Kulturberater" bei der "Zwangseindeutschung in Oberkrain" [53]. Hauptmann Karl Fritz ("als SS-Offizier beteiligt an der zwangsweisen Vertreibung österreichischer Staatsbürger, mitschuldig an der Slowenenaussiedlung" [54]) war verantwortlich für die Festreden, und Hans Steinacher, dessen politisches Profil schon oben kurz skizziert wurde, führte den Landesfestzug an.

DER 10. OKTOBER 1980 IN KÄRNTEN

Mit der Durchführung der Landesfeier 1970 wurde wieder Hofrat Dr. Franz Koschier betraut [55].

"Der ehemalige Gaureferent für Feierstunden legte sich dann auch mächtig ins Zeug. Mit den inoffiziellen Losungen 'Das ganze Land im Kärntner Gwand' und 'Vom Tal bis an die Gletscherwand, tönt deutsches Lied im Kärntnerland' wurden die Kärntner Massen mobilisiert. Das ganze Jahr über wurde Stimmung gemacht. Die Zeitungen berichteten in überschwenglichen Tönen von den Vorbereitungen ('Man leistete Generalstabsarbeit', hieß es). Das Ergebnis sei vorweggenommen: In Anwesenheit von Bundespräsident Jonas, Bundeskanzler Kreisky mitsamt Bundesregierung und aller Kärntner Politiker rollte die Festveranstaltung in Klagenfurt 'mit einer Präzision sondergleichen ab' (Gelernt ist gelernt!). Die Bundesbahnen beförderten zu halbem Tarif, die Polizei hatte Großeinsatz, die Handelskammer rief Fleischer und Bäcker auf, offenzuhalten. Zweieinhalb Stunden marschierte der 8 km lange Festzug an den Ehrengästen und den 70.000 Zuschauern vorbei. Eichenlaub und NS-Abzeichen wurden ohne Scheu getragen." (56)

In seiner Ansprache rief der Abwehrkämpfer Kohla die Jugend auf, die Fahnen der alten Kämpfer zu übernehmen,

"um 'das Volkstum beiderseits der Drau zu hüten'. Daß er das 'deutsche' (von Österreich sprechen diese Herren bekanntlich äußerst ungern) im Sinn hatte, unterstrich das angesteckte Eichenlaub mit aller Eindringlichkeit." (57)

Der 'Kärntner Heimatdienst' machte zu dieser Feier die entsprechende Begleitmusik in seinem Organ 'Ruf der Heimat' vom Oktober 1970:

"Also hat die Geschichte in Kärnten noch keinen 'Schlußstrich' gezogen. Sie zieht ihn unter zwei Völker nur, wenn eines von ihnen nicht mehr besteht. So ist der Abwehrkampf von 1920 im Jahr 1970 immer noch Abwehrkampf mit den Waffen des Herzens und des Geistes und wird es bleiben, so lange ein deutsches Volk hier, ein slowenisches dort gibt." (58)

Diese Sätze wurden und werden von des Lesens Kundigen offensichtlich dahingehend verstanden, daß der KHD die "Endlösung der Slowenenfrage" in der endgültigen Germanisierung des slowenischen Bevölkerungsteiles sieht. Der KHD fühlte sich jedoch nach zehn Jahren mißverstanden und sah seine Gedankengänge von "allen einschlägigen kommunistischen Publikationen" derartig manipuliert, daß er zwar "keinerlei Veranlassung" fand, sich "gegen derart wahnwitzige Unterstellungen zu verteidigen", dies dann aber trotzdem tat mit dem Hinweis, daß die "Gedankengänge (...) auf eine ausschließlich friedliche Bewältigung des Minderheitenproblems" [59] hingezielt hätten. Er behauptete, das Zitat sei aus dem Zusammenhang gerissen worden. Doch gerade wenn man andere Passagen des Textes hinzuzieht, so wird nur umso klarer, daß mit "Bewältigung des Minderheitenproblems" - ob friedlich oder unfriedlich - nur das Verschwinden der Slowenen als selbstbewußte Volksgruppe gemeint gewesen sein konnte, nicht "gewaltsam" zwar, aber durch "leisen" (ökonomischen, politischen und psychosozialen) Zwang ("mit den Waffen der Herzens und des Geistes"), denn das Slowenische ist schon durch sein Bestehen allein eine Gefahr für den deutschen Charakter des Landes:

"Kärnten war ein deutsches Herzogtum seit den Karolingern. (...) Und die Kultur des Kärntner Volkes ist die deutsche seit zwölfhundert Jahren. (...) Jeder soll die Sprache seiner eigenen Wahl sprechen, seine Kinder darin erziehen und seinem liebgewordenen Volkstum treu bleiben. Sie (die 'Kärntner', Anm. d. Verf.) wollen aber auch, daß das ganze Kärntnerland für immer den Charakter eines deutschen Landes trage - die Minderheit der Slowenen soll ihre völkische Eigenart wahren, aber das ganze Land selbst soll eine Einheit bleiben in seinem Erscheinungsbild vor aller Welt." (60)

Mit dieser soeben beschriebenen Hypothek des Deutschnationalismus, die für die Oktoberfeiern charakteristisch ist, ist ein zweites Phänomen verbunden: die ständige Instrumentalisierung der Geschichte für die aktuelle Minderheitenpolitik: die historischen Ereignisse werden zum Anlaß genommen, um eine weitere Einschränkung von Minderheitenrechten zu fordern, errungene "Siege" im "Abwehrkampf" gegen Minderheitenrechte auszuspielen, oder aber es wird eine neue "Bedrohung" Kärntens geortet, zu deren Bekämpfung man die Aufrechten zusammenruft. Die folgenden Beispiele aus der Broschüre "Kärnten bleibt deutsch" sollen dies illustrieren.

Der 10. Oktober 1948 stand unter der Devise der Verteidigung der unsicheren Grenze [61], während man im nächsten Jahr - als die Grenzen schon sicher waren - vor allem von seiten der ÖVP dazu überging, eine Kampagne gegen das zweisprachige Schulwesen zu eröffnen [62]. Ähnliche Forderungen wurden auch 1955 laut [63].

Im Jahre 1958 konnte man endlich den Sieg über die Schulverordnung aus dem Jahre 1945 feiern. Im 'Slovenski vestnik' hieß es damals:

"Die Verlogenheit ihrer Heimatgefühle kam heuer besonders zum Ausdruck, da sie nicht nur ihres Sieges in der deutschen Nacht 1920 gedachten, sondern zugleich auch den Sieg auf dem Gebiet der Schulfrage feierten und von einer neuen, großartigen Abstimmung in der Form von Abmeldungen sprachen." (64)

Direktor Heribert Jordan sprach bei der Abstimmungsfeier der Abwehrkämpfer im Klagenfurter Konzerthaus "von den erfolgreichen Aktionen des Kärntner Heimatdienstes" [65] in den letzten Wochen, wobei "die heimattreue Bevölkerung ihre unwandelbare Treue zum Heimatland in der Schulabstimmung bewiesen" [66] hätte, womit implizit eigentlich alle, die weiterhin auf zweisprachigen Unterricht beharrten, als "Heimatverräter" gestempelt waren.

Kaum waren das Schulgesetz und das Gerichtssprachengesetz 1959 beschlossen, ging man 1960 zu neuen Kampfzielen über. Im Festzug wurden u. a. Transparente mit folgenden Parolen mitgetragen [67]: "Keine Gesetze ohne geheime Minderheitenfeststellung." 1970 wurde dieselbe Forderung erhoben. Weitere Parolen waren

"Gleichberechtigung für die Mehrheit", "Toleranz ja - weitere Geschenke nein" usw.[68]. Vielleicht meinte man mit Geschenken den im Begleitprogramm zu den Jubiläumsfeiern 1970 erfolgten Spatenstich für das Gebäude des Bundesgymnasiums für Slowenen in Klagenfurt.

Im Jahr 1972 vergaß der KHD bei seiner Oktoberkundgebung des Gedenkens an die historischen Ereignisse fast ganz, denn er war mit der sehr aktuellen Aufgabe beschäftigt, die "schweigende Mehrheit"[69] zur "Großkundgebung in Klagenfurt gegen das Ortstafeldiktat" zu mobilisieren. Auch die Reden beschäftigten sich fast ausschließlich mit diesem Thema. In den folgenden Jahren wurde der Kampf für eine Minderheitenfeststellung in den Vordergrund gestellt, im Jahre 1975 gar unter dem Motto: "55 Jahre Kampf für Kärnten und Österreich"[70]. (Das klingt etwas erstaunlich, denn die Tätigkeit vieler KHD-Funktionäre in den Jahren 1938-45 dürfte schwerlich als Kampf für Österreich zu bezeichnen sein). Und da 1975 Nationalratswahlen stattfanden, wurde auch gleich die Kampfbereitschaft der Kärntner Kandidaten getestet, indem man sie aufforderte, die "Karten auf den Tisch"[71] zu legen bezüglich ihrer Haltung gegenüber der Minderheitenfeststellung. 1976 hieß es dann: "Alle Kärntner zur Zählung!"[72]. In den letzten Jahren beschäftigt sich die 10. Oktober-Agitation des KHD schwerpunktmäßig auch mit dem Kampf gegen jugoslawische Kapitalbeteiligungen an Betrieben in Kärnten. So hieß es z. B. im Jahre 1978:

"Für eine gesicherte Zukunft! Gegen Überfremdung durch Titobetriebe! Kärnten den Kärntnern!" (73)

Die jugoslawischen Kapitalbeteiligungen sind zwar unbedeutend, doch will der KHD ja nicht informieren und Problemlösungen (etwa für gefährdete Arbeitsplätze) anbieten, sondern Stimmung machen. Zur Information sei hier angeführt, daß bei neugegründeten Betrieben in Kärnten im Zeitraum 1960-1979 von insgesamt 61 ausländischen Kapitalbeteiligungen 45 auf die BRD, fünf auf Italien und nur vier auf Jugoslawien entfielen (der Rest verteilte sich auf andere Staaten).

Zusammenfassend sei zur Tradition der 10. Oktober-Feiern also festgestellt, daß sie mit einer gewaltigen Hypothek an Deutschnationalismus ("deutscher" Charakter des Landes) belastet sind, und daß es in ihrem Gefolge immer wieder zu verstärkten Feindlichkeiten gegenüber der slowenischen Minderheit gekommen ist. Auf diesem Hintergrund wird deutlich, daß die Kärntner Landespolitik um die Schaffung von gewissen Voraussetzungen sich redlich hätte bemühen müssen, um eine Teilnahme der Slowenen an den Jubiläumsveranstaltungen 1980 überhaupt in den Bereich des Denkbaren zu rücken.

3. Das Jahr 1980

Zur vorliegenden Untersuchung über die Vorbereitungen auf die Landesfeiern 1980 wurden die wichtigsten Zeitungsmeldungen herangezogen, was u. a. neben ihrem Informationsgehalt auch deshalb wichtig ist, weil sie ein bestimmtes Klima mit schufen. Wie mir Ing. Sepp Prugger in einem Interview mitteilte, hätte er mit den Zeitungen oft Probleme gehabt, weil sie selbst "zu viel Politik machten" und sich schon so aufführten, "als wären sie der Bundeskanzler".

Das Gespräch mit Ing. Sepp Prugger als dem von der Landesregierung eingesetzten Landesbeauftragten und Verantwortlichen für die Organisation des Landesfestzuges führte ich am 24. 4. 1981. Es dauerte etwa eineinviertel Stunden. Prugger lehnte einen Tonbandmitschnitt ab, sodaß ich danach ein Gedächtnisprotokoll verfassen mußte. Ich fragte ihn auch nach Unterlagen wie Protokollen, Einladungen u. a., die er mir leider - außer dem offiziellen Programm zur Landesfeier - nicht zur Verfügung stellen konnte. Weitere Gespräche führte ich mit dem Sekretär des Rats der Kärntner Slowenen, Prof. Jože Wakounig (am 24. 4. 1981, Dauer ca. eine Stunde), über seine Teilnahme an einer Sitzung des Organisationsausschusses für die Landesfeier, sowie mit den Vorsitzenden der beiden slowenischen Zentralorganisationen, Dr. Matevž Grilc (25. 4. 1981, etwa eine Stunde) und Dr. Franci Zwitter (26. 4. 1981, ca. eine Stunde). Telefonische Auskünfte gaben mir der Sekretär des Zentralverbandes, Dipl. Ing. Feliks Wieser und der Organisationssekretär des Rates, Mag. Franc Wedenig (beide 28. 4. 1981). Außerdem bekam ich von den slowenischen Organisationen freundlicherweise einige Unterlagen zur Verfügung gestellt. Univ. Prof. Dr. Helmut Rumpler erteilte mir einige Auskünfte (am 28. 4. 1981) über die Organisation des Symposions zur Volksabstimmung und überließ mir eine Kopie des Manuskripts seiner Eröffnungsrede bei jener Veranstaltung. Die Interviews sind im Text in der Regel mit dem In Klammer gesetzten Namen des Befragten kenntlich gemacht.

Es können hier nicht alle Aspekte der Vorbereitungen für die Landesfeiern aufgezeigt werden. Insbesondere müssen die Entwicklungen auf internationaler Ebene (Österreich-Jugoslawien) ausgeklammert werden, weiters gewisse, sicher interessante Auseinandersetzungen über die Höhe einer einmaligen Gratifikation an noch lebende Abwehrkämpfer und über das Regionalabkommen, sowie Einzelheiten der Vorbereitung , die mit der Frage der Teilnahme der Slowenen nichts zu tun hatten.

Nach der Auswertung der Gespräche und nach Durchsicht des Materials wurde klar, daß viele Fragen einer weiteren Klärung und Präzisierung bedürften. Es müßten noch einige Rückfragen gemacht und Gespräche mit weiteren Personen geführt werden, um zu einer verläßlicheren Einschätzung zu kommen. Dies war jedoch wegen des Zeitdrucks nicht mehr möglich und würde auch den vorgegebenen Rahmen dieses Beitrags sprengen. Anhand von einzelnen Punkten der Auseinandersetzung soll im folgenden die These expliziert werden, daß von einer "ausgestreckten Hand den Slowenen gegenüber" bei der Vorbereitung und Durchführung der Jubiläumsveranstaltung 1980 kaum ernsthaft die Rede sein kann.

3.1. "Versöhnung" nur am Feiertag?

Als eine wichtige Voraussetzung bzw. Rahmenbedingung für ihre mögliche Teilnahme an den Feierlichkeiten bezeichneten die Slowenenorganisationen die Einleitung von Verhandlungen über den Operationskalender. Während in einem Papier, das sie LH Wagner beim ersten diesbezüglichen Gespräch am 14. 2. 1980 überreichten (siehe Anhang), auch der Beginn der Verwirklichung von Teilen des Operationskalenders genannt ist, sagten sie sich "innerlich: zumindest muß eine Gesprächsbereitschaft vorhanden sein." [74] Grilc erinnert sich, daß sie bei einer Pressekonferenz sogar erwähnt hätten, daß für sie vor allem ein Gesprächsbeginn wichtig wäre.

Seit der Übergabe des Operationskalenders [75] am 7. Dezember 1979 anläßlich eines Gesprächs der Slowenenorganisationen mit Bundeskanzler Dr. Bruno Kreisky und Parteienvertretern waren bereits Monate vergangen. Schon vor dem Gespräch hatte FP-Haider erklärt, er halte dieses für "wenig sinnvoll", da die Volksgruppenpolitiker bei einer "starren Weigerung" bezüglich der Beschickung der Beiräte geblieben wären [76]. Nach dem Gespräch sah Wagner einen konstruktiven Kern und "machte auch deutlich, daß a priori vereinbart worden sei, 'daß niemand dem anderen Bedingungen zu stellen habe!'"[77]. Seinen Kollegen Knafl schienen Wagners "a-priori-Vereinbarungen" nicht zu tangieren, denn dieser stellte Bedingungen: er sei bereit, den Operationskalender nur "unter der Voraussetzung zu prüfen, daß ein Ziel des Volksgruppengesetzes (VGG) - die Beschickung von Beiräten - erhalten bleibt." [78] Auch der Kärntner Heimatdienst nahm sofort Stellung: die "Forderungen" seien "als unannehmbar zurückzuweisen", da sie über den Staatsvertrag hinausgingen und auf eine weitere Slowenisierung abzielten [79]. Kreisky dagegen hatte laut 'Volkszeitung' (VZ) bei einer Diskussion im Klub slowenischer Studenten in Wien am 8. Dezember 1979 erklärt, daß die Forderungen des Operationskalenders "zum Großteil erfüllt werden können", was ihm von der ÖVP eine parlamentarische Anfrage einbrachte [80]. Und Knafl bekräftigte Anfang Jänner noch einmal, daß die Erfüllung der Forderungen "nur nach Beratung im VGB (Volksgruppenbeirat, der Verf.) möglich ist." [81] Und während Wagner in einer Rundfunkrede am 6. 1. 1980 erklärte:

"Nirgends in der Welt sind die Menschen so frei wie hier bei uns. (...) Das Recht, seine Meinung sagen zu können, ist so tief im Bewußtsein der Menschen verankert, daß es oft gar nicht mehr als Recht wahrgenommen wird." (82) -, erfuhr der Operationskalender der Slowenen folgende Behandlung: "Gegenwärtig beschäftigt sich der Landesverfassungsdienst (...) mit den slowenischen Wünschen und deren Abstimmung mit dem Staatsvertrag. Bis Ende März (...) werden die Vorstellungen der drei Kärntner Parteien zu Papier gebracht sein." [83] Ging es nun um rechtliche Fragen (Staatsvertrag) oder um politische? Offensichtlich um politische, die sich gern hinter einem "Rechtsstandpunkt" verschanzen möchten: "Der Großteil des Forderungspakets stellt für uns keine Gesprächsgrundlage dar - wollten wir diese Postulate erfüllen, könnten wir den Hut nehmen," sagte ein SP-Mitglied der Landesregierung[84]. Für die richtige Stimmung sorgte die 'Kleine Zeitung', die dem FP-Abgeordneten und KHD-Sprachrohr Silla gerade zur rechten Zeit eine Seite für einen Gastkommentar zur Verfügung stellte. Es sind dreierlei Dinge, zu denen Silla nicht schweigen kann: der Sprengstoffanschlag des letzten Jahres in Völkermarkt; der Operationskalender, durch den "neuerlich die Gutmütigkeit der Kärntner über Gebühr strapaziert" wird; und das Buch "Rechtsextremismus in Österreich nach 1945", das polemisch auch als "Rotbuch" bezeichnet wird und als Wiener Einmischung in innerkärntische Angelegenheiten gilt ("(...) auch Wien mischt leider wieder mit.").

"Dazu können wir Freiheitliche nicht schweigen, denn wir vermuten wieder einmal eine konzentrierte Aktion - Sprengstoffanschlag Völkermarkt, Slowenenpaket und Rotbuch als Diffamierung Kärntens - zum Auftakt des Jubiläumsjahres." (85)

Es nimmt sich fast wie Hohn aus, wenn FP-Präsidentschaftskandidat Gredler etwas später für "ein faires Gespräch mit der slowenischen Volksgruppe" eintritt und dafür plädiert, "die Feiern zum 10. Oktober als einen Akt der Versöhnung zu begehen."[86]

Während man in Wien eher gesprächsbereit ist, gibt es von Seiten der Kärntner Parteien eine zunehmende Verhärtung. So unterscheidet Kreisky in seiner Beantwortung einer parlamentarischen Anfrage der ÖVP zwischen der juristischen Seite des Minderheitenproblems, die er als gelöst betrachtet, und der politischen oder tatsächlichen Seite, die mit der juristischen Lösung noch nicht befriedigend gelöst sein muß[87] - womit FP-Ferrari gleich die "Mehrheitsbevölkerung" provoziert sieht[88]. Die Dinge gehen in Kärnten ihren eigenen Weg. Am 25. 2. 1980 kann Wagner in der Landesrundschau schon verkünden, daß nach der Stellungnahme der Verfassungsabteilung beim Amt der Kärntner Landesregierung die Bestimmungen des

Operationskalenders auch von den drei Parteien "nicht mit Zustimmung bedacht sein werden (...). Wir können aber in der Politik nur nach verfassungstechnischen (!) Gesichtspunkten vorgehen." In einem Kommentar von Walter Primosch in der 'Kärntner Tageszeitung' (KTZ) wird aus der Diktion klar, daß es nicht so sehr um die Verfassung geht, sondern daß es andere "Hürden" sind, an denen die Vorschläge der Slowenen wieder einmal scheitern:

"Wenn nicht alles täuscht, wird der sogenannte Operationskalender der Kärntner Slowenenvertreter kaum eine Chance haben, jemals die Drei-Parteien-Hürde zu nehmen." (89)

Der 'Ruf der Heimat' vermerkt den Primosch-Kommentar voll Befriedigung als "erfreuliche sozialistische Stimme zu(m) Operationskalender" und hat "diesen Ausführungen (...) nichts hinzuzufügen." [90]
Solcherart von berufener Seite bestärkt, schicken sich die Kärntner Parteiobmänner am 21. 5. 1980 an, ihre Einigkeit in der Volksgruppenfrage zu erklären:

"Der von den Slowenen geforderte Operationskalender wurde abgelehnt, solange die Slowenen nicht bereit sind, den Volksgruppenbeirat zu beschicken." Der Operationskalender sei "nicht staatsvertragskonform." (91)

Wird der Operationskalender denn "staatsvertragskonformer", wenn die Slowenen im Beirat drinnen sitzen? Den Slowenen wird die Verantwortung für die "Verhärtung" zugeschoben [92].

Nachdem das Land Kärnten mit den Slowenen offensichtlich nur mehr auf dem Wege über die Zeitungen spricht, richten der Rat und der Zentralverband am 29. 5. 1980 einen Brief an die Mitglieder der Landesregierung, um das Gespräch vom 14. 2. fortzusetzen [93]. Auf einer Pressekonferenz am 2. Juni treten die Slowenen noch einmal mit ihren Vorschlägen bezüglich der Landesfeier an die Öffentlichkeit: unter anderem verlangen sie Gespräche - "quasi als Beweis des guten Willens der Mehrheit" [94]. Grilc heute: "Wenn man nicht einmal reden will - und mehr verlangten wir ja nicht, und es verpflichtet sich damit ja niemand zu etwas - dann kann ich daraus nur schließen, daß man kein Interesse an unserer Mitarbeit hatte," und auf das Gespräch vom 6. 2. 1981 mit den Kärntner Parteiobmännern anspielend: "Jetzt reden wir ja - ob man es nun so nennt oder nicht - über den Inhalt des Operationskalenders." (Grilc) "Doch damals war die Psychose zu groß." (Zwitter).

Sind nur die Slowenenführer so "uneinsichtig", daß sie nicht zur Kenntnis nehmen wollen, daß "heute (...) von niemand mehr bestritten (werde), daß die beiden Volksgruppen Fortschritte im Zusammenleben gemacht hätten?" [95] Sehen wir uns also ein wenig die Verhältnisse an der Basis an:

Der Gemeinderat von St.Kanzian/Škocijan faßte einen Beschluß, "daß slowenische Vereine nicht mehr an den Liederabenden der Gemeinde mitwirken dürfen." In Eberndorf/Dobrla vas wurde die Bitte des slowenischen Kulturvereins auf Verwendung des Gemeindewappens abgelehnt, den der Landsmannschaft angegliederten "Goldhaubenfrauen" jedoch in der selben Sitzung bewilligt. Die zweisprachige Eröffnung eines Kulturhauses wurde ebenfalls abgelehnt. (96)

Wie also kann man die "Versöhnung" am Feiertag proklamieren, wenn sie im Alltag nicht statthat?

3.2. Vor vollendete Tatsachen gestellt?

"Das offizielle Kärnten hatte selbst kein Interesse an unserer Mitarbeit, sonst hätte man uns schon von allem Anfang an eingeladen und nicht erst dann, als das Programm schon fixiert war. Vor zehn Jahren war es ähnlich: man hat uns so nebenbei einmal geschrieben - damals nur Koschier als Organisator, und nicht der Landeshauptmann -, als schon alles fix und fertig war. (...) Man wußte, daß wir die Vorbereitungen verfolgen, denn wir hatten darüber oft geschrieben, daß es im Jahr 1980 mehrere Jubiläen gäbe - 25 Jahre Staatsvertrag, 35 Jahre Sieg über den Faschismus, 60 Jahre Volksabstimmung - und daß wir bestimmte Vorstellungen dazu haben. Doch man kontaktierte uns nicht, bevor nicht alles fertig war. Dann ist es natürlich viel schwieriger, andere Vorstellungen einzubringen." (Zwitter).

Grilc ist heute persönlich davon überzeugt, daß die Einladung "nie allzu ernst gemeint war, denn man stellte uns vor vollendete Tatsachen, schon im Organisationskomitee, als unsere Vertreter dort waren. (...) Vielleicht hoffte man, daß wir überhaupt nicht zu den Gesprächen hingehen würden." Detail am Rande: zum Gespräch am 14.2.1980 hatte man die Vertreter der Slowenenorganisationen getrennt - am selben Tag, aber nacheinander - eingeladen, doch sie gingen dann gemeinsam hin (Zwitter).

Es hat tatsächlich den Anschein, daß die wesentliche Ausrichtung schon fixiert war, noch bevor die Slowenen dazu etwas sagen konnten. Wagner hatte ja schon im Dezember von einem Trachtenzug und von der "Begegnung" gesprochen und davon, daß sich 'Deutsche' und Slowenen gemeinsam am Festtag beteiligen sollten [97] Gegenüber der 'Kleinen Zeitung' äußerte er Ende Jänner über die Punkte des Festzugs: Folklore, Sport, Arbeitswelt, Gäste aus Österreich und dem Ausland usw. [98]. Das war ja eigentlich nichts Neues - alles schon 1970 dagewesen. Doch könnte man dies noch einfach als legitime Überlegungen zur Gestaltung der Landesfeier gelten lassen. Entscheidend aber ist, daß Anfang Februar 1980 eine Besprechung stattfand, bei der offensichtlich die Weichen in jeder Hinsicht gestellt wurden, ohne vorher die Slowenen zu kontaktieren. An jener entscheidenden

Besprechung nahmen Vertreter der Landesregierung, verschiedener Verbände, der Kammern usw. teil (Prugger).

Zu diesen Vertretern kamen dann noch die verschiedenen kulturellen Dachverbände dazu, die Bürgerfrauen, die Goldhaubenfrauen, die Bürgergarden usw. [99]. Bei dieser ersten Besprechung war Prugger als Vertreter der Landwirtschaftskammer - "eher zufällig" - anwesend, denn alles Organisatorische in der Landwirtschaftskammer würde von ihm besorgt. In jener Sitzung wurde dann er als Verantwortlicher des Landesorganisationskomitees bestellt, denn Hofrat Koschier wäre schon zu alt gewesen, und die Organisierung des Festzugs sei ja doch ein großer Streß (Prugger).

Diese Besprechung dürfte Wagner gemeint haben, als er in einem Interview in der Landesrundschau am 12. 2. 1980 sagte,

"daß es dort eine Generaldebatte gegeben hat über Form und Inhalt, ausgehend von dem, was die Regierung schon beschlossen hatte, nämlich daß das eine große Begegnungsfeier sein sollte, und ich habe dem Regierungskollegium das Ergebnis der Debatte im Organisationskomitee bekanntgegeben und auch den Tatbestand, daß der Ing. Sepp Prugger mit der Vorbereitung des Festtages betraut ist. Frage: Das heißt also, daß von ihrer Warte aus alle Weichen gestellt sind für dieses Fest (...)? Wagner: Das wird so ein Trachtenfestzug sein, also in Wirklichkeit ein Trachtenfestzug und ein Festzug, in dem dann die Welt der Arbeit darzustellen sein wird, die Welt des Sportes und der Freizeit und es wird dann auch Bemühungen geben, daß alle, die in Kärnten leben, ihre Bereitschaft bekunden sollten, an diesem Festzug in irgendeiner Weise mitzuwirken. Frage: An wen wird die Einladung ergehen (...)? Wagner: Es werden alle kulturellen Verbände eingeladen, die im Besitze von in Trachten eingekleideten Gruppen sind. Wenn jemand keine Trachten hat, dann wird es nicht möglich sein, an diesem Trachtenzug teilzunehmen. Es werden also alle Volks- und Heimatverbände, die es in Kärnten gibt, zur Mitwirkung eingeladen sein. Frage: Beider Sprachgruppen? Wagner: Beider Sprachgruppen selbstverständlich, wobei wir, und das wird im Laufe der nächsten Zeit möglich sein, mit den Vertretern auch der Volksgruppen sowohl der deutschsprachigen Mehrheitsbevölkerung als auch mit denen der Minderheit Gespräche führen werden, wie ihre Vorstellungen im Zusammenhang mit der Feiergestaltung lauten." (100)

(Wagner scheint hier merkwürdigerweise unter "Vertretern der Volksgruppe der deutschsprachigen Mehrheitsbevölkerung" den Heimatdienst und den Abwehrkämpferbund zu meinen, mit denen er sich dann tatsächlich auch traf [101].)

Beim ersten Gespräch am 14. 2. 1980 überreichten die Slowenen dem Landeshauptmann einen Vorschlag (siehe Anhang) mit verschiedenen Punkten, von denen Wagner zwei sofort positiv aufgriff: Die Durchführung eines wissenschaftlichen Symposions und die Einbeziehung der 'OktoberArena/OktobrskiTabor' [102] in die Oktoberveranstaltungen und ihre Finanzierung durch das Land (Zwitter). Zu den anderen Vorschlägen sagte er, man müsse darüber reden, auf jeden Fall aber lehnte er damals keinen einzigen Vorschlag vollständig ab [103], auch den Operationskalender nicht (Zwitter). "Es wurde vereinbart, daß die beiden Zentralorganisationen in das zu konstituierende Organisationskomitee [104] zwei Vertreter entsenden werden, die dann im Namen und Auftrag ihrer Organisationen als gleichberechtigte Partner an der Programmgestaltung mitwirken sollen." [105)]

Laut Prugger gab es insgesamt zwei oder drei Sitzungen des Organisationskomitees - Wedenig weiß von zweien: am 27. 3. 1980 und am 24. 4. 1980 - zu denen die slowenischen Kulturverbände, nicht aber die Zentralorganisationen eingeladen wurden. An der ersten Sitzung nahmen die Slowenen nicht teil, denn sie verlangten, daß - wie mit Wagner vereinbart - Vertreter der Zentralorganisationen eingeladen würden. Prugger antwortete ihnen, daß im Organisationskomitee nur Kulturorganisationen vertreten sind, nicht aber politische Parteien (Prugger). Zur zweiten Sitzung erschienen für den Rat Wakounig und für den Zentralverband Feliks Wieser [106)]. Sie brachten verschiedene Vorschläge vor, deren Schicksal im Abschnitt 3.3 untersucht werden soll. Zur Sitzung im allgemeinen bemerkte Wakounig, daß "man uns dort als eine Art Fremdkörper ansah." Diese Aussage ist weniger wegen ihres objektiven Informationsgehalts interessant, sondern als Ausdruck des unaufgearbeiteten Konflikts, der dann intrapsychisch sich so darstellt. Bei der Sitzung sei auch viel vom "Marschieren" die Rede gewesen: Fest_marsch_ statt Fest_zug_. Mittergradnegger hätte gesagt, man solle den Zug etwas aufgelockerter gestalten, es sollten nicht alle Sänger in den Kärntneranzügen in Blöcken gehen, sonst würde wieder gesagt werden: "Es marschieren schon wieder die braunen Bataillone." Es wurde auch lange darüber gesprochen, wer wo marschieren solle. (Wakounig).

Aus dem Protokoll der Sitzung geht hervor, daß die von den Slowenen vorgebrachten Punkte in einen kleineren Kreis zur Beratung delegiert wurden [107)]. Wie aus einem Brief der Slowenenorganisationen an Landeshauptmann Wagner hervorgeht, hat Prugger auf dieser Sitzung auch "besonders betont, daß der Landesorganisationsausschuß nicht für die Vorschläge und Vorstellungen verantwortlich ist, die wir Ihnen (dem Landeshauptmann, d. Verf.) überreicht haben, und daß er darüber nicht entscheiden kann." [108)]

Außer dieser Sitzung gab es noch informelle Gespräche zwischen Grilc und manchmal auch Smolle auf der einen und Prugger auf der anderen Seite (Grilc, Prugger), wobei auch verschiedene Punkte diskutiert wurden. Prugger hatte dabei verschiedene schriftlich ausgearbeitete Vorschläge, die er Grilc zeigte - er gibt sie aber natürlich nicht aus der Hand (Prugger). "Vielleicht wollte Prugger persönlich wirklich eine solche Veranstaltung zusammenbringen, wo Deutsch- und Slowenischsprachige zusammensind. (...) Doch hatten unsere informellen Gespräche eher eine psychologische Bedeutung im Sinne von: 'Halten wir den Kontakt aufrecht'. Entscheiden konnte Prugger nichts Wesentliches, und auch der Organisationsausschuß nicht - das war schon alles politisch entschieden." (Grilc) [109)]

3.3. Einzelfragen der Auseinandersetzung um den Charakter des Jubiläums

Die beiden Slowenenvertreter schlugen im Organisationskomitee am 24. 4. 1980 vor, die feierliche Erklärung des provisorischen Kärntner Landtags vom 28. 9. 1920 mit den Versprechungen gegenüber den Slowenen im Festzug zum Ausdruck zu bringen. Sie stießen dabei auf strikte Ablehnung (Wieser). Prugger sagte diesbezüglich mir gegenüber, daß die Erklärung als ganze viel zu lang sei, um auf einer Tafel mitgetragen zu werden; wenn man aber nur die Passagen zu den Slowenen herausnehme, sei das einseitig, und dagegen sei er gewesen, der Inhalt der Erklärung wäre sonst verfälscht worden. Wakounig hält dies für eine schlechte Ausrede. Tatsächlich scheint es eher System zu sein, die Versprechungen, die vor der Volksabstimmung den Slowenen gegenüber gemacht worden waren, möglichst nicht zu erwähnen. Im Jahre 1970 wurde nämlich im Landesmuseum für Kärnten die Ausstellung "Kärntner Abwehrkampf und Volksabstimmung 1918-1920" gezeigt. Man müßte annehmen, daß das von Prugger erwähnte Argument (Platzmangel) für eine Ausstellung nicht zuträfe.

"Die feierliche Erklärung der Landesregierung vor der Volksabstimmung und alle jene Flugblätter der österreichischen Propaganda, die den Slowenen alles mögliche versprochen hatten, wurden jedoch durch den Rost deutschnationaler Geschichtsbetrachtung fallen gelassen (unter anderem fehlte auch das Flugblatt, das prophezeit hatte, die Slowenen in Österreich würden die Slowenen in Krain überleben)!" (110)

In einem persönlichen Gespräch sei auch die Frage der vierte Strophe des Kärntner Heimatliedes angesprochen worden, die von den Slowenen wegen ihrer "Blut"-Töne als aggressiv empfunden und abgelehnt wird. Da sei aber nichts zu machen, denn "das Volk" singt diese Strophe einfach automatisch, und zwar immer die erste und die vierte (Prugger). (Man hat es ja lange genug eingeübt!) Prugger erzählte mir dazu auch eine Story: Bei der Feier im Jahre 1970 hätte ein steirischer Kapellmeister, der den Kärntner Brauch nicht kannte, nur eine Strophe dirigiert und dann aufgehört, doch das Volk sang ohne Musikbegleitung entschlossen weiter: "(...) Wo man mit Blut die Grenze schrieb..."

Ein weiterer Punkt der Auseinandersetzung war der Block "Notzeiten" im Programm des Festzuges, wo als historische Ereignisse die Ungarn-, Türken- und Franzoseneinfälle vorkommen, dann der Erste Weltkrieg, der Abwehrkampf, die Volksabstimmung ("Kärnten ungeteilt") und als Schluß die "Versöhnung". Als Symbol bzw. Verkörperung der "Versöhnung" fungierte letztlich die 'Ulrichsberggemeinschaft' mit ihrer Heimkehrergedenkstätte. [111]

"Wir haben darauf aufmerksam gemacht, daß die schlimmste Notzeit, das Dritte Reich, nicht vorkommt." (Wakounig). Prugger, darauf angesprochen: "Ich machte den

Vorschlag, daß man das durchaus darstellen solle, also die Slowenenaussiedlung unter dem Nationalsozialismus, dann aber selbstverständlich auch die Verschleppung von Kärntnern nach 1945 durch jugoslawische Partisanen und darauf als Perspektive die Versöhnung. Aber die Slowenen waren nicht dafür, wir einigten uns schließlich, ich habe mich überzeugen lassen, daß es noch zu nahe ist." Wagner meinte zu dieser Frage: "Es ist nicht notwendig, auf Ereignisse hinzuweisen, die alle noch miterlebt haben." [112]

Grilc: "Es ist doch unmöglich: 'Notzeiten', ohne den Nationalsozialismus zu erwähnen! Und dann die Vorschläge: 'Aussiedlung - -Verschleppung - Versöhnung'. Wo kann man denn das vergleichen, das kann man doch nicht so zusammenwürfeln: wir haben was verbrochen, ihr habt was verbrochen, und nun versöhnen wir uns."

Unabhängig von der Frage, wie man zur Gewalt gegen Menschen überhaupt steht, existiert m. E. doch ein ganz wesentlicher Unterschied zwischen der planmäßigen Aussiedlungspolitik der Nationalsozialisten gegenüber den Slowenen und der späteren Reaktion auf diese Politik, wobei - es mangelt leider an wissenschaftlichen Untersuchungen - in Einzelfällen durchaus auch diverse egoistisch-unpolitische Motive mitgespielt haben könnten.

Als ich Prugger darauf ansprach, welcher Art denn gerade der Ulrichsberg ein Symbol für "Versöhnung" darstellen könne, meinte er, daß es doch völlig normal sei, daß man sich mit ehemaligen Kameraden trifft, mit denen man lange zusammen war und viel erlitten und erlebt hat. Als ich einwandte, daß da in Reden oft die Eroberungskriege verherrlicht werden und daß da Nazis umherlaufen, sagte Prugger, daß man eben nicht von einer Rede oder einer Passage auf den ganzen Inhalt schließen soll, das sei einseitig. Auf den Ulrichsberg kämen Kriegsteilnehmer aus verschiedenen Staaten, und niemand wolle mehr Krieg.

Im Gegensatz zu Pruggers Anschauung ist der rein "kameradschaftliche" Charakter der Ulrichsbergfeiern jedoch äußerst zweifelhaft. 1970 fand diese Feier unter dem Motto: "Wir tragen das Erbe der Väter" statt; in Anwesenheit einer Abordnung der Waffen-SS aus der BRD, die auch einen Kranz niederlegte, sprachen Landeshauptmannstellvertreter Weißmann (ÖVP) und Stadtrat Vallon (FPÖ). Die SPÖ war ferngeblieben, "'demonstrativ', wie die Volkszeitung kritisch vermerkte" [113]. Das Blatt 'Kärntner Echo', Nr. 8 vom August 1979, bringt etwas Licht in den Charakter des Kameradschaftsbundes. Es berichtet davon, wie die Kameradschaft IV der Waffen-SS mit 21 zu 18 Stimmen in den Kameradschaftsbund aufgenommen wurde, und zwar nach einigen Auseinandersetzungen, in deren Verlauf die Vertreter der Pflege "österreichischen Soldatentums" schließlich unterlagen.

Es geht also nicht um zufällige Ausrutscher bei Reden usw.; die "Ausrutscher" sind vielmehr vorherrschende Tendenz. Damit soll keineswegs gesagt werden, daß das Organisationskomitee oder Prugger dies gutheißen, es wirft aber ein Licht auf die Kräfteverhältnisse in diesem Lager [114].

Meinungsverschiedenheiten gab es auch bezüglich der Zweisprachigkeit der Jubiläumsveranstaltung. Die Slowenen vertraten den Standpunkt, daß es zweisprachige Plakate, Festabzeichen und Programme geben sollte, daß es eine slowenische kulturelle Darbietung (Lied) geben sollte und eine slowenische Ansprache, das heißt einen Slowenen als Redner (letzteres ist ein besonderes Problem).

"Wenn sie die Slowenen dabeihaben wollen, dann ist es ganz klar, daß die Plakate usw. zweisprachig sein müssen." (Grilc, Wakounig). Prugger: "Zweisprachige Festabzeichen waren nicht möglich, da zu wenig Platz ist auf so einem Abzeichen. Außerdem kann ich das einem Mölltaler ja nicht zumuten, auch Plakate nicht, es kann ja dort niemand was anfangen damit." Dazu Grilc: "Es geht darum zu zeigen, daß es zwei Völker gibt in Kärnten, und das kann man nicht nur, indem man unsere beiden Kulturverbände mitmarschieren läßt und ein slowenisches Lied gesungen wird." Prugger machte den Vorschlag, daß ein Lied ("Nmav čriez jizaro") gesungen wird und daß extra slowenische Plakate und Festabzeichen gedruckt werden. Auch einen slowenischen Sprecher hätte er "durchgedrückt" oder zumindest einen slowenischen Prolog (Prugger).

Wakounig meint dagegen zu getrennten deutschen und slowenischen Festabzeichen: "Wenn man schon von Begegnung spricht, sollten diese Sachen zumindest zweisprachig sein." Zum Problem eines slowenischen Redners hatte er zunächst noch den Eindruck, man "würde diesen Brocken letztendlich vielleicht noch schlucken".

Der slowenische Redner dürfte dann doch ein größeres Problem gewesen sein. Es wurde dagegen argumentiert, daß nur solche Personen, die gewählt sind (Bundespräsident usw.) reden werden. Zum Einwand: "Wieso dann Abwehrkämpferredner?", sagte man: "Solange einer lebt, wird einer reden." (Grilc) "Wir wären vielleicht sogar auf eine solche Variante eingestiegen, daß ein Abwehrkämpfer redet, doch beim letzten Gespräch (am 24. 6. 1980) [115] hieß es ganz klar: ein Abwehrkämpfer wird reden, ein Slowene nicht!" (Grilc).

Prugger meint heute zwar, er hätte einen Redner "durchdrücken können". Dies scheint jedoch sehr fraglich, und es dürfte sich eher um eine Aussage handeln, die sich aus der Situation ergibt, wenn man über eigene vergangene Tätigkeit erzählt. Zum Schicksal des slowenischen Redners vielleicht noch eine Geschichte. Ein paar Tage vor jenem letzten Gespräch zwischen den Slowenenorganisationen und der Landesregierung hatte Grilc seinen Anwalt-Kollegen und KHD-Funktionär Karl Theodor Mayer im Klagenfurter Landesgericht getroffen und ihm gesagt, daß die Slowenen bei der offiziellen Landesfeier einen Redner stellen würden.

"Die Aussicht auf slawische Laute beim germanischen Hochamt verschlug dem

Heimatdienstler nahezu die Rede: 'Das ist gegen die Vereinbarungen', stammelte er. Was wohl nur so interpretierbar ist, daß Kärntens politische Spitzenfunktionäre zuvor bereits bei(m) (...) Heimatdienst sondiert hatten, was zum 10. Oktober genehm sei." (116)

3.4. Deutschnationaler Druck

Der genannte Eingriff in die Frage "Slowenischer Redner oder nicht" war kein Einzelfall. Kärntens Deutschnationale hatten überhaupt ein wachsames Auge, damit der Charakter des Jubiläums ja nicht verfälscht werden würde. Schon im Dezember 1979 stand im 'Ruf der Heimat':

"Statt 'Folklore-Show' oder 'Oktoberfest' Erneuerung des Bekenntnisses zur freien und ungeteilten Heimat!" (117)

Als Wagner nach dem ersten Gespräch mit den Slowenen (14. 2.) "alle, die es gut mit Kärnten meinen", dazu verhielt, "die Veranstaltungen um den 10. Oktober 1980 zu entemotionalisieren" [118], war der Kärntner Heimatdienst alamiert:

"Wer daher heute versucht, den 10. Oktober zu verhöhnen oder auch 'nur' zu verwässern, wird auch weiterhin auf unseren entschiedenen Widerstand stoßen. Auch behauptete Bestrebungen, den 10. Oktober zu 'entemotionalisieren' (somit des Gefühls zu entkleiden), sind getarnte Abschaffungsabsichten, da ein Gedenken an ein patriotisches Ereignis ohne Gefühl, also ohne innere Beziehung, unmöglich ist! (...) Genauso deutlich möchte ich aber feststellen, daß Leute mit einem gestörten Verhältnis zu Kärnten und Österreich den Oktoberfeiern fernbleiben sollen. Sie haben dort nichts zu suchen!" (119)

Auch die FPÖ warnte vor Verfälschungen der Jubiläumsfeiern [120]. Wagner hatte schon am 3. März mit den KHD-Vertretern Feldner und Silla Fragen der Volksabstimmungsfeiern erörtert, wobei die KHD-Sprecher die Gestaltung "grundsätzlich positiv" beurteilten, über "einzelne Detailfragen" müßten sie jedoch noch in ihren Gremien sprechen [121].

Inzwischen wurde mit Leserbriefen schon gegen eine mögliche gemeinsame Veranstaltung mit Slowenen Stimmung gemacht:

"Ich glaube, man muß den deutschen Kärntnern, ohne ihnen Haß vorzuwerfen, soviel Haltung zugestehen, daß sie in einem solchen Fall an den offiziellen Feiern nicht teilnehmen und dafür kleine örtliche Feierstunden abhalten." (122)
"Es ist wohl ein Anachronismus, unter solchen Umständen mit den Slowenen gemeinsam den 10. Oktober zu feiern." (123)

Am 25. 4. 1980 informierte LH Wagner in einer Aussprache den Vorstand des 'Kärntner Abwehrkämpferbundes' über die vorgesehene Gestaltung der Landesfeier sowie auch über allgemeine Fragen der Volksgruppenpolitik und über die Ergebnisse des jüngsten Staatsbesuches in Belgrad. Zunächst fehlen noch Hinweise auf die Haltung des KAB zur Landesfeier [124].

Doch schon zwei Wochen später (am 8. Mai) wird auf einer Arbeitstagung des KAB eine einstimmige Entschließung gefaßt, in der es u. a. heißt:

> "Der Kärntner Abwehrkämpferbund hat den Eindruck erhalten, daß man beim geplanten Festzug in erster Linie an eine Trachtenschau denkt und beauftragt daher den Vorstand, alle Vorbereitungen für ein Gedenken zu treffen, das ausschließlich dem Abwehrkampf und der Volksabstimmung (...) und der gebührenden Ehrung der Abwehrkämpfer gewidmet sein soll." (125)

Unter Berufung auf die "volle Verwirklichung des Selbstbestimmungsrechtes" (?) sieht er "die große historische Aufgabe der Gegenwart" in einem weiteren restriktiven Eingriff in das Minderheitenschulwesen [126], der darauf hinausläuft, durch Mittelpunktschulen für Slowenen eine totale Gettobildung zu erreichen.

Es ist anzunehmen, daß von deutschnationaler Seite Druck auf die Vorbereitenden ausgeübt wurde. Prugger verneint dies. Es scheint aber auch in seinen Aussagen durch: er sei dafür eingetreten, daß der KHD/KAB-Block beim Umzug nicht zu groß sei, kein Massenaufmarsch von 4.000 Leuten, sondern nur ca. 100. Er sei außerdem für einen "mäßigen" Abwehrkämpferredner eingetreten, obwohl einige andere reden wollten, die eher für scharfe Töne waren. "Ich habe dem Einspieler gesagt: Entweder ihr macht an der Feier so mit, wie sie geplant ist. Wenn nicht, dann eben ohne euch." (Prugger). Aber Druck habe es keinen gegeben, auch von Wien (Kreisky, Kirchschläger) her nicht, von denen Grilc behauptet, daß es - wegen Unklarheiten bezüglich des Redners vom Abwehrkämpferbund - eine Weile überhaupt fraglich war, ob sie kommen würden, denn sie hätten keine Lust gehabt, neben Prugger sen., einem ehemaligen NSDAP-Mitglied, beim Festzug zu sprechen [127]. Prugger habe jedoch seinen Vater nur deshalb vorgeschlagen, weil er wußte, daß dieser sicher keine unversöhnliche Rede halten würde, im übrigen habe er sowieso schon von Anfang an auch an Dr. Gartner gedacht. Die Teilnahme von Kirchschläger sei eine reine Terminfrage gewesen.

3.5. Keine Konzessionen an die Slowenen - "Die Zeit ist noch nicht reif"

Ich versuchte in den letzten Abschnitten zu zeigen, daß es auf offizieller Kärntner Seite - einige Personen zu gewissen Zeitpunkten vielleicht ausgenommen - an Offenheit gegenüber den Slowenen eklatant mangelte:

bezüglich des Operationskalenders gab es nicht einmal eine Gesprächsbereitschaft;

die Möglichkeit der Mitgestaltung wurde erst eröffnet, nachdem das Wesentliche bereits fixiert war;

in den einzelnen Punkten, die die Slowenen vorbrachten, gab es (außer einem slowenischen Lied) keine Konzessionsbereitschaft;

die deutschnationalen Kräfte schlugen bei der kleinsten Annäherung "heimatlichen " Alarm.

So darf es nicht verwundern, daß der Klub slowenischer Studenten in Wien am 13. 6. 1980 unter Verweis auf die Tradition der Oktoberfeiern und darauf, "daß von einem 'neuen Geist' in diesem Oktober keine Rede sein kann", erklärte: "Wir haben keinen Grund zur Teilnahme!" [128]

Ich fragte Grilc, ob die Slowenenführung unter Druck gestanden sei, vor allem von Seiten der Studenten: "Es kann keine Rede davon sein. Die Regierung stand unter Druck, vor allem beim letzten Gespräch. Das beste Indiz dafür ist, daß man uns die kleinsten Konzessionen verweigert hat. Wenn wir bei der Feier ein gleichberechtigter Partner wären, dann hättest du in Kärnten eine Revolution."

Er erwähnte, daß die Vorgangsweise der Zentralorganisationen zwar von einzelnen kritisiert worden sei, aber die Leute hätten den Standpunkt der Organisationen sehr wohl verstanden und geteilt. Seinen eigenen Standpunkt umschreibt er ungefähr so:

"Ich kann mir gemeinsame Feiern vorstellen, wenn wir - um es idealisiert auszudrücken - alle Rechte bekommen. Wenn man gleich nach 1920 die feierlichen Versprechungen erfüllt hätte, hätte es auch nie das Problem der Teilnahme gegeben. Die Situation wäre eine ganz andere. Auch wenn wir heute alle Rechte bekommen, haben die Veranstaltungen zum 10. Oktober einen ganz anderen Inhalt. Er kann dann nicht mehr als Sieg über die Slowenen gefeiert werden. Und wenn man die vielfältigen Ursachen der damaligen Entscheidung aufzeigt, könnte man von der vorherrschenden eindimensionalen schließlich zu einer Sichtweise gelangen, die akzeptabel ist."

Das Problem sei für die Kärntner etablierten Parteien viel schwieriger:

"Wir hätten bei einem halbwegs vernünftigen Inhalt trotz aller Schwierigkeiten um den 10. Oktober eventuell mitmachen können. Die Parteien aber hätten damit in ein Monopol, in eine Domäne des KHD und der deutschnationalen Kräfte eingegriffen. Vielleicht haben sie am Anfang noch eine Möglichkeit gesehen, doch glaube ich, daß sie langsam eingesehen haben, daß es für sie einfach unmöglich ist, mit uns gemeinsam etwas zu machen. Es war für die Parteien unmöglich, in ein paar Monaten etwas zu verändern, was 60 Jahre lang praktiziert wurde." (Grilc)

Offensichtlich herrschte in der Kärntner Politik zum Problem der "Versöhnung" die Auffassung vor, daß die deutschsprachige Seite dazu einfach schon damit beitrage, daß sie den Slowenen die Teilnahme an den Jubiläumsveranstaltungen erlaube. Ein Bewußtsein, daß das Land Kärnten dafür auch bestimmte Rahmenbedingungen schaffen müßte, scheint nicht vorhanden gewesen zu sein. So sagte z. B. LH Wagner, nachdem er sich negativ über den Operationskalender geäußert hatte, zu den Jubiläumsfeiern:

"Der versöhnliche Charakter soll durch die Teilnahme der Kärntner Slowenen am Festzug und durch die Abhaltung eines internationalen Symposiums betont werden." (129)

Etwas später klingt es, in Richtung Slowenenorganisationen gewandt, schon etwas unversöhnlicher:

An den Feiern könne teilnehmen, "wer daran teilnehmen wolle. 'Wir halten unsere Feierstunde ab', betonte der Landeshauptmann." (130)

Am Nachmittag des 24. Juni 1980 kam es zum zweiten und letzten Gespräch (das erste hatte am 14. 12. 1980 stattgefunden) zwischen den Slowenenverbänden [131] und der Landesregierung in Sachen Jubiläumsveranstaltung. Dieses Gespräch fand schon unter bestimmten, sehr restriktiven Voraussetzungen statt. Von der Landesregierung waren Wagner, Bacher und Ferrari-Brunnenfeld anwesend. Sie hatten schon in der Regierungssitzung am Vormittag desselben Tages ihren Standpunkt zur Landesfeier beschlossen [132].

"Beim zweiten Gespräch war bald zu sehen, daß es keine Bereitschaft gibt. Wagner stellte schon ziemlich am Anfang des Gesprächs fest, wer alles reden wird und daß ein slowenischer Sprecher nicht in Frage komme." (Zwitter) "Indem beim Gespräch sehr strikt ein slowenischer Sprecher abgelehnt wurde, wollte man uns meiner Meinung nach ganz deutlich sagen: 'Ihr könnt ja nicht mitmachen!'. Wenn der Sprecher solch ein Problem war, dann sieht man wirklich, daß es keine ernsthafte Bereitschaft gegeben hat. Wenn man jetzt 60 Jahre ohne Slowenen gefeiert hat und nun dürfte ein slowenische einmal ein paar Worte sagen, was soll denn das?!" (Grilc) "Unsere Teilnahme wäre nur möglich gewesen, wenn wir in die Knie gegangen wären. Ich hatte den Eindruck, daß alle drei (Wagner, Bacher, Ferrari) erleichtert waren, als wir sagten, daß wir unter solchen Umständen nicht mitmachen würden." (Wakounig)

Eine interessante Variante der "Teilnahme" der Slowenen war eine von Wagner vorgeschlagene "Deklaration über die Teilnahme" [133]:

Wakounig erinnert sich: "Wagner formulierte es ungefähr so: 'Wenn ihr schon nicht mitmarschiert, dann tut wenigstens so, als ob ihr nicht dagegen seid.' Das wollte man vielleicht wegen möglicher Teilnahme von Gästen aus Slowenien oder zwecks Einbeziehung slowenischer Vereine vom Land so haben."
Zwitter: "Der Vorschlag lautete ungefähr so, daß es auch genüge, wenn wir unsere Teilnahme deklarieren." Grilc: "Dann hätten sie wenigstens etwas für die Öffentlichkeit zum Herzeigen."

Die politische Bedeutung dieser von LH Wagner vorgeschlagenen "Deklaration über die Teilnahme" versteht man v. a. dann, wenn man bedenkt, daß die Kärntner

Landespolitik in Minderheitenfragen oft auf Unverständnis und Mißbilligung in Restösterreich stößt. Anscheinend wollte man gerade in Bezug auf den 10. Oktober 1980 die bisher unaustragbare Konfliktsituation möglichst verschleiern und die Kärntner Situation für jenes Restösterreich und auch für die internationale Öffentlichkeit im besten Licht darstellen.

Im Verlauf des Gesprächs sei dann das Stichwort gefallen, daß "die Zeit noch nicht reif sei", was Wagner aufgriff und später auch gegenüber der Presse so formulierte. (Zwitter).

"Wir einigten uns auch darauf, daß es keine Verschärfung geben dürfe wegen unserer Nicht-Teilnahme. Ich machte darauf aufmerksam, daß dies auch davon abhängen wird, wie Wagner über das Gespräch gegenüber der Presse berichten werde, denn das Gespräch selbst war in einer ruhigen Atmosphäre verlaufen." (Zwitter)

Der Landeshauptmann war bei der Pressekonferenz dann auch sehr offen und bezeichnete es als "Fortschritt, daß es erstmals zu einer ernsthaften Diskussion" gekommen sei. Denn

"auch auf der deutschsprachigen Seite hätte es 'unglaubliche Widerstände' gegeben." (134)

Das wird auch aus der sichtlichen Erleichterung des Heimatdienstes, am 10. Oktober doch wieder "unter sich" zu sein, deutlich, denn

"jeder heimatverbundene Mensch in unserem Land (müßte) sich weigern, gemeinsam mit solchen gegen unser Land gerichteten Kräften zu feiern." (135)

Es gab aber auch kritische Töne, z. B. folgenden Kommentar in der 'Volkszeitung' (VP-Organ):

"Die Tatsache, daß es keine gemeinsame Feier geben wird, bedeutet gerade in dieser brennenden Frage einen 'Schritt zurück'. 'Wir wollen keine Emotionen wecken', sagte Wagner. Doch mit einseitigen Veranstaltungen solcher Größenordnung wird genau das Gegenteil erreicht." (136)

Was das SP-Organ zu nationalen Tönen veranlaßte:

"Wir wollen keine nationalen Töne anschlagen, denn dafür ist uns der 10. Oktober, der Festtag aller Kärntner, zu schade. Eines muß aber gefragt werden: (...) Kommt es nach dem Slowenenveto nun zu einem Boykott der Jubiläumsfeier durch die ÖVP?" (137)

3.6. Einzelschicksale: Symposion - 'OktoberArena/OktobrskiTabor'

Zwei slowenische Vorschläge vom 14. 2. 1980 verdienen es, noch kurz erwähnt zu werden: das Symposion über die Volksabstimmung und die 'OktoberArena/Oktobrski Tabor' (abgekürzt: OA/OT). Der Landeshauptmann hatte - wie schon erwähnt - beide Vorschläge positiv aufgegriffen. Ihr weiteres Schicksal soll kurz beleuchtet werden.

1. Der Landeshauptmann regte Anfang März die Durchführung eines Symposions durch das Institut für Geschichte der Klagenfurter Universität an [138]. Es geriet in der Folge etwas in Vergessenheit, daß der Wunsch nach Abhaltung einer wissenschaftlichen Tagung von den Slowenen an das Land Kärnten herangetragen worden war, und es blieb Univ. Prof. Rumpler vorbehalten, in seiner Eröffnungsansprache darüber zu informieren, "daß mit der Abhaltung des Symposions einer Forderung der slowenischen Volksgruppe entsprochen werde."[139]

Rumpler unternahm den Versuch, das Symposion als gemeinsame Veranstaltung der Universität, des Kärntner Geschichtsvereins und des Slowenischen wissenschaftlichen Instituts in Klagenfurt/Celovec durchzuführen, mit dem Vorbehalt: nur mit beiden gemeinsam als Vertretern zweier kontroverser Standpunkte. Der Geschichtsverein lehnte mit der allgemein gehaltenen Begründung, er halte es nicht für sinnvoll, ab [140]. Eine genauere Begründung lieferte der Heimatdienst: Aufgrund der "Zusammensetzung der Referenten" und der "Themenwahl" müßte "ernstlich befürchtet werden", "daß dieses Symposion weder dem Gedenken an die für Österreich siegreiche Volksabstimmung noch der Befriedung im Lande dient." [141] Auch dieses Verhalten zeigt (und bestätigt damit die Thesen unter Punkt 3.5., daß hier eine Seite unbedingt ihre bisherige Domäne um den 10. Oktober sichern wollte.

Die offizielle Politik hatte dagegen ein wohlwollendes, zugleich jedoch skeptisch-relativierendes Verhältnis zum Symposion: "Er, Wagner, glaube nicht, daß das Symposion von Übel sei." [142] Freilich "dürfe man nicht damit rechnen, daß das (...) Symposion der Politik richtungsweisende Impulse geben könnte." [143]

2. Die 'OktoberArena/OktobrskiTabor' erfuhr ein anderes Schicksal als das Symposion. Es stellte sich heraus, daß ihre beim Gespräch am 14. 2. 1980 zugesagte Aufnahme in das Rahmenprogramm des Landes und daher auch ihre Finanzierung eher als Belohnung für die Teilnahme (bzw. die Deklaration der Teilnahme) der Slowenen am Festzug gedacht war. (Vergleiche dazu den Briefwechsel zwischen der OA/OT und dem Landeshauptmann im Anhang).

3.7. Ergebnisse

1. Zunächst ist festzuhalten, daß die Jubiläumsfeier wie jene in der Vergangenheit die slowenische Volksgruppe ausschloß. Der Festzug glich in seinem Aufbau jenen der Jahre 1970 und 1960 fast bis in die Einzelheiten: überall dieselbe Geschichtsbetrachtung, das Herzeigen der Leistungen des Landes usw. Die Geschichtsbetrachtung hat sogar gewisse Ähnlichkeiten mit der schon erwähnten Ausstellung "Kärnten - 1200 Jahre Grenzland des Reiches" aus dem Jahre 1943 [144]. Der Festzug selbst war auch nicht ohne "deutschbetonte" Äußerungen: es wurde mehrmals das Kunstlied "Du deutsches Land, mein Kärntner Land" demonstrativ gesungen [145]. Die Begleitmusik im 'Ruf der Heimat' brauchte den Vergleich mit der Vergangenheit nicht zu scheuen, und auch sonstige Deutschnationale gerieten wie üblich in Aufregung, falls es irgendwo Anzeichen einer objektiveren Betrachtung gab, wie z. B. aus der Reaktion des FPÖ-Blattes 'Kärntner Nachrichten' auf eine gemeinsame Produktion des ORF und des RTV Ljubljana hervorgeht: "Heiß: ORF+Jugofernsehen drehen Minderheitenfilm" [146].

2. Als wichtige Unterschiede müssen genannt werden, daß Prugger im Rahmen des Möglichen versuchte, im Festzug direkt provokante Elemente zu vermeiden (Prugger): es gab keine antislowenischen Transparente wie noch 1970 und 1960, und bezüglich des Heimatdienst- und Abwehrkämpferblocks versuchte er, diesen in einem kleineren Rahmen zu halten (also kein 4.000-er Block, sondern kleiner). Auch der von ihm vorgeschlagene Punkt: "Kärnten als Schnittpunkt dreier Kulturkreise" stellt den Versuch dar, sich der Realität der Zweisprachigkeit in Kärnten - wenn auch auf etwas schüchtern-verschämte Weise - zu nähern. Ähnlich kann man das in fünf Sprachen gehaltene Geleitwort des Landeshauptmannes im Programmheft werten. (Vielleicht unter dem Motto: "Lieber sind wir international als zweisprachig"). Auch die Rede von Kreisky ging in Richtung Betonung "unsere(r) Verpflichtung", "um das friedliche Zusammenleben von Menschen verschiedenen Volkstums immer wieder aufs neue zu gewährleisten." [147] Landtagspräsident Guttenbrunner sprach in einer Festrede am 9. 10. 1980 davon, daß die "Idee der Demokratie (...) zur Duldung (verpflichte), zur Achtung der Minderheit." [148]

Im Bereich der Ideologie also und in einigen "höheren" und Feiertagssphären ein Abbröckeln der starren Haltungen, die vor einer demokratischen Öffentlichkeit immer weniger aufrechterhalten werden können.

Nur in diesem Sinne: "Ein gutes Jahr für Kärnten!" [149]

Anmerkungen

1) Die Presse, 15. 12. 1979, S. 4.
2) H. Stritzl, "Abschaffen?", Glosse, Kleine Zeitung, 26. 1. 1980, S. 5.
3) Kärntner Tageszeitung, 25. 6. 1980, S. 2.
5) ebenda.
6) Rundbrief der slowenischen Organisationen an die Basisorganisationen (Okrožnica), Anfang Juni 1980. Kopie im Besitz des Verfassers.
7) W. Holzinger, Das Tun des Einen ist das Leiden des Anderen. Soziale und sozialpsychologische Hintergründe des Kärntner Minoritätenkonflikts, in: Mladje, Nr. 22, Klagenfurt/Celovec 1976, S. 65 f.
8) H. Rumpler, Perspektiven der Forschung und der Politik, in: H. Rumpler (Hrsg.), Kärntens Volksabstimmung 1920. Wissenschaftliche Kontroversen und historisch-politische Diskussionen anläßlich des internationalen Symposions Klagenfurt 1980, Klagenfurt 1981, S. 11.
9) F. Stourac, Kärntner - bleibt wachsam!, Klagenfurt o.J., S. 10.
10) Die Slowenen in Kärnten waren in der Monarchie doch im selben Staat gemeinsam mit der Mehrheit der Slowenen, obwohl sie schon damals verwaltungsmäßig getrennt. Aber es gab viel mehr Verbindungen, z. B. waren die slowenischen Genossenschaften in die Laibacher Genossenschaftszentrale eingegliedert. Vgl. dazu: M. Zwitter, Razvoj pravnega položaja naših zadrug, in: Svoboda (1/1949), S. 5.
11) H. Rumpler, Perspektiven, S. 11. Ich kann leider nicht umhin, darauf hinzuweisen, welch sonderbare Umkehrung diese Aussage in der Berichterstattung von Stritzl und Koffler in der Kleinen Zeitung erfahren hat: "Die politische Grenze dürfe nie und nimmer in Frage gestellt werden, denn nur dann könne von Österreich die Erfüllung seiner Zusagen verlangt werden." Kleine Zeitung, 26. 9. 1980, S. 5.
12) Zit. nach H. Lagger (Hrsg.), Abwehrkampf und Volksabstimmung in Kärnten 1918-1920, Klagenfurt 1930, S. 112-113.
13) 'Kärntner Landsmannschaft' vom 20. 10. 1920, Nr. 80, zit. nach: G. Fischer, Das Slowenische in Kärnten. Eine Studie zur Sprachenpolitik, Klagenfurt/ Celovec 1980, S. 36.
14) 'Kärntner Landsmannschaft' vom 15. 12. 1920, Nr. 85, zit. nach: Slovenska prosvetna zveza - Slowenischer Kulturverband (Hrsg.), "Zur 30. Wiederkehr der Kärntner Volksabstimmung" - Übersetzung aus "Svoboda", Klagenfurt 1950, S. 37.
15) Zur 30. Wiederkehr, S. 38.
16) H. Haas - K. Stuhlpfarrer, Österreich und seine Slowenen, Wien 1977.
17) Vgl. dazu auch: H. Haas, Genesis und Funktionen minderheitenfeindlicher Politik in Kärnten, in: Slowenisches Wissenschaftliches Institut (Hrsg.), Dokumentation des Raumplanungsgespräches Südkärnten vom 15.-16. Jänner 1977, Wien 1977, und: H. Haas, Ansätze zu einer Strukturanalyse minderheitenfeindlicher Politik, in: Österreichische Zeitschrift für Politikwissenschaft 6 (2 1977).
18) Die Dokumente werden zitiert in: T. Ferenc, Kärntner Heimatbund in njegov voditelj v službi nacizma, in: Prispevki za zgodovino delavskega gibanja 14 (1-2 1974), Ljubljana, S. 260-269.
19) T. Zorn, Proces proti A. Maier-Kaibitschu, in: Zgodovinski Časopis 19-20 (1965-66), Ljubljana, S. 426.
20) M. Srienc u. a., Kärnten bleibt deutsch. Zur Tradition und Gegenwart der Feiern zum 10. Oktober, Wien-Klagenfurt/Dunaj-Celovec 1980 (Klub slowenischer Studenten in Wien), S. 66, 67.
21) H. Steinacher, Sieg in deutscher Nacht, Wien 1943.
22) Srienc, Kärnten bleibt deutsch, S. 61. Steinacher war ab 1933 Reichsleiter des 'Volksbundes für das Deutschtum im Ausland'. "Nach dem Zweiten Weltkrieg

erreichte Steinacher ein entlastendes Urteil des Volksgerichtshofes, wonach er in die NSDAP ohne eigenes Wissen aufgenommen worden war. Demnach galt er als entnazifiziert und tauchte im Jahre 1948 in Kärnten auf." F. Velik, Zur Geschichte des Kärntner Heimatdienstes, in: Informations- und Pressedienst der Österreichischen Widerstandsbewegung (Hrsg.), Kärnten - ein Alarmzeichen, Wien 1974.

23) Landeshauptmann Wagner, auf mögliche Redner bei der 60-Jahr-Feier angesprochen; zit. nach: Srienc, Kärnten bleibt deutsch, S. 72.
24) Steinacher, Sieg, S. 6.
25) Vgl. J. Pleterski, Manjšinska zakonodaja na Koroškem po drugi svetovni vojni, in: Razprave in gradivo (2 1960), Ljubljana, S. 10. Vgl. F. Zwitter, To destroy nazism or to reward it? Yugoslav Institut for international affairs, Beograd 1947. Die Rede von Gauleiter Rainer vgl. in: Kärntner Zeitung, 8. 5. 1945. Vgl. dazu ausführlicher C. Fräss-Ehrfeld, Kärnten 1945 - Von Neubeginn und Bewältigung, in: Österreich in Geschichte und Literatur, 20 (1976), S. 100-109.
26) So Sicherheitsdirketor Stossier sinngemäß in einem Bericht vom 26. 1. 1946, zit. nach: Fräss-Ehrfeld, Kärnten 1945 - Von Neubeginn und Bewältigung, S. 106.
27) Den Wortlaut der "Verordnung der Provisorischen Kärntner Landesregierung vom 3. Oktober 1945 zur Neugestaltung der zweisprachigen Volksschulen im südlichen Gebiet Kärntens (in der Fassung des Beschlusses vom 31. Oktober 1945)" brachten die 'Kärntner Nachrichten' am 11. 11. 1945, zit. in: Pleterski, Manjšinska zakonodaja na Koroškem, S. 59 ff.
28) Volkszeitung, 29. 1. 1947, zit. nach Pleterski, Manjšinska zakonodaja na Koroškem, S. 64.
29) Siehe Pleterski, Manjšinska zakonodaja na Koroškem, S. 75.
30) Faksimile eines Plakats, in: Pleterski, Manjšinska zakonodaja na Koroškem, S. 20.
31) Zit. nach Pleterski, Manjšinska zakonodaja na Koroškem, S. 71.
32) Siehe ebenda, S. 78, 88.
33) Siehe dazu sehr ausführlich das Memorandum der Kärntner Slowenen zur Schulfrage (vom 15. 11. 1958), zit. in: Fischer, Das Slowenische, S. 201 ff. Sogar die 'Neue Zeit' mußte den Kärntner Heimatdienst zur Ordnung weisen (siehe Srienc, Kärnten bleibt deutsch, S. 51.).
34) Memorandum der Kärntner Slowenen zur Schulfrage, zit. in: Fischer, Das Slowenische, S. 204.
35) Zit. in Fischer, Das Slowenische, S. 256.
36) Siehe ebenda, S. 266, 271.
37) ebenda, S. 274.
38) ebenda, S. 276, 277, 278.
39) P. Wieser, (Hrsg. für die OktoberArena/OktobrskiTabor), OktoberArena/Oktobrski Tabor. zweisprachig in die 80er jahre. dvojezicno v osmo desetletje. gegen den minderheitenfeindlichen dreiparteienpakt. zoper protimanjšinski pakt treh strank. für einen neuen oktober. za nov oktober, Klagenfurt/Celovec 1980, S. 47.
40) Kärntner Nachrichten, Nr. 10 a, 9. 3. 1977, S. 2.
41) Es gab vor dem Volksgruppengesetz verschiedene Erlässe, die einige Rechtsbereiche viel großzügiger regelten als es aufgrund der jetzigen gesetzlichen Lage der Fall ist (nach P. Apovnik, Das Volksgruppengesetz - eine Lösung? Standpunkt der Kärntner Slowenen, Klagenfurt/Celovec, 3. Aufl. 1980, 2. Aufl. o.J., zit. nach 2. Aufl., S. 11-17): Landesamtsdirektor Newole verfügte mit Erlaß vom 8. August 1955, daß slowenische Eingaben aus dem zweisprachigen Gebiet "sofort dem Landesamtsdirektor zwecks Übersetzung und Weisung vorzulegen" sind. Dieser Erlaß wird als "vertraulich" behandelt und erst im Jahre 1968 dadurch bekannt, daß ihn Landesamtsdirektor Hauer in Erinnerung ruft und inhaltlich erweitert,

indem er verfügt, daß die Bezirksverwaltungsbehörden (einschließlich Hermagors) slowenische Eingaben anzunehmen und über eigenen Antrag der deutschsprachigen Erledigung auch eine Übersetzung in slowenischer Sprache beizuschließen haben, während das Amt der Kärntner Landesregierung slowenische Eingaben nur anzunehmen, nicht jedoch zweisprachig zu erledigen hat. Gleichzeitig richtet <u>Landeshauptmann Hans Sima</u> an die Bürgermeister von 52 Gemeinden (nach der damaligen Gemeindestruktur) im gemischtsprachigen Teil Kärntens die Empfehlung, im Bereiche der Gemeindeverwaltung analog dem Hauer-Erlaß vorzugehen. Der Ministerrat beschließt am 8. Oktober 1968, daß die einzelnen Bundesministerien für ihre nachgeordneten Dienststellen in Kärnten Erlässe über die Verwendung der slowenischen Sprache als Amtssprache hinausgeben sollen.

42) Wieser, 'OktoberArena/OktobrskiTabor', S. 49.
43) K. Stuhlpfarrer, "Immer dachte Kärnten deutsch". Die Entwicklung der 10.-Oktober-Feiern, in: Extrablatt, (Okt. 1980), Nr. 10, S. 42-45.
44) Zit. nach Srienc, Kärnten bleibt deutsch, S. 14.
45) ebenda, S. 15.
46) ebenda, S. 17.
47) ebenda, S. 21.
48) ebenda, S. 27.
49) Bericht des Landeshauptmannes Piesch im Rahmen der Liga für die Vereinten Nationen über seine Londoner Reise als Mitglied der österreichischen Delegation zu den Vorverhandlungen um den österreichischen Staatsvertrag, zit. nach: 'Neue Zeit', Nr. 37, 14. 2. 1947, S. 1.
50) Srienc, Kärnten bleibt deutsch, S. 34.
51) Siehe dazu ebenda, S. 36-40.
52) ebenda, S. 46.
53) ebenda, S. 53.
54) ebenda.
55) Vgl. ebenda, S. 56. Zu Hofrat Dr. Koschier siehe den Beitrag von Pickl in diesem Sammelband.
56) Srienc, Kärnten bleibt deutsch, S. 57 f.
57) ebenda, S. 59.
58) Ruf der Heimat, (1970), Nr. 14, S. 2.
59) Ruf der Heimat, (1979), Nr. 52, S. 4.
60) Ruf der Heimat, (1970), Nr. 14, S. 2.
61) Vgl. Srienc, Kärnten bleibt deutsch, S. 39.
62) ebenda, S. 41 f.
63) ebenda, S. 50.
64) Zit. nach ebenda, S. 52.
65) ebenda, S. 52.
66) Zit. nach ebenda, S. 52.
67) Siehe ebenda, S. 54.
68) ebenda, S. 58.
69) Ruf der Heimat, (1973), Nr. 24/25, S. 8.
70) Ruf der Heimat, (1975), Nr. 35, S. 1.
71) ebenda, S. 3.
72) Ruf der Heimat, (1976), Nr. 39, S. 1.
73) Ruf der Heimat, (1978), Nr. 47, S 12.
74) Zwitter-Interview.
75) Der Operationskalender ist abgedruckt in: Fischer, Das Slowenische, S. 292 ff.
76) Kleine Zeitung, 7. 12. 1979, S. 2.
77) Kleine Zeitung, 8. 12. 1979, S. 6.
78) ebenda.
79) Volkszeitung, 12. 12. 1979, S. 5.
80) Volkszeitung, 20. 12. 1979, S. 2.

81) Kleine Zeitung, 6. 1. 1980, S. 4.
82) Zit. nach: Kärntner Tageszeitung, 8. 1. 1980, S. 3.
83) Die Presse, 3. 1. 1980, S. 3.
84) ebenda.
85) Kleine Zeitung, 13. 1. 1980, S. 4.
86) Kleine Zeitung, 27. 1. 1980, S. 2.
87) Volkszeitung, 29. 1. 1980, S. 5.
88) Kleine Zeitung, 2. 2. 1980, S. 4.
89) Kärntner Tageszeitung, 26. 2. 1980, S. 2.
90) Ruf der Heimat, (1980), Nr. 53, S. 11.
91) Kärntner Tageszeitung, 22. 5. 1980, S. 1. Es hatte inzwischen noch ein Gespräch am 28. 3. in Wien mit den Slowenenorganisationen gegeben.
92) Vgl. zu kritischen Äußerungen von Grilc schon Kleine Zeitung, 27. 2. 1980, S. 4.
93) Kopien der Briefe an Wagner und Knafl im Besitz des Verfassers.
94) Primosch, in: Kärntner Tageszeitung, 3. 6. 1980, S. 1.
95) Wagner am 5. 2. 1980, zit. nach: Die Presse, 6. 2. 1980, S. 4.
96) Volkswille, 24. 4. 1980, S. 7.
97) Die Presse, 19. 12. 1979, S. 4.
98) Kleine Zeitung, 31. 1. 1980, S. 4.
99) Prugger. Leider habe ich von Prugger keine genauen Unterlagen bekommen, und es ist daher auch unklar, welche Verbände bei dieser ersten größeren Besprechung schon dabei waren. Um einen Eindruck zu vermitteln, wie das Organisationskomitee später aussah, sei aus dem Protokoll einer Sitzung angeführt, welche Organisationen dort vertreten waren: 7 Vertreter der Landesregierung, 2 Vertreter des Magistrats und je ein Vertreter folgender Organisationen: Handelskammer, Landesjugendsekretariat, Landessportsekretariat, Kärntner Sängerbund, Erwachsenenbildung, Blasmusik, Volkstanz, Heimatwerk, Bürgergarden, Bürgerkammer, Arbeiterkammer, Landwirtschaftskammer, ORF, LWK-Landfunk und zwei Vertreter der Landjugend, sowie Ing. Sepp Prugger als Landesbeauftragter und Dir. Ludwig Schöffmann als Stellvertreter. (Protokoll, siehe Anm. 107).
100) Landesrundschau, zit. nach: SINDOK-Mitschnitt.
101) Vgl. schon Kleine Zeitung, 31. 1. 1980, S. 4.: "Ich habe die beiden slowenischen Zentralorganisationen, aber auch den Abwehrkämpferbund und den KHD zu klärenden und vorbereitenden Gesprächen eingeladen". Siehe dazu Punkt 3.4: "Deutschnationaler Druck".
102) Zur 'OktoberArena/OktobrskiTabor' siehe Wieser, 'OktoberArena/Oktobrski Tabor'. Zur Berichterstattung über die Arena siehe den Beitrag von Saxer in diesem Buch.
103) Im Gegensatz dazu behauptet der Volkswille, 16. 2. 1980, S. 7., unter dem Titel: "Slowenen sollen 'nur net reden'", daß ein slowenischer Redner abgelehnt worden sei.
104) Welches informell schon konstituiert war, siehe Landesrundschau vom 12. 2. 1980, (Anm. 100).
105) Kärntner Tageszeitung, 15. 2. 1980, S. 2.
106) Dies trotz Einladung an die Kulturverbände. Sie scheinen auch im offiziellen Protokoll der Sitzung als Vertreter des Rats und des Zentralverbandes auf. (siehe Protokoll - Anm. 107)
107) Protokoll über die Sitzung des Landesorganisationskomitees für die Landesfeier am 9. und 10. Oktober 1980, Kopie im Besitz des Verfassers.
108) Brief der Slowenenorganisationen an Wagner vom 29. 5. 1980, Kopie im Besitz des Verfassers.
109) An Zwitter ist niemand herangetreten (Interview-Zwitter).
110) Srienc, Kärnten bleibt deutsch, S. 59.
111) Programm: 60 Jahre Volksabstimmung in Kärnten, S. 5. Kopien von zwei Festzugentwürfen (ohne Datum) im Besitz des Verfassers, wobei im wahr-

scheinlich ersten Entwurf unter "Versöhnung" der Hinweis auf den Ulrichsberg noch fehlt.
112) Zit. nach Volkswille, 26. 6. 1980, S. 7.
113) Srienc, Kärnten bleibt deutsch, S. 59.
114) Die Ulrichsbergfeier wurde zwar nicht ins offizielle Programm aufgenommen, wie es zunächst anscheinend geplant war (vgl. Volkswille, 18. 4. 1980, S. 7.). Trotzdem bildete sie den inoffiziellen Auftakt zu den Landesfeiern (Volkswille, 26. 6. 1980, S. 7).
115) Gespräch zwischen den Slowenenorganisationen und Wagner, Bacher und Ferrari-Brunnenfeld.
116) Extrablatt, August 1980, Nr. 8, S. 34.
117) Ruf der Heimat, (1979), Nr. 52, S. 6.
118) Kärntner Tageszeitung, 15. 2. 1980, S. 2.
119) KHD-Obmann Feldner am 8. 3. 1980 in St. Veit/Glan, zit. nach: Ruf der Heimat, (1980), Nr. 53, S. 5.
120) Kleine Zeitung, 19. 2. 1980, S. 2.
121) Kärntner Tageszeitung, 4. 3. 1980, S. 2.
122) F. Kucher, Völkermarkt, in: Kleine Zeitung, 20. 2. 1980, S. 10.
123) OSR K. Stukovnik, HS-Dir. i.R., Villach, in: Kärntner Nachrichten, 17. 4. 1980, S. 13.
124) Kärntner Tageszeitung, 26. 4. 1980, S. 16.
125) Ruf der Heimat, (1980), Nr. 54, S. 10.
126) ebenda.
127) Extrablatt, August 1980, Nr. 8, S. 34/35.
128) Srienc, Kärnten bleibt deutsch, S. 78, 80.
129) Indirektes Zitat aus der Kärntner Tageszeitung, 26. 2. 1980, S. 2. Was das Symposion betrifft, mag das in der Intention richtig sein. Vgl. dazu weiter unten.
130) Ein ORF-Interview, zit. nach Kleine Zeitung, 11. 6. 1980, S. 6.
131) Die Slowenen hatten darum in einem Brief an Landeshauptmann Wagner am 29. 5. 1980 gebeten, Kopie im Besitze des Verfassers.
132) Grilc, Wakounig, Zwitter, sowie Kärntner Tageszeitung, 25. 6. 1980, S. 2.
133) Vgl. dazu auch die Kärntner Tageszeitung, 25. 6. 1980, S. 2. Dort wird von "Bemühungen um das Zustandekommen einer Deklaration", von einer "angepeilte(n) Deklaration" gesprochen.
134) ebenda.
135) Ruf der Heimat, (1980), Nr. 55, S. 3.
136) Volkszeitung, 25. 6. 1980, S. 6.
137) Kärntner Tageszeitung, 26. 6. 1980, S. 2.
138) Kleine Zeitung, 6. 3. 1980, S. 10.
139) Kleine Zeitung, 26. 9. 1980, S. 5.
140) Auskunft Rumpler.
141) Nach: Volkszeitung, 10. 9. 1980, S. 23.
142) Kleine Zeitung, 19. 9. 1980, S. 5.
143) Kleine Zeitung, 22. 9. 1980, S. 6. Zum Symposion selbst vgl. M. Derndarsky, Die Kärntner Volksabstimmung im Spannungsfeld von Wissenschaft, Politik, Ideologie und Publizistik. Eindrücke und Betrachtungen anläßlich eines Symposions in Klagenfurt, in: Österreichische Osthefte 22 (1980), S. 370-382.
144) Vgl. zu 1960 Srienc, Kärnten bleibt deutsch, S. 53, 54; zu 1970 F. Koschier, Landesfeier 10. Oktober 1970, Klagenfurt 1971; zur Geschichtsbetrachtung (Ungarn-, Türken- und Franzoseneinfälle usw.) und den Ähnlichkeiten zur Ausstellung im Jahr 1943 siehe den Abschnitt "Die Tradition der 10. Oktober-Feiern" dieses Aufsatzes.
145) Information von SINDOK.
146) Kärntner Nachrichten, 14. 8. 1980, S. 3.
147) Wiener Zeitung, 11. 10. 1980, S. 3.
148) Information von SINDOK.

149) Wagner laut Kärntner Tageszeitung, 17. 12. 1980, S. 3.

Anhang

Vorstellungen der Slowenenorganisationen, Landeshauptmann Wagner anläßlich des ersten Gesprächs über die 60-Jahr-Feier überreicht (14. 2. 1980)

"Alle bisherigen Veranstaltungen zum 10. Oktober, vor allem die Veranstaltungen im Jahre 1970, dienten der Entzweiung der slowenisch- und deutschsprachigen Kärntner. Darum konnten die Slowenen in der Vergangenheit auch in keiner Weise daran teilnehmen.

Die Kärntner Slowenen sind grundsätzlich bereit, an der offiziellen Veranstaltung des Landes Kärnten zum 60. Jahrestag der Kärntner Volksabstimmung teilzunehmen, wenn sie als gleichberechtigtes, mitentscheidendes Subjekt in allen Phasen der Vorbereitung, bei der Öffentlichkeitsarbeit und bei der Veranstaltung selbst im Sinne folgender Vorstellungen und Vorschläge mitwirken können:

1. Es muß gewährleistet sein, daß neben den Sprechern des Landes und des Bundes bei der offiziellen Veranstaltung auch ein Sprecher der beiden Zentralorganisationen der Kärntner Slowenen auftreten wird.
2. Dieses Jahr wird von slowenisch- und deutschsprachigen Kärntnern bereits zum vierten Mal die Oktober-Arena/Oktobrski Tabor veranstaltet. Diese zweisprachige Veranstaltung, die neue Formen des Näherkommens und der Zusammenarbeit zwischen den beiden Völkern im Lande auf der Grundlage der Gleichberechtigung sucht, ist in das offizielle Programm des Landes Kärnten einzugliedern.
3. Aus Anlaß des 60. Jahrestages der Volksabstimmung ist ein internationales wissenschaftliches Symposion einzuberufen, das Geschichte und Auswirkungen dieser Volksabstimmung objektiv behandelt. Das Programm dieser Tagung soll eine gemischte Kommission aus Vertretern des Landes Kärnten, der Universität für Bildungswissenschaften in Klagenfurt und der slowenischen Zentralorganisationen vorbereiten.
4. Am 7. Dezember 1979 haben die beiden Zentralorganisationen der Kärntner Slowenen einen Operationskalender vorgelegt: die Verwirklichung dieses Kalenders würde einen wichtigen Schritt zur Erfüllung des Artikel 7 des österreichischen Staatsvertrages darstellen. Von der Kärntner Landesregierung wird erwartet, daß sie Verhandlungen einleitet und mit der Verwirklichung jener Teile des Operationskalenders beginnt, die auch unter ihre Kompetenz fallen.
5. Beide Zentralorganisationen der Kärntner Slowenen werden am 15. Mai 1980 im Konzerthaus in Klagenfurt/Celovec den 25. Jahrestag der Unterzeichnung des österreichischen Staatsvertrages sowie den 35. Jahrestag des Sieges über den Faschismus und der Befreiung Österreichs würdig und feierlich begehen. Das Land Kärnten soll offiziell an dieser Feier teilnehmen."

Valentin Sima 297

OKTOBERARENA - OKTOBRSKI TABOR

Vorbereitungsausschuß - Pripravljalni odbor
c/o Peter Wieser, St.Ruprechterstraße 17/1, 9020 Klagenfurt/Celovec

An den
Landeshauptmann von Kärnten
Leopold WAGNER
9020 Klagenfurt/Celovec   1980 05 27

Deželnemu glavarju Koroške
Leopoldu WAGNERju
9020 Celovec/Klagenfurt

Sehr geehrter Herr Landeshauptmann!

Bezugnehmend auf Ihre Ankündigung anläßlich des Gespräches mit Vertretern der slowenischen Zentralorganisationen am 14.2.1980 in Ihren Amtsräumen, die zweisprachige Veranstaltung OktoberArena/ OktobrskiTabor in das offizielle Programm der Veranstaltungen zum 10. Oktober aufzunehmen, erlauben wir uns hiermit, Ihnen beiliegend einen vorläufigen Kostenvoranschlag für die genannte Veranstaltung zu unterbreiten.

Wir ersuchen Sie als Landeshauptmann von Kärnten, den Voranschlag Ihrer wohlwollenden Überprüfung zu unterziehen und die Deckung der voraussichtlich anfallenden Kosten durch das Land Kärnten zu veranlassen. Für detailliertere Informationen stehen wir Ihnen natürlich jederzeit zur Verfügung.

Gleichzeitig ersuchen wir Sie, sich bei der Direktion der Klagenfurter Messe dafür zu verwenden, daß uns für die genannte zweisprachige Veranstaltung am 11. Oktober eine der Messehallen zur Verfügung gestellt wird.

Spoštovani gospod deželni glavar!

V zvezi z vašo napovedjo pri razgovoru z zastopniki slovenskih osrednjih organizacij 14.2.1980 v vaših uradnih prostorih, da boste dvojezično prireditev OktoberArena/OktobrskiTabor sprejeli v uradni program prireditev za 10. oktober 1980, si dovoljujemo, da vam v prilogi posredujemo začasni proračun stroškov za imenovano prireditev.

Kot deželnega glavarja Koroške vas naprošamo, da z naklonjenostjo pregledate naš proračun in poskrbite za to, da bo dežela Koroška pokrila stroške, ki bodo predvidoma nastali. Za podrobnejše informacije smo vam seveda vsakčas radi na voljo.

Hkrati vas naprošamo, da se pri direkciji Celovškega sejma zavzamete za to, da nam 11. oktobra za imenovano dvojezično prireditev dd na razpolago eno od sejemskih dvoran.

Wir sind überzeugt, daß Sie gemäß Ihres für 1980 verkündeten Mottos "Begegnung in Kärnten" alles in Ihrer Macht stehende unternehmen werden, um unser Ersuchen einer positiven Erledigung zuzuführen.

Im Sinne unseres Mottos "Zweisprachig in die 80er Jahre" zeichnen wir

mit vorzüglicher Hochachtung!

Prepričani smo, da boste po vašem geslu "Srečanje na Koroškem", ki ste ga proglasili za leto 1980, ukrenili vse, kar je v vaših močeh, da bo naša prošnja pozitivno rešena.

V duhu našega gesla "Dvojezično v osmo desetletje" vas pozdravljamo

z odličnim spoštovanjem!

Für den Vorbereitungsausschuß:
Za pripravljalni odbor:

Franz Marenits   Dr. Robert Saxer   Peter Wieser

Beilagen: vorläufiger Kostenvoranschlag
voraussichtlicher Programmablauf

Priloge: začasni proračun stroškov
predvideni program

OKTOBERARENA/OKTOBRSKI TABOR
Vorbereitungsausschuß – Pripravljalni odbor
Postfach 497 – Poštni predal 497
9020 Klagenfurt/Celovec

1980 08 27

An den
Landeshauptmann von Kärnten

Leopold WAGNER

Armulfplatz 1
9020 KLAGENFURT/CELOVEC

Sehr geehrter Herr Landeshauptmann!

Wir haben bezugnehmend auf Ihre Ankündigung vom 14. Februar 1980, die zweisprachige Veranstaltung OktoberArena/OktobrskiTabor in das offizielle Programm des Landes Kärnten zum 10. Oktober aufzunehmen, mit Schreiben vom 27. Mai 1980 das Ersuchen an Sie gerichtet, den vorläufigen Kostenvoranschlag für die OktoberArena/OktobrskiTabor Ihrer wohlwollenden Prüfung zu unterziehen und die Deckung der voraussichtlich anfallenden Kosten durch das Land Kärnten zu veranlassen.

Da bisher keine Stellungnahme Ihrerseits eingelangt ist und die Zeit schon vorgeschritten ist – es trennen uns nur noch knapp eineinhalb Monate vom 11. Oktober – ersuchen wir Sie höflichst, unser Ersuchen vom 27.5.1980, einer Beantwortung zu unterziehen, damit wir entsprechende Dispositionen treffen können.

Mit vorzüglicher Hochachtung

Für den Vorbereitungsausschuß – Za pripravljalni odbor

Franz Marenits

Dr. Robert Sazer

Deželnemu glavarju Koroške

Leopoldu WAGNERju

Armulfplatz 1
9020 CELOVEC/KLAGENFURT

Spoštovani gospod deželni glavar!

V zvezi z vašo napovedjo 14. februarja 1980, da bosta dvojezično prireditev OktobrskiTabor/OktoberArena sprejeli v uradni program prireditev za 10. oktober, smo vam s pismom z dne 27. maja 1980 posredovali prošnjo, da z naklonjenostjo pregledate naš proračun in poskrbite za to, da bo dežela Koroška pokrila stroške, ki bodo predvidoma nastali.

Ker do danes z vaše strani nismo prejeli nobenega stališča in je že precej pozno – do 11. oktobra je le še slab poldrugi mesec – vas vljudno naprošamo, da nam posredujete vaš odgovor na našo prošnjo, da bomo lahko ustrezno ukrepali.

Z odličnim spoštovanjem

Peter Wieser

DER LANDESHAUPTMANN
VON KÄRNTEN

9010 KLAGENFURT, den 1980 09 01

Zahl: LH- 3490/75/80   LH/Bi
Bei Rückantwort bitte
Zahl anführen

An die
Oktober Arena
Vorbereitungsausschuß
z.Hd. Herrn Peter Wieser

Postfach 497
9010 Klagenfurt

Sehr geehrte Herren!

Bezugnehmend auf Ihren Brief vom 29.8.1980 erlaube ich mir, darauf hinzuweisen, daß im Rahmen des letzten Kontaktgespräches mit den Vertretern der beiden slowenischen Organisationen kein Zweifel darüber offenblieb, daß eine Finanzierung des Oktober Tabor aus Landesmitteln nicht möglich ist. Es herrschte bei dieser Besprechung Übereinstimmung darüber, daß die Slowenen, weil die Zeit noch nicht reif ist, diesmal an den Feierlichkeiten zum 10. Oktober noch nicht teilnehmen werden. Ich mußte annehmen, daß diese Aussage der Slowenenvertreter auch die Oktober Arena mit einschloß, vor allem, weil der von mir getätigte Hinweis, daß ich dann diese Veranstaltung auch nicht fördern könne, akzeptiert wurde.

Sollte aber in der Zwischenzeit eine Änderung der Einstellung eingetreten sein und sollte Ihr Brief als offizielles Angebot gewertet werden können, daß zumindest der Teil der Slowenen, der von Euch vertreten wird, die Ihr im Organisationskomitee der Arena sitzt, an den Oktober Veranstaltungen teilnehmen will, dann wäre damit eine neue Lage geschaffen und über Euer Subventionsansuchen eine neue Entscheidung herbeizuführen.
Sollte diese meine Auffassung richtig sein, so bitte ich darum, mir diese zu bestätigen.

Mit freundlichen Grüßen

OKTOBERARENA/OKTOBRSKI TABOR
Vorbereitungsausschuß – Pripravljalni odbor
Postfach 497 – Poštni predal 497
9020 Klagenfurt/Celovec

1980 09 05

An den
Landeshauptmann von Kärnten

Leopold Wagner

Arnulfplatz 1
9020 KLAGENFURT/CELOVEC

Deželnemu glavarju Koroške

Leopoldu Wagnerju

Arnulfplatz 1
9020 CELOVEC/KLAGENFURT

Betreff: Ihr Schreiben Zl. LH 3490/75/80

Zadeva: Vaše pismo štev. LH-3490/75/80

Sehr geehrter Herr Landeshauptmann!

Wir können die in Ihrem Schreiben geäußerte Auffassung auf keinen Fall bestätigen. Sie dürften bei der Lektüre unseres Briefes einer Verkennung der Tatsachen unterlegen sein. Als wir seinerzeit um eine Förderung unserer Veranstaltung aus öffentlichen Mitteln ansuchten, hatten wir eine Subvention im Auge und nicht eine Kaufsumme.

Es tut uns sehr leid, daß Sie die Auffassung vertreten, die Zeit sei noch nicht reif dafür, daß eine Veranstaltung, die auf dem Prinzip der Zweisprachigkeit aufbaut und somit Wege zu einem friedlichen und demokratischen Zusammenleben der beiden Völker in Kärnten sucht, einen Teil der großen Summe der für die 10. Oktober Veranstaltungen bestimmten öffentlichen Gelder erhalten kann.

Mit Arenagrüßen!

Spoštovani gospod deželni glavar!

Vašega mnenja, izraženega v vašem pismu, nikakor ne moremo potrditi. Pri branju našega pisma ste očitno podlegli napačni presoji dejstev. Ko smo svojčas zaprosili za podporo naši prireditvi iz javnih sredstev, smo imeli v mislih subvencijo in ne kupnino.

Zelo nam je žal, da ste mnenja, da čas še ni zrel za to, da bi prireditev, ki gradi na načelu dvojezičnosti v deželi in s tem išče poti do mirnega in demokratičnega sožitja obeh narodov na Koroškem, lahko prejela del velike vsote javnih sredstev, namenjenih za prireditve ob 10. oktobru.

S taborskimi pozdravi!

Franz Marenits

Für den Vorbereitungsausschuß – Za pripravljalni odbor

Dr. Robert Saxer

Peter Wieser

Peter Heintel

ZUR SOZIALPSYCHOLOGIE DES MEHRHEITEN- /MINDERHEITENPROBLEMS

Der folgende Beitrag versucht eine sozialpsychologische Grundlegung des Mehrheiten- /Minderheitenproblems. Indem er untersucht, was im Verhältnis von Mehrheit zu Minderheit und umgekehrt geschieht, allein dadurch, d a ß es beide gibt, wendet er sich gegen jene abgeleiteten und damit eingeschränkten Diskussionen, die entweder auf bloß moralischer oder bloß rechtlich-politisch-formaler Ebene ablaufen. Durchleuchtet werden soll der meist in diffusen kollektiven Identitäten vor sich gehende Abgrenzungs- und Anpassungsprozeß, der meist in einer unbewußten Soziodynamik vor sich geht, die die Individuen beider Gruppierungen mehr unbewußt als bewußt bestimmt. Damit soll ein Durchblick auf den Hintergrund von gegenseitig oft recht unverständlichen individuellen und kollektiven Verhaltensformen erreicht werden, der gegenseitiges Verständnis fördern könnte. Jedenfalls soll Verständnis dafür geweckt werden, daß viele Erscheinungen, Handlungen, Aktionen eben Resultate und Reaktionen sind auf bereits bestehende Voraussetzungen eines oft "automatisch" ablaufenden Sozialprozesses. Nur ein Einblick in diese dialektische Prozeßautomatik schafft meines Erachtens die Basis, diese zu verändern, bzw. abgeleitete Reaktionen auf ihren Ursprung hin zu begreifen. Problemlösungen können nur greifen, wenn diese Basis berücksichtigt wird. In ihr wird es zentral um das Thema kollektiver Identitätsbildung und kollektiver Abwehr gehen. Im Zentrum steht die Frage: wie ist es möglich (in einer Demokratie), gegenseitiges Verständnis für existentiell notwendiges Nicht-Verstehen im Zusammenleben zu organisieren und jedenfalls partiell zu akzeptieren; anthropologisch fundamentaler: wie läßt sich Fremdes im Zusammenleben aushalten, wie kann es als solches aufrecht erhalten werden, was zur Bereicherung individuellen und kollektiven Lebens beitragen.

Die Arbeit zerfällt in zwei Hauptteile; der erste beschäftigt sich mehr mit der Situation in der Behandlung des Themas, wobei unser individuelles und politisches Umgehen mit Konflikten reflektiert wird. Der zweite erläutert in phänomenologischer Übersicht einer Prozeßdialektik die drei Fragen:

1. Was bedeutet die Existenz einer Minderheit für die Mehrheit?
2. Was bedeutet die Existenz einer Mehrheit für die Minderheit?
3. Was bedeutet deren beider Existenz für Form und Organisation des Zusammenlebens?

Wer ausschließlich an dieser Verhältnisdialektik interessiert ist, möge ab Seite 311 weiterlesen.

Auf der Basis von drei eigenen Erfahrungsbereichen möchte ich die oben genannte Themenstellung behandeln:

1.) Ich lebe seit zehn Jahren im gemischtsprachigen Gebiet Kärntens, neuerdings im überwiegend slowenischsprachigen Gebiet. Die hier zusammengefaßten Ergebnisse beziehen sich auf Gespräche, Interviews, Diskussionen, die ich im Laufe der Zeit mit Nachbarn, Freunden, im Wirtshaus usw. geführt habe.

2.) In meiner Tätigkeit als Gruppendynamiker werde ich sehr oft mit dem Problem Mehrheit / Minderheit in Gruppen konfrontiert, und zwar in doppelter Hinsicht, sei es einmal, daß, bedingt durch bestimmte Gruppenentwicklungen und -prozesse, "normale" Gruppenmitglieder zu Außenseitern oder Minderheiten werden, sei es zum anderen, daß es von vornherein "natürliche" Minderheiten gibt, wie Ausländer, bestimmte Berufsgruppen usw. An diesem "einfachen" Gruppenphänomen konnte ich einerseits erfahren, durch welche sozialen Prozesse es zu Minderheitenbildungen kommt, andererseits, welches gegenseitige Verhalten ein solches Phänomen produziert.

Es mag nun eingewendet werden, das Mehrheits- /Minderheitsproblem sei kein solches kleiner Gruppen, vielmehr von Völkern und geographisch-politischen Großräumen; darauf kann ich zweierlei antworten: erstens wird m. E. in der gegenwärtigen politischen Betrachtung und Aufarbeitung des Themas gerade zu wenig berücksichtigt, daß kleine örtliche Gruppen, Vereine, Wirtshausrunden hier die intensivste Macht der Meinungs- und Willensbildung besitzen, die sich gleichsam wie eine zweite Atmosphäre über die Gegend legt; (über diese kleinen Gruppen wird politisch viel manipuliert, wohl ein Grund, warum man sozialpsychologische Untersuchungen hier eher vermeidet); zweitens haben wir aus der Gruppendynamik, im Zusammenhang mit Organisationsentwicklungsseminaren, auch "großräumigere" Erfahrungen: in ihnen kann es vorkommen, daß sich ganze Gruppen als Minderheiten definieren und die Mehrheit damit vor nicht geringe Probleme stellen; was dies für eine "politische" Organisation bedeutet, läßt sich an diesen Entwicklungen ebenso sehr gut beobachten.

3.) Nicht nur, wenn man für diese Fragen Interesse hat, wird man mit ihnen in Kärnten politisch konfrontiert. Sobald man im öffentlichen Leben eine gewisse Position einnimmt, kann man sich nur mehr mit Schwierigkeiten abseits halten; selbst als "Ausländer", Nicht-Kärntner, "Zuagraster". Es gehört eben zu jenem Problem, das ich behandle, substantiell dazu, daß man über kurz oder lang zu Stellungnahmen veranlaßt wird, wenn nicht zu eindeutigen Bekenntnissen genötigt; fallen letztere nicht im Sinne des Fragestellers aus, wird man allerdings schnell wieder darauf verwiesen, daß man eigentlich "Ausländer" sei und im Grund keine Ahnung habe; sozial, emotionell und psychologisch ist dieser abgrenzende Hinweis durchaus nicht nur real, sondern auch "wahr". In einer gewissen Gestalt der Entwicklung und des Vortrags werden im Mehrheits- /Minderheitsproblem eindeutige Zuordnungen und Bekenntnisse verlangt. Schon wenn man seine Ausländerrolle und emotionelle Inkompetenz zugibt, wird man verdächtig; wird doch zu Recht dabei vermutet, man wolle sich damit die übergeordnete Rolle objektivierter Neutralität anmaßen. Neutrale Autoritäten oder Instanzen sind aber in gewissen Stadien des Mehrheits- /Minderheitskonfliktes weder erwünscht, noch haben sie wirklich vermittelnden Einfluß. Daher findet man auch auf der politischen Ebene die für manche Entwicklungsstadien wahrscheinlich notwendig aufgezwungene Haltung des Herumlavierens, die den Vorteil haben soll, daß sich aus den unbestimmten diplomatischen Äußerungen die jeweilige Volksgruppe schon herausholen kann, was sie jeweils wünscht. Die Erfahrung dieser politischen Ebene, ihre Dialektik zwischen einseitiger "neutraler" Macht und genereller Ohnmacht, die letztlich alles den Zeitläufen überlassen will und nur mehr die Aufgabe wahrnimmt, Beunruhigungen des gleichmäßigen Dahingleitens zu kalmieren, ist mein dritter Anknüpfungspunkt. Aus ihm habe ich die Überzeugung gewonnen, daß mit "normalen" und bekannten politischen Strategien das Problem nicht lösbar ist. Diese Tatsache beweisen zusätzlich in ausreichender Deutlichkeit die Minderheitenprobleme anderer Länder, die schon länger an ihnen "politisch" arbeiten.

Diesen Erfahrungsebenen verdanke ich die nachfolgenden Gedanken, Thesen und Ergebnisse. Was mich nämlich in Problemstellung bzw. -behandlung immer wieder gestört hat, war eine für mich eingeschränkte, sich ständig selbst reduzierende und kastrierende Diskussion (sofern sie überhaupt stattfindet; natürlich gibt es diverse Interessen, die dafür sorgen, daß Diskussionsthemen so eingeschränkt werden, daß für deren Problemstellung bereits Lösungen nachgewiesen werden können).

Die Einschränkung bezieht sich auf folgende zwei Tatsachen. Entweder wird die Diskussion weitgehend auf der moralischen Ebene geführt (hier geht es um gegenseitige, womöglich individuell festmachbare Schuldzuweisung, die bis in nicht mehr kontrollierbare Geschichten von Generationen zurückreichen, oder um kollektivierende Mitleidsappelle und Identifikationen), oder sie bewegt sich im Politisch-Formalen, Juristischen. Ganz schlimm wird es, wenn beide Diskussionshaltungen aufeinander treffen; man entweder politische juristisch beantwortet, was auf der Ebene gar nicht gefragt war und dort auch gar nicht lösbar ist, oder wenn man notwendige Rechtsdiskussionen damit ad absurdum führt, daß man Einzelkasuistik gegenüberstellt. Damit soll grundsätzlich nichts über den Wert und die Notwendigkeit dieser Diskussionsebenen gesagt werden; es ist notwendig, sich Einzelfälle und -schicksale anzusehen, schließlich leiden doch Individuen unter diesen ungelösten Problemen; es ist auch notwendig, sich rechtliche und politische Maßnahmen zu überdenken. Was aber m. E. fehlt, ist die Vermittlung dieser beiden Ebenen. Und damit komme ich zur eigentlichen Grundthese dieser Arbeit: Es scheint mir die individual- und sozialpsychologische Voraussetzungsproblematik des Mehrheits-Minderheitskonflikts weder ausreichend analysiert, noch in ihrer motivierenden Bedeutung bewußt zu sein; dies bedingt auch, daß politische, organisatorische und juristische Lösungen ins Leere gehen, weil sie auf der Oberfläche Konflikte zu regeln oder zu beherrschen versuchen, die viel tiefere Ursachen haben, die in psychosozialen Verhaltensformen begründet sind. Zusammenfassend: obwohl unsere Demokratie eigentlich ein politisches und staatliches Organisationsinstrument ist, das auf dem demokratisch-parlamentarischen Austrag von Konflikten aufgebaut sein sollte, hat man einen politisch reifen Umgang mit Konflikten weder inhaltlich noch organisatorisch gefunden. Was an Konflikten ins Parlament kommt, ist tendenziell immer schon entschärft, reduziert, kanalisiert; dies nicht nur durch Kommissions- und Schattenkabinettsarbeit (sicher muß aus organisatorischen Gründen Parlamentsarbeit durch Kommissionsarbeit vorbereitet werden), sondern aus viel prinzipielleren Gründen. Diese liegen im gleichen vernachlässigten psychosozialen Ausgangspunkt: haben wir es schon individuell kaum gelernt, mit Konflikten fruchtbar umzugehen, oft auch nur sie bei uns zuzulassen, so finden wir kollektiv und politisch-organisatorisch fast überhaupt nirgends Organisationsformen zu generellerem Konfliktaustrag bzw. -management (denn: es ist überhaupt von vornherein noch nicht ausgemacht, daß Konflikte, Gegensätze gänzlich geregelt oder ausgeräumt werden müssen; manchmal ist es fruchtbarer, mit ihnen zu leben, für alle Beteiligten. Unsere politische Unfähigkeit, mit Konflikten umzugehen, bedingt vier "politisch" wirksame Verhaltensformen: es wird erstens so getan, als gäbe es gar keinen Konflikt (etwaige Erscheinungsformen desselben werden verniedlicht und heruntergespielt), zweitens sucht man Schuldige dafür (man kann diese als herausgestellte Individuen leichter auf allen möglichen Ebenen angreifen und mit ihrer Diffamierung auch ihr Recht reduzieren, oder zumindest in Frage stellen, daß sie überhaupt Probleme haben), drittens delegiert man es an "neutrale" Instanzen, die zwar den Vorteil einer "entemotionalisierten" Sicht haben, zugleich aber das Pech, Lösungen ausarbeiten zu sollen, die gerade und hauptsächlich mit jenen Emotionen etwas zu tun haben (die Konflikt"partner" werden auf diese Art ihrer Emotionen indirekt enteignet und wehren sich aus diesem Grund gegen jene Lösungen, weshalb sie letztlich wieder autoritär durchgesetzt werden müssen; dies würde an sich nichts ausmachen - jede Rechtsexekution bedarf zeitweise dieser Autorität, es widerspricht dies nicht den Grundsätzen der Demokratie - wenn damit auch, jedenfalls mit der Zeit, das Problem sozial und emotionell gelöst werden würde; diese Hoffnungen sind aber deshalb trügerisch, weil ja die rechtlichen und politischen Lösungen davon ausgegangen sind, gerade auf nicht-emotioneller Basis zu beginnen); schließlich und viertens führt gerade letzterer Konflikt"lösungs"mechanismus zu einem individuell und kollektiv sehr gebräuchlichen Konfliktverdrängungsverhalten, das uns allen nur zu gut bekannt ist: tritt ein Problem auf, muß schnell, schnell eine Lösung her, damit Ruhe ist; (Wenn uns jemand von seinen Schwierigkeiten und Problemen erzählt und wir sind einigermaßen davon berührt, wollen wir schnell und gern einen Rat, ein Rezept geben, um aus der peinlichen Situation, der gegenüber wir uns relativ ohnmächtig fühlen, rasch wieder herauszukommen. Mit der Wendung: "Ich an deiner Stelle würde..." hat man sich dem anderen unterschoben, und damit ist man ihn und sein Problem losgeworden).

Diese konfliktkalmierende, vordergründige Lösungssucht verhindert aber zweierlei: die eingehende Analyse der Konflikte und ihrer Ursachen und damit längerfristig tragfähige Lösungen. Man springt sozusagen aus der Tatsache des Problems und einigen seiner Randerscheinungen sofort in die Lösung und erspart sich dabei sehr oft eingehendere Motivanalysen; damit aber versperrt man sich bewußt oder unbewußt eine deutlichere Problemsicht. Zusätzlich wird dieses Vorgehen durch zwei Voraussetzungen gefördert: erstens durch die schon erwähnte Neutralitäts- und Objektivitätsideologie, die durch eine genaue Analyse des emotionellen Bereichs z. B. in ihrer Tätigkeit gefährdet wäre, sich schnell inkompetent fühlen müßte, zweitens durch eine eher sozialpsychologische Konsequenz des Minderheits- /Mehrheitsproblems selbst: es gehört nämlich gerade zum "natürlichen" Symptomenkomplex dieses Problems, daß man gegenseitig, zur kollektiven Selbstidentifikation, das Problem reduziert, Ursachen und Motive selektiert, zumindest normiert oder hierarchisiert. Es gäbe nämlich kein Problem auf diesem Gebiet, würden diese gegenseitigen Problemreduktionen nicht stattfinden. Gerade darin unterscheidet man sich ja; man sieht und bewertet eigene Existenzprobleme gegenseitig anders und hat für diese gegenseitigen Bewertungen kein Verständnis; diese Verständnislosigkeit ist aber im eigenen Kollektiv emotionell abgesichert und dient unter anderem auch der Aufrechterhaltung der Differenz und Abgrenzung zwischen Mehrheit und Minderheit.

Dieses Problemreduktions- und Normierungsverhalten steht also, sozialpsychologisch gesehen, in einer dialektischen Ambivalenz: einerseits verhindert es zunächst kooperative Lösungen - gar auf neutraler Basis (Probleme, emotionell völlig unterschiedlich bewertet, können in keinen übergeordneten Rechtssätzen in positivem, für beide Teile befriedigendem Sinn "aufgehoben" werden), andererseits dient es dem Selbstschutz, der "völkischen" Selbstidentifikation, der Bildung abgrenzbarer emotioneller Heimat. Letzteres ist vor allem, wieder aus sozialpsychologischen Gründen, für die Minderheit wichtig, die ohnehin das Gefühl hat (haben muß, wie wir sehen werden), ständig im Nachteil zu sein, sich hintanstellen zu müssen usw. Schon um zeitweise als Minderheit überleben zu können, braucht sie, so paradox dies klingen mag, e i g e n e Probleme, die sie von der Mehrheit unterscheidet, die gerade deshalb für sie wichtig sind, w e i l sie die Mehrheit nicht versteht.

Unter dem sicher immer vorhandenen Druck der Mehrheit (sie muß ihn gar nicht durch besondere Maßnahmen hervorstreichen, hier genügen quantitative Existenz und damit verbundene Atmosphäre) ist es nicht leicht, diese Eigenheit der Probleme durchzuhalten; zwei Auswege aus diesem Druck sind bekannt: man verzichtet darauf, vergißt und verdrängt sie; dies heißt im allgemeinen Assimilation (bekannt, daß es in ihr wieder zwei polare Formen gibt: die schleichende und die demonstrative; die erste läßt sich von der allgemeinen Stimmung und Atmosphäre mittragen und vergißt allmählich wirklich ihre Herkunft, die zweite demonstriert aus Kompensation des eigenen schlechten ("Judas") Gewissens die neue Zugehörigkeit und will von der alten überhaupt nichts mehr wissen; die 200 %tigen Konvertiten).

Man rettet sich in das alte Freund-Feind- und Schuldzuweisungsschema und wirft sich wechselweise vor, daß der andere für die Probleme, die man selbst hat, die Schuld trägt, Ursache ist. Erst diese Außenfeindkonstruktion schafft jetzt innere Identität, die unter dem Druck schon gefährdet erschien. (Hier sind übrigens die Probleme austauschbar; wichtig ist nicht deren Bedeutung, Qualität oder ihr Grad; wichtig ist vielmehr, daß man Probleme hat, für die man andere beschuldigen kann. Natürlich ist dies schon eine abgleitete und defiziente Form, e i g e n e Probleme zu haben. Der Umweg über Feind und Schuld, die nach außen verlagert wird, verstellen den Blick auf eigene Probleme und deren Ursachen; es stellt also dieses Verhalten bereits eine indirekte Selbstentfremdung von eigenen Problemen und eigener Existenz dar; hier müßte man nur der Minderheit jedenfalls zugutehalten, daß der besondere Druck, unter dem sie steht, eher zu diesem Verhalten - zum Selbstschutz - verführt, als dies einer Mehrheit geschieht, die sich einfach immer "stärker" weiß, und sich dieses Bewußtsein bei vielen Gelegenheiten auch in Fest und Selbstdarstellung wiedergibt, sich in ihm kollektiv versichert).

Dieses eine Beispiel aus dem Symptomenkomplex des Problems - eigentlich nur zu Demonstrationszwecken für die Ursachenerklärung bestimmter Konfliktlösungsverhalten angeführt - mag beleuchtet haben, worum es mir in meiner Grundthese geht: weil wir nämlich individual-psychologisch und sozialpsychologisch zu den genannten vier Konflikt"lösungstechniken" tendieren, geraten wir gerade aus diesen Gründen in einen ausweglosen Zirkel: bei unseren Lösungsversuchen - sind sie nicht überhaupt nur "neutrales" Papier und wirkungslos - unterliegen wir psychisch und emotionell, auch organisatorisch jenen Bedingungen, in die uns der Mehrheits-Minderheitskonflikt immer schon gebracht hat. Ersparen wir uns also eine Analyse d i e s e r Voraussetzungen, so können wir damit rechnen, zu keinen tragbaren

Lösungen zu kommen. Daher wäre für eine Behandlung dieses Konflikts primär notwendig, bei einer Problemanalyse dieser individual- und sozialpsychologischen Voraussetzungsproblematik zu beginnen. Dies heißt ganz schlicht die Frage zuzulassen: was bedeutet (emotionell, sozial und verhaltensbildend) die Existenz einer Mehrheit für eine Minderheit, was die einer Minderheit für eine Mehrheit?

Hier geht es nicht um bereits getätigte Interpretationen, Reflexionen und Maßnahmen, die von jeweiligen Mitgliedern einer Gruppe durchgeführt wurden; diese sind meist bereits abgeleitet; man merkt dies daran, daß man sie gegenseitig entweder nicht mehr versteht oder gänzlich anders bewertet. Es geht vielmehr bloß um Dasein, um die Existenz dieser beiden Gruppenkonstellationen, was diese schon allein für sich bedeutet, welche Ängste sie hervorruft und welche Abwehren sie gegenseitig mobilisiert. Bestimmte Ausformungen des Mehrheits- /Minderheitskonfliktes gehen m. E. noch immer auf diese "Grundängste" und deren Abwehren zurück; Ideologie und Politik beschäftigen sich, wie es scheint, meist nur mit der Ebene der Abwehren.

Weil sie selbst zu wenig fähig sind, diese Abwehren zu durchbrechen (dies geht auch weder theoretisch, ideologisch noch formal-juristisch, man würde vielmehr eigene "Sozialbildungsorganisationsmodelle" entwickeln müssen), um auf die eigentliche Basis zu kommen, flüchten sie in Lösungsversuche, in denen eigentlich nur die Abwehren besser zu organisieren versucht wird. Zugegebenermaßen ist die Wissenschaft von den kollektiv bewußten und unbewußten Ängsten und deren Einfluß auf individuelles Verhalten weder theoretisch noch praktisch sehr weit entwickelt. Man kann also von Politikern hier nicht gelöst verlangen, was generelles Problem ist. Ihre Problemzuflucht zu Rechtsexpertise oder Formaldemokratie zeichnet aber nicht immer ein sehr glückliches Verhalten. Insofern ist die Haltung jener Politiker eher verständlich, die der Zeit und der geschichtlichen Entwicklung überlassen wollen, was sie wissenschaftlich, politisch und organisatorisch ohnehin nicht in den Griff bekommen können. Daß diese Bewegung meist auch zuungunsten der Minderheit ausgeht, die psychologisch unter einem gewissen Assimilationsdruck steht, ist auch bekannt. Warum sich also hier in "natürliche" Bewegungen einmischen? Verständlich ist diese Haltung auch deshalb, weil man, ohne theoretischen Zugang zu den Ebenen des kollektiv Unbewußten zu haben, trotzdem hofft, daß es - wird es in Ruhe gelassen - schon mit- und gegeneinander einen guten Überlebensmodus findet.

Nun gibt es aber vier Faktoren, die dieses Lassen und Zusehen - denen zugegebenermaßen eine gewisse "automatische" innere Vernünftigkeit innewohnt - gefährden:

1.) Die Mehrheit braucht die Minderheit, um sich an ihr selbst zu identifizieren, zu beweisen und wiederzufinden; dies macht die Minderheit ständig zu einem Projektionsobjekt, mit dem sie sich gar nicht identifizieren kann; dies führt zu Konflikten: die Minderheit muß beweisen, daß sie das gar nicht ist, wofür sie angesehen wird.

2.) Der Minderheit wird Integration, Gleichberechtigung, Chancengleichheit (d. h. eigentlich Assimilationsmöglichkeit) verwehrt; man muß zur Kenntnis nehmen, daß der Ausgangspunkt für die meisten der Minderheit ein anderer ist als der der Mehrheit - ein Grund dafür, daß sich die privilegierte Elite der Minderheit stark genötigt fühlen muß, Anwalt der minder Privilegierten zu sein.

3.) Die Differenz zwischen Mehrheit und Minderheit wird landes- oder allgemeiner politisch gebraucht; sei es zum "Stimmenfang" bei Regionalwahlen (als emotionell wirksames Manipulationsmittel), sei es als Außenhalt für ein die Minderheit vertretendes Nachbarland, über eigene Schwierigkeiten hinwegzuhelfen.

4.) Den vierten Faktor wage ich kaum zu nennen, weil er so utopisch oder idealistisch klingt; im Positiven hätte er aber eine gewisse Bedeutung für Demokratie überhaupt: am Mehrheits-/Minderheitsproblem ließe sich nämlich "Musterdemokratie" aufzeigen, eine Sache, die dann besonders wichtig wird, wenn man mit Pathos und Emotion selbst eigene Minderheiten im Ausland vertritt. Man wird hier einigermaßen unglaubwürdig, wenn die Regierungen anderer Länder sehen, wie man selbst vor der eigenen Türe kehrt. Schließlich zeigt sich auch (und sei es nur durch die steigende Anzahl der Folkloreveranstaltungen), daß Minderheiten Reichtum, Differenzierung in ein Land bringen, die man auch genießen kann, ohne "sich in die Fremde" zu begeben. Wünsche werden laut, sich hier nicht selbst zu beschneiden.

So paradox es klingen mag: eigentlich kommen die politischen Probleme im Mehrheits-/Minderheitskonflikt aus der Tatsache, daß Instanzen daran interessiert sind, den Unterschied zwischen beiden <u>aufrecht zu erhalten,</u> um ihn für sich auszunützen. Dies bringt aber ständig Grenzziehungsprobleme mit sich, die den Konflikt nicht zur Ruhe kommen lassen werden. Daher gibt es Lassen und Zusehen nur kurzzeitig, und es empfiehlt sich doch auch für den Politiker, einiges von der individual- und sozialpsychologischen Voraussetzungsproblematik zu kennen. Dafür möchte ich ein kurzes, thesenhaftes Angebot zur Verfügung stellen, drei Fragekomplexe betreffend:

1.) Was bedeutet die Existenz einer Minderheit für die Mehrheit?
2.) Was bedeutet die Existenz einer Mehrheit für die Minderheit?
3.) Was bedeutet deren beider Existenz für Form und Organisation des Zusammenlebens?

Was ich hier im nächsten Abschnitt anbieten will, kann keine vollständige Sozialpsychologie des Mehrheits-/Minderheitskonfliktes sein; ich möchte nur einige individuelle und kollektive Verhaltenskomponenten isolieren, um jene Vermittlungsebene zu umreißen, von der ich vorhin als Voraussetzung gesprochen habe; für sie möchte ich Verständnis anregen, da m. E. nur über sie Konflikte wirklich behandelt und klargemacht werden können.

Aus diesem Bisherigen sollte eines klar geworden sein: es gibt im sozialen Bereich, wo es um Gruppen und deren bestimmte Abgrenzungen voneinander geht, in manchen Bereichen k e i n e übergeordnete Wahrheit und Gemeinsamkeit; es gehört zur Selbstidentifikation einerseits, zur Unterscheidung von dem jeweils anderen andererseits einfach substantiell und notwendigerweise dazu, daß man eigene Problemsichten und Normierungsformen entwickelt. Da es sich in diesen Standards, die jeweils zur Selbstidentifikation entwickelt werden, um die Fassung jenes kollektiv Unbewußten handelt, in dem nicht bloß rationale Zusammenlebensregeln funktionell aufbewahrt sind, sondern der ganze psychisch-sozial-emotionale Haushalt geordnet ist, muß man wissen, daß man von außen diese "Kultur" nur sehr bedingt verstehen kann. So lange man nicht in ihr auch wirklich gelebt hat, kann man zwar vieles bemerken, beschreiben, auch guten Willens sein, es zu verstehen; es wird dies aber nur sehr zum Teil gelingen, weil gerade die emotionelle Verankerung, der langsame, lebensgeschichtliche Erwerb dieser Normen, Standards und Problemsichten fehlt. Verstehen bleibt hier immer in gewisser Weise äußerlich und neigt aus Kompensation zu Theorie oder sentimentalischer Übertreibung (die kitschigste Folklore wird meist von Fremden organisiert).

Auch im Mehrheits-/Minderheitskonflikt werden gegenseitig über einander aus Mangel an lebendigem Verstehen Theorien geboren, man entwickelt Konzepte und Anschauungen über einander, positive und negative, nur um diese Verständnisdifferenz, die zu gegenseitigen Fremdheitsgefühlen führt, zu überwinden. Wiederum handelt es sich hier um eine eigentümliche Dialektik: Theoriebildung über einander ist einerseits sinnvoll und notwendig, sie hebt einen geringen Teil der Fremdheit auf, zumal wenn man darüber diskutieren kann, sie schafft eine gewisse Gemeinsamkeit (manchmal hat man sogar den Eindruck, daß es relativ egal ist, welche Theorien man sich voneinander gebildet hat; eigentlich haben sie bloße Vehikelfunktionen; sie sind die sprachlichen Stützpunkte im fremden Land; nicht, daß sie etwas mit dem Land und den Leuten zu tun hätten, aber man kann von ihnen aus mit einer Sicherheit sich in fremden Land umschauen); andererseits muß man wissen, daß Theorien ü b e r einander, meist auch von außen und einer gänzlich anderen emotionellen Basis herangetragen, keine wirkliche Verständigung schaffen, eben bloße Theorie ü b e r etwas bleiben. Das sieht man auch besonders an den "Neutralen", die vom objektiven, höheren und unbeteiligten Standpunkt aus nach beiden Seiten hin Theorien "austeilen". Aus ihrem Eifer, verstehen zu wollen, läßt sich oft nur erschließen, daß sie eben keiner der beiden Gruppen angehören und dieses emotionelle Defizitgefühl damit überwinden wollen, daß sie sich als theoretische Vermittler anbieten. Nach dem Scheitern solcher Versuche folgt meist das Stadium sentimentalischer Anbiederung auf der einen oder anderen Seite. Hier kommt meist wieder die Moral- und Mitleidklaviatur zum Zuge.

Aus dieser Sachlage heraus ist zu erschließen, daß man Probleme dieser Art nicht durch theoretische Konzepte und Vorschläge, die für beide Teile Geltung haben sollen, lösen kann. Sicher wird man jeweils formale und juristische Regelungen fixieren müssen, die ein staatliches Zusammenleben ermöglichen. Diese Regelungen sollten sich aber nicht anmaßen wollen, gemeinsame, inhaltlich detaillierte und verpflichtende Konzepte zu beinhalten. Im Gegenteil, ihr Charakter hätte zwei wichtige Züge zu enthalten: jenen minimalen gemeinsamen Nenner, der das gemeinsame Leben in einem übergeordneten Staatsverband gleichberechtigt regelt, ansonsten nur Gesichtspunkte für die mögliche Aufrechterhaltung eines Abgrenzungs- und Kommunikationsprozesses. Eigentlich müßten diese Regelungen die Ambivalenz und Dialektik, die in dem ganzen Problem liegt, prozessual so organisieren helfen, daß keines seiner gegensätzlichen Momente zugunsten des anderen abgespannt wird. Dies heißt auf die theoretischeste Formel gebracht: Verständnis für notwendiges Nicht-Verstehen organisieren, und umgekehrt Nicht-Verstehen nicht zur Gewalt werden zu lassen, unbedingt Verstehen zu wollen und zu müssen.

Hier erreichen wir wiederum jene für uns so bedeutsame Voraussetzungsproblematik: theoretisch läßt sich die obige Forderung leicht erheben, auch Regeln dafür lassen sich formulieren und ausdrücken. Praktisch sieht aber eben aus den psychosozialen und emotionellen Gebundenheiten heraus die Sache ganz anders aus. Einerseits nämlich gefährdet unsere eigene soziale Identität, andere in dieser Weise verstehen zu wollen (zu gutes Verständnis des anderen heißt eigentlich, so sein wie er oder es zu wollen!), andererseits gehört es zum menschheitsgeschichtlich-anthropologisch bedingten Voraussetzungs- Verhaltensmuster, daß wir Nicht-Verstehen, Fremdheit nicht aushalten können; vor allem im Zusammenleben mit Menschen macht sie unsicher und bringt Angst. (Dies hängt wohl mit der Tatsache zusammen, daß das menschliche Aggressionsverhalten nicht "natürlich" und instinktgesichert berechenbar ist; manche Wissenschaft spricht hier vom Menschen als dem einzigen Lebewesen, dem für seine Aggression keine "natürlichen" Grenzen gesetzt sind; es hat daher in der Menschheitsentwicklung immer wieder Zeiten gegeben, in denen man die zwei bisher probatesten Konsequenzen aus dieser Verunsicherung durch Fremdheit gezogen hat: einmal die Ausrottung des fremden Menschen - man schafft sich mit ihm das Problem vom Hals -, zum anderen die Unterwerfung in den mannigfaltigsten Formen - man zwingt das Fremde in sich hinein und zwingt es damit zu seinem Verständnis.) In den Organisationsformen mit dieser Angst umzugehen, sie auszuhalten oder teilweise zu überwinden, sind wir noch wenig versiert. Wir lassen uns auf diese theoretisch-dialektische Forderung praktisch kaum ein. Lieber leben wir in den verschiedensten Abwehrformen dieser Grundangst und versuchen uns auf dieser Organisationsebene; wozu diese führt, zeigen die tradierten Erscheinungen sowie das immer wieder von neuem auftretende Problem. Organisationsformen (prozessuale) hier zu entwickeln, ist nicht bloß eine politisch-juristische Aufgabe, auf die man so gern Verantwortung verschiebt. Es handelt sich vielmehr im eigentlichen Sinn um eine kulturelle oder Kulturbildungsaufgabe, in der übrigens auch angewandte Sozialwissenschaft eine bedeutende Rolle spielen könnte; allerdings mehr in Form "aktionsforschend" beratender Tätigkeit als in klassischem Modellvorgehen (in dem ja nach bekanntem naturwissenschaftlichem Modell Widersprüche da sind, um logisch überwältigt zu werden, und man bis heute wenig zur Kenntnis genommen hat, daß die Wahrheit mancher Angelegenheiten - eben auch des Mehrheits-/Minderheitsproblems - im notwendigen und teilweisen Widerspruch liegt.)

Damit sind wir wieder zu unserem engeren Thema zurückgekehrt. Oben Ausgeführtes gilt für Gruppenidentitäten und -abgrenzungen überhaupt. Für unsere Fragestellung stellt sich das Problem aber auf besondere Weise; oder der notwendige Widerspruch ist immer schon quantitativ vorherbestimmter; ihm müssen wir uns anschließend widmen und dabei auf unsere drei "Existenzfragen" zurückkommen. Die Vermutung lautet, daß die besondere Form des Mehrheits-/Minderheitsverhältnisses auch besondere Widersprüche, Abgrenzungsversuche und Selbstidentifikationen hervorbringen muß, die nicht so sehr vom Willen einzelner abhängen, sondern jedem bewußten Handeln schon vorausgesetzt sind.

ad 1.) Die Existenz einer Minderheit ruft für eine Mehrheit recht ambivalente Gefühle hervor, die insbesondere auch dadurch bestimmt sind, wie "nahe" man zusammenwohnt. An sich fühlen sich Mehrheiten sicherer, mächtiger, besser aufgehoben, unbegrenzter, beweglicher.

Minderheiten am geographischen Rande ihrer Existenz berühren sie eigentlich kaum; sie sind für sie eigentlich kein Problem, wenn man so will, als solche zwar Realität, aber keine besondere; in dem, was sie eigentlich ausmacht, sind sie sozusagen n i c h t s , "quantité négligeable". (Dies empfinden umgekehrt Minderheiten als Mißachtung ihrer besonderen Existenz, auch wenn sie eher bei diesem weiter Entfernten mehr Hoffnung auf Verständnis erwarten). Anders geht es den Mehrheitsnachbarn: sie werden ständig mit Fremdheit konfrontiert (die Kärntner Slowenen bezeichneten diese Tatsache umgekehrt mit dem Slogan "Fremde in der Heimat"). Nun handelt es sich aber um eine ganz besondere Fremdheit, nämlich um eine, die man im eigenen (?!) Territorium sozusagen in sich selbst hat oder haben sollte. Man ist durch keine eindeutige politische oder geographische Grenze von ihnen getrennt, alles schwimmt so durcheinander, die Gruppengrenzen sind nicht fein säuberlich markiert. Dauernd wird man mit Verschiedenheiten konfrontiert und muß sich mit ihnen beschäftigen. Das alles bedeutet, daß die Selbstidentität der Mehrheit ständig konfrontiert und herausgefordert ist.

Nun trifft sie meist auf eine Selbstidentität der Minderheit, die sie als fester, ausgeprägter, starrer, kämpferischer, feindseliger erlebt. Dies aus zwei Gründen: tatsächlich muß einmal die Minderheit, will sie als solche überleben, mehr Aufwand zur Abgrenzung verwenden als die Mehrheit, die eher zu schlucken bereit ist, als sich zu unterscheiden. Diese Selbstabgrenzungsdynamik muß als feindselig erlebt werden, auch wenn sie umgekehrt Selbstschutz bedeutet. Zum anderen wird die großzügiger und lockerer organisierte Mehrheit in ihrer Selbstidentität, die meist viel komplexer und diffuser ist, durch ihr ausgeprägteres Gegenüber ständig in Frage gestellt und verunsichert. (Mehrheiten sind auch erstens schwerer sozial zu organisieren, und haben zweitens die verschiedensten Selbstidentitätsebenen, kulturell, politisch usw.; anders bei Minderheiten; einer ihrer vorrangigen Selbstidentifikationsprinzipien muß sein, d a ß sie eben Minderheit sind und als solche ständig gefährdet, durch Assimilation, Anpassung usw.). Diese auf die Minderheitenproblematik konzentrierte Selbstidentifikation muß die Mehrheit deshalb als aggressiv verstehen, weil sie, zunächst eher hilflos, demgegenüber nichts gleiches entgegenzusetzen hat. Unter ihren mannigfachen Identifikations- und Organisationsprinzipien spielt das - nämlich gegenüber Minderheiten eine Mehrheit zu sein - kaum eine Rolle. Daher wenden sich Minderheiten, schon durch ihre reale Existenz bedingt, wieder an Minderheiten der Mehrheit oder fördern sogar deren Einrichtung. Im Positiven finden sie Zuspruch, Anerkennung, auch Verständnis für ihre Existenz bei Minderheitsgruppen, die sich ebenso als solche gegenüber Mehrheiten fühlen (Intellektuelle, Künstler, Sekten etc.; für diese anders gearteten "Minderheiten" der Mehrheit stellen oft "völkische" Minderheiten den willkommenen Anlaß dar, sich an ihnen zu zeigen, Bedeutung zu geben, sie als Außenhalt für eigene Identifikation zu verwenden; dies geht aber auch, weil emotionell ein gewisses "Minderheitenverständnis" aus eigener Erfahrung vorliegt; gerade weil dies aber als "Mehrheitsminderheit" nicht immer leicht zu formulieren und zu bestimmen ist, wird die "echte" Minderheit zum Beispiel und Anlaß; Minderheiten brauchen sich gegenseitig, und wenn eine "echte" darunter ist, wird sie auch von den anderen immer wieder herangezogen werden.)

Im Negativen muß die Mehrheit Gruppen, Vereine usw. schaffen, die nun meist ebenso als Minderheit die Mehrheit in dem Teil repräsentieren sollen, der sich von der Minderheit abzugrenzen hat. Man bemerke den sozialpsychologischen Mechanismus: an sich gehorcht die Mehrheit auf diffuse Weise (daher oft selbst verunsichert, worin sie mit sich identisch ist) den verschiedensten Selbstidentifikationsebenen; ihr kollektiv Unbewußtes ist durch die Realität diverser Subsysteme mannigfach strukturiert; es ist ihr auch für sich kein Problem, Mehrheit zu sein; daraus wird erst ein Selbstidentifikationsmoment, wenn man von Minderheiten dazu gezwungen wird. Also muß zum Kontrast ein Mehrheitsbewußtsein abgespalten und aufgebaut werden. Dies geschieht paradoxerweise ebenso über Minderheiten, so daß sich eigentlich im Konflikt spezifische Ausprägungen von Minderheiten gegenüberstehen. Die Mehrheit überläßt ihren abgespaltenen Vereinen die Repräsentanz ihres eigentlich nicht qualitativ vorhandenen Mehrheitsbewußtseins; diese treten wiederum, ohne eigentlich substantiell in der Mehrheit verankert zu sein, immer für dieselbe auf (sprechen immer nur vom "Wir" und rasseln mit dem Säbel in Totalitätskategorien); sie machen in der Konfrontation tatsächlich die organisatorische Dreckarbeit, und aus schlechtem Gewissen gegenüber der Stellvertreterarbeit klatscht die Mehrheit auch bei festlichen Anlässen Beifall, so daß die "Repräsentanten" sich auch tatsächlich als solche fühlen können. (Nicht zufällig sind gerade diese Vereine der beste emotionelle Zufluchtsort für "Konvertiten"; sie bringen im Grund das beste "Minderheitengefühl" mit).

Ich hatte vorhin die Bedeutung der "Nähe" als problemstrukturierendes Element einzuführen versucht; eine kleine Korrektur ist nachzuholen: dort, wo in kleinen Gemeinden in überschaubarer Größe und Organisation wirklich zusammengelebt wird oder vielmehr werden muß, man auch zweitens auf Nachbarschaftshilfe angewiesen ist, stellt sich das Problem völlig anders; hier gibt es im allgemeinen das Problem kaum, es sei denn, man trägt es von außen herein, und Anlässe und Ressentiments finden sich dafür immer. Dieses Problem gibt es m. E. deshalb kaum, weil man es sich in Arbeit, Zusammenleben und Alltag gar nicht leisten kann, bedeutende Abgrenzungen zu setzen. Ein Mehrheits- /Minderheitskonflikt würde sich sowohl psychisch als auch physisch als ruinös auswirken und kann daher nicht durchgestanden werden.

Auf der anderen Seite ist natürlich klar, daß gerade diese Gemeinden den selbstbewußten Vertretern der Minderheit die größte Sorge machen müssen. In ihnen muß, da sie ja eingebettet sind in ein generell durch die Mehrheit strukturiertes Leben, die Gefahr schleichender Assimilation am größten sein. Daher verlangen sie offiziell oft Maßnahmen, die diesen Gemeinden für sich genommen oft ferne liegen, die sie gar nicht mehr vertreten. (Dies macht übrigens einen großen Teil jener Schwierigkeiten aus, denen sich Minderheitenvertreter gegenübersehen; vielfach scheinen sie gezwungen, Minderheitenangehörige gegen ihren Willen, oder jedenfalls gegen ihr unmittelbares, von ihnen eingesehenes existentielles Interesse, vertreten zu müssen; von der Mehrheit wird ihnen dies oft vorgeworfen, ohne daß sie dabei zur

Kenntnis nimmt, daß auch sie sich oft in viel generellerem Maßstab durch Minderheiten vertreten läßt; siehe den Spruch von der "schweigenden Mehrheit". Man sollte also mit dem Minderheitsvertreter hier nicht zu hart ins Zeug gehen; dort, wo die vorhin angesprochenen, gegenseitigen Bildungsorganisationsformen nicht oder noch nicht etabliert sind, man in formaldemokratischer Konfliktlösungstechnik mit den Problemen umgeht, dort werden immer privilegierte Minderheiten Mehrheiten vertreten.)

Das Konfliktproblem radikalisiert sich an den Nahtstellen "abgegrenzter Nähe". Es gehört nämlich ein Minimum gegenseitiger Unabhängigkeit dazu, um Abgrenzung und Unterscheidung zu ermöglichen, also nicht so wie in den kleinen Gemeinden, wo man zusammen leben muß, um halbwegs sinnvoll zu überleben; an diesen Stellen eben wird die Mehrheit auf die beschriebene Weise ständig und n o t w e n d i g e r - w e i s e herausgefordert, was zu ständiger Abwehr führt. Eigentlich ist man nämlich ohnehin geneigt, Fremdes, Unbekanntes dadurch abzuwehren, daß man es abwertet (Barbaren, Tschuschen, Katzelmacher, Barfüßige usw.); zur Abwertung gehört, daß man ihnen auch vernünftiges Leben, Tüchtigkeit abspricht (fast immer sind auch die anderen fauler). Nun beweisen aber gerade aus unmittelbarer nächster Anschauung die Nachbarn von der Minderheit, daß sie durchaus überlebensfähig, tüchtig sind und scheinbar ohne den Segen der Mehrheit auskommen; dies ist aufreizend und irritierend. Ständig wird man mit etwas Fremdem, Verunsicherndem konfrontiert, das keineswegs Anstalten macht, zugrundezugehen, oder den "Großen Bruder" zu Hilfe zu rufen. In zweifacher Weise gefährdet nun diese selbstbewußte Identität einer Minderheit das Selbstbewußtsein der Mehrheit. Erstens wird ihr, wie schon beschrieben, die Diffusität ihrer Identität vor Augen gehalten, daß sie a l s Mehrheit s e l b s t eigentlich kaum eine Identität hat, diese erst mühsam über Minderheiten und Ideologien zusammenbasteln müßte (National- und Landesfeiertage haben die Funktion, diffuse Mehrheitsgefühle konkret zu bündeln), zweitens phantasiert sie als Reaktion die soziale Potenz der Minderheit in Richtung unglaublicher Mächtigkeit.

Aus der ersten Gefährdung folgt wiederum eine bekannte Reaktion, die, in ihrem Erfolg einmal erfahren, ständig als probates Mittel zur Selbstidentifikation herangezogen wird; es handelt sich um die Konstruktion, Pflege und ständige Resurrektion des "Außenfeindes". Diffuse Identitäten, und die Mehrheitsidentität ist derzeit jedenfalls eine solche, bedürfen um ihrer Einheit und kollektiven Identität willen ständig eines Außenhaltes; Konflikte, Unterschiede usw. in ihr selbst können nicht behandelt oder gar zufriedenstellend ausgetragen werden. Damit aber die ganze Angelegenheit nicht überhaupt auseinanderfällt, bedarf man wenigstens etwas Gemeinsamen, gegen das man sein kann, in dessen Gegnerschaft man sich identifiziert. Gerade Mehrheiten, überhaupt größere organisatorische Strukturen, sind naturgemäß für diese Haltung anfällig; dies deshalb, weil es sich sehr oft nur um konstruierte Einheiten handelt, die emotionell oder auch nur organisatorisch gar nicht als solche bestehen.

Es ist wohl eines der größten Probleme neuzeitlicher Staatenentwicklung überhaupt, kollektive Identifikationen für größere Menschengruppen (Massen) zu finden; die Auswege und Angebote waren bisher nicht sehr zufriedenstellend, sie wurden versucht durch Ideologien, Prophetien, Beschwörung von Außenfeinden, Traditionsbeschwörungen, wenn sie nicht überhaupt durch die "nackte" Notwendigkeit bestimmter ökonomischer Systeme gerechtfertigt wurden. Für jede Mehrheit dieser beschriebenen Art sind natürlich Minderheiten ein "gefundenes Fressen". Und sie bieten sich ja auch durch die vorhandene oder zugeschriebene deutlichere und intensivere Selbstidentität förmlich an. Auch riskiert man kaum existentielle Selbstgefährdung, da man sich ja seiner Mehrheitsmacht sicher ist. Also sind Minderheiten dazu da, für Mehrheiten jener kleinste gemeinsame Außenhalt zu sein, der ihnen als solchen den ständig gefährdeten inneren Zusammenhalt rettet.

Vielfach wird dann alles mögliche an Ängsten in die Minderheit hineinprojiziert, und man könnte den Satz wagen: Betrachte die Bezeichnungen und Charakterisierungen, die die Mehrheit einer Minderheit gibt, und du wirst ein Arsenal ihrer eigenen Probleme darin wiederfinden. (In Landstrichen, in denen die politische Macht noch als recht väterlich-autoritäre, patriarchalische vorgestellt wird, hat dieses Verhältnis der Mehrheit zur Minderheit eine besondere Facette: eifersüchtig wie der große Bruder auf das jüngere Geschwisterkind überwacht die Mehrheit ständig auch die Gunstbezeigungen und Zuwendungen aller Art des "Landesvaters"; wehe, er wagt es, die Minderheit zu bevorzugen oder etwas zu tun, was eben die Mehrheit darunter versteht; absolute Gerechtigkeit wird verlangt, man übersieht aber dabei, daß man einfach, um ihnen die Existenz zu sichern, zu Minderheiten zusätzlich fördernd sein, d. h. "gerechter" sein müßte; es gehört aber ebenso zur Situation diffuser Mehrheitsidentifikationen, daß die patriarchalische Autorität, der gute Vater, so wichtig wird; dies ist ein sicherheitsbedürftiges Übertragungsverfahren meist kindlicher Prägungen, das vor allem eben für diffuse Identitätssituationen zur Anwendung kommt. Die Liebe des guten Vaters darf sich nun nicht abwenden und einem "Wechselbalg" intensiver entgegengebracht werden.)

Die zweite genannte Reaktionsform, nämlich den Außenfeind, die Minderheit, ständig in seiner Macht zu übersteigern, hat einerseits reale Ursachen, andererseits dient diese Übersteigerung dazu, Angst zu machen, mit der man natürlich dann am besten manipulieren kann, wenn man sich als ihr Überwacher anbietet. Die realen Ursachen liegen in der tatsächlich erlebten Macht; sie besteht in der direkten und indirekten (beschriebenen) W i r k u n g auf die Mehrheit in der Fähigkeit, ein Verständigungsmittel an der Hand zu haben (eine Fremdsprache), die einem Fremden den Eintritt verwehrt (umgekehrt verstehen Minderheiten im allgemeinen die Sprache der Mehrheit, während Mitglieder der Mehrheit sich im fremdsprachigen Gebiet kaum des allgemein-menschlichen, verunsichernden Gefühls erwehren können, es würde just nur über sie gesprochen); in der abgeschlosseneren, überschaubaren Selbstidentifikation (oft noch einsehbar in einer e i g e n e n Kunst und Kultur), schließlich in einem Faktum, das auch nicht zu gering angeschlagen werden darf: es sind nämlich Minderheiten ja meist auch verstreute, nach außen gestellte Repräsentanten einer Mehrheit, die hinter einer realen Grenze "drohend" hockt; sie werden von der heimischen Mehrheit sozusagen als der Stachel im eigenen Fleisch empfunden, und viele der bekannten Sprüche handeln davon, wie man sie wieder hinter die Grenzen zurückschicken könnte.

In dieser Hinsicht repräsentieren solche Minderheiten für die Mehrheit eine dreifache Macht: erstens kann man nie genau wissen, ob sie nicht ihren großen Bruder holen, der sie schützt und schon aufräumen wird, zweitens sind sie aber gerade nicht das fremde Volk, sondern sollten trotzdem als Bestandteil des eigenen genommen werden (eine auf dieser Basis schwierige Forderung, die oft als Erpressung aufgenommen wird), drittens haben sie auch noch zu allem Überfluß eine grenzüberschreitende, vermittelnde Macht, zwischen beiden Mehrheitsvölkern, deren beider Sprachen sie beherrschen; die Macht des Vermittlers kann bekanntlich größer sein als die der Gegenüberstehenden. (Daß diese "Machtposition" natürlich auch den Minderheiten, emotionell mindestens, Schwierigkeiten bereiten muß, wird weniger gesehen; Vermittler sind gerade in ihrer Macht relativ einsam und isoliert, da sie nicht vermitteln könnten, würden sie sich einer Gruppe eindeutig zurechnen. Über "kleinere" Probleme möchte ich hier gar nicht reden, was zum Beispiel ein Kärntner Slowene zu hören bekommen kann, der in Ljubljana studiert). Es ist natürlich richtig, daß diese Momente realer Macht die Mehrheit zusätzlich verunsichern, zur Fixierung des Außenfeindes sind sie andererseits dienlich. Phantasien werden erzeugt und angeregt, in denen die Gefährdung durch die Minderheit besonders herausgestrichen wird; nach diesen nimmt es oft wunder, wieso es überhaupt noch eine Mehrheit gibt, diese nicht schon längst von der Minderheit aufgekauft, überfremdet, vernichtet wurde. Vor dieser Macht der Minderheiten müssen Mehrheiten geschützt, zumindest aufgeklärt werden. Dafür bieten eben jene Minderheitsvereine der Mehrheit ihre Hilfe an und leiten sich dadurch ihre zweite Existenzberechtigung ab. Damit hat sich der Kreis geschlossen. Ich breche hier ab, obwohl natürlich erst der Anfang gemacht ist; man müßte nun diese Strukturvorgaben auf individuelle und kollektive psychosoziale Verhaltensdynamik hin untersuchen. Ich bin der Ansicht, daß viele Erscheinungen des Konflikts in Kärnten darauf zurückgeführt werden können, und überlasse es der Phantasie des Lesers, hier Zuordnungsarbeit zu leisten.

ad 2.) Indirekt wurde zu diesem anderen Aspekt der gleichen Frage schon im vorhergehenden Punkt einiges gesagt, das nicht wiederholt zu werden braucht. Was bedeutet, spezieller noch, allein schon die Existenz einer Mehrheit für eine Minderheit, was heißt es für sich Minderheit zu sein? Es gehört zu den häufigsten Erscheinungsformen dieses Problems, daß die Mehrheit gemäß ihrer Existenzform und diffusen Identitätsstruktur den Problemen der Minderheit gegenüber weitgehend naiv ist; sie ist geneigt, das Problem zu individualisieren nach dem Motto: "Wir tun ihnen doch eh nichts". "Warum regt sich der und der denn auf?" Abgesehen nun von den konkreten Anlässen für Aufregungen ist es der Mehrheit schwer einsichtig, daß allein ihre bestimmte Existenz und Organisation für Minderheiten schon etwas sehr Wesentliches und Einschneidendes bedeutet. Im Bewußtsein ihrer numerischen, organisatorischen, öffentlichen, auch formal-demokratischen Macht, können sich Mehrheiten sozusagen ein großzügig-herablassendes Verhalten immer leisten, ohne Angst haben zu müssen, selbst gefährdet zu sein. Ohne jetzt schon darauf eingehen zu wollen, was ein solches Verhalten bei der Minderheit auslösen muß - man stelle sich vor, wie schön es ist, ständig aufmunternd auf die Schulter geklopft zu bekommen -, muß Grundsätzliches sozialpsychologisch festgehalten werden:

Mehrheiten übersehen gern, daß allein ihre Existenz, die ja ex negativo das, was Minderheit ist, konstituiert, schon bedrohend bis vernichtend wirken muß; da müssen überhaupt noch keine Maßnahmen oder Handlungen gesetzt sein. Bedrohend ist nicht bloß die quantitative numerische Überlegenheit mit Macht (die in formaldemokratischen Entscheidungsvorgängen sehr wohl eine bedeutende Rolle spielen kann, siehe: Sprachzählung), es ist vielmehr die innere und indirekte expansive Gewalt, die jeder Mehrheit eigen ist, vor der man sich fürchten muß. Wenn ich hier von expansiver Gewalt rede, so meine ich dies weder moralisch, noch politisch; auch Schuldzumessungen liegen mir ferne. Hier geht es vielmehr um sozialpsychologische Tatsachen, die durch den Charakter der Organisation von Mehrheiten bedingt und damit notwendig sind. Die Expansionsgewalt hat im wesentlichen drei Ursachen: psychologische, bürokratisch-organisatorische und kulturell-bildungsmäßige.

Psychologisch gesehen hängt diese Gewalt zusammen mit der Selbstverständlichkeit und Beweglichkeit, mit der sich Angehörige der Mehrheit sozusagen "in ihrem Land " bewegen können; auch wenn sie in Minderheitengegenden manchmal unsicher werden, so wissen sie sich doch vom "Hinterland" unterstützt; indem nämlich auch das "Land" der Minderheit dem "Land" der Mehrheit territorial zugerechnet wird, hat es jeden Sonderstatus verloren; dies ist zwar staatlich und rechtlich schwer anders denkbar, bedeutet aber psychologisch sehr viel. (Siehe: topographische Aufschriften, Ortstafelstreit).

Nicht zufällig gibt es gerade aus Minderheitengegenden sehr viele Auswanderer, die sozusagen auch in der Illusion fortgefahren sind, sich e i g e n e s Land zu erwerben. Umgekehrt muß sich ein Angehöriger der Minderheit im "Heimatland", das ihm zunächst fremd ist, erst bewegen lernen; dazu gehört Übung und vor allem auch Zeit. Letztere muß er jedenfalls im "Mehrheitsland" verbringen, zu Hause geht er ab (psychisch-emotional). Es ist sozusagen schon die Ungleichgerechtigkeit gegenseitiger "Besuchsstruktur", die die Minderheiten gefährdet, die aus psychologischen und qualitativen Gründen bedrohend wirken muß. Im übrigen ist es auch nicht recht schön, so in seinem "Reservat" als Minderheit besucht und wie ein seltener Vogel im Zoo bestaunt zu werden, wie es manchmal geschieht; auch die sprachliche Problematik ist in einem wichtigen Teil diesen psychologischen Ursachen zuzurechnen; eigentlich werden in fast allen Kontakten die Minderheiten gezwungen, die Sprache der Mehrheit zu reden, schon deshalb, weil die Mehrheit die Minderheit gar nicht kann; ständig zu einer "Fremdsprache" gezwungen zu werden, scheint mir aber eine der vordringlichsten Ursachen, Gewaltanwendung zu empfinden (ich habe z. B. jemanden kennengelernt, der im Deutschen immer wieder ganz unmotiviert stottert, während er im Slowenischen völlig flüssig spricht). Nun ist man aber sehr oft, meist wirtschaftlich, von der "Gunst" der Mehrheit abhängig; also muß man diese leichtere Beweglichkeit, den Sprachzwang usw. akzeptieren, was nicht heißt, daß die expansive Gewalt damit nicht mehr empfunden ist.

Formaldemokratische Politik, bürokratischer Zentralismus, so wie er auf vielen Gebieten des öffentlichen Lebens in Österreich wirksam ist, muß per se minderheitenfeindlich sein, ohne es nun besonders wollen zu müssen. Es ist einfach schon organisatorisch recht kompliziert, für wenige Schüler gesonderten Unterricht zu bringen (zumal es für einzelne überhaupt unter dem Druck der Mehrheit schwierig ist, derlei Bedürfnisse zu äußern), wie sieht die öffentliche Verwaltung unter dem Postulat der Reform und Rationalisierung zweisprachige Formblätter, wo nimmt man bei Gericht immer schnell einen Dolmetsch her, den man sowieso nur für lokale Erstgerichte zur Verfügung hat, während in der Zentrale selbstverständlich die Landessprache verlangt ist, usw. In jedem relativ zentralistisch organisierten Land bestimmt die Mehrheit die Organisation der Öffentlichkeit und der Verwaltung, ob sie nun will oder nicht; dezentrale Modelle, die dennoch den staatlichen Zusammenhalt nicht gefährden, beginnen zwar zur Diskussion gestellt zu werden, sie werden aber auf Grund der komplexen Interdependenzen von gesamten Überlebensbereichen eines Volkes immer schwieriger; siehe z. B. die Diskussion um das Problem der Gemeindeautonomie und -kompetenzen). Auch hier spürt die Minderheit die Expansionsgewalt deutlicher; hier versucht sie auch am meisten Widerstand zu leisten, wohl auch deshalb, weil sich an diesem Ort Forderungen juristisch fassen lassen. Da hier das meiste ohnehin bekannt ist, gehe ich zur nächsten Ursachenreihe. Es bleibt für Minderheiten ein ständiges Problem, von ihrem kulturellen Hinterland nicht abgehängt zu werden. (Diese Situation verstärkt sich konkret, wenn nun das eigene Hinterland sich auch teilweise kulturell einer anderen Gesellschaftsausrichtung verschrieben hat). Andererseits wird ihnen ständig und viel öfter Mehrheitskultur und Bildung angeboten; auch dies aus den Gründen leichteren Managements und geringerer Kosten. Die größeren und höheren Bildungsinstitutionen sind im allgemeinen ohnedies in den Händen der Mehrheit, ebenso die Massenmedien (jedenfalls sprachlich). Sich seine eigene "Kultur" zu bewahren, bedarf - auch finanziell - besonderer Anstrengungen, und Resignationen sind häufig; sich an den großen Bruder im Nachbarland zu wenden, ist immer gefährlich und steht in der Gefahr, emotionell und politisch diffamiert zu werden; also auch auf diesem Gebiet muß die "Gewalt" der Mehrheit erfahren werden.

Ich muß mich hier auf Andeutungen beschränken. Die Intention ist, nachzuweisen, daß sich Minderheiten schon durch die reale Existenz der Mehrheit bedroht fühlen müssen, ohne daß diese besonders bedrohliche Maßnahmen setzt. Dies will in den Kopf der Mehrheit nicht so recht hinein, weil individuell und kollektiv auf beiden Seiten eine völlig unterschiedliche emotionelle Basis vorliegt. Auf der einen Seite liegen Emotionen vor, die durch schleichende Bedrückung, Bedrohung und Expansion hervorgerufen werden, auf der anderen versteht man diese überhaupt nicht, weil man individuell sich keine Schuld zumessen kann, weil sich das meist in kollektiver Anonymität und einem kollektiven Unbewußten abspielt. Ich habe ja auch deshalb anfangs von der "atmosphärischen" Bedrohung gesprochen, die zwar wohl ihre Ursachen hat, die aber nicht aus respektablen Handlungen folgt oder besondere individuelle oder politische Handlungen zur Voraussetzung hat, die vielmehr einfach schon "in der Luft" liegt.

Welches Minderheitenverhalten wird nun schon von vornherein durch diese von ihr empfundene Bedrohung ausgelöst? Das Repertoire ist nicht sehr groß: man wandert aus, man versucht, sich aggressiv abzugrenzen und zu behaupten (es muß dies aus den vorgehenden Gründen von der Mehrheit i m m e r als Aggression empfunden werden), man identifiziert sich mit dem "Aggressor" Mehrheit in den verschiedensten Formen (Unterwerfung, Assimilation, Konvertitentum).

Es ist eine sich ständig wiederholende sozialpsychologische Tatsache, daß mit dem Begriff "Minderheit" - egal ürigens, welchen sozialen Status sie einnimmt - sobald sie einmal als solche bezeichenbar ist, gern, unbewußt und häufig etwas Pejoratives verbunden wird; dieses ist schon mit dem Wort "minder" verbunden. Auch Minderheiten, die sich als solche behaupten konnten, sogar solche, die zu einer anerkannten "sozialen Elite" geworden waren, hatten sehr oft noch das Bestreben, diese schon verbal vorbereitete Geringschätzung auf verschiedene Art zu bekämpfen und zu überwinden. Hier wurden in der Geschichte verschiedenste Wege eingeschlagen: herrschende Minderheiten erklärten sich zu Eliten, zum eigentlichen "Kern" des beherrschten Volkes, oder sie bezeichneten sich als Segensbringer, Aufklärer, Helfer, Missionare gegenüber einer zurückgebliebenen dumpfen Mehrheit, die zu bilden und zu entwickeln wäre; ein anderer Weg führte über Geschichte und Tradition; hier wird jeweils nachgewiesen, daß die Minderheit eigentlich der früheren Mehrheit, den legitimen früheren Landbesitzern entstammt und eigentlich mehr ist als die Späteren, die Usurpatoren. (Sprachforschung, insbesondere Ortsnamenforschung, wird hier gern in den Dienst genommen.)

Minderheiten, denen nun nicht ein besonderes Sozialprestige zukommt, die eher in einer Mehrheitsgesellschaft am Rande stehen, haben es nun viel schwerer, diese Kompensationsformen des Minderwertigkeitsgefühls wahrzunehmen; es bleiben ihnen daher nur die obgenannten drei Auswege: die Landflucht gelingt jenen Minderheiten leichter, die nicht so an das Land gebunden sind (wie etwa Bauern). Insgesamt haben es hier in der Geschichte religiöse Sekten emotional leichter gehabt, weil sozusagen "ihr Himmelreich" überall aufrichtbar ist; außerdem sind sie ja meist irgendwohin gewandert, wo sie entweder schwer erreichbar waren, mit Mehrheiten kaum konfrontiert wurden (z. B. abgelegene Gebirgstäler) oder überhaupt in "neue" Welten, wo es aus ihrem Kulturbereich ohnehin generell nur Minderheiten gab.

Eher agrarisch bestimmte Gesellschaften flüchten selten kollektiv; bei ihnen trifft es mehr jene Söhne und Töchter am Hof, die ohnehin sich um einen anderen Beruf hätten umschauen müssen; diese neigen allerdings auch stark dazu, die Minderheitengruppe zu verlassen, sei es überhaupt ins Ausland, sei es durch Assimilation an die Mehrheit. Will man Bauernminderheiten globaler in Bewegung setzen, bedarf es, wie die jüngere Geschichte gezeigt hat, schon radikaler Maßnahmen, entweder wirtschaftlich-indireker Art (Verschuldungs- und Kaufstrategie) oder in politisch direkter Form (Aussiedlungen); gerade letztere haben aber zumindest in Kärnten den Widerstand erst richtig mobilisiert, wie man einem jüngst erschienenen Buch entnehmen kann; man sieht also, welche ungeheure Rolle das Land, das Territorium spielt, obwohl im Sinne des "nationalen" Territoriumsbegriffes die Substanz eines "Minderheitenlandes" ständig untergraben wird.

Die zweite Reaktion besteht, wie schon bezeichnet, in aggressiver Abwehr und den verschiedenen Versuchen der Selbstidentifikation. Warum wird von der Mehrheit diese Reaktion so besonders aggressiv empfunden? Dies hängt eben mit dem besonderen Umgang von Minderheiten mit diesem "Minder"gefühl - ich vermeide bewußt das Wort Minderwertigkeitsgefühl, weil dieses, psychologisch insbesondere, individuell gebunden ist, und viel zu klar abgegrenzt, als daß es sich auf das diffuse Gefühl eines kollektiv Unbewußten so ohne weiteres übertragen läßt. Dennoch ist meiner Erfahrung nach ein solches "Minder-Gefühl" ständig latent vorhanden, welches, will man nicht den Weg von Flucht oder Assimilation beschreiten, eigentlich immer nur zwei Reaktionsformen gestattet, will man die Minderheiten als solche substantiell erhalten.

Es sind dies zwei Umgangsformen, die die Mehrheit als (oft auch taktisch eingesetzt) aggressiv empfindet: die erste arbeitet mit Schuldgefühlen, stellt Minderheitengefühl und Benachteiligung allerorts preis, weist immer darauf hin, wie "arm" sie ist; obwohl die Ursache für diesen benachteiligten Zustand meist nicht ausdrücklich genannt wird, muß sich die Mehrheit wohl oder übel doch diesen Schuh anziehen, wer sonst? Schuld und Mitleid zu erregen schafft aber nun zwar Abgrenzung, letztlich aber kein gutes Klima; die Mehrheit wird dazu neigen, Schuldgefühle durch Gegenaggression zu verdrängen ("selber schuld, unfähig usw.), bzw. die Hilflosigkeit, die Mitleidsgefühle hervorrufen, dadurch zu kompensieren versuchen, daß sie die Armen gar nicht so arm findet und ihnen nachzuweisen versucht, daß es ihnen ohnehin prächtig geht. Die zweite Umgangsform versucht eigene Initiative und Offensive: sie ist eigentlich gezwungen, selbst Eliten zu schaffen, die im Land anerkannt und gehört werden müssen. Sie fühlt sich verpflichtet nachzuweisen, daß sie besonders tüchtige und intelligente Menschen hervorbringen kann. Das heißt - was wiederum den Mehrheiten so schwer emotionell zugänglich ist -, die Selbstkonstitution und -identifikation von Minderheiten muß in einem wesentlichen Bereich über E l i t e n b i l d u n g laufen. Für das Mitglied der Minderheit heißt dies, auch unter einem psychischen Dauerdruck an Bewährung und Leistungsanforderungen an sich zu stehen. Es muß ständig zu beweisen versuchen, daß die Ansichten um die "Minder-Gefühle" nicht stimmen; daher werden sie, wählen sie nicht den ersten Weg, mehr als Individuen sonst, auffallen, sich in Szene setzen, was wiederum bei der Mehrheit Spott, Neid, Zurückweisung hervorruft; diese Ablehnungsformen steigern aber eher den Druck, so daß die Spirale nach oben sich steigert. Kollektiv wird ebenso der Versuch gemacht, Eliten zu entwickeln, wobei es hier bestimmter verbindender Inhalte bedarf. Diese werden naturgemäß entweder aus der eigenen Geschichte und Tradition bezogen - (weshalb übrigens eigene Schul- und Bildungspolitik so wichtig wird), aus "Marktnischen", die von der Mehrheit nicht wahrgenommen werden (z. B. Handwerksgenossenschaften mit alternativen Produktionen - Jauntaler Tischler), oder man versucht es über jene verbindenden Inhalte, die einerseits nicht mehr- oder minderheitsgebunden sind, institutionell aber regionale Gebundenheit wichtig ist; hier handelt es sich um Inhalte von Kunst und Religion. (In Minderheitenkonstitutionen spielen Kunstbereiche, sowie auch die Kirche, immer eine bedeutende Rolle).

Hier ließe sich natürlich noch vieles an Erscheinungsformen der Kompensation des "Minder-Gefühls" angeben. Für uns ist hier nur die Intention wichtig; eben was an Bewegungen entsteht an der bloßen Existenz von Mehrheiten und Minderheiten, insbesondere hier durch die Dialektik von Mindergefühl und Elitestreben. Vielleicht ist das Wort 'Elite' nicht richtig gewählt, weil es zuviel an ungenauen Assoziationen mit sich führt; es scheint mir aber dennoch den Sachverhalt eines Stadiums im sozialpsychologischen Feld der Auseinandersetzung zu beschreiben, der sich immer wieder einstellt und scheinbar nicht übersprungen wird; "überwunden" wird er erst, wenn sozusagen in diesem spezifischen Sinn die "ganze" Minderheit Elite ist, was eigentlich nur heißt, daß sie einen sozial anerkannten Platz und das dafür notwendige Sozialprestige in der Mehrheitsgesellschaft erhalten hat; dann sind sozusagen Eliten als "Avantgarde" der Minderheit nicht mehr so wichtig, weil ihre Kompensationsrolle nicht mehr gebraucht wird. Es hat aber dieser Begriff der Elite durchaus jenen negativen Beigeschmack, der ihm h e u t e auch vielfach zugemessen wird. Eliten als Vorhut üben immer auch eine gewisse entmündigende Gewalt gegenüber den übrigen aus; (extrem: in Konfrontationssituationen gibt es durchaus Erscheinungen, die, egal welcher politischen Herkunft entsprossen, autoritäre, faschistische Züge aufweisen).

Hier liegt es aber n i e an der Minderheit allein, dieses Stadium zu überwinden. Gelingt es der Mehrheit nicht mitzuhelfen, das "Minder-Gefühl" abzubauen, wird sie immer wieder ihre eigenen Elite-Gegner mit hervorrufen; in der ständigen Auseinandersetzung haben letztere wenig Zeit und Chance, sich selbst zugunsten einer "kollektiven Minderheitenelite" abzubauen.

Bleiben noch die diversen Formen von Assimilation, als sozialpsychologische Abwehr in der Form einer individuellen und kollektiven "Identifikation mit dem Aggressor". Dies ist wohl die häufigste Reaktion von Minderheiten auf Mehrheiten, wenn es nicht gelingt, die ersten beiden Wege zu gehen - wenn nicht überhaupt die einzige - und außerdem die Mehrheit diesen Assimilationsprozeß von sich aus gestattet und nicht, wie z. B. durch Rassengesetze, zu unterbinden versucht. Wir haben bemerkt, welche Mühe der zweite Weg bedeutet, welche Kraft und Energie man dafür braucht, welche Prozesse dafür notwendig sind. Der Aufwand, sich als Minderheit selbst zu konstituieren und zu identifizieren, ist relativ groß. Wenn nun Minderheiten nicht ohnehin schon soziale und öffentliche Macht haben, diese also sich erst auch erwerben müssen, um sich mit sich identifizieren zu können, kommen sie in einen fast ausweglosen Zirkel: Der Aufwand, sich prestigemäßig und wirtschaftlich öffentlich und auch im Bewußtsein der Mehrheit zu bewähren, ist vielfach so groß, daß kaum mehr Zeit für den wenig geringeren Aufwand, sich a l s Minderheit zu organisieren, bleibt; da außerdem im allgemeinen für diesen öffentlichen Aufstiegsweg dieser und jener Kompromiß mit der Mehrheit notwendig ist, in deren Hand ja soziale und kommunikative Macht liegt, in die man sozusagen "eintreten" muß, wird der Gedanke an die Selbstkonstitution als Minderheit immer dünner.

Man kann also die These wagen: <u>Sozialer und wirtschaftlicher Aufstieg zwingt indirekt zur Assimilation, zur Anpassung, vor allem wenn er "individuell" erfolgt oder versucht wird.</u> Diese Tatsache hat oft zwei Konsequenzen, die weder der Mehrheit noch der Minderheit so recht bewußt sind, die sich gegenseitig aber stützen und bedingen: die Mehrheit trachtet unbewußt danach, die Minderheit prestigemäßig und wirtschaftlich im "Minder-Gefühl" zu halten, weil sie ahnt, daß sozialer und wirtschaftlicher Aufstieg, einmal angestrebt, die Minderheit eigentlich fast zur Assimilation zwingt; die Minderheit bemerkt diese Gefahr, kann aber individuelle Aufstiegswünsche und die damit verbundenen Konsequenzen nicht verhindern; manchmal aber gelingt es ihr, einen "Stolz zur Armut" (sich nichts schenken lassen wollen) zu entwickeln, der, obwohl natürlich schwer durchzustehen, tatsächlich oft Voraussetzung und Basis für Selbstidentifikation ist.

Neben dieser aufstiegsbedingten Assimilation gibt es jene vage, schleichende, aber viel grundsätzlichere, über die noch ein Wort gesagt werden muß, weil sie zu jenen schon existenzbedingten, sozial- und institutionalpsychologisch wirksamen Voraussetzungen gehören, die keines weiteren Anlasses bedürfen. Sie ist meines Erachtens die eigentliche Grundbedingung dafür, daß Assimilation fast mit Notwendigkeit vor sich geht, meist nur eine Frage der Zeit ist.

Auszugehen ist von einem Mangel an Selbstidentifikation und kollektiver Identität, so wie man ihn zunächst meist bei Minderheiten findet. Dieser hat meist historische und psychologische Ursachen: die historischen - meist Eroberungen, Unterwerfungen, Abtrennungen von der eigenen Tradition und Mehrheit - bedingen oft einen sozialen und öffentlichen Machtverlust und mindern bisherigen Einfluß. Darauf folgen die psychologischen, die zur Konstitution des "Minder-Gefühls", das auch mit einem gewissen Ohnmächtigkeitsgefühl Hand in Hand geht, führen. Mehrheit, schon als reiner Quantitätsbegriff, bekommt übermäßige soziale Wertgeltung. Und dies hängt mit einem weiteren, schon erwähnten Faktum zusammen: Mehrheit tritt der Minderheit zunächst als recht diffuse, abstrakte und allgemeine Macht entgegen, von der man gar nicht weiß, wo überall sie ihre Finger drin stecken hat. Man glaubt - und dies, sieht man z. B. auf die indirekte Expansionsgewalt, mit Recht -, überall mißtrauisch und aufmerksam sein zu müssen, weil man sonst schon wieder an Terrain verloren hat. Die reale oder eingebildete Macht der Mehrheit ist in ihrer teilweisen Anonymität nicht faßbar und macht es schwierig, mit ihr umzugehen (die Quantität ist qualitativ zu wenig greifbar, und das macht auch immer diffuse Angst.

DAS MEHRHEITEN- /MINDERHEITENPROBLEM

Wir kennen dieses Phänomen aus der Massenpsychologie, es ist fast nicht erträglich, daß Menschenmassen bloß diffus, sozusagen äußerlich zwecklos zusammen sind; es bedarf klarer Abgrenzungen und Zwecke; sind diese nicht vorhanden, wächst deutlich die Aggression und das Ohnmächtigkeitsgefühl; dann genügt ein "zündender Funke", und Massen sind plötzlich "wie ein Mann" dahinter und kollektiv identifiziert; ich glaube, in diesen Zusammenhängen wieder ein dialektisches Paradoxon zu sehen: daß nämlich die konträren Minderheitsvereine der Mehrheit (Heimatdienst usw.), soweit sie überhaupt noch einen Teil an Vorstellungen, Wünschen und Absichten der Mehrheit repräsentieren, für die Selbstkonstitution der Minderheiten nicht unwichtig sein können; hier wird die diffuse Mehrheit anfaßbar, greifbar, hier kann es direkte Reaktionen geben; hier kann man sich auch bestimmter abgrenzen.

Die Schwierigkeit für die Minderheit, mit dieser diffusen Quantität umzugehen, zieht meist drei Konsequenzen nach sich: die Minderheit verliert erstens konkrete Anlässe und Bedingungen für die Selbstabgrenzung, die sie zu ihrer Selbstidentifikation brauchen würde; sie wird selbst zur "minderen" Quantität, ist keine Qualität mehr für sich. Dies führt zur Vereinzelung bzw. Atomisierung der Minderheit in nebeneinander auf die Mehrheit bezogene Individuen; diese Vereinzelung verhindert kollektive Identität. Der Mangel an kollektiver Identität, die Vereinzelung, noch dazu gegenüber einer diffusen Mehrheit , macht drittens individuell und sozial Angst, die auch daraus kommt, daß man in die Mehrheit auf Grund ihrer Unbestimmtheit oft mehr hineinphantasiert, als ihr drinnen ist.

Die weitere Reaktion auf diese Angst liegt auf der Hand und führt direkt zur Assimilation als Identifikation mit dem Aggressor: Angst und die damit verbundene Unsicherheit bedingen regressives Verhalten; dieses fordert Sicherheit, starke Personen, Schutz. Im eigenen Bereich der Minderheit findet man dies nicht oder glaubt es wenigstens, weil es hier ja allen "gleich" gehen muß. Also sucht man ihn bei dem Verursacher der eigenen Angst, weil man bei ihm alle Macht vermutet. Er ist sozusagen sozial potent genug, auch für mich zu sorgen; wenn er mir Angst machen kann, so kann er sie mir auch nehmen (sogar Glück geben), ich muß mich nur danach verhalten; dieses individuell aus der Kindheitsentwicklung jedem mehr oder weniger eingeprägte Verhalten finden wir hier auch sozialpsychologisch relevant; zumal dann, wenn soziale Organisationsformen wie hier Individuen vereinzeln.

Die Literatur um die Mehrheits- /und Minderheitskonflikte kann nur einen großen Formenreichtum für diese "Identifikation" anbieten: ich kann ihn mir hier ersparen; die drei Hauptkategorien, die oft in seltsamer Übereinstimmung von Mehrheit und Minderheit für diese Assimilationswilligen wechselseitig verwendet werden, sind: Verrätertum, Naivität oder Dummheit und Konvertiten- und Renegatentum; sie entsprechen verschiedenen Assimilationsverhalten. Das erste der Unterwerfung, die auf beiden Seiten nicht gut ankommt; man zeigt sich als minderwertig und bietet seine Dienste an.

Es liegt mir fern, hier Wertungen aussprechen zu wollen. In solchen Globalbezeichnungen liegt immer auch etwas Schiefes. Tatsächlich gibt es natürlich die verschiedensten und subtilsten Formen der Unterwerfung, auch solche, die schließlich über die Macht in gewisser Weise triumphieren, weil sie sie von sich abhängig gemacht haben. Diese schleichende Umkehrung fürchtet auch die Macht, weshalb sie bestrebt ist, Unterworfene immer wieder dorthin zurückzutreten, wovon sie ausgegangen sind. Neben diesen dramatischen Formen zeigen oft Mitglieder der Minderheit, ohne daß es ihnen selbst bewußt ist, schon dadurch "unterwürfiges" Verhalten, weil sie unsicher sind, Mehrheiten gezielt entgegenzutreten. Hier wird allerdings eine notwendige Unsicherheit vielfach als Unterwürfigkeit ausgelegt. Für ein Mitglied der Mehrheit ist es unmittelbar schwer verständlich, daß sich sein Partner aus der Minderheit zum Teil jedenfalls im fremden Land befindet und erst sehen muß, welche Bräuche und Sitten hier üblich sind; also legt er diese notwendige Erfahrungsverzögerung als Unterwürfigkeit aus, weil er sie emotionell eigentlich nicht verstehen kann.

Naivität und Dummheit bekommen wechselweise diese vorgeworfenen, die sich dem anonymen Assimilationsgeschehen, dem indirekten Expansionstrieb der Mehrheit, einfach überlassen - auf dem Weg zu einer anderen Selbstidentität. Von Minderheitenvertretern wird ihnen andauernd gesagt, daß sie nicht merken, wie sie von der Mehrheitspolitik manipuliert und ausgenützt werden, von der Mehrheit werden sie tatsächlich auch ausgenützt, weil sie auf ihrem Weg keine Konflikte brauchen können, die sie zurückwerfen. Obwohl dies allgemein die "Mehrheit" der Minderheit ist, wird sie, weil sie keine Selbstidentität hat, von beiden Seiten verachtet oder bemitleidet. Zu verschieden scheinen die verschiedenen Wege und Stadien der Assimilation, als daß sie kollektive Identität ermöglichen würden. Diese ist auch insofern gefährlich, als sie entweder Gefahr laufen würde, sozusagen als "Minderheit auf dem Weg" erst wieder zur Minderheit gemacht zu werden, was heißen würde, den Weitermarsch unter Umständen zu verhindern. Daher wollen auch diese Assmilationsbewegungen keine Konflikte, Ideologien, Maßnahmen etc., und sie wissen indirekt sehr wohl warum, auch wenn sie tatsächlich sich abwehrend beschwichtigend, oft problemblind verhalten. Hier gibt es offensichtlich nur eine Selbstidentität der Bewegung, des Prozesses, kaum eine der Inhalte; man kann sich sehr schwer bestimmt und erfolgreich im Niemandsland zwischen Mehrheit und Minderheit ansiedeln; auf seiner Wanderung möchte man aber gerne in Ruhe gelassen werden.

Renegaten und Konvertiten arbeiten mit dem Assimilations-Salto mortale; sie bemerken, daß sie nur dann zur Macht kommen, wenn sie sich möglichst vollständig mit dem Aggressor identifizieren. Dies geht am besten dadurch, indem man selbst einer wird. Man wendet sich gegen sich und seine eigene Vergangenheit, an deren "Minder-Gefühl" man ja nicht mehr erinnert werden will, indem man zu einer anderen Person wird. Identifikation mit dem Aggressor wird zur totalen Selbstaggression, Selbstvernichtung im Sinne seiner vergangenen Identität. Nun lassen sich aber Lebensgeschichte, Prägungen, Vergangenheit nicht total ausrotten. Immer wieder spült die Erinnerung etwas herauf, das bekämpft und verdrängt werden muß. Dies geschieht dadurch am besten, daß man sich nicht nur gegen sich wendet, sondern sich in den anderen der noch vorhandenen Minderheit bekämpft. Die Radikalität sich gegenüber wird auf sie übertragen, sie ist ja auch die immer noch lebende, leibhaftige Erinnerung an sich und den in sich überwunden Geglaubten. Es gibt daher sehr oft keine radikaleren Gegner von Minderheiten als solche, die aus ihnen unmittelbar stammen. Dies ist eine allgemein beobachtete Tatsache; sehen wir uns aber noch zwei Gründe für diese Radikalität an.

Der wirkliche Sprung von der Minderheit in die Mehrheit kann nur halb gelingen. Erstens ist man in ihrer Normenwelt nicht aufgewachsen und geprägt worden, es fehlen lebensgeschichtliche und emotionelle Verankerungen dafür. Daraus folgt zweitens, daß man ihr dieses Defizit ständig als überwindbares hinstellen muß. Dies führt drittens zum Erwerb einer sekundären Emotionsebene in doppelter Gestalt. Der Mehrheit beweist man sich dadurch als besonders zugehörig, indem man ihre Normen besser erfüllt und pedantischer darauf achtet, als sie selbst es imstande ist. Die Minderheit, die man ja emotionell eigentlich besser kennt, bekämpft man besonders radikal, um zu zeigen, daß man mit ihr nichts mehr zu tun hat. Eines aber bringen Renegaten jedenfalls aus ihrer Minderheit-Vergangenheit mit: das Gefühl für Minderheiten. Dies hilft ihnen nun emotionell und organisatorisch in der Mehrheit weiter: wie wir ja schon bemerkt haben, sind es ja auch in der Mehrheit Minderheitsgruppen und Vereine, die diese gegen die Minderheit repräsentieren. In diesen haben Renegaten und Konvertiten natürlich ihre emotionell erträglichste Heimat. Hier können sie emotionell einerseits an ihre Minderheitenvergangenheit anschließen (weshalb es sie auch überhaupt nicht stört, den Kampf gegen den Erbfeind in kleinen Gruppen zu führen, die der trägen Masse immer wieder die Augen öffnen müssen), andererseits sich der Mehrheit als besonders identifiziert und dienlich zeigen. In ihrem Kampf gegenüber ihrer eigenen Vergangenheit treffen sie natürlich tatsächliche Schwächen der Minderheit und zwingen sie, sich dagegen zu wehren. Wieder sehen wir fast einen sozialpsychologischen Automatismus, der den Mehrheits-Minderheitskonflikt bestimmt und unsere These beweist, daß schon allein die Existenz von Mehrheit und Minderheit zu Prozessen führt, die keine "besonderen"

Maßnahmen für ihre Selbstbewegung brauchen.

ad 3.) Was sich indirekt aus dem Zusammenleben vorhandener Existenzen von Mehrheit und Minderheit ergibt, welche Prozesse oft "hinter dem Rücken" der Betroffenen ablaufen, wurde im Vorhergehenden grob beschrieben. Sicher interessiert aber vielmehr, wie man vernünftig aus dem Automatismus von Konflikten und Prozessen herauskommt. Ich kann hier kein Rezept angeben, auch muß sich regionale Praxis ohnehin ihre eigenen Vorgehensformen entwickeln. Ich kann aber einzelne Bedingungen abschließend nennen, die diesen Formen meines Erachtens vorausgehen müßten:

1. Es hat wenig Sinn, Anlässe, Erscheinungsformen des Konflikts aus ihrem Hintergrund zu isolieren und mit ebensolchen isolierten Maßnahmen zu beantworten.
2. Es gibt hier keine von außen herangetragenen, objektiven, womöglich wissenschaftlichen Lösungen, weil sie unter der Illusion stattfinden, es ginge, auf diese Weise der Enteignung von primären Emotionen, diese auch abzuschaffen.
3. Der Konflikt zwischen Minderheit und Mehrheit kann nur dann zu "menschlichen" Formen des Zusammenlebens führen, wenn er wirklich ausgetragen, akzeptiert und nicht durch ständige Beschwichtigungsmaßnahmen zu verdrängen versucht wird.
4. Zum Austrag des Konflikts gehört Ursachenanalyse in möglichst umfänglicher Form, insbesondere jenes Bereiches, den wir zu skizzieren versuchten. Diese Analyse soll aber nicht bloß von außen durchgeführt werden; sie muß theoretisch und praktisch durch die jeweiligen Konfliktpartner selbst erfolgen, damit sie auch emotionell wirksam wird.
5. In politischer Praxis und angewandter Sozialwissenschaft geht es daher um die Entwicklung und Praktizierung von regional und kommunal wirksamen und einsetzbaren "Bildungsmodellen", die an Konflikt und Gegensatz arbeiten lernen. (In der Wissenschaft gäbe es hier einiges aus der "Aktionsforschung" beizutragen.)
6. In der Praktizierung dieser Modelle ginge es um eine ständige, gegenseitige praktische Aufklärung des gegenseitigen Verhältnisses; diese kann durchaus am Anlaß konkreter formalpolitischer Probleme erfolgen.
7. In Schulen und Bildungsinstitutionen wäre ein "Gegenstand" soziales und politisches Lernen als Unterrichtsprinzip zu konkretisieren erforderlich. Auch individuell geht es um die Ausbildung von Haltungen, die einerseits bereit sind, Konflikte zu akzeptieren, andererseits sich die Ruhe nehmen, sie auszutragen. Es geht auch um eine Bildung im Umgang mit individuellen und kollektiven Abwehren.
8. Alle diese Maßnahmen sollten zu einer sowohl den Wissenschaften, als auch der

328 DAS MEHRHEITEN- /MINDERHEITENPROBLEM

Formaldemokratie und ihrer Bürokratie schwer verständlichen generellen Haltung im Mehrheiten- /Minderheitenproblem führen: nämlich Organisationsformen zu schaffen, in denen notwendiges und gegenseitig sich konstituierendes partielles Nicht-Verstehen zum Zusammenleben geformt ist. Dies ist erst substantiell jene Toleranz, die jetzt meist zur Flucht vor Auseinandersetzungen verkommen ist.

Ich bin mir der Vagheit dieser abschließenden Punkte wohl bewußt; konkreter kann aber nur die Durchführung eines praktischen Versuchs sein, zu der ich, hoffentlich mit anderen zusammen, gern bereit wäre. Worauf es mir in diesem Artikel ankam, war, aus bereits langer Erfahrung auf den anfangs bezeichneten drei Ebenen den meist individuell und kollektiv unbewußten sozialen und psychologischen Hintergrund im Minderheiten- /Mehrheitenproblem in wichtigen Strukturelementen zu beschreiben; ich hoffe gezeigt haben zu können, um welche Voraussetzungsproblematik, die bloß durch die gegenseitige Existenz besteht, und die Prozesse, die dadurch ausgelöst werden, es sich hier handelt; diese müßte man m. E. bei allen "politischen" Maßnahmen mitberücksichtigen, will man weiterführende und länger anhaltende "Lösungen" erreichen.

Ewald E. Krainz

DIE ANGST VOR DEM FREMDEN

Tiefenpsychologische Aspekte der Volksgruppenfrage in Kärnten

1. Untersuchungsgegenstand und Methode

Im Süden Österreichs leben die Kärntner. Im Süden Kärntens grenzen zwei Volksgruppen aneinander, die sich durch verschiedene Muttersprachen unterscheiden: Deutsch und Slowenisch. Auch die ökonomische Situation der beiden Gruppen war in der Geschichte meist verschieden. Die gegenwärtige Form ethnischer Identität, die narzißtische Zufuhr durch das bloße Bewußtsein der Zugehörigkeit zu einer dieser Gruppen möglich macht, gibt es wahrscheinlich erst seit dem Aufkommen des Nationalismus im vorigen Jahrhundert.

Der sich historisch daran schließende Zerfall der Donaumonarchie spitzte die Lage in Südkärnten zu: eine unter der Aufsicht der Besatzungsmächte durchgeführte Volksabstimmung am 10. Oktober 1920 entschied gegen die von Jugoslawien erhobenen Territorialansprüche. Das gemischtsprachige Gebiet Südkärnten blieb auf Grund dieser Entscheidung bei Österreich.

Der Volksabstimmung ging ein sogenannter Abwehrkampf voraus, in dem sich von den Kriegsschauplätzen des Ersten Weltkrieges heimkommende Truppenteile in Kampfhandlungen mit den in Südkärnten einmarschierten jugoslawischen Truppen verwickelten, denen es um eine Einigung Sloweniens und daher um eine Annexion jenes Gebietes ging, in welchem Slowenen lebten, bzw. in denen slowenisch gesprochen wurde. Dem Organisator des Abwehrkampfes, Hans Steinacher, ging es eingestandenermaßen dabei nicht um Österreich, sondern um eine Grenzsicherung für ein zukünftiges großdeutsches Reich [1].

Von einem "sogenannten" Abwehrkampf zu sprechen, versetzt uns bereits ins Zentrum der Problematik. Jene Menschen, die direkt an den damaligen Kampfhandlungen beteiligt waren - einige davon leben noch -, besonders aber ihrem Selbstverständnis nach sogenannte "Traditionsträger" vertreten die Ansicht, daß das Ergebnis der Volksabstimmung auf den erfolgreich geführten "Abwehrkampf" zurückzuführen sei. Dies ist verständlich, weil es für das Selbstwertgefühl schmeichelhaft ist, wenn dem eigenen Einsatz anscheinend so große historische Bedeutung beikommt, und wer nicht dabei war, kann durch Identifikation am Ruhm mitnaschen. Von einer unbefangeneren Geschichtswissenschaft als der offiziösen "Landesgeschichtsschreibung", der es nicht darauf ankommt, den Abwehrkampf zu heroisieren, um daraus als Dabeigewesener oder via Identifikation mit den Dabeigewesenen als geistig und emotional Verbundener narzißtischen Gewinn zu schöpfen, wird der Abwehrkampf indes anders eingeschätzt: Abwehrkampf sei als Begriff schon eine Übertreibung, man könne höchstens von einigen Scharmützeln reden, die überdies militärisch als Niederlage zu qualifizieren seien, und auf die Volksabstimmung hätte all dies keinen wesentlichen Einfluß gehabt [2].

Es gibt in Kärnten eine Organisation namens 'Kärntner Heimatdienst', deren erklärte Absicht es ist, die "Heimat" zu schützen. Da die Existenz dieser Organisation und die Identität ihrer Aktivisten vom Glauben abhängt, daß dies das "Gebot der Stunde" sei, bemüht man sich den Eindruck zu erwecken, daß eine Annexion Südkärntens durch Jugoslawien nach wie vor drohen würde. Da eine militärische Offensive jedoch nicht auszumachen ist, findet der 'Kärntner Heimatdienst' vorzugsweise die Feinde im Landesinneren, die er in seinem Organ 'Ruf der Heimat' brandmarkt.

1972 wurden im gemischtsprachigen Gebiet Südkärntens zweisprachige Ortstafeln aufgestellt, die im "Ortstafelsturm" in einer von Aktivisten des 'Kärntner Heimatdienstes' inszenierten Nacht-und-Nebel-Aktion demontiert wurden. Das übrige Österreich wurde auf die Volksgruppenfrage aufmerksam. Die in der Folge angefertigten Reportagen und Berichte wurden entrüstet abgelehnt, meist mit dem Hinweis, daß sie von Nicht-Kärntnern stammten; gerade so, als wäre nur von Kärntnern zur Volksgruppenfrage eine kompetente und qualifizierte Äußerung zu erwarten. Vorzugsweise sprach man damals von einer Kärntner "Urangst", in die sich einzufühlen jeder Nicht-Kärntner überfordert wäre. Ich halte dies bereits für ein Symptom im Sinne von Überwertigkeits- und Einzigartigkeitsvorstellungen, wie sie auch manischen und paranoiden Zuständen zurechenbar sind.

Menschliches Handeln hat bewußte und unbewußte Motive. Unbewußt motiviert sein heißt, daß man nicht weiß, warum man das, was man tut, <u>eigentlich</u> tut. Dieses Eigentliche ist nicht das Vordergründige und Rationale, sondern etwas Hintergründiges, etwas, was der Handelnde von sich selbst nicht weiß. Es ist ihm nicht "bewußt". Er meint z. B. selbständig zu handeln, ist in Wirklichkeit aber nur ein Getriebener, dessen Tun von <u>irrationalen</u> Motiven bestimmt und dessen Handlungsfreiheit von <u>unbewußten</u> Ängsten begrenzt wird. Dieses Eigentliche, das Irrationale, aufzuklären, fällt in den Gegenstandsbereich der Tiefenpsychologie, insbesondere der Psychoanalyse. Aktuelle Verhaltens- und Erlebnisweisen werden dabei auf lebensgeschichtlich erworbene "Störungen", "Komplexe" oder "Konflikte" zurückgeführt. Von besonderer, prägender Bedeutung sind die Jahre der frühen Kindheit.

Die Psychoanalyse hat ihre Einsichten am einzelnen Individuum gewonnen, läßt sich aber auch zur Erklärung von sozialen Phänomenen heranziehen, und zwar auf zweierlei Weise. Nimmt man als Beispiel für eine soziale Realität das Phänomen der Masse, so lassen sich zwei Fragen stellen, die psychologisch beantwortet werden können:

1. Welche Auswirkungen hat die Masse auf das einzelne Individuum?
2. Aus welchen Motiven gruppieren sich Menschen zu Massen?

Es geht mir im folgenden darum, dem Irrationalen in der Kärntner Volksgruppenfrage nachzuspüren und anthropologische Universalien der menschlichen Existenz freizulegen, die das Gefühlsleben bestimmen. Ich blende bei dieser Vorgangsweise die rationalen Motive aus, will auch gar nicht untersuchen, bis zu welchem Ausmaß diese "Rationalisierungen" sind, mir ist vielmehr wichtig, den irrationalen Anteil greifbar zu machen. Denn in dem Ausmaß, wie sich Irrationalität als Motiv menschlichen Handelns herausstellt, in dem Ausmaß bedeutet dies zugleich Unfreiheit zu autonomen Entscheidungen. Was einzelne Menschen als unbewußten, infantilen Rest im Sinne unerledigter Konflikte aus ihrer Kindheit mitnehmen, "konglomeriert" sich dann massenhaft zur Geschichtsmächtigkeit. Das Gesellschaftliche dient dabei lediglich als Stoff, mit dem die jeweils individuell erworbene Pathologie arbeitet. Wünsche und Ängste nehmen die sozialkulturelle Realität als Ebene ihrer Darstellung bzw. ihres Ausdrucks.

Als sich herausstellte, daß in verschiedenen Kulturen die selbe Konfliktdynamik mit z. T. sogar gleicher Symbolik vorzufinden war, hat C. G. Jung diese Universalien "Archetypen" genannt und sie in der Erbmasse verankert. Diese Annahme ist theoretisch jedoch keineswegs zwingend [3]. Es reicht zur Erklärung aus, allgemeine "situative" Bedingungen der menschlichen Existenz, wie etwa die Ohnmacht und Ausgeliefertheit der ersten Lebensjahre, dafür verantwortlich zu machen. So gibt es kein Massenphänomen, das nicht an individuell verarbeitete situative Bedingungen, also ontogenetisch erworbene psychische "Dispositionen" des Einzelnen anknüpft. So könnte man z. B. von einer "Anfälligkeit", oder einer besonderen "Ansprechbarkeit" für Massenbildungen sprechen. Dem Kreis Jungs entstammt auch der Begriff des "kollektiven Unbewußten". Bestimmte empirische Sachverhalte gelten in dieser Perspektive als Ausdruck dieses kollektiv Unbewußten, gleichsam als seine Symptome. Die unbewußte emotionale Matrix, die bei Massenphänomenen verhaltensdeterminierend ist, findet ihren Ausdruck in allen Formen der Selbstinszenierung: in Ritualen, Feiern, Symbolen, Uniformen usw. (Die Darstellungsformen sind dabei vielfältiger als die Konflikte, die sie symbolisieren.)

Diejenigen empirischen Sachverhalte, auf die ich mich im folgenden beziehe, sind der 'Kärntner Heimatdienst', im besonderen sein Verhältnis zur "Heimat", der

"Ortstafelsturm", lokale Mythen, Sitten und Lieder als diejenigen Erscheinungsformen der Kärntner "Volksseele", die im Licht der Tiefenpsychologie interpretiert werden.

In der sozialwissenschaftlichen Theoriebildung über die gesellschaftliche Vermittlung menschlicher Natur ist die hier eingeschlagene Untersuchungsrichtung gewöhnlich die am meisten verschwiegene Dimension. Keine Gesellschaftstheorie, die für sich das Attribut "dialektisch" beansprucht, kann indes auf einen Begriff des Irrationalen verzichten. Beim Versuch, menschliche Psyche zu beurteilen, gefallen sich verschiedentlich simplifizierende Ursache-Wirkung-Relationen mechanisch-materialistischer Provenienz. Die Dialektik von Individuum und Gesellschaft wird dabei eher behauptet als nachgewiesen, und was am Menschen Natur ist, bequemerweise unterschlagen. Es geht hier also um das widersprüchliche Unterfangen, das Irrationale mit rationalen Mitteln auf einen Begriff zu bringen. Dieser Widerspruch betrifft das Wesen des Begreifens überhaupt. Wir sind es gewohnt, das Irrationale von uns abzuspalten, weil es uns Angst macht. Aber wir tun es nicht ungestraft, denn das Verdrängte kehrt in entstellter Form unerkannt wieder. Wie sich ihm annähern? Es muß rückübersetzt werden in das, was es eigentlich ist: ein Spektrum von Ängsten. Erst wenn dies gelungen ist, können andere Umgangsformen mit dem, was uns Angst macht, gesucht werden - der Punkt, wo Therapie mit Politik koinzidiert, freilich nur theoretisch.

2. Symbiose, Symbioseverlust und Kompensation

Wer sich die Zeit nimmt, den 'Ruf der Heimat' durchzublättern, wird entdecken, daß dort die Menschen in zwei Kategorien auseinanderfallen: in solche, die die Heimat lieben und ihr treu sind, und dies auch immer, wenn es gefragt ist, beteuern - und in andere, die die innige Verbundenheit des Heimattreuen mit seiner Heimat gefährden, sei es als Aggressoren von außen oder als Verräter von innen [4].

Was zunächst auffällt, ist die emotionale Gewalt, die sich an das Wort Heimat heftet. Überhaupt: Kärntner zu sein gilt manchen hierzulande als etwas Besonderes. Welch ein Gefühl, wenn stolz gesagt werden kann: Ich - ein Kärntner! Es läßt manchen das Herz höher schlagen. Der geradezu kultische Umgang mit der "Heimat" läßt indes vermuten, daß es eigentlich um etwas anderes geht. <u>Meine These ist, daß der Heimatkult psychologisch eigentlich ein Mutterkult ist.</u> In der überbetonten Heimatliebe bzw. (soweit dies der soziale und politische Ausdruck davon ist) der Zugehörigkeit zum Heimatverein ist die <u>Sehnsucht nach der verlorengegangenen Symbiose mit der Mutter</u> ausgedrückt.

Der Begriff "Symbiose" entstammt ursprünglich der Biologie. Dort bezeichnet er die Verbindung zweier Organismen zu ihrem beiderseitigen Nutzen. In der neueren Psychologie [5] wird er dazu verwendet, einerseits eine bestimmte, ontogenetisch frühe Entwicklungsphase zu bezeichnen und andererseits einen psychischen Zustand, eine emotionale Befindlichkeit, die sich als Regression auf diese Phase verstehen läßt. Es ist davon auszugehen, daß das Gefühl, ein eigenes Individuum zu sein, wie es Erwachsene bei gelungener Identitätsbildung nach der Pubertät haben, nicht von vornherein gegeben ist. Die Individuation ist vielmehr ein Prozeß, der, soll er gelingen, erst über verschiedene Klippen hinweg aus der Symbiose hinausführen muß. Von besonderer Bedeutung für die Individuation sind dabei etwa die ersten drei Lebensjahre, also jene Zeit, die als prä-ödipal, prä-genital oder prä-verbal bezeichnet wird. Balint hat für diese Zeit den Begriff der Grundstörung eingeführt [6]; er hält den Ausdruck prä-ödipal für irreführend, weil die Grundstörung lebensgeschichtlich zwar vor dem Ödipuskomplex erworben wird, aber nicht mit diesem aufhört, sondern neben ihm und über ihn hinaus existiert. Diese beiden Ebenen der psychoanalytischen Arbeit - die Grundstörung und der Ödipuskomplex - sind auch für die Problematisierung der Heimatliebe von Bedeutung.

Beginnen wir also mit entwicklungspsychologischen Überlegungen zur ersten Lebenszeit und zeichnen wir nach, über welche Reifungsschritte sich letztlich Individualität herstellt. Der paradiesische Urzustand des Embryos im Mutterleib endet mit der Geburt, und dies ist zugleich der erste Schock, den jeder Mensch zu verarbeiten hat. Danach folgt eine Phase des Autismus, in der das neugeborene Kind ständig bestrebt ist, jenes homöostatische Gleichgewicht zu erreichen, das durch die in ihm ablaufenden physiologischen Prozesse bedroht ist. Physiologische Spannungen sind dabei als Vorläufer jenes Gefühls anzusehen, das bei schon weiter fortgeschrittener Individuation als Angst erlebt wird.

Vom zweiten Lebensmonat an beginnt dann die Phase der Symbiose, einer Dual-Union zwischen dem Kind und seiner Pflegeperson, in der Regel der Mutter. Die symbiotische Beziehung bedeutet freilich für Mutter und Kind Unterschiedliches. Während das Kind von seinem symbiotischen Partner absolut abhängig ist, ist die Mutter dies nicht, was eine Quelle ständiger möglicher Unlust darstellt. Innerhalb dieser Abhängigkeit von der Mutter lernt das Kind allmählich, zwischen "Ich" und "Nicht-Ich" zu unterscheiden. Symbiose bedeutet die illusionäre Vorstellung der Verschmolzenheit von zwei in Wirklichkeit getrennten Individuen und einer gemeinsamen Grenze dieser beiden nach außen. Am Ende der Symbiose zerfällt die Welt in ein Selbst und in Objekte, Innen und Außen können allmählich als unterschiedlich wahrgenommen werden.

Bemerkenswert ist, wie in der Symbiose mit unlustvollen Spannungen umgegangen wird. Egal nämlich, ob diese unlustvollen Zustände aufgrund physiologischer Prozesse, also der eigenen (Trieb-)Natur zustande kommen, oder ob sie darauf zurückzuführen sind, daß die Pflegeleistungen der Mutter ungenügend sind, gleichgültig also, ob die unlustvollen Zustände von außen oder von innen kommen, sie werden über die illusorisch gemeinsame Grenze der symbiotischen Dual-Union hinausprojiziert. Man kann dies bereits eine archaische Verschwörungstheorie nennen. Sie gewährleistet das Gefühl einer möglichst weitgehenden Sicherheit in der symbiotischen Verschmelzung mit der Mutter.

Hier begegnen wir der Aufspaltung der realen Mutter in eine so empfundene "gute Mutter" und eine "böse Mutter" [7]. Der Weg aus der Symbiose zum "fertigen" Ich führt über Ich-Fragmente; ihnen entsprechen die sogenannten Partialobjekte. Die Mutter wird ursprünglich gar nicht, dann als Teilobjekt, und zwar als Teilobjekt Brust, und erst zuletzt als ganzes Objekt wahrgenommen. Im Lauf der Entwicklung bilden sich als Ich-Fragmente innere Objektrepräsentanzen der äußeren (Teil-)Objekte, die auf einer höheren Reifestufe zu einem ganzen Ich synthetisch verbunden werden. Die Objektrepräsentanzen bilden sich durch den Vorgang der Introjektion, durch Projektion wird ihre emotionale Qualität an die Teilobjekte gebunden. Im Wechselspiel von Introjektion und Projektion als den archaischsten Formen des psychischen Austausches mit der Umwelt entsteht die Aufspaltung in ein gutes Objekt (ursprünglich Teilobjekt "gute Brust"), die ernährende, pflegende und versorgende Mutter, und in ein böses Objekt, die Brust, in die man in einem kannibalistische Einverleibungswunsch beißt und die sich deshalb zurückzieht, also die sich versagende Mutter. Das Böse allerdings kann an der realen Mutter nicht wahrgenommen werden, weil die Angst davor zu groß wäre, zumal sich der eigene Einverleibungswunsch in projektiver Umkehr in einen verschlingenden Dämon verwandelt. Er wird daher auf sich anbietende Projektionsträger projiziert, notfalls werden Phantasiegebilde geschaffen, von denen man in Alpträumen heimgesucht wird. In mythischen Darstellungen wie z. B. der biblischen Paradiesgeschichte werden diese Vorgänge symbolisch abgebildet: Nach dem Biß in den Apfel (Brust) erfolgt die Vertreibung aus dem Paradies. In Gestalt der Schlange ist die Ambivalenz gegenüber der Mutter ausgedrückt: Verführerin einerseits, andererseits Zerstörerin der paradiesischen Glückseligkeit.

Das Gut-Böse-Schema ist, so könnte man sagen, der erste Erkenntnisraster, der über die Realität gelegt wird. Er entsteht im Gefolge der allerersten Lust-Unlust-Empfindungen. Was ursprünglich auf physiologischer Ebene Lust-Unlust war, wird im nächsten Schritt auf der ersten psychischen Ebene eines entstehenden Ich zu Gut-Böse.

Ein markanter Punkt in dieser Entwicklung ist die sogenannte Achtmonatsangst, wo die Trennung der Welt in ein Selbst und in Objekte so ängstigt, daß alles Fremde - und alles ist fremd, was nicht Mutter ist - als Bedrohung empfunden wird. Die Kinder "fremdeln". Die Lösung aus der symbiotischen Verschmolzenheit verursacht lähmende Gefühle von Verlassenheit und Schrecken. Die Achtmonatsangst ist gleichsam ein Paradiesverlust. Während alle Äußerungen von Unbehagen vorher auf physiologische Spannungen zurückgehen ("organisches Unbehagen"), ist die Achtmonatsangst erstmalig Angst im eigentlichen Sinn. Die Ebene ihrer Realisation ist eine soziale (vorher war sie eine körperliche).

Vertrautes scheidet sich nun von Fremdem und das Fremde erscheint als Feind. Kinder verweigern gegenüber Fremden den Kontakt und fürchten sich in dieser Zeit auch vor Personen, vor denen sie sich vorher nicht fürchteten. Der angstauslösende Reifungsschritt ist, daß vom Kind zur Mutter erstmalig eine vollständige Objektbeziehung aufgebaut worden ist. Wenn ein Fremder sich nähert und die Mutter nicht da ist, erlebt das Kind Angst vor dem Objektverlust, also Trennungsangst.

Daß dies nicht nur kleine Kinder beschäftigt, sondern die Menschen bis in ihr Erwachsenendasein hinein verfolgt, ist vielleicht nicht so geläufig, aber dennoch: die Welt ist voll von kompensatorischen Ersatzparadiesen. Sei es das Schlaraffenland im Märchen, seien es die siebenten Himmel der Religionen oder - und das ist unser Punkt - sei es das Gefühl inniger Heimatverbundenheit. Das Gefühl gegenüber der Heimat ist ein symbiotischer Rest. Es erinnert an jenen Urzustand ungetrennter Verbundenheit mit der Mutter. Alle positiven Gefühle, die ursprünglich in der symbiotischen Dual-Union der (guten) Mutter galten, werden auf die Heimaterde übertragen, für die negativen Gefühle bieten sich übelwollende Feinde an. Sind keine da, werden welche erfunden. Da es diesem "Erkenntnisschema" entspricht, die Welt in Gut und Böse aufzuteilen, wird bei idealisierender Überhöhung der Heimat automatisch das Bedürfnis nach einem Feind mitproduziert, gleichsam als "freischwebendes Haßpotential". Dieses Gefühl bindet sich an bestimmte, durchaus austauschbare Personengruppen, z. B. Menschen, die als "heimatfremd" imaginiert werden.

Daß es im Verhältnis der "Eingeborenen" (!) zu ihrer Heimat nicht um objektive Merkmale dieser Heimat gehen kann, etwa deshalb, weil diese so schön sei oder ähnliches, das beweist der Umstand, daß sich diese Heimatgefühle auch an die für Außenstehende unwirtlichsten Gegenden heften können. Ein besonders erwähnenswertes Gefühl in diesem Zusammenhang ist das Heimweh, die Sehnsucht in der Fremde nach einer vertrauten Umgebung. Das Sehnen aber ist selbst wiederum ein Affekt, der charakteristisch für die Symbiose ist. Objekthafte Weltsicht liegt noch nicht vor. Bei zunehmender Individuation wird nämlich aus dem Sehnen ein Verlangen, das sich auf bestimmte Objekte richten kann. Sehnsucht ist gegenüber dem

Verlangen diffus.

Das "symbiotisch-psychotische Syndrom", wie es Mahler beschreibt, stellt eine Fixierung an oder eine Regression auf die symbiotische Phase der Bedürfnisbefriedigung und der Weltsicht dar. Auslöser dafür können bei Kindern höchst alltägliche Erfahrungen sein, die in irgendeiner Form mit Trennung zu tun haben, z. B. der Eintritt in den Kindergarten, die Geburt eines Geschwisters usw. Es entsteht eine panische Trennungsangst, die von der Angst, vernichtet zu werden, begleitet wird. Um mit dieser Angst fertig zu werden, schafft man sich eine Wunschwelt, man regrediert auf ein ontogenetisch frühes Stadium. Das Regredieren gewährleistet das Gefühl der für die Symbiose typischen illusionären Omnipotenz durch die Verschmolzenheit mit der Mutter, oder in unserem Fall mit dem Mutterersatzsymbol Heimat [8].

Psychische Spuren des ursprünglich objektlosen Zustandes bleiben immer erhalten und die Sehnsucht danach auch. Sie ist nur bei verschiedenen Menschen unterschiedlich ausgeprägt. "Normalerweise" lernen Menschen es auszuhalten, allein sein zu können. Der Sehnsucht nach der Symbiose kann auf verschiedene Weise nachgekommen werden, gewöhnlich schafft man sich Beziehungen an, die mehr oder weniger, oder zeitweilig den Charakter einer symbiotischen Beziehung haben. ("Beziehung" dürfte man gar nicht sagen, denn im Begriff Beziehung ist Objekthaftigkeit vorausgesetzt. Beide Beziehungspartner müssen wissen, wo sie aufhören und wo der jeweils andere beginnt.) Der Zustand der Verliebtheit etwa ist einer, in dem der regressive Sog beim Verliebten jene wahnhafte Verzerrung der Realität bewirkt, der für die Symbiose eigentümlich ist. Freud [9] verwendet den Zustand der Verliebtheit als Vergleich, um den Zustand des Ich in der Masse zu kennzeichnen. Auch Rauschzustände, durch Alkohol oder sonstige Rauschmittel, sind Abkömmlinge der regressiven Sehnsucht nach der Symbiose, was in diesem Fall an der oralen Befriedigungsweise zusätzlich abzulesen ist.

In diesem Zusammenhang wird in der Psychoanalyse vom "ozeanischen Gefühl" gesprochen. Die halluzinierte Allmacht ist dabei notwendig an die Objektlosigkeit gebunden. Nur die Mutter der ersten Lebensmonate ist omnipotent, die spätere, realistische, nicht. Bei noch nicht vollzogener Individuation bedeutet die Erkenntnis, daß der symbiotische Partner keineswegs allmächtig ist, eine narzißtische Kränkung und Selbstabwertung. Wird diese Kränkung nicht zur Realität hin verarbeitet, erfolgt ein Rückzug auf frühere Mutter-"Imagines". Der Sinnzusammenhang zwischen Allmachtsgefühl und Symbiose mit der Mutter ist keineswegs evident im Sinne einer Bewußtheit. Die Gefühle heben gewissermaßen von den Mutter-Imagines ab. Abstrakt werden diese als etwas außergewöhnlich Hohes erlebt, die Teilhaftigkeit an diesem Hohen bringt narzißtischen Gewinn. Der tatsächliche Verlust der Allmacht wird geleugnet, um das ozeanische Gefühl zu erhalten. Individuelle psychopathologische Erscheinungen wie Manie oder Größenwahn sind Symptome der nicht verarbeiteten primären narzißtischen Kränkung.

Das Verlorene durch eine pathologische narzißtische Restitution zu kompensieren, ist aber nicht nur Einzelschicksal. (Man ist an einen statistischen Normalitätsbegriff gewöhnt. Deshalb sind massenwahnartige Phänomene so wenig untersücht. "Normopathie" - das ist die psychische Störung der meisten.) Auf kollektiver Ebene sind es vor allem religiöse Ekstasen und auch politische, wie z. B. Patriotismus, insbesondere in seinen chauvinistischen Ausprägungen, die mit dem individuellen Größenwahn verglichen werden können [10]. Aus klinischen Beobachtungen ist bekannt, daß Weltuntergangsphantasien für die beginnende Schizophrenie charakteristisch sind. In späteren Stadien treten Rekonstruktionsphantasien auf wie messianisches Sendungsbewußtsein und Erlöserideen. Bei Familien mit schizophrenen Kindern ist öfters festzustellen, daß sie ihren Status als Familie fetischisieren, es gibt das Bedürfnis einer Zurschaustellung von Harmonie und Vollkommenheit, Einheit wird zur Vorschrift und Abweichung ist Verrat.

Diese Symptomatik ist nun auf kollektiver Ebene mindestens ansatzweise auch am 'Kärntner Heimatdienst' nachzuweisen: Die Einheit Kärntens ist bedroht, man muß ständig vor Feinden auf der Hut sein. Der 'Kärntner Heimatdienst' fühlt sich dazu berufen, die Drohung abzuwehren. So wird erklärbar, weshalb sich jemand dazu auserwählt sieht, die Befriedigung höchst privater narzißtischer Bedürfnisse auf politischer Ebene mit einem vereinnahmenden "Wir Kärntner wollen ..." zu organisieren. Und so wird auch verständlich, wenn Verwandte im Geist von einem eigenen "Kärntner Standpunkt" sprechen zu können glauben. In diesem Kontext wird auch das sogenannte "Bekenntnisprinzip" psychologisch interpretierbar: Das Bekenntnisprinzip spielt eine Rolle, seit man die Erfüllung der Rechte der slowenischen Minderheit in Kärnten von ihrer zahlenmäßigen Größe abhängig macht. Es wurde notwendig, sich zu ihr eigens zu "bekennen". Das Bekenntnisrecht war jedoch - forciert vom 'Kärntner Heimatdienst - in der sozialen Dynamik Kärntens immer schon zugleich ein Bekenntniszwang. Im Effekt wurde die juristische Denkfigur des Bekenntnisprinzips zu einem Etwas, das psychologisch gesehen der Dynamik frühpubertärer Bandenbildungen nicht unähnlich ist: so unterscheidet der 'Kärntner Heimatdienst' die slowenischsprachigen Kärntner in assimilationswillige "Windische" (die Guten) und andere, die nicht ohne weiteres auf ihre ethnische Eigenart verzichten wollen (die Bösen).

In Analogie zur individuellen Differentialdiagnostik wäre der 'Kärntner Heimatdienst', wenn man ihn auf seine Eigenschaft als Symptomträger untersucht, am ehesten als soziales "Borderline"-Phänomen zu klassifizieren, also - was seinen irrationalen Anteil betrifft - im Grenzbereich zwischen kollektiver Neurose und Psychose anzusiedeln.

Ob eine neurotische oder schon psychotische Symptomatik vorliegt, das entscheidet die Tiefe und Schwere der Regression. Auch sind zwei Arten von Regression zu unterscheiden: eine Regression "im Dienst des Ich" und eine, die zu einer pathologischen Fixierung führt. Die erste hat therapeutischen Wert, man taucht in sie ein und taucht gestärkt aus ihr wieder auf, die zweite ist krankhaft, weil reifere Formen des Erlebens nicht mehr erreicht werden [11].

Kärnten ist berühmt für seine Lieder und für die Sangesfreudigkeit seiner Bewohner. Ein großer Teil der Lieder handelt von Trennung oder Getrenntheit von Liebenden, Trauer darüber, Lieder voll Sehnsucht, Wehmut, Sentimentalität und Rührung. Der Kärntner Dialekt ist selbst schon weich, und wenn die Lieder gesungen werden, erfaßt Sänger und Zuhörer eine quasi-religiöse Inbrunst und der Blick verklärt sich. "Valåss'n" - das ist der Kärntner Blues. Die Trennung von Liebenden, wie sie in den traurigen Kärntnerliedern besungen wird, birgt aber in dem angesprochenen Gefühl die Erinnerung an die erste aller Trennungen, an die von der Mutter. Der folgende Liedtext [12] benennt in wünschenswerter Klarheit, worum es "dem Kärntner" geht:

Aus'm tiafast'n Herz'n
und so laut als i kånn
jauchz i auße, mei Hamat
lei Dir g'hör i ån.

Jå lei Dir g'hör i ån
und lei Dir g'hör i zua,
Du bist mei Muata
und i bin Dei Bua.

Daß die Heimat als Mutter angesprochen wird, kann nun nicht mehr überraschen. Anzumerken ist aber, daß nicht eine allgemeine Mutter-Kind-Beziehung angesprochen wird, sondern speziell eine Mutter-Sohn-Beziehung. Man ist versucht zu fragen, wo die Töchter bleiben. Ursprünglich waren die Kärntnerlieder reine Männergesänge, erst in historisch jüngerer Zeit singen Frauen mit, "Diandlan", wie diese hierzulande heißen.

Melanie Klein hat für die Zeit der Symbiose zwei aufeinanderfolgende Typen rudimentärer Objektbeziehungen beschrieben, die sie die paranoide und die depressive Position nennt [13]. Das Problem der paranoiden Position ist (als primäre narzißtische Kränkung) der Allmachtverlust, das der depressiven Position (als sekundäre narzißtische Kränkung) der Objektverlust. An beide Positionen hängen sich Symptomkomplexe, denen die beiden bis jetzt analysierten Aspekte der Kärntner "Volksseele", die - wenn auch abgestuft - in großer Massenhaftigkeit auftreten, entsprechen: die paranoide Tendenz des 'Kärntner Heimatdienstes' und die depressive Färbung mancher Kärntnerlieder und wohl auch ihrer Sänger [14]. Gemeinsam ist beiden Aspekten der ihnen anhaftende Infantilismus im Sinne einer - wenn man so will - kollektiven Mutterfixierung. Einmal wird die über das Muttersymbol Heimat illusionär aufrechterhaltene Symbiose als gefährdet erlebt (Paranoia), im anderen Fall wird der Verlust der Symbiose mit der Mutter auf unbewußte Weise betrauert (Depression).

3. Der Drache und der Sohn der Heimat

Die individuelle Angst vor dem Fremden (= Bösen) ist psychologisch betrachtet ein Angstgemisch, das - abseits von historisch realen Vorfällen, denen lediglich Auslöserqualität zukommt - aus drei Quellen stammt: das Böse/Fremde ist
1. das Böse aus dem Körperinneren, die eigene, nicht bewältigte oder nicht

DIE ANGST VOR DEM FREMDEN

bewältigbare (Trieb-)Natur,

2. die böse Mutter, die deshalb böse ist, weil entweder ihre Pflegeleistungen ungenügend sind und/oder sie für das "organismische Unbehagen" verantwortlich gemacht wird, und

3. der ödipale Vater, der in die Mutter-Kind-Einheit eindringt und diese sprengt.

Dieses dreifach gespeiste Angstgemisch hat ein transkulturelles Symbol, nämlich den Drachen bzw. die Schlange. Auf den drei Tiefenschichten seiner Bedeutung ist die Schlange (allgemeiner auch als Ungeheuer schlechthin) die züngelnde Flamme der Leidenschaften, das nicht gebändigte Ungeheuer aus dem Sumpf des Körperinneren. Auf der zweiten Ebene ist die Schlange das Attribut der "großen Mutter", der sogenannte Uroboros [15], die Schlange, die sich in den Schwanz beißt und so einen Kreis bildet, Geschlossenheit, Unvergänglichkeit und ewigen Kreislauf symbolisierend; die als "phallische" Mutter aber auch in ihrem bösen Aspekt kastriert, verschlingt und tötet. Auf der dritten Ebene schließlich ist die Schlange in der ödipalen Bedeutung der väterliche Penis in der mütterlichen Vagina. Erst auf dieser Ebene wird der Bedeutungsgehalt für Söhne und Töchter verschieden. Töchter haben die Möglichkeit zur Identifikation mit der Mutter und brauchen nicht mit dem Vater zu konkurrieren. Tun sie es dennoch, dann in einem prä-ödipalen Sinn und nicht in ihrer Eigenschaft als Töchter, sondern als Kinder allgemein. Söhne haben in der Mutter bereits von Anfang an ein heterosexuelles Liebesobjekt, Töchter müssen, um zu einem verschiedengeschlechtlichen Partner zu kommen, sich von der Mutter ablösen, und haben daher mehr an Trennung durchzumachen als Söhne. Während insgesamt die ödipale Situation von Söhnen und Töchtern in psychosexuell unterschiedlicher Weise verarbeitet wird, ist die prä-ödipale, prä-genitale Zeit für Söhne und Töchter zwar nicht gerade gleich, aber "gleicher" als die Zeit des Ödipuskomplexes.

Dem Kärntner Heimatlied zufolge sind die Männer mutig und die Frauen treu [16]. Und so tritt der mutige Sohn der Heimaterde an, den Drachen zu töten. Er ist damit nicht allein in der Welt, sondern befindet sich in illustrer Halbgöttergesellschaft: Herkules, der heilige Georg (Geos = Erde), der Siegfried der Nibelungen - es gibt kaum einen Kulturkreis, der nicht seine Drachen, Schlangen, manchmal auch gefiederten Schlangen hätte, und wo sich in verschiedenen Mythenbildungen nicht ein Heros fände, der mit der Drachentötung einen zivilisatorischen Prozeß einleitet.

Lindwürmer und andere schlangenartige Ungeheuer geistern allenthalben auch durch die Kärntner Sagenwelt. Der Lindwurm ist die germanische Variante des lateinisch-griechischen Drachen ("Lind" von altnordisch "linnr", die Schlange; lat. "draco", auch die Schlange).

Der bevorzugte Aufenthalt von Lindwürmern ist der Sumpf. Dort hausen sie, ernähren sich von Rindern, die sie von den umliegenden Weiden rauben, und versetzen die Bevölkerung in Furcht und Schrecken. Der bekannteste Kärntner Lindwurm ist jener, der es bis ins Stadtwappen von Klagenfurt brachte. Der Klagenfurter Lindwurm wurde mit einem Stier geködert, an dem eine Kette mit Widerhaken befestigt war. Er biß sich daran fest und wurde von einer Gruppe von Männern mit eisernen Keulen erschlagen [17]. Die Geschichte erinnert an Freuds Urhordentheorie [18]: Eine Art Affenpatriarch beherrscht die Gruppe, alle Frauen gehören ihm, bis sich die Horde der Brüder aufrafft und ihn tötet. Aus einem Schuldgefühl heraus erlegen sie sich selbst das Inzestverbot auf und wachen über seine Einhaltung.

Keine Schlange, kein Drache und kein Lindwurm, die nicht mit phallischen Gerätschaften umgebracht worden wären, mit Keulen (der Klagenfurter Lindwurm, aber auch Ödipus und die Sphinx), Lanzen (der heilige Georg und der Drache) oder Messern bzw. Schwertern (Herakles und die lernäische Hydra). Lindwurm und Sumpf sind Penis und Vagina, der 'Kärntner Heimatdienst' jene Männergruppe, die den Lindwurm erschlägt. "Wir wollen sein ein einig Volk von Brüdern", steht im 'Ruf der Heimat' (Nr. 55 vom Sept./Okt. 1980). Sexualpsychologisch ist der 'Kärntner Heimatdienst' eine Organisation von Söhnen, die sich zusammenrotten, um dem Vater die Mutter zu entreißen.

Den größten Zusammenhalt findet eine Masse im Zustand gemeinsamer Aktion. Wenn sie sich entlädt, richtet sich ihre Wut und Zerstörungssucht gegen alles, was fremd ist und Grenze bedeutet. Im Kärntner "Ortstafelsturm" 1972 waren die Ortstafeln Symbol für Fremdes, Böses und Grenzziehung, also Trennung zugleich. In einer Art kollektiv-psychotischen Triebdurchbruchs riß der aufgebrachte Sohn der Heimaterde den Pfahl aus dem Fleisch der Mutter. Ödipus in Südkärnten sieht im Slowenen den eigenen Vater. Die phantasierten Territorialansprüche der Slowenen an Südkärnten sind die symbolische Verkleidung der seinerzeitigen tatsächlichen und bis zur Gegenwart unverarbeiteten sexuellen Ansprüche des Vaters an die Mutter. Der "Ortstafelsturm" wird damit zum symbolischen Vatermord.

Die Psychoanalyse hat schon früh auf Parallelen aufmerksam gemacht, die sich in den Denk- und Erlebensformen von Neurotikern, den Realitätsinterpretationen, Riten und Sitten von "Wilden" und kollektiven Mythenbildungen und ähnlichen Produktionen des menschlichen Bewußten und Unbewußten finden lassen. In kulturvergleichenden Studien wurde die Universalität des Ödipuskomplexes behauptet oder auch zu widerlegen versucht. Der Vorwurf des Familialismus an die Psychoanalyse, der Ödipuskomplex sei eine Hervorbringung der bürgerlichen Kleinfamilie oder des Patriarchats zielt deshalb daneben, weil der Ödipuskomplex in Wirklichkeit eine S t r u k t u r und kein Dreipersonenstück des fin-de-siècle ist. Dies ist er allerdings dann, wenn die drei Personen diese Struktur repräsentieren. "Vater" und "Mutter" muß funktional gesehen werden und nicht personal. Es ist daher müßig darauf hinzuweisen, daß es Gesellschaften gibt, in denen der Vater nicht die soziale Stellung hat wie im Wien der Jahrhundertwende, und daß es - mit dem Verweis auf Malinowski - bei den Trobriandern der Mutterbruder ist, der die Vaterfunktion ausübt. Daraus den Schluß zu ziehen, daß der Ödipuskomplex dort nicht stattfindet, ist ein personalisierendes Mißverständnis.

Der Ödipuskomplex markiert den Übergang von einer Zweierbeziehung zu einer Dreierbeziehung, prä-ödipale Beziehungen sind dual, post-ödipale triangulär. Das Problem des Ödipuskomplexes ist, daß die Beziehungspartner der Zweierbeziehung mit der Tatsache der Existenz des Dritten fertig werden müssen. Je nachdem, wie der Vater als Dritter, als Fremder, oder besser gesagt: je nachdem, wie der Vater als Repräsentant des Dritten in die Zweierbeziehung von Mutter und Kind eindringt und welche Ansprüche er erhebt, wird der Ödipuskonflikt mehr oder weniger heftig stimuliert. D. h. es kann eine kulturspezifische Variabilität der Konfliktschwere eingeräumt werden, auch der beteiligten Personen, d a ß aber ein Ödipuskomplex stattfindet, gilt immer und überall, deshalb nämlich, weil jeder Mensch vor die Aufgabe gestellt wird, den Übergang von der dualen Beziehung mit der Mutter zu einer triangulären und später zu multiplen Beziehungen zu verkraften.

Auch in diesem Propagandaplakat der Abwehrkampfzeit ist symbolisch die Ödipussituation gezeichnet. Die Dreiecksbeziehung ist die zwischen dem Betrachter (in der Kindposition), dem Land und dem phallischen, riesenhaften, schnauzbärtigen Slawen, der besitzergreifend seine Hände auf die friedlich liegende Landschaft legt [19].

Was den einen der "Ortstafelsturm", ist den anderen der "Urnenraub", eine Szene von nicht minder symbolischem Gehalt: Während der Sprachenzählung 1976, deren Ausgang die Aufstellung zweisprachiger Ortstafeln regeln sollte, eroberte in einem Ort mit deutlicher slowenischsprachiger Majorität eine Gruppe Halbwüchsiger den Behälter, in dem sich die abgegebenen Stimmzettel befanden. Mit dieser "geraubten" "Urne", wie die spätere Sprachregelung die Sache bezeichnete, zog man vor das Wahllokal, schüttete den Inhalt auf die Straße und verbrannte ihn. Das ödipale Dreieck ist auch hier evident: Analog zum "Ortstafelsturm" handelt es sich um Angehörige der Mehrheit - einmal im Land, das andere Mal im Ort; psychologisch ist es jeweils eine Sohnhorde, die sich als Aggressionsobjekt Symbole des Fremden/Bösen, also im ausgeführten Sinn des Väterlichen nimmt: Ortstafeln dort - Stimmzettel hier. Mütterlichkeit ist im einen Fall durch die Heimaterde repräsentiert, im anderen Fall durch die "Urne". Es ist im übrigen merkwürdig genug, eine Pappschachtel oder bestenfalls Holzkiste zur "Urne" hochzustilisieren. "Urne" klingt gleich viel würdiger, fast heilig; das Vergehen wird dadurch gewissermaßen bedeutender. Da für das Unbewußte Gefäße Symbole weiblicher Genitalität sind, ist der "Urnenraub" mit anschließender Stimmzettelverbrennung in ödipaler Lesart ebenfalls ein symbolischer Vatermord.

4. Die Ambivalenz gegenüber der Mutter

In direktem Zusammenhang mit der Mutter erhält der Drache eine andere Bedeutung, die die ambivalente Haltung vor allem der Söhne gegenüber der Mutter widerspiegelt. Insbesondere geht es dabei um die Angst vor dem Verschlungenwerden als eine archaische Angst der Männer vor den Frauen. Der Drache ist allerdings nun nicht mehr hinter der Frau her, sondern ist selbst Attribut der Frau, der Frau als sexuellem Wesen zumal. Die Ambivalenz bezieht sich auf den Inzestwunsch zwischen Mutter und Sohn und die Angst des Sohnes davor, im Inzest zu versinken. Vermutlich ist die damit verbundene Todesangst der eigentliche Grund für das Inzesttabu. Die Angst vor dem Verschlungenwerden - selbst z. T. Projektion eigener Einverleibungswünsche - vermag in der Bearbeitung "Kasperl und das Krokodil" jedes Kind zu allergrößter Anteilnahme zu bewegen.

Die Auseinandersetzung mit der Sphinx ist gewissermaßen das Prä-ödipale an Ödipus [20]. Nachdem er Laios, seinen Vater erschlagen hatte (nach einer Version in einer Schlucht, nach einer anderen an einer Kreuzung, an der drei Wege y-förmig zusammenkommen - beide Male also das weibliche Genitale symbolisierend), kommt er nach Theben, wo er das Rätsel der Sphinx löst. Die Sphinx, ein Wesen mit Löwenkörper, Flügeln, Frauenkopf, Brüsten und Schlangenschwanz, wurde den Thebanern als menschenfressendes Ungeheuer von der Göttin Hera zur Strafe dafür geschickt, daß Laios, dem die Erfindung der Knabenliebe zugeschrieben wird, den Knaben Chrysippios aus Pisa geraubt hat. Er hat damit den Nerv mutterrechtlicher Reproduktion getroffen - diese Besitzstörung konnte nicht ungesühnt bleiben. Vermutlich haben Frauen in mutterrechtlichen Gesellschaften nur als Mütter eine akzeptierte Identität. Wie dem auch sei - der gute und der böse Anteil an der Mutter ist gespalten. Jokaste bleibt als gute Mutter übrig, der böse Anteil wird auf die Sphinx verschoben. Nachdem das Ungeheuer beseitigt ist, wird der Inzest vollzogen; wie der Skandal bekannt wird, erhängt sich Jokaste und Ödipus blendet sich mit einer Spange von ihrem Gewand. Als alter Mann kehrt er durch einen Erdspalt in den Schoß der Mutter Erde zurück. Ödipus gerät nach dem Vatermord in einen regressiven Sog: nach dem Inzest mit der Mutter erfolgt die vorweggenommene Tötung in Form der Blendung (auch symbolische Selbstkastration). Inzest und Tod fallen symbolisch zusammen.

Heide Göttner-Abendroth hat Mythen aus verschiedenen (indoeuropäischen) Kulturkreisen zusammengetragen und in ihnen eine matriarchalische Grundstruktur aufgedeckt. Die Handlung ist dabei jeweils in drei Phasen angeordnet. Die Akteure sind eine Göttin (Mutter) und ihr Heros (Sohn), ein Drache und weitere Nebenfiguren. Die aufeinanderfolgenden Episoden sind: Initiation durch Heldentaten, z. B. Drachentötungen, inzestuöse Vermählung von Göttin und Heros und schließlich Tod des Heros aus der Hand der Göttin. Diese Struktur hatte auch der Ödipusmythos: Tötung der Sphinx, Inzest, symbolische Tötung (Blendung mit der Spange). Zur weiteren Illustration kann auch die Nibelungensage dienen, die ja geläufiger ist. Um zur reinen matriarchalischen Struktur vorzudringen, müssen jedoch spätere patriarchalische und klerikal-moralisierende Verformungen subtrahiert werden. Siegfried besiegt den Drachen (1), vollzieht die Ehe mit Brunhild (2), und weil er sie an Gunther weiterverschachert, läßt Brunhild Siegfried durch Hagen töten (3). Den Tod aus der Hand der Göttin-Mutter zu erleiden sei als Vorstellung nicht weiter beängstigend gewesen, meint Göttner-Abendroth sinngemäß, da an den Tod auch die Idee der Wiedergeburt geknüpft war. Wie auch bei anderen Autoren [21], die sich mit dem Matriarchat beschäftigen, schimmert hier eine nach hinten gerichtete Utopie durch, die als ideales Verhältnis zwischen den Geschlechtern verkauft wird. Der Mutter den Helden zu spielen, hält Göttner-Abendroth für eine für Söhne durchaus brauchbare Identität [22]. Nur wer den Heldentod stirbt, kommt in den Himmel. Helden haben etwas Treuherzig-Dümmliches an sich, wenn sie in irgendeine Richtung schlagen, und dabei meinen recht zu tun, weil es die Richtung ist, die ihnen von irgendjemandem gezeigt wird. Das Problem der Söhne, wie natürlich auch der Töchter, ist die Lösung aus der allmächtig umfangenden Mütterlichkeit. In der Regel hilft die Hinwendung zum Vater. Wird die Annäherung an den Vater durch ödipale Konflikte erschwert, dann bleibt die Fixierung an die Mutter aufrecht [23]. Der positive Vater wird damit zu einem Erlöser. (Aus dieser Quelle entspringt auch die Märchenprinzphantasie mutterfixierter Töchter.)

Im Sagenkreis um die Figur der Margarete Maultasch finden wir einen lokalen Verschlingungsmythos. Die historische Margarete Maultasch hat im 14. Jahrhundert in Kärnten ihr Unwesen getrieben. Die bekannteste Geschichte ist die von der Belagerung der Burg Hochosterwitz, wo sich die Belagerten mit einer List retten konnten. Bereits am Ende ihrer Vorräte angelangt, schlachteten sie den letzten Stier, stopften ihn aus und warfen ihn den Burghügel hinab. Damit wollten sie den Eindruck vermitteln, noch längere Zeit über ausreichende Nahrungsmittel zu verfügen. Margarete Maultasch ließ sich bluffen und zog ab.

Wollte man der Gefräßigkeit und dem Verschlingen einen Namen geben, man könnte keinen besseren finden als Maultasch. Denkwürdige Hinweise ergeben sich auch aus dem Vornamen Margarete. Mys-margaritae heißt Perlmuschel, Matrix-margaritae heißt Perlmutter. Muschel und Perle sind oft genug mit Mutterschaft, mindestens aber mit weiblicher Genitalität assoziiert worden [24]. Die katholische Heilige Margareta ist die Beschützerin der Schwangeren, und hat der Legende nach den ihr als Drache erscheinenden Teufel mit dem Kreuzzeichen in die Flucht geschlagen. Wenn sich also über Margarete eine assoziative Brücke zur Mütterlichkeit ergibt, so bildet sich in der Kombination mit Maultasch die Figur der verschlingenden Mutter, oder - in der sexuellen Variante - die Kärntner Spielart der "vagina dentata", der mit Zähnen besetzten Scheide.

In anderen Sagen wird die Maultasch als männermordende Unholdin geschildert. Eine Darstellung verdient es, im Original einer Kärntner Sagensammlung [25] zitiert zu werden:

"Das Bild, das der kärntische Landmann von ihr hat, ist kein erfreuliches. Überall erscheint sie als gewaltiges, ungebändigtes Weib. Sie hat verzerrte Gesichtszüge, ein ungefüges Maul, ist grausam und lüstern (...) ein riesenstarkes Mannweib, das jede Nacht einen Mann brauchte. Aus der Mitte ihrer Kämpen erkor sie sich einen, indem sie dem Auserwählten ein weißes Tüchlein reichte. Das Los eines jeden war das einer Drohne, er wurde von der Argen erdrückt."

Margarete M. fand auf folgende Weise den Tod:

"Da traf einmal einen Mann das Los, der sich zu helfen wußte. Er legte sich eine nadelscharfe Eisenspitze, welche unten auf einer Platte aufsaß, an die Brust, und als die Maultasch ihn erdrücken wollte, drang ihr die Spitze in den Leib, so daß sie sterben mußte."

Die sichtbare Angst vor der Sexualität der Frau soll im hier diskutierten Zusammenhang nicht unterschlagen werden. Auch Geschlechtsverkehr bedeutet Verschlungenwerden. Das belegt z. B. die Sexualsymbolik von Katze und Maus. In mehreren Sprachen (dt., engl., frz.) wird die Bezeichnung der Katze auch als Bezeichnung für das weibliche Genitale verwendet, und "mausen" ist hierzulande als Ausdruck für Geschlechtsverkehr gebräuchlich. Georg Graber berichtet über einen in Kärnten gefundenen Aberglauben: Demzufolge "... dürfen junge Männer mit Katzen nicht grob umgehen, sonst bekommen sie ein böses Weib; von Frauen heißt es dagegen, daß sie schwer gebären, wenn sie gegen die Mäuse unbarmherzig verfahren" [26].

In der "Traumdeutung" berichtet Freud über die "Verlegung von unten nach oben" [27]. Vorgänge in der Genitalregion werden in der Symbolik des unbewußten Denkens ins Gesicht verlagert. Sprachliche Homologien unterstützen diesen Vorgang, bzw. sind selbst Ausdruck davon (Mund - Muttermund, Lippen - Schamlippen, Backen oben und unten). So wird unter dem Druck der Sexualverdrängung aus dem Koitus ein Akt der Einverleibung, der Verschlingung. Während diese "Verlegung von unten nach oben" in der Traumdeutung und beim Verständnis einer ausgeprägten neurotischen Symptomatik - also in relativ exponierten Zusammenhängen - von Bedeutung ist, ist die nächste Erscheinungsweise der Sexualverdrängung von hoher Allgemeinheit:

Die Frau wird in zwei Aspekte aufgespalten, die zu vereinbaren schwerfällt (nicht nur den Männern, auch den Frauen selbst), nämlich in die Mutter/Madonna/Heilige und die Hure, die Frau als sexuelles Wesen. Daran schließt sich die Dichotomisierung von Zärtlichkeit und Sinnlichkeit. Durchwirkt mit der Gut-Böse-Schematisierung ergeben sich damit zwei Syndrome: die idealisierende Überhöhung des Mütterlichen als Prototyp des Zärtlichen - und die Verteufelung bzw. Verdrängung des Sexuellen und Sinnlichen überhaupt [28].

In der Symptomatik der Kärntner Heimatschützer ist das erste Syndrom dominant. Die Idealisierung des Mütterlichen erfolgt am Muttersubstitut Heimat. Das zweite Syndrom beruht dagegen auf einer Vermutung, die sich aus der Ausgeprägtheit des ersten Syndroms ergibt, und nicht auf klinischen Beobachtungen. (Es fällt sozusagen durch seine Abwesenheit auf.) Dies spricht insgesamt mehr für eine komplexe narzißtische Verunsicherung als für eine sexualpathologische Symptomatik aus dem Ödipuskomplex. Der Begriff des "Noch-nicht-zu-Ende-Geborenen", den Theweleit an seiner Analyse des soldatischen Mannes gewonnen hat, scheint mir auch hier anwendbar [29]. Allerdings möchte ich ihn auch auf Frauen ausweiten. Ich halte den 'Kärntner Heimatdienst' zwar für eine Sohn-Organisation, die zugrunde liegende Emotion aber nicht für eine ausschließliche Männerphantasie. Die vierte Strophe des Kärntner Heimatliedes stammt immerhin von einer Frau [30].

5. Die Masse, der Held und die Individualität als Ausweg

Heroismus und Massenhaftigkeit sind zwei Momente, die den 'Kärntner Heimatdienst' kennzeichnen. Der heroische Gestus ist nicht zu übersehen. Sowohl Heldentum als auch Massenbildung können mit der Symbiose in Zusammenhang gebracht werden. Im Heldentum geht es ursprünglich um das Gefühl der Unverletzlichkeit. Dieses Gefühl knüpft an die paradiesische Omnipotenz an. Da diese jedoch verloren gegangen ist, muß das Gefühl von Unverletzlichkeit durch heroische Akte erzeugt werden. Im Heldentum liegt damit letztlich das Nicht-wahrhaben-Können des Zustandes der Getrenntheit. Da sich der paradiesische Urzustand jedoch nie herstellen läßt, ist der Held gezwungen, permanent in heroischen Akten seine Unverletzlichkeit unter Beweis zu stellen. Der Held tut das nicht für sich, er tut es für die Gruppe, der er angehört. Um es zu pointieren: der Held ist von sich aus gar nicht aktiv. Heroismus ist ein Prinzip, eine Idee, die sich im Helden verkörpert. Der Held ist anfänglich nicht wirklich Individuum, er ist vielmehr symptomatischer Ausdruck bzw. Delegierter der Masse, für die er durch seine bloße Existenz Unverletzlichkeit garantieren soll. Die Masse nimmt sich denjenigen als Held, der dies am besten kann.

Frazer hat solche Führerbildungen untersucht [31]. Der Führer/König ist verpflichtet, z. B. Kraft und Stärke zu repräsentieren. Es gibt (gab) Ethnien, in denen er ständig zum Kampf herausgefordert werden konnte, wo er beweisen mußte, daß er wirklich der Stärkste war. Unterlag er, war sein Bezwinger in seiner Position. Canetti bringt das Beispiel vom Meistesser [32]. Damit sein Volk den Eindruck hat, daß Nahrung ganz sicher kein Problem ist, wird der Allerdickste Führer. Durch seine Leibesfülle, die er sich erhalten muß, macht er sichtbar für alle die Vorstellung möglich, in welchem Überfluß doch gelebt wird. Auch in dem noch bis ins europäische Mittelalter hinein gültigen "ius primae noctis" ist diese Dynamik erkennbar. Es ist die magische Angst vor dem Blut [33], die die Menschen auf die Idee gebracht hat, die Defloration sämtlicher Frauen einer Gruppe von einem Spezialisten vornehmen zu lassen. Daher war das "ius primae noctis" eigentlich kein Recht, sondern eine Pflicht der ersten Nacht.

Es ist der Held/Führer/König anfangs nicht wirklich Individuum, sondern Beauftragter. Er kann sich aber im Laufe der Zeit so weit von dieser Beauftragung emanzipieren, daß er eines wird. Im positivsten Fall setzt er damit ein Modell für Individualität überhaupt [34]. Bleibt es beim ursprünglichen Verhältnis des Helden zur Masse, so ist der Held dazu verpflichtet, die Einsicht in die eigene Verletzlichkeit, ja Verletztheit, ständig abzuwehren und seine Omnipotenz in einem steten Wiederholungszwang zu dokumentieren.

Die Emotionalität der Masse folgt eigenen Gesetzen. So wie einzelne Tropfen in einer Wassermenge aufhören Tropfen zu sein, löst sich in der Masse Individualität auf. Die Masse bewirkt einen regressiven Sog, in dem Ich-Strukturen verschwimmen. Das ist auch die spezifische Lust an der Teilnahme an Massenveranstaltungen. Wo Menschen massenhaft zusammenkommen, spielt infolge der Regression Körperlichkeit eine andere Rolle: Körpermassen werden zu einem Massenkörper, zu einem zuckenden und spuckenden Organismus. Individuen haben gelernt, sich einen Schutzraum gegen Berührung zu errichten. Bei jemandem zufällig anzustoßen, zieht meist ein sofortiges Entschuldigen nach sich. In der Masse aber rücken alle näher zusammen und die Berührungsempfindlichkeit verschiebt sich von den individuellen Körpergrenzen an die Peripherie des Massenkörpers.

Die Masse ist ein psychotisierendes Sozialgebilde [35]. Sie bezieht ihre Anziehungskraft daraus, daß die Menschen Individualität als Last erleben und nicht als Notwendigkeit sehen. Das Ich in der Masse ist durch die Symbiose narzißtisch aufgewertet und im Sinne einer manischen Überwertigkeit wahnhaft verzerrt. Der Massenkörper entwickelt selbst Eigenschaften der archaischen, verschlingenden Mutter. Masse zu Held steht in der selben Relation wie Mutter zu Sohn. Als verschlingender Körper hat die Masse ihre "analen" und "oralen" Aspekte. Assimilation läßt sich gut in Begriffen von Einverleibung und Verdauung darstellen. Daß die Heimat "rein" gehalten werden muß, ist ebenso eine "anale" Beziehungsvorstellung wie die Lust an der Zählung der slowenischsprechenden Minderheit, wie viele oder wenige es denn sind, und zwar genau; Canetti würde das die "Wollust der springenden Zahl" nennen [36]. Sprache selbst ist auch etwas Orales. Darüberhinaus gibt es leicht verdauliche und schwer verdauliche Dinge. Es gibt Gesellschaften, die sich das Auftreten von Krankheiten auf oralem Weg verursacht vorstellen, wie z. B. Vergiftung, Verfluchung etc. Gedankengänge dieser Art kommen auch bei den Kärntnern vor. Georg Graber berichtet, daß bestimmte Krankheiten und Leiden in einer magischen Volksätiologie durch üble Nachrede entstehen. Solche Leiden werden "das Vermeinte" genannt [37]. Als Therapie werden Gegenzaubersprüche verwendet (vgl. "Gesundbeten"). Schwer verdaulich für den 'Kärntner Heimatdienst' ist das Slowenische Gymnasium in Klagenfurt. Bei einer Kundgebung wurde es auf einem Transparent als "das große Gift" bezeichnet.

Ich denke, daß die Prozesse, die grundsätzlich an Massenbildungen studierbar sind, auch für Kärntner Verhältnisse zutreffen; in radikalster Form im "Ortstafelsturm", gemäßigter bei Kundgebungen, Aufmärschen usw. In diesem Zusammenhang stellt sich die Frage, ob es "vernünftige" Massen gibt. Massen sind der "Motor der Geschichte", und es sind Massenbewegungen denkbar, die vom Gefühl der Solidarität getragen werden. Psychologisch gesehen läßt sich der Unterschied zwischen einer "vernünftigen" und einer "psychotischen" Masse daran festmachen, wie innerhalb der Masse Individualität möglich ist. Das Verschmelzen im Sog der Regression und die damit verbundene Lust an der Gewalt wären gegen eine Gemeinschaft solidarisch handelnder Menschen zu kontrastieren. Bei jeder <u>Hypostasierung von Gruppenzugehörigkeit</u> jedoch werden die Konfliktaustragungsweisen archaischer und im psychologischen Sinn primitiver.

Der Appell an die gemeinsame Zugehörigkeit zu Volk oder Rasse ist archaischer als die Berufung auf Demokratie. Es ist ein Unterschied zu sagen, "wir sind Angehörige des (z. B.) deutschen Volkes", oder zu sagen, "wir sind Demokraten". Im ersten Fall geht es um eine Form des Seins, deshalb ist dies - sofern man sich betroffen fühlt - in dem Sinn emotional ergreifender, als ontogenetisch frühere Emotionen angesprochen werden. Im zweiten Fall geht es um eine Form des Tuns, also um das Gefühl, Realität handelnd zu bewältigen. Die emotionale Ergriffenheit ist eine andere. Im ersten Fall ist Individualität nicht nötig, ja schädlich. Im zweiten Fall ist Individualität Voraussetzung.

Erst wenn es gelingt, Individualität zu ertragen, was manchen eine Bürde ist, wird man darauf verzichten können, sich kompensatorische Ersatzparadiese herbeizuhalluzinieren. Bis dahin wird Trauerarbeit über das verlorene Glück in der

Symbiose zu leisten sein. Erst dann wird eine reife Konfliktlösung möglich sein, die den Widerspruch nicht zu tilgen gezwungen ist, sondern ihn jeweils im anderen wechselseitig anerkennt. Dann wird das noble Ziel der Gemeinsamkeit in der Verschiedenheit realisierbar.

Anmerkungen

1) "Es war mir stets eine unumstößliche Selbstverständlichkeit, den Abstimmungskampf nicht um den Anschluß an Österreich, sondern um die großdeutsche Zukunft zu führen. Die Stimmen für Österreich sollten die Anwartschaften auf die Heimkehr ins Reich wahren. Weil wir aber wegen der auf 'alldeutsche Umtriebe' lauernden Interalliierten, vor allem der Franzosen, nicht in der Lage waren, 'Deutschland' zu rufen, wir 'Österreich' nicht sagen wollten, so wurde unser Kampfruf eben 'Kärnten'." (H. Steinacher, Sieg in deutscher Nacht, Wien 1943, S. 317) Es wäre allerdings auch möglich, daß Steinacher seine Sicht des Abwehrkampfes für die Nazizeit speziell "zurechtfrisiert" hat. Das würde m. E. aber nur einige Formulierungen abschwächen, nicht aber den Geist der deutschnationalen Tradition.
2) H. Haas, Kärntner Abwehrkampf - eine Geschichtsfälschung, in: Neues Forum (Dezember 1972), S. 45-49. H. Haas - K. Stuhlpfarrer, Österreich und seine Slowenen, Wien 1977.
3) Wenn man sich nicht auf die Erbstreitigkeiten zwischen Jungianern und Freudianern einläßt, kann man mit außerordentlichem Gewinn E. Neumann, Ursprungsgeschichte des Bewußtseins, 2. Auflage München 1974 (Orig. 1949) lesen.
4) Als die österreichischen Medien sich des "Ortstafelsturmes" annahmen, waren Kommentare von Nicht-Kärntnern besonderes Aggressionsobjekt für heimattreue Kärntner. Der Topos des Feindes im Rücken ist nicht neu. Auch Steinacher schimpfte schon über das "rote, verjudete Wien" (Steinacher, Sieg in deutscher Nacht).
5) Vgl. dazu besonders M. S. Mahler, Symbiose und Individuation, Stuttgart 1979.
6) M. Balint, Therapeutische Aspekte der Regression, Reinbek bei Hamburg 1973.
7) Diese Prozesse wurden vor allem von Melanie Klein und ihrer Schule aufgedeckt. Vgl. M. Klein, Das Seelenleben des Kleinkindes und andere Beiträge zur Psychoanalyse, Reinbek bei Hamburg 1972, und F. Fornari, Psychoanalyse des ersten Lebensjahres, Frankfurt/Main 1970.
8) Die Zeichnung "Commentaire d´un dessin de Blake" von André Masson ist entnommen aus H. Kurnitzky, Ödipus. Ein Held der westlichen Welt, Berlin 1978. Zur Projektion von Körpervorstellungen in die Landschaft vgl. Arno Schmidts Studie über Karl May und Adalbert Stifter: A. Schmidt, Sitara und der Weg dorthin, Frankfurt/Main 1979.
9) S. Freud, Massenpsychologie und Ich-Analyse, 1921, Studienausgabe IX, S. 61 -134. A. Mitscherlich, Massenpsychologie und Ich-Analyse heute, in: Psyche, 31 (Juni 1977), S. 516-539.
10) "Irrationalbereicherung" und/oder "Rationalverarmung" sind Charakteristika des Massenwahns, sagt H. Broch, Massenwahntheorie, Frankfurt/Main 1979 (Orig. 1939-48).
11) Balint, Therapeutische Aspekte, unterscheidet gutartige und bösartige Formen der Regression. Der Orgasmus etwa, wohl die menschenfreundlichste Art des Eintauchens in die Symbiose, ist eine "therapeutische" Regression. Auch in den verschiedenen Formen der Meditation führt die Regression bis in die Symbiose, was sich z. B. als Gefühl, mit dem Kosmos zu verschmelzen, ausdrückt. Für religiös-rituell induzierte Trancezustände wie z. B. im Schamanismus, im Exorzismus, bei "Wunder"heilungen u. ä. gilt im Prinzip das Gleiche. Zweifel erheben sich hier allerdings hinsichtlich der Gutartigkeit.
12) Hugo Moro / Justinus Mulle.
13) siehe Anm. 7.
14) "Ja, das ist der Kärntner, wie er leibt und lebt: herzlich, gemütlich, lustig, zuweilen wohl ein wenig traurig, doch nie lang, immer leichten Sinnes und immer verliebt", schrieb 1868 Ernst Rauscher in einer Rezension des von

Pogatschnigg und Herrmann herausgegebenen ersten Bandes (Liebeslieder) einer zweibändigen Volksliedsammlung. Zit. nach A. Kollitsch, Geschichte des Kärntnerliedes, Bd.I/2, 1862 bis zur Gegenwart, Klagenfurt 1936, S. 27. Inwieweit der Umstand, daß das Kärntnerlied zu einem Zeitpunkt seine Hochblüte erlebte, in dem sich auch der Nationalismus entwickelte, und inwieweit beides als Reaktion auf die zunehmende Vereinzelung der Menschen aufzufassen ist, wäre einer eigenen Untersuchung wert. Das berühmte "Valåss'n" (= Verlassen) von Thomas Koschat erschien 1871.
15) Neumann, Ursprungsgeschichte.
16) Die meisten Auseinandersetzungen gibt es um die vierte Strophe, die speziell auf den Abwehrkampf bezug nimmt: "Wo Mannesmut und Frauentreu / die Heimat sich erstritt aufs neu / wo man mit Blut die Grenze schrieb / und frei in Not und Tod verblieb / ..."
17) Die Geschichte vom Klagenfurter Stadtwappen steht in G. Graber, Sagen aus Kärnten, Bd.1, Klagenfurt 1979 (1. Auflage 1914), S. 306. Die Abbildung des Lindwurms von Klagenfurt entstammt einem alten Stich mir unbekannter Herkunft.
18) S. Freud, Totem und Tabu, 1912-13, Studienausgabe IX, S. 287-444.
19) Entnommen aus: Neues Forum (Dezember 1972), S. 28. Eine Freundin machte mich auf eine zusätzliche Interpretationsmöglichkeit dieses Bildes aufmerksam: der phallische Slawe sei von seiner Körperhaltung her der Mann, der sich im Koitus über die Frau beugt. Aus diesem Grund würde das Bild bei Betrachterinnen auf direktem Weg Vergewaltigungsängste ansprechen. Dieser Interpretationsunterschied widerspiegelt die unterschiedliche Betroffenheit von Söhnen und Töchtern durch das ödipale Dreieck: für den Sohn ist der Eindringling/Vater Konkurrent um die Mutter, für die Tochter ist er mehr: durch ihre Identifikation mit der Mutter ist sie selbst potentielles Opfer.
20) Vgl. H. Kurnitzky, L´age d´or, in: Ästhetik und Kommunikation (37/Oktober 1979), S. 16-23; Sphinx ist etymologisch verwandt mit Sphinkter. Lt. Walde - Hofmann, Lat. etym. Wörterbuch, 3. Auflage, Heidelberg 1954: Schnur, Band, Muskel, auch "Zuschnürer", Sphinx = "zusammenschnürende Todesdämonin".
21) z. B. E. Borneman, Das Patriarchat, Frankfurt/Main 1975; skeptischer dagegen U. Wesel, Der Mythos vom Matriarchat, Frankfurt/Main 1980.
22) Ich nicht. So beeindruckend die Analysen der Frau mit dem zu ihrem Thema so umwerfend passenden Namen sind, so unakzeptabel sind die von ihr nahegelegten Schlußfolgerungen, insofern sie die Männer betreffen. In diesem Zusammenhang sei auf M. Stierlin, Adolf Hitler. Familienperspektiven, Frankfurt/Main 1975 hingewiesen, der sein familiendynamisches Konzept der Delegation an einer Mutter-Sohn-Beziehung explizierte, nämlich an der zwischen Adolf Hitler und seiner Mutter, deren "Delegierter" er war. Nach H. Göttner-Abendroth, Die Göttin und ihr Heros, München 1980, sei der Tod des Helden "konzipiert als freiwilliges Selbstopfer für Land und Volk" (S. 20). Ein Heros besitzt "Ergebenheit und Selbstvergessenheit" (S.8) und hat die "Kraft zum Selbstopfer" (S.8). Zu dieser unverhohlenen Empfehlung von Nekrophilie vgl. E. Fromm, Anatomie der menschlichen Destruktivität, Reinbek bei Hamburg 1977 (Orig. 1973), bes. S. 304 ff., wo die mutterfixierten Helden diskutiert werden.
23) W. Loch, Depression und Melancholie - oder depressive Position und Vatermord, in: E. H. Englert (Hrsg.), Die Verarmung der Psyche. Igor A. Caruso zum 65. Geburtstag, Frankfurt/Main-New York 1979, S. 157-171.
24) Vgl. O. Graf Wittgenstein, Märchen, Träume, Schicksale, München 1973, S. 232. Botticellis "Geburt der Venus" zeigt diese in einer Muschel. Botticelli folgt hier der griechischen Theogonie, die sich der Muschel als Symbol des weiblichen Genitales bedient, in diesem Fall des Genitales des Meeres - seinerseits Symbol für die "Große Mutter". Vorgeschichte: als Kronos Uranos kastrierte, mit der - Pikanterie am Rande - von Kronos-Mutter und Uranos-

Gattin Gaia gereichten Sichel, warf er dessen abgeschnittene Genitalien ins Meer. Aus ihnen wurde Aphrodite/Venus (s. K. Kerényi, Die Mythologie der Griechen, Bd.1, Die Götter- und Menschheitsgeschichten, 4. Auflage, München 1979, S. 57 f.). Im Sprachgebrauch heutiger, insbesondere frauenbewegter Frauen ist "Muschel" als Bezeichnung der Vulva (Klitoris = Perle) recht beliebt, wie frau mir erzählt.

25) Graber, Sagen, S. 328.
26) G. Graber, Volksleben in Kärnten, 2. Auflage, Graz 1941, S. 384.
27) S. Freud, Die Traumdeutung, 1900, Studienausgabe II.
28) S. Freud, Über einen besonderen Typus der Objektwahl beim Manne, 1910, Studienausgabe V, S. 184-195; Über die allgemeinste Erniedrigung des Liebeslebens, 1912, Studienausgabe V, S. 197-209.
29) K. Theweleit, Männerphantasien, Bd.1: Frauen, Fluten, Körper, Geschichte, Frankfurt/Main 1977; Bd.2: Zur Psychoanalyse des weißen Terrors, Frankfurt /Main 1978.
30) Maria Millonig heißt sie. Siehe Anm. 16. Auch in der österreichischen Bundeshymne - getextet von Frau (!) Paula Preradovic - heißt es: "Heimat bist du großer Söhne". Daß sich dieser archaische Topos dort findet, entschärft nicht die Kärntner Frage, könnte aber für die Bundeshymne als problematisch angesehen werden.
31) J. G. Frazer, Der goldene Zweig, Bd.1 und 2, Ulm 1977 (Orig. 1890 - 1915).
32) E. Canetti, Masse und Macht, Bd.1 und 2, 2. Auflage, Regensburg 1976.
33) S. Freud, Das Tabu der Virginität, 1917, Studienausgabe V, S. 211-228.
34) Ödipus hat dieses Problem gelöst. Im Rätsel der Sphinx ist die Antwort wichtiger als die Frage. In einer Version heißt die Antwort "Der Mensch", in einer anderen "Ich", in einer dritten Version soll Ödipus die Sphinx einfach erschlagen haben. In den Versionen, die von einer Antwort berichten, hat sich die Sphinx freiwillig vom Felsen in den Tod gestürzt. Vgl. Kurnitzky, Ödipus.
35) J. Ortega y Gasset, Der Aufstand der Massen, Reinbek bei Hamburg 1956, 2. Auflage 1972 (Orig. 1930), der sich um ein "psychisches Diagramm des Massenmenschen" bemüht, empfiehlt, zur Untersuchung der Massenseele als Bezugssystem die "Psychologie des verwöhnten Kindes" zu wählen (1972, S. 41). Dies halte ich für eine Verharmlosung; auch ist mir das "verwöhnte Kind" als psychologische Kategorie zu unspezifisch.
36) Canetti, Masse, Bd.1, S. 204.
37) Graber, Volksleben, S. 382.

Wolfgang Holzinger

KLASSEN, NATIONALSTAAT UND ETHNIEN:

Elemente einer Theorie der Ethnizität in der "Staatstheorie" von Nicos Poulantzas

I.

Einleitung

Eine Theorie der Ethnizität, wie sie eigentlich vor einer politisch-praktischen Intervention in die Struktur von "Nationalitätenproblemen" immer schon existieren müßte, wenn diese auch tatsächlich demokratisch gelöst werden sollen, scheint genau besehen nur aus jenem System grundlegender sozialwissenschaftlicher Begriffe, Analysen und Annahmen deduzierbar, das die Theorie der kapitalistischen Gesellschaften überhaupt konstituiert. In der Theorie der Ethnizität taucht daher - als logisch vorgeordneter allgemeiner Begriffshorizont - eine konkludente Reihe von soziologischen Basiskategorien und kategorialen Verknüpfungen auf, wie sie eben zum Kern und generellen Bestand allgemeiner Gesellschaftstheorie gehören, das heißt ihren wesentlichen und notwendigen Charakter als Wissenschaft bestimmen. Als Grundlage und Voraussetzung jeder spezielleren Befassung mit gesonderten Gesellschaftsproblemen fundiert auch dieses allgemeine Begriffssystem erst wirklich ethnosoziologische Theoriebildung und Forschung.

Will man daher ein seit geraumer Zeit weltweit in Erscheinung tretendes Phänomen: das Wiedererstarken ethnischer und nationaler Emanzipationsbewegungen in den weithin schon für konsolidiert erachteten modernen Nationalstaaten, mehr als nur vordergründig begreifen, so dürfte dies - gemäß unserer einleitenden Behauptungen - nur gelingen, wenn die "Fokalanalyse", die dieses Wiedererstarken und seine gesellschaftlichen Ursachen zu ihrem besonderen Untersuchungsgegenstand erhebt, eben im Rahmen einer vorausgehenden und sie begleitenden Gesamtanalyse der kapitalistischen Gesellschaft geleistet wird, mithin eine komplexe Fokalanalyse ist. In der Tat ist das Phänomen und entsprechend die Erklärung des Aufbegehrens ethnischer Randgruppen und nationaler Gruppierungen eine Angelegenheit, die über den Grad an Komplexität und Konkretion einer im ethnisch angeblich homogenen Milieu der Gesellschaft ansetzenden "reinen" Theorie der Gesellschaft hinausverweist. Sie ist es, da Ethnosoziologie die Merkmale des gesellschaftlichen Lebens um einen nicht unwesentlichen Faktor, den des Ethnischen eben, zusätzlich anreichert.

Dies zwingt den Gesellschaftstheoretiker, seine eingeschliffenen, gewiß oft vereinfachten und daher angreifbaren Überlegungen zur Gesellschaftsstruktur moderner Sozialsysteme zu revidieren. Er wird in diesem Zusammenhang angesichts der nur scheinbar abgeschlossenen Konsolidierung des Nationalstaates sich mit der Tatsache vertraut machen müssen, jeden Versuch einer zureichenden Analyse erfolgreich wohl nur durch Berücksichtigung nicht bloß seines Klassencharakters, sondern gleichzeitig auch seiner ethnischen Zusammensetzung und Gegensätze beenden zu können.

Eine Gesellschaftsanalyse im "ethnisch inhomogenen Milieu" (um den Titel einer Arbeit SCHUMPETERs [1] zu variieren) kann, wenn sie das Schicksal und die Rolle der verschiedenen Ethnien innerhalb eines bestimmten Staates, innerhalb einer nationalen Gesellschaftsformation wissenschaftlich durchdringen will, verschiedene Wege einschlagen. Es ist hier indessen nicht der Ort, diese unterschiedlichen methodischen Zugänge zu referieren. Eine ziemlich intensive Beschäftigung mit Werken des "strukturalen Marxismus" (wie Urs JAEGGI die marxistische Theorietradition im Umkreis von Louis ALTHUSSER und Nicos POULANTZAS bezeichnet) präjudiziert vielmehr auf bestimmte Weise die Wahl meines eigenen Deutungsmusters der "Renaissance der Minderheiten" in den kapitalistischen Zentren. Sie versucht, weder ökonomistisch/deterministisch noch einseitig politisch, ideologistisch oder auch "kulturologisch" zu argumentieren, sondern in dem Sinne "objektiv" zu sein, als sie den auch in der Theoriegeschichte quasi nacheinander abgetasteten gesellschaftlichen Instanzen von Ökonomie, Politik, Ideologie etc. damit ein "gleichzeitiges" Mitspracherecht an der Lösung der theoretischen Probleme einräumt. Freilich nicht in einer Weise, daß nun etwa die Unentschiedenheiten des WEBERschen Pluralismus mit seinen - forschungspragmatisch verteidigten - Reflexionsabbrüchen, die ihn von der Erstellung einer zu Ende geführten Gesellschaftstheorie abhielten, Eingang in die folgenden Überlegungen fänden. Ich erwarte vielmehr, daß es mir möglicherweise gelingt, die Probe des "Mittelwegs" zwischen krudem Determinismus und agnostischem Indeterminismus zu bestehen, ein Versuch, der die Distanz zu beiden nicht vermindert, sondern dialektisch vermittelt:

In einer unlängst abgeschlossenen Arbeit [2] unterzog ich mich der Aufgabe, die gesellschaftlichen Teilbereiche als "Praxis-Instanzen" zu definieren, das heißt als verhältnismäßig eigenständige Verdichtungen und Zentren ökonomischer, politischer und ideologischer Verhältnisse zwischen sozialen Klassen und ihren gegenläufigen Interessen und Handlungsweisen: letztlich also als Austragungsorte von Klassenauseinandersetzungen. Daran anschließend wäre die theoretische "Vermittlung" zwischen Determinismus/Indeterminismus so zu denken, daß die im Begriff der Produktionsweise beziehungsweise der Gesellschaftsformation abgesteckte Einheit dieser Praxisinstanzen zwar auf einem komplexen Zusammenspiel von Wirkungsweisen beruht, dieses aber unentwegt durch das Motiv der kollektiven Lebenserhaltung der Gesellschaftsmitglieder in Gang gehalten wird, und daß deshalb auch logisch die basale ökonomische Erzeugung der Lebensmittel sowie die spezifischen Verhältnisse, in denen diese Erzeugung stattfindet, die "letzte Instanz" darstellen, von der man bei der Analyse dieses Zusammenspiels der verschiedenen Wirkungen der Instanzen auszugehen hat. Obwohl also eine Beteiligung aller Instanzen notwendig ist (der vorgebliche "Pluralismus"), um den Gesellschaftsprozeß in seiner Dauer zu garantieren, so geht doch letztlich von der in den jeweiligen ökonomischen Strukturen und Prozessen "vergesellschafteten" Naturnotwendigkeit von Produktion und Reproduktion des kollektiven Lebens der hauptsächliche Impuls aus. Dies ist der differenzierte Sinn des Begriffs der "Determination in letzter Instanz durch die Ökonomie", durch den die Gefahr eines egalisierenden Pluralismus gebannt, aber auch den Tücken eines simplen Okonomismus aus dem Wege gegangen werden kann.

Es ist nun gerade diese (durch den strukturalen Marxismus angeregte) Form der theoretischen Vermittlung von Determinismus und Indeterminismus, die bis in die in Umbildung begriffene staatstheoretische Debatte hineinreichend und sie positiv befruchtend [3] auch die eigentliche Grundlage der folgenden Überlegungen bildet. Diese wollen etwas Klarheit in die gesellschaftlichen Bedingungen interethnischer Konflikte bringen, indem sie das komplexe Verhältnis von Kategorien wie "Klasse", "Staat", "Nation" und "das Ethnische" in ihrer zusammenhängenden Bedeutung reflektieren. Sie grenzen sich ab von Versuchen andersgearteter Systematik, die auf sehr weiträumigen historischen Längsschnittuntersuchungen basieren, während es meine Absicht ist, in der Form einer systematischen Strukturanalyse zu verfahren, das heißt das aktuell gegebene komplex-gegliederte gesellschaftliche Ganze und seine Momente danach zu durchleuchten, auf welche Weise es zu einem bestimmten Zeitpunkt beziehungsweise zu einem relativ eingegrenzten Zeitraum funktioniert, wie seine internen Mechanismen beschaffen sind und welche spezifische Bedeutung und Funktion seine Elemente haben. Dieser Zeitraum soll die kapitalistische Gesellschaftsformation in der Endphase der Konstituierung des bürgerlichen Nationalstaates in Europa sein, also in wesentlichen nur das 19. und 20. Jahrhundert umfassen.

Geraume Zeit versuchte ich arglos, ethnische Diskriminierungspraktiken <u>direkt</u> in den Produktionsverhältnissen kapitalistischer Gesellschaften aufzufinden und aus ihnen abzuleiten, was hinsichtlich kolonialistischer Typen solcher Gesellschaften mit den für sie charakteristischen Formen eindeutiger Ethno-Klassen-Bildung im Sinne ethnischer Arbeitsteilung zwischen verschiedenen "Rassen" durchaus seine Richtigkeit hat [4]. Grundsätzlich anders verhält es sich indessen, wenn man solche Praktiken im Innern der europäischen Gesellschaften untersucht. Man wird sie

Wolfgang Holzinger 357

nämlich dann nicht unmittelbar dort finden, wo man sie im Falle der außereuropäischen Kolonien relativ schnell entdecken kann. In den europäischen Nationalstaaten der unmittelbaren Vergangenheit und Gegenwart, jedenfalls ziemlich eindeutig im heutigen Österreich, können die ethnischen Diskriminierungspraktiken beispielsweise gegen die Kärntner Slowenen nur indirekt - über die politisch-ideologische Sphäre - auf die ökonomischen Verhältnisse bezogen werden.

Thematisierung, Eingrenzung

Wenn diese These zutrifft, daß bestimmte ganz oder teilweise unter fremder politischer Herrschaft stehende Ethnien bzw. marginalisierte nationale Minderheiten des europäischen Staatensystems (wie die Slowenen in Kärnten oder die Kroaten und Magyaren des Burgenlands) nicht Opfer eines unmittelbaren und ausschließlich gegen sie gerichteten ökonomischen Ausbeutungsmechanismus sind, sondern primär Leidtragende eines politisch-ideologischen Unterdrückungsprozesses, dann müssen bisherige Deutungsweisen ethnischer Diskriminierung einer grundlegenden Revision unterzogen werden. Wie diese Revision zu verstehen ist, soll nachfolgend gezeigt werden.

Vor allem knüpft eine Neuinterpretation ethnischer Marginalisierung bei dem Gedanken an, daß die nationalen Minderheiten das Schicksal der ökonomischen Benachteiligung meist mit vielen Angehörigen der ethnischen Majorität in einem Nationalstaat teilen, wenn sie zusammen mit diesen in den geographischen Randzonen der wirtschaftlichen Entwicklung des Landes leben. Größere Teile der Bevölkerung, nicht die Angehörigen der Minderheit allein, bilden das menschliche Element in den nationalen Peripherien einer zentralisierten Volkswirtschaft. Die ungleiche regionale Entwicklng der kapitalistischen Produktionsweise in einer nationalen Gesellschaftsformation, die gleichlaufende Zentralisierung und Peripherisierung, betrifft die verschiedenen ethnischen Komponenten in gleicher Weise und ist das generelle Merkmal der modernen ökonomischen Dynamik. Sie erklärt also für das gesellschaftliche Schicksal zumal der minoritären Ethnie sehr wenig, da sich daraus keine eindeutigen Korrelationen herstellen lassen.

Anders gesagt: Im Gegensatz zu einseitigen und ökonomistischen Ausdeutungen des interethnischen Konflikts in Kärnten (welcher ja den insgeheimen Untersuchungsgegenstand dieser Arbeit darstellt, auch wenn sie sich ausschließlich auf abstrakt-theoretischem Niveau bewegt) als vornehmlich wirtschaftlich-infrastrukturelle Diskriminierung der slowenischen Volksgruppe durch die dominierende deutschsprachige Majorität, hat eine weniger vordergründige Erklärung auf dem Gedanken einer <u>komplexen</u> Struktur und Verursachung der Volksgruppenproblematik zu beruhen: Eine tiefergehende Analyse auf marxistischem Theorie-Hintergrund der besagten Art zeigt, daß nämlich die Benachteiligungen in den sozialökonomischen Lebenschancen, wie sie freilich recht augenscheinlich im gemischt- bzw. slowenischsprachigen Gebiet existieren, primär auf den allgemeinen Konzentrations- und Zentralisationsprozessen der kapitalistischen Produktionsweise in einer sozialen Formation beruhen - Prozesse, die eine disparate Entwicklung zwischen Regionen eines Nationalstaats bewirken, die entsprechend ihrer allgemeinen gesellschaftlichen Mächtigkeit (respektive Ohnmächtigkeit) sodann als "Zentrum" oder "Peripherie" bezeichnet werden. Da aber Kärnten und besonders sein südlicher Landesteil keineswegs die einzige schwach entwickelte Region in Österreich ist, sondern nur ein Stück des Armutsgürtels östlich und südlich des nationalen Zentrums bildet, läßt sich eine nur Kärnten betreffende ökonomische Sonderstellung theoretisch nicht aufrechterhalten. Andere Gebiete Österreichs erleiden ebenfalls das soziale Schicksal der Peripherisierung und Marginalisierung. Auch nicht speziell und ausschließlich auf die slowenische Subregion zielende wirtschaftliche Unterentwicklungsfaktoren, die auf das Konto etwa der lokalen deutschsprachigen oder "windischen" Unternehmerschaft gingen, insofern diese über das antislawische Vorurteil ihre Vormachtstellung in der Region gegenüber möglicher slowenischer Konkurrenz behauptet, sind als die unabhängige Variable für die Erklärung von Diskriminierung und Diskreditierung anzusetzen. Solche Phänomene treten zwar auf, lassen sich aber nicht isolieren von einem epochengeschichtlichen Vorgang, der seit Jahrhunderten das gesellschaftliche Leben der Menschen radikal umgestaltet und keineswegs schon sein Ende gefunden hat. Eine tiefgreifende Transformierung in den ökonomischen, politischen, bewußtseinsmäßigen und kulturellen Voraussetzungen der Gesellschaft verändert in bestimmter Phasenabfolge ihren Produktionsraum, den sie in ungleiche Entwicklungszonen gliedert, greift damit aber gleichzeitig auch direkt in die sozialen Beziehungen zwischen menschlichen Objekten und Vollziehern dieses Wandels ein, in ihre Körperlichkeit und soziokulturelle Identität. Die allgemeine Durchsetzung der kapitalistisch-industriellen Produktionsweise, die mit der relativen Konsolidierung der zu ethnischer Homogenität neigenden bürgerlichen Nationalstaaten zusammenfällt, kann indessen nur um den Preis ungerechtfertigter Vereinfachungen und Reduktionen als ausschließlich ökonomisch verursachtes Geschehen gedeutet werden. Der gesellschaftliche Transformationsprozeß erweist sich im Gegenteil als ein unerhört komplex verlaufender Vorgang zwischen mehreren gesellschaftlichen Bereichen, die man als notwendige Bedingungen, das heißt gleichzeitig mitwirkende Voraussetzungen des ökonomischen Prozesses begreifen muß. Neben politischen Faktoren spielen auch Veränderungen im Ideologischen, Kulturellen und das heißt zugleich auch: in der ethnischen Struktur der Bevölkerung eine gehörige Rolle. Man hat deshalb von dieser Komplexität der gesellschaftlichen Transformation auch auszugehen, dieser reich gegliederten Vielfältigkeit des Sozialsystems in jedem Augenblick seiner Geschichte. Das ist der Grund, weshalb Volksgruppenkonflikte - als Momente dieser Vielfältigkeit - ebenfalls einer komplexen und nicht einseitig ökonomischen Deutung bedürfen: Erfahren die Minderheitengebiete Österreichs zwar ökonomisch im Vergleich zu den Randzonen, die von der Majoritätsbevölkerung besiedelt sind, keine stärkere Diskriminierung, als es der Prozeß der ungleichen sozio-ökonomischen Entwicklung des Kapitalismus an sich verursacht, so deutlich sichtbar erfahren sie diese doch in politischer und sozio-kultureller Hinsicht. Sie verrät sich durch eine über die ökonomische Benachteiligung als Teil der nationalen Peripherie hinausverweisende, gezielte und die Volksgruppe allein betreffende Einschränkung identitätssichernder kultureller und politischer Handlungsmöglichkeiten (darunter, als jüngstes Beispiel, die eindeutig benachteiligende, deshalb auch beim Verfassungsgerichtshof angefochtene Novellierung der Kärntner Wahlordnung, die das Siedlungsgebiet der Slowenen volksgruppenfeindlich sektoriert), die auf dem stillen Einverständnishandeln der lokalen deutsch-nationalen Machteliten basieren. Solche und unzählige andere Praktiken müssen also den nicht-ökonomischen Sektoren des österreichischen Gesellschaftssystems zugeschrieben werden. Sie sind Exempel für ständig wiederkehrende Eingriffe in die Existenz ethnischer Minoritäten, wie sie - was noch genauer zu zeigen sein wird - im Gefolge von Nationswerdung und Staatsbildung als konkomitante Phänomene der kapitalistischen Entwicklung - und Österreich bildet hierin keine Ausnahme - notwendig auftreten. Ihre Analyse erst fördert jene Erkenntnisse zutage, die es ermöglichen, spezifischen Arten von Benachteiligungen und Ungleichbehandlungen auf die Spur zu kommen, die es sowohl in den ethno-zentrischen Bewußtseinsstrukturen bzw. in den geringschätzigen kollektiven Einstellungen gegenüber dem Wert, dem sozialen Status und kulturellen Prestige nicht-assimilierter fremdethnischer Menschengruppen aufzudecken gilt; die es aber auch in den Sektoren öffentlicher und privater, staatlicher und vorstaatlicher Einrichtungen gibt, mögen sie - in einem föderalistisch organisierte Staatswesen - nun auf zentraler Bundes- oder lokaler Landes-, Bezirks- oder Gemeindeebene wirken.

Das hier zu lösende theoretische und politisch-praktische Problem geht von den folgenden Überlegungen aus: Zentralisierung und Peripherisierung gehören, wie bereits angedeutet, unvermeidlich zur Entwicklung des Kapitalismus, der kapitalistischen Produktionsweise, besonders aber im Stadium seiner beschleunigten Entfaltung während und nach der Industriellen Revolution. Beide Tendenzen stehen nun aber zueinander nicht - wie man glauben möchte - im Verhältnis eines autochthonen Fortschreitens einerseits ("Zentrum") und eines einfachen, quasi-naturhaften Zurückbleibens in der ökonomischen Entwicklung andererseits ("Peripherie"); vielmehr interagieren sie beide asymmetrisch zum Vorteil des stärkeren, zentralen Pols der Beziehung - was theoretisch seinen Niederschlag in den mittlerweile längst bekannten "Dependenz"-theoretischen Thesen eines F. H. CARDOSO, ihres lateinamerikanischen Begründers, eines A. G. FRANK, A. EMMANUEL, I. WALLERSTEIN, M. HECHTER [5] - um nur einige zu nennen - gefunden hat [6]. Bezogen auf die interne Perspektive, die nationale Polarisierung eines Landes in Zentrum und Peripherie (der Großteil der genannten Autoren analysiert in erster Linie mit diesem Modell die internationalen Beziehungen), hat man nun bei der Lösung des Problems einer nicht-reduktionistischen Behandlung interethnischer Konflikte also davon auszugehen, daß der kapitalistische Einzelstaat als Nationalstaat durchaus ein begründetes und ganz spezifisches Interesse an seinen peripheren Räumen hat. Doch dieses Interesse darf nicht immer und ausschließlich nach dem Muster der "ökonomischen Faustregel", wie in der Dependenztheorie angedeutet, interpretiert werden. Oft spielen ganz andere Motive die entscheidende Rolle: sicher im ethnisch so dicht strukturierten Europa mit seinen die ethnischen Gegebenheiten nicht immer durchgehend und konsequent berücksichtigenden politischen Grenzziehungen, die zudem meist historisches Produkt von kriegerischen Konflikten oder politischen Kompromissen darstellen.

So scheint mehr und mehr die Notwendigkeit gewiß, an dem Punkt auch möglicher außer-ökonomischer Staatsinteressen anzuknüpfen. Zumal im Fall des heutigen Österreich, wie es sich nach dem Zerfall der Donaumonarchie konstituierte. Denn aus welchen Motiven greift wohl der Staat und seine eigenen wie auch privaten Organisationen in das Leben auch solcher Menschen und Gebiete ein, die, so scheint es, lediglich marginale Bedeutung für die Prosperität der nationalen Wirtschaft haben? Weshalb gibt es einen Anpassungs- und Assimilierungsdruck gegenüber kleinen Volksgruppen, die doch - rein ökonomisch betrachtet - nur von geringer Bedeutung sind, jedenfalls ihre Rolle innerhalb einer Region der Peripherie auch ohne Assimilation ganz gut auszufüllen imstande wären? Sollte hier nicht zusätzlich der Begriff der nationalstaatlichen Integrität eingeführt werden, wie sie jenen staatlichen oder halbstaatlichen Auguren ständig als bedroht erscheint, die durch die Unterstellung angeblicher Expansionsinteressen seitens des das "Muttervolk" der Volksgruppe repräsentierenden Nachbarstaates ein Motiv für ihre notwendige Assimilierung zu finden glauben? [7] Damit wäre allerdings nur eines von mehreren, über die rein ökonomische Betrachtung ethnischer Probleme hinausverweisenden, Interessen angesprochen, was aber belegt, daß "Minderheitenpolitik" die Resultante mannigfaltiger, nicht immer unmittelbar ökonomischer, Gegebenheiten darstellt. So spielen u. a. auch Faktoren eine Rolle, die mit der tendenziellen, zentral gesteuerten Vereinheitlichung des menschlichen Substrats des Gesellschaftskörpers zusammenhängen. Anders ausgedrückt: Der moderne Staat neigt selbst zu einer extremen Rationalisierung seines Verwaltungshandelns, d. h. dazu, die bürokratischen Abläufe so effizient wie nur möglich zu gestalten. Etwas wie (in dieser Hinsicht) komplexitätsreduzierende Entflechtung ethnisch inhomogener Bevölkerungsstrukturen liegt so durchaus in seiner Absicht.

Nicht-ökonomistische Erklärungen, die auf die besonderen Bedingungen und Folgen kapitalistischer Nations- und Staatsbildung eingehen, sind für eine allgemeine Theorie der Gesellschaft und die Theorie der Ethnizität notwendig von Belang und gehören in der Tat zur theoretischen Problematik dieses Aufsatzes. Auch dann, wenn sie hier noch keineswegs in der nötigen Tiefenschärfe und Systematik geboten werden können. Alles deutet nämlich darauf hin, daß um des wirklichen Verständnisses ethnischer Konflikte willen, auch wenn sie scheinbar "spontan" aus der Bevölkerung stammen, genau Bedeutung und Funktion staatlichen Handelns in einer kapitalistischen Gesellschaftsformation untersucht werden müssen. Dies ist die Aufgabe, der ich mich nun durch eine ausführliche Analyse der Struktur des Staates und seiner Einrichtungen unterziehe. Die nachfolgenden Überlegungen werden zwar rein abstrakter Natur sein, indes wohl auch im besonderen Falle der österreichischen Gesellschaft und der Stellung der slowenischen Volksgruppe in ihr von einigem Gewicht. Mag sein, daß diese allgemeinen Überlegungen auch zu überraschenden Erkenntnissen führen, werden sie sozusagen neues Licht auf die "Verschuldensfrage" werfen und auf eine Form von politisch-ideologischer Arbeitsteilung zwischen öffentlichen und privaten politischer Instanzen aufmerksam machen, wie sie bisher vielleicht noch zu wenig Beachtung fand [8]. Ich habe schon zu verstehen gegeben, daß der von mir bevorzugte Analyserahmen zur Erklärung von Ethnizität von einer eigenständigen Variante marxistischer Soziologie übernommen wurde, und als Grund für diese Übernahme nenne ich den hohen Differenzierungsgrad, mit dem es ihr möglich ist, explikative Einseitigkeiten zu vermeiden, um so der beträchtlichen Komplexität der gesellschaftlichen Verhältnisse gerecht zu werden.

Überleitung

Ökonomie, Politik und Ideologie - diese Hauptbegriffe soziologischer Theorie, über deren innere Systematisierung der Gegenstand der Gesellschaft erfaßt und schließlich auch beeinflußt werden soll, werden konventionellerweise (und aus Mangel an einer vollentwickelten und ausgereiften Gesamttheorie der Gesellschaft) in marxistischer Soziologie in der räumlichen Metapher von (ökonomischer) "Basis" und (politisch-ideologischem) "Uberbau" in Bezug gesetzt. Es ist üblich, ihre Verbindung und Einheit etwas tönern und schwerfällig in mechanizistischen Begriffen der "Wechselwirkung" zu denken, eine im besten Fall "pädagogische" Diktion, die indes den verfeinerten Ansprüchen der Theorie nicht zu genügen vermag. Gleichzeitig wird diese Konzession an die Gemeinverständlichkeit zum Relais einer weiteren Abstraktion: der äußerlichen Verknüpfung der ökonomischen, politischen und ideologischen Praxisinstanzen in der Wechselwirkung. Um nun solche Erstarrungen des dialektischen Denkens zu vermeiden, möchte ich über die entsprechende Kritik ALTHUSSERs [9] noch hinausgehen und für die vorliegende Arbeit eine Position vertreten, wie sie POULANTZAS in seiner letzten größeren Arbeit [10] - auch, um diese und damit zusammenhängende defiziente Äußerungen materialistischer Dialektik ihrer analytischen Unschärfe zu überführen - formuliert hat.

Seine nicht immer leicht faßbare abstrakte Ausdrucksweise bereitet zwar demjenigen, der sich nicht schon vorher mit einschlägigen Werken des strukturalen Marxismus und der übrigen staatstheoretischen Diskussion befaßt hat, manchmal gewisse Schwierigkeiten. Es ist gerade dies - und die Tatsache, daß bei POULANTZAS den Fragen der Einbeziehung der ethnisch-nationalen Probleme in die theoretische Konstruktion des modernen Staates überhaupt ein wichtiger Stellenwert eingeräumt wird im Vergleich etwa zu zeitgenössischen bundesdeutschen Theorien des kapitalistischen Staates (allesamt Analysen des Klassenstaates im ethnisch (fiktiv) homogenen Milieu!) [11] - der tiefere Grund, weshalb ich der ausführlichen Darstellung, Interpretation und teils wortgetreuen Wiedergabe seiner "Staatstheorie" den Vorzug gebe gegenüber einer "Zusammenfassung" und auch gegenüber subjektiven Umformulierungen, die zuletzt doch um die genaue Entfaltung neu eingeführter Begriff nicht herumkämen - womit wenig gewonnen wäre. Für das Projekt einer Theorie der Ethnizität im Sinne des strukturalen Marxismus haben gewisse Einsichten und Analysen von POULANTZAS den Charakter von "Bausteinen", die es gilt, aus dem Korpus der Werkes herauszupräparieren, um ihnen an geeigneter Stelle den theoretischen Gesamtrahmen zurückzugeben, der eins wäre mit der angestrebten Theorie der Ethnizität im gegenwärtigen Kapitalismus. Meine Auseinandersetzung mit diesen Problemen erachte ich überdies als den Versuch einer Wiedergutmachung der durch Theorie"lücken" unbewußt auch wissenschaftlichen Marginalisierung ohnehin gesellschaftlich schon hinreichend diskriminierter und diskreditierter ethnischer Minderheiten. Dazu bedurfte es sozusagen erst eines griechischen Gesellschaftstheoretikers im Frankreich der unterdrückten Regionen und Ethnien und meiner eigenen Erfahrung im gemischt-sprachigen Kärnten, um bundesdeutsche Reduktionen der Staatsproblematik (wie sie in dieser Hinsicht in die Augen springen) als solche zu dekuvrieren: Wer sich in der Theorie "auf die Suche nach den verlorenen Ethnien" begibt, findet sie gewiß nicht bei Autoren wie ALTVATER, LÄPPLE, HABERMAS, OFFE oder HIRSCH: jene Teile des "großen" Deutschland, in denen slawische Ethnien einstmals mit der deutschen Bevölkerung koexistierten, gehören heute eigenständigen Staaten an; dies der empirische Grund der theoretischen Ausblendung. (Gleichwohl ist die Bundesrepublik - über das besondere Problem der Gastarbeiter und die neuerdings wieder äußerst aktualisierte Frage ihres "nationalen" Verhältnisses zur DDR [12] - potentieller Gegenstand unseres Interesses.)

Eine Ausblendung der ethnischen Komponente und der interethnischen Konflikte aus der gegenwärtigen Diskussion um den kapitalistischen Staat kommt hier schon von der prononciert auf "Ethnizität" abgestellten Themenstellung her nicht in Frage. Diese könnte es sich allerdings in anderer Hinsicht leicht machen: nämlich zu ignorieren, daß sie sich sinnvoll überhaupt nur im Dialog und verschränkt mit Gesellschaftstheorie zu betätigen vermag. Der eingangs als notwendige Prämisse ethnosoziologischer Forschung betonte Konnex mit allgemeiner Gesellschaftstheorie - bei der vernünftige Aussagen über jedes spezielle Gebiet der allgemeinen Gesellschaftsproblematik, also auch über die interethnischen Konflikte, ihren Ausgang nehmen müssen, um wirklichen Erklärungswert zu erhalten - macht es notwendig, sich vorerst ausführlicher mit den Begriffen marxistischer Gesellschaftstheorie auseinanderzusetzen. Damit soll vermieden werden, es bezüglich dieser Forderung nach Einbindung der Theorie der Ethnizität in die Gesellschaftstheorie bloß bei einer unverbindlichen rituellen Absichtserklärung bewenden zu lassen. Umsomehr, als durch die inhaltliche Einlösung dieser Forderung Aussagen über das Ethnische überhaupt erst wirklich begründbar, erst theoriefähig im strengen Sinn des Wortes werden. Gewinnt nun zwar durch ein solches Vorgehen diese sich stark an POULANTZAS orientierte Untersuchung an Überzeugungskraft und explikativer Kompetenz, so wird es andererseits in beträchtlichem Umfang zunächst verhindern, die "bescholtenen Dinge" ethnischer Diskriminierung und Diskreditierung sogleich beim Namen zu nennen, wie die Ungeduld des Erkenntnis- und Handlungsinteresses es sich vielleicht wünscht. Aber der etwas mühsame Umweg in die allgemeine marxistische Gesellschaftstheorie (in ihrer Rekonstruktion durch den strukturalen Marxismus) erscheint mir als der notwendige Preis, ohne dessen Entrichtung das angestrebte Ziel einer komplexen Erkenntnis des Themas nicht erreicht zu werden vermag.

KLASSEN, NATIONALSTAAT UND ETHNIEN

Theoretische Grundlagen

An den Anfang einer Spezialuntersuchung grundsätzliche Überlegungen zur Gesellschaftstheorie anzustellen, gehört immer und wesentlich zum Geschäft kritischer Sozialwissenschaft - ganz besonders dann, wenn sie sich mit dem Beiwort "marxistisch" versieht. Die einzelnen Untersuchungsbereiche werden ja durch sie gewissermaßen künstlich aus dem realen gesellschaftlichen Zusammenhang herausgehoben, der den sozialen Phänomenen erst ihre Bedeutung verleiht. Deshalb muß auch eine spezielle marxistische Ethnosoziologie - wie der Fall ethnischer Diskriminierung exemplarisch zeigt, stellt diese doch nur eine besondere Variante sozialer Ungleichheit dar - ständig Rücksprache mit den Erkenntnissen und Aussagen der allgemeinen Gesellschaftstheorie halten, insoferne diese nämlich die verschiedenen Formen der Ungleichheit zwischen den Menschen auf ihre elementare gemeinsame Verursachung in den gesellschaftlichen Produktionsverhältnissen einer geschichtlichen Epoche bezieht und nur dadurch rational erklärbar macht. Wenn in diesem Zusammenhang die materialistische Theorie der Gesellschaft also den notwendigen Bezugsrahmen jeder Einzeltheorie bildet, ist auch Ethnosoziologie in all ihren Schritten unausweichlich Moment dieser Theorie und von ihr abhängig. Nur im Rückbezug auf sie erschließt sich das Phänomen des Ethnischen in seinen Ursprüngen und ständig sich wandelnden Bedeutungen.

Die vorliegende Arbeit versteht sich aber über diese Orientierung hinaus (bzw. weil ihr gerade verpflichtet) auch als Kritik an Verkrustungstendenzen innerhalb dieser marxistischen Gesellschaftstheorie, wie sie sich offen durch häufig bloß abbreviatorisches Verweisen auf dialektische Zusammenhänge (anstelle ihrer immer wieder neu einzulösenden Entfaltung) ergeben! Eingefahrene Traditionen des Wortgebrauchs, wie sie sich in mechanistischen Vokabeln, wie "Wechselwirkung", "Widerspiegelung", aber auch "Basis"/"Überbau", als weiterwirkendes Erbe des naturwissenschaftlich-positivistischen 19. Jahrhunderts kundtun (der "Zeitgeist" hat sich eben auch in ENGELS´ und LENINS Denken eingenistet!), beeinträchtigen u.a. auch das marxistische Räsonnement über die Staatsproblematik, die ich hier so zentral für eine Theorie der Ethnizität ansetze. Am Beispiel der nun darzustellenden Staatstheorie von POULANTZAS und der in ihr enthaltenen Elemente einer Theorie der Ethnizität soll sich erweisen, wie solchen Gefahren und Tendenzen begegnet werden kann. In seinem Bemühen, ihnen nicht anheimzufallen, scheint POULANTZAS gerade deshalb Fortschritte zu erzielen, weil seine Untersuchung dem Postulat entspricht, daß eine spezielle Theorie (des modernen Staats) unabdingbar eine Theorie der kapitalistischen Gesellschaft voraussetzt.

Vermehrt Fragen über den Staat, seinen Ort, seine Struktur und Funktion in der kapitalistischen Gesellschaft, zu stellen, wie es gegenwärtig geschieht, drückt indirekt einen theoretischen Sinneswandel aus, durch den die Gewichte sich ändern, mit denen marxistische Theorie bisweilen ihren Gegenstand ökonomistisch beschwerte. Dieser Sinneswandel erscheint auch notwendig, will man dem Ziel einer umfassenden, neben den basalen ökonomischen Voraussetzungen der Gesellschaft auch ihre nicht-ökonomischen Reproduktionsbedingungen mitreflektierenden, Gesamttheorie der modernen Gesellschaft überhaupt näherrücken, die doch in wesentlichen Bezügen noch Projekt ist. Die Verlagerung des theoretischen Interesses auf Fragen des Staates führt tendenziell zu einer "gleichgewichtigen" Einschätzung der Rolle der Politik gegenüber der Ökonomie und ihrer Bedeutung für den Bestand (und auch die Überwindung) einer bestimmten Gesellschaftsform. Jedenfalls sägt sie - gemeinsam mit der momentan verstärkten Diskussion über das Wesen des Rechts, der Ideologie und der Kultur - an den gängigen Topoi, die ein mehr oder minder offener Ökonomismus als Spur in der Geschichte marxistischer Theorieproduktion hinterlassen hat [13].

Ein solcher Ökonomismus liegt beispielsweise dann vor, wenn der kapitalistische Staat in Verkennung seiner relativen Eigenständigkeit gegenüber der Ökonomie und der ökonomischen Klassenmacht nur als einfaches Werkzeug "der" Bourgeoisie zur Aufrechterhaltung der bestehenden Produktions- und Klassenverhältnisse konzipiert wird, als simple Klassen"diktatur" über die arbeitenden Massen. Die Kritik an einem solchen schematischen Politikbegriff, wie sie in der Absicht von POULANTZAS liegt, bildet freilich die Voraussetzung für eine realistische, entmystifizierte Vorstellung des Staates, dem durch die ökonomistische Deutung stromlinienförmige Kompaktheit verliehen wird, so als wäre er ein beliebig einsetzbares Objekt, homogen, widerspruchsfrei und durch und durch rational [14]. Weg vom Schematismus, muß die Parole lauten; nur so vermag man auch den autonomen Anteil der Politik und des Staates an allen Fragen, die sich im Kontext ethnischer Konflikte stellen, angemessen zu erkennen. Er bleibt im dunkeln, wenn der kapitalistische Staat reduktionistisch als bloßer Appendix und linearer Ausdruck der bürgerlichen Klassenherrschaft begriffen, also von einer Klassendiktatur gesprochen wird, während der moderne Staat (in seiner bürgerlich-demokratischen Ausprägung) doch lediglich Klassencharakter hat. Dieses Dunkel erhellt sich nicht durch "expressivistische" Erklärungen [15], die den Staat in seiner eigenständigen Wirksamkeit im Gefüge der Gesellschaft entmündigen und zu einem schlichten Instrument [16] einer überdies niemals einheitlichen, sondern durch unterschiedliche Interessenlagen fraktionierten Kapitalistenklasse degradieren.

Wie aber ist der faktischen Natur des kapitalistischen Staates theoretisch beizukommen, die sich so wesentlich von seiner Deutung als vollständiges Produkt und Instrument "der" herrschenden Klasse unterscheidet? Um diese Frage zu beantworten, muß man sich von einer stillschweigenden Voraussetzung traditioneller marxistischer Gesellschaftstheorie lösen, die - was das Verhältnis von Produktionsverhältnissen und Staat betrifft - es architektonisch-metaphernhaft beschreibt. Die Verwechslung der topologischen Deskription, die zur Dichotomisierung des gesellschaftlichen Systems in eine ökonomische "Basis" und einen politisch-ideologischen "Überbau" geführt hat, mit einer theoretischen Erklärung dieses Verhältnisses, worauf besonders ALTHUSSER [17] hinwies, trägt die Hauptverantwortung für den Instrumentalismus in vielen staatstheoretischen Erwägungen. Weil in Wahrheit der Raum der Gesellschaftformation viel komplexer ist, als es die architektonische Metapher verrät, jedenfalls nicht einem einfachen Gebäude vergleichbar, in dem die einzelnen Etagen und Räumlichkeiten in einem Verhältnis einfacher Über- und Unterordnung stehen, in einem Verhältnis der Äußerlichkeit, darf man auch die politische Sphäre, den Staat, nicht als eine "Folge" der Ökonomie und der in ihr herrschenden Klasse mißdeuten. Wenn man ihn gemäß dem Basis/Überbau-Modell aus der ökonomischen Basis "abzuleiten" versucht, gerät man in Widerspruch zur "strukturalistischen" Betonung des Staats als notwendige Bedingung der Produktionsverhältnisse, ohne die sie nicht existieren könnten. Wenn also der Instrumentalismus von der Verkehrung einer "Bedingung" zu einer "Folge" lebt und diese ihrerseits durch die Verwendung des topologischen Bildes von determinierender "Basis" und determiniertem "Überbau" suggeriert wird, muß ein Ersatz für die mechanomorphe Metapher gefunden werden. Dieser bietet sich in Gestalt eines Raum-Begriffes an, in dem die äußerliche Aufschichtung (und zeitliche Aufeinanderfolge, die als Vorstellung ja in der Rede von "Ursachen" und "Wirkung" impliziert ist) in ein Innenverhältnis umgewandelt wird [18]. Danach existieren die einzelnen Etagen gleichzeitig, und zwar in einem Verhältnis der komplexen Überschneidung/Verschränkung, in dem sie trotzdem ihre relative Selbständigkeit nicht aufgeben:

"Der Raum und der Ort der Ökonomie, der der Produktions- und Ausbeutungsverhältnisse (...), stellte niemals, weder im Kapitalismus noch in den anderen (vorkapitalistischen) Produktionsweisen eine hermetische und abgeschlossene Ebene dar, die sich beständig reproduziert und ihre eigenen 'Gesetze' der inneren Funktionsweise besitzt. Der Staat/das Politische (das trifft genauso für die Ideologie zu) existiert immer schon konstitutiv, wenn auch in unterschiedlichen Formen, in den Produktionsverhältnissen und ihrer Reproduktion, übrigens auch im vormonopolistischen Stadium des Kapitalismus - im Gegensatz zu einer Reihe von falschen Auffassungen über den liberalen Staat, der nicht in die Ökonomie eingreift... Zwar modifiziert sich die Rolle des Staates in der Ökonomie nicht nur im Laufe der verschiedenen Produktionsweisen, sondern auch entsprechend den Stadien und Phasen des Kapitalismus. Aber diese Modifikationen können auf gar keinen Fall mit der topologischen Figur der Äußerlichkeit beschrieben werden: Der Staat als stets der Ökonomie äußere Instanz griffe entweder in die Produktionsverhältnisse ein und würde in diesem Fall den ökonomischen Raum durchdringen, oder bliebe außerhalb der Ökonomie und fungiere nur an ihrer Peripherie." Vielmehr ist "(d)ie Rolle des Staates im Verhältnis zur Ökonomie... stets nur die Modalität einer konstitutiven Präsenz des Staates innerhalb der Produktionsverhältnisse und ihrer Reproduktion". (POULANTZAS, S. 15)

Man darf demnach die Produktionsweise keineswegs zu eng definieren, sie nicht in das Prokrustesbett einer bloß ökonomischen Gegebenheit zwängen, sondern hat ihr den Rang einer Instanz sowohl ökonomischer <u>als auch</u> politischer und ideologischer Bestimmungen zuzuweisen, deren Verhältnis indes freilich durch die ausschlaggebende Rolle der <u>Produktionsverhältnisse</u> (auch in ihrem Primat über die Produktivkräfte) festgelegt wird. Der spezifische Charakter der Produktionsverhältnisse, durch die die in einer Gesellschaft lebenden Individuen sozial klassifiziert und gleichursprünglich in bestimmte Herrschafts-, d. h. auch Kampfverhältnisse eingezwängt werden, konstituiert auch die Art und Weise der Verbindung und Präsenz der ökonomischen, politischen und ideologischen Sphäre innerhalb einer Produktionsweise. Um diese abstrakten Feststellungen zu verdeutlichen, ist ein Vergleich zwischen der feudalen und der kapitalistischen Produktionsweise angebracht:

"Während in den vorkapitalistischen Produktionsweisen die unmittelbaren Produzenten vom Arbeitsgegenstand und den Produktionsmitteln in bezug auf das ökonomische Eigentum getrennt waren, galt dies nicht in bezug auf die zweite konstitutive Bestimmung der Produktionsverhältnisse, das Besitzverhältnis. Die unmittelbaren Produzenten (z.B. die Bauern und die Leibeigenen im Feudalismus) waren mit den Arbeitsgegenständen und den Produktionsmitteln 'verbunden', sie besaßen eine relative Herrschaft über den Arbeitsprozeß und konnten ihn in Gang setzen ohne direkte Interventionen des Eigentümers. Diese Struktur führte zu der engen 'Verzahnung' von Staat und Ökonomie, von der Marx gesprochen hat. Die Ausübung der legitimen Gewalt ist organisches Moment der Produktionsverhältnisse: Mit ihr kann die Mehrarbeit der Arbeitsgegenstand und Produktionsmittel besitzenden unmittelbaren Produzenten abgepreßt werden." (S. 16)

Von gänzlich anderer Natur hingegen stellt sich das Verhältnis von Ökonomie und Politik (Ideologie) in der kapitalistischen Produktionsweise dar:

"Im Kapitalismus stehen die unmittelbaren Produzenten in einem Verhältnis der vollständigen <u>Besitzlosigkeit</u> zu Arbeitsgegenstand und Produktionsmittel (zur Eigentumslosigkeit gesellt sich auch noch die Enteignung vom Besitz, W. H.). Es entsteht der 'freie Arbeiter', der nur die Arbeitskraft besitzt und den Arbeitsprozeß nicht ohne die Intervention des Eigentümers in Gang setzen kann (was ihm im Feudalismus noch möglich war, W. H.), die sich juristisch als Vertrag über den Kauf und Verkauf der Arbeitskraft darstellt. Diese bestimmte Struktur der kapitalistischen Produktionsverhältnisse macht aus der Arbeitskraft eine Ware und transformiert die Mehrarbeit in Mehrwert. Diese Struktur führt ebenfalls zu der relativen <u>Trennung</u> von Staat und ökonomischem Raum (der Akkumulation des Kapitals und der Mehrwertproduktion). Diese Trennung bildet die Grundlage des eigentümlichen institutionellen Aufbaus des kapitalistischen Staates..., darf (aber) nicht im Sinne einer wirklichen Äußerlichkeit von Staat und Ökonomie verstanden werden, als Intervention des Staates von außen in die Ökonomie. <u>Diese Trennung ist nur die bestimmte Form, die im Kapitalismus die konstitutive</u>

Präsenz des Politischen in den Produktionsverhältnissen und ihrer Reproduktion annimmt." (S. 16f)

POULANTZAS betont ausdrücklich, daß diese (relative) Trennung von Staat und Ökonomie in der Form einer "Präsenz und Funktion des Staates in der Ökonomie" für den Kapitalismus insgesamt gelte, für seine ganze Geschichte, wenn sie auch einer stadienhaften und phasenförmigen Modifikation unterliege. Als "harter Kern" der kapitalistischen Produktionsverhältnisse sei die (freilich je abgewandelte) Form der institutionellen Trennung von Staat und Ökonomie innerhalb der Ökonomie sowohl für das Zeitalter des liberalen Konkurrenz- als auch des monopolistischen Kapitalismus konstitutiv. Die kapitalistische Trennung von Politik und Ökonomie ist nicht mehr als eine institutionelle, keine absolute Loslösung. Die Politik bleibt nach wie vor notwendige Stütze der Ökonomie innerhalb der Produktionsverhältnisse; ihre Trennung ist nur relativer Natur, aber sie verleiht der Politik eine Autonomie, über die sie im Feudalismus nicht verfügte. So bestätigt sich im generellen Verhältnis von Ökonomie und Politik die immer notwendige "Gleichzeitigkeit" beider Sphären in bezug auf die Reproduktion der Produktionsbedingungen. Diese notwendige Mehrzahl von Sphären oder Instanzen bestätigt auch in Gesellschaft die allgemeine Herrschaft jenes Prinzips (gegen den "parthenogenetischen" Trugschluß der behaupteten Selbsterzeugung der Ökonomie durch die ökonomistische Ideologie), wonach Eines (hier: die Ökonomie) sich nur vermöge eines Anderen (die Politik etc.) erhalte und reproduziere.

Im Prozeß der theoretischen Darstellung, der notwendig die Komplexität der Verhältnisse nur diskursiv und sukzessorisch, also in Abhängigkeit zu den Gesetzen des Denkens und Niederschreibens, vermitteln kann, war bisher ein Sachverhalt nur implizite, stillschweigend, mittransportiert und durch die Rede von den Produktionsverhältnissen (die ihn freilich zugleich meinen) lediglich gestreift worden: das Faktum der gesellschaftlichen Herrschaft und Macht, der Klassenherrschaft, des Klassenkampfs [19]. Weit davon entfernt, bloße ideologische Floskel oder polemisches Angriffsziel ohne realen Hintergrund zu sein, gilt es darauf zu beharren, diesem Faktum der Macht und des unentwegten Kampfes um diese Macht zwischen den Klassen den angemessenen theoretischen Platz einzuräumen. Danach ist die Beziehung der politischen Reproduktionsbedingungen zu den Produktionsverhältnissen immer auch eine Beziehung zu den gesellschaftlichen Klassen in den Produktionsverhältnissen und immer eine Beziehung zu ihren vielfältigen Auseinandersetzungen um die gesellschaftliche Vorherrschaft, die in den Produktionsverhältnissen ihren zentralen, jedoch nicht ausschließlichen Ort haben. Von Anbeginn ist diese Konfrontationsverhältnis der Klassen (seit es Klassengesellschaften gibt) in die Produktion unmittelbar eingeschrieben: kapitalistische Produktionsverhältnisse sind gleichzeitig

Klassenverhältnisse und bilden immerzu ein umkämpftes [20] Feld von Gegensätzen und Interessen, seien diese nun latenter oder manifester Natur. Nach POULANTZAS basieren die bisher ermittelten Beziehungen zwischen Ökonomie und Politik, Produktionsverhältnissen und Staat (im Kapitalismus) auf folgenden Zusammenhängen: Weil die Produktionsverhältnisse zugleich Beziehungen zwischen Klassen sind, in denen eine Klasse die Vorherrschaft über die andere ausübt, bedarf es gewisser Einrichtungen und Praktiken, die dieses Dominanzverhältnis aufrechterhalten. Zwar stellt die ökonomische Macht des Kapitals die Grundlage für die Existenz der Produktionsverhältnisse dar. Aber ökonomische Gewalt allein reicht nicht aus, die kapitalistischen Eigentumsverhältnisse zu verteidigen. Sie bedürfen der Beihilfe des Staates und seiner repressiven und ideologischen Apparate, um sich zu reproduzieren. Es ist klar, daß er damit in eine Rolle gedrängt ist, die ihn mit den Klassen und ihren Kämpfen in Beziehung setzt. (Vgl. S. 12) Eine Beziehung, die von Anfang an gegeben und notwendiges Teilmoment jener Gewalt ist, die insgesamt erforderlich ist, die ökonomischen Strukturen sowohl durchsetzen, als auch fortwährend gegen die Angriffe der arbeitenden Massen zu verteidigen [21]. Daher stimmt die Behauptung, daß die ökonomischen Machtbeziehungen zwischen den Klassen

"mit den politischen und ideologischen Beziehungen verknüpft (sind) und... von diesen sanktioniert und legitimiert (werden). Diese Beziehungen addieren sich nicht einfach zu den bereits vorhandenen Produktionsverhältnissen hinzu, sie beeinflussen sie auch nicht einfach rückwirkend in einer Beziehung der prinzipiellen Äußerlichkeit oder bloß nachträglich. Sie wirken - für jede Produktionsweise in spezifischer Form - bereits in der Konstitution der Produktionsverhältnisse. Die politischen (und ideologischen) Beziehungen intervenieren daher nicht einfach in der Reproduktion der Produktionsverhältnisse - nach einem geläufigen Verständnis der Reproduktion... Weil die politisch-ideologischen Beziehungen von Anfang an in der Konstitution der Produktionsverhältnisse präsent sind, spielen sie bei deren Reproduktion eine wesentliche Rolle", ist aber auch umgekehrt "der Produktions- und Auswertungsprozeß zugleich Reproduktionsprozeß der politischen und ideologischen Herrschafts- und Unterwerfungsbeziehungen. Aus diesem grundlegenden Tatbestand läßt sich die für jede Produktionsweise spezifische Präsenz des Staates als Konzentration, Verdichtung, Materialisierung und Verkörperung der politisch-ideologischen Beziehungen in den Produktionsverhältnissen und deren Reproduktion herleiten." (S. 24f)

Was nun die dynamische Komponente in diesem komplexen Beziehungsgeflecht betrifft, das immerzu anwesende Kampfmoment, so ist dieses ebenfalls nicht einfach in einem additiven Sinne nachträglich mit den Beziehungsstrukturen zwischen den Klassen verbunden. Der "Klassenkampf" ist ihnen vielmehr eingeschrieben, und zwar in allen seinen möglichen Facetten: ökonomischen, politischen, ideologischen. Da der Staat mit den Produktionsverhältnissen zugleich die Klassenstruktur reproduziert, stellt er selbst ein Medium des Klassenkampfes dar, ist er entscheidend in die gesellschaftlichen Klassenauseinandersetzungen verstrickt. Wie die

370   KLASSEN, NATIONALSTAAT UND ETHNIEN

"Produktionsverhältnisse... in ihrer Beziehung zu den politisch-ideologischen Herrschafts- und Unterwerfungsverhältnissen objektive Stellungen (die gesellschaftlichen Klassen)" markieren und diese "Stellungen der Klassen, die sich in Machtbeziehungen manifestieren,... daher bereits innerhalb der Produktionsverhältnisse aus Praktiken und Klassenkämpfen" bestehen, also diese "nicht Teil eines Feldes (sind), das sich außerhalb der Macht und der Kämpfe befindet, genausowenig wie (die Produktionsverhältnisse) eine ökonomische Struktur außerhalb der gesellschaftlichen Klassen und diesen vorausgesetzt konstituieren" (S. 25),

sind auch die im Staat sich verdichtenden und institutionalisierten politisch-ideologischen Beziehungen (spezifische) Klassen- und Kampfesbeziehungen. Alle gesellschaftlichen Bereiche (Ökonomie, Politik, Ideologie) materialisieren sich also nicht nur in institutionellen Strukturen, sondern etablieren sich zugleich als gegensätzliche Klassenpraktiken. (Es ist gerade diese Einsicht, die dem Begriff der "Praxis-Instanzen" - als Einheit von "Klassenhandeln" und "gesellschaftlichen Institutionen" -, wie ich ihn schon an anderer Stelle zu formulieren versuchte [22], seine theoretische Rechtfertigung verleiht.) Wenn die gesellschaftlichen Beziehungen in den Praxis-Instanzen in gleicher Weise Klassenbeziehungen und umkämpfte Klassenpositionen darstellen, kann man nur im analytischen Sinne von einer "Dynamisierung" der "strukturellen Verhältnisse" sprechen. Die Dynamik ist in Wirklichkeit kein Hinzukommendes, kein "Inbetriebsetzen" der an sich stillstehenden Struktur (des Gerüstes der Gesellschaft), mit der (dem) zu einem bestimmten Zeitpunkt der Mechanismus in Gang gesetzt wird. Ich verstehe darunter letztlich nur zwei Aspekte (und nicht selbständig auftretende Wesenheiten) des Ganzen der Gesellschaft: seine Struktur, deren Eigenschaft ihr dynamischer Charakter, und seine Dynamik, deren Merkmal ihre Strukturiertheit ist.

Kapitalistischer Staat, Staatsapparate, Arbeitsteilung

Die bisherige Darstellung und Interpretation der Rolle des Staates, wie sie POULANTZAS entwirft, sollte zeigen, daß die ökonomischen Strukturen nicht nur ökonomisch erklärt werden dürfen, sondern daß die Produktionsverhältnisse in Klassengesellschaften bezüglich ihrer Konstitution und Reproduktion vom Staat abhängig sind, auch wenn sie seine Grundlage bilden. Diese im System der Gesellschaftsformation existierenden reziproken Fundierungszusammenhänge zwischen den Praxis-Instanzen wurden von ALTHUSSER in dem Satz zusammengefaßt, wonach "die letztliche Bedingung der Produktion" die "Reproduktion der Produktionsbedingungen" sei [23]. Zu den Produktionsbedingungen, die als Voraussetzung des Produktionsprozesses es überhaupt ermöglichen, daß er in Gang gesetzt und über seine erste Bewegung hinaus fortgeführt werden kann, zählen die dinglichen Produktivkräfte, vor allem aber die menschlichen Ressourcen der Produktion: die Arbeitskräfte, und die spezifischen Verhältnisse, die Produktionsverhältnisse, in denen sie existieren. An ihrer Reproduktion hat der Staat und seine Apparate entscheidend Anteil, laufen doch bei ihm die Fäden der politischen und ideologischen Loyalisierung der Massen gegenüber den bestehenden gesellschaftlichen Verhältnissen zusammen. Der moderne Staat stellt jene gesellschaftliche Schaltzentrale dar, von der aus hauptsächlich das Leben der Gesellschaft gesteuert wird. Die Grundlage dieser seiner vielfältigen Machtbefugnisse hat man in seinem Gewaltmonopol zu suchen, das in der relativen Trennung von Ökonomie und Politik, wie sie für den Kapitalismus im Unterschied zum Feudalismus typisch ist, seinen Ursprung hat. Seine durch das Gewaltmonopol abgesicherten Machtbefugnisse reichen so weit, daß "private" Einrichtungen der Gesellschaft in den Einflußbereich der Staatsmacht geraten und ganz oder wenigstens teilweise staatliche Funktionen wahrnehmen. Die Machtbefugnisse umschließen nicht allein die Kompetenz der Loyalitätsproduktion und Domestikation ("Sozialisation"), sondern auch der Qualifikation der Arbeitskräfte im System der gesellschaftlichen Arbeitsteilung, insoferne Familie und Ausbildungswesen, wenngleich teilweise formalrechtlich "privater" Natur, doch faktisch im Sinne der herrschenden Ordnung und ihrer Normen und Werthaltungen "funktionieren". Bestimmte staatliche Einrichtungen sorgen dafür, daß bei jeder drohenden Abweichung vom reproduktionsfunktionalen Ordnungskanon eine Möglichkeit offensteht, in diese "privaten" Bereiche reglementierend einzugreifen. Das ist der reale Hintergrund für die Rede von der "Verrechtlichung" bzw. "Verstaatlichung" der Familie und der "Mechanisierung" des Kindes.

Der kapitalistische Klassenstaat konzentriert, von dieser Warte einer "erweiterten" Fassung des Staatsbegriffes aus betrachtet, also eine Reihe verschiedener Machtbefugnisse, die die gewohnte Grenze zwischen öffentlich und privat überschreiten und von ALTHUSSER zum Anlaß genommen wurden, nicht nur die herkömmlichen Staatsapparate zum Staat zu rechnen (die Institutionen der Legislative, Judikative und Exekutive), sondern auch die konfessionellen Institutionen, Familie, Schulsystem, Parteien, Gewerkschaften, Standesvertretungen, Massenmedien und kulturelle Einrichtungen. Es ist die Aufgabe der Staatsapparate, das Leben der Gesellschaft zentral zu steuern und ihre Mitglieder in das System zu integrieren. Die Steuerungs- und Integrationsleistungen des Staates zugunsten der bestehenden Produktions- und Klassenverhältnisse haben aber zur Bedingung, daß er - vor dem Hintergrund des Gewaltmonopols - die Einhaltung seiner Anordnungen, Gesetze, Verfügungen, Maßnahmen etc. nicht nur (über die Formen des Sozialbewußtseins und ideologische Beeinflussung) "plausibel" macht, sondern durch Androhung und notfalls

Anwendung physischer Repression erzwingen kann.

Die im Kapitalismus eingetretene Hyperdifferenzierung der Arbeitsteilung, die in ihrer - klassenkorrelativen - Zersplitterung der gesellschaftlichen Arbeit überdies die vertiefte Vereinseitigung der Einzelarbeit in spezialisierte intellektuelle und fragmentierte manuelle Tätigkeiten und Vollzüge nachsichzog, muß - über die kapitalistischen Produktionsverhältnisse tief mit dem Klassendualismus verknüpft, und daher als erzwungene Einheit aller produktiven und reproduktiven Tätigkeiten der Gesellschaft zu begreifen - als die eigentliche strukturelle Grundlage des modernen Staates gelten. Die Enteignung und Depossedierung des unmittelbaren Produzenten, die ineins die Produktionsmittel wie das umfassende Produktionswissen betrifft, zerreißt die Einheit von Fachwissen, Kontrolle und ganzheitlichem Herstellen auf Seiten der unmittelbar Produzierenden, die nunmehr primär als bloß ausführende "Handarbeiter" den herrschenden, erfindenden, planenden und kontrollierenden "Kopfarbeitern" in den diversen Praxis-Instanzen unterstellt sind. Von da beobachten wir diesen für die kapitalistische Arbeitsteilung charakteristischen Prozeß der immer extremer werdenden Verselbständigung der Spezialisierungs- (und: Entmündigungs-)Tendenz, der - von den Produktionsverhältnissen ausgehend - das Gros der arbeitenden Gesellschaftsmitglieder zu Empfängern von Befehlen degradiert, die von der intellektuellen Machtelite im Namen der herrschenden Verhältnisse und Kapitalinteressen ausgesprochen und indirekt (z. B. über die Vollzugsorgane des Justizapparates: Polizei und Gefängnisse) auch durchgesetzt werden. Diese Machtbefugnisse der intellektuellen Minorität, die in den Zwängen des Fabrikssystems ihren höchsten Ausdruck finden und auf Kenntnissen und Wissen basieren, die durch die Trennung von der unmittelbaren Produktion unaufhörlich spezialistisch vermehrt werden können, erweiterten sich in die Bereiche des Politischen und Ideologischen, deren Instanzen und Praktiken die Träger des intellektuellen Spezialistentums mehr und mehr herrschaftsmäßig an sich zogen und in den entsprechenden Staatsapparaten postierten. Dieser Vorgang der Verschmelzung der intellektuellen (geistigen) Arbeit mit der politischen Macht kommt im kapitalistischen Staat zu seinem Abschluß, dessen repressive, ideologische und ökonomische Apparate in ihrer Gesamtheit die geistige Arbeit in ihrer Trennung von der manuellen Arbeit verkörpern. Der "von den Produktionsverhältnissen getrennte Staat befindet sich auf der Seite der geistigen Arbeit, die ihrerseits von der manuellen Arbeit getrennt ist. Er ist das Produkt dieser Teilung, auch wenn er eine spezifische Rolle in ihrer Konstitution und Reproduktion spielt". (S. 49; vgl. auch S. 53) Gegen die Tendenz, Politik und Ideologie als "ideellen Überbau" zu behandeln, besteht POULANTZAS auch auf der "Materialität des Staates", die die Basis seiner Macht ist. Ohne sinnlich-konkrete Handlungsgrundlagen: seinen Einrichtungen, Ritualen und handfesten Aktionen, wäre

Wolfgang Holzinger 373

sie nur eine Phantom-Macht, Herrschafts- und Verwaltungswissen unanwendbar. Es ist gerade auch diese Materialität, durch die der Staat die gesellschaftliche Arbeitsteilung garantiert:

"Zunächst in der Spezialisierung und Trennung der Staatsapparate in bezug auf den Produktionsprozeß. Diese Trennung vollzieht sich hauptsächlich durch eine Kristallisation der geistigen Arbeit. Diese Apparate in ihrer kapitalistischen Form (Armee, Justiz, Verwaltung, Polizei etc.), von den ideologischen Apparaten (also Kirchen, Schule, Medien, Kultur..., W. H.) gar nicht zu sprechen, schließen die Umsetzung und Beherrschung eines Wissens und eines Diskurses ein (...), von denen die Volksmassen ausgeschlossen sind. Ihr Gerüst beruht auf einem spezifischen und dauerhaften Ausschluß der Volksmassen, die Teil der Handarbeit sind und ihr vermittels des Staates unterworfen sind. Die permanente Monopolisierung des Wissens durch den Staat, seine Apparate und Agenten bestimmt auch die Funktion der Organisation und Leitung des Staates in ihrer spezifischen Trennung von den Massen: Die geistige Arbeit (Wissen/Macht) ist in Apparaten verkörpert und steht im Gegensatz zur tendenziell in den Volksmassen konzentrierten manuellen Arbeit, die von den organisatorischen Funktionen ausgeschlossen und getrennt sind. Es ist klar, daß eine Reihe von Institutionen der sogenannten indirekten, repräsentativen Demokratie (politische Parteien, Parlament etc.), kurz, der Beziehung Staat/Massen, auf demselben Mechanismus beruhen." (S. 49)

Das System der gesellschaftlichen Arbeitsteilung beliefert die Staatsstellen in den Apparaten mit ihren individuellen Repräsentanten, aber umgekehrt fungieren die einzelnen staatlichen Apparate auch als Reproduktionsstätten der gesellschaftlichen Arbeitsteilung - und damit auch gleichzeitig der kapitalistischen Produktionsverhältnisse und Klassenbeziehungen. Der Klassencharakter des kapitalistischen Staates, der die Macht der Bourgeoisie repräsentiert (wenn auch nicht unmittelbar und linear <u>ausdrückt</u>), erweist seine Besonderheit darin, daß "(d)ie Bourgeoisie, die sich auf Basis einer spezifischen Spezialisierung der Funktionen und der geistigen Arbeit herausbildet,... die erste Klasse in der Geschichte (ist), die einen Korpus <u>organischer</u> <u>Intellektueller</u> bedarf, um zur herrschenden Klasse zu werden. Diese sind formell von ihr unterschieden, werden aber vom Staat eingezogen; sie spielen keine bloß instrumentelle Rolle (...), sondern die Rolle der Organisation ihrer Hegemonie". (S. 54)

Mit diesen Bemerkungen zur Funktionsbestimmung des Staates im Kapitalismus, der Rolle der Staatsapparate für die Reproduktion der Produktionsbedingungen (Produktionsverhältnisse, Arbeitskräfte) und der Bedeutung der gesellschaftlichen Arbeitsteilung, welche auf die Existenz einer systemfunktionalen intellektuellen Eliteherrschaft, wie sie vorzüglich in den Staatsapparaten und Produktionsbereichen gegen die Masse der Arbeitenden ausgeübt wird, verweist, sind in groben Zügen die theoretischen Grundlagen geschaffen, auf denen die Ansätze für eine Analyse des <u>Ethnischen</u> bei POULANTZAS basieren. Ich nähere mich damit dem Problem, was es denn bedeutet, den modernen Staat zugleich als <u>Nationalstaat</u> zu bezeichnen.

Offenbar ist mit diesem Begriff angedeutet, daß der kapitalistische Staat nicht nur aus Klassen besteht, die es zu integrieren gilt, sondern auch mit ethnisch heterogenen Gruppierungen etwas zu tun hat, die für diese Integration der Bevölkerung ins Staatsganze ein gewisses Problem darstellen.

II.

Nation, Staat

Der "nationale Staat" des 19. und 20. Jahrhunderts, diese Synthese zweier Bestimmungselemente, die durch den Wortgebrauch fast zu auswechselbaren Synonyma wurden, ist nicht das Produkt eines linearen Prozesses, sondern "eine dialektisch reziproke Schöpfung" ursprünglich relativ eigenständiger Tendenzen, die zu einem bestimmten Zeitpunkt der ökonomisch-politischen Entwicklung des Kapitalismus, dem Aufkommen der Industrie und der Übernahme der Staatsmacht durch das industrielle Bürgertum mit seinem inneren und äußeren Expansionsdrang, zusammenflossen (wie P. VILAR [24] historisch konzise belegt). Die beiden im Kapitalismus aufeinander zusteuernden Tendenzen der Nations- und der Staatsbildung müssen in ihrer ursprünglichen Nichtkoinzidenz gesehen werden, um der Realität und Existenz von Nationalstaaten (wie auch von "Nationen ohne Staat" und "Staaten mit mehreren Nationen", aber auch einer "Nation in mehreren Staaten") gerechnet zu werden. Nur auf diese Weise eröffnet sich ein Weg, die reziproke Konstitution des Staates als Nationalstaat und der Nation als Staatsnation (sowie der verschiedenen Modifikationen und Varianten dieser Reziprozität) zu verstehen: Wie der kapitalistische Staat dazu tendiert, "sich mit ein und derselben Nation im modernen Sinne des Ausdrucks zu decken und... aktiv für das Zustandekommen der nationalen Einheit (arbeitet)", so weisen umgekehrt auch die "modernen Nationen... selbst die historische Tendenz auf, ihre eigenen Staaten zu bilden. Die Orte und Knotenpunkte der erweiterten Reproduktion der gesellschaftlichen Verhältnisse, die Gesellschaftsformationen, haben die Tendenz, sich mit den Grenzen des Staates und der Nation zu decken und zu nationalen Gesellschaftsformationen zu werden." (S. 87)

Betrachten wir dabei (um diesen gerichteten Vorgang des Zusammenschlusses überhaupt zu verstehen) zunächst das die mögliche Koinzidenz bestimmende Geschehen, i. e. die Vorgänge in der Produktionssphäre, der auch hier - wie in der marxistischen Gesellschaftsanalyse in letzter Instanz immer - der Vorrang über die Zirkulationssphäre gebührt [25]. Weder identisch noch untereinander widerspruchslos versöhnt, sind beide Sphären "Glieder einer Totalität..., Unterschiede innerhalb einer

Einheit", die jedoch unter der Dominanz der "übergreifenden" Produktion steht [26].
Aus dieser Gewichtung ergeben sich notwendige Revisionen in Bezug auf Konstitution, Bedeutung und Funktion von Nation und Staat (als je besondere, nicht unbedingt gleichsinnige Einheiten des gesellschaftlichen Reproduktionsprozesses) innerhalb einer bestimmten Gesellschaftsformation. Insbesondere ist hier die übliche, indes einseitige Vorstellung einer wirtschaftlichen Vereinheitlichung des politischen Raumes, wie sie im Merkantilismus angebahnt wurde, durch eine primär vom Staat ausgehende Initiative zur Homogenisierung der Bedingungen des kapitalistischen Warentausches wohl keine befriedigende theoretische Erklärung. Weder war hier der Staat das auslösende Moment, auch wenn er eine bestimmte Rolle spielte, noch betrifft diese Homogenisierung in erster Linie den Raum der Zirkulation, die ja unter dem Primat der Produktion steht. Die Beseitigung regionaler Zollschranken und die monetäre Standardisierung als Kennzeichen eines "nationalen Marktes" innerhalb eines Staatsgebietes stellen zwar notwendige und wichtige Faktoren für die Herstellung eines einheitlichen und geschlossenen Wirtschaftsraumes dar, sind aber nicht seine Ursachen. Diese liegen tiefer, nämlich im "Umkreis" der Produktionssphäre. Außerdem ist es falsch, sich den Vorgang der Homogenisierung des Wirtschaftsraumes eines Staates so zu denken, daß dieser Raum den Staat mehr und mehr ausfüllt, bis beide, der homogenisierte ökonomische Raum und das politische Herrschaftsgebiet, zusammenfallen. In dieser (historizistischen) Vorstellung, die keine (theoretische) Erklärung ist, wird empirisch-chronologisch argumentiert, derart daß von schon existierenden politischen Grenzen ausgegangen wird und einem durch sie umschlossenen Raum, dessen Inneres sodann sukzessive, mit dem Fortgang der an mehreren Stellen ansetzenden Homogenisierung, durch die neue Produktionsweise ausgefüllt werde, bis keine Hohlräume und Lücken mehr existieren.

Eine einwandfreie theoretische Erklärung kann jedoch niemals bei empirischen Vorgegebenheiten ("historischen Bedingungen"), wie konkreten Grenzen, anknüpfen, wie auch MARX in seinen kritischen Überlegungen zur Methode der politischen Ökonomie am Beispiel der "Bevölkerung" als vermeintlichem Konkretissimum, bei dem zu "beginnen" sei, energisch betont [27].

Anders als das empirisch Konkrete ist das theoretisch Konkrete immer schon Moment einer gleichzeitigen komplex-gegliederten "Gedanken-Totalität", in der es keine herkömmliche zeitliche Abfolge gibt. Deshalb kann also in der Erklärung ein schon eingegrenzter Raum keinesfalls seiner nachfolgenden Vereinheitlichung vorausgehen (im Sinne einer Markierung von Grenzen, die eine größere Region in Segmente ("Länder") aufgeteilt hat, deren jeweiligen Inhalte - ihrerseits zusammengesetzt aus einer Vielzahl heterogener Bestandteile - sodann über Zirkulationsgesetze vereinheitlicht würden), sondern er ist Produkt dieser Vereinheitlichung, die selber von den (kapitalistischen) Produktionsverhältnissen, und zwar über spezifische Implikationen und Effekte dieser Verhältnisse, ihren Ausgang nimmt. Neue Produktionsverhältnisse übernehmen also nicht einfach "den" Raum der (feudalen) Produktionsverhältnisse, sondern erzeugen ihn autonom: durch ein neues Organisationsprinzip im Produktionsprozeß, welches das alte Prinzip transformiert, überlagert, außer Kraft setzt und diesem auch keine unmittelbare positive Bedeutung bei der Konstitutuion des kapitalistischen (vereinheitlichten) Raumes beimißt.

Es ist also theoretisch falsch, von empirischen Grenzen als vorgegebenen Rändern eines leeren, erst auszufüllenden Gefäßes auszugehen. Wenn schon Vereinheitlichung des umfriedeten Raumes, dann im Sinne einer Neubestimmung des Grenzbegriffes, in der empirische Faktizitäten und Vorgegebenheiten ihre scheinbar unumstößliche Macht, mit der neue Organisationsprinzipien der Produktion zu rechnen hätten, einbüßen. Die autonomen Prinzipien haben ganz anders geartete Wirksamkeiten, welche die alte Bedeutung von Grenzen umwerten: sie beginnen neu und schaffen sich ihre Grenzen, die signifikativ mit den möglicherweise faktisch unveränderten Grenzen nichts gemein haben. Wenn also Vereinheitlichung, dann nicht als Ausfüllung von Entfernungen zur präexistenten Grenze, die sukzessive abnehmen, sondern: sukzessive Ausdehnung von neuartigen räumlichen Organisationsprinzipien, die sich aber nicht immer mehr einer bestehenden Umfriedung nähern. Vielmehr: Expansion und Verdichtung eines neuen Organisationsprinzips, in dem die alten Wirksamkeiten und ihr Geltungsbereich sich auflösen wie Materie von Stoffen in der Materie von Säure, wobei die Qualität der neuen Materie sich neue Grenzen sucht, indem sie ihr Volumen vergrößert und das frühere "Innen" und "Außen", das die alte Grenze trennte, allseitig durch ihre Überlegenheit attackiert. Sie ist der neue Äther, in den sich die Dinge fügen - auch die alten Bedeutsamkeiten und Funktionen, die verschwinden oder neue Bestimmungen erhalten, indem sie von ganz anderen Gesetzen beherrscht werden. Die Ausdehnung und Verdichtung des neuen Organisationsprinzips mediatisiert bestehende, einer "unterlegenen" Form zugehörende Markierungen/Umfriedungen, und expandiert in der Art einer alles penetrierenden Macht, wobei der jeweilige Stand der Expansion am äußeren Rand ihres Geltungsbereiches "ihre" Grenze bedeutet. Ohne Zweifel ist eine solche Konzeption "antinaturalistisch", jedenfalls aber "anti-historizistisch", denn nichts ist ihr mehr fremd als der Gedanke, "dem" Raum in allen Produktionsweisen die gleiche Bedeutung beizumessen. Die Kategorie des Raumes (und übrigens auch der anderen Organisationsprinzipien: der Zeit, der Kommunikation) ist grundverschieden in der feudalen und in der kapitalistischen Produktionsweise.

Gefragt ist nach den Konstituenten der modernen Nation (und indirekt auch ihres Pendants: des Staates, der sie politisch stärkt und "umfaßt" - im Sinne von konkreten und abstrakten (auch imaginären) Wirksamkeiten, die ihre Identität und Kohärenz konstituieren), deren eine der (durch Ausdehnung - und nicht Ausfüllung) vereinheitliche ökonomische Raum (der Produktion, Konsumtion, Distribution und Zirkulation) ist. Jedenfalls in der hier vorgezogenen materialistischen Definition der Nation - im Unterschied zu einer "kulturalistischen" Auffassung, die vor allem auf eine bloß sprachlich-kulturelle "Abstammungsgemeinschaft" abhebt und auf diese Weise die territoriale Zersplitterung einer gedachten Nation in mehrere politische Einheiten (im Unterschied zu existierenden "Staatsnationen") kompensatorisch verarbeitet und dafür das Konstrukt der "Kulturnation" errichtet. Für eine differenzierte materialistische Definition der Nation (ob sich ihre dominierenden Klassen einer selbständigen politisch-staatlichen Instanz bedienen können oder nicht, also "ihren" Staat durchsetzen) müssen ihre Komponenten - jene in den besonderen Produktionsverhältnissen implizierten Organisationsprinzipien von Raum, Zeit und Sprache - in ihrer Einheit berücksichtigt werden, ohne neben ihrer primären Zugehörigkeit zur Ökonomie die spezifischen Beiträge von Politik und Ideologie (ob als spontanalltägliche oder als "ausgearbeitete" Ideologie) zu unterdrücken, die für die endgültige Gestaltung dieser Komponenten - als "nationales Territorium", "nationale Tradition" und "Nationalsprache" - mitbestimmend sind. Als Grundmuster ("Matrizen" oder "Organisationsprinzipien") der Produktion begleiten sie die Entstehung einer neuen Produktionsweise ein, um durch die spezifischen Wirksamkeiten der politischen und ideologischen Instanz in der Ökonomie in ihrer eigenen Wirksamkeit unterstützt zu werden. Können sie dabei auch auf die Existenz eines Staates und seiner einzelnen Apparate rekurrieren, den sich eine Nation unter der Führung ihrer Bourgeoisie angeeignet hat, setzen sich diese Grundmuster der kapitalistischen Produktion im nationalstaatlichen Rahmen als einheitliches Territorium, einheitliche Tradition und Sprache durch. Ihren Ausgang nehmen diese Grundmuster aber in den kapitalistischen Produktions- und Klassenverhältnissen sowie dem entsprechenden System der Arbeitsteilung, die ihre materielle Grundlage darstellen. "Diese Grundlage darf" jedoch "nicht im Sinne einer mechanistischen Kausalität verstanden werden, die schon vorhandene Produktionsverhältnisse bezeichnet, die dann später zu diesen Raum- und Zeitmatrizes führen. Diese in den Produktionsverhältnissen und der gesellschaftlichen Arbeitsteilung implizierten Matrizes", die aus diesem Grund ebenfalls materieller Natur sind, "entstehen gleichzeitig mit" diesen "ihren <u>Voraussetzungen</u>". (S. 91)

Die Existenz dieser neuen, schließlich die ökonomischen, aber auch alle übrigen Strukturen der kapitalistischen Gesellschaft beherrschenden Matrizen (real verkörpert in den Erfindungen des Fließbandes und der Stechuhr) mußte unwillkürlich zu einem Konflikt mit den alten Raum-Zeit-Matrizen führen. Ihre Entstehung bedeutet das vorübergehende Vorhandensein verschiedenen Geschichtsepochen zugehöriger, und daher gegensätzlicher, Organisationsprinzipien der Produktion und des Verkehrs: Es muß - zumal in der Transformationsperiode - notwendig zu Friktionen zwischen den unverträglichen Raum-, Zeit- und Sprach-Ordnungen kommen, die schließlich - mit der Dominanz der neuen Prinzipien und Ordnungen über die alten - ganz neue "Bedeutsamkeiten" in bezug auf den bisher geltenden "Sinn" räumlicher, zeitlicher und sprachlicher Identität erzeugen. Was für die Analyse des Begriffs der räumlichen "Grenzen" galt, gilt ebenso für die Abgrenzungen zwischen den "historisch-kulturellen Traditionen" und den einzelnen "Volkssprachen": sie werden problematisch. Dies rührt daher, daß die bisher "selbstverständliche" Verschiedenheit von regionalen Traditionen, Volkssprachen und Ethnien mit einem Male "auffällt", belangvoll, "signifikant" und daher mehr und mehr zum Gegenstand von Auseinandersetzungen zwischen den heterogenen Gesellschafts- und Klassenstrukturen wird. Die alte und die neue Ordnung implizieren unterschiedliche und unverträgliche Organisationsprinzipien der Produktion und Reproduktion: aus dem Verhältnis sprachlich-ethnischer Koexistenz in der vorkapitalistischen Produktionsweise (in der kriegerische oder friedliche Eroberungen und Einschließungen in der Regel ohne assimilierende Absichten vorübergingen) erwächst ein Verhältnis des offenen Gegensatzes, der im industriellen Kapitalismus zur Geburtsstunde der modernen Ethnien führt, und zwar im Sinne ihrer absolut neuartigen Bedeutung, die in der nationalstaatlichen Verfaßtheit der kapitalistischen Produktionsweise begründet liegt. Also nicht ihre schlichte Existenz und historische Entstehung in früheren Zeiten wäre der richtige "ethno-theoretische" Anknüpfungspunkt, sondern ihr (hemmendes) Relevantwerden - wenn Vielfalt jetzt sozusagen "zweckrational" wird - für die in jeder Hinsicht stark standardisierende kapitalistische Produktionsweise, die neue Organisations- und Ordnungsprinzipien impliziert - und damit gleichzeitig auch die Entstehung der "nationalen Frage". Deutlich und mit allem Nachdruck ist also das Faktum der bloßen Existenz der ethnischen Varietät von ihrer spezifischen Bedeutung auseinanderzuhalten. Worin besteht hier die eigentliche Funktion des kapitalistischen Staates? Sie besteht darin, daß er als bürgerlicher Staat diese Prozesse der Vereinheitlichung und Standardisierung des ehemals Vielfältigen zum System einer nationalen Wirtschaft, Kultur und Sprache wesentlich mitgestaltet, das heißt abstützt, fördert und tendenziell abschließt, sie aber keinesfalls auslöst! Nur so ist es überhaupt möglich, von "Nationen ohne Staat" (Sinti; die schwarze Bevölkerung der USA usf.) zu sprechen. "Tendenziell" heißt, daß die Allianz zweckrational-ökonomischer Imperative mit irrationalen Ideologien beispielsweise nationalistischer Dominanz einer Ethnie (Nation) über andere interne Ethnien (Nationen, Nationalitäten) nicht in jedem Fall zu einer Extermination der Vielfältigkeit führt (Faktoren wie Größe,

Anzahl, Macht und Widerstand solcher Gruppen sind ausschlaggebend) [28]. Die Funktion und Rolle des modernen Staates läßt sich in bezug auf diese sehr vielschichtigen und komplexen Vorgänge der Nationalisierung der gesellschaftlichen Strukturen und Gruppierungen mit POULANTZAS folgend präzisieren: Die Veränderungen der Organisationsprinzipien von Raum, Zeit und Sprache

"skandieren", d. h. begleiten und akzentuieren "die Transformationen der verschiedenen Produktionsweisen. Dadurch sind sie (durch die Präsenz des Politisch-Ideologischen im Ökonomischen und umgekehrt! W. H.) im materiellen Aufbau des Staates... anwesend und geben den Modalitäten seiner Machtausübung Gestalt. Es handelt sich also bei dieser Anwesenheit der Raum- und Zeitmatrizes im Staat nicht um eine einfache strukturale Homologiebeziehung zwischen Staat und Produktionsverhältnissen. Als Spezifikum des kapitalistischen Staates kommt noch hinzu, daß er die gesellschaftliche Zeit und den gesellschaftlichen Raum an sich reißt und bei der Bereitstellung dieser Matrizes dadurch eingreift, daß er danach strebt, die Organisationsverfahren des Raumes und der Zeit zu monopolisieren, die so durch ihn zu Netzwerken der Herrschaft und der Macht werden. So erscheint auch die moderne Nation als ein Produkt des Staates, denn die konstitutiven Elemente der Nation (...) werden durch das direkte Eingreifen des Staates in die materielle Organisation von Raum und Zeit modifiziert. Die moderne Nation fällt tendenziell mit dem Staat zusammen in dem Sinne, daß der Staat sich die Nation einverleibt und die Nation in den Staatsapparaten Gestalt annimmt, denn sie wird zur Verankerung seiner Macht in der Gesellschaft und umreißt ihre Grenzen. Der kapitalistische Staat funktioniert auf der Grundlage der Nation." (S. 91, meine Hervorhebungen).

In welchem Verhältnis steht nun aber der Nationsbegriff zum Begriff der Klassen und ihrer Beziehungen im Kapitalismus? Wenn es richtig ist, daß ihr Kampf, ihre gegensätzlichen Interessen und Konflikte in die Produktionsverhältnisse eingeschrieben sind, dann sind zugleich auch die Klassenverhältnisse notwendige "Grundlage" der räumlich-zeitlich-linguistischen Organisationsprinzipien (und zwar im Sinne obiger Bestimmung): Nicht eine "Folge", sondern "gleichzeitiges"/"impliziertes" In-Erscheinung-Treten der Prinzipien in und mit ihren ökonomischen Grundlagen ist gemeint. Da diese aber aus zwei Klassen bestehen, darf "Nation" niemals ausschließlich auf bloß eine Klasse, im Kapitalismus allein auf die Bourgeoisie bezogen werden. Die Konstituenten der modernen Nation, die Organisationsprinzipien, stellen Implikate von ökonomischen (Klassen-)Verhältnissen dar, deshalb muß sie selbst als Produkt, und zwar als Produkt eines Kräfteverhältnisses zwischen bourgeoiser und proletarischer Klasse begriffen werden (als Produkt ihres Kampfes, das eine spezifische Wirkung auf seine Grundlagen ausübt). Es ist allein die Vorherrschaft des Bürgerblocks, die es ermöglicht, im Kapitalismus von einer "bürgerlichen Nation" zu sprechen.

III.

Die ethnische Inhomogenität der Gesellschaft [29] wird erst unter den Bedingungen der kapitalistischen Produktionsweise und der Entstehung der Nationalstaaten wirklich problematisch. "Ethnizität" ist deshalb deren ureigenes Produkt, denn sie verweist auf die Relevanz nunmehr signifikanter sozialer Eigenheiten und Merkmale der Menschen, die in der feudalen Produktionsweise entweder belanglos schienen, vielleicht sogar - im Sinne einer möglichen Strukturierung des Verhaltens zueinander - unbemerkt blieben. Jedenfalls scheinen sie nicht zum Anlaß genommen worden zu sein, ihnen eine besondere innergesellschaftliche Bedeutung zu verleihen, sieht man von Sonderfällen wie die jahrhundertealte Verfolgung der Juden ab.

Die Ausbreitung der kapitalistischen Produktionsweise und ihre stetig zunehmende Bedeutung in einer Gesellschaftsformation, in der sie mehr und mehr die feudalaristrokratische Produktionsweise dominiert und in allen Sphären des gesellschaftlichen Ganzen schließlich bis auf irrelevante Hinterlassenschaften gänzlich zum Verschwinden bringt, transformiert die überholten gesellschaftlichen Strukturen, ihr Wesen, ihre Inhalte und die Formen, durch die das bisherige Verhältnis der (und die Verhältnisse in den) Praxis-Instanzen geregelt war(en). Der gesamte Gesellschaftsprozeß erfährt eine grundlegende Umstrukturierung, ausgelöst durch wissenschaftliche, ideologische, ökonomische und schließlich politische Revolution, in deren Gefolge sowohl die materiellen Fundamente als auch alle Makro- und Mikromechanismen des gesellschaftlichen Geschehens entscheidend verändert werden [30]. In diese Vorgänge muß das Problem der interethnischen Beziehung an sich eingeordnet werden, damit wir verstehen, aus welchen Gründen hier die Behauptung aufgestellt wird, daß die Relevanz - im Unterschied zur (objektiven) Existenz - phänotypischer Differenzen und Varietäten zwischen großen Menschengruppen ein Erzeugnis, ein historisches Produkt der endgültigen Durchsetzung und Etablierung der kapitalistischen Produktionsweise darstellt.

Variatio non delectat

Um "Ethnizität" - wie ich - als besonderes gesellschaftliches Gewaltverhältnis zu begreifen, bedarf es einer Verfeinerung der abstrakten Begrifflichkeit durch die Beobachtung zumal jener anatomischen Vorgänge und gesellschaftlichen Praktiken, wie sie in den menschlichen Trägern des Gesellschaftsprozesses selbst zur Auswirkung gelangen. Worum es hier geht, ist die Fraktionierung und Atomisierung der Menschen zu "Individuen" als abstrakt Gleichen. Diese Individualisierung ist, als

Grundlage des juristischen "Subjekt"-Begriffes, die Voraussetzung von Gesetzgebung und Machtausübung durch den kapitalistischen Staat und zugleich jener Vorgang, in dessen Verlauf auch ethnische Differenzierungen verschwinden bzw. sein ethnisch inhomogenes Milieu zu einer "Gemeinschaft der Gleichen" homogenisiert werden soll. Der Prozeß der Individualisierung beginnt jedoch nicht "erst" in der Zirkulationssphäre, wie oft behauptet wird. Er hat seinen realen Ort "schon" in der Produktionssphäre und wird durch den Staat rekuperiert. Der autonome und zentralisierte kapitalistische Staat etabliert diese Atomisierung der Menschen zu gleichen Einzelnen und repräsentiert zugleich die Einheit dieser gleichberechtigten Monaden ("Subjekte") als "Nation". Die moderne "Individualisierung ist die materielle Gestalt der Produktionsverhältnisse und der gesellschaftlichen Arbeitsteilung im kapitalistischen Gesellschaftskörper und zugleich der materielle Effekt der Praktiken und Techniken des Staates...". (S. 59) Sie ist keine bloße Ideologie, kein purer Schein, wie die Kritik behauptet, sondern absolut real:

"(D)ie Grundlage der Transformation der sozialen Monaden in Individuen-Subjekte in der Sphäre der Warenzirkulation und der Beziehung des Staates zu diesen Fraktionierungen sind die Produktionsverhältnisse und die gesellschaftliche Arbeitsteilung. Die vollständige Trennung des unmittelbaren Produzenten von seinen Arbeitsmitteln führt zur Entstehung des 'freien' und 'nackten' Arbeiters, der von dem Netz seiner persönlichen, lokalen und sozialen (i. e. auch seiner verwandtschaftlichen, regionalen und ethnischen - W. H.) Beziehungen in der vorkapitalistischen Gesellschaft abgeschnitten ist." (S. 56)

Diese umfassende Enteignung und Beraubung vom Besitz an den Produktionsmitteln, die eine Dekomposition der traditionellen Sozialbeziehungen nach sich zog, strukturierte die Produktionsverhältnisse und -prozesse völlig neu, ohne allerdings die damit eingeleitete Tendenz zur Individualisierung schon vollkommen zu realisieren. Dazu bedurfte es neben dem spezifischen Anteil des Staats an diesem Prozeß auch der Entstehung der industriellen Großproduktion und des Fabrikssystems sowie der darin implizierten Imperative zweckrationalen Planes, Produzierens und Verwertens, also der verallgemeinerten und totalisierten Durchsetzung der kapitalistischen Organisationsprinzipien, die in diesem System der Fabriksarbeit ihren reinsten Ausdruck fanden. Das Fabrikssystem verkörpert am unmittelbarsten und konkretesten die Herrschaft und Gewalt der kapitalistischen Produktionsverhältnisse in ihrer extremen Zerstückelung der Arbeit in atomisierte intellektuelle und geistige Vollzüge. Es impliziert die sorgfältig durchgeplante

"Organisation einer kontinuierlichen, homogenen, parzellierten und fragmentierten Raum-Zeit, die die Grundlage des Taylorismus darstellt: ein genau abgesteckter, in Abschnitte und Zellen aufgeteilter Raum, in dem jede Parzelle (jedes Individuum) ihren Platz hat und in der jeder Platz einer bestimmten Parzelle entspricht, der aber zugleich homogen und einheitlich aussehen muß: eine lineare, aufeinanderfolgende, sich wiederholende und kumulative Zeit, in der die verschiedenen Momente ineinander integriert sind, und die auf ein fertiges Produkt ausgerichtet ist. Diese Raum-Zeit schlägt sich am klarsten in der Fließbandproduktion nieder. Kurz, das Individuum, das weit mehr ist als eine Schöpfung der aus den Warenbeziehungen hervorgehenden juristisch-politischen Ideologie, erscheint jetzt als ein im menschlichen Körper selbst konzentrierter materieller Kristallisationspunkt einer Reihe von Praktiken in der gesellschaftlichen Teilung der Arbeit." (S. 57)

Während sich durch das Fabrikssystem die neuen Organisationsprinzipien im kapitalistischen Produktionsprozeß durchsetzen und den Individualisierungs-/Atomisierungsprozeß "zunächst" ökonomisch konstituieren, tritt, wie erwähnt, gleichzeitig die politisch-gesetzliche Instanz auf den Plan, die ihn endgültig etabliert. In den vermittelnden Instanzen der rechtlichen Ideologie und der gesetzlichen Regulierung des sozialen Verhaltens in und zwischen den Klassen findet dieses Prinzip der Individualisierung seine, letztlich durch staatlichen Zwang garantierte, endgültige gesellschaftliche Verankerung. Es ist hier das Gesetz, das - im Vorspiegeln seiner Klassenneutralität - die Nation der im Staat zusammengefaßten Bürger, die kapitalistische Staatsnation, auch formal bestätigt, indem es offiziell von den sozialen Unterschieden absieht, von denen de facto es doch lebt. Indem es keine Unterschiede kennt, macht es sie gerade. (Nationales Recht und Gesetz sehen insbesondere von der Berücksichtigung ethnischer Unterschiede ab und fördern dadurch - was durchaus in ihrem Standardisierungsbestreben liegt - die ethnischen Einebnungsprozesse.)

IV.

Sprache und Nationalismus

Die gegenüber ethnischen Unterschieden im wesentlichen indifferente feudale Produktionsweise verschwand in Mitteleuropa endgültig erst im 19. Jahrhundert ("Bauernbefreiung"). Dies ist in etwa der Zeitraum der unter der Führung der Bourgeoisie artikulierten Anwartschaft auf Übernahme auch der politischen Staatsgewalt, die in diesem Anspruch von den breiten Massen des städtischen Mittelstandes, der Bauernschaft sowie großen Teilen des städtischen und ländlichen Proletariats unterstützt wurde und eben darin zugleich den Prozeß der Nationswerdung um ein entscheidendes Stück vorantrieb. Tatsächlich wurde er in seinen wesentlichsten Zügen (der ökonomischen Überlegenheit der bürgerlich-kapitalistischen Produktionsweise, über die aristokratisch-feudale, und ihrer realen wie ideologisch-programmatischen Legitimation im Sinne einer generellen Befreiung von den Fesseln der alten Gesellschaftsordnung) dadurch auch zum Abschluß gebracht [31]. Die bezüglich ihrer sozialräumlichen Strukturierung der Gesellschaftsformation indes ungleiche ökonomische Entwicklung der kapitalistischen Produktionsweise trieb erst de facto jenen Keil durch die Völkerschaften, der als Ursprung damaliger wie späterer interethnischer Gegensätze und Konflikte zu bezeichnen ist. Die von den Zentren der kapitalistischen Entwicklung ihren Ausgang nehmende Penetration der Regionen mit den neuen Produktions- und Klassenverhältnissen sowie ökonomischen Organisationsprinzipien "rieben" sich dort mit ihren feudalen Vorformen, die sie mehr und mehr dominierten und durch ihre Überlegenheit schließlich exterminierten. Da überdies eine hohe Korrelation zwischen der regional dominierenden Produktionsweise und einem bestimmten ethno-kulturellen Charakter der ihr zugehörigen Produktionsagenten bestand, führte der Prozeß der ökonomischen Differenzierung alsbald sowohl zu einer Konkurrenz zwischen den "kapitalisierten" Ethnien wie auch zwischen diesen und jenen Ethnien, deren Feudalismus zu einem "kapitalistischen Feudalismus" [32] transformiert wurde.

Die aus der ungleichen sozio-ökonomischen Entwicklung der kapitalistischen Produktionsweise, der spezifischen interregionalen und interethnischen Machtverhältnisse und deutlichen wirtschaftlichen Über- und Unterlegenheitsbeziehungen sich ergebenden Hierarchien (auch des verschiedenen Prestiges) unter den Regionen und Ethnien sind zu berücksichtigen, wenn es gilt, die unversehende Relevanz des "ethnischen Faktors" zu begründen.

Nun hat es zweifellos harmonisierungsfähige Klassen zwischen den Regionen und Ethnien gegeben, insoferne sie durch gemeinsame ökonomische Interessen verbunden waren, wäre da nicht der Prozeß der schon weit fortgeschrittenen "Nationalisierung" der Reproduktionseinheiten gewesen, durch den diese "Solidarisierung" nicht mehr wirksam werden konnte. Claudia v. BRAUNMÜHL hat in ihren Arbeiten zu zeigen versucht, daß solche Harmonisierungsmöglichkeiten überdies von der Tendenz der kapitalistischen Entwicklung zur Organisation in einander konkurrierende Reproduktionseinheiten nach Mustern vieler nationaler Gesellschaftsformationen, mithin auch durch multi-ethnische Fragmentierung der kapitalistischen Produktionsweise, unterlaufen werden [33].

"Nationalisierung" besagt, daß (innerhalb einer sich bildenden Reproduktionseinheit) der Vorgang der korrelativen Verschmelzung der kapitalistischen Zentrenbildung mit einer bestimmten Ethnie diese Ethnie gegenüber der (den) peripheren Ethnie(n) auch zur bestimmenden und dominierenden Macht dessen einsetzt, welches Organisationsprinzip des linguistischen Paradigmas allgemein (für alle Ethnien einer nationalen Gesellschaftsformation) zu gelten hat. Das Bedeutsamwerden des "ethnischen Faktors" im Prozeß der kapitalistischen Entwicklung ist die Folge eines Machtkampfes zwischen den neuen und den alten Organisationsprinzipien des Raumes und der Zeit, aber auch zwischen Spracheinheiten, von denen (im einzelnen Staat) eben nur eine als dominierendes kommunikatives Organisationsprinzip fungieren kann. (Ansonsten wäre das Kriterium der effektiven Verständigung nicht erfüllbar, das auf den Eindeutigkeiten eines sich als führende Bezugssprache durchsetzenden Kodes basiert - eine Standardisierungstendenz, die sich im übrigen in der Etablierung immer umgreifenderer Bezugssprachen - des Englischen, des Französischen etc. - als Weltsprachen fortsetzt). Über diese vorgängige Entscheidung zwischen Sprachen als Haupt- und Nebensprachen geht die dominante Sprache, die meist die Sprache des jeweiligen kapitalistischen Zentrums und seiner Ethnie ist, in den Prozeß der Nations- und schließlich Staatsbildung ein - eine Entscheidung durch Kampf auf mehreren Ebenen zwischen ungleichen Partnern. Man erkennt daraus auch den Sonderstatus des Organisationsprinzips "Sprache" gegenüber den räumlich-zeitlichen Organisationsprinzipien, die sich zwischen verschiedenen Produktionsverhältnissen und zwischen den alten und neuen, feudalen und kapitalistischen Klassen durchsetzen, während der einheitliche Sprachkode doch in erster Linie ein Resultat von Machtkämpfen nicht allein von Produktionsweisen, sondern zwischen unterschiedlichen sprachlich-ethnischen Gruppierungen ein- und derselben Klasse, hauptsächlich der Bourgeoisie, darstellt! Zum Zeitpunkt, da auch die letzten noch von den feudalen Fesseln Betroffenen: die ländlichen Klassen (Bauern, Landarbeiter), ökonomisch "befreit" wurden (zu Eigentümern der Produktionsmitteln einerseits und zu "freien Arbeitern" ohne Besitz an diesen Produktionsmitteln andererseits), hatte sich die kapitalistische Produktionsweise endgültig als bestimmende Produktionsweise etabliert, und dies war die letzte noch notwendige Voraussetzung für die Konstituierung der Nation als "besondere Einheit der Reproduktion des Ensembles der gesellschaftlichen Verhältnisse". Genau in diesen Zeitraum fiel auch der erste Höhepunkt des europäischen Nationalismus, den wir hier allerdings nur in seiner inneren Konstituierung und Wirksamkeit betrachten (auch wenn die internationale Matrix anerkannt wird). Als inter-ethnischer Nationalismus drückt er in letzter Instanz - innerhalb bestimmter staatlicher Grenzen und so gut wie einheitlich durchgesetzter kapitalistischer Produktions- und Klassenverhältnisse in Stadt und Land und somit auch der in ihnen implizierten Raum/Zeit-Matrizen - eine bestimmte Auseinandersetzung aus. Diese spielt sich ab (auf dem allgemeinen Hintergrund schon weitgehend einheitlicher Produktionsweise) zwischen rivalisierenden Anwärtern gleicher (bourgeoiser) Klassen-, doch ungleicher (nationaler) Sprachzugehörigkeit auf das ihnen gemäße kommunikative Organisationsprinzip der Einheitssprache, dem verallgemeinerten Medium des gesellschaftlichen Verkehrs (auch in der Produktionssphäre). Nicht, daß damit behauptet würde, die Wurzeln des Nationalismus und der interethnischen Konkurrenz lägen ausschließlich in der

Sprachenfrage! Sprachliche Inhomogenität ist aber das letzte Hindernis vor der definitiven Gleichsinnigkeit der internen gesellschaftlichen Verhältnisse, durch die sie sich den zweckrationalen Effizienzkriterien der kapitalistischen Produktionsweise unterwerfen und gegen interne (wie auch externe) Störungen des entsprechenden Mitteleinsatzes zu immunisieren trachten. (Der Nationalismus hat auch affektiv-emotionale Wurzeln, bindet er doch den Wunsch nach kollektiver Identität, der durch den Ausfall der obsoleten Bindungen der Gesellschaftsmitglieder an großfamiliäre, lokale und andere soziale Gebilde objektlos wurde und seine neue Erfüllung nunmehr in den nationalen Beziehungen, im nationalen Raum, und in der nationalen Sprache, zu finden versuchte.)

Organisationsprinzipien, Staat und Ethnizität

Bevor ich nun den nächsten - und abschließenden - Schritt vollziehe, die drei Organisationsprinzipien der kapitalistischen Produktionsweise in ihrer bedingenden (und bedingten) Beziehung zum Nationalstaat im Detail nach der inneren Struktur zu befragen, um auf diese Weise direkt die gewissermaßen molekularen Vorgänge zu betrachten, auf denen unsere moderne gesellschaftliche Existenz und industrielle Zivilisation beruht, erweist es sich - aus Gründen vollständiger Erkennbarkeit der hier vertretenen theoretischen Position - als notwendig, die bisherigen Analysen noch durch einige wichtige Überlegungen zu ergänzen. Diese betreffen die Existenzweise der gesellschaftlichen Realität: ihre Dauerhaftigkeit, ihren Zusammenhalt in der Geschichte, ihre bestandssichernden Mechanismen trotz historischem Wandel. Umsomehr erweist sich dies als notwendig, als meine Interpretation der strukturalen Rekonstruktion des historischen Materialismus einen theoretischen Aspekt besonders betont, der ihr möglicherweise einen eigenständigen Charakter verleiht. Ich spreche hier nicht so sehr von der anti-empiristischen/-historizistischen Einstellung strukturaler Theorie in ihrer kritischen Betonung der Sondergesetzlichkeiten des wissenschaftlich-rationalen Denkens gegenüber der gesellschaftlichen Realität (der systematischen Differenz zwischen den abstrakten Konkretionen des theoretischen Denkens und dem Real-Konkreten der äußeren Wirklichkeit), auf die ALTHUSSER so großen Wert legt: Nur durch dieses epistemologische Auseinanderhalten der zwei Ordnungen kann nämlich auch die Frage nach dem kapitalistischen Gesellschaftssystem und seiner (den Eigenheiten des theoretischen Denkens angemessenen) wissenschaftlichen Darstellung korrekt beantwortet werden. Danach manifestiert sich eine bestimmte Gesellschaft, wenn auch realhistorisch in zeitlichem Nacheinander aus ihrer Vorgängerin entstanden, in einer logisch einigermaßen stringenten theoretischen Rekonstruktion (die - gemäß der Struktur des rationalen Denkens - das "Ganze" immer schon denken muß, ehe es dieses - im Prozeß seiner gedanklichen Reproduktion, die vom Resultat vorgängiger Forschungsschritte ausgeht - darzustellen vermag) niemals anders denn als gleichzeitig wirkender Sinn- und Funktionszusammenhang von ko-präsenten Elementen und Beziehungen, der sich vom außertheoretischen, realen genetischen Konstitutionszusammenhang dieser besonderen Gesellschaft prinzipiell unterscheidet. Denn als gedachte ist Wirklichkeit nicht einfach ihr Abbild und ihre "Wiederholung", sondern Ergebnis einer abstrakten Konstruktion, deren den dialektisch-rationalen Denkgesetzen unterworfene Ordnung von der realen Ordnung der Dinge abweicht. Beide Ordnungen, die abstrakte und die reale, haben Kontakt zueinander nur über die Vermittlung der gesellschaftlichen Praxis und Erfahrung. Diese Vermittlung darf indessen nicht wieder so gedacht werden, daß die Eigenständigkeit der abstrakten Denkwirklichkeit verloren geht. Sie bleibt erhalten, denn die Vermittlung zwischen ihr und der außerwissenschaftlichen Praxis (der Ideologie, der Alltagserfahrung, der Politik), deren Instanzen ebenfalls eigenständigen Charakter haben, aber auch die Vermittlung mit der empirischen Forschungspraxis, erfolgt über den Mechanismus der spezifischen Aneignung und Verarbeitung der vermittelten Inhalte im Raum der abstrakten Denkordnung.

Doch ich spreche, wie gesagt, nicht vornehmlich von diesen Unterschieden, die von ALTHUSSER herausgearbeitet wurden; sondern worauf ich in diesem Exkurs über die Existenzweise der gesellschaftlichen Realität (ihrer Persistenz und Konsistenz) so besonderen Wert legen möchte, ist der Gedanke, daß auch die außerhalb des Denkens existierende Wirklichkeit, hier: die gesellschaftliche Wirklichkeit in ihrer Existenz als Einheit der Praxis-Instanzen, dadurch i s t , daß sich in ihr unentwegt ihre Bestandsgrundlagen reproduzieren ("realisieren"), die mit dieser ihrer Einheit identisch sind. Der Vollzug der Bestandsgrundlagen muß kontinuierlich erfolgen. Jeder Vollzug, jede Realisation ist aber immer eine Modifikation dieser Grundlagen und Existenzbedingungen, die sich nur erhalten, wenn sie in ihrer lückenlosen Totalität, in ihrer Gesamtheit sich reproduzieren. Die kontinuierliche Reproduktion (Realisation) des Systems der Existenzbedingungen ist, das zeigt die Geschichte, kein "Treten-auf-der-Stelle", sondern folgt bestimmten Entwicklungspfaden, auf denen der kontinuierliche Prozeß der Modifikationen durchaus zu Brüchen führt, ohne daß der umgreifende Prozeß selbst unterbrochen wird: Zwei verschiedene Produktionsweisen (die "höhere" und die "niedrigere", die abgelöst wird) lassen sich in der Realität (im Unterschied zur Theorie) nicht immer eindeutig trennen; es existieren Übergänge ganz eigener Charakteristik, die erst dann zu entscheidenden Modifikationen führen, und entsprechend zu deutlichen Differenzen zwischen den Produktionsweisen, wenn die Widersprüche und Anspannungen in und zwischen den Existenzbedingungen der Gesellschaft sich so verstärken und überlagern, daß sie rucksartig (die Revolutionen) zu einer Neuordnung der Realität führen. Entsprechend dieser Ausdeutung und Anwendung auf den Gesellschaftsprozeß, mit der hier der historische Materialismus im Anschluß an seine strukturale Rekonstruktion bei ALTHUSSER und POULANTZAS als Grundlage einer allgemeinen Theorie der Gesellschaft genommen wird, gilt nun deshalb folgende These: <u>Über den materialistischen Gedanken des ständigen Vollzugs der Bestandsgrundlagen ist es erst möglich, die der nationalstaatlichen Verfaßtheit der kapitalistischen Gesellschaftsformation zugrundeliegenden Organisationsprinzipien von Raum, Zeit und Sprache in ihrer Wirksamkeit zu verstehen.</u>

Dieser Exkurs in das Wesen der Gesellschaftstheorie (im Unterschied zu einer Soziogenetik der gesellschaftlichen Phänomene) ist notwendig, um zu erfassen, was es heißen kann, den Gegenstand der Gesellschaft zu <u>erklären</u>. Die strukturale Interpretation des historischen Materialismus läßt sich vom Gedaken der Notwendigkeit zur fortwährenden Herstellung und gleichzeitigen Realisation der Gesamtheit der logischen Voraussetzungen gesellschaftlicher Formationen leiten, dreht also gewissermaßen die Achse der geschichtlichen Zeit (auf der der historizistische Theoretiker zu einem Nacheinander macht, was in strenger Theorie immer gleichzeitig gedacht werden muß) um jenen notwendigen Winkel, der es ihr ermöglicht, die Veränderung von Strukturen, Funktionen und Gestalten vor der Hintergrund - besser: innerhalb der Gleichzeitigkeit des "immer-schon-gegebenen komplexgegliederten Ganzen" zu denken.

Wenn es richtig ist, daß jedes System nur existiert, indem es sich beständig durch den permanenten Vollzug seiner komplexen Voraussetzungen reproduziert (realisiert), dann sind es diese kontinuierlichen Realisationen, bei sich ändernden historischen Grundlagen, die die Geschichte des Systems (der Klassengesellschaften) erzeugen. Sie bewirken in der Struktur des Systems Umstrukturierungen, Funktionsveränderungen und Gestaltwandel, weil durch Produktion und Reproduktion der Produktionsbedingungen Prozesse ausgelöst werden, die die Voraussetzungen modifizieren und schon der "nächsten" Realisation eine neue Basis geben. Die Einheitlichkeit (Kohärenz) des Gesamtzusammenhangs der Realisationen bleibt nur erhalten, weil und wenn alle Praxis-Instanzen fortwährend und gleichzeitig "mitagieren"; also nicht etwa die Produktionsverhältnisse in einem zeitlichen Vorher die "Ursache" für den Staat sind, der nach ihnen entsteht, sondern daß vielmehr dieser Staat als notwendige Reproduktionsvoraussetzung in diesen Produktionsverhältnisse zu "begründen" ist.

Die struktural-marxistische "Vollzugs"-Idee liegt auch allen Kategorien und Gedankengängen zugrunde, wie sie in dieser Arbeit als Elemente einer Theorie des Nationalstaates und seines Verhältnisses zur ethnischen Mannigfaltigkeit eingeführt wurden. In den folgenden, abschließenden Feststellungen und Zitaten ist diese Form des Herangehens an das Objekt nochmals unbedingte Voraussetzung der Theorie:

Raum, Zeit und Sprache - diese drei Grundelemente existieren nicht in dieser abstrakten Weise als transzendentale Essenzen außerhalb von Gesellschaft, sondern konstituieren sich - als für die einzelnen gesellschaftlichen Epochen je bestimmten Matrizen der Strukturierung und Organisierung ökonomischer, politischer, ideologischer Praxis - in enger Beziehung zu jeweils neuen Produktionsverhältnissen und Systemen der gesellschaftlichen Arbeitsteilung. Sie manifestieren sich also zuerst nicht, wie man meinen könnte, als bewußtseinsmäßige Emanationen und "geistige Strukturen", sondern bilden sich - als materielle Gegebenheiten - gleichzeitig mit ihren ökonomischen Voraussetzungen, deren Transformationen sie "skandieren". So gibt es weder Raum, Zeit noch Sprache "an sich", sondern immer nur bestimmte räumliche, zeitliche und sprachliche Matrizen, die bewirken, daß in den verschiedenen Produktionsweisen auch unterschiedliche Aktualisierungen von Raum-, Zeit- und Sprachformen existieren: die Grundkategorien, "die bei der Konstituierung der modernen Nation ins Spiel kommen, haben eine ganz andere Bedeutung als in der Vergangenheit". Als nur scheinbar "natürliche" Elemente haben "Territorium und historisch-kulturelle Traditionen... im Kapitalismus einen völlig anderen Sinn bekommen" als in den vorausgehenden Produktionsweisen des Feudalismus oder der Antike. (S. 89) Diese maßgebende Form- und Bedeutungsmodifikation bewirkt "ein neues Verhältnis des Staates zu Territorium und Historizität und (führt) so zur modernen Nation und zum Nationalstaat" (S. 90).

(a) "Raum" als nationales Territorium

Bevor die kapitalistische Raummatrix zu einem generellen gesellschaftlichen Organisationsprinzip sich verallgemeinerte, verwirklichte und realisierte sie sich zunächst (prototypisch) in gewissen Produktionseinheiten und Sektoren der Ökonomie, die schon der Phase der maschinellen Großproduktion und industriellen Massenanfertigung zuzurechnen sind. Die Raummatrix der industriell-kapitalistischen Arbeitsteilung, in der diese Produktionsweise die mikro-ökonomische (betriebliche) Arbeitsteilung makro-ökonomisch und gesellschaftlich zusammenfaßt, besteht - anders als die "kontinuierliche" Raummatrix des Feudalismus - aus segmentierten "Reihen" und zellenförmigen Rastern von Raumfraktionen und -parzellen, die auf "diskrete" Weise aneinandergereiht und zusammengefügt sind (prototypisch vergegenständlicht im Taylorismus der Fließbandproduktion).

Nun bleiben aber die Organisationsprinzipien der Fließbandarbeit nicht auf die Fabriken beschränkt - potentiell ist die ganze Welt "Fabrik". Das heißt, die ungenützten Umgebungen der Fabriken, diese Räume zwischen den Produktionsstätten, Distanzen und Lücken, können und werden besetzt, überbrückt und ausgefüllt. Der kapitalistische Raum dehnt sich tendenziell über die ganze Welt aus, vergrößert die von ihm schon besetzten "Flächen", indem er sukzessive die noch außenliegenden Umwelten sich aneignet und assimiliert. Dies gelingt umso leichter, als die unmittelbaren Produzenten, nunmehr auch vom Besitz an den Produktionsmitteln "depossediert" und damit völlig entbunden von den räumlichen Fesseln der feudalen Subsistenzwirtschaft, "frei" im Raum "flottieren". "In diesen Raum sind die Bewegungen des Kapitals und seine erweiterte Reproduktion, die Verallgemeinerung des Austauschs und die Geldströme eingeschrieben. Wenn diese sich von Anfang an nach außen ausdehnen, müssen sie Grenzen eines seriellen und diskontinuierlichen Raumes überschreiten, der in der gesellschaftlichen Teilung der Arbeitsprozesse verankert ist. Die kapitalistischen Produktionsverhältnisse, das ökonomische Eigentum und der Besitz des Kapitals an den Produktionsmitteln implizieren diesen Raum als Zerstückelung des Arbeitsprozesses in kapitalistische Produktions- und Reproduktionseinheiten. Die ungleiche Entwicklung des Kapitalismus ist in seiner verräumlichten Dimension mit dieser diskontinuierlichen Morphologie wesensgleich, die Expansion des Kapitals ist mit dieser irreversibel ausgerichteten Topologie wesensgleich." Mit der bedeutsamen Konsequenz: "Die Anfänge des Territoriums als konstitutives Element der modernen Nation sind in diese kapitalistische Raummatrix eingeschrieben." (S. 96; letzter Satz i. Orig. kursiv.) Wenden wir unsere Aufmerksamkeit nun der spezifischen Bedeutung des kapitalistischen Nationalstaates an diesem Prozeß der Totalisierung der diskret-fraktionierenden Raummatrix in allen Zonen, Bereichen und Abläufen der Gesellschaft zu, dann macht sich sein "rekuperierender" Einfluß auf folgende Weise geltend:

"Der moderne Staat materialisiert in seinen Apparaten (Armee, Schule, zentralisierte Bürokratie, Gefängnisse) diese Raummatrix. Der Staat seinerseits formt die Subjekte, über die er seine Macht ausübt. Denn die Individualisierung des politischen Körpers zu identischen, dem Staat gegenüber jedoch getrennten Monaden beruht auf dem Aufbau des Staates, der in die Raummatrix eingeschrieben ist, die der Arbeitsprozeß impliziert. Die modernen Individuen sind die Bestandteile der modernen Staaten und Nationen. Volk und Nation des kapitalistischen Staates stellen die Zielscheibe eines Raumes dar, dessen Grenzen die passenden Konturen für die materiellen Eroberungen und Verankerungen der Macht bilden. Die segmentierte Kette dieser individualisierten Orte umschließt das Innen des nationalen Territoriums als staatlichen Abschnitt der Machtausübung. Das nationale Territorium ist nur die politische Form der Einfriedung auf der Ebene des totalen Staates... Die unmittelbaren Produzenten werden nur vom Boden befreit, um eingerastet zu werden; in den Fabriken natürlich, aber auch in den Familien im modernen Sinne, in den Schulen, der Armee, den Gefängnissen, den Städten und Territorien der Nation... Daß dieses Territorium dieser oder jener genauen Konfiguration und Topographie folgt, hängt von einer ganzen Reihe historischer (ökonomischer, politischer, linguistischer, usw.) Faktoren ab." Es "wird zum nationalen Territorium und bildet dann über den Staat ein Element der modernen Nation." (S. 97)

Das "Historische", wie es in diesem Zitat von POULANTZAS angesprochen wird, darf - über die Fallstricke empiristisch-historizistischer "Kausal-Erklärungen" existiert ja mittlerweile Klarheit - nur im Sinne der aktuellen Gleichzeitigkeit der Instanzen (bzw. von "Ursache" und "Wirkung") verstanden werden, welche - um es paradox, nämlich unter Beibehaltung des alten Vokabulars, zu formulieren - "Wirkungen" zu notwendigen Voraussetzungen sogenannter "Ursachen" macht. (Offenbar wurde gerade in dieser Hinsicht POULANTZAS von VILAR profund mißverstanden und eines Vergehens bezichtigt, das in Wirklichkeit auf einer historizistischen Projektion des marxistischen Historikers, der VILAR ist, beruht und ausschließlich auf das Konto des "Kritikers" selbst geht.) [34] Wenn vor der Etablierung und Dominanz der kapitalistischen Produktionsweise sich diese auch innerhalb realer geopolitischer Grenzen auszubreiten begann, die im Feudalismus und Absolutismus gezogen wurden, so kann man gleichwohl die neue Produktionsweise mitsamt ihrer räumlichen Matrize nicht im Feudalismus begründen. Die Grenzziehung durch die kapitalistische Produktionsweise und ihre politische Rekuperation durch den kapitalistischen Staat ist ein eigener Entwurf, in dem die reale Präexistenz gegebener, vorgefundener Grenzen sekundär ist, da ihre Bedeutung und Funktion von der neuen Bedeutung/Funktion dominiert wird:

"Die Grenzen und das nationale Territorium gehen der Einigung dessen, was sie umschließen, nicht voraus, denn es gibt nicht zuerst etwas, das innen ist und danach geeint werden muß. Der kapitalistische Staat beschränkt sich nicht darauf, die nationale Einheit zu vollenden, er konstituiert sich vielmehr bei der Herstellung dieser Einheit, d. h. der Nation im modernen Sinne. Der Staat setzt die Grenzen dieses seriellen Raumes in demselben Prozeß, in dem er das eint und homogenisiert, was diese Grenzen einschließen. So wird dieses Territorium zum nationalen Territorium, das tendenziell mit dem Staat und der Nation zusammenfällt, und so deckt sich die moderne Nation tendenziell mit dem Staat, und zwar in einem doppelten Sinn: Entweder deckt sie sich mit dem bestehenden Staat oder sie erhebt sich zum autonomen Staat und konstituiert sich als moderne Nation, indem sie ihren eigenen Staat schafft." (S. 98)

Diese Aussagen belegen die Simultaneität von nationaler Territorialisierung und Individualisierung der Menschen, den vereinzelten "Bestandteilen der modernen Staaten und Nationen". Die kapitalistische Vergesellschaftung der Menschen zu depossedierten unmittelbaren Produzenten erfolgt mit Hilfe der kapitalistischen Staatsapparate und enteignet diese "Individuen" ihrer tradierten kollektiven Identitäten (verankert im Gehöft, in der "Gegend" oder Region) und der ihnen entsprechenden Charaktere und Eigenschaften. Und zwar so, daß die mit bestimmten "Gegenden" korrelierenden beispielsweise ethnischen Eigenschaften, in Maßen sie funktionelle Hindernisse für die neue Produktionsweise darstellten, problematisch und daher - im Augenblick ihrer Erzeugung als Problem - zugleich zum Anlaß genommen wurden, sie zu eliminieren: "Der Nationalstaat verwirklicht die Einheit der Individuen des Volkes und der Nation in derselben Bewegung, in der er ihre Individualisierung gestaltet" (S. 98), daß heißt: kapitalistische Sozialintegration verläuft über das nationalstaatliche Identitätsmuster, das regionale Identität überlagert und tendenziell zum Verlöschen bringt.

In bezug auf das "produzierte" ethnisch inhomogene Milieu eines Nationalstaates neigt dieser also zu einer Nationalisierung der Binnenverhältnisse, einem internen Expansionismus, der ihn auch nach außen festigt und stärkt; seine nach Innen gerichteten "Eroberungsfeldzüge"

"bekommen einen ganz anderen Sinn als in der Vergangenheit: Sie sind nicht mehr Ausbreitung in einen kontinuierlichen und homogenen Raum, den man sich hinzufügt, sondern Expansionen durch Lücken, die man ausfüllt. Man weiß, was dieses Ausfüllen bedeutet: die Homogenisierung der Unterschiede durch den Staat, die Vernichtung der Nationalitäten 'innerhalb' der Grenzen des Staats und der Nation und das Glätten der materiellen Unebenheiten des im nationalen Territorium eingeschlossenen Terrains. Auch die Völkermorde (in ihrer "starken", physischen Variante als Genozid, wie auch in ihrer "zivileren", sozio-psychischen Variante des Ethnozids - W. H.) sind eine moderne Erfindung, die mit der spezifischen Verräumlichung der Staaten und Nationen zusammenhängt; sie sind die spezifische Ausrottungsform der Konstituierung und Säuberung des nationalen Territoriums, das durch Einfriedung homogenisiert wird." Genozid und Ethnozid werden "erst durch das Abschließen der nationalen Räume gegen diejenigen möglich, die durch dieses Abschließen zu Fremdkörpern innerhalb der Grenzen werden". Das sind die Bestrebungen des modernen Etatismus und Totalitarismus: "Trennen und teilen um zu vereinigen, zerstückeln um einzurastern, atomisieren um einzuverleiben, segmentieren um zu totalisieren, einzufrieden um zu homogenisieren, individualisieren, um die Veränderungen und Unterschiede auszumerzen: die Wurzeln des Totalitarismus sind in die Raummatrix eingeschrieben, die der moderne Nationalstaat materialisiert und die schon in seinen Produktionsverhältnissen und der kapitalistischen gesellschaftlichen Arbeitsteilung anwesend sind." (S. 99f)

(b) "Zeit" als nationale Tradition und Geschichte

Auch hier gilt zunächst das schon für die kapitalistische Raummatrix eingangs Gesagte: Zur Verallgemeinerung der kapitalistischen Zeitmatrix, die ebenfalls ihre prototypische Verwirklichung in der Fabrik findet, bedurfte es der industriellen Großproduktion und bestimmter Leistungen des kapitalistischen Staates. Wie die räumliche, so ist also auch die zeitliche Matrix in den betreffenden Produktionsverhältnissen und dem System der gesellschaftlichen Arbeitsteilung impliziert, also primär keine Bewußtseinsmanifestation. Als zweites Element der modernen kapitalistischen Nation unterscheidet sich die kapitalistische Zeitmatrix von den vorausgehenden, durch ihren kreisenden, geschlossenen bzw. religiösen Ewigkeitscharakter geprägten, Zeitmatrizes der Antike und des Feudalismus wieder durch den diskontinuierlichen, präzise quantifizierbaren Charakter. Es gilt, daß

> "Maschinerie und große Industrie und die Fließbandarbeit... eine segmentierte, serielle, in gleiche Momente unterteilte, kumulative und irreversible, da auf das Produkt orientierte Zeit (implizieren); durch das Produkt ist die Zeit auf die erweiterte Reproduktion, die Akkumulation des Kapitals gerichtet. Es handelt sich somit um einen Produktions- und Reproduktionsprozeß, der eine Richtung und ein Ziel, aber kein Ende hat. Die Zeit wird meßbar und streng kontrollierbar durch die Stechuhren, die Uhren der Werkmeister, die genauen Kontrollisten und Kalender." In der Standardzeit werden die Segmente und Serien vereinheitlicht und zugleich universalisiert, zur Weltzeit als Bezugszeit... "Die kapitalistische Zeitmatrix... ist schon im institutionellen Aufbau des Staates und seiner verschiedenen Apparate (...) impliziert. Der moderne Staat materialisiert diese Matrix ebenso in der Formierung der Subjekte, über die er seine Macht ausübt, und in den Techniken der Machtausübung, besonders in den Verfahren zur Individualisierung von Volk und Nation." Die Rolle ihrer Vereinheitlichung fällt dabei dem Staate zu. "Der moderne Staat muß sich die Herrschaft und Kontrolle über die Zeit sichern, indem er Norm und Maß setzt und so den Bezugsrahmen für die Variationen der einzelnen Zeitformen schafft." (S. 105)

An diese Momente und Bestimmungen ist auch Begriff und Inhalt dessen gebunden, was gemeinhin als der jeweilige Sinn der nationalen Tradition und Geschichte zu bezeichnen ist. Denn die kapitalistische Zeitmatrix wird mit Hilfe des Nationalstaates zum generellen Orientierungsprinzip innerhalb der einander konkurrenzierenden Ausdeutungen des Sinnes der einzelnen Geschichten der Völker und Gruppen, die eine ebenfalls wesentliche Rolle für die kapitalistische Kollektivität spielen. Indem der Nationalstaat neue Zusammenhänge in der Deutung des Vorher eines Jetzt, das in die Zukunft, in ein Nachher weist, schafft und das Gesamtgeschehen bedeutungsvoll um sich zentriert, organisiert er auch, durchdringt und monopolisiert er die Gestaltung, Interpretation und Verwendung dessen, was der "staatstragenden" Nation und der in ihr dominierenden Klasse als "ihre" Geschichte und Tradition gilt. Um sie beständig zu realisieren und wachzuhalten, bedient er sich dabei bestimmter "Techniken", wie Gedenktage, Zeremonien und Rituale (und natürlich der Indoktrination mit historischem Bildungswissen). Sie haben die Funktion, die nationale Erinnerung kontinuierlich in jede neue Generation weiterzuverpflanzen, für den sinnhaften Zusammenhang der "signifikanten Ereignisse und Persönlichkeiten" im "Strom" des kollektiven Gedächtnisses zu sorgen. Es gibt also neben dem räumlichen auch einen zeitlichen Expansionismus, der sich auf die Dominanz von "Geschichten" und "Traditionen" über andere bezieht und Erklärungsmoment einer Theorie der Ethnizität darstellt, insofern er das Schicksal der Unterlegenen im Nationalisierungsprozeß wesentlich mitbestimmt:

"Im kapitalistischen Zeitalter ist eine Nation ohne eigenen Staat eine Nation, die ihrer Tradition und Geschichte verlustig geht, denn moderner Nationalstaat heißt auch Auslöschung der Tradition, der Geschichte und der Erinnerung der beherrschten Nationen, die in seinen Prozeß eingeschlossen sind... Dieser Staat führt die moderne Nation ein, indem er die anderen nationalen Vergangenheiten eliminiert und aus ihnen Variationen seiner eigenen Geschichte macht: der moderne Imperialismus ist auch Homogenisierung der Zeitsequenzen und Assimilierung der Geschichten durch den Nationalstaat. Die Forderungen nach nationaler Autonomie und eigenem Staat im modernen Zeitalter bedeuten in der kapitalistischen Historizität die Forderung nach einer eigenen Geschichte." (S. 106)

Die besondere Gewalt des internen Expansionismus besteht aber gerade in der Überschneidung und "Überdeterminierung" der beiden (nämlich räumlichen und zeitlichen) Eroberungsformen, die den internen interethnischen Beziehungen ihren Stempel aufdrückt, indem der moderne Nationalstaat, dieser Staat, der so machtvoll von den bürgerlichen Klassen der dominierenden Ethnie geprägt ist,

"eine besondere Beziehung zwischen Geschichte und Territorium einführt und eine besondere Beziehung zwischen der Raummatrix und der Zeitmatrix zustande bringt, deren Überschneidung und Kreuzung die moderne Nation darstellt. Der kapitalistische Staat setzt die Grenzen, indem er das konstituiert, was innen ist - Volk und Nation -, und das Vorher und Nachher des Inhalts dieser Einfriedung homogenisiert. Die nationale Einheit, die moderne Nation, wird so zur Historizität eines Territoriums und zur Territorialisierung einer Geschichte, zur nationalen Tradition eines Territoriums, die sich im Nationalstaat materialisiert. Die Grenzmarkierungen des Territoriums werden zu Orientierungspunkten der Geschichte, die im Staat vorgezeichnet sind. Die in der Konstituierung der modernen Volksnation implizierten Einfriedungen sind nur deshalb so schrecklich, weil sie gleichzeitig Fragmente einer vom Staat totalisierten und kapitalisierten Geschichte sind. Die Völkermorde beseitigen das, was zu 'Fremdkörpern' im nationalen Territorium und in der nationalen Geschichte wird, zu Ausschließungen aus dem Raum und in der Zeit." Deshalb sind "(d)ie nationalen Forderungen des modernen Zeitalters nach einem eigenen Staat... Forderungen nach einem eigenen Territorium, die so die Forderungen nach einer eigenen Geschichte ausdrücken. Die Prämissen des modernen Totalitarismus existieren nicht nur in der Raum- und Zeitmatrix, die im modernen Staat verkörpert ist, sondern auch und gerade in ihrem vom Staat zusammengefaßten Verhältnis". (S. 107)

(c) Kommunikationsmedium "Nationalsprache"

Damit sind wir beim dritten Grundelement des nationalen Staates, der sprachlichen Matrix, die für sein Funktionieren von herausragender Bedeutung ist, der wahre Hintergrund für all jene Erscheinungen, die man mit der Bezeichnung "Sprachenkampf" umschreibt: Der "Diskurs" des Staates, der auf der gesellschaftlichen Ideologie basiert und aus Befehlen, Verboten und Vorschriften (Recht, Gesetz) besteht, aber auch aus "Erklärungen" und einschärfenden Redundanzen im Sinne der herrschenden Ordnung und Klassen, durch die er eine regulierende und integrierende (synthetisierende) "Funktion in bezug auf die Gesamtheit der Gesellschaftsformation" beansprucht, muß von den Gesellschaftsmitgliedern empfangen, verstanden und angehört werden. Dieses dafür etablierte Medium ist die vereinheitlichte Nationalsprache, die zugleich die Zurückdrängung und schließliche Zerstörung der anderen Sprachen impliziert. "Die Nationalsprache ist für die Schaffung einer nationalen Ökonomie und eines nationalen Marktes erforderlich, aber weit mehr noch für die politische Funktion des Staates." (S. 52) Doch läßt sich ihre Einführung

"weder reduzieren... auf das Problem des gesellschaftlichen und politischen Gebrauchs dieser Sprache und das ihrer Normierung und Reglementierung durch den Staat, noch auf das Problem der von ihr implizierten Zerstörung der beherrschten Sprachen innerhalb des Nationalstaats. Die Nationalsprache ist eine vom Staat in ihrer Struktur selbst grundlegend reorganisierte Sprache (vereinheitlichte Orthographie und Grammatik, W. H.). Diese Sprache ist in die kapitalistische Raum- und Zeitmatrix neu eingegliedert und in die institutionelle Form des Staates gegossen worden, die die intellektuelle Arbeit in ihrer kapitalistischen Trennung von der manuellen Arbeit zusammenfaßt. Die gemeinsame Sprache als konstitutives Element für die moderne Nation ist nicht das einfache Übernehmen einer Sprache durch den Staat, wodurch ihr einfache instrumentelle Verzerrungen zugefügt würden, sondern eine 'Neuschöpfung' der Sprache durch den Staat. Der für die offizielle Sprache einer Nation spezifische linguistische Imperialismus beruht nicht nur auf den Formen ihres Gebrauchs, er ist vielmehr schon in ihrer Strukturierung vorhanden." (S. 107 f)

Mit diesen Hinweisen auf die Funktion der Nationalsprache als drittes Organisationsprinzip kapitalistischer Gesellschaften und Staaten ist meine Auseinandersetzung mit POULANTZAS und seinen intensiven Bemühungen um eine auch die ethnischnationalen Belange einschließenden Theorie des modernen Staates einstweilen abgeschlossen. Ich werde versuchen, bei anderer Gelegenheit - beim Entwurf einer eigenen Theorie der Ethnizität, für die diese Auseinandersetzung eine Vorarbeit leisten sollte - auf sie zurückzukommen.

Anmerkungen

1) Sein genauer Wortlaut: "Die sozialen Klassen im ethnisch homogenen (!) Milieu", in: J. A. Schumpeter, Aufsätze zur Soziologie, Tübingen 1953, S. 147-213.
2) W. Holzinger, "Farewell Dualism" - Stichworte zu einer Theorie der Praxisarten, in: Österreichische Zeitschrift für Soziologie 6 (3/1981), S. 48-73.
3) Vgl. J. Hirsch, Spätkapitalismus oder Industriegesellschaft? Zum Fortgang einer Diskussion, in: Österreichische Zeitschrift für Soziologie 5 (4/1980) (Schwerpunktheft "Staat und herrschende Klassen"), S. 7-14, hier S. 13.
4) Vgl. u. a. A. Césaire, Discourse on Colonialism, (1955), New York-London 1972; F. Fanon, Die Verdammten dieser Erde, (1961), 8. Aufl., Reinbek bei Hamburg 1978, und: A. Memmi, Der Kolonisator und der Kolonisierte. Zwei Portraits, (1966), Frankfurt/Main 1980.
5) F. H. Cardoso - E. Faletto, Abhängigkeit und Entwicklung in Lateinamerika, Frankfurt/Main 1976; A. G. Frank, Die Entwicklung der Unterentwicklung, in: B. Echeverria - H. Kurnitzky (Hrsg.), Lateinamerika - Entwicklung der Unterentwicklung, Berlin (West) 1975, S. 28-43; A. Emmanuel, Unequal Exchange. A Study of the Imperialism of Trade, New York-London 1972; I. Wallerstein, The Modern World-System. Capitalist Agriculture and the Origins of the European World-Economy in the Sexteenth Century, New York-San Francisco-London 1974; derselbe, The Modern World System II. Mercantilism and the Consolidation of the European World-Economy, 1600-1750, New York-London-Toronto-Sidney-San Francisco 1980; M. Hechter, International Colonialism. The Celtic fringe in British national development, 1536-1966, Berkeley-Los Angeles 1975.
6) Vgl. dazu auch D. Senghaas (Hrsg.), Peripherer Kapitalismus. Analysen über Abhängigkeit und Unterentwicklung, Frankfurt/Main 1974; derselbe, Über die Struktur und Entwicklungsdynamik der internationalen Gesellschaft - Zur Problematik von Weltmodellen, in: H. E. Richter (Hrsg.), Dennis L. Meadows u.a.: Wachstum bis zur Katastrophe? Pro und Contra zum Weltmodell, München 1976, S. 35-49; derselbe (Hrsg.), Kapitalistische Weltökonomie. Kontroversen über ihren Ursprung und ihre Entwicklungsdynamik, Frankfurt/Main 1979.
7) Es war J. Chmelar, Die nationalen Minderheiten in Mitteleuropa, Prag 1937, (S. 87), der - wohl nicht nur für die Zwischenkriegszeit und den Ständestaat gültig - darauf aufmerksam gemacht hat, daß dieses Gefühl der Bedrohtheit, in dem ein gewisses Maß an unbewußtem Schuldeinbekenntnis als gewalttätiger Kolonisator/Assimilator der Minderheit mitschwingen mag, insoferne berechtigt ist, als die Grenze zum Nachbarstaat möglicherweise tatsächlich instabil ist. Aber aus einem ganz anderen Grund, als die Kolonisatoren es unterstellen, denn der Grund <u>liegt bei ihnen selbst:</u>
"Im ganzen ist offenbar, daß die nationalen Minderheiten in Österreich infolge ihrer geringen Anzahl kein Element darstellen, das die innere Politik, die kulturelle Entwicklung oder die Beziehungen des Staates zum Ausland in ernsterer Weise komplizieren könnte. <u>Nur der slowenischen Minderheit</u> in Kärnten kommt in diesem Sinne eine gewisse Bedeutung zu, u. zw. hauptsächlich deshalb, weil sie längs die österreichisch-südslawischen Grenze siedelt, in einem Gebiet also, das zwischen beiden Staaten strittig war, und weil in der nationalbewußten slowenischen Bevölkerung dieses Gebiets ebenso wie in Jugoslavien auch jetzt noch die Überzeugung obwaltet, daß der Anschluß dieses Gebiets an Jugoslavien die gerechteste Lösung des slowenischen Minderheitsproblems in Österreich darstellen würde. <u>Die Germanisierungspolitik der österreichischen Behörden trägt an dem Fortbestehen dieser Überzeugung die Hauptschuld. Sicherlich würde ein weitergehendes Wohlwollen gegenüber den Kärntner Slowenen</u> - besonders was das kulturelle Leben

anlangt - auch diesen Teil der österreichischen Grenze endgültig stabilisieren." (Meine Hervorhebungen)

8) Ich verweise dazu bes. auf H. Haas, Ansätze zu einer Strukturanalyse minderheitenfeindlicher Politik, in: Österreichische Zeitschrift für Politikwissenschaft 6 (2/1977) (Schwerpunktheft "Minderheiten und Nationalitätsprobleme"), S. 147-162. In dieser Arbeit wird versucht, für die Zeit nach dem Ersten Weltkrieg (1920-1930) versteckte und offene, beabsichtigte und unbeabsichtigte Formen und Strukturen einer politisch-ideologischen Arbeitsteilung zwischen Staats- und Landesregierung, Parteien und ihren Landesorganisationen sowie Verbänden und Organisationen (wie dem Vorgänger des heutigen KHD) aufzudecken, die direkt oder indirekt darauf abzielte, die Existenz der slowenischen Volksgruppe in Kärnten in den verschiedensten (finanziellen, schulischen, politischen usf.) Belangen zu unterminieren. Wenn Haas davon spricht (vgl. S. 147), daß seiner Arbeit noch die notwendigen Voraussetzungen für eine theoretisch geschlossene Gesamtanalyse fehlten (trotzdem scheint sie in dieser Hinsicht durchaus ergiebig), so möchte ich meinen eigenen, vorliegenden Beitrag als den Versuch verstehen, diese theoretischen Voraussetzungen (ansatzweise) "nachzuliefern".

9) L. Althusser, Ideologie und ideologische Staatsapparate, Hamburg-Berlin (West) 1977, S. 108-168.

10) N. Poulantzas, Staatstheorie. Politischer Überbau, Ideologie, Sozialistische Demokratie, Hamburg 1978. Alle eingerückten Zitate dieses Aufsatzes stammen, wenn nicht ausdrücklich anders vermerkt, aus diesem Werk!

11) Vgl. Ch. Butterwegge, Probleme der marxistischen Staatsdiskussion, Köln 1977, Kap. 4.

12) Diese Problem wurde unlängst durch DIE ZEIT (Nr. 7-11/1981) aufgegriffen. Vgl. u. a. auch P. Brandt - H. Ammon (Hrsg.), Die Linke und die nationale Frage. Dokumente zur deutschen Einheit seit 1945, Reinbek bei Hamburg 1981.

13) Interessanterweise wissen wir von ENGELS, daß er sich - unabhängig von dem kritisierten Hang zu naturwissenschaftlich geprägter Verbildlichung der dialektischen Methode - der latenten Gefahr eines Ökonomismus im Marxismus bewußt war. Dies belegt u.a. der wichtige Brief an Joseph Bloch vom 21./22. September 1980! In diesem Brief entfaltet er zunächst in aller Kürze, was nach materialistischer Theorie die Rede von der "letzten Instanz" der Ökonomie zu bedeuten hat, die diese vom Vorwurf der ausschließlichen und einzigen Determination entlaste. Gegen Ende des Briefes begründet ENGELS schließlich, weshalb er und MARX in der Betonung der Ökonomie für die Gesellschaft immer "übertrieben" hätten: "Daß von den Jüngeren zuweilen mehr Gewicht auf die ökonomische Seite gelegt wird, als ihr zukommt, haben Marx und ich teilweise selbst verschulden müssen. Wir hatten, den Gegnern gegenüber, das von diesen geleugnete Hauptprinzip zu betonen, und da war nicht immer Zeit, Ort und Gelegenheit, die übrigen an der Wechselwirkung beteiligten Momente zu ihrem Recht kommen zu lassen." So jedenfalls in der "reinen" Theorie, die in ihrer "Anwendung" etwa auf die französische Geschichte ("Der 18. Brumaire des L. Bonaparte") freilich die Dinge wieder zurechtrückte: "... sowie es zur Darstellung eines historischen Abschnitts, also zur praktischen Anwendung kam, änderte sich die Sache, und da war kein Irrtum mehr möglich (bezüglich der mitspielenden politischen, ideologischen etc. Faktoren - W. H.). Es ist aber leider nur zu häufig, daß man glaubt, eine neue Theorie vollkommen verstanden zu haben und ohne weiteres handhaben zu können, sobald man die Hauptsätze sich angeeignet hat, und das auch nicht immer richtig. Und diesen Vorwurf kann ich manchem neueren 'Marxisten' nicht ersparen, und es ist da dann auch wunderbares Zeug geleistet worden." (F. Engels, Brief an Joseph Bloch, in: MEW, Bd. 37, Berlin (Ost) 1967, S. 462-465, insb. S. 465).

14) G. Vobruba - E. Tálos, Editorial, in: Österreichische Zeitschrift für Politik-

wissenschaft 9 (4/1980), S. 395-397, hier S. 395.
15) Ein von J. Gabriel - G. Ben-Tovim, Marxism and the concept of racism, in: Economy and Society 7 (2, May 1978), S. 118-154, verwendeter Begriff, um - in Anlehnung an Althussers Kritik der Hegelschen "Ausdrucks-Dialektik" - jene Theorien zu beanstanden, die - etwa nach der Art der alten Wissenssoziologie - ein bestimmtes Phänomen (z. B. das "Bewußtsein") als unmittelbaren "Ausdruck" eines verursachenden Faktors (des "gesellschaftlichen Seins"), der die "Wahrheit" dieses abgeleiteten Phänomens sei, begreifen und damit diesem Phänomen seine relative Selbständigkeit absprechen.
16) Vgl. M. Matzka, Vom Wesen und Wert juristischer Staatstheorie, in: Österreichische Zeitschrift für Politikwissenschaft 9 (4/1980) (Schwerpunktheft "Staatstheorien"), S. 461-473, hier S. 466.
17) Vgl. u.a. Althusser, Ideologie und ideologische Staatsapparate, S. 114 ff.
18) Holzinger, "Farewell Dualism".
19) Vgl. L. Althusser, Antwort an John Lewis, in: H. Arenz - J. Bischoff - U. Jaeggi (Hrsg.), Was ist revolutionärer Marxismus? Kontroverse über Grundfragen marxistischer Theorie zwischen Louis Althusser und John Lewis, Berlin (West) 1973, S. 35-76; derselbe, Elemente der Selbstkritik, Berlin (West) 1975; derselbe, Ideologie und ideologische Staatsapparate.
20) Man soll sich davor hüten, den Kampfesbegriff zum bloßen ideologischen Agitationsmittel zu degradieren, um ihm derart jede analytische Qualität abzusprechen. Ist er bei MARX (als "Klassen"-Kampf) eine auf die Gesellschaftsgeschichte "angewandter" philosophischer Begriff, so bei DARWIN, GUMPLOWICZ naturgeschichtlich bzw. rassenbiologisch ausgedeutet. Und WEBER wäre in etwa - durch seinen Beziehungs-theoretisch gefaßten Begriff des Kampfes als "soziale Auslese" - in die Mitte dieser Positionen zu stellen. Wie auch immer gefaßt: der Begriff existiert, und seine Existenz darf sich nicht irritieren lassen durch soziale Konjunkturen, die ihn scheinbar widerlegen.
21) Eine andere, ebenfalls auf diesen Prämissen basierende - und ganz vorzügliche - Analyse dieses Sachverhalts findet sich bei G. Lenhardt - C. Offe, Staatstheorie und Sozialpolitik. Politisch-soziologische Erklärungsansätze für Funktionen und Innovationsprozesse der Sozialpolitik, in: Ch. von Ferber/F.-X. Kaufmann (Hrsg.), Soziologie und Sozialpolitik (Kölner Zeitschrift für Soziologie und Sozialpsychologie, Sonderheft 19/1977), S. 98-127, hier S. 98-113.
22) Holzinger, "Farewell Dualism".
23) Althusser, Ideologie und ideologische Staatsapparate, S. 108.
24) Vgl. P. Vilar, On Nations & Nationalism, in: Marxist Perspectives 2 (1, Spring 1979), S. 8-29.
25) Vgl. dazu K. Marx, Einleitung zur Kritik der Politischen Ökonomie, in: MEW, Bd. 13, Berlin (Ost) 1975, S. 615-642, hier S. 625.
26) Derselbe, S. 630 f.
27) Vgl. S. 631 ff.
28) Im gegenwärtigen Stadium der kapitalistischen Entwicklung scheint die sie immer begleitende "Widerständigkeit" seitens derjenigen, die unter Konjunktur- und Krisenzyklen besonders zu leiden haben (doch über Klassenbenachteiligung hinaus die Möglichkeit eines Rückgriffes auf ihren Status als unterdrückte Ethnie nützen können, der ihnen ihre Situation "erklärt" und ihren Protest "legitimiert"), in eine neue Phase eingetreten zu sein. Die sogenannte Renaissance der Nationalitäten und Volksgruppen hat ihre hauptsächliche Ursache darin, daß die kapitalistische, nationalstaatlich organisierte Gesellschaft nicht notwendig ihre völlige Vernichtung impliziert; bei der Nationalisierung einer Gesellschaft handelt es sich vielmehr nur um eine - einmal mehr, einmal geringer durchschlagende - "Tendenz", die durch die gegenwärtige Unterminierung nationalstaatlicher Machtbefugnisse und Herrschaftstechniken (Internationalisierung der Produktion und Kapitalverwertung

einerseits, regionalistische Bewegungen andererseits) offenbar unterlaufen wird. Dadurch treten - neben zunehmender Peripherisierung - auch gewisse positive Möglichkeiten des Protestierens auf, die von einzelnen Gruppen der Betroffenen (eher von den ethnischen Minoritäten als den entsprechenden sozialen Klassen) genützt werden.

29) Vgl. W. Connor, Nation-Building or Nation-Destroying?, in: World Politics 24 (April 1972), S. 319-355, und H. Krüger, Nationalitätenrecht und Regionalisierung als Mittel zur inneren und äußeren Friedenssicherung, in: Der Donauraum 23 (1/1978), S. 34-36, hier S. 34. Ihren Angaben nach gibt es derzeit nur in ca. 10 % aller Staaten eine ethnisch einheitliche Bevölkerung! Daß "Nationalisierung", d. h. Homogenisierung pluri-ethnischer Staaten zu einem "ethnischen Einheitsvolk", aus welchen Gründen auch immer, nach wie vor unabgeschlossen ist, bedürfte vor allem Analysen, die genauer und speziell die besonderen gesellschaftlichen, politischen und historischen Verhältnisse der einzelnen Kontinente und Gesellschaftssysteme thematisieren.
30) Grundlegend für dieses Studium der Übergangsproblematik vom Feudalismus zum Kapitalismus P. Sweezy - M. Dobb et al., Der Übergang vom Feudalismus zum Kapitalismus, Frankfurt/Main 1978.
31) Vgl. Vilar, On Nations & Nationalism, insb. S. 19.
32) So der grundsätzliche Ansatz bei Wallerstein und Frank!
33) Vgl. bes. C. von Braunmühl, Die nationalstaatliche Organisiertheit der bürgerlichen Gesellschaft. Ansatz zu einer historischen und systematischen Untersuchung, in: H.-G. Backhaus - G. Brandt et al. (Hrsg.), Gesellschaft - Beiträge zur Marxschen Theorie 8/9, Frankfurt/Main 1976, S. 273-334.
34) Vgl. Vilar, On Nations & Nationalism, insb. S. 10 f. und 15 f.

Gerhard Steingress

DIE KÄRNTNER VOLKSABSTIMMUNG UND DAS SELBSTBESTIMMUNGSRECHT DER NATIONEN

Kritische Anmerkungen zu einem problematischen Faktum

Vorbemerkung

Diese Arbeit ist erster Versuch, eine sehr komplexe und umstrittene Materie zu behandeln. Die dabei aufzuzeigende Dialektik von Sozialem und Nationalem einerseits, von Soziologischem und Historischem andererseits ist Gegenstand der Untersuchung, die primär unter soziologischer Perspektive und am Beispiel der nationalen Frage in Kärnten erfolgen soll. Ich maße mir dabei nicht an, optimale und alle zufriedenstellende Erklärungen zu liefern. Vielmehr sollen diese als Beitrag zu einer Diskussion aufgefaßt werden, die schon lange und zum Teil sehr kontrovers geführt wird. Dies vor allem deshalb, weil es sich um eine Materie handelt, die engstens mit der Gegenwart, mit lebenden Menschen, politischen Systemen und Ideologien zusammenhängt. Auch in Österreich ist die nationale Frage noch nicht "gelöst". Das Werden einer genuin österreichischen Nation datiert nicht lange, das ihr entsprechende Bewußtsein, die nationale Identität, ist - was die empirische Seite betrifft - erst in Entwicklung (Durchsetzung) begriffen, instabil und keinesfalls homogen, ja, von deutschnationalen und neofaschistischen Kräften heftigst bekämpft. Ein nationaler Chauvinismus in "Österreichs Farben" ist eines der Nebenprodukte dieses widersprüchlichen Werdens und äußert sich unter anderem in der Schwäche, die innerhalb Österreichs lebenden nationalen Minderheiten als gleichberechtigte behandeln zu können.

Mir geht es darum, bestimmte historische Wurzeln dieser Schwäche und ihre Kontinuität bis in die Gegenwart aufzuzeigen. Dabei konzentriere (oder beschränke) ich mich auf die Rolle der Sozialdemokratie, weil ich in ihr d i e gestaltende gesellschaftliche Kraft nicht nur der hiesigen Arbeiterbewegung, sondern darüber hinaus der jüngeren österreichischen Geschichte überhaupt sehe und daher auch jene Kraft, die für manche, von mir und anderen als negativ eingeschätzte, Entwicklungstendenz (mit)verantwortlich ist. Es ist aus verschiedensten Gründen nicht möglich, auf eine Gesamtdarstellung der historischen Situation und der schwierigen Lage einzugehen, in der die Sozialdemokratie daranging, die Arbeiterklasse in Österreich politisch zu formieren, auf eine Darstellung, in der vor allem das bürgerlichkonservative und das deutschnationale Lager gebührender Kritik zu unterziehen wären. Die schwierigste Lage und der aufopferungsvollste Kampf der Arbeiterklasse und ihrer Organisationen dürfen aber nicht zur Rechtfertigung falscher (oder als falsch gewerteter) theoretischer Auffassungen und praktischer Handlungsweisen dienen, wenngleich Verständnis dafür durchaus erwachsen mag. Verstehen und Akzeptieren aber ist nicht dasselbe, eine Identifizierung beider Aspekte wäre bloße Apologie.

Die leidvollen geschichtlichen Erfahrungen der Arbeiterbewegung beweisen immer wieder, daß der kleinste Fehler in zentralen politischen und ideologischen Fragen katastrophale Auswirkungen und Folgen vor allem für die Arbeiterbewegung selbst nach sich ziehen kann. Daß derartiges passiert und unvermeidbar sein dürfte, steht wohl fest; ebenso aber, daß solche Fehler schonungslos aufgezeigt, diskutiert und in praktischen Konsequenzen überwunden werden müssen.

Ich möchte daher dort Gräben aufreißen, wo falsch verstandenes Wohlmeinen und "Verständnis" oberflächlichen Einklang erzwangen, wo inhaltlich Unterschiedliches, zutiefst Gegensätzliches pragmatisch vermengt und als Integrationsideologie aufgetischt wird. Natürlich ist es schwer, historisch-retrospektiv die ganze Kompliziertheit der Situation und die Intentionalität einstmals handelnder Persönlichkeiten zu erfassen. Ein solches Unterfangen verliert sich nur zu oft in peinlicher Deskription und nichtssagender, psychologisierender Relativierung. Vom Standpunkt der Soziologie aus gilt es, die als wesentlich angesehenen Fakten in einen gesellschaftstheoretisch schlüssigen Zusammenhang zu bringen, in den Kritik als methodische Voraussetzung eingegangen ist. Dabei ist es durchaus zulässig, den "Bogen zu überspannen", um bestimmte Sachverhalte deutlich genug hervorzuheben.

Wenn ich davon ausgehen darf, daß im Umfeld meines Themas viele Fragen angeschnitten werden, aber unbeantwortet bleiben müssen, so soll meine genuin soziologische Sichtweise beim Versuch einer interdisziplinären Verarbeitung des historischen Stoffes nicht der Diffamierung dieser oder jenen Person beziehungsweise Gruppe dienen, unzulässige Verallgemeinerungen suggerieren, sondern das Allgemeine, das Kennzeichnende hervorheben, wie es sich im alltäglichen Geschehen vielfältig verbrämt äußert, um, darauf aufbauend, politische Wertungen zu begründen.

> "Es kommt überall nicht mehr darauf an,
> Zusammenhänge im Kopf auszudenken,
> sondern sie in den Tatsachen zu entdecken."
>
> (Friedrich Engels)

Gerhard Steingress

Einleitung

Die Kärntner Volksabstimmung des Jahres 1920 und ihr Ergebnis, die Zuordnung Südkärntens zur Republik Österreich, gelten heute allgemein als unumstrittene historische Tatsachen. Unterschiede existieren, was deren politische und sozialwissenschaftliche (daher auch historische) Bewertung betrifft. Die Erscheinungsformen des Minderheitenkonfliktes und die fast fanatische Überhöhung des Datums der Volksabstimmung durch deutschnationale, chauvinistische und minderheitenfeindliche Kräfte in Österreich einerseits, sowie der Einfluß andererseits, den sie - vermittelt über "Traditions"pflege, Aufmärsche und einen deformierten Heimatbegriff - auf die breite Öffentlichkeit Kärntens bis hinein in die drei herrschenden Parteien ausüben, nähren den Eindruck eines täglichen "Abwehrkampfes" und einer "Volksabstimmung" als "p l e b i s c i t e d e t o u s l e s j o u r s" (Ernest Renan). Diese Kärntner Eigenart kulminiert in einem diffus-vordergründigen Verständnis von "Heimattreue" und "Einheit", dem sich selbst die führenden Kräfte der Sozialdemokratie durchaus im Interesse des deutschnationalen und reaktionären Lagers dieses Landes untergeordnet haben. Die Verknüpfung von Sozialdemokratie und deutschnationaler Politik in Kärnten hat dabei ihre besondere Eigenart und Geschichte. Meine Hauptthese ist, daß dies über die sozialökonomischen und politischen Bedingungen und Verhältnisse Kärntens hinaus mit der Art und Weise zusammenhängt, in der die österreichische Sozialdemokratie seit dem ausgehenden 19. Jahrhundert die nationale Frage theoretisch-ideologisch behandelt und in Politik umgesetzt hat.

So waren weder der von Exponenten der österreichischen Sozialdemokratie anfänglich vertretene "naive Kosmopolitismus" (Otto Bauer), noch der nachfolgende "nationale Revisionismus" und Opportunismus in dieser Frage wissenschaftlich begründbar. Wo ein derartiger Anspruch seitens des Austromarxismus gestellt wurde - wie zum Beispiel von Otto Bauer - handelte es sich im wesentlichen um die Übernahme bürgerlich-idealistischer Auffassungen und Begrifflichkeiten in das Gedankengut der Arbeiterbewegung.

Anders als die Austromarxisten ging etwa zur gleichen Zeit Wladimir Iljitsch Lenin an die Aufarbeitung der nationalen Frage heran. Sein Konzept und die damit begründete Forderung vom "Selbstbestimmungsrecht der Nationen" waren als logische Konstrukte aus der Behandlung der nationalen Frage im zaristischen Rußland und dem nachfolgenden multinationalen Sowjetstaat hervorgegangen. Sie haben sich seither als zentraler Ausgangspunkt jeglicher Handhabung der nationalen Frage bewährt. Nicht nur im Kampf gegen den Zarismus und den Hitlerfaschismus, sondern ebenso im antiimperialistischen Befreiungskampf der Völker hat die Forderung nach dem Selbstbestimmungsrecht der Nationen seine Aktualität im Rahmen der weltweiten Klassenauseinandersetzungen bewahrt und seinen Niederschlag gefunden. Der theoretisch-wissenschaftliche wie politisch-ideologische Kern hierbei ist die Erkenntnis vom objektiven historischen Charakter der Nation beziehungsweise der Nationalität, vom engen Zusammenhang der nationalen mit der sozialen Frage sowie von nationalem Befreiungskampf und Klassenkampf.

Der Komplexität dieser politischen Kategorie und ihrer praktischen Konsequenzen entsprechend vielfältig waren und sind die Versuche und dabei angewandten Methoden einer ideologischen Aufweichung und Verfälschung dieser Erkenntnis. Wie insbesondere auch am Beispiel der Kärntner Volksabstimmung aufgezeigt werden kann, geht es demnach nicht nur darum, die nationale Frage von der sozialen zu trennen, sie dem Klassenkampf (eben im Sinne einer diffusen, nationalistisch verzerrten "Einheit") gegenüberzustellen anstatt unterzuordnen, sondern auch um Legitimierungsversuche, nämlich den besonderen Charakter der "Volksabstimmung" in Einklang mit dem demokratischen Gehalt des Selbstbestimmungsrechtes der Nationen zu bringen. Unter anderem wird dies dadurch versucht, indem der <u>Begriff der Nation durch Surrogate anderen soziologischen Gehalts ersetzt wird, um bestimmte, gewünschte politische Effekte zu erzielen.</u> So ist etwa die Rede vom "Selbstbestimmungsrecht K ä r n t e n s" [1] oder aber - wie es bereits in der am 11. Oktober 1918 abgegebenen Erklärung der vorläufigen Kärntner Landesversammlung heißt - vom "Selbstbestimmungsrecht der B e w o h n e r" des ehemaligen Herzogtums Kärnten einschließlich seiner "gemischtsprachigen Siedlungsgebiete" [2]. Mehr als sechs Jahrzehnte danach spricht der Kärntner Landeshauptmann und Sozialdemokrat Leopold Wagner von der "Volksabstimmung" als Ausdruck der "Selbstbestimmung der K ä r n t n e r i n n e n und K ä r n t n e r" [3]. Die Kontinuität dieser begrifflichen Wirrnis, wie sie auch von Janko Pleterski und seinem Hinweis auf die bereits vom sozialdemokratischen Landeshauptmann Kärntens, Florian Gröger, im Jahr 1919 vorgenommenen Vermischung der Begriffe "Bevölkerung" und "Volk" festgestellt wurde [4], hat ihre tieferen ideologischen Ursachen und ist nicht zufällig zur Grundlage der gesamten nationalen Agitation der Sozialdemokratie gemacht worden.

Die Logik der Verwässerung und begrifflichen Umdeutung des eigentlichen Gehaltes des Selbstbestimmungsrechts der Nationen scheint bereits die Kärntner Volksabstimmung des Jahrs 1920 geprägt zu haben und kann als wichtiger Bestandteil dieser historischen Tatsache angesehen werden. Damit ist angedeutet, daß die Volksabstimmung nicht als isoliertes, von den gesellschaftlichen Verhältnissen dieser Zeit und dieses Raums abgehobenes Datum verstanden werden darf, sondern sich notwendigerweise dabei die Frage nach der Verknüpfung von "Historischem" und "Logischem" stellt. <u>Sowenig die Volksabstimmung ein Zufall in der Geschichte war,</u>

sowenig war dies ihr Ergebnis und ist es der gesamte Komplex ihrer ideologischen und politischen Bedeutung. Vom soziologischen Erkenntnisinteresse her sind bestimmte historische Tatsachen nicht nur Ausgangspunkte der eigentlichen wissenschaftlichen Arbeit und Auseinandersetzung mit der gesellschaftlichen Realität, sondern eine solche Vorgangsweise ist vielfach Anlaß zu umfassender Diskussion und stellenweiser Polemik zwischen den Vertretern der materialistischen (marxistischen) und idealistischen Geschichtsauffassung geworden [5]. Indem "Soziologie mit Geschichte zu tun" [6] hat, begreift sie Gesellschaft aus historisch-genetischer und strukturell-theoretischer Sicht. Als historische Tatsache stellt sich die Kärntner Volksabstimmung folglich als eigenständiges, historisch unverrückbares Ereignis und gleichzeitig als Ausdruck gesellschaftlicher Entwicklung dar, deren Gesetzmäßigkeiten und Strukturen Soziologie zu fassen sucht. So gesehen ist eine historische Tatsache kein bloßes Datum, welches anderen Daten zuordenbar wäre und Geschichte damit als konglomerierten Datenkomplex erscheinen ließe, sondern es handelt sich dabei um einen "Schnittpunkt zahlreicher gesellschaftlicher Verhältnisse" [7]. Damit aber ist eine historische Tatsache stets Ausdruck beziehungsweise Moment eines umfassenderen "Allgemeinen". Dieses "Allgemeine" aufzuspüren, im "Konkreten" sichtbar zu machen und theoretisch darzulegen, begreift Soziologie als ihr Erkenntnisinteresse. Dabei ist auf die Vielfältigkeit des Ausdrucks und der Erscheinungsformen gesellschaftlicher Verhältnisse selbst in ein und derselben Gesellschaft und Epoche Bedacht zu nehmen. Gesellschaftliche Verhältnisse schlagen sich als logische Bestimmungsgrößen konkreter historischer Ereignisse unter anderem auch im ideologischen Gehalt von Aussagen, theoretischen Konzepten und politischen Programmen nieder. Diesen Produkten des Bewußtseins kommt aber insofern mehr als nur historische Bedeutung zu, als sie nicht nur aus soziologisch relevanten Ursachen heraus entstehen, sondern (ebenso soziologisch relevant) Handeln und damit Gesellschaft mit verursachen, also an der logischen Konstruktion des Historischen teilhaben. Nur vor dem Hintergrund dieses Zusammenhangs und der dabei erforderlichen Differenzierung kann die Frage nach den theoretischen und ideologischen Ursachen oder Faktoren für die eigentümliche Haltung der Sozialdemokratie gegenüber dem Selbstbestimmungsrecht der Nationen annähernd exakt beantwortet werden. Wenngleich die Sozialdemokratie um die Jahrhundertwende zweifellos sozialökonomisch und politisch die Klassenpositionen des Proletariats vertrat und verkörperte, so war gerade in der nationalen Frage bereits eine starke ideologische Affinität zu bürgerlich-nationalistischen Bewußtseinsgehalten festzustellen. Diese paradoxe Allianz auf der Ebene des "Überbaus" war stellenweise und zeitweise so offensichtlich geworden, daß sich die geistigen Führer der Sozialdemokratie wiederholt und vehement vom Nationalismus der Bourgeoisie verbal zu distanzieren versuchen mußten. In der Praxis allerdings war gerade der Nationalismus bis hin zum Deutschnationalismus ein geistiges Bindeglied zwischen den politischen Lagern, Grundlage für den Opportunismus, und es gab diesbezüglich keine prinzipiell unterschiedlichen oder gar gegensätzlichen Positionen zwischen dem Bürgertum und der Sozialdemokratischen Partei. Der Streit schien eher um den Ton und die Schärfe bei der Formulierung nationalistischer Losungen zu gehen und meines Erachtens hat sich an diesem Zustand bisher nichts wesentliches geändert, wie der Fall Kärntens zeigt. Ebenso scheint es mir, daß diese Allianz des Nationalismus eine wesentliche Ursache im Fehlen einer wissenschaftlichen Bestimmung von Grundlagen, Entstehung und Bedeutung der Nationen und der nationalen Frage im Kapitalismus hatte und damit auf der ideologischen Ebene dem sozialdemokratischen Opportunismus in dieser Frage Tür und Tor geöffnet waren, was einen Zustand bewirken mußte, der voll in das Konzept auch des Kärntner Deutschnationalismus paßte. Die austromarxistische Revision aller zentralen Erkenntnisse vom Klassencharakter der bürgerlichen Gesellschaft und die daraus folgende "Anreicherung" des historischen und dialektischen Materialismus mit bürgerlich-idealistischen Auffassungen hat so auch in der nationalen Frage zum Reformismus geführt.

Diese thesenhaften Behauptungen sollen im folgenden untersucht werden. Dabei liegt der Akzent vorerst auf einer kurzen, überblicksmäßigen Sichtung der historischen Grundlagen, wobei ich mich auf die politische Dimension konzentriere, das heißt, auf den genaueren Inhalt und die Bedeutung des Selbstbestimmungsrechts der Nationen (Kapitel I). In einem zweiten Teil (Kapitel II) geht es mir um die ideologischen und theoretischen Hintergründe, die zur austromarxistischen Variante der Behandlung der nationalen Frage bzw. zur Verfälschung des nationalen Selbstbestimmungsrechts führten, wobei vor allem die Rezeption dieser Problematik durch die führenden Kräfte der österreichischen Sozialdemokratie in der Zeit des ausgehenden 19. Jahrhunderts bis über das Datum der Volksabstimmung hinaus im Mittelpunkt steht. Da dies nur gemeinsam mit einer zumindest ansatzweisen Darstellung des sozialwissenschaftlichen Verständnisses von "Nation" und "nationaler Frage" zu jener Zeit sinnvoll ist, sei mir ein begrifflicher und ideologiekritischer Exkurs darüber erlaubt. Geht es dabei vorerst um eine kurze Darstellung der zentralen Positionen Otto Bauers (Kapitel III), soll danach ein Überblick der wichtigsten bürgerlichen Positionen versucht werden (Kapitel IV). Nur dadurch kann nachgewiesen werden, wie sehr das Verständnis der nationalen Frage durch die Sozialdemokratie vom bürgerlichen Nationalismus monarchistischer wie deutschnationaler Prägung beeinflußt war und dies die Arbeiterbewegung in jene verhängnisvolle Lage brachte, in der sie sich am Vorabend des Ersten Weltkrieges voll der nationalistischen Hetze anschloß und weshalb man ihr (zu Recht, wie ich meine)

Verrat an den Zielen der revolutionären Arbeiterbewegung vorwirft [8]. Vor diesem Hintergrund wird der Prozeß der "Anpassung" des Selbstbestimmungsrechts der Nationen an die spezifischen Kärntner Verhältnisse wie auch deren Auswirkungen auf die nationalen Verhältnisse in diesem Raum zum Gegenstand des fünften und abschließenden Kapitels.

I

Hatten sich Marx und Engels schon wiederholt und relativ ausführlich mit der Frage der Entstehung der Nationen, ihren Grundlagen und dem Wesen dieses gesellschaftlichen Prozesses in der Phase des Übergangs vom Feudalismus zum Kapitalismus beschäftigt [9], so fand diese Thematik erst mit der drohenden Zuspitzung der nationalen Gegensätze in der Phase des beginnenden Zerfalls der Habsburgermonarchie breiteren Eingang in die österreichische Arbeiterbewegung. Dies deshalb, weil die Sozialdemokratie lange Zeit hindurch bemüht war, die nationale Frage aus ihrer Politik zu verbannen, in der irrigen Meinung, es handle sich dabei nur um eine "bourgeoise Auseinandersetzung", der gegenüber Indifferenz angebracht wäre. Anders verhielt sich die russische Sozialdemokratie. Lenin erkannte schon sehr früh die Bedeutung der nationalen Frage für den Kampf des russischen Proletariats gegen den Zarismus und leitete daraus die Forderung nach dem Selbstbestimmungsrecht der Nationen einschließlich des Rechts der politischen Lostrennung ab. Die verblüffend anmutende Gegensätzlichkeit der politischen Behandlung ein und derselben Problematik innerhalb der Sozialdemokratien Rußlands und der österreichisch-ungarischen Monarchie wirft die Frage nach den Ursachen hierfür auf. Sicherlich war der gesellschaftliche Kontext der nationalen Frage in beiden Reichen nicht identisch, wohl aber im großen und ganzen ähnlich gelagert. Ebenso sicher dürfte sein, daß die geistigen Führer der Sozialdemokratie nicht auf eine von Marx und Engels ausgearbeitete Theorie der Nationen zurückgreifen konnten, denn eine solche gibt es nicht. Auch dürfte Friedrich Engels in seinen Äußerungen zur nationalen Frage seiner Zeit nicht immer frei von nationalistischen Überschätzungen gewesen sein [10]: ein Vorwurf, den manche Autoren gelegentlich dazu benutzen, Marx und Engels eine inkonsequente, ja nihilistische Haltung zur Nation und zur nationalen Frage zu unterstellen und hierbei meist auch noch die Begriffe "Nation" und "Nationalismus" vermengen [11]. Bei Berücksichtigung aller Einwände muß dennoch mit Lenin auf das Interesse hingewiesen werden, mit dem vor allem Marx die nationale Frage etwa am Beispiel Irlands und Polens untersuchte:

"Es unterlag für Marx keinem Zweifel, daß im Vergleich mit der 'Arbeiterfrage' die nationale Frage von untergeordneter Bedeutung ist. Aber von einer Ignorierung der nationalen Bewegung ist seine Theorie himmelweit entfernt." (12)

Diese Ansicht Lenins wurde seither von namhaften Gesellschaftswissenschaftlern wiederholt untermauert [13] und selbst Mommsen muß zugeben, daß die Aussagen von Marx und Engels zur nationalen Frage voll im Einklang mit dem historischen Materialismus stehen [14]. Die unterschiedlichen Auffassungen zur nationalen Frage innerhalb der internationalen Sozialdemokratie resultierten hingegen einerseits (und was Lenin betrifft) aus der konsequenten Weiterentwicklung der Grundsätze und theoretischen Formulierungen des Marxismus, seiner schöpferischen Weiterentwicklung und Anwendung auf die konkreten sozialen und nationalen Verhältnisse im zaristischen Rußland, andererseits (was die Austromarxisten betrifft), aus dem wachsenden Revisionismus. Es war nämlich Otto Bauer selbst, der den "nationalen Revisionismus" als erste Form des "politischen Revisionismus" bezeichnete [15]. Somit erhält Lenins Konzept des Selbstbestimmungsrechts der Nationen eine spezifische ideologische Bedeutung, wie sie der Auseinandersetzung mit den verschiedenen Formen des politischen Revisionismus einschließlich seiner "linken" Spielarten entstand. Ebenso wie Lenin den unterschwelligen Nationalismus Bauers aufzeigte, deckte er den illusionären und sektiererischen Standpunkt Rosa Luxemburgs auf, der darin bestand, die Forderung nach nationaler Selbständigkeit durch die nach ökonomischer Unabhängigkeit zu ersetzen, womit sie jegliche Unterstützung nationalstaatlicher Bewegungen durch das Proletariat von vorneherein verwarf [16].

Lenin ging aus vom objektiven Charakter der Nation als einer spezifischen Entwicklungsform der kapitalistischen Gesellschaft, deren Wurzeln in der Phase des Übergangs vom Feudalismus zur bürgerlichen Gesellschaftsordnung zu finden sind [17]. Als Ausdruck und Form der gesellschaftlichen Entfaltung ist die nationale Frage daher stets im Zusammenhang mit der Entstehung der kapitalistischen Klassenverhältnisse und dem Klassenkampf zwischen Bourgoisie und Proletariat zu begreifen [18]. Entsprechend den Erfordernissen des modernen Kapitalismus stellt die Entstehung der Nationalstaaten "die Tendenz jeder nationalen Bewegung" dar, und daraus leitet Lenin seine Auffassung von der "Selbstbestimmung der Nationen" als deren "staatliche Lostrennung von fremden Nationalgemeinschaften", als "Bildung eines selbständigen Nationalstaates" ab [19].

Die Selbstbestimmung der Nationen folgt demnach nicht einem abstrakt formulierten Recht, sondern dieses leitet sich selbst aus der Erkenntnis des objektiven, historisch und soziologisch faßbaren Entwicklungsprozesses der kapitalistischen Gesellschaft her. Damit unterliegt dieses Recht sozialen Gesetzmäßigkeiten und Interessen, die in jedem einzelnen Fall vom Standpunkt des Proletariats aus zu untersuchen sind. Dabei gilt der Grundsatz:

"Anerkennung des Rechts auf Lostrennung unter einem Gesichtspunkt, der jede Rechtsungleichheit, jedes Privileg, jede Exklusivität ausschließt" (20).

Da Lenin das Selbstbestimmungsrecht ausdrücklich als politisches formuliert [21], ergibt sich für das Proletariat die Notwendigkeit, die nationale Frage vom Standpunkt seines Kampfes um die sozialistische Revolution aus zu behandeln. Darin liegt der wesensmäßige Unterschied zwischen der "Linie" des Proletariats und den Auffassungen der Bourgeoisie, auf dem allein eine wirksame Abgrenzung in der nationalen Frage vom bürgerlichen Nationalismus und Chauvinismus möglich ist. Lenin umreißt diesen zentralen Punkt wie folgt:

"Insofern die Bourgeoisie einer unterdrückten Nation gegen die unterdrückende kämpft, i n s o f e r n sind wir stets und in jedem Fall entschlossener als alle anderen d a f ü r, denn wir sind die kühnsten und konsequentesten Feinde der Unterdrückung. Sofern die Bourgeoisie einer unterdrückten Nation i h r e n bürgerlichen Nationalismus vertritt, sind wir dagegen. Kampf gegen die Privilegien und die Gewaltherrschaft der unterdrückenden Nation und keinerlei Begünstigung des Strebens nach Privilegien bei der unterdrückten Nation" (22).

Da der

"Marxist, der mit dieser Gesellschaft (der bürgerlichen, G. St.) rechnet, (...) die geschichtliche Berechtigung nationaler Bewegung durchaus (an)erkennt",

sei es

"u n b e d i n g t e Pflicht des Marxisten, auf allen Teilgebieten der nationalen Fragen den entschiedensten und konsequentesten Demokratismus zu verfechten" (23).

Lenin hatte damit die Weichen dafür gestellt, die nationale Frage ohne "Apologie des Nationalismus" zum Bestandteil des Klassenkampfes machen zu können. Dem Proletariat obliegt es jedoch in jedem konkreten Fall, das "Recht auf Selbstbestimmung" und die "Zweckmäßigkeit der Lostrennung dieser oder jener Nation" aufeinander zu beziehen und abzuwägen: Diese Frage muß

"in jedem einzelnen Fall vollkommen selbständig vom Standpunkt der Interessen der ganzen gesellschaftlichen Entwicklung und der Interessen des Klassenkampfes des Proletariats für den Sozialismus gelöst werden" (24).

Die umfassende Aufarbeitung der nationalen Frage, die Betonung der darin zum Ausdruck gelangenden sozialen, ökonomischen und politischen Aspekte geht in der austromarxistischen Variante vollständig verloren. Die Reduzierung der nationalen Frage auf eine Sprachen- und Kulturfrage wurde zur Grundlage eines nationalen Opportunismus, der sich auf Otto Bauers Forderung nach "national-kultureller Autonomie" beschränkte und von der Lenin schrieb, daß damit letztlich das

Proletariat nur seiner eigenen (nationalen) Bourgeoisie nähergebracht werde [25]. Für ihn war die Losung der "nationalen Kultur" bürgerlicher Betrug und die Verankerung des Begriffs der "national-kulturellen Autonomie" im Nationalitätenprogramm der österreichischen Sozialdemokratie ein Mittel, den "raffiniertesten und absolutesten, bis zu Ende geführten Nationalismus zu verwirklichen" [26]. Ähnlich sprach sich Josef Stalin, der sich ebenfalls sehr umfassend mit der nationalen Frage befaßte, gegen eine "Unterschiebung der nationalen Autonomie für die Selbstbestimmung der Nationen" aus, noch dazu, wo sie die Nationen "mechanisch in das Prokrustesbett der Staatsintegrität hineinzwängt" [27].

In unmittelbarem Zusammenhang mit dem Selbstbestimmungsrecht der Nationen sah Lenin den Grundsatz der vollen Gleichberechtigung und "Sicherung der nationalen Minderheiten" als wichtigen Bestandteil einer demokratischen Verfassung, aufgrund derer Verstöße gegen die Rechte der Minderheiten rechtlich geahndet werden. Ausdrücklich wandte er sich dagegen, solche Rechte von der Größe der Minderheit abhängig zu machen [28].

Auf der Grundlage des weitgehenderen und umfassenderen Selbstbestimmungsrechts der Nationen betrifft die Frage der "Sicherung der nationalen Minderheiten" (die Nationalitätenfrage) insbesondere die ethnische Seite des sozialökonomischen, politischen und kulturellen Verhältnisses einer nationalen Minderheit gegenüber dem Mehrheitsvolk innerhalb des gleichen staatlichen Gebildes. Die differenzierte Betrachtung dieses Zusammenhangs ist bedeutsam, weil sich in der Geschichte zeigt, daß im Zuge der Entwicklung von Nationen unter bestimmten Umständen die Frage des Selbstbestimmungsrechtes der N a t i o n e n überholt und durch rechtliche Maßnahmen zum Schutz von N a t i o n a l i t ä t e n (nationalen Minderheiten) ersetzt werden kann. Auch hier gilt der Grundsatz, solche Transformationen jeweils unter Beachtung der konkreten historischen und soziologischen Hintergründe zu analysieren und zu bewerten. Ebenso kann die Entwicklung umgekehrt verlaufen und der Schutz nationaler Minderheiten in die Forderung nach politischer Autonomie bis hin zur vollständigen Lostrennung umschlagen.

II

Die Haltung der österreichischen Sozialdemokratie in der nationalen Frage war von Anfang an widersprüchlich und dementsprechend wankelmütig. Lange Zeit hindurch waren ihre Führer bestrebt, sich und die Arbeiterbewegung aus dem Nationalitätenstreit herauszuhalten, indem sie diesen als internen Streit der Bourgeoisie deklarierten und sich im einsetzenden Zerfallsprozeß des habsburgischen Vielvölkerstaates als zukunftsträchtiges, staatserhaltendes Element begriffen [29]. Diese Haltung erwies sich indessen als grundsätzlich falsch, der daraus abgeleitete "naive Kosmopolitismus" war Ausdruck des tiefen (theoretischen) Unverständnisses, mit dem versucht wurde, die nationalen Gegensätze zu übertünchen, statt zu lösen. Nicht in der Lage zu erkennen, daß sich in den nationalen Bewegungen der slawischen Völker in der Monarchie die Auflösungserscheinungen eines durch feudalistische Bande beengten Gesellschafts- und Staatswesens niederschlugen, war die Sozialdemokratie auch nicht bereit oder nicht fähig, diese Prozesse im Zusammenhang mit den wachsenden sozialen Gegensätzen zu sehen. Die Reduzierung der nationalen Frage auf ein bloß "kulturelles" Phänomen wurde im Brünner Nationalitätenprogramm des Jahres 1899 zum politischen Credo erhoben, politische und andere Dimensionen der nationalen Frage damit eliminiert. An dieser grundsätzlichen Haltung hat sich bis in die Gegenwart nichts Wesentliches geändert: Aus einem vordergründigen, wohl wahltaktisch begründeten Opportunismus heraus wurde das aus dem Bewußtsein der Massen verbannt, was die nationale Frage in ihrem Kern stets war und ist, nämlich eine zentrale Frage der Demokratie. Die Folgen dieser Fehlhaltung waren katastrophal. Nicht nur für die Sozialdemokratie selbst, sondern für ganz Österreich. Das Einschwenken auf die nationalistische Linie in der Politik vor Beginn des Ersten Weltkriegs, das Spiel mit dem "Anschlußgedanken" an Deutschland bis hin zur Hilflosigkeit, dem nationalsozialistischen Expansionismus und Terror rechtzeitig und konsequent entgegenzutreten, die "versäumte" und halbherzige Entnazifizierung nach 1945, die unverständliche Toleranz neofaschistischen und minderheitenfeindlichen Kräften gegenüber sind Beispiele dafür. Zweifellos wäre es falsch, das Kind mit dem Bad auszugießen, die verschiedentlich feststellbaren Lernprozesse und kritischen Ansätze wie Bewegungen gegen diese Tendenzen zu übersehen. Es ist sicherlich erfreulich, daß ein wachsendes ö s t e r r e i c h i s c h e s Nationalbewußtsein aus all den schrecklichen Erfahrungen der jüngsten Geschichte der beiden Republiken entstand. Die Unschlüßigkeit gegenüber deutschnationalen und neofaschistischen Tendenzen der Gegenwart aber signalisiert, daß die theoretisch-ideologische wie praktische Bewältigung des Faschismus noch lange nicht als abgeschlossen betrachtet werden kann. Meiner Ansicht nach ist dies maßgeblich auf die Entwicklung jenes theoretischen und ideologischen Un- beziehungsweise Mißverständnisses zurückzuführen, von dem die Behandlung der nationalen Frage durch Männer wie Otto Bauer, Karl Renner und Karl Kautsky um die Wende zum 20. Jahrhundert gezeichnet war [30]. Der daraus folgende nationale Opportunismus im Austromarxismus läßt sich auf drei Aspekte beziehen, die im folgenden näher dargestellt werden sollen.

Vom "naiven Kosmopolitismus" zum "national-aufgeschlossenen Internationalismus"

Die nationalistische Verzerrung im Verständnis und in der Behandlung der nationalen Frage setzte bereits Mitte des letzten Jahrhunderts ein. In bestimmter Hinsicht wurde dies durch verschiedene utopische, pseudo-sozialistische Forderungen (etwa Bakunins) erleichtert, die darauf hinausliefen, die nationalen Grenzen im Rahmen einer zu errichtenden anarchistischen Gesellschaftsordnung niederzureißen und "einem demokratischen Panslawismus" zum Durchbruch zu verhelfen [31]. Jegliche Idee nationaler Selbstbestimmung wurde daher als reaktionäres Gedankengut der Bourgeoisie verdammt, jegliche Unterstützung nationaler Bewegungen (zumeist bei den Slawen) durch die Arbeiterbewegung abgelehnt. Im Sinne eines entsprechenden unreflektierten internationalistischen Prinzips huldigte diese einem "naiven Kosmopolitismus", der dazu angetan war, das tiefe theoretische Unverständnis und die praktische Hilflosigkeit angesichts der wachsenden nationalen Gegensätze zu kaschieren statt zu überwinden. In den nationalen Bewegungen wurde seitens der Sozialdemokratie eine Gefahr für die "Einheit der Bewegung" gesehen, wie es im "Manifest an das arbeitende Volk in Österreich" heißt [32]. Die Verkennung des sozialen Charakters nationaler Gegensätze und Bewegungen begünstigte die Usurpation des "nationalen Gedankens", der im wesentlichen vom reaktionären Bürgertum vertreten wurde und in dessen deutschnationaler Ausprägung sich doch nichts anderes als die Leugnung des Nationalen und in späterer Folge - ab der Ersten Republik - der österreichischen Nation selbst äußerte. Der "naive Kosmopolitismus" der Arbeiterbewegung wurde somit zum Vehikel, über den der Deutschnationalismus Eingang in ihre Reihen fand. Konsequenz davon war, daß eine wirklich internationalistische Haltung in der Arbeiterschaft nicht auf breiterer Ebene entstehen konnte, denn eine solche hätte die volle Anerkennung der nationalen Eigenart und Selbstbestimmung aller anderen (vorwiegend slawischen) Nationen und Nationalitäten vorausgesetzt. Wo der "naive Kosmopolitismus" nicht unmittelbar in den bürgerlichen Nationalismus überleitete, nährte er einen nationalen Indifferentismus, also eine Haltung, die ebenso schädlich für die Entstehung eines gemeinsamen sozialistischen Klassenbewußtseins der Werktätigen sein mußte, leugnete er doch die nationalen und auch sozialen Eigenheiten dieser Menschengruppen.

Mommsen sieht im "naiven Kosmopolitismus" die Folgen jenes "bürgerlichen Fortschrittsglaubens", der die zumeist aus niederen sozialen Schichten aufgestiegenen Arbeiterjournalisten zum "literarischen Dilettantismus" drängte und der die Partei in dieser Periode prägte [33]. So lag diesem Glauben ein damals für das Bürgertum durchaus liberal-fortschrittlicher, bildungsbürgerlicher kultureller Nationalgedanke zugrunde, der jedoch seinem Wesen nach unpolitisch war. Dessen kritiklose Übernahme durch die Sozialdemokratie beraubte sie aber der Chance, die nationale Frage aus klassenmäßig-politischer Sicht zu analysieren. Der damit verbundene "formale Internationalismus" entsprang demnach, wie Mommsen feststellt, "nicht der marxistischen gesellschaftspolitischen Analyse, sondern unklaren humanitären Erwägungen" [34]. Die Liebäugelei des liberalen (weil gegen die Habsburgermonarchie gerichteten) Bürgertums mit dem deutschnationalen Gedanken führte dazu, daß im Wege über die Querverbindungen in die führenden Kreise der Sozialdemokratie (viele von ihnen stammten unmittelbar aus dem Umkreis der Deutschnationalen [35]) starke deutschnationale und chauvinistische Kräfte wirksam werden konnten, sodaß wiederholt Interventionen dagegen "von Oben" erfolgen mußten [36]. Selbst als solche Tendenzen wieder zurückgedrängt (aber nicht ausgeschaltet) werden konnten, wirkte der "formale Internationalismus" dennoch

"indirekt deutschnational, da die Notwendigkeit, auf die anderen Nationalitäten über die sprachlichen Bedürfnisse hinaus Rücksicht zu nehmen, daraus nicht abgeleitet werden konnte". (37)

Am Anfang der achtziger Jahre des letzten Jahrhunderts war der "naive Kosmopolitismus" angesichts der zunehmenden nationalen Zerrüttung der Monarchie und der Sozialdemokratie offen anachronistisch geworden. An seine Stelle trat eine Konzeption, die man als "national-aufgeschlossenen Internationalismus" bezeichnen kann. Sie bedeutete eine weitgehende Aufgabe der österreichisch-zentralistischen Politik innerhalb der Arbeiterbewegung und gestattete (als Folge der eingetretenen realen Entwicklung), "Ansätze zu einer selbständigen Arbeiterbewegung bei den Nationalitäten planmäßig (zu) fördern" [38]. Die nationale Fraktionierung sollte durch ein Bekenntnis zum Internationalismus quasi politisch abgesichert werden [39]. Diese Kehrtwendung in der nationalen Frage war aber noch lange nicht mit einer konsequenten demokratischen Politik der nationalen Selbstbestimmung zu vergleichen, erstreckte sie sich doch in erster Linie auf organisatorische Maßnahmen und war bestimmt von einem "kulturologischen" [40] Verständnis ethnisch-nationaler Eigenart. Die organisatorische Zersplitterung der österreichischen Arbeiterbewegung in nationale Parteien war beileibe keine Lösung der nationalen Frage, sondern eher eine Anpassung an die reale, bereits vom bürgerlichen Nationalismus gekennzeichnete Unterwerfung der Arbeiterschaft, fühlten sich die einzelnen nationalen Fraktionen der Sozialdemokratie dadurch doch bereits ihrer eigenen Bourgeoisie näher, wie Lenin dies sinngemäß formuliert hatte. Die österreichische Arbeiterbewegung sah sich daher als "deutsche" Partei und war damit neuerlich und verstärkt für deutschnationale Interessen und Ideen zugänglich gemacht worden.

Etatismus: Die Illusion einer staatlich regulierten "national-kulturellen Autonomie"

Die Anpassung der Sozialdemokratie an die veränderten nationalen Verhältnisse kam im Nationalitätenprogramm des Jahres 1899 (Brünner Parteitag) zur Geltung. Dieses "Integrationsprogramm" reduzierte die nationale Frage auf eine Reihe kulturpolitischer Forderungen, für deren Erfüllung die Arbeiterbewegung kämpfen und den Nationalitätenstreit auf diese Weise beenden sollte, um den sozialen Fortschritt voranzutreiben (!). Dementsprechend lief das Programm auf die Schaffung eines "Nationalitätenbundesstaates" hinaus, innerhalb dessen Grenzen "autonome nationale Selbstverwaltungsgebiete" nach Sprachgrenzen entstehen hätten sollen [41]. Die Koppelung eines "kulturologischen" Verständnisses der nationalen Frage mit rechtlich-administrativen Maßnahmen des Staates und einer sich internationalistisch gebenden nationalen Fraktionierung der Arbeiterbewegung wiederspiegelte die Bedeutung, die die Sozialdemokratie dem Staat und der spezifischen Art und Weise seiner Transformation vom Kapitalismus in den Sozialismus zumaß. Die "Staatsfrage" erwies sich bereits damals als Angelpunkt für den nunmehr massiv einsetzenden revisionistischen und reformistischen Kurs der Parteiführung. In völliger Verkennung des bürgerlichen Klassencharakters des Staates in der Monarchie wurde die Arbeiterschaft auf die Illusion hin ausgerichtet, ohne tiefgreifende sozialökonomische (eigentumsmäßige) Veränderungen die sozialistische Gesellschaft im Wege über staatliche Reformen noch innerhalb des Kapitalismus zu erreichen. Die Formel vom "Hinüberwachsen" des Kapitalismus in den Sozialismus drückte diesen Sachverhalt deutlich aus. Anstelle revolutionärer Massenaktionen der Arbeiterschaft trete das Wahlrecht, mit Hilfe dessen die Sozialdemokratie in den bürgerlichen Vertreterkörperschaften schrittweise und "demokratisch" die Macht an sich zöge [42]. Diese Strategie, der Etatismus, wie er auch schon von verschiedenen frühsozialistischen Theoretikern und vor allem von Ferdinand Lasalle, einem Führer der deutschen Arbeiterbewegung, vertreten worden war, wurde bereits von Marx und Engels als Illusion verworfen. Allein das Festhalten daran trug maßgeblich dazu bei, daß die Sozialdemokratie und mit ihr große Teile der internationalen Arbeiterbewegung auf einen revisionistischen und reformistischen Kurs abglitten. Wenngleich festzuhalten ist, daß der schwierige Kampf um die Erreichung des allgemeinen, persönlichen und geheimen Wahlrechts zu den unumstößlichen Erfolgen der Sozialdemokratie und der Arbeiterbewegung zählt, lag die Ursache des Revisionismus nicht im Bestreben der Beteiligung an verschiedenen Institutionen des bürgerlichen Staates, sondern vielmehr in der Ansicht, dies als Ersatz für die Veränderung der r e a l e n Macht- und Herrschaftsverhältnisse auszugeben. Der Etatismus und seine besondere Spielart, der Parlamentarismus, waren im Zusammenhang mit der nationalen Frage bereits 1868 angeklungen: Damals forderte die Sozialdemokratie die Aufhebung der Kronländerverfassung, die Einführung des allgemeinen Wahlrechtes und die weitgehende Autonomie der Gemeinden. Die Nationalitätenfrage erschien, wie Mommsen dazu richtig feststellt, im wesentlichen als Problem der Staatsverfassung [43]. Als solches aber war sie nicht unmittelbar Gegenstand nationaler Auseinandersetzungen, sondern Bestandteil des Kampfes, den sozialdemokratischen Volksstaat über das Wahlrecht durchzusetzen. Die nationale Frage wäre dann von selbst gelöst. Wiederum wurde die soziale Seite des Klassenkampfes der nationalen Seite gegenübergestellt, anstatt ihre Einheit zu begreifen. So erwartete sich Victor Adler von der Überleitung des Nationalitätenkampfes in den Kampf um das Wahlrecht eine wesentliche Milderung des Koflikts, ging er doch davon aus, daß die nationale Frage im wesentlichen eine kulturelle sei [44]. In der Betonung der "staatserhaltenden" Funktion der Sozialdemokratie und des damit verbundenen Etatismus und Reformismus war ein wichtiges ideologisch-politisches Bindeglied zur Bourgeoisie geschaffen worden, über das sich die Sozialdemokratie als Stütze der "Einigungsbewegung" auf dem Boden der Monarchie begreifen und fordern konnte, "das Programm der sozialen und demokratischen Republik von der bürgerlichen Demokratie" [45] zu übernehmen. So wurde die Idee der staatlich-nationalen Einheit um 1880 zum Motiv für die Aufgabe der Absicht, die nationalen Probleme über die Einführung der republikanischen Staatsform zu lösen. Kautsky glaubte bereits von da an bereits nicht mehr an eine Lösung im Rahmen der herrschenden Parteien, <u>da immer offensichtlicher wurde, daß die nationalen Gegensätze häufig Ausdruck sozialer Widersprüche sind</u> [46]. Das "föderalistische" Konzept trat daher an die Stelle der Idee vom Einheitsstaat, wobei im "Föderalismus der Nationalitäten" jenes Prinzip gesehen wurde, welches verfassungsmäßig und auf dem Boden der Monarchie selbst (also ohne deren Beseitigung) verwirklicht werden könne. Vor diesem politischen Hintergrund wurde die Idee der territorialen Selbstverwaltung geboren, das heißt, es wurde zum positiv gesatzten "Recht", sich innerhalb vorgegebener Rahmenbedingungen an die herrschenden sozialen und ethnischen Verhältnisse anzupassen. Nicht zuletzt deshalb war die Diskussion auf dem Brünner Parteitag sehr kontrovers und das Nationalitätenprogramm wurde von etlichen slawischen Delegierten heftig abgelehnt [47].

Der Eindruck mag durchaus gerechtfertigt sein, wonach das Nationalitätenprogramm der Sozialdemokratie weniger einer radikal-demokratischen Lösung der nationalen Frage vom Standpunkt des Proletariats aus dienen sollte, sondern vielmehr Ausdruck der defensiven Haltung der sozialdemokratischen Führung war, die damit eher eine Neutralisierung und ein Beiseiteschieben dieser Frage bezweckte. Wenn Karl Renner der Auffassung war, mit der Gewährung administrativer Rechte an die Nationalitäten "nationale Kampfgruppen im Parlament" zu vermeiden [48], wird die eigentliche Absicht deutlich. Renner war es auch, der in sehr maßgeblicher Weise als Jurist "etatistisch" an der Erstellung des neuen Programms beteiligt war: Die Gewährung der Autonomie sollte territorial begrenzt und durch individuellen Willensakt begründet werden. Das heißt, die Nationalität wird nicht als o b j e k t i v e s   s o z i a l e s   Faktum begriffen, sondern auf einen W a h l a k t, ein B e k e n n t n i s reduziert [49]. Ähnlich wie im Fall der Religionsfreiheit solle die Freiheit, sich zu einer Sprache (!) und damit zu einer Nationalität im Sinne der Kulturgemeinschaft zu bekennen, eingeführt werden. Wie Oppenheimer feststellt, waren derartige Praktiken in der Monarchie teilweise bereits unter der Anleitung Renners (und wohl nicht sehr erfolgreich) erprobt worden [50]. Wenn dieser Auffassung Renners der Vorwurf des Reformismus entgegengehalten wird, so dann nicht primär deshalb, weil im Rahmen dieser Methode wahltaktische und manipulative Vorgangsweisen geradezu herausgefordert wurden (jedes "Bekenntnis" ist grundsätzlich einhandelbar), sondern deshalb, weil in ihr das zutiefst unwissenschaftliche Verständnis von Nation und Nationalität bekräftigt und durch die Vorspielung eines scheinbar demokratischen Wahlaktes verschleiert wurde. <u>Das subjektive Bekenntnis sollte das Fehlen eines wissenschaftlich abgesicherten Konzepts von Nation ersetzen</u>.

Somit war auch das Nationalitätenprogramm ungeeignet, einen konstruktiven Weg zur Lösung der nationalen Gegensätze in Österreich-Ungarn vom Standpunkt der Arbeiterbewegung aus einzuleiten. Mommsen sieht in ihm einen Kreuzungspunkt von sozialem und nationalem Opportunismus, wenn er meint, die Lösung der nationalen Frage im Rahmen des österreichischen Staates wäre damit immer noch durchaus auch im sozialen Interesse des Deutschtums gelegen [51]. So schreibt er:

> "Es (das Nationalitätenprogramm, G. St.) brachte die endgültige Hinwendung der Sozialdemokratie zum modernen parlamentarischen Staatsgedanken; es gab nicht nur den Zusammenhang zwischen nationaler und sozialer Revolution vollständig preis, sondern vertagte auch den sozialistischen 'Umsturz' bis zur Entstehung eines modernen kapitalistischen Staatswesens in Österreich. Es war ein revisionistisches Reformprogramm, das die Lösung der sozialen Frage wesentlich von demokratischen Reformen und vom parlamentarischen, nicht revolutionären Sieg des Sozialismus abhängig machte" (52).

Das Brünner Nationalitätenprogramm, von dem Albert Fuchs schrieb, daß daraus "nicht proletarischer Gerechtigkeitssinn, sondern der Geist des bürgerlichen Nationalismus" [53] sprach, konnte die Arbeiterbewegung keinesfalls von den zunehmenden Tendenzen ihrer nationalistischen Verhetzung fernhalten, sondern begünstigte diese Entwicklung insbesondere in der Parteiführung.

Gerhard Steingress 415

Die nationale Frage als kulturelle Frage

Eine wesentliche Stütze des nationalen Opportunismus in der Sozialdemokratie lag in der Reduzierung der nationalen Frage auf einen bloßen "Kulturstreit". Wenngleich mit dem fortschreitenden inneren Zerfall der Monarchie die politische Dimension der nationalen Frage immer aktueller wurde, war die sozialdemokratische Führung schier geblendet von der falschen Auffassung, in ihr eine kulturelle Erscheinung, genauer gesagt, ein Sprach- und Schulproblem zu sehen. Eine engere Verbindung zur sozialen Frage geschweige denn zum Klassenkampf war daher ihrerseits gar nicht beabsichtigt. So wurde es möglich, den nationalen Gedanken in der Arbeiterschaft im Wege über das Bekenntnis zur "deutschen" Kulturnation und "großdeutschen" Überlieferung einzuschleusen beziehungsweise wachzuhalten [54]. Diese Haltung entsprach voll und ganz den Deutschnationalen, die - wenngleich auch von zwei Staaten (dem Deutschen Reich und der Habsburgermonarchie) -, aber stets auch vom "Deutschen Volk" und der "Deutschen Nation" sprachen; eine Ansicht, die heute immer noch offen in rechtsextremistischen Kreisen geäußert wird, wo von "österreichischer Staatsnation" und "deutscher Kulturnation" die Rede ist, Österreich als eigenständiger Staat zum Bestandteil der "deutschen Kulturnation" erklärt wird, jeglicher staatliche "Anschluß" daher eine quasi "natürliche" Einbindung in die "Kulturnation" wäre. Indes lag dieser Kongruenz der Ansichten sozialdemokratischer Theoretiker mit großdeutschen Auffassungen jenes bereits erwähnte tiefgehende theoretische Unverständnis zugrunde, aus dem heraus eine "kulturologische" Interpretation der nationalen Frage im Einklang mit idealistischen Auffassungen des liberalen (deutschnationalen) Bürgertums und in der Tradition der deutschen Romantik vorgenommen wurde. Eine "proletarische Linie" in dieser Frage war damit ausgeschlossen beziehungsweise in eigenartiger Weise konglomeriert. Mommsen zeigt an mehreren Stellen seiner Arbeit den ideologischen Einfluß des Neukantianismus, des Historismus und der Psychoanalyse auf, unter dem sich die "Bildungstradition des deutschen Idealismus" mit "populärem sozialistischem Schrifttum" mischte [55]. Ebenso verweist er auf den Einfluß des zeitgenössischen soziologischen Denkens, etwa am Beispiel des Begriffs der "Gemeinschaft" von Tönnies [56] oder aber auf die Tatsache der Herkunft sozialdemokratischer Journalisten und Theoretiker aus kleinbürgerlichen Schichten.

Auch hier äußerte sich also die Bedeutung des subjektiven Faktors in der Geschichte, über den die objektiven gesellschaftlichen Tendenzen, Herrschafts- und Bewußtseinsstrukturen ihren Ausdruck finden. In diesem Sinn interessiert der Beitrag Otto Bauers zur Nationalitätenfrage ganz besonders, war er es doch, der sich anscheinend in umfassender und grundlegender Weise mit dieser Frage für Österreich beschäftigt und die konkrete Haltung der Sozialdemokratie dadurch maßgeblich beeinflußt hatte.

III

Otto Bauer war mit seiner umfangreichen Arbeit "Die Nationalitätenfrage und die Sozialdemokratie" bemüht, den theoretischen und ideologischen Schwächen der Sozialdemokratie bei der Einschätzung der nationalen Frage durch die Entwicklung einer Theorie der Nation und der Nationalitätenfrage beizukommen. Ohne diese Arbeit hier und jetzt umfassend behandeln und auf die Fülle von Überlegungen und Aussagen Bauers eingehen zu können, soll versucht werden, anhand seiner Definition von Nation die Grundlinien aufzudecken, über die sein darin zum Ausdruck gelangendes Verständnis historisch-soziologischer Art mit bürgerlich-idealistischen Auffassungen verfilzt war. Erst dann läßt sich die konkrete politische Haltung der Sozialdemokratie im Sinne meiner anfangs formulierten Hauptthese wirklich verstehen und kritisieren.

Bauer bezeichnet die Nation als "Gesamtheit der durch Schicksalsgemeinschaft zu einer Charaktergemeinschaft verknüpften Menschen" [57]. Er ist bemüht nachzuweisen, daß die Nation "niemals nur (!) Naturgemeinschaft, sondern immer auch Kulturgemeinschaft" [58] sei. Wengleich sich Bauer damit von verschiedenen sozialdarwinistischen bis rassistischen Auffassungen über die Nationswerdung befreit glaubte und auch bestrebt war, sich von der Annahme eines "Volksgeistes" oder ähnlichem als deren Ursache abzusetzen, kann seine Art des kultursoziologisch beschränkten Herangehens an den Gegenstand der Nation entgegen seiner eigenen Behauptung, wonach dies im Einklang mit der materialistischen Geschichtsauffassung stehe, nicht akzeptiert werden [59]. Anstelle der "natürlichen Vererbung" von "nationalen Charaktereigenschaften" tritt die kulturelle Überlieferung:

"Die ererbten Eigenschaften einer Nation sind nichts anderes als der Niederschlag der Vergangenheit, gleichsam ihre erstarrte Geschichte" (60).

Die "Charaktereigenschaften" - eine psychologische Kategorie, wohlgemerkt - bestimmen das Wesen der Nation und als historisch-kulturelles Erbe werden sie zur Grundlage für das gemeinsame Schicksal der Menschen, die "Schicksalsgemeinschaft" entsteht. Obwohl Bauer zugesteht, daß wirtschaftliche Faktoren ausschlaggebend für die Entstehung der Kultur des 19. Jahrhunderts (!) waren, negiert er die Bedeutung der sozialökonomischen Verhältnisse in der Gesellschaft doch wiederum, wenn er daran anschließend schreibt:

"...aber einmal entstanden ist diese Kultur zum lebendig wirkenden Faktor geworden, der in seinem Fortwirken noch späte Generationen gleichartig bestimmt und indem er auf jedes Individuum vereinzelt wirkt, die Nation als Kulturgemeinschaft zusammenschließt" (61).

Nicht nur, daß die Kultur damit zum wesentlichen Vergesellschaftungsfaktor verdreht wird, sie wird aus dem dialektischen Zusammenhang mit der sozialökonomischen Basis gerissen und ihr letztlich gegenübergestellt. Mit dieser einseitigen Überhöhung der Kultur wird eine psychologistische Auffassung vertreten, dernach die Nation eine Gemeinschaft von Menschen darstellt, die durch ein gemeinsames "Schicksal" ausgezeichnet sind und darauf begründete Charaktermerkmale entfalten [62]. So wird der Klassencharakter der bürgerlichen Nationen ignoriert beziehungsweise in idealistischer Manier über den Begriff der "Gemeinschaft" aufgehoben. Die Nation erscheint als eine über den Klassen stehende objektive Kategorie, begründet auf der Gemeinschaft individueller Charaktere. Bauer sieht dort "Schicksal", wo es um historische und soziologische Gesetzmäßigkeiten, also um objektive gesellschaftliche Prozesse und Widersprüche geht. Er spricht von "Charaktermerkmalen", wo es sich um soziale und ethnische Erscheinungsformen handelt. Damit wird die Nation als "Kulturgemeinschaft" nicht nur zu einer Mystifikation "kultureller Vererbung" und psychischer Strukturen, sondern auch jeglichem Verständnis ihrer realen historisch-konkreten Grundlagen entzogen. Indem er die Nation von vornherein zu einem Phänomen des gesellschaftlichen Überbaus erklärt und eine ihrem Kern nach psychologistische Bestimmung dafür vorlegt, ignoriert Bauer die Dialektik von objektiven und subjektiven Bestimmungsgründen hierfür. Damit war seine Arbeit nicht förderlich, die Erkenntnis in der Arbeiterbewegung zu verankern, daß die nationale Frage als soziales Problem in der Entfaltung der kapitalistischen Gesellschaft, also als Bestandteil des Klassenkampfes, begriffen werden muß. Sein positives Bemühen, "die nationale Eigenart aus der Geschichte der Nation abzuleiten" [63], stand von vorneherein unter einem falschen Aspekt, nämlich, die Frage der Nation "aus dem Begriff des Nationalcharakters" abzuleiten [64]. Bauers Auffassungen über die Nation und die nationale Frage stießen daher auf zum Teil heftigen Widerstand unter Marxisten. Auch ist festzuhalten, daß Bauer selbst bei späteren Auflagen seiner Arbeit Berichtigungen vornahm.

Wenngleich Bauer beanspruchte, seine Analyse der Nation vom Standpunkt der Soziologie aus zu betreiben [65], so stand er dabei zweifelsohne unter dem Einfluß bürgerlich-idealistischer Strömungen (z. B. Kants). Die daraus resultierenden Mängel seines Nationsbegriffs mußten sich notwendigerweise auch praktisch im Scheitern der Nationalitätenpolitik auswirken. Insofern klafft eine gewaltige Lücke zwischen der inhaltlichen Seite seiner theoretischen Arbeit und dem von ihm umrissenen politischen Ziel, die nationalen Besonderheiten nicht zu nivellieren, sondern sie als nationale Mannigfaltigkeiten im Rahmen einer internationalen Einheit zu bewahren und zu entfalten [66].

IV

Obzwar die Soziologie zu Ende des vorigen Jahrhunderts erst in ihren Anfängen und vielfach noch stark unter dem Einfluß philosophischer, aber auch staatswissenschaftlicher Auffassungen stand, kristallisierte sich bereits ein genuin sozialwissenschaftliches Verständnis heraus. Dieses war klarerweise stark idealistisch geformt und entsprach weitgehend den bürgerlichen Interessen. Die feststellbare Kohärenz der Ansichten Otto Bauers über die Nation zu bürgerlich-idealistischen Auffassungen weist demnach zwei Aspekte auf: Zum einen wiederspiegeln seine Ansichten Auffassungen, die im Laufe seines Lebens und politischen Schaffens zur "geistigen Umwelt" gehörten und denen er bis zu einem gewissen Grad unterlag, zum anderen entwickelte er darauf fußend eigene Thesen und Interpretationen, die in dieser Tradition bürgerlicher Denkungsart standen, breiten Anklang fanden und in das idealistische Theoriegebäude der folgenden Generation auch in der Arbeiterbewegung eingingen. Auf einige Beispiele für diese wechselseitige Kohärenz sei im folgenden etwas näher verwiesen.

Besonders auffällig ist die Ähnlichkeit von Bauers Begriff der "Schicksalsgemeinschaft" mit jenen Auffassungen, in deren Mittelpunkt die Überlegung steht, die Nation aus dem Nationalbewußtsein zu erklären. Dies ist typisch für ein idealistisches Herangehen an die gesellschaftliche Realität, wobei Ursache und Wirkung verkehrt, das Bewußtsein zum determinierenden Faktor des Seins gemacht wird. Das zu Erklärende, die Nation, wird nicht aus kausalen objektiven Strukturen und Prozessen der konkreten Gesellschaft, sondern aus deren sekundären (subjektiven) Folgen erklärt [67]. In dieser Tradition stehen alle jene soziologischen Auffassungen, die in der Nation das Resultat eines auf "Gemeinschaftsgefühl" oder "Gemeinschaftswillen" und ähnlichem basierenden sozialen Prozeß sehen. Die Bedeutung von psychologischen Kategorien wie "Gefühl" und "Wille" für die Soziologie der Jahrhundertwende sei mit dem Hinweis auf Ferdinand Tönnies und seiner Gegenüberstellung von "Gemeinschaft" und "Gesellschaft" unterstrichen [68].

Ähnlich sieht Nicolai Bubnoff in der Nation ein "Kollektivwesen", eine Gemeinschaft, in der sich die "organisch gewachsene Verbindung von Menschen" ausdrückt [69]. Die Grundlage dafür bildet eine "gemeinsame Willensrichtung" im Sinne der "Verwirklichung bestimmter allgemeingültiger Werte" [70]. Ebenso vertritt der um eine Soziologie der Nation besonders bemühte Friedrich Hertz die Ansicht von der konstitutiven Rolle des Nationalbewußtseins für die Entstehung der Nation [71]. Diesen stark psychologistisch betonten Auffassungen in der Soziologie wurden andere Konzepte entgegengestellt, in deren Mittelpunkt der Begriff der Gruppe steht. In Überwindung der rassistisch gefärbten Auffassung eines Ludwig Gumplowicz, wonach sich die Geschichte als "Rassenkampf" ereigne und die Nation als ein dabei entstehendes Produkt, ein "Amalgam", verschiedener "Rassen" zu gelten habe [72], bestimmten Alfred Vierkandt und Franz Oppenheimer die Nation als kulturelle Gruppe, als "aktive Gemeinschaft", die sich am "nationalen Machtwillen" orientiere und daraus als "Willensgemeinschaft" (anstelle der "Rassen-" oder bloßen "Gefühlsgemeinschaft") hervorgehe [73]. Die auf Blutsverwandtschaft basierenden ursprünglichen Beziehungen werden durch die entstandene gemeinsame Kultur ersetzt und aus der "Naturform" des Stammes so die Nation als "Kulturform der Gesellschaft" geboren [74].

Oppenheimer betont den prozessualen Aspekt bei der Herausbildung immer höherer Entwicklungsstufen der Kultur, wenn er die Nation als "geistige Gemeinschaft" und im Sinne eines "Gradbegriffs" definiert [75]. In Anlehnung an McDougall bezeichnet er die Nation als "hochorganisierte Gruppe" und entwickelt ein Kategorienschema von Bedingungen sozialpsychologischer Art, wobei er besonders auf den Bewußtsinsfaktor bedacht ist. In der Entstehung eines "Gruppenselbstbewußtseins" (sentiment) äußert sich die Nation als Gruppenprozeß. Das Nationalbewußtsein ist folglich auch für Oppenheimer konstitutiv für die Entstehung und Entfaltung der Nationen [76].

Max Weber bezeichnet die Nation als "Menschengruppe, der ein spezifisches Solidaritätempfinden anderen gegenüber zuzumuten sei" und die folglich der Wertsphäre angehöre [77]. Als Ausdruck des "nackten Prestige(s), der 'Macht'", ordnet er diesen Begriff überdies dem politischen Bereich der Gesellschaft zu [78]. In Webers Nationsverständnis klingen bereits - trotz seines insgesamt idealistischen Zugs - kritische Töne an: Erstens deutet er im "zumutbaren Solidaritätempfinden" den objektiven, über subjektives Meinen hinausreichenden, Charakter der Nation an; zweitens verbindet er dieses Empfinden mit dem Begriff der Macht, also mit dem herrschaftssoziologischen Aspekt.

Max Scheler gilt ebenso als Verfechter der These von der "Nation als Gruppenform", wobei er dieser den Charakter einer "geistigen Gesamtperson" zuspricht. Der idealistische Gehalt seines Verständnisses ist offensichtlich:

"Nation ist ein je eigentümlich bestimmtes geistiges Aktionszentrum (im Original hervorgehoben, G. St.) - eine Gesamtperson, die gemäß der Besonderheit ihres Geistes und Ethos eine Gesamtgüterwelt von kulturellen Werten zu verwirklichen strebt" (79).

Schelers "Wesensschau" erzeugt letzlich den "Geist" als Ursprung der Nation [80]. Aber selbst die "moderne" soziologische Theorie strotzt noch immer von derartigen metaphysischen Auffassungen und Spekulationen. So sieht Eugen Lemberg im Nationalismus die "Bindekraft" für die Nation im Sinne der "Hingabe an eine Gruppe oder Großgruppe" [81], und in den bekanntesten soziologischen Handwörterbüchern des deutschen Sprachraums wird die Nation als "gefühlte und erlebte, gewußte und gewollte Einheit" [82] oder aber als eine "Art 'urwüchsiger' Lebensgemeinschaft" [83] begriffen, wenn der Begriff der "Nation" nicht überhaupt übergangen wird [84].

Diese Beispiele zeigen, daß Otto Bauer seinen Nationsbegriff zwar nicht blind von bürgerlichen Theoretikern übernommen hat, diesen aber sehr wohl eingebettet in dieselben philosophischen Traditionen formulierte und den spekulativen Charakter solcher Auffassungen mitverbreiten half, anstatt darüber aufzuklären. Der Idealismus als geistiger "Quell" für Bauers Nationsverständnis war gleichzeitig sein Verhängnis und die Ursache für die mangelnde Beachtung des Klassencharakters der Nation und somit auch der nationalen Frage. Sämtliche oben zitierte Autoren sprachen von "Gemeinschaft", "Gruppe" oder ähnlichem, wo es sich um Phänomene der Klassengesellschaft in Form der bürgerlichen Nationen handelte, von "Gefühlen" und vom "Willen", wo es um sozialökonomische und politische Interessen ging [85]. Durch die Ausklammerung einer der wichtigsten wissenschaftlichen Erkenntnisse (nämlich des Klassencharakters der bürgerlichen Gesellschaft), war dem nationalistischen Mythos der Boden bereitet worden. Es wäre wohl müßig zu untersuchen, ob es die opportunistische Praxis der Sozialdemokratie war, die ein theoretisches Verständnis von Nation im Interesse der bürgerlichen und deutschnationalen Kräfte gebar, oder aber eben dieses Eingehen auf solche Auffassungen in der Politik zum Opportunismus führte; nichtsdestoweniger zeigt auch Mommsen immer wieder und sehr gezielt den Zusammenhang und die Dialektik beider Tendenzen auf.

Otto Bauer war gleichwohl viel zu sehr Sozialdemokrat und mit dem Schicksal der Arbeiterbewegung verbunden, als daß er den Zwiespalt nicht erkannt hätte, in den die Sozialdemokratie durch ihre Haltung zur nationalen Frage auch in bezug auf die "Arbeiterfrage" geraten war. Er sah, wie das Proletariat in eine Lage "gezerrt" wurde, in der es sich zusammen mit den bürgerlichen Parteien seiner jeweiligen Nationalität "zum gemeinsamen Machtkampf über die anderen Nationen verbindet" [86]. Er erkannte die Tendenz für die Arbeiterbewegung, damit ein Bündnis mit den "deutschen bürgerlichen Parteien zur Verteidigung des nationalen Besitzstandes des deutschen Volkes" einzugehen [87]. Allerdings blieben seine diesbezüglichen Anmerkungen durchwegs hypothetisch befangen und wirken legitimierend. So war zwar bewußt, daß der "nationale Revisionismus" die Grenzen zwischen Sozialdemokratie und bürgerlichen Parteien verschwinden läßt, daß er zu Unschlüssigkeiten und schwankender Haltung der gesamten Sozialdemokratie führt; kompensatorisch forderte er deshalb "das Streben nach einer prinzipiell internationalen Taktik" (!) [88]. Damit schloß sich der verhängnisvolle Kreis: Statt die nationale Frage in der Arbeiterbewegung zum Bestandteil des Klassenkampfes zu machen, sie also der sozialen Frage unterzuordnen und auf die proletarischen Ziele hin zu formulieren, sie im Sinne des proletarischen Internationalismus offensiv zu handhaben, ersetzte er diese zentrale Forderung durch ein "Streben" taktischer Art. So formulierte Bauer das, was die Politik der Sozialdemokratie längst praktisch bestimmt hatte: aus den Grundsätzen des Klassenkampfes eine defensive taktische Frage zu machen. Darin aber lag einer der wesentlichen Schritte zum Revisionismus, der nicht unschuldig am weiteren nationalen Los des österreichischen Volkes war. Selbst zehn Jahre nach der Gründung der Ersten Republik verstand die sozialdemokratische Führung die nationale Frage noch immer nicht im Sinne der österreichischen Nation, sondern als politische Kategorie des Anschlusses an Deutschland. Weil sie in der nationalen Frage einen deutschnationalen Anspruch rechtfertigte und auch praktisch und aktiv dafür eintrat, setzten Otto Bauer und Karl Renner 1928 ihre Unterschrift neben die von Vertretern des bürgerlichen und deutschnationalen Lagers, als es um ein "Bekenntnis führender Männer und Frauen Deutschösterreichs zum Anschlußgedanken" ging [89]. Die "Anschlußorganisationen" waren damit auch innerhalb des Proletariats einen bedeutenden Schritt weitergekommen. Bezeichnend auch, daß - während viele Sozialdemokraten neben Kommunisten und patriotischen Christlichsozialen nach dem endgültig vollzogenen "Anschluß" Österreichs an Hitlerdeutschland in die Konzentrationslager wanderten -, dem deutschnationalen Sozialdemokraten Renner dieses Schicksal erspart blieb.

Eine im Rahmen dieses Abschnitts durchaus würdigende Einschätzung der Gesamtrolle Otto Bauers erscheint notwendig und gerechtfertigt. Dies deshalb, weil sein Bemühen, die aktuellen Fragen und Probleme des Klassenkampfes in der Monarchie theoretisch zu fundieren und politisch umzusetzen, nicht nur bedeutsam, sondern zudem auch noch ehrlich motiviert gewesen sein dürften. Die gravierenden Mängel und Fehler hierbei mögen zum Teil auf die eher kursorische Behandlung der "nationalen Frage" durch Marx und insbesondere Engels zurückzuführen sein, wesentlich aber dürften sie auf Bauers widersprüchlicher Rezeption der Klassiker sowie auf der Deformierung des historischen Materialismus durch ihn und andere Zeitgenossen beruhen. Die Unschlüssigkeit und Wankelmütigkeit Otto Bauers und Genossen war aber kein individuell begründbares Phänomen der sozialdemokratischen Führung, sondern hing eng mit ihren theoretisch-ideologischen Positionen zusammen. Anstelle einer psychologisierenden Sichtweise, aus der heraus die Darstellung Bauers als eines geschichtlichen Subjekts letztlich dazu benützt wird, seine theoretischen Positionen gleichsam zu legitimieren, muß vom Standpunkt der Soziologie aus die Frage anders gestellt werden: Welche objektiven Ursachen und Auswirkungen müssen Otto Bauers Thesen zur nationalen Frage zugeschrieben werden, ungeachtet seiner individuellen Intentionen und ungeachtet der persönlichen Umstände und Faktoren seiner Zeit?[90] Erst auf dieser Grundlage kann die objektive Rolle Otto Bauers als Subjekt geschichtlichen Handelns soziologisch untersucht werden.

V

Die Anwendung des "Selbstbestimmungsrechts der Nationen" auf die Situation in Kärnten unmittelbar nach dem Ende der Monarchie war gleichbedeutend mit der Anpassung dieser Kategorie an die herrschenden sozialökonomischen und politischen Verhältnisse dieser Region. Die wirtschaftliche und politische Vormachtstellung der Bourgeoisie war durch die Tatsache akzentuiert, daß es sich dabei der ethnischen Zusammensetzung nach im wesentlichen um "Deutschkärntner" handelte. Das Selbstbestimmungsrecht der Kärntner Slowenen stand somit (und egal, ob es sich hierbei um die Forderung des Anschlusses an Jugoslawien oder der Autonomie innerhalb der Republik handelte) nicht nur in ethnischem Gegensatz zur regionalen Bourgeoisie, sondern auch in sozialem. Der Hang der Bourgeoisie zum Deutschnationalismus inklusive seiner österreichbezogenen chauvinistischen Variante, hat folglich einen herrschaftssoziologisch und sozialökonomisch begründbaren Kern. Die Aufrechterhaltung deutschnationaler Interessen - in welcher Form auch immer - wurde so zum Hebel für die Aufrechterhaltung sozialer Herrschaft. Erleichtert wurde dies, indem auf der ideologischen Ebene aus der nationalen Frage eine "deutschnationale Frage" gemacht wurde. Nicht nur ein "subjektives Bekenntnis", sondern ein ganz bestimmtes, vor dem künstlich erzeugten Feindbild jugoslawischer "Blutgier" und "Fuchserei" erpreßtes Zugeständnis zum "deutschen" Charakter des zweisprachigen Gebiets war dafür erforderlich.

Die Uminterpretation des Selbstbestimmungsrechts der Nation in eines der Südkärntner "Bevölkerung" war und ist dabei von großer Bedeutung. Handelt es sich doch um einen Begriff, der jeglichen Bezug zum sozialen Inhalt der Nation verschleiert. Wenn die Kärntner "Bevölkerung" als begriffliches Substitut für die Tatsache verwendet wird, daß die "Kärntner Nation" soziologisch gesehen aus verschiedenen Nationalitäten, nämlich der deutschsprachigen und der slowenischen besteht, wird mit "Bevölkerung" jeder Bewohner eines bestimmten Territoriums, jeder "Kärntner" und jede "Kärntnerin" als Bürger dieses Bundeslandes und ungeachtet seiner nationalen, ethnischen und sozialen Zugehörigkeit angesprochen. Wo die "Einheit" auf solche Art proklamiert wird, fällt die soziale und ethnische Differenz unter den Tisch. Mit dem Schlagwort: "Karntna san ma olle" wird nicht nur eine äußerst banale Gegebenheit ausgedrückt, sondern gleichzeitig - und wohl als tieferer Sinn und Zweck - ein verkürztes Bewußtsein über die wirklich existierenden sozialen und ethnischen Unterschiede geschaffen.

In diesem Sinn drückt die Losung vom Selbstbestimmungsrecht der "Bevölkerung" die wahre Haltung auch der Kärntner Sozialdemokratie aus: Sie stand zumindest seit Anfang 1919 fest an der Seite des deutschen Bürgertums und war bereit, das "bedrohte Deutschtum" zu verteidigen, im irrigen Glauben, so die "österreichische Revolution" zu retten [91].

Damit war der entscheidende Schritt bei der Durchsetzung herrschender (deutschnationaler) Klasseninteressen getan: Aus dem Kampf um das eigentliche Selbstbestimmungsrecht in Kärnten wurde die Durchsetzung der Selbstbestimmung des herrschenden, deutschsprachigen Elements über die Angehörigen der slowenischen Nationalität, die Schaffung einer "Einheit" der einen ü b e r die andere. "Abwehrkampf" und "Volksabstimmung" sind dabei nur bestimmte militärische beziehungsweise politische Facetten gewesen. Die Beschwörung des "Einheits"-Gedankens vor der Volksabstimmung war seitens der Sozialdemokratie Ausdruck der falschen These Otto Bauers, wonach die "Einheit des Proletariats" in der Regel auch durch "einmütige Abstimmung" bekräftigt werden könne [92]. Die "Einheit des Proletariats" machte das Kärntner Proletariat, egal ob deutschsprachiger oder slowenischer Herkunft, nicht einiger als Klasse, wohl aber einigte es sich durch die "einmütige Abstimmung" mit dem deutschnationalen Klassengegner. Heutzutage ist die Beschwörung der "Einheit" Legitimation, den sozialpartnerschaftlichen und deutschnationalen Zugriff auf das Proletariat zu sichern beziehungsweise zu verteidigen.

Weder die Manipulation von Wahllisten, die Ausnutzung der finanziellen und ökonomischen Abhängigkeit breiter Teile der Kärntner Slowenen vom "deutschkärntner" (und von Deutschland finanzierten) Kreditapparat, noch die verschiedenen anderen Formen der subtilen oder manifesten Erpressung eines "treudeutschen" Bekenntnisses zur (slowenischen) Heimat in Österreich können das Zustandekommen des Ergebnisses der "Voksabstimmung" letzlich erklären. Auch die durchaus interessante und überprüfenswerte Auffassung, wonach das Votum mancher Slowenen für die Zuordnung zu (und nicht den Verbleib bei!) Österreich Ausdruck eines bereits entstandenen Österreichbewußtseins gewesen war, welches in der Republik die Zukunft angesichts der "serbischen Monarchie" vermeinte, kann letzlich nicht befriedigen.

Jede Form hat ihren Inhalt. Keinen beliebigen, sondern einen, der dieser Form bedarf oder aber in dieser Form sein Auslangen finden muß. Wenn offiziell das "Selbstbestimmungsrecht der Bevölkerung" zum Inhalt der Volksabstimmung als dessen historisch-konkreter Form gemacht wurde und noch wird, kommen wir der Begründung für die These vom Charakter der "Volksabstimmung" als Instrument der Durchsetzung und Sicherung deutschnationaler Vorherrschaft schon näher.

Die Volksabstimmung als "Selbstbestimmung der Bevölkerung" hat einen soziologisch anders faßbaren und politisch anders wirksamen Inhalt, als dies im Fall der "nationalen Selbstbestimmung" zutrifft. Wie schon gesagt, findet sich im Begriff "Bevölkerung" die Nation als territorial-statistische Größe (selbst wenn sie auf mehrere Staaten im Sinne der "Kulturnation" aufgeteilt sein sollte), als abstrakte und formale Summe von Individuen, deren Konkretheit als Träger bestimmter Merkmale, Rechte und Pflichten, Zugehörigkeiten etc. erst zu bestimmen ist. Der Begriff der "Bevölkerung" bedeutet somit nichts anderes, als daß Individuen existieren, deren soziologische Bestimmung im Rahmen der Analyse erst zu leisten ist. Die "Bevölkerung" teilt sich dabei nicht nur in Männer und Frauen, in Altersgruppen, in andere Kategorien wie Raucher und Nichtraucher etc.; sie teilt sich auch in soziale Klassen und Schichten, in Berufs- und "Standesgruppen", aber auch in ethnische Gruppen, in Nationalitäten, in nationale Mehr- und Minderheiten und dergleichen. Und genau hier versagt der Begriff des "Selbstbestimmungsrechts der Bevölkerung", verliert er seinen Inhalt: Erfaßt er doch die Bevölkerung unabhängig von nationalen Besonderheiten, und möchte er doch gerade den "nationalen Willen" erfassen und zum Ausdruck bringen. Die Volksabstimmung war wohl insofern formal-demokratisch, als sie jedem mündigen und wahlberechtigten Staatsbürger die Möglichkeit bot, eine Entscheidung, fußend auf einem "Bekenntnis", zu fällen. Vom Inhalt des Selbstbestimmungsrechts her gesehen konnte sie einem demokratischen Anspruch aber kaum genügen. Das "Bekenntnisprinzip" lief darauf hinaus, daß, wie Oppenheimer es formulierte, nur zur Nation gehört, "wer sich zur Nation rechnet, d. h. wer das wertbetonte, genußvolle Nationalbewußtsein empfindet; (...) wer es nicht besitzt, gehört nicht dazu, und mag er auch die gleiche Sprache sprechen, der gleichen Rasse und sogar dem gleichen Raume angehören" [93]. Bedeutet dies aber nicht, daß "jede Nationalgemeinschaft in zumal mehrsprachigen Gegenden des Nationalitätenkampfes mit Freuden jeden aufnimmt, der sich zu ihr bekennt, selbst wenn er, seiner Abstammung nach, zur anderen 'Nation' gehört"? [94] Zweifelsohne hatte sich das Bekenntnisprinzip schon während der Monarchie unter bestimmten Umständen im einen oder anderen Sinn "bewährt". Bewährt insofern, als mit seiner Hilfe die schwierige theoretische Begründung der Nation als objektiver historischer Kategorie übersprungen und die noch schwierigere Regelung nationaler Beziehungen auf eine scheinbar demokratische, aber letzlich doch eher pragmatische und administrative Weise "gelöst" werden konnte. Die Verknüpfung des "Personalitätsprinzips" ("Bekenntnisprinzips") mit dem "Territorialprinzip" in der Kärntner Volksabstimmung hatte zur Folge, daß damit das staatlich-territoriale Bekenntnis zu Österreich mit einem ethnisch-nationalen identifiziert wurde, nämlich damit, sich individuell und unabhängig vom tatsächlichen Zustand als "Slowene" (und damit "Landesverräter") oder "Deutschkärntner" (und damit "guter" Kärntner) zu deklarieren. Dieser zweite Effekt der "Volksabstimmung" war aber der eigentliche nationalitätenpolitische Kern deutschnationaler Interessenswahrnehmung in Kärnten und die Grundlage der periodisch wiederkehrenden (Weg-)Zählungen. Das individuelle Bekenntnis zur slowenischen Volksgruppe wurde weiters so interpretiert, daß damit verbundene Rechte und Ansprüche ebenso individuell faßbar und insgesamt daher von der relativen Anzahl der Kärntner Slowenen abhängig zu machen seien, wenn es um deren Verwirklichung geht. Die massive deutschnationale und "deutschkärntner" Propaganda rund um die Volksabstimmung konzentriert sich folglich bis in die Gegenwart hinein auf die Koppelung von "Bekenntnis" und "Zahl", was nicht nur die politische Durchschlagskraft slowenischer Interessen entkräftet, sondern überdies deshalb fragwürdig ist, weil die Minderheitenrechte, wie sie im Staatsvertrag formuliert sind, ausdrücklich kein größenmäßiges Junktim aufweisen.

"Bekennen" und "Sein" sind verschiedene Stufen desselben Faktums: daß nämlich Nationalität ebenso wie Gesellschaft überhaupt objektive materielle Grundlagen aufweisen, das Bewußtsein darüber jedoch etwas davon Abgehobenes darstellt. "Bekennen" oder "Leugnen" einer Zugehörigkeit sind subjektiv-voluntaristische Merkmale, die wohl über das Bewußtsein der Person (als Angehöriger einer ethnisch-nationalen Minderheit ebenso wie des Mehrheitsvolkes) und die Art und Weise der Herrschaftsausübung aussagen, nicht aber über die objektive Existenz von Nationen oder Nationalitäten. So gesehen war die "Volksabstimmung" nur eine staatsrechtliche Entscheidung, aber keine Form der Anwendung des nationalen Selbstbestimmungsrechts. In der "Selbstbestimmung der Bevölkerung" wurde die Versubjektivierung und Individualisierung einer Entscheidung für oder gegen den S t a a t Österreich oder den S t a a t Jugoslawien ungeachtet eines objektiv existierenden nationalen Zugehörigkeitsgefüges erreicht. Daran ändert auch die Tatsache nichts, daß zu diesem Zweck rassistische und chauvinistische Parolen eingesetzt wurden, von deutschnationaler Seite ebenso wie von nationalistischen Kreisen unter den (Kärntner) Slowenen. Ein Verständnis dieses Aufeinanderprallens von Nationalismen erfordert jedoch eine strenge Trennung von Ursache und Wirkung in der Geschichte.

Der mögliche und auch beabsichtigte Anschluß Südkärntens an Jugoslawien war Ausdruck des Zerfalls der Monarchie ebenso wie des Zweifels an der Existenzfähigkeit der Ersten Republik, welcher vor allem durch deutschnationale Kreise genährt wurde [95]. Insbesondere gab es, von den sogenannten Anschlußorganisationen in Österreich propagierte und vom deutschen Auswärtigen Amt unterstützte und finanzierte, Tendenzen des "Anschlusses" via Volksabstimmung in Tirol und Salzburg [96]. Das Verhalten Jugoslawiens ist daher im Zusammenhang mit dem schon nach 1918 geprobten "Griff auf Österreich" zu verstehen und war nichts anderes als Ausdruck der Tatsache, daß ein Selbstbestimmungsrecht der ö s t e r r e i c h i s c h e n Nation damals von den beiden führenden Parteien auch gar nicht gefordert wurde (Österreich begriff sich selbst offiziell als Bestandteil der Deutschen Republik). Die nach dem Ende der Habsburgermonarchie in Österreich durchgeführten Volksabstimmungen waren ihrem Charakter nach äußerst zwiespältig. Sie waren sicherlich Ausdruck eines österreichischen Selbstbestimmungs- und Behauptungswillens, sie waren aber auch Instrumente dafür, diversen großmachtpolitischen (imperialistischen) Kräften unter Vorspiegelung legitimer formaldemokratischer "Aktion des Volkes" die Möglichkeit zu eröffnen, sich der in Geburtsnöten befindlichen Republik zumindest teilweise zu bemächtigen. Während dem deutschen Imperialismus der Zugriff auf Salzburg und Tirol trotz überwältigender Zustimmung für einen "Anschluß" aus anderen Gründen versagt blieb, konnte sich die Republik in Kärnten gegen das Bestreben des serbischen Königreiches nach territorialer Einheit aller Slowenen behaupten. Der Nationalismus der Slowenen, Serben und Kroaten beanspruchte Südkärnten jedoch im Sinne eines Gebietes mit überwiegend slowenischer Bevölkerung; der deutsche Imperialismus hingegen wollte genuin österreichisches Gebiet, als eines, von dem nicht gesagt werden konnte, es sei "deutsch". Die "Waffe" der Volksabstimmung als prinzipiell demokratischer Einrichtung zeigte so und anhand der konkreten Bedingungen ihre Zweischneidigkeit: sie sollte einerseits dem imperialistischen Zugriff auf Österreich, andererseits seiner territorialen Selbstbehauptung gegenüber Gebietsansprüchen Jugoslawiens dienen, die durchaus nicht illegitim waren, auch wenn sie sich nationalistisch verbrämt äußerten. Kann man nun sagen, im Fall Südkärntens habe sich das entstehende Österreichbewußtsein und die Liebe zur demokratischen Republik gezeigt, im Fall Salzburgs und Tirols aber das Bekenntnis zum "deutschen" Charakter Österreichs? Dieser Widerspruch ist allerdings nur ein scheinhafter und ich neige dazu, die auch heute noch vertretene Ansicht, wonach sich das Ergebnis der Volksabstimmung in Südkärnten als Deklaration zur Republik Österreich erklärt, als ex-post-Interpretation und Legitimation zu bezeichnen. Das im Zuge der Volksabstimmung in Kärnten geforderte "Bekenntnis" zu Österreich war aus all diesen Gründen wohl engstens mit dem "Bekenntis" zum "deutschen Charakter" Österreichs verbunden und entsprechend zwiespältig. Darin bestand die Chance deutschnationaler Kräfte: ihr "Bekenntnis" zu Kärnten war nur sehr vordergründig auf die Existenz eines demokratischen und souveränen Österreich ausgerichtet, dahinter versteckt funktionierte der Transmissionsriemen des deutschnationalen Einflusses ideologisch wie finanziell-ökonomisch. Die Volksabstimmung erlaubte die gezielte und weitere Auflösung der kollektiven ethnischen Identität der Kärntner Slowenen, ihre Zerreißung in "brave Windische" und "böse Nationalslowenen". Der formale Entscheid wurde zum Anlaß, die Angehörigen der slowenischen Volksgruppe, von denen es nach dem "Bekenntnis" 1923 laut offizieller, aber unzulänglicher Volkszählung 37.324, aufgrund von Erhebungen (unter anderem von Martin Wutte!) aber annähernd 90.000 Personen gegeben haben dürfte [97], durch subjektive Mechanismen der Überredung, Verlockung, Drohung und Repression künstlich (weil bloß im Bewußtsein des Individuums) zu nationaler Konversion zu bewegen, das heißt, die Angehörigen der Kärntner Slowenen soweit zu bringen, die eigene, historisch gewachsene nationale Eigenart und Zugehörigkeit qua Entscheid aufzulösen und die herrschende Identität zu übernehmen. Die durch diverse "Zählungen" dokumentierte ständige Schrumpfung ist Folge dieses Prozesses, denn das Bewußtsein kann sich autonom nur dann seines ethnisch-nationalen Bezuges zur Minderheit versichern, wenn das reale politische, soziale und kulturelle Leben in Südkärnten der slowenischen Eigenart Raum und Unterstützung angedeihen läßt. Der Wahlakt, so demokratisch er scheinen mag, ist nichts anderes als die "Verdoppelung" einer undemokratischen Realität. Weil auf diese Weise die "deutschkärntner" Eigenart jederzeit zu obsiegen imstande ist, der Punktesieg vor Kampfbeginn bereits feststeht, "funktioniert" dieses Zählungssystem und stellt damit einen Zustand her, der wohl im Interesse des Deutschnationalismus, nicht aber im Interesse der österreichischen Demokratie liegt.

Grenzpolitisch gesehen war das Ergebnis der Volksabstimmung ebenso klar wie anerkannt und ist es auch heute. Es ist nicht nur durch den Staatsvertrag von den Signatarmächten indirekt garantiert, sondern auch ausdrücklich von Jugoslawien akzeptiert. Darüber hinaus findet die Grenzziehung zwischen Österreich und seinem südlichen Nachbarn seinen Niederschlag auch in den Dokumenten der Konferenz von Helsinki. Damit ist - und solange die Gültigkeit all dieser Verträge und Vereinbarungen im internationalen und bilateralen Maßstab anerkannt bleibt - die staatspolitische Frage der Grenzziehung außer jeder Diskussion.

In der Behandlung der nationalen Frage allerdings war nach dem 10. Oktober 1920 noch alles offen. Das Ergebnis der "Volksabstimmung" erleichterte jedoch die Politik des Deutschnationalismus, das grenzmäßig - und daher auch ökonomischpolitisch - gesicherte Terrain sozial und ethnisch vollständiger zu unterwerfen als zuvor [98]. Für die Kärntner Slowenen aber war der Kampf um das nationale Selbstbestimmungsrecht in ein neues, entscheidendes Stadium getreten: Fortan ging es um die rechtliche und praktische Sicherung des Bestandes als nationale Minderheit. Die heutige Situation und die Kontinuität des Kampfes der Minderheit in Kärnten beweisen dies. Sie stand und steht im direkten Gegensatz zur anderen Kontinuität, der des Deutschnationalismus, der seine große Chance nach dem Überfall Österreichs durch das "Dritte Reich" sah und wahrnahm, indem er den Germanisierungs- und Assimilierungsprozeß gewaltsam forcierte.

So lassen die historischen Erfahrungen den Schluß zu, daß die "Kärntner Volksabstimmung" nicht Ausdruck des nationalen Selbstbestimmungsrechts der Kärntner Slowenen war, sondern politische Wende hin zur - sei es latenten, sei es manifesten - Unterordnung dieser Minderheit unter die Politik des Deutschnationalismus. Deutschnationale Unterordnung statt nationaler Selbstbestimmung also.

Zweifellos erscheint dieser Zusammenhang an der Oberfläche vielfältig gebrochen und verzerrt. So äußert sich der deutschnationale Kern des "Deutschkärntnertums" zwar offen und ungestraft in Gestalt eines breiten Spektrums extrem rechter Parteien und Organisationen wie etwa der 'Nationaldemokratischen Partei Österreichs' (NDP), der 'Freiheitlichen Partei Österreichs' (FPÖ) und dem 'Kärntner Heimatdienst' (KHD) [99], um nur einige zu nennen; darüber hinaus penetriert ein auf dem Deutschnationalismus beruhender Chauvinismus aber auch die konservative Österreichische Volkspartei' (ÖVP) und die im Land herrschende 'Sozialistische Partei Österreichs' (SPÖ). Immer aber tritt dabei auch eine reaktionäre, antikommunistische Haltung klar zutage. Und genau hier wird das soziale Wesen der "Einheit" Kärntens deutlich: eine "Einheit" von herrschender und beherrschter Klasse, wobei die Beschwörung der ethnisch-nationalen "Einheit" vordergründig für "einig" erklären soll, was zutiefst uneinig, weil gegensätzlich ist. Die Sozialpartnerschaftspolitik findet so selbst ethnisch-nationale Motive, um soziale Herrschaftsverhältnisse aufrechtzuerhalten (daher stand die Beschwörung der Sozialpartnerschaft während des Klagenfurter "Festumzuges" anläßlich der Sechzig-Jahr-Feier der Volksabstimmung deutlich im Vordergrund der Losungen).

Was der Deutschnationalismus in Kärnten vertritt, das hat er in Jahrhunderten gelernt, lange, bevor es eine österreichische Nation und daher auch einen österreichischen Nationalismus geben konnte. Dieser österreichische Nationalismus ist aber dort, wo er "kärntnerisch" verbrämt auftritt, "deutsch" und seinem Wesen nach fadenscheiniger Deutschnationalismus. Im Rassismus, im Antislawismus und im Antikommunismus teilen sich beide Formen des Deutschnationalismus den "alltäglichen Faschismus", den Zugriff auf Kärnten und Österreich zugleich, wie dies schon der inzwischen bereits "legendären" Äußerung des Faschisten Steinacher zu entnehmen war [100].

Die Kärntner Volksabstimmung als besondere, ihrem Charakter nach letztlich deutschnationale Form der Lösung der nationalen Frage garantierte eine neue, umfassendere und gleichzeitig vordergründige Politik, die "Scholle" Kärntens in "deutscher Hand" zu bewahren. Entsprechend war das Ergebnis der "Volksabstimmung" ein - wenn auch knapper - "Sieg in deutscher Nacht", wie eine andere Phrase bei Steinacher lautet, ein "Sieg" über die autochthon siedelnden Slowenen. Für den biederen Kärntner Durchschnittsbürger war es damit "lei ans", für Österreich war die Grenzfrage geklärt und für die Alliierten, vor allem die USA und Wilson, war sie eine "demokratische" Lösung mit Zukunft, war doch Südkärnten dadurch doch kein Teil des Balkans geworden, wie befürchtet [101].

Die leidvollen Erfahrungen der Kärntner Slowenen nach dem Oktober 1920 und mit den beiden Großparteien der Ersten Republik fanden leider auch noch selbst nach dem Hitlerfaschismus und der Wiederherstellung der Souveränität Österreichs eine traurige Fortsetzung in der Politik der drei Systemparteien. In ihnen fanden die deutschnationalen Interessen bereits kurz nach 1945 Anwälte für ihre Absichten. Anschließend sei nochmals auf die wichtige Rolle der Sozialdemokratie hierbei eingegangen. Die Allianz der SPÖ in der nationalen Frage mit den beiden anderen Systemparteien war und ist einerseits Ausdruck der Sozialpartnerschaftspolitik, andererseits Folge des latenten Deutschnationalismus und der immer noch fehlenden theoretisch-ideologischen Bewältigung der nationalen Frage durch diese Partei. Die von sozialdemokratischen Spitzenpolitikern gepredigte und von vielen ihrer Gefolgsleute nachgebetete "Einheit" Kärntens ist nicht nur historisch überholt, sondern funktioniert auch heute als Ansatzpunkt für die Renaissance des Deutschnationalismus. Die tiefe Verankerung der Sozialdemokratie auch in der Kärntner Industrie- und Landarbeiterschaft, im Kleingewerbe und Kleinhandel war bereits um 1920 die maßgebliche politische Voraussetzung für das Eindringen des nationalen Opportunismus und damit des Deutschnationalismus gewesen. Darauf hat Fran Zwitter umfassend hingewiesen. Erst über sozialökonomische Faktoren konnten bestimmte Bewußtseinsinhalte und folglich auch solche, die nationale Frage betreffende, in die sozialdemokratisch organisierte Arbeiterschaft einfließen. In eine Arbeiterschaft wohlweislich, die offiziell Teil des "deutschösterreichischen" Volkes war und - wie von Albert Fuchs festgestellt - großteils zwar nicht explizit deutschnational, aber auch "leider nicht österreichisch eingestellt war, sondern einen nationalen Indifferentismus" vertrat [102].

Heute stellt sich die nationale Frage der Kärntner Slowenen keinesfalls als Relikt vergangener Zeiten und als spezielles Problem Südkärntens dar. Erfreulicherweise wurde in den letzten Jahren dank der gezielten und qualifizierten Tätigkeit vieler österreichischer Demokraten deutlich, daß die Haltung und der Weg Österreichs in der Bewältigung dieser offenen Frage mehr zu sein hat als nur die

Beilegung nationalitätenpolitischer Geplänkel. Es zeigt sich angesichts der zunehmenden rechtsextremistischen und neofaschistischen Aktivitäten auch in Österreich immer deutlicher, daß sie die nationale Frage Österreichs insgesamt betrifft, daß die demokratische Entwicklung der österreichischen Nation unmittelbar mit dem Kampf gegen Neofaschismus und Deutschnationalismus als Voraussetzung für die nationale Eigenständigkeit und Unabhängigkeit Österreichs zu verbinden ist und dies allen demokratischen und patriotischen Kräften bewußt gemacht werden muß.

Anmerkungen

1) G. Moro, 50 Jahre Kärntner Volkabstimmung, in: derselbe (Hrsg.), Carinthia I, Geschichte und volkskundliche Beiträge zur Heimatkunde Kärntens, (1-4/1970), S. II-III, hier S. II (hervorgehoben von mir, G. St.).
2) ebenda, (hervorgehoben von mir, G. St.).
3) Rundfunkinterview, abgedruckt in der Kärntner Landeszeitung Nr. 41 vom 9. Oktober 1980, S. 3, (hervorgehoben von mir, G. St.).
4) Vgl. J. Pleterski, Elemente und Charakter der plebiszitären Entscheidung 1920 in Kärnten, Klagenfurt/Celovec 1980 (=Slowenisches wissenschaftliches Institut: Dissertationen und Abhandlungen 5), S. 24 ff.
5) Vgl. P. Bollhagen, Soziologie und Geschichte, s'Gravenhage 1973; W. Holzinger - P. Kellermann, Geschichte als Sozialwissenschaft, in: Österreichische Zeitschrift für Soziologie (2/3-1976), S. 90-99; N. Iribadschakov, Zur Kritik der bürgerlichen Geschichtsphilosophie, Wien 1975; H.-U. Wehler, Geschichte als Historische Sozialwissenschaft, Frankfurt/Main 1973; derselbe (Hrsg.), Geschichte und Soziologie, Köln 1976.
6) Wehler, Geschichte als Historische Sozialwissenschaft, S. 11.
7) Bollhagen, Soziologie und Geschichte, S. 140.
8) Vgl. L. Spira, Die österreichische Arbeiterbewegung vom Ersten Welkrieg bis 1927, Wien 1952, S. 5 ff; ebenso A. Fuchs, Geistige Strömungen in Österreich 1867-1918, Wien 1978, S. 97 ff.
9) Vgl. F. Engels, Die Staatsbildung der Deutschen, in: Institut für Marxismus-Leninismus beim ZK der SED (Hrsg.), K. Marx - F. Engels, Über Deutschland und die deutsche Arbeiterbewegung, Bd. 1, Berlin (Ost) 1973, S. 21-31; derselbe, Über den Verfall des Feudalismus und das Aufkommen der Bourgeoisie, in: Institut für Marxismus-Leninismus beim ZK der SED (Hrsg.), Marx-Engels-Werke, Bd. 21, Berlin (Ost) 1973, S. 392-401; ebenso Marx - Engels, Manifest der Kommunistischen Partei, in: Marx-Engels-Werke, Bd. 6, Berlin (Ost) 1973, S. 349-493.
10) Vgl. etwa R. Rosdolsky, Zur nationalen Frage. Friedrich Engels und das Problem der "geschichtslosen Völker, Berlin (West) 1979.
11) So etwa Mommsen, der von einer "Fehleinschätzung des nationalen Faktors bei Marx und Engels", von einer "relativen Vernachlässigung des Nationalismusproblems" spricht und insbesonders Engels Begriff der "geschichtslosen Nationen" kritisiert (H. Mommsen, Arbeiterbewegung und Nationale Frage, Göttingen 1979, S. 61 ff, ähnlich Rosdolsky, Engels, insbesondere II. Abschnitt).
12) W. I. Lenin, Über das Selbstbestimmungsrecht der Nationen, in: Institut für Marxismus-Leninismus beim ZK der KPdSU (Hrsg.), Lenin Werke, Bd. 20, Berlin (Ost) 1973, S. 397-461; hier S. 441.
13) Vgl. G. J. Glesermann, Klassen und Nationen, Berlin 1975; N. M. Kaltachtschjan - S. T. Kaltachtschjan, Nation und Nationalität im Sozialismus, Berlin (Ost) 1976; A. Kosing, Nation in Geschichte und Gegenwart, Berlin (Ost) 1976.
14) Vgl. Mommsen, Arbeiterbewegung, S. 63.
15) Vgl. O. Bauer, Die Nationalitätenfrage und die Sozialdemokratie, in: Werkausgabe, Bd. 1, Wien 1975, S. 49-623, hier S. 610.
16) Vgl. Lenin, Selbstbestimmungsrecht, S. 401 ff.
17) Die von Lenin betonte historische Dynamik der Nationswerdung wurde von Stalin zum Teil durch seine als mechanistisch zu bezeichnende Definition der Nation abgeschwächt (Vgl. I. W. Stalin, Marxismus und nationale Frage, in: Marx-Engels-Institut beim ZK der KPdSU (B) (Hrsg.), Stalin Werke, Bd. 2, Berlin (Ost) 1950, S. 266-333, hier S. 272.
18) Vgl. auch Engels, Über den Verfall des Feudalismus, S. 395.
19) Lenin, Selbstbestimmungsrecht, S. 399.

20) ebenda, S. 415.
21) Vgl. W. I. Lenin, Thesen zur nationalen Frage, in: Lenin Werke, Bd. 19, Berlin (Ost) 1973, S. 233-241, hier S. 233.
22) Lenin, Selbstbestimmungsrecht, S. 414 f.
23) W. I. Lenin, Kritische Bermerkungen zur nationalen Frage, in: Lenin Werke, Bd. 20, Berlin (Ost) 1973, S. 3-37, hier S. 19.
24) W. I. Lenin, Resolutionen der Sommerberatung des Zentralkomitees der SDAPR; Resolutionen zur nationalen Frage, in: Lenin Werke, Bd. 19, Berlin (Ost) 1973, S. 419-422, hier S. 421; vgl. auch Stalin, Nationale Frage, S. 283 f.
25) Vgl. Lenin, Bemerkungen, S. 27 f.
26) ebenda, S. 18; vgl. ebenso: W. I. Lenin, Anmerkungen der Redaktion zu dem Artikel von Veteran "Die nationale Frage und das lettische Proletariat", in: Lenin Werke, Bd. 20, Berlin (Ost) 1973, S. 117.
27) Stalin, Nationale Frage, S. 298.
28) Vgl. Lenin, Bemerkungen, S. 28 ff.
29) Vgl. H. Mommsen, Die Sozialdemokratie und die Nationalitätenfrage im habsburgischen Vielvölkerstaat, Wien 1963, S. 4 f ff.
30) Auch Helmut Konrad beschrieb die verschiedenen Positionen des Austromarxismus in der nationalen Frage (vgl. H. Konrad, Nationalismus und Internationalismus, Wien 1976
31) Vgl. Mommsen, Arbeiterbewegung, S. 49.
32) Vgl. ebenda, S. 51.
33) Vgl. ebenda, S. 70.
34) ebenda.
35) Mommsen beschreibt wiederholt die Tatsache, wonach führende sozialdemokratische Persönlichkeiten anfangs ihrer politischen Entwicklung aktiv dem "deutschbürgerlichen Liberalismus" dienten. Erst die Hinwendung der "Deutschliberalen" zu nationalistisch-chauvinistischen Positionen bewirkte die Abkehr und den Austritt von Männern wie Adler und Pernerstorfer (vgl. Mommsen, Sozialdemokratie, S. 102 f). Dennoch zeigt dies, daß das gesamte Verhältnis der Sozialdemokratie zu den Deutschnationalen weniger einer prinzipiellen Gegensätzlichkeit, sondern eher der von diesen praktizierten Radikalität bis hin zum Rassismus wegen belastet wurde. Dies wäre mithin eine Begründung für die historische Existenz einer langdauernden Anfälligkeit innerhalb der Sozialdemokratie für das "Deutschtum" oder den Gedanken eines geeinten deutschen Staates.
36) Mommsen verweist in diesem Zusammenhang auf die Gruppe um Oberwinder (vgl. Sozialdemokratie, S. 53-61, 71, 81).
37) ebenda, S. 71.
38) ebenda, S. 66.
39) Konrad spricht von einem "rein deklamatorischen Internationalismus" (Nationalismus, S. 206).
40) Vgl. den Beitrag W. Holzingers, in dem er diesen Begriff verwendet.
41) Vgl. Bauer, Nationalitätenfrage, S. 576 ff.
42) Praktisch zeigte sich diese Haltung und die Preisgabe der revolutionären Ziele durch die Spitze der Sozialdemokratie unter anderem auch im "historischen Kompromiß" am 11. November 1918, in dem Karl Renner den Verzicht auf jegliche revolutionäre Aktionen des Proletariats als Grundlage für eine Zusammenarbeit mit dem bürgerlichen Lager formulierte (Vgl. N. Schausberger, Österreich. Der Weg der Republik 1918-1980, Graz-Wien 1980, hier S. 18 f).
43) Vgl. Mommsen, Sozialdemokratie, S. 52.
44) Vgl. ebenda, S. 304.
45) Mommsen, Arbeiterbewegung, S. 49.
46) Vgl. Mommsen, Sozialdemokratie, S. 72.
47) Vgl. ebenda, S. 323.
48) Vgl. F. Oppenheimer, Soziologische Streifzüge. Gesammelte Reden und Auf-

sätze, 2. Bd., München 1927, S. 200.
49) Vgl. ebenda, S. 198.
50) Vgl. ebenda, S. 202.
51) Vgl. Mommsen, Sozialdemokratie, S. 337.
52) ebenda.
53) Fuchs, Strömungen, S. 96.
54) Vgl. Mommsen, Sozialdemokratie, S. 354.
55) Vgl. Mommsen, Arbeiterbewegung, S. 62 und 76.
56) Vgl. ebenda, S. 79.
57) Bauer, Nationalitätenfrage, S. 194.
58) ebenda, S. 89.
59) Vgl. ebenda, S. 85.
60) ebenda, S. 87.
61) ebenda, S. 144.
62) Stalin kritisierte den Psychologismus Bauers bei der Bestimmung des Wesens der Nation und der für ihre Entstehung ursächlichen Faktoren und hielt ihm entgegen, daß der "Nationalcharakter" bloße "Widerspiegelung der Lebensbedingungen" sei, "ein Niederschlag von Eindrücken, die aus dem Milieu, worin die Menschen leben", resultieren (Stalin, Nationale Frage, S. 272 f. und S. 275).
63) Bauer, Nationalitätenfrage, S. 57.
64) Vgl. ebenda, S. 70.
65) Vgl. ebenda, S. 53.
66) Vgl. ebenda, S. 68.
67) Die Bedeutung des "subjektiven Faktors" ist damit keinesfalls geleugnet. Unabhängig von der Frage seiner Bedeutung für gesellschaftliche Prozesse ist aber die nach der Konstitution des Subjektiven zu klären. Vgl. H.-J. Sandkühler, Praxis und Geschichtsbewußtsein, Frankfurt/Main 1973.
68 Vgl. F. Tönnies, Gemeinschaft und Gesellschaft, 2. Aufl., Berlin 1912, insbes. den 1. Abschnitt: Theorie der Gemeinschaft; ebenso: derselbe, Einführung in die Soziologie, Stuttgart 1931, S. 89 ff.
69) N. von Bubnoff, Der Begriff der Nation und die Idee der Völkergemeinschaft, in: Archiv für Sozialwissenschaft und Sozialpolitik, Tübingen, 51. Bd. (1924), S. 392-401, hier S. 119.
70) ebenda, S. 135; ähnlich K. Pribram, Deutscher Nationalismus und deutscher Sozialismus, in: Archiv für Sozialwissenschaft und Sozialpolitik, 49. Bd. (1922), S. 298-376, hier S. 316.
71) Vgl. F. Hertz, Zur Soziologie der Nation und des Nationalbewußtseins, in: Archiv für Sozialwissenschaft und Sozialpolitik, 65.Bd. (1931), S. 1-60, hier S. 28.
72) Vgl. L. Gumplowicz, Der Rassenkampf, in: Ausgewählte Werke, 3. Bd., Innsbruck 1928, S. 253.
73) Vgl. A. Vierkandt, Gesellschaftslehre, Stuttgart 1928, S. 461 f.
74) Vgl. ebenda, S. 463.
75) Vgl. F. Oppenheimer, System der Soziologie, Bd. 1: Allgemeine Soziologie, zweiter Halbband: Der soziale Prozeß, Jena 1923, S. 463 ff.
76) So formuliert er: "Wir müssen nicht aus der Nation das Nationalbewußtsein, sondern umgekehrt aus dem Nationalbewußtsein die Nation ableiten" (Ebenda, S. 644, im Original gesperrt).
77) Vgl. M. Weber, Wirtschaft und Gesellschaft, 5. Aufl., Tübingen 1972, S. 528.
78) Vgl. ebenda, S. 244.
79) M. Scheler, Schriften zur Soziologie und Weltanschauungslehre, 2. Aufl., Bern 1980, S. 338.
80) Vgl. ebenda, S. 349.
81) E. Lemberg, Nationalismus I: Psychologie und Geschichte, Reinbek bei Hamburg 1964, S. 149.
82) F. A. Freiherr von der Heydte, Staat, in: W. Ziegenfuß (Hrsg.), Handbuch der

Soziologie, Stuttgart (o.J.), S. 938-969, hier S. 946.
83) W. Bernsdorf (Hrsg.), Wörterbuch der Soziologie, 2. Aufl., Stuttgart 1969, S. 736.
84) E. Beckenrath et al., Handwörterbuch der Sozialwissenschaften, Bd. 7, Stuttgart-Tübingen-Göttingen 1961; R. König (Hrsg.), Soziologie, Frankfurt am Main 1967.
85) Gewissermaßen als Ausnahme neben Max Weber ist hier Ferdinand Tönnies zu erwähnen. Dieser vertritt zwar einen elitär-bildungsbürgerlichen Nationsbegriff, demnach die Nation als Ausdruck der bewußten, willentlichen Teilnahme der "oberen" Sozialschichten am Kulturleben zu verstehen ist, und konstruiert demgemäß einen künstlichen Gegensatz zwischen "Nation" und "Volk", aber - und hier ähnelt seine Auffassung der M. Webers - er erkennt den Zusammenhang von Nationalbewußtsein und ökonomisch-politischen Interessen. Wenngleich die Identifizierung von Nation und "oberen" Sozialschichten (also der herrschenden Klassen) zu einfach ist, kann seiner Auffassung, wonach ein "schroff ausgebildete(s) Nationalbewußtsein, der aggressive und ausschließende Nationalismus, diejenigen sozialen Schichten (verbindet), die auch bedeutende gemeinsame ökonomische Interessen als 'nationale' Interessen geltend machen und der politischen Mittel sich dafür bedienen" (Tönnies, Soziologie, S. 90), gefolgt werden. Mehr noch: Mit Hilfe der Beschwörung "nationaler Interessen" werden nicht nur die herrschenden Klassen und Schichten zwecks Verteidigung ihres Besitzstandes geeint, sondern selbst ein künstliches Band zwischen den ausgebeuteten und den herrschenden Klassen erzeugt, wie die Erfahrungen beweisen.
86) Bauer, Nationalitätenfrage, S. 611.
87) ebenda, S. 613.
88) ebenda, S. 616.
89) Vgl. die vom "Österreichisch-Deutschen Volksbund" herausgegebene Zeitung "Der Anschluß" vom 12. November 1928; Faksimileabdruck in: Weg und Ziel, Monatsschrift für Theorie und Praxis des Marxismus-Leninismus, (3/1978), S. 91. Vgl. ebenso den dazugehörigen Beitrag von W. R. Garscha, Sie bereiteten den "Anschluß" vor, in: ebenda, S. 90-92.
90) Was also ist der objektive, der historisch relevante Beitrag Otto Bauers als Subjekt des politischen Handelns in der Geschichte der Behandlung der nationalen Frage durch die Sozialdemokratie? In diesem Zusammenhang sei grundsätzlich und nochmals auf Sandkühler, Praxis und Geschichtsbewußtsein, verwiesen.
91) Vgl. Pleterski, Elemente und Charakter, S. 20. Die enge Verbindung von deutschnationaler Vorherrschaft und Kampf um die Macht im Rahmen der bürgerlichen Demokratie demonstrierte Karl Renner, wenn er schreibt: "Die Deutschen können nur herrschen, wenn sie führen; führen können sie heute nur im Zeichen der Demokratie." (Staat und Parlament. Kritische Studie über die österreichische Frage und das System der Interessenvertretung, Wien 1901, S. 31.)
92) Vgl. Bauer, Nationalitätenfrage, S. 617.
93) Oppenheimer, Streifzüge, S. 644.
94) ebenda.
95) Vgl. hierzu auch W. Holzinger, Soziale und sozialpsychologische Hintergründe des Kärntner Minoritätenkonflikts, in: Zeitgeschichte 3 (1976), S. 308-318, hier S. 310.
96) Vgl. Garscha, "Anschluß", S. 91.
97) Vgl. E. Ammende (Hrsg.), Die Nationalitäten in den Staaten Europas. Sammlung von Lageberichten, Wien-Leipzig 1931, S. 305.
98) Fran Zwitter unterscheidet diesbezüglich die Stufe einer Germanisierung der breitesten slowenischen Bevölkerung als "bewußtes politisches Programm" von der historisch vorgängigen Stufe einer auf höhere Sozialschichten beschränkten "unbewußten" Anpassung an die neue soziale Umgebung (Vgl.

99) F. Zwitter, Die Kärntner Frage, Klagenfurt/Celovec 1979 (=Slowenisches wissenschaftliches Institut: Dissertationen und Abhandlungen 2), S. 24.
Hiezu siehe: Dokumentationsarchiv des österreichischen Widerstandes (Hrsg.), Rechtsextremismus in Österreich nach 1945, 5., überarbeitete und ergänzte Aufl., Wien 1981.
100) So schrieb Hans Steinacher in seinem Buch: Sieg in deutscher Nacht, Wien 1943: "Weil wir aber wegen der auf alldeutsche Umtriebe lauernden Interalliierten, vor allem der Franzosen, nicht in der Lage waren, 'Deutschland' zu rufen, 'Österreich' nicht sagen wollten, so wurde unser Kampfruf eben 'Kärnten'." (S. 6).
101) Vgl. C. Kromer, Die Vereinigten Staaten von Amerika und die Frage Kärnten 1918-1920, in: Carinthia I, Geschichte und volkskundliche Beiträge zur Heimatkunde Kärntens, (1-4 1970), S. 3-269, hier S. 20 f.
102) Fuchs, Strömungen, S. 171.

Weitere, in den Aufsatz einbezogene Literatur:

L. Gumplovicz, Grundriß der Soziologie, 2. Aufl., Wien 1905.
G. Lange, Der Inhalt des Begriffs "Nation" in der spätbürgerlichen Ideologie der BRD, in: Deutsche Zeitschrift für Philosophie (6/1975), S. 767-783.
W. I. Lenin, Die nationale Frage in unserem Programm, in: Lenin Werke, Bd.6, Berlin (Ost) 1956, S. 419-422.
ders., Karl Marx, in: Lenin Werke, Bd.21, Berlin (Ost) 1974, S. 23-80.
K. Renner, Mensch und Gesellschaft. Grundriß einer Soziologie, in: Nachgelassene Werke, Bd.1, Wien 1952.
ders. (Rudolf Springer), Der Kampf der österreichischen Nationen um den Staat, Wien 1902.
ders. (Synopticus), Staat und Nation, Wien 1899.
M. Straka, Die Entwicklung des Volksbekenntnisses in Kärnten, in: G. Moro (Hrsg.), Carinthia I. Geschichte und volkskundliche Beiträge zur Heimatkunde Kärntens, (1-4/1970).

Michael Polemis

IDENTITÄT UND NATIONALISMUS

Anmerkungen zur Minderheitenfrage

Nach der verbreiteten Meinung in den Geschichts- und Gesellschaftswissenschaften ist der Begriff der Nation ein Produkt des 18. Jahrhunderts, entstanden durch die historischen Veränderungen im Zuge der Französischen Revolution. Die Nationalstaaten, die in dieser Epoche entstehen, beziehen ihr Selbstverständnis aus dem "Citoyen-Bewußtsein" ihrer Bürger. Vor allem in Frankreich und England ist der damit verbundene Nationalismus Ausdruck des Willens der in diesen Staaten mit dem Alleinvertretungsanspruch für das ganze Volk regierenden bürgerlichen Klasse. Anders als in Deutschland, wo der Herdersche Nationsbegriff mit Kategorien wie "Volksseele" etc. operiert, ist in diesen Ländern Nationalismus im wesentlichen eine auf eine bestimmte politische Organisationsform von Herrschaft bezogene Weise der Bejahung eines Nationalstaates in seiner Existenzberechtigung.

Diese "politologische" Formulierung ist jedoch nur in dem Ausmaß wahr, als sie den Nationsbegriff durch eine rein historische Betrachtungsweise, als einer entscheidenden Phase in der Entstehung der modernen Staaten entsprechend, interpretiert und auf dieser Basis thematisiert. Der geschichtsphilosophischen Reflexion ist damit aber nicht weiter gedient. Sie kann diesen Nationsbegriff ihrerseits nur als einen historisch begrenzten, als Kurzfassung einer bestimmten Phase der Entwicklung ansehen und als außerstande, die Probleme, die in der Gegenwart existieren, einer wenn auch zunächst nur theoretischen Lösung zuzuführen. Auch im vermeintlichen Kontrast zur "politologischen" Formulierung offenbart die in der gleichen Epoche in Verbindung mit dem Herderschen Nationsbegriff artikulierte Idee der Individualität eines Volkes (unabhängig von den gesellschaftstheoretischen Implikationen der Romantik) eine Dimension, die dem ganzen Nationalismusproblem zugrunde liegt. Sie ist nämlich der deutliche Hinweis auf jene Sphäre der Kontinuität und gemeinsam erlebten Identität eines Volkes, die - in einer Perspektive gesehen, die ideologischem Mißbrauch fernliegt - die Nahtstelle darstellt zwischen der "objektiven" und äußeren Seite des Begriffs der Nation und jener inneren Seite, die mit dem subjektiven Bewußtsein der betroffenen Völker identisch ist.

Die marxistischen Theoretiker haben von dieser ursprünglichen Doppelseitigkeit des Begriffs der Nation, die in sich eine Vielfalt von Faktoren birgt, gewußt. Die Formulierung von Stalin, die während seines Wiener Aufenthaltes in den Jahren

1912-13 geschrieben wurde und, auch wenn sie nicht unter der direkten Aufsicht von Lenin entstand, so doch seine bedingungslose Billigung fand [1] und insofern als "klassische" These des orthodoxen Marxismus angesehen werden kann, lautet:

> "Eine Nation ist eine historisch entstandene, stabile Gemeinschaft von Menschen, entstanden auf der Grundlage der Gemeinschaft der Sprache, des Territoriums, des Wirtschaftslebens und der sich in der Gemeinschaft der Kultur offenbarenden psychischen Wesensart." (2)

Ohne Zweifel stellt diese Definition einen Versuch dar, den Begriff der Nation als eine Totalität zu erfassen, die in sich abgeschlossen ist und konkrete Charakteristika hat. Wichtig ist in diesem Zusammenhang, daß Stalin dieser Definition hinzufügt: "Nur das Vorhandensein aller Merkmale zusammen ergibt eine Nation" [3].

Daraus entsteht aber die für den orthodoxen Marxismus charakteristische Tendenz, auf der Basis eines Totalitätsbegriffs in den Gesellschaftswissenschaften, dessen Wahrheitsanspruch als historischer Höhepunkt bürgerlicher Wissenschaft angesehen werden kann, eine Totalitarismuswende in der Politik zu vollziehen, als deren Folge die fatale Trennung von "subjektiv" und "objektiv" auftritt, die auch in der Behandlung von nationalen Minderheiten ihren Niederschlag findet. So schreibt Stalin über die Juden:

> "Der zweite Umstand ist die Sonderstellung der Juden als einzelner nationaler Minderheiten innerhalb kompakter fremdnationaler Mehrheiten in geschlossenen Siedlungsgebieten. Wir haben bereits davon gesprochen, daß diese Stellung die Existenz der Juden als Nation untergräbt und sie auf den Weg der Assimilation drängt. Das aber ist ein objektiver Prozeß. Subjektiv, in den Köpfen der Juden, ruft er eine Reaktion hervor und wirft die Frage einer Garantie der Rechte der nationalen Minderheit, einer Garantie gegen die Assimilation auf." (4)

Der Hinweis auf den Primat des objektiven über den subjektiven Prozeß trägt hier nicht nur nicht zur Lösung des Problems bei, sondern führt mit Notwendigkeit zur mechanistischen Anwendung einer apriorischen theoretischen Konstruktion. Es ist in diesem Zusammenhang bezeichnend, daß die in der Stalinschen Arbeit formulierte Kritik an der Position Otto Bauers sich hauptsächlich auf die Konzeption des letzteren im Rahmen der Analyse des Judenproblems bezieht. Inhaltlich mag also der Vorwurf Stalins stimmen, daß Otto Bauer in der Schrift "Die Nationalitätenfrage und die Sozialdemokratie" eine schwankende Position einnimmt, die eher dazu tendiert, eine abstrakt idealistische Definition der Nation außerhalb ihres realen, historischen Gesamtzusammenhangs zu formulieren. Die Art der Schwierigkeiten, die Otto Bauer hat im Versuch, das Wesen der Nation zu definieren, vor allem in bezug auf das Judenproblem, sein Schwanken zwischen der Erfassung des Judentums als Nation trotz der nicht vorhandenen Gemeinsamkeit der Sprache und wiederum die Leugnung dieser Position sind aber bezeichnend für die Spezifität des Judenproblems, dessen Struktur den Rahmen der Stalinschen Konzeption sprengt. Otto Bauer spürt die Spezifität des Problems und versucht es zu überwinden, indem er einmal von dem einen, einmal von dem anderen Merkmal der Nation ausgeht, ohne zu einer Lösung kommen zu können. In diesem Zusammenhang zeugt aber seine Unsicherheit von seinem Gefühl für die Dimension der Dinge. Wie dem auch sei, es ist bestimmt ein Verdienst der marxistischen Lehre, daß sie als erste in der Geschichte der politischen Theorien die Internationalismuswende vollzog, noch in der klassischen imperialistischen Zeit der einander bekämpfenden Nationalstaaten. Mag das Verhältnis zwischen Nationalismus und Internationalismus bei Otto Bauer etwas verschwommen ausgedrückt worden sein [5] (man sieht, wie schwer es ihm fällt, aus dem politischen Dilemma, das die Frage nach der Bestimmung der Priorität im Verhältnis zwischen Nationalismus und Internationalismus impliziert, eindeutige Schlußfolgerungen zu ziehen), so handelt es sich im Rahmen der Leninschen Tradition, als deren Vertreter wir in diesem Zusammenhang Stalin ansehen können, eindeutig um eine dialektische Beziehung, innerhalb derer das neue Element, der Internationalismus, zwar die überwindende, das nationale Denken aufhebende Komponente darstellt, jedoch seiner als konstitutiven Bestandteils bedarf. In diesem Sinn hat die kurzgefaßte Formel, daß man die Grenzen erst schaffen muß, um sie danach abzubauen, den politischen Charakter des Entkolonialisierungsprozesses wesentlich wiedergegeben.

Damit sind wir aber an dem Punkt angelangt, an dem eine Konkretisierung des Nations- und Nationalismusproblems in seiner Beziehung zur subjektiven Identität der Betroffenen im Rahmen einer Analyse der Situation der Kärntner Slowenen möglich wird. Die These von der "natürlichen Assimilation" der Minderheiten, die von den Ideologen des Germanisierungsprozesses massiv eingesetzt wird [6], erweist sich nämlich bei näherer Betrachtung der Aussagen auch von Minderheiten gegenüber "wohlwollenden" Theoretikern als höchst ambivalent. Sie entspringt der Totalitarismustendenz des Denkens, die "subjektive" Seite des Nationsbegriffs unter die "objektive" zu subsumieren, wobei hier eine gewaltsame Trennung zwischen beiden Seiten durchgeführt wird. In einer zynischen Überspitzung dieser These kann man sagen, daß das einzig Natürliche einer "natürlichen Assimilation" der Gewaltzusammenhang ist, in dessen Rahmen sie geschieht. Stalin formuliert hier auf geniale Weise mit naiv offenem Zynismus das Schicksal von Minderheiten, allein deswegen, weil sie Minderheiten sind. Im Fall der Kärntner Slowenen dokumentiert sich dieses Schicksal auf exemplarische Art und Weise, weil sie, historisch gesehen, quantitativ nicht immer Minderheit waren, sondern eine zahlenmäßig sehr starke, traditionell verwurzelte und auf einem bestimmten Territorium gewachsene Volksgruppe. Ihr Schicksal ist nicht q u a n t i t a t i v e r , sondern q u a l i t a t i v e r Natur. Sie waren Kleinbauern und Landarbeiter in einer Gesellschaft, in der die bürgerliche Klasse deutsch sprach [7]. Minderheiten sind also in der bürgerlichen Gesellschaft alle jene Gruppen, die deren Prinzip widersprechen. Dabei stellen in dieser Gesellschaft Menschengruppen, die sich als Minderheiten empfinden, aus diesem Grund eine Minderheit dar. Es gibt allen Sprachzählungen zum Trotz kein besseres Kriterium für die Feststellung einer Minderheit, als die sogenannte "subjektive Seite". Die Unterwerfung dieser "subjektiven Seite" unter den gewaltsamen Mechanismus der Objektivierung dessen, was von den einzelnen als nationale Identität empfunden wird, mit brutalen oder "demokratischeren" Mitteln, ist aber andererseits Ausdruck der natürlichen Schranke der bürgerlichen Gesellschaft [8], unabhängig davon, ob sie sich bürgerliche Republik oder Volksdemokratie nennt. Man kann also sagen, daß sich in der Minderheitenfrage g e s c h i c h t s p h i l o s o p h i s c h die Schranken des Prinzips bürgerlicher Herrschaft zeigen.

Weil in der bürgerlichen Gesellschaft die Interessen der herrschenden Klasse zum Interesse der Gesamtgesellschaft erhoben werden, vollzieht sich hier mit der ganzen Palette der Mittel des offenen und verborgenen ideologischen Terrors die gewaltsame Assimilation jeder gruppenspezifischen Besonderheit, deren Existenz allein, und desto mehr, je zäher ihr Identitätsbewußtsein ist, dem "allgemeinen" Interesse widerspricht. Der Trugschluß eines Verständnisses von diesem "allgemeinen" Interesse à la Rousseau, als reflektierte es in sich in der Art der "volonté générale" den freien Willen der Gesamtheit des Volkes, liegt hier auf der Hand. Gerade in bezug auf Minderheitenprobleme zeigt es sich, wie eng die Grenzen des Pluralismus in der Gesellschaft gefaßt sind. Das zeigt sich vor allem innerhalb der Strukturen, die die Kolonialherrschaft geschaffen hat. Daß z. B. in den ehemaligen Kolonien die schmale Oberschicht eine andere Sprache als die überwiegende Mehrheit der Bevölkerung spricht, englisch oder französisch, daß hier der "abendländische Neger", wie ihn Sartre genannt hat, in Erscheinung tritt, ist symptomatisch für den entscheidenden Charakter der gesellschaftlichen Herrschaftsverhältnisse in bezug auf sprachliche, kulturelle und nationale Identität. Dort, wo innerhalb der Gesellschaft eine kleine Minderheit absolute ökonomische, soziale und politische Macht besitzt, bemächtigt sie sich auf "natürliche" Weise der nationalen und kulturellen Identität der übrigen Bevölkerung. Der Versuch, aus diesem Gewaltzusammenhang die These von der "natürlichen Assimilation" zu konstruieren, ist mehr als abenteuerlich. Nur auf der Basis einer herrschaftsfreien Kommunikation zwischen den Völkern könnten Assimilierungsprozesse auf natürliche Weise geschehen, weil sie nur unter diesen Bedingungen Ausdruck des freien Willens der Betroffenen sind. So bleibt für die Bestimmung der nationalen Identität die "subjektive Seite" das entscheidende Merkmal, auch unabhängig von Kriterien wie Sprache, die meist in diesen Fällen herangezogen werden. Trotz ihres konstitutiven Charakters für die Bildung nationaler Identität kann die Sprache schwinden, das Gefühl der Betroffenen aber bleibt. Ich habe selbst erlebt, wie meine von griechischen Eltern in Österreich geborene Tochter sich mit einem anderen, ebenfalls von griechischen Eltern in Österreich geborenen Kind auf deutsch unterhalten hat. Beide Kinder sind zweisprachig und haben das Gefühl ihrer Herkunft nicht verloren. Sogar im intimen familiären Bereich wird die Sprache der Minderheit von der Umgebung geformt. Die lebendige Totalität der Außenwelt dringt auch in das Private hinein, im Umgang miteinander verwenden die Angehörigen der Minderheit beide nationalen Sprachvarianten, wobei in bestimmten Situationen innerhalb ein und derselben Äußerung Elemente beider Varianten vorkommen. Trotzdem bleibt auf dieser Basis die nationale Identität erhalten, der ständige Sprachwechsel stört niemanden, weil er in sich die natürliche Freiheit der Sprache reflektiert. Im ungezwungenen familiären Milieu bedarf es einiger Anstrengung, um eine der beiden Sprachen in formaler Abgeschlossenheit zu sprechen; man wechselt oft von der einen Sprache zur anderen. Was ist die Muttersprache einer solchen Minderheit? Kein Mensch weiß das, nicht einmal die Minderheit selbst. Die Sprache widersetzt sich den formalen Grenzen, und die Identität des Menschen, das Bewußtsein seiner Herkunft und seiner Tradition, ebenfalls. Nationale Identität einer Minderheit, das ist die Identität, zu der man sich mit gutem Recht entschließt, nur die Frage nach dem Bekenntnis ist suspekt. Im besten Fall ist sie Ausdruck des bürgerlichen Konventionalismus, Ausdruck der Voreingenommenheit und der unterschwelligen Drohung (O weh, wenn man nicht vor der landesüblichen Identität in die Knie geht, wenn man sich nicht dazu b e - k e n n t !). Solche Vorurteile sind durch das Bürgertum entstanden. In den mittelalterlichen Reichen und in Byzanz hat die Mutter Kirche bürgerlichen Kasernenhofton nicht nötig gehabt. Im Kapitalismus geht man mit diesen Dingen anders um. So wie der Mensch zur Ware wird, wird die nationale Identität auf Sprache reduziert, und zwar auf jene Sprache, die sich am besten verkaufen kann. Englisch ist eben eine Weltsprache, die traditionelle Sprache der internationalen Marktwirtschaft, Deutsch ist in Mitteleuropa wichtig, es ist die Sprache des Kapitals. Deswegen dürfen Slowenen entweder "Windische" sein, d. h. sich zu einer Identität bekennen, die es gar nicht gibt, und so "Freunde" der Deutschen sein wie Winnetou der "Freund" "Old Shatterhands", also "gute" Indianer; oder noch besser, man kann sie niederzählen, also tote Indianer.

Im Bemühen, alle Individualität als störenden Faktor für die kapitalistische Homogenität auszurotten, wird nationale Identität auf Sprache reduziert, damit sie allgemeiner und leichter handhabbar wird. Andererseits wird durch den sprachlichen Druck ein mächtiges Instrument in der Auseinandersetzung mit der Minderheit geschaffen. So entstehen die diversen sprachimperialistischen Theorien, deren non plus ultra die grundlegende Unterscheidung zwischen "höheren" und "niedrigeren" Sprachen ist [9]. Gerade angesichts der intendierten Sprachlosigkeit der Gesellschaft, die ein konstitutives Element des Systems ist, muten solche Kategorien grotesk an. Was hier entscheidend ist, ist die Auseinandersetzung mit nationalen Traditionen und Traditionen überhaupt, die in das Klima einer über den nationalen Staat hinausgehenden Totalität des Marktes nicht mehr hineinpassen. Dabei wird die Ausschaltung von Differenziertheit und Besonderheit, die Vernichtung von Subjektivität angestrebt. So wie der Konsumterror die Menschen entmündigt, die Sprache verarmt und die Andersdenkenden bis in den Bereich der individuellen Lebensgestaltung und des persönlichen Geschmacks hinein unter Druck setzt, so verhält es sich mit den kompakten nationalen Minderheiten, die zäher in ihrer Widerstandskraft sind, weil sie in einem homogenen Gebiet leben, tief auf ihrem Boden verwurzelt sind, und eine jahrhundertealte Tradition besitzen. Dadurch, daß sie über eine gemeinsame Sprache verfügen, können sie miteinander kommunizieren und dem Druck besser widerstehen als die nicht-nationalen Minderheiten. Gegen diese nationalen Minderheiten geht nun die Gesellschaft nicht allein mit den subtilen Mitteln des ökonomischen und ideologischen Terrors vor, nicht indirekt, sondern direkt durch konkrete Schikanen und den Einsatz von Staatsapparat und Bürokratie. Hier greift man auf Altbewährtes zurück: Schule, Polizei, Verwaltung, Justiz, genau die Bereiche, in denen die Verwendung der Nationalsprache verweigert wird. Dabei zeigt sich am deutlichsten die Heuchelei des Systems. Im Sinn der Aufrechterhaltung einer in unserem Fall "deutschen" Nationalkultur, wird die slowenische Kultur in ihrer Existenzberechtigung in Frage gestellt, und zwar von jenen Leuten, die die Zerstörer jeder Kultur sind, und in erster Linie der eigenen "deutschen". Hier offenbart sich die Dialektik der Freiheit. Wer anderer Leute Freiheit zerstört, kann nur der Totengräber seiner eigenen sein. Im Interesse einer supranationalen kapitalistischen Ordnung, die die kulturelle Identität von Nationalstaaten unterminiert und deren Sachwalter der Staatsapparat des Nationalstaates selbst ist, zerstört der Nationalstaat im Namen "seiner" Kultur, die er längst ausverkauft hat, die Kultur seiner Minderheiten. Hier vollzieht sich das traurige Gegenteil des alten Satzes: "Wer seine eigene Kultur respektiert, respektiert auch die der anderen".

Somit erscheint der Begriff der nationalen Tradition in der Auseinandersetzung zwischen "Mehrheit" und "Minderheit" in einem ganz spezifischen Zusammenhang. Für die Minderheit ist die Aufrechterhaltung der nationalen Tradition eine Existenzfrage. Alle Lebensäußerungen eines bedrängten Volkes, die in diese Richtung gehen und für den äußerlichen Beobachter oft ins Folkloristische hineingleiten, haben diese Existenzberechtigung. Dagegen ist "Traditionspflege" für die Mehrheiten - man denke hier an das Kärntner Beispiel - oft Ausdruck des Willens, nicht Individualität zu erhalten, sondern zu zerstören durch gewaltsame Gleichschaltung im Rahmen eines Wertsystems, das regional den Interessen des Kapitalismus dient, jedoch für ein übergreifendes kapitalistisches Bewußtsein antiquiert erscheint. Daraus resultiert der dem kritischen Bewußtsein sich aufdrängende ausgesprochene Verfremdungseffekt von nationalen Veranstaltungen, etwa der deutschsprachigen Volksgruppe in Kärnten, unabhängig davon, ob aus Gründen der Staatsräson offiziell minderheitenfeindliche Parolen vermieden werden und eher im Geist der "Versöhnung" operiert wird. Slowenische Veranstaltungen haben dagegen nichts Verfremdendes. Sie sind, obwohl sie Ausdruck des Willens von wenigen Menschen sind, nicht provinzielles Lokalkolorit - diese Qualifikation gebührt im besten Fall auf Grund der geschichtlichen Dialektik den Veranstaltungen der Mehrheit -, sondern Manifestation eines historisch legitimen Anspruchs auf Erhaltung der eigenen Identität. Mit anderen Worten: s i e s i n d g e s c h i c h t s p h i l o s o p h i s c h l e g i t i m.

In diesem Licht erscheint also der Stellenwert von Tradition und Traditionspflege und des damit verbundenen Nationalismus als ambivalent. Dabei ist der Begriff der Traditionspflege für sich Ausdruck einer besonderen historischen Situation. Traditionspflege wird von bedrängten oder bedrängenden Völkern getrieben; eine ungestört erlebte, nicht aggressive, kontinuierliche nationale Tradition bedarf keiner besonderen Pflege. Insofern hat die bedrängende, aggressiv-nationalistische Traditionspflege ein wesentliches Element in sich. Indem sie einerseits expansionistischen Tendenzen dient, fungiert sie andererseits als inneres Ventil für die Unzufriedenen, die vom Großkapital betrogenen und bedrängten Massen des Kleinbürgertums in der Arbeiterklasse (wenn die Arbeiterklasse sich dem Kleinbürgertum angehörig empfindet, ist der Mechanismus der Verschleierung der gesellschaftlichen Widersprüche perfekt). Die Minderheit ist dann an der ganzen Misere schuld und kann als Aggressionsobjekt herangezogen werden. Somit hat, international gesehen, im Zeitalter der multinationalen Konzerne, die Besinnung auf die eigene Tradition einen doppelseitigen Stellenwert. Sie ist Ausdruck des legitimen Nationalismus der bedrängten Nationen und dient gleichzeitig dem Großkapital als Sprungbrett für imperialistische Bestrebungen.

Heute, fast ein Jahrhundert nach der entscheidenden Phase des klassischen Imperialismus, in der Zeit vor, während und unmittelbar nach dem Ersten Weltkrieg, flammen im Rahmen der sich verschärfenden ökonomischen Krise des kapitalistischen Systems die nationalen Bewegungen und Gegensätze auch innerhalb Europas wieder auf, sei es in der Form der Bestrebung nach Aufrechterhaltung der bedrängten Identität, verbunden mit dem Willen nach der sozialen Befreiung, oder auch als aggressiver irredentistischer Nationalismus. Vor allem in der Dritten Welt erhalten dann diese Konflikte als globales Konfrontationspotential eine übergreifende Bedeutung.

Angesichts dieser Situation ist eines klar: Entweder wird es der Menschheit gelingen, diese Probleme durch soziale Revolutionen zu lösen, oder sie wird sich der herannahenden Katastrophe eines Dritten Weltkrieges ausliefern.

Anmerkungen

1) Das dokumentiert sich sehr deutlich durch den Brief Lenins an A. M. Gorki im Februar 1913: "Hier hat sich ein prächtiger Georgier an die Arbeit gemacht und schreibt für das 'Prosweschtschenija' einen großen Artikel, für den er s ä m t l i c h e österreichische und andere Materialien zusammengetragen hat." (Zitiert nach: Stalin, Marxismus und nationale Frage, Berlin 1950, S. 364, Anm. 130). Ferner widersetzte sich Lenin der Absicht, den Aufsatz als Diskussionsmittel anzusehen: "Natürlich sind wir absolut dagegen. Der Artikel ist s e h r g u t . Es handelt sich um eine Kampffrage, und wir werden von unserer prinzipiellen Position gegenüber dem Gesindel vom 'Bund' um kein Tüttelchen abweichen." (zit.ebenda). Dieser Sachverhalt sollte meines Erachtens jenen, die auf Grund vor allem der in der letzten Phase des Lebens von Lenin ausgetragenen Auseinandersetzung mit Stalin (Testamentbemerkungen Lenins) die Kontinuität zwischen der Leninschen und der Stalinschen Konzeption von Politik und Gesellschaftstheorie leugnen, zu denken geben.
2) Stalin, Marxismus und nationale Frage, S. 72.
3) ebenda, S. 272.
4) ebenda, S. 305.
5) O. Bauer, Die Nationalitätenfrage und die Sozialdemokratie. Werkausgabe, Bd. 1, Wien 1975, S. 71.
6) G. Fischer, Das Slowenische in Kärnten. Eine Studie zur Sprachenpolitik, Wien 1980, S. 25.
7) Vgl. in diesem Zusammenhang Fischer, Das Slowenische in Kärnten, sowie: F. Zwitter, Die Kärntner Frage, Klagenfurt 1979. Über die soziale Zusammensetzung der Kärntner Bevölkerung gibt Zwitter genaue Daten an. Interessant sind in diesem Zusammenhang auch literarische Zeugnisse, die das Selbstverständnis der slowenischen Volksgruppe in Kärnten widerspiegeln. So die Darstellung von J. Messner, Von meinem Verhältnis zu den beiden Sprachen Slowenisch und Deutsch, in: "Kärntner Heimatbuch", Triest 1980. Im übrigen halte ich gerade in diesem Zusammenhang die Tendenz, literarische Werke als nicht "wissenschaftsadäquat" aus dem Prozeß der wissenschaftlichen Wahrheitsfindung herauszuhalten, für formal und ideologisch. Wenn sie nicht direkt als Quelle verwendet werden können, so stellen sie gerade im Bereich der für das nationale Bewußtsein so entscheidenden "subjektiven Seite" eine wahre Fundgrube dar, die interpretiert und berücksichtigt zu werden verdient.
8) Nach der orthodox-marxistischen Konzeption wird Minderheiten das Zugeständnis gemacht, daß sie nur dann assimiliert werden, wenn sie es wollen. Hierbei wird ihnen aber nicht allein nach der "subjektiven Seite" das Recht eingeräumt, eine Minderheit zu sein. Was eine Minderheit ist, wird somit von der Gesellschaft definiert und nicht von der Minderheit selbst.
9) Vgl. in diesem Zusammenhang die Darstellung von Fischer, Das Slowenische in Kärnten, S. 25 f.

**AUTORENINITIATIVE
VERLAG FÜR GESELLSCHAFTSKRITIK
1010 Wien, Rathausstraße 18
Tel. 56 78 93**

Neuerscheinungen
„Österreichische Texte zur Gesellschaftskritik"

Hansjörg Gutweniger, Eva Köckeis, Evi Laimer u. a.:
Wege und Umwege. Studienbiografien aus Österreich. (Österreichische Texte zur Gesellschaftskritik 7), Wien 1982, ISBN 3-900351-07-4, 204 Seiten, öS 120,–

Die Lebenswelt der Studenten, der universitäre Alltag, die Studien- und Wohnbedingungen haben sich deutlich verändert; die große Anzahl von berufstätigen Studenten ist ein Hinweis dafür, die Zahl derer, die gar keinen Abschluß anstreben, vielleicht ein anderer.

Die „Studienbiografien aus Österreich" zeichnen ein neues Bild der österreichischen Studenten. Dieses Bild ist Ergebnis einer Befragung von 9.000 Studenten und 50 ausführlichen Gesprächen mit Studierenden, deren Studium nicht „glatt" und problemlos verläuft, deren Studienlaufbahn nicht frei von Hürden ist - ausgelöst durch inner- und außeruniversitäre Schwierigkeiten und Belastungen (wie Prüfungen, Isolation, Berufstätigkeit, Kinder...).

Die Autoren - selbst Angehörige der Universität, als Lehrende und Lernende - versuchten die Betroffenen soweit wie möglich zu Wort kommen zu lassen.

AUTORENINITIATIVE
VERLAG FÜR GESELLSCHAFTSKRITIK
1010 Wien, Rathausstraße 18
Tel. 56 78 93

Neuerscheinungen
„Österreichische Texte zur Gesellschaftskritik"

Hanna Sturm:
Die Lebensgeschichte einer Arbeiterin. Vom Burgenland bis Ravensbrück. (Österreichische Texte zur Gesellschaftskritik 8), Wien 1982, ISBN 3-900351-08-2, 350 Seiten, öS 240,—

Hanna Sturm, Kroatin aus dem zweisprachigen Gebiet Burgenlands, geboren 1891 in Klingenbach, beschreibt in der Form eines autobiographischen Romans ihr kämpferisches Leben vom Ende des vorigen Jahrhunderts bis zur Befreiung vom Faschismus. Sie schildert in einfacher und bildhafter Sprache die Lebensverhältnisse auf dem Lande (damals Westungarn), Kinderarbeit auf Meierhöfen und in Fabriken, Gewerkschaftskämpfe in Burgenland, Niederösterreich, Wien und Bremen, ihren Aufenthalt in der Sowjetunion (1930-1932), illegale politische Arbeit während des Austrofaschismus, das Überleben im Konzentrationslager von Ravensbrück (1938 - 1945). Hanna Sturm, bis zu ihrem 18. Lebensjahr Analphabetin, hat mit dieser Autobiografie ein einzigartiges zeitgeschichtliches Dokument geschaffen und die Erfahrungen entbehrungsreicher Kämpfe gegen die Entrechtung und Ausbeutung der Landarbeit, des städtischen Proletariats, gegen die ethnische und rassische Diskriminierung sowie gegen die Unterdrückung der Frau zur Sprache gebracht.

Der Herausgeber, Gero Fischer, ist Dozent am slawistischen Institut der Universität Wien.